Manual de Direito Constitucional

Manual de Direito Constitucional

II – DIREITO CONSTITUCIONAL PORTUGUÊS

PRINCÍPIOS, DIREITOS FUNDAMENTAIS, ORGANIZAÇÃO ECONÓMICA E POLÍTICA, GARANTIA E REVISÃO DA CONSTITUIÇÃO

2020 • 6ª edição, revista e atualizada • Volume II

Jorge Bacelar Gouveia

Professor Catedrático da Universidade Nova de Lisboa
e da Universidade Autónoma de Lisboa
Agregado, Doutor e Mestre em Direito
Jurisconsulto e Advogado

Reimpressão

ALMEDINA

UNIVERSIDADE AUTÓNOMA DE LISBOA UAL

FACULDADE DE DIREITO UNIVERSIDADE NOVA DE LISBOA

MANUAL DE DIREITO CONSTITUCIONAL

AUTOR

Jorge Bacelar Gouveia (jbg@fd.unl.pt)

1ª Edição, Setembro, 2005

EDITOR

EDIÇÕES ALMEDINA, S.A.

Rua Fernandes Tomás, nºs 76, 78 e 80

3000-167 Coimbra

Tel.: 239 851 904 · Fax: 239 851 901

www.almedina.net · editora@almedina.net

DESIGN DE CAPA

FBA.

PRÉ-IMPRESSÃO

EDIÇÕES ALMEDINA, S.A.

IMPRESSÃO E ACABAMENTO

PAPELMUNDE

Novembro, 2020

DEPÓSITO LEGAL

417333/16

ALMEDINA | GRUPOALMEDINA

BIBLIOTECA NACIONAL DE PORTUGAL – CATALOGAÇÃO NA PUBLICAÇÃO

GOUVEIA, Jorge Bacelar, 1966-

Manual de direito constitucional : II - direito constitucional português (parte especial), princípios, direitos fundamentais, organização económica e política, garantia e revisão da Constituição. – 6ª ed. rev. e atualizada. - 2 v. - (Manuais universitários)

2º v.: p. - ISBN 978-972-40- 6796-4

CDU 342

II

Direito Constitucional Português (Parte Especial)

Capítulo IX
Princípios Fundamentais

§ 42º O princípio do Estado de Direito

§ 43º O princípio do Estado Republicano

§ 44º O princípio do Estado Laico

§ 45º O princípio do Estado Democrático

§ 46º O princípio do Estado Unitário Descentralizado

§ 42º O PRINCÍPIO DO ESTADO DE DIREITO

191. A atual afirmação multidimensional do princípio do Estado de Direito

I. O estádio atual da evolução do princípio do Estado de Direito – para a qual têm contribuído, concorrentemente, a Doutrina e a Teoria do Direito Constitucional – assenta num *pluralismo de elementos* que concretizam a ideia geral de que o poder público está submetido a regras que disciplinam a sua atuação, não atrabiliária, mas limitada por padrões que não podem ser voluntaristicamente manipulados pelo próprio poder público[1480].

[1480] A explanação dos diversos autores é, no entanto, muito diversificada, por vezes mais por causa de preocupações pedagógicas do que propriamente científicas.
Vejamos algumas dessas sínteses:
- Miguel Galvão Teles (*Estado de Direito*, p. 1187) considera como reduto mínimo do Estado de Direito os seguintes elementos: "os direitos fundamentais do Homem, a independência dos tribunais e a legalidade da Administração";
- Jorge Miranda (*A Constituição de 1976...*, p. 476, *Direitos fundamentais*, p. 95, e *Manual...*, IV, p. 198) elenca os seguintes aspetos: 1) definição, pelo menos, dos direitos à vida e à integridade pessoal, da liberdade física e da segurança individual, da liberdade de consciência e religião, bem como da regra da igualdade jurídica entre as pessoas; 2) a pluralidade de órgãos governativos; 3) a reserva da função jurisdicional aos tribunais; 4) o princípio da constitucionalidade e a respetiva fiscalização; 5) o princípio da legalidade da Administração; 6) a responsabilidade do Estado por danos causados;
- Ingo von Münch (*Staatsrecht*, p. 135) refere os seguintes pontos: os direitos fundamentais, a separação de poderes, a sujeição à Constituição e à lei por parte dos órgãos públicos, o princípio da proporcionalidade, o controlo judicial dos atos do poder

Deste modo, se cristalizariam *três indesmentíveis facetas deste princípio*, a beneficiar, em razão de aceções específicas de cada Direito Constitucional Positivo, de diversos graus de desenvolvimento[1481]:

- uma dimensão *material*, transcendente ao poder público, que se lhe impõe segundo uma axiologia que o próprio poder público não controla e não elabora, antes lhe devendo obediência;
- uma dimensão *normativa*, que se revela num particular arranjo do Ordenamento Jurídico Estadual ao nível das fontes normativas, com uma função específica a atribuir à Constituição;
- uma dimensão *organizatória*, que exprime a necessidade de a limitação desse poder público agir através de uma sua específica distribuição pelos órgãos públicos, sobretudo realçando-se o papel da vertente do controlo da constitucionalidade do mesmo[1482].

II. É assim que os textos constitucionais – um pouco por todo o Mundo, mais ou menos generosamente, mais ou menos tecnicamente – vão consagrando não apenas as nomenclaturas do "Estado de Direito", nas respetivas partes introdutórias, como positivando, nos lugares próprios, diversos indicadores que assinalam o acolhimento do correspondente princípio.

No século XX, é justo ver na LF um excelso contributo no reconhecimento deste princípio, não apenas previsto na sua primeira parte, sendo também possível deparar com o mesmo princípio em vários outros pontos do respetivo texto.

Foi, na verdade, a partir deste texto constitucional, seguido de um inestimável desenvolvimento doutrinário e jurisprudencial, que esta nova conceção do princípio do Estado de Direito irradiaria, posteriormente

público, o acesso à justiça para defender direitos fundamentais e a limitação da eficácia retroativa das leis;

- Alfred Katz (*Staatsrecht*..., pp. 85 e 86) refere como traços característicos: a separação de poderes, o princípio da legalidade, a garantia dos direitos fundamentais pessoais, a garantia da determinação, segurança jurídica e confiança, o princípio da proporcionalidade e a garantia da proteção jurídica por tribunais independentes.

1481 Cfr., servindo-nos de guia fundamental, José Joaquim Gomes Canotilho, *Direito, direitos, Tribunal, tribunais*, in AAVV, PSPC, Lisboa, 1989, p. 903.

1482 Cfr. Jorge Bacelar Gouveia, *O estado de exceção*..., I, p. 98.

acolhida noutras Constituições, tendo chegado a Portugal e sido incorporada na CRP[1483].

Essa importância é expressivamente indiciada logo no preâmbulo do texto constitucional português, para ser depois confirmada na introdução e, a seguir, concretizada nas suas múltiplas disposições.

III. A consideração conjunta das diversas dimensões que o princípio do Estado de Direito foi integrando – no seu percurso ao longo de dois séculos de Constitucionalismo, e na passagem do Estado Liberal ao Estado Social – permite sintetizar os seguintes sub-princípios que melhor o densificam[1484]:

- o *princípio da dignidade da pessoa humana*;
- o *princípio da juridicidade e da constitucionalidade*;
- o *princípio da separação de poderes*;
- o *princípio da segurança jurídica e da proteção da confiança*;
- o *princípio da igualdade*;
- o *princípio da proporcionalidade*.

[1483] Não tendo dúvidas a respeito do cumprimento, por parte da CRP, dos ditames do Estado de Direito, não obstante o reconhecimento de uma evolução, é de referir o nome de Jorge Miranda (*A Constituição de 1976...*, pp. 481 e ss., *Direitos fundamentais*, pp. 96 e ss., e *Manual...*, IV, 2ª ed., pp. 198 e ss.), chegando este constitucionalista ao ponto de considerar o regime do estado de exceção do art. 19º da CRP como um importante progresso trazido pela CRP ao nível do Estado de Direito (*Manual...*, IV, 2ª ed., p. 201).

Contestando essa qualificação em Portugal, à face do texto primitivo da CRP, sobretudo por causa do Conselho da Revolução, da incriminação retroativa dos ex-agentes da PIDE-DGS e das incapacidades cívicas do DL nº 621-B/74, de 15 de novembro, Afonso Rodrigues Queiró, *Lições...*, I, pp. 251 e ss., Heinrich Ewald Hörster, *O imposto complementar...*, pp. 47 e ss., Rui Moura Ramos, *Direito Internacional Privado...*, p. 181, nt., Manuel Cavaleiro de Ferreira, *Direito de defesa – a jurisdição militar especial – evolução da prisão preventiva*, in SI, 1979, pp. 314 e ss., A. Castanheira Neves, *A revolução e o Direito*, in *Digesta*, vol. 1º, Coimbra, 1995, p. 52 e ss.

[1484] Com diferentes densificações do princípio do Estado de Direito, v. Jorge Bacelar Gouveia, *O estado de exceção...*, II, pp. 1463 e ss., e *Arrendamento urbano...*, p. 58; J. J. Gomes Canotilho, *Direito Constitucional e Teoria...*, pp. 243 e ss.

192. Portugal como Estado de Direito

I. O princípio do Estado de Direito constitucionalmente relevante na CRP apresenta-se com *múltiplas facetas*, em grande parte mercê do desenvolvimento de que o conceito foi beneficiando desde que surgiu, pela primeira vez, no século XIX, sendo hoje praticamente total a sua positivação.

A ideia básica da subordinação do Estado ao Direito, com exclusão do arbítrio, encontra-se expressa no preâmbulo e num dos preceitos constitucionais iniciais:

- *no preâmbulo*, ao dizer-se que "A Assembleia Constituinte afirma a decisão do povo português (...) de assegurar o primado do Estado de Direito Democrático..."[1485];
- *num dos preceitos iniciais*, com a precisa epígrafe de "Estado de Direito Democrático", ao estipular-se que "A República Portuguesa é um Estado de Direito Democrático..."[1486].

II. Entrando pelo articulado constitucional adentro, há a oportunidade de melhor vivenciar cada uma daquelas dimensões do princípio do Estado de Direito, de certa sorte servindo de pórtico a cada uma das partes relevantes do Direito Constitucional Português, algumas delas merecendo, pela sua complexidade, um tratamento autonomizado[1487].

193. O princípio da dignidade da pessoa humana

I. O *princípio da dignidade da pessoa humana*[1488], como manifestação material do princípio do Estado de Direito, significa, de um modo

[1485] § 4º, primeira parte, do preâmbulo da CRP.

[1486] Art. 2º, parte inicial, da CRP.

[1487] Cfr. J. J. Gomes Canotilho, *Direito Constitucional e Teoria...*, pp. 254 e ss.; Pedro Machete, *Estado de Direito Democrático e Administração Paritária*, Coimbra, 2007, pp. 382 e ss.

[1488] Para uma conceção acerca da dignidade da pessoa humana em geral, ainda que com entendimentos diversificados, v. Manuel Duarte Gomes da Silva, *Esboço de uma concepção personalista do Direito – reflexões em torno da utilização do cadáver humano para fins terapêuticos e científicos*, Lisboa, 1965, pp. 115 e ss.; Giorgio Del Vecchio, *Mutabilidade e eternidade do Direito*, in *Direito e Paz (ensaios)*, Braga, 1968, pp. 47 e ss., e *Lições...*, pp. 567 e ss.; Georges Vlachos, *La structure des droits de l'homme et le problème de leur réglementation en regime plura-*

geral, que a pessoa é colocada como o fim supremo do Estado e do Direito[1489].

Esta conceção geral visivelmente encontra nos direitos fundamentais a sua grande consagração, dado ser esta categoria o instrumento técnico-jurídico que melhor se adequa à garantia dos valores que ela transporta.

A dignidade humana como critério de fundamentação do Direito em geral, e dos direitos fundamentais em particular[1490], parte das característi-

liste, in RIDC, 1972, pp. 321 e ss.; José Carlos Vieira de Andrade, *Direitos fundamentais*, pp. 603 e 604, e *Os direitos fundamentais...*, pp. 93 e ss.; Jesús González Pérez, *La dignidad...*, pp. 24 e ss., e pp. 111 e ss.; Peter Häberle, *Das Menschenbild im Verfassungsstaat*, Berlin, 1988, pp. 32 e ss.; Albert Bleckmann, *Staatsrecht II...*, pp. 445 e ss.; Bodo Pieroth e Bernhard Schlink, *Grundrechte...*, pp. 87 e ss.; José Miguel Sardinha, *O terrorismo e a restrição dos direitos fundamentais em processo penal*, Coimbra, 1989, pp. 40 e ss., e pp. 84 e ss.; Jorge Miranda, *Direitos fundamentais*, pp. 89 e ss, e *Manual...*, IV, pp. 180 e ss.; Henrique Mota, *Biomedicina...*, pp. 71 e ss.; Franco Bartolomei, *La dignità umana como concetto e valore costituzionale – saggio*, Torino, 1987, pp. 7 e ss.; Nicola Occhiocupo, *Liberazione e promozione umana nella Costituzione – unità di valori nella pluralità di posizioni*, Milano, 1988, pp. 59 e ss.; Pedro Serna Bermúdez, *Positivismo conceptual...*, pp. 356 e ss.; carlos n. Niño, *Ética y Derechos Humanos*, Barcelona, 1989, pp. 237 e ss.; Joaquín Arce y Flórez-Valdés, *Los principios generales del Derecho y su formulación constitucional*, Madrid, 1990, pp. 146 e ss.; Maria Fernanda Palma, *A justificação por legítima defesa como problema de delimitação de direitos*, I, Lisboa, 1990, pp. 478 e ss.; Nelson Saldanha, *A politicidade do Direito e o problema do Direito Natural*, in RFDUL, XXXIII, 1992, p. 330; J. J. Gomes Canotilho e Vital Moreira, *Constituição...*, pp. 58 e 59; Francisco Porrúa Pérez, *Teoría...*, pp. 233 e ss.; Alvaro d'Ors, *Derecho y sentido común – siete lecciones de derecho natural como limite del derecho positivo*, Madrid, 1995, pp. 111 e ss.; A. Castanheira Neves, *A revolução...*, 1995, pp. 52 e ss.; Miguel Angel Alegre Martínez, *La dignidad de la persona – como fundamento del ordenamento constitucional español*, León, 1996, pp. 81 e ss.; Paulo Otero, *Lições...*, pp. 54 e ss., *Personalidade e identidade pessoal e genética do ser humano: um perfil constitucional da Bioética*, Coimbra, 1999, pp. 43 e ss., *Instituições Políticas...*, I, pp. 179 e ss., e *Direito Constitucional Português...*, I, pp. 31 e ss.; João Loureiro, *O direito à identidade genética do ser humano*, in AAVV, *Portugal-Brasil Ano 2000*, Coimbra, 1999, pp. 278 e ss.; José Manuel Cardoso da Costa, *O princípio da dignidade da pessoa humana na Constituição e na jurisprudência do Tribunal Constitucional*, in AAVV, *Estudos em Homenagem a Manoel Gonçalves Ferreira Filho*, São Paulo, 1999, pp. 193 e ss.; Nuno Pinto Oliveira, *O Direito Geral de Personalidade e a «solução do dissentimento»*, Coimbra, 2002, pp. 105 e ss.; Diogo Freitas do Amaral, *Manual de Introdução...*, I, pp. 193 e ss.

1489 Cfr. também António Pedro Barbas Homem, *O que é o Direito?*, pp. 27 e ss.; Paulo Otero, *Instituições Políticas...*, I, pp. 25 e ss.

1490 Cfr. Pedro Serna Bermúdez, *Positivismo conceptual...*, p. 363, afirmando lapidarmente, a este propósito, A. Castanheira Neves (*A revolução...*, p. 139) que "O homem-pessoa é o pressuposto decisivo, o valor fundamental e o fim último que preenche a inteligibilidade do nosso tempo".

cas da (i) liberdade e da (ii) racionalidade da pessoa, antropologicamente sustentada numa (iii) inserção social, garantindo o seu (iv) desenvolvimento pessoal.

II. Essa é uma resposta que pode ser melhor conferida no seio de uma mais vasta *conceção jusnaturalista do Direito*, a qual se assume como decorrendo da objetividade da natureza humana não voluntariamente criada[1491] e, por isso[1492], imutável em face de circunstancialismos de tempo[1493] e de lugar[1494].

[1491] Para uma conceção jusnaturalista do Direito, referindo diferentes fundamentos – o cosmológico da Antiguidade Clássica, o realista-tomista da Idade Média, o racionalista-antropológico-subjetivista da Idade Moderna, e os existencialista, formalista e pós-modernista da Idade Contemporânea, v. Louis le Fur, *L'Idée du Droit*, in RFDUL, III, Lisboa, s. d., pp. 46 e ss.; Jacques Maritain, *L'Homme et l'État*, Paris, 1953, pp. 73 e ss.; José Hermano Saraiva, *Lições...*, pp. 46 e 47; Hans Welzel, *Diritto Naturale e Giustizia Materiale*, Milano, 1965, pp. 11 e ss.; Giorgio Del Vecchio, *Justiça divina e justiça humana*, in *Direito e Paz (ensaios)*, Braga, 1968, pp. 35 e ss.; Alessandro Groppali, *Introdução...*, pp. 79 e ss.; Gustav Radbruch, *Filosofia...*, pp. 415 e ss.; Louis Lachance, *El Derecho y los derechos del Hombre*, Madrid, 1979, pp. 80 e ss.; Mário Bigotte Chorão, *Perspectiva jusnaturalista da revisão constitucional*, in DemL, nº 15 (A revisão constitucional), junho de 1980, pp. 39 e ss., e *Natureza das coisas*, in Pol., IV, Lisboa, 1986, p. 593; Henri Batiffol, *A Filosofia...*, pp. 51 e ss.; António Truyol y Serra, *História da Filosofia do Direito e do Estado*, I, 7ª ed., Lisboa, 1985, pp. 85 e ss., e pp. 296 e ss.; Dennis Lloyd, *A ideia de lei*, São Paulo, 1985, pp. 55 e ss.; Marcello Caetano, *Manual de Ciência Política...*, I, pp. 289 e ss., e pp. 302 e ss.; Blandine Barret-Kriegel, *Les droits de l'homme...*, pp. 39 e ss.; António Braz Teixeira, *Filosofia...*, pp. 257 e ss.; Pedro Soares Martínez, *Filosofia...*, pp. 296 e ss.; Gerhard Oestreich, *La idea...*, pp. 36 e ss.; Carlos Ignacio Massini-Correas, *Derechos humanos «débiles» y derechos humanos «absolutos»*, in OD, ano 123º, I, janeiro-março de 1991, pp. 36 e ss.; Javier Hervada, *Crítica Introdutória ao Direito Natural*, Porto, s. d., pp. 82 e ss.; José Castan Tobeñas, *Los derechos...*, pp. 67 e 68; Nelson Saldanha, *A politicidade...*, pp. 331 e ss.; Paulo Ferreira da Cunha, *Amor Iuris – Filosofia contemporânea do Direito e da Política*, Lisboa, 1995, pp. 54 e ss.; Inocêncio Galvão Telles, *Introdução...*, II, pp. 101 e ss.; Pedro Pais de Vasconcelos, *Teoria Geral do Direito Civil*, Lisboa, 1995/1996, pp. 14 e ss.; José Carlos Vieira de Andrade, *Os direitos fundamentais...*, pp. 17 e ss.

[1492] Da nossa parte, perfilhamos uma conceção jusnaturalista de tipo *realista*, radicando na natureza das coisas, na qual se encontram um conjunto de limites objetivos e externos ao sentido do Direito, independentes do reconhecimento feito a partir do sujeito e que, portanto, este, mesmo unanimemente, não pode manipular.

Como afirma Blandine Barret-Kriegel (*Les droits de l'homme...*, p. 94), "...o fundamento do Direito Natural deve estar menos inscrito na sociedade ou no sujeito e mais na humanidade", depois concluindo, no campo específico dos direitos do homem (*Les droits de l'homme...*, p. 99), que "O destino jurídico dos direitos do homem passa pelo futuro de uma filosofia da lei natural e hoje (...) por uma crítica da filosofia do sujeito".

O ideal de justiça que o Direito Positivo deve alcançar acarreta que o desrespeito daquele determine a desobrigação perante tal lei, assim considerada injusta[1495].

III. Nessa conceção da dignidade da pessoa humana, a *pessoa* que se torna o centro da pauta de valores assume-se nestas quatro vertentes[1496]:

[1493] Por outro lado, há que considerar-se superado o dualismo ser/dever-ser através de uma nova mediação do sujeito da pessoa. Como explica A. Castanheira Neves (*O papel...*, pp. 37 e 38): "A distinção entre o «ser» e o «dever-ser» é, assim, ontologicamente necessária, pois nela se traduz a específica intenção axiológica do ser-homem, aquela específica intenção pela qual, unicamente, o ser pode ser recuperado com sentido (com validade ou valor), ou compreendido na validade do seu sentido. Isto porque a intenção axiológica ou a posição de validade (e valor) mais não é do que a manifestação do superar-se o homem a si mesmo, ao transcender o existente mundano pelo projecto do seu próprio ser".

Como bem sistematiza Norberto Bobbio, ainda que o faça em termos críticos (*Contribución...*, pp. 143 e ss.), a importância desta conceção dos limites do Direito permite lutar contra os três grandes problemas que impossibilitam encontrar o verdadeiro Direito Justo: a luta contra o *voluntarismo jurídico*, na medida em que reconheça na vontade subjetiva o critério de justiça do Direito; a luta contra o *formalismo jurídico*, na medida em que se limite ao modo de extrinsecação e produção das normas jurídicas; e a luta contra o *legalismo jurídico*, uma vez que adira a um "fetichismo legislativo", que tem a lei e o legislador como sua "divindade" exclusiva.

Direito Natural que se contrapõe a uma dada conceção de Direito Positivo que se esteia no sentido jurídico ordenador, determinado pela sociedade humana, espontaneamente, através do costume, ou institucionalmente, através de fontes intencionais, legais e jurisprudenciais.

Cfr. Giorgio del Vecchio, *Lições...*, pp. 334 e ss.; Javier Hervada, *Crítica Introdutória...*, p. 73; Jorge Bacelar Gouveia, *Os direitos fundamentais atípicos*, p. 20, nt. nº 29; Vladimiro Naranjo Mesa, *Teoría...*, pp. 8 e 9.

[1494] Outros são os sentidos possíveis dessa positividade: (i) como Direito que é aplicado oficialmente; (ii) como Direito que é efectivamente aplicado; (iii) como Direito legalmente produzido pelo poder público.

Sobre os vários sentidos da positividade do Direito, v. José hermano saraiva, *Lições...*, pp. 48 e ss.; José de Oliveira Ascensão, *O Direito...*, pp. 201 e ss.

[1495] Como explicita Mário Bigotte Chorão (*Justiça*, in Pol., III, Lisboa, 1985, p. 921), "À luz desta doutrina pode, enfim, afirmar-se que a lei positiva que contraria um mandato ou proibição natural é uma lei injusta, oposta ao direito natural, em rigor, simples aparência de lei, desprovida da essência da jurisdicidade; em face dela justificam-se a desobediência cívica, a resistência passiva e activa e, sendo caso disso, a revolta".

[1496] E como afirma Manuel Duarte Gomes da Silva (*Esboço...*, p. 118), a "...natureza humana não revela apenas o dever abstrato de cumprir o fim último, nem, portanto, simples normas de conteúdo formal, como seriam as que impusessem a necessidade de atingir

- é a *pessoa concreta* e não o indivíduo abstrato do Liberalismo oitocentista – a pessoa situada na História e não fora dela, vivendo no seu tempo e sentindo um conjunto de necessidades de ordenação social[1497];
- é a *pessoa solidária* porque *homo homini persona*[1498] e não alguém geometricamente igualizado num cenário facticamente distorcido – a

esse fim ou de fazer o bem e evitar o mal"; antes pelo contrário, "A razão natural apreende espontaneamente diversos princípios que são aplicações necessária e universalmente válidas do dever de fidelidade ao fim último: impõe, antes de mais, aquelas regras gerais do *honeste vivere* (com os seus corolários da necessidade de rectidão de carácter, de lealdade, de boa fé, etc.), do *neminem laedere* e do *suum cuique tribuere*; e determina ainda numerosas aplicações do dever básico a aspetos práticos da vida, tais como as normas que impõem o respeito pela vida e da honra própria e alheia, a necessidade de viver em comunidade e, portanto, de se realizar o bem comum e de haver autoridade incumbida de o promover e defender, a necessidade da família e do casamento monogâmico, a garantia do acesso à propriedade e à efectiva liberdade de a fruir, como meio de assegurar a autonomia pessoal e da família, etc.".

Para José Hermano Saraiva (*A crise...*, p. 89), essa conceção traduz a ideia de que "...o homem – não um homem entidade abstrata, geométrico centro de imputação de valor, mas cada homem em concreto, cada ser de carne e osso, de fome e de sede, de esperança, de amor e de vontade – é um valor fundamental, um titular de interesses intransferíveis, e é ao serviço desses interesses que se encontram o Direito e o Estado".

Ainda noutro contexto, como diz Orlando de Carvalho (*Os direitos do homem...*, p. 9), "...mesmo hoje, quando se fala de uma espécie de renascimento, com mais ou menos cambiantes, de um certo direito natural – não obviamente o direito natural do século XVIII, com o seu conteúdo racionalista e individualista, mas um "sentido do homem" reaprendido no medo e reaprendido nas cinzas dos grandes fornos crematórios...".

De referir, finalmente, Louis Lachance (*El Derecho...*, p. 122): "O Direito Natural é um direito objetivo. Esta propriedade deriva do facto de que é racional. Com efeito, a razão prática não é uma razão que funcione no vazio; antes pelo contrário, tem por objeto o acondicionamento concreto da existência, a vivência da ordem que a pessoa impõe, tanto a sua condição de ser humano como os imperativos do seu ambiente físico e social".

[1497] Com o previsível perigo bem assinalado por A. Castanheira Neves (*A revolução...*, p. 147): "Este primeiro ponto implica, portanto, o perigo, com base no erro apontado, quer de não ser atribuído a cada homem (ou de lhe ser subtraído) aquele indispensável *quantum* de ter (como condição de ser), quer de se ver ele completamente assimilado à *praxis* da situação (em negação do seu autónomo transcender), pois nos dois casos não virá à consciência do seu próprio *poder ser*".

[1498] Isso impressivamente nos recordando Alvaro d'Ors, *Derecho...*, p. 112. Como frisa Rita Amaral Cabral (*A eficácia externa da obrigação...*, pp. 19 e 20), "...o direito social pretende regular relações de cooperação entre os homens agrupados no seio da comunidade e, consequentemente, interdependentes. À luz desta nova forma de pensar o mundo e a vida, o homem e as suas conexões com a realidade e o direito, o acento comunitário e o sentido da pessoa que está em relação com os outros, com um desejo constante de promoção social, em que o Direito está atento às desigualdades reais (e não só da lei) através da consagração de direitos de natureza social;

- é a *pessoa-fim* e não a pessoa-instrumento como nos transpersonalismos, de direita e de esquerda, que o século XX infelizmente conheceu – a pessoa que se assume como a finalidade última do Direito e do Poder[1499], que não pode ser secundarizada em nome de bens coletivos que espezinhem a sua dignidade elementar[1500];
- é a *pessoa-essência* e não a pessoa-existência, *in fieri*, que se vai construindo ao sabor da vida e da história pessoal – a pessoa como ser humano, que postula sempre certos direitos, não se moldando ao sabor de conjunturas ou de evoluções de vida, mais ou menos ocasionais[1501].

IV. A preservação da dignidade da pessoa humana está ainda indissoluvelmente ligada à conceção que se tenha acerca da Constituição, que a deve refletir, se bem que à mesma possa não confinar-se.

solidariedade social passam, no plano jurídico, a constituir as marcas mais características da nossa época".

[1499] No vocábulo sugerido por Gustav Radbruch, *Filosofia*..., pp. 123 e ss. Cfr. também Giorgio del Vecchio, *Lições*..., pp. 565 e ss.; Pedro Soares Martínez, *Filosofia*..., pp. 21 e ss.; José Castan Tobeñas, *Los derechos*..., pp. 69 e ss.; Eduardo L. Gregorini Clusellas, *Estado*..., pp. 5 e ss.

[1500] Em Portugal, bem eloquente é Paulo Ferreira da Cunha, a este propósito (*Amor Iuris*..., pp. 59 e 60): "A modernidade, ao mesmo tempo que subordinou totalmente a lei à vontade política e esta ao mercado, e o mercado à ganância de um mundo em que o único lema e credo é o *Enrichissez-vous*, tornou-a molde para qualquer conteúdo. E assim permitiu que, através dela, o poder impusesse sem freio, contra a juridicidade imanente e contra o Direito Natural, e também contra os limites do Direito. Não é, pois, Direito, à partida e sem rigoroso benefício de inventário, o que passa a letra de forma nos boletins oficiais. Porque aí se encontram atropelos à família, à cultura regional, à tradição, ao trabalho, à educação, à arte, à religião, etc., que não são intromissões em seara alheia. E aí nem sempre é justamente garantido o equilíbrio entre o poder e o direito, entre a obediência e o mando, que são matérias de política ou de justiça política".

[1501] Para tal de novo nos alertando A. Castanheira Neves (*A revolução*..., p. 147): "Em segundo lugar, o erro de pensar (...) que o homem se reduz às suas circunstâncias, ou melhor, à sua situação, e que por ela se define, que é simplesmente e sempre um «homem situado»".

Sem dúvida que o alargamento das matérias consideradas constitucionais – para além das tarefas específicas que se lhe assinalam de racionalização do poder e de garantia dos direitos fundamentais[1502] – determina que, hoje, o conceito de Constituição seja um *conceito pluralista*, que tendo a âncora da dignidade da pessoa nela não possa esgotar-se, conceito de Constituição que se abre a várias relevantes dimensões[1503]:

(i) é um *conceito supra-positivo* – na medida em que precipite orientações metapositivas, de raiz axiológica;
(ii) é um *conceito normativo-legalista* – na medida em que expresse uma dada conceção de poder e de organização da sociedade, segundo opções políticas inteiramente livres;
(iii) é um *conceito de raiz sociológica* – na medida em que reflita a consciência social dominante[1504].

[1502] Acerca das funções da Constituição, v., por todos, J. J. Gomes Canotilho, *Direito Constitucional*, pp. 73 e ss.

[1503] Chamando a atenção para uma fundamentação dualista dos próprios direitos fundamentais, não sendo já hoje suficiente uma conceção apenas de tipo jusnaturalista, dada a extensão que este domínio constitucional ganhou com o tempo, ainda que da ótica dos direitos fundamentais atípicos, Jorge Bacelar Gouveia, *Os direitos fundamentais atípicos*, p. 51: "O estádio atual do desenvolvimento dos direitos fundamentais aconselha-nos a uma *fundamentação dualista* dos mesmos. Na verdade, decorrendo de uma conceção jusnaturalista acerca do Direito em geral, entendemos que um núcleo essencial dos direitos fundamentais se impõe de acordo com essas considerações. São os direitos que derivam da natureza humana, que são indispensáveis para que o Homem se afirme na sua plenitude. Contudo, a evolução dos direitos fundamentais, com o seu progressivo alargamento, obrigou o jurista a ir um pouco para além dessa conceção jusnaturalista. Nos dias de hoje, há um outro conjunto de direitos fundamentais, com uma crescente aceitação normativa e doutrinária, que não apresenta traços ou implicações ao nível do Direito Natural; ao invés, surgem como opções livres de cada comunidade política, que eleva à categoria de direitos fundamentais realidades sem qualquer transcendência, revelando os seus condicionalismos muito singulares."

[1504] A reafirmação de uma conceção jusnaturalista do Direito, e em particular dos direitos fundamentais, através da dignidade da pessoa humana, é, no entanto, assinalavelmente contestada em autores que se mantêm cristalizados nos dogmas relativistas, avessos à existência de uma ordem material-objetiva de valores, nas palavras de Maria de Assunção Andrade Esteves (*A constitucionalização...*, p. 148), pejorativamente qualificada como "...o «dogmatismo moral», assente na crença de uma ordem objetiva de valores, não é, numa sociedade plural, senão uma estratégia de imposição de códigos de valores particulares ou de grupo, fazendo passá-los por «objetivos», necessários e não contigentes (em relação à época e aos seus portadores)".

V. A colocação da dignidade da pessoa humana no ambiente jurídico-constitucional, em estreita associação com a positivação dos direitos fundamentais[1505], preenche, por seu turno, diversas funções, lembrando cinco perspetivas fundamentais, que do mesmo modo atuam como funções atribuídas aos princípios constitucionais em geral[1506]:

- uma *função legitimadora* – que realça o seu papel de "porta para a eternidade", colocando o Direito Positivo sob a alçada do Direito Supra-Positivo, aí fundamentando as suas soluções materiais e, desse jeito, impedindo a sua livre disponibilidade, vedando o "Não--Direito" (*Nicht-Recht*) ou o "Torto"[1507]; esse é um conteúdo que se afirma segundo uma *conceção personalista* – nem individualismo, como no tempo liberal, nem transpersonalismo, como nos regimes totalitários, de direita e de esquerda – *do Direito, servindo a pessoa humana, concreta e socialmente situada*[1508];
- uma *função positivadora* – que se espelha, apesar do seu caráter transcendente, como critério de consagração de direitos fundamentais, na ausência ou mesmo contra, se necessário, as normas do Direito Positivo, ultrapassando, portanto, uma mera noção filosófica ou

[1505] A qual, por sua vez, assume – como explicita GOTTFRIED DIETZE (*Über Formulierung der Menschenrechte*, Berlin, 1956, pp. 23 e ss.) – três primordiais papéis: de (i) *publicitação*, de (ii) *concretização* e de (iii) *estabilização* dos direitos fundamentais que formula.

[1506] Cfr. JESÚS GONZÁLEZ PÉREZ, *La dignidad...*, pp. 87 e ss.; JORGE BACELAR GOUVEIA, *Os direitos fundamentais atípicos*, p. 397; BENEDITA MAC CRORIE, *O recurso ao princípio...*, pp. 154 e ss.

Funções que, no fundo, são aquelas que se atribuem ao Direito Positivo relativamente ao Direito Natural, em que pontificam as de legitimação, de positivação e de formalização: GIORGIO DEL VECCHIO, *Lições...*, pp. 582 e ss.; MÁRIO BIGOTTE CHORÃO, *Direito Natural*, pp. 498 e 499; NIKLAS LUHMANN, *Sociologia do Direito*, II, Rio de Janeiro, 1985, pp. 7 e ss.; PEDRO SOARES MARTÍNEZ, *Filosofia...*, pp. 334 e ss.; JAVIER HERVADA, *Crítica Introdutória...*, pp. 162 e ss.; PETER PERNTHALER, *Allgemeine Staatslehre und Verfassungslehre*, 2ª ed., Wien/New York, 1996, pp. 250 e ss.

Numa visão diferente, mas também salientando estas funções da dignidade humana, PETER HÄBERLE, *Das Menschenbild...*, pp. 23 e ss.; JOAQUÍN ARCE y FLÓREZ-VALDÉS, *Los principios...*, pp. 52 e ss.

[1507] Cfr. GIORGIO DEL VECCHIO, *Lições...*, pp. 353 e ss.

[1508] E que, como afirma RUI MACHETE (*Os direitos do homem...*, p. 45), "Não há ideologia ou sistema social que detenha o monopólio da garantia desses direitos porque se trata efetivamente de direitos do homem que cada um deverá defender e sobre os quais todos deveremos estar de acordo".

valorativa, para penetrar na realidade histórica; a dignidade da pessoa humana é invocável como *fonte direta de alguns direitos fundamentais*, cuja violação traz a invalidade ou a ilegitimidade – consoante haja ou não o reconhecimento positivo de tal critério – das normas infratoras; e isto, como realça Jesús González Pérez, simultaneamente numa dimensão positiva e negativa: positiva, quando permite determinados comportamentos, e negativa, quando veda certas condutas em preterição dessa mesma dignidade[1509];

- uma *função integradora* – que se coloca no plano suplementar da complementação dos catálogos constitucionais de direitos fundamentais; o recurso ao princípio da dignidade da pessoa é possível para a invocação de outros tipos de direitos fundamentais que não tenham logrado obter consagração nesses catálogos, assim se dilatando o elenco dos mesmos;
- uma *função interpretativa* – que se situa, não já no plano das fontes, mas no da determinação das respetivas regras, servindo a dignidade da pessoa de critério interpretativo auxiliar, perante hipóteses de incerteza hermenêutica, em que se regista uma carência acrescida de valoração;
- uma *função prospetiva* – que se explica pelo facto de a dignidade humana, não sendo uma realidade estática, permitir a sua progressiva concretização, forçando ao desenvolvimento do Ordenamento Jurídico no sentido da sua maximização, segundo as circunstâncias sociais e económicas, de acordo com uma conceção temporalmente dependente.

VI. A observação do Direito Constitucional Português não permite qualquer dúvida acerca da posição eminente que a dignidade da pessoa humana ocupa na economia global do respetivo texto, com duas importantes referências textuais:

- *nos preceitos iniciais*: "Portugal é uma República soberana, baseada na dignidade da pessoa humana..."[1510];
- *nos preceitos sobre direitos fundamentais*: "A lei estabelecerá garantias efetivas contra a obtenção e utilização abusivas, ou contrárias

[1509] Cfr. Jesús González Pérez, *La dignidad...*, p. 91.
[1510] Art. 1º, primeira parte, da CRP.

à dignidade humana, de informações relativas às pessoas e famílias"[1511].

VII. No plano da jurisprudência constitucional portuguesa[1512], não têm sido muitos os momentos para a densificação prática e útil deste princípio, não obstante a facilidade com que o Tribunal Constitucional se refere ao princípio da dignidade da pessoa humana[1513].

É a perspetiva limitadora do poder público aquela que se apresenta prevalecente, sendo o princípio da dignidade da pessoa humana erguido como barreira que evita o respetivo avanço contra os valores por ela protegidos.

Mas também tem havido a invocação do princípio da dignidade da pessoa humana numa lógica normogenética, reconhecendo-se o direito a uma assistência material mínima, adequada a assegurar a subsistência condigna, numa grande proximidade ao direito à vida, na vertente prestadora que igualmente possui.

É este, *v. g.*, o caso do Ac. nº 509/2002 do Tribunal Constitucional, de 19 de dezembro de 2002, que veio a dar razão ao pedido de fiscalização preventiva apresentado pelo Presidente da República na redução que então se propunha ao regime do rendimento mínimo garantido[1514].

194. O princípio da juridicidade e da constitucionalidade

I. O *princípio da juridicidade*, com o que se mostra a vertente normativa do princípio do Estado de Direito, implica que a estruturação do Ordenamento Jurídico fique obedecendo a três características essenciais:

[1511] Art. 26º, nº 2, da CRP.

[1512] Importa consultar a interessante resenha de Benedita Mac Crorie, *O recurso ao princípio...*, pp. 156 e ss.

[1513] O que merece a Benedita Mac Crorie (*O recurso ao princípio...*, p. 173) fortes críticas: "Chegamos à conclusão que este é um conceito histórico-cultural e que está em permanente evolução. Para além disso, vimos que se trata de uma fórmula vazia, pelo que este é um conceito extremamente complexo e que pode ser utilizado quer de forma a potenciar quer de forma a limitar a liberdade individual, se utilizado de forma paternalista pela parte do Estado".

[1514] Cfr. a anotação de Jorge Miranda, *O Tribunal Constitucional em 2002*, in OD, ano 136º, 2004, I, pp. 198 e ss.; José Carlos Vieira de Andrade, *Os direitos fundamentais...*, pp. 379 e ss.

- *ser um sistema jurídico*, organizado e não caótico, dotado de unidade intrínseca;
- *ser um sistema jurídico escalonado ou hierarquizado*, encimado pelo texto constitucional; e
- *ser um sistema jurídico apetrechado com mecanismos de verificação das relações de desconformidade com parâmetros superiores*, podendo eliminá-los.

A aplicação do princípio da juridicidade ao contexto do Direito Constitucional ainda evidencia o *princípio da constitucionalidade* como seu sub-princípio, realçando uma peculiar relação entre a Constituição e a restante Ordem Jurídica.

II. O primeiro aspeto do princípio da juridicidade explicita o sentido sistemático da Ordem Jurídica como conjunto de normas e princípios, revelados através das fontes do Direito, sublinhando-se a sua organização interna, qual "cosmos jurídico" dotado de coerência intrínseca.

É por isso que este aspeto do princípio da juridicidade requer que uma íntima integração e adequação sistemática ocorra no relacionamento entre os diversos componentes da Ordem Jurídica, sem nunca excluir o Ordenamento Constitucional como sua parcela cimeira.

III. O segundo aspeto do princípio da juridicidade assenta na impossibilidade de só se encontrarem relações de paridade entre as diversas parcelas da Ordem Jurídica, frisando, no seu lugar, uma ordenação hierárquica em nome de outros tantos critérios necessariamente aplicáveis, como:

- a importância das matérias reguladas;
- a autoridade dos órgãos que as produzem; ou
- o âmbito subjetivo de aplicação dessas fontes.

IV. O terceiro aspeto do princípio da juridicidade frisa que, em face da ordenação diferenciada do sistema jurídico, são correspondentemente diversas as relações inter-normativas que se estabelecem, delas sobressaindo as relações de constitucionalidade ou de inconstitucionalidade, tal implicando a superioridade da Constituição por referência a outros níveis normativos.

É neste contexto que vale o *princípio da constitucionalidade* como especificação do princípio da juridicidade, parcialmente atendendo àquelas funções.

Noutros ramos do Direito, como o Direito Administrativo, é também referido o princípio da legalidade, nas relações entre o poder legislativo e o poder administrativo.

V. Para além da alusão geral que se faz na CRP, é de referir *a direta positivação do princípio da constitucionalidade, quer em termos substantivos, quer em termos adjetivos*:

- no primeiro caso, "O Estado subordina-se à Constituição e funda-se na legalidade democrática"[1515];
- no outro caso, "A validade das leis e dos demais atos do Estado, das regiões autónomas, do poder local e de quaisquer outras entidades públicas depende da sua conformidade com a Constituição"[1516].

195. O princípio da separação de poderes

I. O *princípio da separação de poderes*, uma das mais antigas projeções do princípio do Estado de Direito numa perspetiva organizatória, é dos poucos temas que o tempo e o uso não tornaram gastos e, ao invés, se tem mantido atuante no pensamento político e nos textos constitucionais dos séculos XIX e XX.

Esse percurso não se fez, contudo, sem que assinaláveis mudanças se dessem na transição do Estado Liberal para o Estado Social, fundamentalmente cimentadas pela progressão verificada na proteção dos direitos fundamentais, bem como no alargamento das tarefas materiais do Estado e do poder público em geral.

A conceção da teoria da separação de poderes ficou a dever-se a dois autores que, no século XVIII, definitivamente a popularizariam[1517], ainda

[1515] Art. 3º, nº 2, da CRP.

[1516] Art. 3º, nº 3, da CRP.

[1517] Sem recusar o inegável mérito que lhes coube, o certo é que a ideia fundamental da separação de poderes já era conhecida, mais ou menos explicitamente, do pensamento político da Antiguidade Clássica, visível no conceito de "Constituição mista", o qual depois

que se possam anotar apreciáveis diferenças entre si: JOHN LOCKE e CHARLES SECONDAT DE MONTESQUIEU[1518].

II. Segundo JOHN LOCKE, o poder político devia repartir-se por três distintas funções:

- o *poder legislativo*, enquanto capacidade para emitir leis, a ser entregue ao parlamento como assembleia de representantes;
- o *poder executivo*, enquanto faculdade de aplicação das leis aos casos concretos, através da administração e através dos tribunais, a confiar-se ao rei e ao governo;
- o *poder federativo*, enquanto setor de gestão das relações internacionais do Estado, bem como atinente à segurança do Estado, também a ser cometido ao rei e ao seu governo;
- a "prerrogativa", não se inserindo neste esquema, que funcionaria como poder residual e ilimitado do rei, para defesa do Estado perante situações anormais[1519].

Para JOHN LOCKE, o poder legislativo do Estado, o poder supremo, deveria, por seu lado, submeter-se a quatro limites:

(i) a igualdade de aplicação sem variação de casos particulares, como o rico ou o pobre, o cortesão ou o campesino;

chegaria à Idade Média e apenas se interromperia com JEAN BODIN, no decurso da Idade Moderna.

Consistia ela na preocupação de distribuir o poder público, nas suas diversas facetas, por diferentes órgãos, evitando a sua concentração nas mãos de um só, o que se assinalava não apenas na variedade das formas de governo como em múltiplas indicações presentes em autores como Aristóteles, Políbio, Cícero e São Tomás de Aquino.

Cfr. REINHOLD ZIPPELIUS, *Teoria...*, pp. 207 e ss.

1518 Doutrina da separação de poderes que, na sua época, se confrontou com diversas correntes contrárias, como a conceção de Estado defendida por FRIEDRICH HEGEL (*Princípios da Filosofia...*, p. 252), que fortemente a verberaria: "Ora, na forma em que o intelecto abstrato a concebe, o que aí se encontra é, por um lado, a falsa condição da independência absoluta dos poderes uns em face dos outros e, por outro lado, aquela unilateralidade que considera as relações entre eles como negativas e como recíprocas limitações. Deste ponto de vista, essas relações transformam-se em hostilidade, num receio em que cada um dos poderes se ergue contra os outros como em face de um mal, a fim de se afirmar e estabelecer um equilíbrio geral que não será jamais uma unidade viva".

1519 Cfr. JOHN LOCKE, *Segundo Tratado...*, pp. 150 e ss.

(ii) a vinculação das leis ao bem do Povo;
(iii) a necessidade do consentimento do Povo no aumento dos impostos;
(iv) a impossibilidade da atribuição de poderes legislativos a órgão diverso do Parlamento[1520].

III. De acordo com o entendimento de CHARLES LOUIS DE SECONDAT, barão de MONTESQUIEU e de BREDE, adotando também uma separação material das funções do Estado, haveria que numericamente equacionar a existência de três poderes, embora na substância diferentes do proposto por JOHN LOCKE:

- o *poder legislativo*, próximo do de JOHN LOCKE, a atribuir ao Parlamento, segundo o qual se emitiriam os atos legislativos;
- o *poder executivo*, nele se incorporando o poder federativo de JOHN LOCKE, que se traduziria na capacidade da administração interna e externa do Estado, a ser desenvolvido pelo rei e seu governo;
- o *poder judicial*, distinto do poder executivo de JOHN LOCKE, pelo qual se aplicaria o Direito, entregue aos tribunais[1521].

Mas para CHARLES SECONDAT DE MONTESQUIEU, na maior originalidade da sua doutrina, essa divisão seria paralelamente observável numa *perspetiva dinâmica*, em que se estabeleceriam canais de comunicação entre as diversas funções do Estado[1522], porque em cada uma delas se salientaria uma *dimensão institutiva* e uma *dimensão paralisadora* das outras funções[1523]:

- a *faculdade de estatuir*, de fazer e dispor ativamente sobre certa matéria (*faculté de statuer*); e
- a *faculdade de impedir*, de negar a realização ou a consecução de certo ato (*faculté d'empêcher*)[1524].

[1520] Cfr. JOHN LOCKE, *Segundo Tratado...*, pp. 140 e ss.

[1521] Cfr. CHARLES SECONDAT DE MONTESQUIEU, *De l'esprit des lois*, I, Paris, 1979, pp. 294 e ss.

[1522] Não contando, para este efeito, a função judicial, que se manteria neutra.

[1523] Cfr. CHARLES SECONDAT DE MONTESQUIEU, *De l'esprit...*, I, p. 298.

[1524] Cfr. CHARLES SECONDAT DE MONTESQUIEU, *De l'esprit...*, I, pp. 298 e 299.

IV. A *conceção liberal da separação dos poderes* – tal como foi inicialmente arquitetada por estes dois autores, cujas doutrinas os pensadores liberais quase aplicaram à letra – era uma *conceção marcadamente orgânico-funcional*, segundo a qual cada órgão do Estado exerceria uma função do Estado: (i) o órgão parlamentar, a função legislativa, (ii) o órgão executivo, a função administrativa (iii) e o órgão judiciário, a função jurisdicional. Em diversas latitudes, foi mesmo possível comprovar a experimentação normativo-constitucional desta conceção liberal da separação de poderes.

Porventura mais importante do que identificar o caminho desta separação rígida nas funções do Estado é sublinhar que tal conceção correspondeu a uma necessidade sentida – e depois praticada – pelo pensamento liberal de conter o poder régio absoluto até então triunfante.

Acreditava-se que com a dissociação orgânico-funcional entre órgãos e funções se limitaria eficientemente o poder. Parafraseando Charles Secondat de Montesquieu, "...le pouvoir arrête le pouvoir"[1525].

[1525] Acerca dos entendimentos de John Locke e de Charles Secondat de Montesquieu sobre a separação de poderes em geral, bem como a sua posterior evolução e implantação jurídico-positiva, v. René Foignet, *Manuel Elémentaire de Droit Constitutionnel*, 6ª ed., Paris, 1910, pp. 42 e ss.; Alberto dos Reis, *Organização Judicial*, pp. 7 e ss.; José Ferreira Marnoco e Sousa, *Direito Político...*, pp. 58 e ss.; Augusto Viveiros de Castro, *Estudos...*, pp. 81 e ss.; Alberto da Cunha Rocha Saraiva, *Apontamentos...*, pp. 75 e 76; Georg Jellinek, *L'État...*, II, pp. 306 e ss., e *La dottrina generale...*, pp. 161 e ss.; Amédée Bonde, *Droit...*, pp. 136 e ss.; Jean-Jacques Chevallier, *As grandes obras políticas...*, pp. 101 e ss.; Marcello Caetano, *Manual de Ciência Política...*, I, pp. 190 e ss.; Costantino Mortati, *Le forme...*, pp. 81 e ss.; Marcelo Rebelo de Sousa, *Direito Constitucional...*, pp. 273 e ss.; Paulo Bonavides, *Do Estado Liberal...*, pp. 7 e ss., e pp. 35 e ss., e *Ciência...*, pp. 149 e ss.; J. da Silva Cunha, *História Breve...*, pp. 254 e 255 e pp. 270 e ss.; Isaltino A. Morais, José Mário F. de Almeida e Ricardo Leite Pinto, *O sistema...*, pp. 20 e ss.; Rogério Ehrhardt Soares, *Sentido e limites da função legislativa no Estado Contemporâneo*, in AAVV, *A Feitura das Leis – como fazer leis*, II, Oeiras, 1986, pp. 432 e ss.; Pablo Lucas Verdú, *Curso...*, II, pp. 133 e ss.; Antonio Carlos Pereira Menaut, *Lecciones...*, pp. 119 e ss.; Gretchen Carpenter, *Introduction to South African Constitutional Law*, Durban, 1987, pp. 156 e ss.; Maria da Assunção Andrade Esteves, *A constitucionalização...*, pp. 73 e ss.; Marcel Prélot e Georges Lescuyer, *Histoire...*, pp. 467, 468, 481 e 482; Nuno Piçarra, *A separação de poderes na Constituição – alguns aspectos*, in AAVV, NDAC, Lisboa, 1986, pp. 145 e ss., *Separação de poderes*, in Pol., V, Lisboa, 1987, pp. 682 e ss., e *A separação dos poderes como doutrina e princípio constitucional – um contributo para o estudo das suas origens e evolução*, Coimbra, 1989, pp. 63 e ss., e pp. 89 e ss.; Daniel Moreno, *Derecho...*, pp. 373 e ss.; Vitalino Canas, *Preliminares...*, pp. 93 e ss.; André Tremblay, *Droit Constitutionnel – principes*, Montréal, 1993, pp. 69 e ss.; Carl Schmitt, *Théorie...*, pp. 321 e ss.; Fernando José Fidalgo da Cunha, *Democracia...*, pp. 39 e ss.; Francisco Porrúa Pérez,

V. Sob essa conceção geral, a separação de poderes, quer como teoria política quer como teoria jurídica, desenvolveu-se posteriormente em duas importantes direções, com o escopo comum de defesa do estatuto dos cidadãos frente ao poder político:

(a) *o primado da lei*, pela qual só se admitiria a intervenção do Estado nos direitos dos cidadãos através de lei prévia, geral e abstrata;

(b) *a defesa desses direitos em face de atos antijurídicos a cargo de tribunais independentes*, os quais poderiam depreciá-los[1526].

VI. Os acontecimentos que estiveram na génese do Estado Social do século XX, no plano da separação de poderes, impuseram algumas importantes transformações, sobretudo na ligação entre as funções legislativa e administrativa.

Essas alterações, tanto no plano funcional quanto no plano orgânico, contribuiriam para a sua *relativização* enquanto princípio constitucional intemporal[1527], considerando *múltiplos fatores de evolução* que, neste como noutros domínios, cavariam um profundo fosso entre o século XIX e o século XX.

Teoría..., pp. 392 e ss.; José Joaquim Almeida Lopes, *Princípios constitucionais da separação de poderes da «reserva do juiz» e do Estado de Direito Democrático – evolução do contencioso tributário aduaneiro*, in RDP, III, nº 6, julho-dezembro de 1989, pp. 76 e ss.; Cristina M. M. Queiroz, *Os actos políticos...*, pp. 54 e ss., e pp. 65 e ss.; Luís Sá, *O lugar da Assembleia...*, pp. 96 e ss.; Jorge Miranda, *Ciência Política...*, pp. 96 e ss., *Manual...*, V, pp. 12 e ss., e *Manual...*, III, pp. 376 e ss.; Marcelo Figueiredo, *Teoria Geral...*, pp. 15 e ss.; Roberto L. Blanco Valdés, *El valor de la Constitución*, Madrid, 1994, pp. 37 e ss.; Maria da Glória Ferreira Pinto Dias Garcia, *Da justiça...*, pp. 280 e ss.; Diogo Freitas do Amaral, *Ciência...*, II, pp. 166 e ss., e pp. 176 e ss.; Pedro Carlos Bacelar de Vasconcelos, *Teoria Geral...*, pp. 139 e ss.; Vladimiro Naranjo Mesa, *Teoría...*, pp. 232 e ss.; Reinhold Zippelius, *Teoria...*, pp. 400 e ss.; Hans Kelsen, *Teoria Geral do Direito e do Estado*, pp. 385 e ss.; Celso Ribeiro Bastos, *Curso...*, pp. 351 e ss.; J. J. Gomes Canotilho, *Direito Constitucional e Teoria...*, pp. 578 e ss.; Javier Pérez Royo, *Curso...*, pp. 71 e ss.; Ricardo Leite Pinto, José de Matos Correia e Fernando Roboredo Seara, *Ciência Política...*, pp. 146 e ss.; Omar Seixo Kadri, *O executivo legislador...*, pp. 27 e ss.

[1526] Cfr. Nuno Piçarra, *A separação dos poderes na Constituição...*, pp. 150 e ss.

[1527] Ou, como refere Nuno Piçarra (*A separação dos poderes na Constituição...*, p. 156), o "...princípio da separação dos poderes deixou de ser um dogma de validade intemporal idêntica à do Direito Natural para passar a ser simplesmente parte integrante de uma constituição concreta".

VII. Numa ótica *funcional*, a característica da normatividade que era apanágio da função legislativa do século XIX mudaria radicalmente, aparecendo as leis individuais e as leis gerais e concretas.

Razões de intervenção pública, no âmbito do planeamento económico e não só, ditaram uma atitude legiferante dirigente da realidade constitucional[1528].

Assistiu-se também a um recuo do espaço da matéria legislativa, dando-se mais protagonismo à autorregulação social, ao mesmo tempo que se acenou à contratualização legislativa[1529].

VIII. Do ponto de vista *orgânico*, a função legislativa deixou de ser monopólio parlamentar, passando a ser partilhada, a diversos títulos, pelo órgão executivo, cumprindo evidenciar as modalidades das competências autorizada, complementar e de necessidade.

Motivos determinantes foram a (i) maior tecnicidade que a lei passou a exigir, em certos termos incompatível com a produção parlamentar, e (ii) a celeridade com que a produção legislativa teve de ser encarada[1530].

Não se pode esquecer, neste contexto, que a substituição do princípio monárquico pelo princípio republicano desmistificaria o fantasma do poder régio, que eventualmente fosse detentor de um poder executivo a conter, uma vez que com o seu desaparecimento – pela substituição, na chefia do Estado, do Rei por um Presidente – ou a atenuação da sua operacionalidade jurídico-constitucional – é o caso das monarquias europeias, nas quais o monarca apenas exerce funções decorativas – já não seria necessário proteger a comunidade de uma atuação que escapulisse do princípio democrático, que passou a insuflar toda a ação estadual, fazendo o mesmo sentir-se, direta ou indiretamente, nos diversos órgãos de soberania politicamente ativos[1531].

[1528] Cfr. Ernst Forsthoff, *Stato...*, pp. 103 e ss.; Otto Bachof, *Jueces...*, pp. 50 e 51; Nuno Piçarra, *Separação dos poderes*, pp. 700 e 701; Jorge Miranda, *Manual...*, V, p. 17, e *Manual...*, III, pp. 386 e ss.

[1529] Como escreve Marcelo Rebelo de Sousa (*A lei no Estado...*, pp. 15 e 16), "Menos lei, mais auto-regulação social não legislada, descentralização legislativa, mecanismos de consensualização social e lei mais sintonizada com a lógica interna das realidades sociais disciplinadas – eis algumas pistas de reflexão neste terceiro fôlego do Estado Social".

[1530] Falando-se mesmo, a este propósito, de "desparlamentarização" da função legislativa: Paulo Otero, *O desenvolvimento...*, pp. 79 e 80.

[1531] Cfr. Nuno Piçarra, *Separação dos poderes*, p. 701.

IX. Se bem que indubitavelmente os mais relevantes, estes não são os únicos reflexos da atualização da teoria da separação de poderes.

É ainda de referir outros tópicos que têm merecido a atenção dos estudiosos na *novíssima formatação da doutrina da separação de poderes* que está em curso[1532]:

- entre *o Estado e as estruturas descentralizadas dotadas de poder legislativo*, pela atribuição de poderes no âmbito da função legislativa às regiões autónomas, concorrentemente com o poder legislativo estadual;
- entre *o Estado-poder e o Estado-comunidade, através dos mecanismos referendários*, cada vez mais precisos e específicos, interferindo diretamente na produção normativa, para alguns verdadeiros atos jurídico-públicos;
- entre *o Estado-poder e o Estado-comunidade, corporativamente constituído, através dos mecanismos de concertação legislativa*, em que se presencia a progressiva contratualização das decisões legislativas;
- entre a *maioria e a oposição*, por força da democratização generalizada dos órgãos legislativos e executivos, observando-se que as grandes contraposições políticas estão necessariamente relacionadas com o sistema partidário.

Apesar de todas essas transformações, os órgãos parlamentares mantiveram sempre – ainda que, nas opções de cada Direito Constitucional Positivo, sujeito a diversos posicionamentos, mais ou menos generosos – o *primado da competência legislativa, que os torna, no exercício dessa função do Estado, os órgãos mais importantes na constelação dos que se admitem à respetiva partilha*.

As razões desse primado são várias: desde o mero resquício histórico ao facto de o procedimento legislativo ser público, passando pela legitimidade democrática direta que usufruem.

[1532] Como propõe Georg Jellinek (*L'État...*, II, pp. 327 e ss.), ou como recorda Cristina M. M. Queiroz (*Os actos políticos...*, p. 100), referindo-se, simultaneamente, à divisão vertical, temporal e social de poderes.

Sinal seguro do primado da função legislativa é, indiscutivelmente, a reserva de legiferação nas matérias mais importantes para a sociedade que muitos textos constitucionais preveem[1533].

X. A separação de poderes no século XX, por tudo isto, deixou de ser uma separação matematicamente firmada num esquema orgânico-funcional, mas permitiu a dissociação entre a *perspetiva material ou objetiva* – na qual se avaliam as características do tipo de intervenção jurídica que se quer – e a *perspetiva formal ou organizatória* (ou ainda subjetiva) – em que se atende ao órgão do Estado que fica incumbido de a exercer, segregando os correspondentes atos[1534].

Neste contexto, a *separação de poderes ganha uma nova efetividade através da função jurisdicional*, num "Estado de jurisdição executor da Constituição"[1535], que, nas palavras de JORGE MIRANDA, constitui, na modali-

[1533] Bom exemplo disso vem a ser a CRP, na qual os sinais desse primado são numerosos, abrangendo, segundo JORGE MIRANDA (*O actual sistema português de actos legislativos – opinião*, in L-CCL, nº 2, outubro-dezembro de 1991, pp. 15 e ss., e *Manual...*, V, pp. 180 e ss.), estes cinco aspetos: (i) a competência legislativa parlamentar genérica, em que se inclui a legiferação sobre o conteúdo essencial da autonomia legislativa regional; (ii) a competência legislativa parlamentar, em confronto com o Governo, dotada de largas zonas de reserva, absoluta e relativa; (iii) a competência legislativa parlamentar primária, fora daquelas áreas de reserva, através da definição de bases gerais, às quais a competência legislativa governamental deve obediência; (iv) a sujeição dos decretos-leis a apreciação parlamentar para efeitos de recusa de ratificação; (v) o caráter relativo do veto presidencial sobre leis, em contraste com o carácter absoluto desse veto sobre os decretos-leis.

[1534] Cfr. GEORG JELLINEK, *L'État...*, II, pp. 323 e 324. Cfr. também, a propósito das mudanças havidas na clássica teoria da separação dos poderes na passagem do século XIX para o século XX, MARCELO REBELO DE SOUSA, *A decisão de legislar*, in AAVV, *A Feitura das Leis – como fazer leis*, II, Oeiras, 1986, pp. 22 e 23; ROGÉRIO SOARES, *Sentido e limites...*, pp. 436 e ss.; ANTÓNIO NADAIS, *Lei-medida e conceito de lei na Constituição da República Portuguesa*, Lisboa, 1986, pp. 7 e ss.; J. M. SILVA LEITÃO, *Constituição e direito de oposição – a oposição política no debate sobre o Estado Contemporâneo*, Coimbra, 1987, pp. 88 e ss.; NUNO PIÇARRA, *A separação dos poderes como doutrina...*, pp. 229 e ss.; J. J. GOMES CANOTILHO, *Direito Constitucional*, pp. 686 e ss.; VITAL MOREIRA, *Princípio da maioria e princípio da constitucionalidade: legitimidade e limites da justiça constitucional*, in AAVV, *Legitimidade e legitimação da justiça constitucional*, Coimbra, 1995, pp. 180 e ss.; JORGE MIRANDA, *Ciência Política...*, pp. 107 e ss.; REINHOLD ZIPPELIUS, *Teoria...*, pp. 416 e ss.; JORGE BACELAR GOUVEIA, *Considerações...*, p. 51; PEDRO CARLOS BACELAR DE VASCONCELOS, *Teoria Geral...*, pp. 174 e ss.

[1535] NUNO PIÇARRA, *A separação dos poderes na Constituição...*, p. 163, e *Separação dos poderes*, p. 706. Cfr. também PEDRO CARLOS BACELAR DE VASCONCELOS, *Teoria Geral...*, pp. 87 e ss.

dade de reserva de jurisdição, "...reduto essencial da separação de poderes em Estado de Direito"[1536].

A separação de poderes no século XX esteia-se, portanto, recordando a velha contraposição *gobernaculum-iurisdictio*, sobretudo entre a *função decisória*, de um lado, e a *função de controlo*, do outro lado, esta ainda assumindo uma faceta de controlo da própria constitucionalidade[1537].

Por isso mesmo, como refere Hans Kelsen, terá mais sentido falar em "distribuição de poderes" do que em "separação de poderes"[1538].

XI. É toda esta gradual – mas complexa – sedimentação do princípio da separação de poderes que a CRP consagra, em preceito que lhe está especificamente dedicado, com a moderna epígrafe de "Separação e interdependência": "Os órgãos de soberania devem observar a separação e a interdependência estabelecidas na Constituição"[1539].

A exemplificação prática desta conceção da separação e interdependência de poderes afere-se no relacionamento entre os diversos órgãos de soberania, no plano estadual, e entre o Estado e as outras instâncias dotadas de parcelas do poder público[1540].

O posterior estudo da organização do poder político da Parte III da CRP demonstrará esta preocupação, estando muito distante de qualquer conceção oitocentista da separação de poderes, como foi testemunhado em numerosos textos constitucionais portugueses do século XIX.

196. O princípio da segurança jurídica e da proteção da confiança

I. *O princípio da segurança jurídica e da proteção da confiança*, a despeito do seu extenso conteúdo, é também chamado a integrar o princípio do Estado de Direito, devendo ser desdobrado em duas distintas vertentes:

1536 Jorge Miranda, *Funções, órgãos e actos do Estado*, 3ª ed., Lisboa, 1990, p. 274. Dizendo também Nuno Piçarra (*Separação dos poderes*, p. 705) que "...a separação-independência dos tribunais, a quem é atribuída com reserva a função jurisdicional, constitui momento definitivo e impostergável do princípio da separação de poderes e não são poucos os juspublicistas que a ela têm pretendido reduzir".

1537 Cfr. as críticas de Otto Bachof, *Jueces...*, pp. 57 e ss.

1538 Cfr. Hans Kelsen, *Teoria Geral do Direito e do Estado*, p. 390.

1539 Art. 111º, nº 1, da CRP.

1540 Cfr. a ilustração de Paulo Otero, *Direito Constitucional Português...*, II, pp. 11 e ss.

– *o princípio da segurança jurídica*, exigindo a publicidade nos atos do poder público, assim como a clareza e a determinabilidade das fontes do Direito; e
– *o princípio da proteção da confiança*, requerendo que o quadro normativo vigente não mude de modo a frustrar as expectativas geradas nos cidadãos acerca da sua continuidade, com a proibição de uma intolerável retroatividade das leis, assim como a necessidade da sua alteração em conformidade com as expectativas que sejam constitucionalmente tuteladas.

II. O *princípio da segurança jurídica implica a necessidade da publicitação das decisões jurídico-públicas, não podendo haver decisões de surpresa*, princípio que assim "...proíbe os *atos normativos secretos* contra os quais (os cidadãos) não se podem defender"[1541].

Para além disso, com a publicação, cumpre-se outra vertente da segurança jurídica, não já a da publicidade da regulação jurídica, mas a da clareza e da certeza do sentido dessa regulação[1542], assim se tornando mais objetivo o sentido das fontes do Ordenamento Jurídico[1543].

III. Nem sequer deixa de ser curioso verificar que a temática da publicitação dos atos de poder público marcou bem a História das Fontes do Direito em dois momentos decisivos:

– primeiro, *na estruturação do Estado Romano*, no qual a elaboração da Lei das XII Tábuas representou a passagem de um Ordenamento

[1541] J. J. Gomes Canotilho, *Direito Constitucional*, p. 947; Paloma Biglino Campos, *La publicación de la ley*, Madrid, 1993, p. 27.

[1542] Cfr. Paloma Biglino Campos, *La publicación*..., p. 26 e 27, realçando o facto de "...a publicação ser, em primeiro lugar, uma garantia objetiva do próprio ordenamento, destinada a fixar, de forma autêntica e permanente, o conteúdo da própria norma".

[1543] Pode também sublinhar-se a existência, paralelamente a esta *função garantística*, de cunho francês, que a publicação dos atos do poder público inequivocamente desempenha, uma *função técnica* de aperfeiçoamento da expressão da vontade do Estado, de influência germânica, que com aquela pacificamente convive. Cfr. as explicações de Paloma Biglino Campos, *La publicación*..., p. 27.

Religioso desconhecido (dos *mores maiorum*) a um Ordenamento Jurídico[1544] de tipo civil, social e conhecido[1545];

– depois, *na construção do Estado Contemporâneo*, no qual a publicitação dos atos de poder público desempenhou um papel determinante na ereção do Estado de Direito contra o arbítrio, permitindo a inteira previsibilidade nos comportamentos juridicamente relevantes.

IV. Essa importância do cumprimento do princípio da publicitação dos atos do poder público fica bem patente, aliás, nas consequências para a sua violação na modalidade específica da respetiva não "publicação".

Ela vem a ser a da *ineficácia* dos mesmos[1546], ultrapassada que está a errónea qualificação que a CRP76 dava a este respeito, referindo a "inexistência jurídica"[1547].

[1544] A Lei das XII Tábuas revestiu-se de uma importância extrema para a cognoscibilidade jurídica, passando-se de um Direito fundado nos *mores maiorum* a um Direito conhecido e amplamente certo, não dependente de uma jurisprudência "sacerdotalista".

Isso mesmo é impressivamente ilustrado por um trecho do Digesto (D.1.2.2.3 e 4): "Depois de expulsos os reis por uma lei tribunícia, todas aquelas leis caíram em desuso e o povo romano começou pela segunda vez a reger-se mais por um direito incerto e por algum costume do que por lei dada e suportou isto quase vinte anos. Para que isto não durasse mais tempo, em seguida, decidiu-se publicamente nomear dez pessoas para ir pedir leis às cidades gregas com a finalidade de que Roma se baseasse em leis, as quais, uma vez escritas em tábuas de marfim, foram colocadas na praça pública para que pudessem conhecer-se mais claramente...".

Cfr. Sebastião Cruz, *Direito...*, I, pp. 175 e ss.; Teresa Luso Soares, *Textos de Direito Romano*, Lisboa, 1987, pp. 59 e 60; António Fernández de Bujan, *Derecho...*, pp. 57 e 58.

[1545] Sobre a elaboração e conteúdo da Lei das XII Tábuas em geral, v. Eugène Petit, *Tratado Elemental...*, pp. 37 e ss.; Artur Montenegro, *Lições...*, pp. 49 e ss.; Raul Ventura, *Manual de Direito Romano*, I, Lisboa, 1963, pp. 45 e 46; João de Castro Mendes, *História...*, pp. 287 e ss.; José Carlos Moreira Alves, *Direito...*, I, pp. 39 e ss.; Michel Villey, *Le Droit Romain*, 8ª ed., Paris, 1987, pp. 13 e 14; Sílvio A. B. Meira, *Curso...*, pp. 65 e ss.; Deoh Van Zyl, *History...*, pp. 28 e ss.; Sebastião Cruz, *Direito...*, I, pp. 175 e ss.; Vicente Arangio-Ruiz, *Historia...*, pp. 78 e ss.; Armando Torrent, *Derecho Público...*, pp. 120 e ss.; César Rascón García, *Manual...*, pp. 51 e ss.; Teresa Luso Soares, *Interpretatio prudentium – objecto e natureza*, in AAVV, *Estudos de Direito Romano*, II, Lisboa, 1991, p. 17; António Fernández de Bujan, *Derecho...*, pp. 56 e ss.; José de Oliveira Ascensão, *O Direito...*, p. 116.

[1546] Cfr. o art. 119º, nº 2, da CRP, confirmado pelo art. 1º, nº 1, da LPIFD.

[1547] Cfr. o art. 119º, nº 2, da CRP76.

Aquela consequência da violação do dever de publicitação no jornal oficial é puramente extrínseca aos atos[1548], tendo a vantagem de, após suprida a omissão da publicação, os seus efeitos vigorarem normalmente.

V. Ora, é isto mesmo o que tem sido concretizado pela LPIFD, que faz depender a vigência dos atos jurídico-públicos – de todos os atos jurídico-públicos – da sua prévia publicação no *Diário da República*: "A eficácia jurídica dos atos a que se refere a presente lei depende da sua publicação no *Diário da República*"[1549].

E o cuidado vai até mais longe, prevendo-se a simultaneidade do ato de conhecimento por parte da comunidade com a disponibilização do ato jurídico-público em causa no respetivo sítio na Internet.

Este preceito é bem concludente a tal propósito: "A data do diploma é a da sua publicação, entendendo-se como tal a data do dia em que o *Diário da República* se torna disponível no sítio da Internet, gerido pela Imprensa Nacional-Casa da Moeda, S.A."[1550].

VI. A contrapartida da obrigatoriedade da publicitação dos atos jurídico-públicos, nos termos constitucionais e legais, é a da necessidade de as pessoas da comunidade política não poderem invocar o desconhecimento da lei para se eximirem ao respetivo cumprimento.

O CC é, a este propósito, até bastante incisivo, ao estipular que "A ignorância ou má interpretação da lei não justifica a falta do seu cumprimento nem isenta as pessoas das sanções nela estabelecidas"[1551].

Contudo, esta não é uma regra geral porque em matéria criminal, ou equivalente, a ignorância da lei pode ser relevante para uma situação de erro de Direito, em que se pode desculpar a violação da lei.

[1548] Cfr. Marcelo Rebelo de Sousa, *O valor...*, I, p. 277; J. J. Gomes Canotilho e Vital Moreira, *Constituição...*, pp. 551 e 552; J. J. Gomes Canotilho, *Direito Constitucional*, pp. 949 e 950; Paloma Biglino Campos, *La publicación...*, pp. 64 e ss.; José de Oliveira Ascensão, *O Direito...*, pp. 299 e ss.

[1549] Art. 1º, nº 1, da LPIFD.

[1550] Art. 1º, nº 2, da LPIFD.

[1551] Art. 6º do CC.

VII. O debate em torno da publicitação dos atos do poder público não está hoje mais restringido à questão da divulgação no jornal oficial que a estrutura administrativa do Estado regularmente mantém operacional.

Têm sido muitos os outros esquemas de divulgação do sentido da normação que se vai produzindo, quer através dos meios de comunicação social, quer através dos mecanismos internéticos.

Todavia, por uma questão de fiabilidade do sistema, e não obstante o importante papel que tem sido desempenhado por aqueles meios, é ainda a divulgação pelo jornal oficial o mecanismo considerado obrigatório.

VIII. O *princípio da proteção da confiança pretende instituir um clima de estabilidade entre o poder público e os cidadãos destinatários dos respetivos atos.*

Essa relação de confiança conexiona-se com o problema da aplicação prospetiva ou retroativa daqueles atos jurídico-públicos, numa questão que acaba por ser distinta da questão geral da aplicação no tempo das fontes constitucionais.

Do que se trata agora é de observar as orientações que o Direito Constitucional projeta nas outras fontes do Ordenamento Jurídico, com o objetivo de prosseguir este clima de confiança.

IX. Tal como já sucedeu com a matéria das fontes do Direito em geral, também o CC contém disposição sobre a matéria: "A lei só dispõe para o futuro; ainda que lhe seja atribuída eficácia retroativa, presume-se que ficam ressalvados os efeitos já produzidos pelos factos que a lei se destina a regular"[1552].

Porém, trata-se de uma perspetiva errada – tanto metodológica como normativamente falando – porque em Estado de Direito a quem se comete tal função é ao texto constitucional, não a uma codificação civil, por mais perfeita e completa que seja, ainda por cima feita na vigência de uma outra Ordem Constitucional, a C1933 do Estado Novo.

A função desta norma do CC é, quando muito, interpretativa na dúvida acerca do sentido que se possa atribuir ao preciso momento da entrada em vigor de qualquer fonte em apreço[1553]: só se a fonte infra-constitu-

[1552] Art. 12º, nº 1, do CC.

[1553] Sobre o alcance da aplicação no tempo das fontes normativas segundo o art. 12º do CC, numa perspetiva que é sempre parcial, v. J. Baptista Machado, *Introdução ao Direito...*, pp. 231 e ss.; Jorge Bacelar Gouveia, *Arrendamento urbano...*, pp. 37 e ss.

cional não estipular o alcance da sua vigência, pode daqui inferir-se um entendimento específico.

X. É assim que na CRP encontramos a solução para o problema, dado que o CC não tem força constitucional e deve subordinar-se aos ditames que daquela derivam.

O princípio geral do Direito Constitucional Português é o de que se admite a aplicação retroativa dos atos de poder público, não havendo indicações genéricas no sentido dessa proibição[1554], com isso se mostrando a ambivalência – prospetiva e retroativa – dos atos jurídico-públicos ou das fontes normativas em geral[1555].

A razão de ser para se poder afirmar a existência deste princípio, ainda que escassamente reconhecido na doutrina, reside no facto de a atribuição de poder normativo às fontes de Direito que a CRP estabelece não ser feita com qualquer limitação de aplicação temporal, pressupondo-se que a concessão de um poder normativo – legislativo ou qualquer outro – sem qualquer restrição deste teor implica a concomitante concessão de uma liberdade de aplicação no plano da eficácia temporal dos respetivos atos jurídico-públicos.

[1554] Ao contrário da máxima romana segundo a qual, algo poeticamente, se dizia *Ianus in legibus non placuit*. Aquela verificação pode, contudo, ser criticada porque o Direito, por essência, só deve ter efeitos futuros – e nunca efeitos passados – se pretende levar a cabo, eficazmente, a sua missão ordenadora, por definição só possível, pelo menos no plano comportamental, perante atuações cujo significado jurídico antecipadamente se conheça: "Os comportamentos passados não podem ser objeto de qualquer valoração no plano de um dever-ser funcionalmente útil" (Jorge Bacelar Gouveia, *Considerações...*, p. 56).

[1555] Referindo este princípio geral constitucional de retroação dos efeitos dos atos jurídico-públicos, Rita Amaral Cabral, *Retroactividade*, in DJAP, VII, Lisboa, 1996, pp. 287 e 288; Jorge Bacelar Gouveia, *O estado de exceção...*, II, p. 1013, e *Arrendamento urbano...*, p. 43; José de Oliveira Ascensão, *O Direito...*, pp. 552 e 553.

Apenas dubitativamente, J. J. Gomes Canotilho e Vital Moreira, *Constituição...*, p. 153, dizendo ainda J. J. Gomes Canotilho (*Direito Constitucional e Teoria...*, p. 260) que o princípio da irretroatividade inequivocamente existe no domínio das restrições dos direitos, liberdades e garantias.

XI. Unicamente encontramos algumas limitações parcelares quando estamos em face de realidades determinadas, as quais incluem os seguintes casos[1556]:

- a *irretroatividade das leis restritivas dos direitos, liberdades e garantias*: a qual se dirige diretamente aos atos legislativos e aos atos executórios desses atos legislativos, abrangendo os diversos graus possíveis de retroatividade, da máxima à mínima[1557];
- a *irretroatividade da lei penal incriminadora*: expressamente reconhecida na CRP, com larga tradição depois do dealbar do Constitucionalismo, aplicando-se tanto à descrição dos factos típicos como à imposição das penas, a qual admite qualquer grau de retroatividade e tem como importante exceção a aplicação retroativa sistemática da lei penal mais favorável[1558];
- *a irretroatividade da lei penal processual através do princípio do juiz legal*: intimamente conexo com o Direito Penal Substantivo, este princípio de Direito Processual Penal acolhe uma orientação de não retroatividade, determinando que a competência jurisdicional,

[1556] Quanto a estas manifestações da relevância constitucional da irretroatividade, v. J. Baptista Machado, *Introdução ao Direito...*, pp. 227 e ss.; J. J. Gomes Canotilho, *Direito Constitucional*, pp. 375 e 376; Jorge Bacelar Gouveia, *Considerações...*, p. 56, *A irretroactividade...*, pp. 67 e 68, e *Arrendamento urbano...*, pp. 42 e ss.; Paulo Otero, *Lições...*, pp. 200 e ss.; José de Oliveira Ascensão, *O Direito...*, pp. 552 e 553.

[1557] Cfr. o art. 18º, nº 3, segunda parte, da CRP. Cfr. António Nadais, *Lei-medida...*, pp. 67 e 68; José Casalta Nabais, *Jurisprudência do Tribunal Constitucional em matéria fiscal*, in AAVV, *Estudos sobre a jurisprudência do Tribunal Constitucional*, Lisboa, 1993, p. 277; J. J. Gomes Canotilho, *Direito Constitucional*, p. 375; Jorge Bacelar Gouveia, *Considerações...*, p. 56, e *Arrendamento urbano...*, pp. 46 e ss.; Rita Amaral Cabral, *Retroactividade*, p. 288; Jorge Miranda, *Manual...*, IV, p. 339.

[1558] Cfr. o art. 29º, nºs 1 e 3, da CRP. Cfr. J. Baptista Machado, *Introdução ao Direito...*, pp. 228 e ss.; António Menezes Cordeiro, *Lei...*, p. 1064; Teresa Pizarro Beleza, *Direito Penal*, I, 2ª ed., Lisboa, 1985, p. 383; Manuel Cavaleiro de Ferreira, *Lições de Direito Penal*, I, Lisboa, 1992, pp. 66 e ss.; José Casalta Nabais, *Jurisprudência...*, p. 277; J. J. Gomes Canotilho, *Direito Constitucional*, p. 375; Paulo Otero, *Ensaio sobre o caso julgado inconstitucional*, Lisboa, 1993, pp. 51 e 52; Américo A. Taipa de Carvalho, *Sucessão de leis penais*, 2ª ed., Coimbra, 1997, pp. 65 e ss.; Marcelo Rebelo de Sousa e Sofia Galvão, *Introdução...*, p. 76; Rita Amaral Cabral, *Retroactividade*, pp. 287 e 288; Jorge Bacelar Gouveia, *Considerações...*, p. 56, e *O estado de exceção...*, II, pp. 922 e ss.

nesta matéria, tenha de estar definida até ao momento do cometimento do delito[1559];

- a *irretroatividade da lei fiscal de tributação positiva*: com a revisão constitucional de 1997[1560], o Direito Constitucional Fiscal contou com a novidade, de inequívoco reforço da posição dos contribuintes[1561], da proibição da retroatividade da lei fiscal[1562];

[1559] Cfr. o art. 32º, nº 9, da CRP. Cfr. J. J. GOMES CANOTILHO e VITAL MOREIRA, *Constituição...*, p. 207; GERMANO MARQUES DA SILVA, *Curso de Processo Penal*, I, Lisboa/São Paulo, 1993, pp. 50 e ss.

[1560] Cfr. o art. 103º, nº 3, segunda parte, da CRP. Cfr. JORGE BACELAR GOUVEIA, *Considerações...*, p. 56, e *A irretroatividade da norma fiscal na Constituição Portuguesa*, in CTF, nº 387, Lisboa, julho-setembro de 1997, pp. 64 e ss.

Amplamente propiciada pelo silêncio da CRP até 1997 sobre a eventual proibição de leis fiscais de incidência com carácter retroativo, já antes a doutrina constitucional portuguesa chegaria, relativamente ao Direito Fiscal, a uma conclusão geral sobre a proscrição da retroatividade da norma fiscal com valor constitucional. Precisamente pondo cobro a estas dúvidas, com base na existência de alguns exemplos de Direito Constitucional Fiscal Comparado, sugerimos que a revisão constitucional de 1997 contivesse uma alusão expressa a essa proibição.

Cfr. JORGE BACELAR GOUVEIA, *Considerações...*, p. 70; do mesmo modo o propondo expressamente, NUNO SÁ GOMES, *Subsídios para a revisão da Constituição Fiscal portuguesa*, in CTF, nº 381, janeiro-março de 1996, p. 27.

[1561] Defendendo a irretroatividade da lei fiscal antes da revisão constitucional de 1997, em termos gerais, ANTÓNIO MENEZES CORDEIRO, *Lei...*, p. 1065, havendo ainda que contar com composições mais específicas:

a) seja por referência ao princípio do Estado de Direito em geral – como fazem, genericamente, J. J. GOMES CANOTILHO e VITAL MOREIRA, *Constituição...*, p. 460, e MARCELO REBELO DE SOUSA e SOFIA GALVÃO, *Introdução...*, p. 76 – ora por alusão ao particular princípio da proteção da confiança, tanto pela defesa de outros valores constitucionais eventualmente justificativos da retroactividade – J. L. SALDANHA SANCHES, *A segurança jurídica no Estado Social de Direito – conceitos indeterminados, analogia e retroactividade no Direito Tributário*, Lisboa, 1985, pp. 351 e ss. – ou na esteira do Tribunal Constitucional – JOSÉ CASALTA NABAIS, *Jurisprudência...*, p. 277, e *O dever fundamental de pagar impostos*, Coimbra, 1998, pp. 394 e ss., e J. J. GOMES CANOTILHO, *Direito Constitucional*, pp. 376 e 377;

b) seja por alusão à proibição das leis restritivas de direitos, liberdades e garantias – PEDRO SOARES MARTÍNEZ, *Direito Fiscal*, 7ª ed., Coimbra, 1993, p. 156;

c) seja pelo princípio da legalidade, de acordo com a ideia de que a reserva de lei dos elementos essenciais do imposto logo o inculcaria – CARLOS PAMPLONA CORTE-REAL, *Curso de Direito Fiscal*, I, Lisboa, 1981, p. 130, e *As garantias dos contribuintes*, Lisboa, 1986, p. 32; ALBERTO AMORIM PEREIRA, *Noções de Direito Fiscal*, Porto, 1983, p. 61; DOMINGOS PEREIRA DE SOUSA, *As garantias dos contribuintes*, Lisboa, 1991, p. 82; CAMILO CIMOURDAIN DE OLIVEIRA, *Lições de Direito Fiscal*, 5ª ed., Porto, 1993, pp. 97 e 98; NUNO SÁ GOMES, *Manual*

– a *irretroatividade dos efeitos da declaração de inconstitucionalidade com a formação do caso julgado*: a destruição de um ato jurídico por inconstitucionalidade, em aplicação deste princípio, fica limitada à salvaguarda do caso julgado, admitindo-se, no entanto, algumas exceções ligadas a normas mais favoráveis dentro de certo condicionalismo[1563].

Em contrapartida, casos há em que a CRP impõe a aplicação retroativa de fontes normativas, em atenção a especiais características, como

de Direito Fiscal, II, 2ª ed., Lisboa, 1998, pp. 423 e ss., *Subsídios...*, pp. 26 e 27, e *O princípio da segurança jurídica na criação e aplicação do tributo*, in *Estudos sobre a segurança jurídica na tributação e as garantias dos contribuintes*, Lisboa, 1993, pp. 36 e 37.

Com outras fundamentações: ora por referência a um sistema de tutela efetiva, com apelo a elementos de natureza orçamental, Vasco Branco Guimarães, *Retroactividade da lei fiscal – admissibilidade e limites*, Lisboa, 1993, pp. 84 e 85; ora segundo uma conceção mista na conjunção dos princípios do Estado de Direito e da igualdade, Manuel Pires, *Direito Fiscal – apontamentos*, Lisboa, 1979-1980, pp. 214 e ss.

Rejeitando a existência dessa proibição da retroatividade da norma fiscal, até à revisão de 1997, é de referir os nomes de António de Sousa Franco, *A revisão da Constituição económica*, in ROA, ano 42, setembro-dezembro de 1982, p. 30, e de António Braz Teixeira, *Princípios de Direito Fiscal*, I, 3ª ed., Coimbra, 1989, pp. 153 e 154.

1562 No plano da jurisprudência do Tribunal Constitucional, esta questão ganhou uma acuidade especial em 1983, altura em que foi criado um imposto extraordinário pelo DL nº 37/83, de 21 de outubro.

O Tribunal Constitucional não se decidiria pela inconstitucionalidade: o Ac. nº 11/83 do Tribunal Constitucional, de 12 de outubro de 1983 (in ATC, 1º vol., Lisboa, 1983, pp. 11 e ss.).

Esse sentido seria retomado, mais tarde, pelos acs. nºs 66/84 e 141/85 do Tribunal Constitucional, respetivamente, de 3 de julho de 1984 (in ATC, 4º vol., Lisboa, 1984, pp. 35 e ss.) e de 25 de julho de 1985 (in ATC, 6º vol., Lisboa, 1985, pp. 39 e ss).

Em geral, nunca se considerou que se tivesse posto em causa, de um modo intolerável, o subprincípio da confiança inserto no princípio do Estado de Direito.

Cfr. a resenha mais geral e também elogiosa dessa jurisprudência de José Manuel M. Cardoso da Costa, *O enquadramento constitucional do Direito dos impostos em Portugal: a jurisprudência do Tribunal Constitucional*, in AAVV, PC, II, Coimbra, 1997, pp. 414 e ss. Cfr. também Jorge Bacelar Gouveia, *A irretroatividade...*, pp. 56 e ss.

1563 Cfr. o art. 282º, nº 3, da CRP. Cfr. António Menezes Cordeiro, *Problemas de aplicação...*, p. 376, e *Lei...*, pp. 1064 e 1065; Rita Amaral Cabral, *Retroactividade*, p. 288; Rui Carlos Pereira, *A relevância da lei penal inconstitucional de conteúdo mais favorável ao arguido*, in RPCC, ano I, nº 1, janeiro-março de 1991, pp. 55 e ss.; J. J. Gomes Canotilho e Moreira, *Constituição...*, p. 1041; Paulo Otero, *Ensaio...*, pp. 47 e ss.; Vitalino Canas, *Introdução às decisões...*, pp. 137 e ss.

sucede no caso da lei penal posterior mais favorável em relação a factos regulados por lei penal anterior mais gravosa: diz a CRP que "Ninguém pode sofrer pena ou medida de segurança mais graves do que as previstas no momento da correspondente conduta ou da verificação dos respetivos pressupostos, aplicando-se retroativamente as leis penais de conteúdo mais favorável ao arguido"[1564].

XII. Além destas indicações particulares de tipo impositivo, o princípio do Estado de Direito tem sido diretamente invocado, fora daqueles casos, quando fica em causa a proteção da confiança, com base na aplicação retroativa de fontes normativas, alargando os âmbitos proibitivos que dali resultam.

A aplicação deste princípio da proteção da confiança tem-se apoiado em dois requisitos fundamentais:

- por um lado, *a frustração de legítimas expectativas criadas*, que se traduz na mudança de regimes jurídicos previamente estabelecidos, em conexão direta com o recorte das posições jurídicas dos cidadãos;
- por outro lado, *a necessidade de essa mudança ser legítima em função de um forte interesse público que a justifique*, não podendo ser o produto de uma vontade arbitrária, discricionária ou mesmo caprichosa, apresentando-se neste caso como excessiva[1565].

Nesta vertente, *o princípio do Estado de Direito tem uma óbvia implicação com a aplicação das leis no tempo, impondo limitações à sua aplicação retroativa.*

Por força deste princípio, *certas aplicações retroativas – e não todas elas – ficam sendo ilegítimas*[1566]*, proscrevendo-se a modificação das legítimas expectativas dos cidadãos.*

[1564] Art. 29º, nº 4, da CRP.

[1565] Cfr. o art. 2º da CRP. Reduzindo a questão apenas ao momento liberal, de reação contra o Estado Absoluto, no qual o "...poder político absoluto representava uma justificação suficiente para o reexame de eventos passados", RITA AMARAL CABRAL, *Retroactividade*, p. 287.

[1566] J. J. GOMES CANOTILHO e VITAL MOREIRA (*Constituição...*, p. 63) são, a este propósito, muito claros, ao dizerem que tal princípio integra "...limitações à admissibilidade de leis retroativas", o que não pode equivaler à sua total proibição.

Por seu lado, J. J. GOMES CANOTILHO (*Direito Constitucional e Teoria...*, p. 262) escreve que "A resposta, em geral, aponta para uma menor intensidade normativa do princípio nas hipó-

Em que condições? Precisamente quando configurem hipóteses de prepotência ou arbítrio do poder público, surgindo aos olhos da comunidade como caprichosas e desprovidas de justificação material bastante.

XIII. Este tem sido um princípio constitucional por diversas vezes já densificado pelo Tribunal Constitucional Português[1567], tendo o caso mais relevante certamente sido o do imposto retroativo de 1983 e, em geral, a questão da retroatividade da lei fiscal.

Na versão do texto constitucional de então, nenhuma regra existia – cenário que hoje é totalmente distinto, havendo norma direta sobre o assunto – estabelecendo a proibição da aplicação retroativa de normas fiscais.

Não se tendo considerado aplicável o regime das restrições de direitos, liberdades e garantias, dada a dúvida sobre o caráter restritivo dos impostos, que simultaneamente configuravam um dever fundamental, os juízes constitucionais chamaram à colação o princípio do Estado de Direito, tendo concluído pela ausência da respetiva violação:

– a Comissão Constitucional escreveu que "...a Constituição não garante a irretroatividade da lei fiscal, de uma forma global e genérica, acontecendo, porém, que a retroatividade pode ser constitucionalmente ilegítima, em certos casos, nos termos ditos, sobretudo naqueles casos em que a retroatividade se mostre manifestamente

teses de «retroatividade inautêntica» (também chamada retrospetividade) do que nos casos de verdadeira retroactividade".

Noutra formulação, Jorge Miranda (*Manual*..., IV, p. 204) sublinha que decorre do princípio do Estado de Direito "A proibição de lei retroativa – para lá de lei restritiva de direitos, liberdades e garantias, de lei penal incriminadora e de lei definidora de competência do tribunal – que viole de forma intolerável a segurança jurídica e a confiança das pessoas, designadamente de lei tributária retroativa nessas condições".

Cumpre ainda referir a alusão de Rita Amaral Cabral (*Retroactividade*, p. 288), para quem "...a jurisprudência constitucional amplia esta proibição, não admitindo que seja atingido direito anteriormente constituído desde que tal afecte o princípio da tutela da confiança, pressuposto da ideia do Estado de Direito Democrático".

[1567] Para uma extensa resenha desta importante jurisprudência, v. Jorge Miranda, *Manual*..., IV, pp. 204 e 204, e J. J. Gomes Canotilho, *Direito Constitucional*..., pp. 260 e ss.

ofensiva das exigências da proteção da confiança do contribuinte, exigências que o Estado de Direito democrático postula"[1568];

– o Tribunal Constitucional referiu que "...se o princípio da proteção da confiança, ínsito na ideia de Estado de Direito Democrático, não exclui em absoluto a possibilidade de leis fiscais retroativas, exclui-a seguramente quando se esteja perante uma retroatividade *intolerável*, que afete de forma *inadmissível e arbitrária* os direitos e expectativas legitimamente fundados dos cidadãos contribuintes"[1569].

XIV. Mais recentemente, o entendimento do Tribunal Constitucional, considerando outras questões, tem estabilizado no sentido de a retroatividade ser intolerável quando em face destas duas situações típicas, tal como se escreve no Ac. nº 287/90 do Tribunal Constitucional[1570]:

– "a afetação de expetativas, em sentido desfavorável, será inadmissível quando constitua uma mutação da Ordem Jurídica com que, razoavelmente, os destinatários das normas delas constantes não possam contar";
– "quando não for aditada pela necessidade de salvaguardar direitos ou interesses constitucionalmente protegidos que devam considerar-se prevalecentes...".

Neste mesmo aresto, noutra fórmula lapidar, o Tribunal Constitucional referiu-se mesmo ao arrendamento, admitindo a sua modificação retroativa: "Não há, com efeito, um direito à não-frustração de expectativas jurídicas ou a manutenção do regime legal em relações jurídicas duradouras ou relativamente a factos complexos já parcialmente realizados. Ao legislador não está vedado alterar o regime do casamento, do arrendamento, do funcionalismo público ou das pensões, por exemplo, ou a lei por que se regem processos pendentes. Cabe saber se se justifica ou não na hipótese da parte dos sujeitos de direito ou dos agentes um «inves-

[1568] Par. nº 14/82 da Comissão Constitucional, de 22 de abril, in PCC, 19º vol., Lisboa, 1984, p. 197.

[1569] Ac. nº 11/83 do Tribunal Constitucional, de 12 de outubro, in ATC, 1º vol., Lisboa, 1983, p. 25.

[1570] Segundo a fórmula sintética do Ac. nº 287/90 do Tribunal Constitucional, de 30 de outubro, in ATC, 17º vol., Lisboa, 1990, p. 176. Cfr. Jorge Miranda, *Manual...*, IV, p. 205.

timento na confiança» na manutenção do regime legal – para usar uma expressão da jurisprudência constitucional alemã atrás referida. Valem aqui, por maioria de razão, as considerações que a jurisprudência deste Tribunal, atrás referida, tem feito ao negar uma proibição genérica de retroatividade".

E o Tribunal Constitucional ainda acrescentaria: "Tal é particularmente claro quando o sacrifício das expectativas anteriores resulta de uma imprevisível alteração das circunstâncias: como na doutrina privatística da base negocial, não há então lugar à manutenção das expectativas. Assim, por exemplo, medidas legislativas de política económica conjuntural poderão ser alteradas, com frustração de expectativas, se a conjuntura económica mudar ou se, mesmo sem essa mudança, mudar a orientação geral da política económica em consequência de mudança de Governo, constitucionalmente previsível. Nada dispensa a ponderação na hipótese do interesse público na alteração da lei em confronto com as expectativas sacrificadas"[1571].

XV. Os últimos anos em que Portugal viveu uma profunda crise económico-financeira, no âmbito do PAEF – Programa de Assistência Económico-Financeira, foram ocasião para algumas importantes decisões do Tribunal Constitucional na aplicação deste princípio da proteção da confiança.

Cumpre realçar uma delas, na qual se concluiu pela violação daquele princípio, numa lógica em que as alterações legislativas tinham de se inserir numa reforma estrutural e global para respeitar esse sentimento de confiança: "Nessas circunstâncias, será o sistema e o seus valores, designadamente a garantia da sua sustentabilidade e a sua equidade interna, a conferir sentido aos sacrifícios impostos aos respetivos beneficiários, desse modo justificando-os e legitimando-os à luz do princípio da tutela da confiança"[1572].

[1571] Ac. nº 287/90 do Tribunal Constitucional, in ATC, 17º vol., Lisboa, 1990, pp. 176 e 177.

[1572] Cfr. o Ac. nº 862/2013 do Tribunal Constitucional, de 19 de dezembro de 2013, publicado no DR, I S, nº 4, de 7 de janeiro de 2014, p. 43.

197. O princípio da igualdade

I. O *princípio da igualdade* é ainda realidade forçosamente presente no amplo princípio do Estado de Direito[1573], desta feita[1574] voltando a ter uma incidência material[1575].

[1573] Sobre o princípio da igualdade em geral na CRP, v. ANA PRATA, *A tutela constitucional da autonomia privada*, Coimbra, 1982, pp. 93 e ss.; A. CASTANHEIRA NEVES, *O instituto dos «assentos»*..., pp. 118 e ss.; J. J. GOMES CANOTILHO, *Constituição dirigente*..., pp. 380 e ss., e *Direito Constitucional*, pp. 562 e ss.; ISALTINO MORAIS, JOSÉ MÁRIO F. DE ALMEIDA e RICARDO L. LEITE PINTO, *Constituição*..., pp. 46 e 47; JORGE MIRANDA, *Igualdade, princípio da*, in Pol., III, Lisboa, 1985, pp. 404 e ss., *Igualdade*, in DJAP, V, Lisboa, 1993, pp. 105 e ss., e *Manual*..., IV, pp. 221 e ss.; ALMENO DE SÁ, *Administração do Estado, Administração Local e princípio da igualdade no âmbito do estatuto de funcionário*, Coimbra, 1985, pp. 69 e ss.; JOÃO MARTINS CLARO, *O princípio da igualdade*, in AAVV, NDAC, Lisboa, 1986, pp. 31 e ss.; MARIA DA GLÓRIA FERREIRA PINTO, *Princípio da igualdade – fórmula vazia ou fórmula «carregada» de sentido?*, in BMJ, nº 358, 1986, pp. 19 e ss.; RUI CARLOS PEREIRA, *O princípio da igualdade em Direito Penal*, in OD, ano 120º, I-II, janeiro-junho de 1989, pp. 116 e ss.; FERNANDO ALVES CORREIA, *O plano urbanístico e o princípio da igualdade*, Coimbra, 1989, pp. 393 e ss.; TERESA PIZARRO BELEZA, *Mulheres, Direito, crime ou a perplexidade de Cassandra*, Lisboa, 1990, pp. 109 e ss.; J. J. GOMES CANOTILHO e VITAL MOREIRA, *Constituição*..., pp. 125 e ss.; MARCELO REBELO DE SOUSA, *Lições de Direito Administrativo*, I, Lisboa, 1999, pp. 147 e ss.; JOSÉ OSVALDO GOMES, *Expropriações por utilidade público, Lisboa, 1997*, pp. 113 e ss.; MÁRIO JOÃO FERNANDES e ALEXANDRE SOUSA PINHEIRO, *O art. 13º da Constituição, um 11º mandamento?*, in RJ, nº 20, novembro de 1996, pp. 189 e ss.; JOSÉ CASALTA NABAIS, *O dever*..., pp. 41 e ss.; JORGE BACELAR GOUVEIA, *A inconstitucionalidade da discriminação remuneratória das carreiras médicas prestadas em tempo completo*, in *Estudos de Direito Público*, vol. II, Lisboa, 2002, pp. 430 e ss., e *A importância da Lei nº 134/99 no novo Direito Português da Igualdade Social*, in AAVV, *A aplicação da Lei Anti-Discriminação – Lei nº 134/99, de 28 de Agosto – Actas de Seminário Técnico*, Lisboa, 2000, pp. 10 e ss.; ENRIQUE ÁLVAREZ CONDE, *Curso*..., I, pp. 311 e ss.; VERA LÚCIA CARAPETO RAPOSO, *O Poder de Eva – o princípio da igualdade no âmbito dos direitos políticos; problemas suscitados pela discriminação positiva*, Coimbra, 2004, pp. 241 e ss.; BENEDITA MAC CRORIE, *A vinculação dos particulares aos direitos fundamentais*, Coimbra, 2005, pp. 41 e ss.

[1574] Do ponto de vista da análise da jurisprudência, é de referir o trabalho de JOSÉ CASALTA NABAIS, *Les droits fondamentaux dans la jurisprudence du Tribunal Constitutionnel*, in AAVV, JCP, Paris, 1989, pp. 245 e ss.

[1575] No estrangeiro, com diferentes linhas metodológicas para o tratamento do princípio da igualdade, de literatura praticamente inesgotável, v., de entre outros, MANLIO MAZZIOTTI DI CELSO, *Lezioni*..., II, pp. 69 e ss.; GREGORIO PECES-BARBA, *Los valores superiores*, Madrid, 1986, pp. 148 e ss., e *Curso*..., pp. 283 e ss.; CLAUDE-ALBERT COLLIARD, *Libertés*..., pp. 209 e ss.; EKKEHART STEIN, *Staatsrecht*, pp. 238 e ss.; ULRICH BATTIS e CHRISTOPH GUSY, *Einführung*..., pp. 452 e ss.; ALBERT BLECKMANN, *Staatsrecht II*..., pp. 519 e ss.; BODO PIEROTH e BERNHARD SCHLINK, *Grundrechte*..., pp. 111 e ss.; KONRAD HESSE, *Grundzüge*..., pp. 168 e ss.; FAUSTO CUOCOLO, *Istituzioni*..., pp. 695 e ss.; JUAN A. GONZÁLEZ CALDERÓN, *Curso*..., pp. 149

Só que o princípio da igualdade em muito transcende a dimensão constitucional, situando-se como um dos princípios constitutivos da ideia de sistema jurídico, sem a qual o mesmo nem sequer poderia conceber-se[1576].

De resto, a CRP, não obstante a localização sistemática da formulação do princípio da igualdade na Parte I relativa aos direitos fundamentais, acaba por lhe dar essa mesma genérica relevância, ao referir-se a quaisquer situações jurídicas, mesmo que não jurídico-constitucionais[1577].

II. O princípio da igualdade reside numa relação triangular, na qual se confrontam as realidades em comparação, sob o prisma da disciplina jurídica que se quer estabelecer.

Nestes termos, o princípio da igualdade vai assumir duas dimensões distintas, mas absolutamente complementares:

- *uma dimensão igualizadora: tratar igualmente o que é igual*;
- *uma dimensão diferenciadora: tratar diferenciadamente o que é desigual.*

O ponto focal do princípio da igualdade reside na apreciação material da diferença ou da identidade das situações sob o ponto de vista da disciplina jurídica a que ficam sujeitas, devendo surgir justificada numa apreciação valorativa e não meramente naturalística.

III. A CRP é sensível, em diversos dos seus preceitos, ao princípio da igualdade, mas a formulação mais solene e geral de todas consta do respetivo art. 13º, que contém, desta perspetiva, dois incisos fundamentais:

- a *imposição geral da igualdade*: "Todos os cidadãos têm a mesma dignidade social e são iguais perante a lei"[1578];

e ss.; Robert Alexy, *Teoría de los...*, pp. 381 e ss.; Theodor Maunz e Reinhold Zippelius, *Deutsches...*, pp. 202 e ss.; Giovanni Sartori, *Elementi de Teoria Politica*, 2ª ed., Bologna, 1990, pp. 71 e ss.; Celso Ribeiro Bastos, *Curso...*, pp. 187 e ss.; José Afonso da Silva, *Curso...*, pp. 210 e ss.

1576 Assim, Claus-Wilhelm Canaris, *Pensamento sistemático...*, pp. 9 e ss.

1577 Cfr. a primeira parte do art. 13º, nº 2, da CRP.

1578 Art. 13º, nº 1, da CRP.

- *a proibição do tratamento arbitrário e discriminatório, negativo e positivo*: "Ninguém pode ser privilegiado, beneficiado, prejudicado, privado de qualquer direito ou isento de qualquer dever..."[1579].

IV. Ainda em sede geral, a CRP vai um pouco mais longe e ajuda o intérprete-aplicador do princípio da igualdade, fornecendo-lhe uma listagem de critérios ou índices que, *a priori*, não considera legítimos para fundar um tratamento diferenciado, positivo ou negativo, e que são os seguintes:

- ascendência;
- sexo (ou género);
- raça;
- língua;
- território de origem;
- religião;
- convicções políticas;
- convicções ideológicas;
- instrução;
- situação económica;
- condição social;
- orientação sexual.

Todavia, como tem sido referido, mesmo que literalmente o preceito constitucional em causa não o implicite, este elenco é meramente exemplificativo e é possível aplicar outros critérios para fundar um tratamento desigualitário ilegítimo, ora recorrendo ao conceito geral de igualdade, ora recorrendo a outros preceitos pertinentes em matéria de igualdade.

Este é um caso que bem se exemplifica através do recurso à DUDH, cujo preceito inicial permite ampliar a listagem daqueles critérios, para além de conter um índice geral residual, como sucede com a matéria da "origem nacional" ou com a matéria do "nascimento": "Todos os seres humanos podem invocar os direitos e as liberdades proclamadas na presente Declaração, sem distinção alguma, nomeadamente de raça, de cor, de sexo, de língua, de religião, de opinião política ou outra, de ori-

[1579] Art. 13º, nº 2, primeira parte, da CRP.

gem nacional ou social, de fortuna, de nascimento ou de qualquer outra situação"[1580].

198. O princípio da proporcionalidade

I. O *princípio da proporcionalidade* não pode finalmente ser postergado dentro da ideia geral do princípio do Estado de Direito como mais uma dimensão material do mesmo.

A configuração do princípio da proporcionalidade[1581] assenta numa limitação material interna[1582] à atuação jurídico-pública de caráter discri-

[1580] Art. 2º, § 1º, da DUDH.

[1581] Quanto ao princípio da proporcionalidade em geral, no Direito Constitucional e no Direito Administrativo, v., de entre outros, J. J. GOMES CANOTILHO, *O problema da responsabilidade do Estado por actos lícitos*, Coimbra, 1974, pp. 333 e 334, *Direito Constitucional*, pp. 382 e ss., e *Direito Constitucional e Teoria...*, pp. 266 e ss.; PETER SALADIN, *Grundrechte im Wandel – Die Rechtsprechung des Schweizerischen Bundesgerichts zu den Grundrechten in einer sich ändernden Umwelt*, 3ª ed., Bern, 1982, pp. 355 e ss.; JÖRG PAUL MÜLLER, *Eléments pour une théorie suisse des droits fondamentaux*, Berne, 1983, pp. 137 e ss.; HUMBERTO QUIROGA LAVIÉ, *Curso...*, pp. 40 e ss.; DIOGO FREITAS DO AMARAL, *Direito Administrativo*, II, Lisboa, 1988, pp. 202 e ss.; MARCELO REBELO DE SOUSA, *O valor...*, I, pp. 123 e 124, e *Lições...*, I, pp. 146 e 147; NICOLAS GONZÁLEZ-CUELLAR SERRANO, *Proporcionalidad y derechos fundamentales en el proceso penal*, Madrid, 1990, pp. 37 e ss.; FERNANDO ALVES CORREIA, *O plano urbanístico...*, pp. 441 e ss.; WILLIAM WADE, *Administrative Law*, 6ª ed., Oxford, 1992, pp. 395 e ss.; ROBERT ALEXY, *Teoría de los...*, pp. 111 e ss.; PAULO BONAVIDES, *O princípio constitucional da proporcionalidade e a proteção dos direitos fundamentais*, in RFDUFMG, nº especial comemorativo do centenário, 1994, pp. 279 e ss.; VITALINO CANAS, *Proporcionalidade (princípio da)*, in DJAP, VI, Lisboa, 1994, pp. 591 e ss., e *O princípio da proibição do excesso na Constituição: arqueologia e aplicações*, in AAVV, PC, II, Coimbra, 1997, pp. 323 e ss.; ANTÓNIO FRANCISCO DE SOUSA, *"Conceitos indeterminados" no Direito Administrativo*, Coimbra, 1994, pp. 228 e ss.; WILLIS SANTIAGO GUERRA FILHO, *Notas em torno ao princípio da proporcionalidade*, in AAVV, PC, I, Coimbra, 1996, pp. 249 e ss.; PAULO OTERO, *Lições...*, pp. 163 e ss.; JORGE BACELAR GOUVEIA, *O estado de exceção...*, II, pp. 825 e ss.; JORGE MIRANDA, *Manual...*, IV, pp. 205 e ss.

[1582] O princípio da subsidiariedade igualmente se apresenta conexo com o da proporcionalidade, sobretudo na vertente do subprincípio da necessidade.

Sobre o princípio da subsidiariedade no plano administrativo, v. JORGE CORTÊS, *Região administrativa*, in DJAP, VII, Lisboa, 1996, p. 123.

Acerca deste princípio no Direito da União Europeia, v. CLEMENS STEWING, *Subsidarität und Föderalismus in der Europäischen Union*, Köln/Berlin/Bonn/München, 1992, pp. 97 e ss.; STEFAN ULRICH PIEPER, *Subsidarität – Ein Beitrag zur Begrenzung der Gemeinschaftskompetenzen*, Köln/Berlin/Bonn/München, 1994, pp. 248 e ss.; ANA MARIA GUERRA MARTINS, *O art. 235º*

cionário[1583], contendo os efeitos excessivos que eventualmente se apresentem na edição das providências de poder público de cariz ablatório para os respetivos destinatários[1584].

II. O princípio da proporcionalidade começou por ser apenas uma orientação constringente das atuações agressivas do poder público no âmbito da esfera dos cidadãos, fornecendo um esquema intelectual-jurídico de aferição do cumprimento de determinados requisitos e estruturando-se sobretudo no âmbito do Direito Administrativo de Polícia.

Mas rapidamente tal princípio ocuparia outros setores da atuação jurídico-administrativa, não apenas na administração constitutiva como também ao nível dos diversos órgãos do poder público.

Só recentemente, porém, é que o princípio da proporcionalidade veria a luz do dia na Teoria do Direito Constitucional, aí contudo desempenhando um papel decisivo, mormente na temática dos limites aos direitos fundamentais.

III. O estádio atual do desenvolvimento do princípio da proporcionalidade como elemento decisivo do princípio do Estado de Direito – insuflando, no fim de contas, todo o Direito Público – aceita-se segundo um conjunto de progressivas generalizações que é mister mencionar[1585].

do Tratado da Comunidade Europeia – cláusula de alargamento das competências dos órgãos comunitários, Lisboa, 1995, pp. 201 e ss.; Nuno Ruiz, *O princípio da subsidiariedade e a harmonização de legislações na Comunidade Europeia*, in AAVV, *A União Europeia na Encruzilhada*, Coimbra, 1996, pp. 133 e ss.; Maria Luísa Duarte, *A teoria dos poderes...*, pp. 400 e ss.; Miguel Mendes Pereira, *O direito de informação na televisão face ao Direito Comunitário*, in ROA, ano 56, III, dezembro de 1996, pp. 1038 e ss.

[1583] Poder discricionário que se apresenta, deste modo, como pressuposto fundamental da aplicação deste princípio, na medida em que, não se tratando de um poder vinculado, inclui uma margem de escolha que é essencial ao funcionamento deste princípio enquanto limitação substancial a um leque alternativo de atuações jurídicas. Cfr. Vitalino Canas, *Proporcionalidade...*, pp. 616 e 617.

[1584] Salientando a importância do princípio da proporcionalidade como limite, v.g., ao poder conferido pelo estado de exceção, v. Jorge Power Manchego-Muñoz, *Constitución y Estados de excepción*, Lima, 1990, p. 115.

[1585] Para um resumo acerca do percurso doutrinário, jurisprudencial e legislativo do princípio da proporcionalidade, v., por todos, Vitalino Canas, *O princípio da proibição do excesso na Constituição: arqueologia e aplicações*, in AAVV, PC, II, Coimbra, 1997, pp. 325 e ss.

Indubitável é, neste contexto, reconhecer a enorme transcendência da respetiva descoberta científica para a limitação do exercício do poder público, ficando patente, até certo ponto, a própria coerência global do Ordenamento Jurídico[1586].

A proporcionalidade de um efeito jurídico no seio da Ordem Jurídica carece, como pressuposto essencial, de uma ponderação entre os meios que esses efeitos representam e as finalidades que se assinalam à respetiva consecução.

Um ato do poder público é proporcionado se a finalidade que a Ordem Constitucional lhe comete se afigura cabalmente medida no confronto com as opções de seleção e de modelação de intervenção prática que esse meio oferece.

IV. Se bem que a ideia de proporcionalidade imediatamente induza o sentido da proibição de uma atuação jurídico-pública excessiva[1587], ele desdobra-se em três vertentes fundamentais por que se decompõe aquele conceito geral:

a) a adequação (*Geeignetheit*);
b) a necessidade (*Erforderlichkeit*); e
c) a racionalidade ou proporcionalidade em sentido estrito (*Proportionalität*)[1588].

A vertente da *adequação* ilustra a relação de idoneidade que deve existir entre a providência que se pretende tomar e o fim que a mesma se propõe alcançar, através da respetiva regulação parametrizante, fim que legitimamente se considera pertinente: *a providência é adequada se se apresentar apta à obtenção do resultado que lhe foi normativamente destinado*.

A vertente da *necessidade* mostra como, perante uma providência que já se considere adequada, se impõe fazer um juízo a respeito da sua indis-

[1586] Podendo mesmo arvorar-se o princípio da proporcionalidade, neste momento, a princípio geral do Direito. Assim, Jörg Paul Müller, *Eléments...*, p. 138; Vitalino Canas, *Proporcionalidade...*, pp. 634 e ss.

[1587] Daí que muitas vezes este princípio seja designado por princípio da proibição do excesso – *Übermaßverbot*.

[1588] Cfr. Vitalino Canas, *Proporcionalidade...*, pp. 618 e ss.

pensabilidade no leque de providências que, do mesmo modo, sejam equivalentemente consideradas aptas à obtenção do resultado pretendido: *a providência é necessária se outra não houver que seja, do ponto de vista da respetiva lesividade, menos gravosa.*

A vertente da *racionalidade* explicita o teor material da providência enquanto conjunto atomístico de efeitos jurídicos ablativos para a esfera jurídica dos destinatários, determinando uma sua delimitação negativa interna: *a providência é racional caso os efeitos escolhidos, dentro do tipo de medida ou de efeito especificamente considerado adequado e necessário, se apresentem equilibrados, em acordância com uma avaliação entre os custos a suportar e os benefícios a atingir.*

V. A leitura do texto da CRP permite encontrar a positivação do princípio da proporcionalidade em vários dos seus preceitos, com especial realce para o âmbito dos direitos fundamentais[1589], e bem assim nalguns preceitos relativos à organização do poder político.

Porém, o princípio da proporcionalidade surge como um princípio geral do Direito Constitucional sempre que uma atuação ablativa do poder público careça de um juízo de proporcionalidade em relação aos fins que lhe foram normativamente cometidos.

É assim que a invocação direta do preceito constitucional que proclama o princípio do Estado de Direito serve para justificar a respetiva generalização, no mesmo se filiando – como verdadeiro preceito-mãe – quaisquer outras aplicações deste especial princípio constitucional.

[1589] Cfr. os arts. 18º e 19º da CRP.

§ 43º O PRINCÍPIO DO ESTADO REPUBLICANO

199. A autonomização tardia do princípio republicano

I. No contexto do Constitucionalismo, o princípio republicano foi a orientação que mais tempo levou a afirmar-se, sendo certo que nem todos os países optaram por este modelo de organização da sua forma institucional de governo.

Todavia, essa é uma afirmação que não deve deixar de ser relativizada porque o debate atual já não será entre os modelos clássicos, mas antes entre a república que se difundiu e um modo de monarquia constitucional de alcance muito reduzido nas competências que exerce nos sistemas jurídico-constitucionais.

II. Não obstante, a república suscitou ao Constitucionalismo Contemporâneo um segundo fôlego por ser curioso verificar que é tardiamente o século XX que assiste à expansão dos modelos republicanos.

III. Por outro lado, importa ainda frisar que a afirmação do princípio republicano conseguiu dissociar-se das opções, essas mais radicais, entre a democracia e a ditadura, podendo qualquer uma destas conviver com estes regimes, pelo que a distinção deixou de se poder fazer sobrepondo as duas classificações.

200. Portugal como Estado Republicano

I. No caso do Direito Constitucional Português, o princípio republicano concretiza-se logo no facto de haver um Presidente da República, democraticamente legitimado, com um conjunto de competências constitucionais efetivas.

A designação do Presidente da República é feita por eleição, para um mandato de cinco anos. O sistema eleitoral, por causa do caráter unipessoal do órgão, é necessariamente maioritário, mas em duas voltas.

O Presidente da República dispõe de várias competências, para a prática de atos próprios e para a prática de atos relacionados com outros órgãos.

II. Mas o princípio republicano em Portugal não se limita à chefia do Estado, pois que o mesmo se apresenta com um valor geral, tal como o podemos surpreender em diversos dos respetivos preceitos:

- *nos princípios fundamentais*, ao nível do simbólico, Portugal é por duas vezes definido como uma República: "Portugal é uma República soberana..." e "A República Portuguesa é..."[1590], sem esquecer que os símbolos do Estado Português são os símbolos instituídos pela Revolução Republicana de 5 de Outubro de 1910, sinais que exprimem o ideal republicano na sua configuração inicial – as cores verde-rubra da Bandeira Nacional e a letra do Hino Nacional, que é *A Portuguesa*[1591];
- *na organização do poder político*, o sistema político é insuflado por um princípio da temporariedade dos cargos públicos, naquilo que designa por "princípio da renovação": "Ninguém pode exercer a título vitalício qualquer cargo político de âmbito nacional, regional ou local"[1592];
- *na garantia da Constituição*, a forma republicana de governo é um dos limites materiais de revisão constitucional: "As leis de revi-

[1590] Respetivamente, os arts. 1º e 2º, primeira parte, da CRP.

[1591] Cfr. o art. 11º, nºs 1 e 2, da CRP.

[1592] Art. 118º, nº 1, da CRP.

são constitucional terão de respeitar: (...) A forma republicana de governo"[1593].

201. A temporariedade dos cargos públicos em especial

I. A importância do princípio republicano, na modalidade de *temporariedade de cargos públicos,* foi reforçada com a VI revisão constitucional, ao acrescentar-se no respetivo preceito a permissão facultada ao legislador de o melhor densificar: "A lei pode determinar limites à renovação sucessiva de mandatos dos titulares de cargos políticos executivos"[1594].

Foi o que fez a L nº 46/2005, de 29 de agosto, que impôs o número máximo de três mandatos consecutivos aos presidentes dos órgãos executivos das autarquias locais, diploma legal que se acrescenta às duas únicas limitações constitucionais que são especialmente estabelecidas:

- a da proibição da segunda re-eleição do Presidente da República: "Não é admitida a re-eleição para um terceiro mandato consecutivo, nem durante o quinquénio imediatamente subsequente ao termo do segundo mandato consecutivo"[1595]; e
- a da proibição definitiva de re-escolha dos juízes do Tribunal Constitucional: "O mandato dos juízes do Tribunal Constitucional tem a duração de nove anos e não é renovável"[1596].

II. Situação curiosa é a que deriva do facto de nem sempre o Direito Constitucional Português respeitar, na sua totalidade, o princípio republicano, embora não se canse de o afirmar, mesmo ao nível mais solene e efetivo do contexto dos limites materiais de revisão constitucional.

É o que sucede com a composição do Conselho de Estado, órgão de consulta do Chefe de Estado, mas que integra cidadãos que exercem um cargo a título vitalício: "Os antigos Presidentes da República eleitos na vigência da Constituição que não hajam sido destituídos do cargo"[1597].

1593 Art. 288º, al. b), da CRP.
1594 Art. 118º, nº 2, da CRP.
1595 Art. 123º, nº 1, da CRP.
1596 Art. 222º, nº 3, da CRP.
1597 Art. 142º, al. f), da CRP.

A violação do princípio republicano parece evidente por a sua pertença não poder ser temporariamente avaliada numa perspetiva democrática, quer por eleição, quer por decisão de qualquer órgão democrático[1598].

III. Pode pretender encontrar-se uma justificação na circunstância de tal efeito estar associado ao prévio exercício do mandato presidencial, esse obviamente sem qualquer dúvida na sua legitimidade democrática.

É argumento que não convence: o princípio da renovação afere-se em razão de cada cargo público, e não permite de um cargo passar-se a outro, sendo o primeiro temporário e o segundo vitalício, para se achar respeitado, pois no fim de contas alguém, nessas circunstâncias, sempre teria ganho um cargo público vitalício.

Daí que este seja ainda um caso de uma norma constitucional inconstitucional, por razões lógicas, deparando-se com uma disposição, acrescentada pela revisão constitucional de 1982, inválida por obliteração daquela dimensão republicana do exercício dos cargos públicos.

[1598] Quanto aos diversos corolários do princípio republicano, desta perspetiva funcional, v. JORGE MIRANDA, *Órgãos do Estado*, in Pol., IV, Lisboa, 1986, p. 922, *Órgãos do Estado*, in DJAP, VI, Lisboa, 1994, p. 256, *Poder local e princípio republicano*, in *Estudos de Direito Eleitoral*, Lisboa, 1995, pp. 144 e 145, nt. nº 220, e *Ciência Política...*, pp. 165 e ss., admitindo no Conselho de Estado haver uma exceção – e não uma violação desse princípio, como nos parece haver – "Só há uma exceção, desde 1982: os antigos Presidentes da República eleitos na vigência da Constituição e que não hajam renunciado ao cargo fazem parte, por inerência, sem limites, do Conselho de Estado..." (*Ciência...*, p. 167, nt. nº 1), aceitando este autor noutro escrito posterior, com maior clareza, que esse facto constitui a "única derrogação constitucionalmente consentida" (*Conselho...*, 1º sup., p. 83); J. J. GOMES CANOTILHO e VITAL MOREIRA, *Constituição...*, pp. 546 e 612; J. J. GOMES CANOTILHO, *Direito Constitucional*, pp. 483 e ss.

§ 44º O PRINCÍPIO DO ESTADO LAICO

202. Direito, Estado e Religião: modelos e sistemas constitucionais de relação

I. A conceção geral do Estado Contemporâneo tem ainda associado, numa elaboração muito mais recente e que surgiu com o Constitucionalismo e o Liberalismo, *um modo específico de apreciar as relações entre o poder político e o fenómeno religioso*[1599], *no sentido de se consagrar um esquema de separação*, assim se rejeitando modelos de fusão ou de identificação entre eles:

- o modelo da *fusão entre o poder político e o fenómeno religioso*, ora com predomínio do fenómeno religioso – *teocracia* – ora com predomínio do poder político – *cesaropapismo*;
- o modelo da *identificação do poder político com o fenómeno religioso*, mantendo-se as duas estruturas de poder paralelamente, com tratamento igual ou diferenciado das religiões em causa mas com interferências de um sobre o outro.

[1599] Quanto às relações entre o poder político e o poder religioso, v. Jorge Bacelar Gouveia, *A proteção de dados...*, pp. 183 e ss., e *Direito, Religião e Sociedade...*, pp. 20 e ss., e *International Encyclopaedia of Laws – Religion...*, pp. 38 e ss.; AAVV, *Europäisches Datenschutzrecht und die Kirchen* (org. de Gerhard Robbers), Berlin, 1994, pp. 9 e ss.; Dominique Le Tourneau, *O Direito da Igreja...*, pp. 117 e ss.; Paulo Pulido Adragão, *Levar a sério a liberdade religiosa*, Coimbra, 2012, pp. 22 e ss.; Miguel Assis Raimundo, *Direito Administrativo da Religião*, in AAVV, *Tratado de Direito Administrativo Especial* (coord. Paulo Otero e Pedro Gonçalves), VI, Coimbra, 2012, pp. 223 e ss.

II. Está assim ínsito no Constitucionalismo um *programa de neutralidade religiosa do poder político*, aberto às diversas manifestações de religiosidade humana, com isso se reforçando a democraticidade do poder exercido.

Essa não foi, contudo, uma senda uniforme, porquanto em alguns pensadores do Constitucionalismo tal princípio assumiu e assume contornos mais agressivos, diretamente ligados ao *laicismo*, em que se pretende combater a religião, considerada uma manifestação "obscurantista" ou "irracional" da organização coletiva humana, merecendo, por isso, ser abolida.

A separação entre o poder político e as confissões religiosas determina que as finalidades e as tarefas desenvolvidas pelo Estado não possam ser influenciadas por indicações de natureza religiosa[1600].

[1600] Quanto à liberdade religiosa em geral, assim como os diversos modelos de organização das relações entre o poder político e o poder religioso, v. F. V. FOUCART, *Eléments de Droit Public et Administratif*, I, I, 4ª ed., Paris, 1855, pp. 519 e ss.; LÉON DUGUIT, *Manuel...*, pp. 246 e ss.; RAMÓN COMAS, *El Estado y las Iglesias por separado*, Barcelona, 1971, *passim*; ANSELMO BORGES, *Direito à liberdade religiosa*, in AAVV, *Os direitos do homem em Portugal*, Porto, 1974, pp. 23 e ss.; JEAN RIVERO, *Les libertés...*, II, pp. 158 e ss.; PETER SALADIN, *Grundrechte...*, pp. 10 e ss.; IZHAK ENGLARD, *Liberté religieuse et tradition juive en Droit Positif Israelien*, in AAVV, *Les droits de l'homme – droits collectifs ou droits individuels*, Paris, 1980, pp. 37 e ss.; MANLIO MAZZIOTTI DI CELSO, *Lezioni...*, II, pp. 223 e ss.; MARCELLO CAETANO, *Manual de Direito Administrativo*, I, 10ª ed., Coimbra, 1991, pp. 403 e ss.; R. DA COSTA MEIRELES, *Igreja e Estado*, in Pol., III, Lisboa, 1985, pp. 396 e ss.; PIER GIOVANNI CARON, *Corso di Storia dei Rapporti fra Stato e Chiesa*, Milano, 1985, *passim*; CARLOS CORRAL, *Sistemas actuais de relações entre Igreja e Estado*, in Br, 1987, pp. 145 e ss.; LORENZO SPINELLI, *Diritto Ecclesiastico – parte generale*, 2ª ed., Torino, 1987, pp. 265 e ss.; JORGE MIRANDA, *Direitos fundamentais – liberdade religiosa e liberdade de aprender e ensinar*, in DJ, III, 1987/1988, pp. 49 e ss., e *Manual...*, IV, pp. 405 e ss.; BENJAMIN CONSTANT, *Escritos Políticos*, pp. 158 e ss., e *Príncipes de Politique*, Paris, 1997, pp. 139 e ss.; ALBERT BLECKMANN, *Staatsrecht II...*, pp. 617 e ss.; ANTONIO VITALE, *Corso di Diritto Ecclesiastico – ordinamento giuridico e interessi religiosi*, 6ª ed., Milano, 1992, pp. 3 e ss.; BODO PIEROTH e BERNHARD SCHLINK, *Grundrechte...*, pp. 132 e ss.; JORGE DE ESTEBAN e PEDRO J. GONZÁLEZ-TREVIJANO, *Curso...*, II, pp. 48 e ss.; AZHAR CACHALIA, HALTON CHEADLE, DENNIS DAVIS, NICHOLAS HAYSOM, PENUELL MADUNA e GILBERT MARCUS, *Fundamental Rights in the New Constitution*, Cape Town, 1994, pp. 49 e ss.; ANTONIO MARTÍNEZ BLANCO, *Derecho Eclesiástico del Estado*, II, Madrid, 1993, pp. 76 e ss.; JORGE BACELAR GOUVEIA, *A proteção...*, pp. 190 e ss., *A relevância civil...*, pp. 159 e ss., *Objeção de consciência (direito fundamental à)*, in DJAP, VI, Lisboa, 1994, pp. 174 e 175, e *Direito, Religião e Sociedade...*, pp. 23 e ss.; JOÃO MARIA FÉLIX DA COSTA SEABRA, *Liberdade religiosa e concordata*, in AAVV, *A Concordata de 1940 Portugal – Santa Sé*, Lisboa, 1993, pp. 99 e ss.; JÓNATAS MACHADO, *Liberdade religiosa...*, pp. 303 e ss.; A. M. BHATTACHARJEE, *Human rights and freedom of religion*, in AAVV, *Human Rights and the Law – National & Global Perspectives* (org. de VIJAY CHITNIS, C. M. MADAN e M. H. HIRANI), New Delhi, 1997,

Do ponto de vista prático, essa orientação desabrocha em importantes consequências: *não só na ausência de uma religião oficial do Estado como na impossibilidade de as instâncias políticas interferirem nas decisões do foro religioso*, sendo a vice-versa igualmente verdadeira.

III. Contudo, *não se pode considerar a existência de um modelo único de separação cooperativa na relação republicana entre o poder político e o fenómeno religioso*, pelo que importa realçar algumas das suas tonalidades:

- o modelo da *separação cooperativa igualitária*, com relações de colaboração entre o poder político e as diversas religiões, num estrito plano de igualdade;
- o modelo da *separação cooperativa diferenciada*, com relações de cooperação entre o Estado e o fenómeno religioso, mas com um tratamento especial de alguma ou algumas das religiões, em função de critérios objetivos, como o da sua implantação nos seus fiéis ou o do tipo de atividades desenvolvidas.

Em qualquer destes casos, vigoram dois princípios fundamentais: o *princípio da neutralidade religiosa* – o Estado não tem uma religião, não se confundindo com nenhuma delas; o *princípio do pluralismo religioso* – o Estado convive com quaisquer religiões, nenhuma podendo desconsiderar.

IV. Há ainda autores que adicionam um outro esquema, dentro da separação entre o Estado e as confissões religiosas, que é o modelo da *separação absoluta*, pelo qual se proíbe qualquer tipo de relação, por mais igual ou cooperativa que seja.

pp. 69 e ss.; António Marques dos Santos, *Constituição e Direito Internacional Privado – o estranho caso do artigo 51º, nº 3, do Código Civil*, in AAVV, PC, III, Coimbra, 1998, pp. 378 e ss.; Carl Schmitt, *Catolicismo Romano e Forma Política*, Lisboa, 1998, pp. 19 e ss.; Aldir Guedes Soariano, *Liberdade religiosa no Direito Constitucional e Internacional*, São Paulo, 2002, pp. 1 e ss.; Manuel Franco Falcão, *Enciclopédia Católica Popular*, Lisboa, 2004, pp. 273, 282 e 283; Rosa Dionízio Nunes, *Das Relações...*, pp. 81 e ss.; Paulo Ferreira da Cunha, *Direito Constitucional Aplicado*, Lisboa, 2007, pp. 253 e ss.; Jayme Weingartner Neto, *Liberdade Religiosa na Constituição*, Porto Alegre, 2007, pp. 27 e ss.; José Afonso da Silva, *Curso...*, pp. 247 e ss.

Só que o modelo da separação absoluta, teoricamente mais puro na defesa da neutralidade e do pluralismo religioso, *acaba por se transformar num modelo de "confusão" entre o Estado e o fenómeno religioso, dado que se traduz na criação de uma religião estadual "estranha": a do laicismo, ou seja, a "anti-religião", que acaba por ser uma religião negativa, com o precípuo objetivo de aniquilar as religiões positivas estabelecidas.*

Efetivamente, nenhuma separação absoluta pode sobreviver a um mínimo de indagação: a construção de um Estado Laico pressupõe um conjunto mínimo de relações com o fenómeno religioso.

V. A conceção subjacente ao modelo da *separação cooperativa, igualitária ou diferenciada*, entre o Estado e as confissões religiosas não quer forçosamente implicar que entre eles se não possam estabelecer variáveis nexos de entendimento.

E esse entendimento até pode ser desejável, em comunidades de intensa manifestação religiosa, na medida em que o poder político deve olhar para o fenómeno religioso como uma realidade viva e social que muito lhe interessa e em nome da qual assenta a sua razão de ser.

A delimitação dos espaços de inter-relação entre poder político e confissões religiosas não se apresenta num um só figurino, sendo antes possível equacionar diversas velocidades:

- *um espaço mínimo*, de proteção institucional, na medida em que as confissões religiosas tenham direito à proteção da sua existência, jurídica e social, assim como das suas atividades, devendo o Estado prevenir e reprimir eventuais obstáculos e perseguições;
- *um espaço intermédio*, de partilha de responsabilidades sócio-culturais, sendo certo que são múltiplos os campos de atividade em que se regista a coincidência dos fins do Estado e das finalidades identicamente prosseguidas pelas confissões religiosas;
- *um espaço amplo*, de colaboração recíproca, na qual o Estado aceita as atividades de confissões religiosas realizadas com independência do poder estadual, como é o caso dos efeitos civis do casamento ou de outros atos praticados no foro estritamente religioso.

203. A laicidade cooperativa da República Portuguesa

I. Em matéria de relações entre Direito, Estado e Religião, o Direito Constitucional Português aplicou o *modelo de separação cooperativa* entre o poder político e o fenómeno religioso[1601].

Eis uma matéria igualmente relevante do prisma da CRP, que não se coíbe de estabelecer diversas regras e princípios constitucionais:

- *no plano da proteção dos direitos fundamentais*, afirmando a liberdade religiosa e de consciência, com vários patamares de projeção[1602]; e
- *no plano da organização política*, elevando mesmo esta questão ao patamar dos limites materiais à revisão constitucional[1603].

II. O Direito Infra-constitucional, por seu lado, complementou a orientação constitucionalmente traçada pela edição da Lei da Liberdade Religiosa (L nº 16/2001, de 22 de Junho), bem como de muita legislação complementar[1604], genericamente aplicável a todas as religiões, para além da celebração da Concordata entre Portugal e a Santa Sé, assinada em 18 de maio de 2005[1605].

[1601] Caracterizando o sistema português de relação entre o Estado e as confissões religiosas, J. J. Gomes Canotilho e Vital Moreira, *Fundamentos...*, p. 89, e *Constituição...*, pp. 242 e ss.; Jorge Bacelar Gouveia, *A proteção de dados...*, pp. 199 e ss., *Religião e Estado de Direito – uma visão panorâmica*, in AAVV, *Estudos Jurídicos e Económicos em Homenagem ao Prof. Doutor António de Sousa Franco*, I, Lisboa, 2006, pp. 440 e ss., *Direito, Religião e Sociedade...*, pp. 31 e ss., e *International Encyclopaedia of Laws – Religion...*, pp. 37 e ss.; Jorge Miranda, *Manual...*, IV, pp. 416 e ss.; Jorge Miranda e Rui Medeiros, *Constituição...*, I, pp. 445 e ss.; Alejandro Torres Gutiérrez, *El derecho de libertad...*, pp. 205 e ss.; Miguel Assis Raimundo, *Direito Administrativo da Religião*, pp. 267 e ss.

[1602] Cfr. o art. 41º da CRP.

[1603] Cfr. o art. 288º, al. c), da CRP.

[1604] Cfr. Jorge Bacelar Gouveia, *Legislação de Direitos Fundamentais*, pp. 211 e ss.

Cfr., doutrinalmente, José de Sousa e Brito, *A Lei da Liberdade Religiosa: necessidade, características e consequência*, in AAVV, *A Religião no Estado Democrático*, Lisboa, 2007, pp. 13 e ss.; Jorge Bacelar Gouveia, *International Encyclopaedia of Laws – Religion...*, pp. 47 e ss.

[1605] Quanto ao sentido geral da Concordata de 2004, v. António de Sousa Franco, *Princípios gerais da nova Concordata*, in AAVV, *Concordatas Santa Sé – Portugal*, Lisboa, 2004, pp. 7 e ss.; AAVV, *O Direito Concordatário: natureza e finalidades* (org. do Instituto Superior de Direito Canónico da Universidade Católica Portuguesa), Lisboa, 2008; Jorge Bacelar Gouveia, *Direito, Religião e Sociedade...*, pp. 60 e ss., e *International Encyclopaedia of Laws – Religion...*, pp. 41 e ss.

Numa perspetiva organizatória, foi ainda criada a Comissão da Liberdade Religiosa, órgão independente e que exerce uma competência consultiva "...no âmbito da proteção do exercício da liberdade religiosa...", sendo composta por onze membros[1606].

III. No nível dos direitos fundamentais, o preceito fundamental é o da positivação da *liberdade de consciência e de religião*, o qual estabelece, no seu primeiro número, que "A liberdade de consciência, de religião e de culto é inviolável"[1607].

Este direito fundamental vai depois irradiar para outros âmbitos específicos em que se sente a relevância da atividade religiosa[1608]:

- *a título individual*: através da livre atuação das pessoas na expressão da sua fé religiosa, em privado e em público, no culto ou em quaisquer outras manifestações pertinentes;
- *a título institucional*: através da livre criação de associações religiosas, bem como a liberdade da sua organização e atividade, podendo beneficiar da proteção do Estado e da Ordem Jurídica[1609].

[1606] Cfr., respetivamente, os arts. 1º e 4º do DL nº 308/2003, de 10 de Dezembro.

[1607] Art. 41º, nº 1, da CRP.

[1608] Cfr. os arts. 8º e ss. da L nº 16/2001, de 22 de junho.

[1609] Sobre a liberdade de religião e de consciência na CRP, v. António Leite, *A religião no Direito Constitucional Português*, in AAVV, ESC, Lisboa, 1978, pp. 286 e ss.; Pedro Soares Martínez, *Comentários...*, p. 61 e ss.; Isaltino Morais, José Mário F. de Almeida e Ricardo L. Leite Pinto, *Constituição...*, pp. 88 e ss.; J. L. Pereira Coutinho, José Manuel Meirim, Mário Torres e Miguel Lobo Antunes, *Constituição...*, pp. 80 e ss.; J. J. Gomes Canotilho e Vital Moreira, *Constituição...*, pp. 243 e ss.; Jorge Miranda, *A concordata e a ordem constitucional portuguesa*, in AAVV, *A Concordata de 1940 Portugal – Santa Sé*, Lisboa, 1993, pp. 79 e 80, e *Manual...*, IV, pp. 417 e ss.; Jorge Bacelar Gouveia, *A protecção de dados...*, pp. 199 e ss., *Objecção de consciência...*, pp. 6 e ss., e *International Encyclopaedia of Laws – Religion...*, pp. 38 e 39; Jónatas Machado, *O regime concordatário entre a «libertas ecclesiae» e a liberdade religiosa – liberdade de religião ou liberdade da Igreja?*, Coimbra, 1993, pp. 29 e ss., e *Liberdade religiosa...*, pp. 183 e ss.; António Damasceno Correia, *O direito à objecção de consciência*, Lisboa, 1993, pp. 17 e ss.; Vitalino Canas, *State and Church in Portugal*, in AAVV, *State and Church in the European Union* (ed. de Gerhard Robbers), Baden-Baden, 1996, pp. 262 e ss.; Miguel Assis Raimundo, *Direito Administrativo da Religião*, pp. 307 e ss.

Numa perspetiva histórico-jurídica quanto às relações entre o Estado Português e a Igreja Católica, v. António Maria M. Pinheiro Torres, *Igreja e Estado – História de uma Relação 1143-1940*, Lisboa, 2004, pp. 17 e ss.

IV. No tocante à organização do poder político, esta está adequada à ideia da separação entre o poder político e o fenómeno religioso, havendo a impossibilidade da identificação ou, pior, da fusão entre estas duas esferas da vida coletiva.

Em vários dos seus âmbitos de atuação, o Estado-Poder está sujeito a uma orientação de *neutralidade religiosa*:

- na *comunicação social*: "É garantida a liberdade de ensino de qualquer religião praticada no âmbito da respetiva confissão, bem como a utilização de meios de comunicação social próprios para o prosseguimento das suas atividades"[1610];
- na *educação e na cultura públicas*: "O Estado não pode programar a educação e a cultura segundo quaisquer diretrizes filosóficas, estéticas, políticas, ideológicas ou religiosas"[1611];
- no *ensino público*: "O ensino público não será confessional"[1612].

A confirmar tudo quanto se escreve, para além da não interferência da religião na organização do poder político, expressamente se estabelece, em sede de limites materiais de revisão constitucional, que "As leis de revisão constitucional terão de respeitar: (...) A separação das Igrejas do Estado"[1613].

1610 Art. 41º, nº 5, da CRP.
1611 Art. 43º, nº 2, da CRP.
1612 Art. 43º, nº 3, da CRP.
1613 Art. 288º, al. c), da CRP.

§ 45º O PRINCÍPIO DO ESTADO DEMOCRÁTICO

204. A diversidade morfológica do princípio democrático

I. Na prática, a concretização da relação entre os governados e os governantes, em regime democrático, pode desdobrar-se à luz de três importantes óticas:

- *a democracia representativa*, caso em que os governantes mandam em nome do povo e têm a sua confiança política;
- *a democracia referendária*, sendo pontualmente o povo a decidir diretamente questões de governação, com a força de um ato jurídico-público;
- *a democracia participativa*, situação em que o exercício de direitos políticos, que formam a opinião pública, contribui, ainda que informalmente, para a limitação do poder público e a sua democratização.

II. Porém, em qualquer uma delas, são evidentes as vantagens da democracia como modalidade de forma institucional de governo.

A despeito do alargado consenso em seu redor, tais vantagens podem ser sistematizadas, de acordo com Robert A. Dahl[1614], com base nas seguintes ideias-força:

- ajuda a evitar a governação por autocratas cruéis e viciosos;

[1614] Cfr. Robert A. Dahl, *Democracia*, pp. 55 e ss.

- garante aos cidadãos um conjunto mínimo de direitos fundamentais impossíveis em sistemas ditatoriais;
- assegura uma maior margem de liberdade pessoal;
- auxilia os cidadãos na proteção dos seus interesses fundamentais;
- proporciona o exercício do autogoverno, permitindo a escolha democrática das leis;
- favorece a oportunidade do exercício de uma responsabilidade moral;
- encoraja o desenvolvimento humano na coletividade;
- favorece um elevado grau de igualdade política;
- ajuda o clima de paz em relação a outras democracias;
- auxilia o aumento da riqueza nacional.

205. Portugal como Estado Democrático

I. A natureza democrática do Estado Português, não suscitando qualquer espécie de dúvida, não deixa de ser solenemente proclamada nos preceitos iniciais do respetivo articulado constitucional.

Recorde-se, de resto, que a profusão de indicações constitucionais a este respeito nem sequer pode causar qualquer estranheza se tomarmos nota do facto de ter sido em nome da democracia que precisamente se firmou uma das principais razões da Revolução Constitucional de 25 de Abril de 1974.

Portanto, o princípio democrático, na CRP, assume-se como um princípio geral de Direito Constitucional e que atravessa todo o seu articulado.

II. As indicações constitucionais começam logo com o preâmbulo da CRP, que explicitamente alude à construção de um Estado Democrático:

- "Libertar Portugal da ditadura, da opressão e do colonialismo representou uma transformação revolucionária e o início de uma viragem histórica da sociedade portuguesa"[1615];
- "A Assembleia Constituinte afirma a decisão do povo português de (...) estabelecer os princípios basilares da democracia..."[1616].

[1615] § 2º do preâmbulo da CRP.

[1616] § 4º do preâmbulo da CRP.

III. Os preceitos iniciais do articulado da CRP, por seu turno, também se mostram da máxima importância, com várias alusões:

- "Portugal é uma República soberana, baseada (...) na vontade popular..."[1617];
- "A República Portuguesa é um Estado de Direito Democrático, baseado na soberania popular, no pluralismo de expressão e organização política democráticas (...), visando a realização da democracia económica, social e cultural e o aprofundamento da democracia participativa"[1618];
- "A soberania, una e indivisível, reside no povo, que a exerce segundo as formas previstas na Constituição"[1619].

IV. O funcionamento do sistema político é ainda muito sensível à preservação da democracia, a qual se pretende manter no funcionamento das instituições constitucionais, no plano estadual e no plano infra-estadual:

- em termos gerais, "É reconhecido às minorias o direito de oposição democrática, nos termos da Constituição e da lei"[1620];
- em matéria de situações funcionais, realça-se o direito de réplica política, pois que "Os partidos políticos representados na Assembleia da República, e que não façam parte do Governo, têm direito, nos termos da lei, a tempos de antena no serviço público de rádio e televisão, a ratear de acordo com a sua representatividade, bem como o direito de resposta ou de réplica política às declarações políticas do Governo, de duração e relevo iguais aos dos tempos de antena e das declarações do Governo, de iguais direitos gozando, no âmbito da respetiva região, os partidos representados nas Assembleias Legislativas das regiões autónomas"[1621].

Tudo isto sem esquecer diversos mecanismos parlamentares que refrangem a participação das minorias políticas, como as comissões de inquérito, os agendamentos potestativos ou a distribuição proporcio-

[1617] Art. 1º da CRP.
[1618] Art. 2º da CRP.
[1619] Art. 3º, nº 1, da CRP.
[1620] Art. 114º, nº 2, da CRP.
[1621] Art. 40º, nº 2, da CRP.

nal dos sub-órgãos parlamentares – como a Mesa ou as presidências das comissões parlamentares especializadas – em função da proporcionalidade da representação partidária na Assembleia da República.

V. Ao nível da garantia do núcleo fundamental da CRP, são finalmente visíveis as preocupações com os traços fundamentais do regime democrático, que bem se expressam em alguns dos limites materiais da revisão constitucional, porquanto as "...leis de revisão constitucional terão de respeitar...":

- "Os direitos, liberdades e garantias dos cidadãos"[1622];
- "O sufrágio universal, direto, secreto e periódico na designação dos titulares eletivos dos órgãos de soberania, das regiões autónomas e do poder local, bem como o sistema de representação proporcional"[1623];
- "O pluralismo de expressão e organização política, incluindo partidos políticos, e o direito de oposição democrática"[1624].

VI. A variedade de alusões à forma democrática de governo, através da exaltação do princípio da soberania popular, revela-se no plano da verificação das três modalidades que se pode salientar, que se encontram todas presentes, sendo elas gradações da intervenção popular no sistema político:

- *a dimensão representativa*;
- *a dimensão referendária* (ou semidireta); e
- *a dimensão participativa*.

Vejamos separadamente a importância de cada uma dessas modalidades de democracia que o Direito Constitucional Português defende.

[1622] Art. 288º, al. d), da CRP.
[1623] Art. 288º, al. h), da CRP.
[1624] Art. 288º, al. i), da CRP.

206. A democracia representativa e a eleição em geral

I. A *dimensão representativa da democracia* relaciona-se com a designação dos titulares dos órgãos públicos, principalmente do Estado, que desempenham os mandatos em nome da comunidade política.

Os interesses prosseguidos através da sua atividade são os interesses gerais, e não os interesses particulares, devendo para isso possuir a confiança política dos cidadãos que assim mediatamente definem aqueles interesses gerais.

A ponte que permite a ligação entre os governantes e os governados, no momento da sua escolha, é construída pelo fenómeno da *representação política*[1625].

É daqui que surge o *mandato político*, que na respetiva modelação se afirmou em duas vertentes distintas, com base em opostos pressupostos democráticos[1626]:

- o *mandato imperativo*, defendido por JEAN-JACQUES ROUSSEAU, tributário da democracia direta, em que os eleitos teriam de submeter-se à vontade geral, podendo ser destituídos em consequência da sua violação; e
- o *mandato representativo*, propugnado por EMMANUEL SIEYÈS, no qual os eleitos, ainda que genericamente submetidos ao interesse público, teriam a faculdade de agir – *maxime* através do seu voto parlamentar – de maneira diversa dos interesses particulares da sua circunscrição ou do grupo de eleitores que os elegeu, conservando-se o seu mandato mesmo na situação de perda daquela confiança política[1627].

[1625] Cfr. REINHOLD ZIPPELIUS, *Teoria...*, pp. 230 e ss.; JOSÉ PEDRO GALVÃO DE SOUSA, *La representación política*, Madrid, 2011, pp. 25 e ss.

[1626] Cfr. REINHOLD ZIPPELIUS, *Teoria...*, pp. 265 e ss.

[1627] Cfr. EMMANUEL SIEYÈS, *O que é o Terceiro Estado*, p. 160: "Nesta qualidade, os seus representantes constituem toda a Assembleia Nacional e têm todos os poderes. Uma vez que são os *únicos* depositários da vontade geral, não precisam de consultar os seus comitentes sobre uma dissensão que não existe. É certo que estão sempre prontos a submeter-se às leis que a nação achar por bem dar-lhes; mas não a devem provocar sobre nenhuma das questões que nascem da maioria das ordens na Assembleia Nacional".

De todas as modalidades de democracia enunciadas, é a democracia representativa a que ainda se mostra fundamental, mesmo considerando os argumentos que vão crescendo em favor da democracia direta, no novo contexto da sociedade de informação: só aquela permite a obtenção de capacidade de ação, de racionalidade e de controlo que é propiciada pela representação[1628].

II. É a fidúcia política que torna o mandato dos titulares dos órgãos públicos um *mandato representativo*, o qual assenta num particular modo de se proceder à sua designação – a *eleição*.

Daí que tal nexo de confiança se consolide pelo *sufrágio* do povo ativo na seleção das pessoas para o preenchimento dos lugares do Estado, respeitando-se a liberdade de apresentação de candidaturas e de campanha eleitoral.

O Direito Constitucional Português dá-nos conta da preponderância desta dimensão representativa, sendo vários os órgãos de cunho eletivo, não só ao nível do Estado, mas também no plano das entidades públicas infra-estaduais.

Que assim é, está um dos preceitos iniciais da CRP a demonstrá-lo: "O povo exerce o poder político através do sufrágio universal, igual, direto, secreto e periódico..."[1629].

III. A eleição, nos regimes democráticos, cristalizou-se como o fundamental modo de designação dos titulares dos cargos públicos, no qual participam, através do voto, os cidadãos ativos de certa comunidade estadual[1630].

Com a *eleição ocorre a escolha de tais titulares, seja através de uma designação direta, seja através de uma designação mediatizada pelos partidos políticos.*

1628 Cfr. Reinhold Zippelius, *Teoria...*, pp. 234 e ss.

1629 Art. 10º, nº 1, primeira parte, da CRP.

1630 Sobre a eleição política em geral, v. Marcelo Rebelo de Sousa, *Direito Constitucional...*, pp. 286 e ss.; Jorge Miranda, *Ciência Política...*, pp. 201 e ss., *Direito Constitucional III...*, pp. 5 e ss., e *Manual...*, VII, pp. 11 e ss.; António Nadais, *Eleição*, in DJAP, IV, Lisboa, 1991, pp. 205 e ss.; Reinhold Zippelius, *Teoria...*, pp. 253 e ss.; Dieter Nohlen, *Sistemas electorales...*, pp. 11 e ss.; Manuel Proença de Carvalho, *Manual...*, pp. 114 e ss.; Mónica Herman Salem Caggiano, *Direito Parlamentar e Direito Eleitoral*, São Paulo, 2004, pp. 72 e ss.

A importância que se tem atribuído à eleição – assim como ao colégio de eleitores que a leva a cabo – tem inclusivamente suscitado questões complexas ao nível da colocação do ato eleitoral no próprio plano dos atos jurídico-públicos, neste caso do Estado-Comunidade, podendo mesmo enquadrar um outro poder público, o poder eleitoral, como foi tão bem teorizado, *v. g.*, por Silvestre Pinheiro Ferreira, no século XIX.

IV. Se a delimitação da eleição enquanto manifestação do poder eleitoral, protagonizado pelo povo, não suscita muitas dúvidas conceptuais, não é de excluir a respetiva distribuição por tantas modalidades quantos os úteis critérios de classificação que lhe têm sido apostos:

- *eleições políticas, legislativas, administrativas ou internacionais*, conforme a natureza do órgão, nas funções que exerce, que vai ser escolhido;
- *eleições externas e eleições internas,* conforme a escolha eleitoral seja feita pelo povo ou por órgãos políticos já previamente escolhidos por eleição;
- *eleições gerais e eleições intercalares,* conforme a escolha se faça num conjunto de órgãos que integram uma instituição ou apenas aconteça num dos seus órgãos, por razões particulares de ser necessário prover os respetivos titulares.

V. A configuração da eleição fica concluída com a apresentação das *figuras afins* que com ela não são suscetíveis de confusão.

A mais evidente, porque mais próxima, vem a ser a do *referendo*, na medida em que, tal como na eleição, igualmente tem na sua titularidade o conjunto dos cidadãos.

Mas elas entre si bem se distinguem por a eleição se destinar à escolha dos governantes, enquanto o referendo visa a tomada de uma decisão material, e não recaindo sobre a titularidade de cargos públicos.

VI. O desenvolvimento do ato eleitoral – valendo bem pelo ato final que desemboca na eleição produzida (o resultado eleitoral) – está longe de poder ser explicado na produção de um ato instantâneo, traduzindo-se num procedimento em que se sucedem vários atos parcelares ordenados à emissão do ato final: a eleição propriamente dita ou *stricto sensu*.

É assim possível descortinar as diversas fases de progressão do *procedimento eleitoral*, a culminar com a decisão eleitoral:

- o registo do colégio eleitoral através do recenseamento;
- a marcação das eleições, seja por fim do mandato, seja por dissolução, com eleições antecipadas;
- a apresentação das candidaturas levadas a escrutínio;
- o exercício da campanha eleitoral de esclarecimento;
- a votação eleitoral;
- o apuramento dos resultados;
- o contencioso eleitoral; e
- a publicitação dos resultados eleitorais.

VII. A organização eleitoral, quer em termos puramente teoréticos, quer em termos das diversas opções que o legislador positivo pode tomar, conglomera o conjunto dos problemas que respeitam às múltiplas preocupações que encontramos presentes quando chega o momento de regulamentar um qualquer processo eleitoral.

Não é apenas, obviamente, a do sistema eleitoral com o qual se deve trabalhar. Outras questões – como as características do sufrágio, a composição do colégio eleitoral ou a apresentação das candidaturas – do mesmo modo exigem difíceis opções entre várias alternativas possíveis.

E ainda poderíamos acrescentar outros tópicos que, se bem que não tão importantes quanto estes, de certo jeito influenciam o decurso de um procedimento eleitoral: as condições do recenseamento eleitoral, o regime de exercício da liberdade política, através da liberdade de expressão, de imprensa, de manifestação e de reunião e de criação de partidos nos períodos eleitoral e pré-eleitoral, ou a natureza dos órgãos a quem incumbe a organização e a fiscalização do processo eleitoral.

No entanto, a problemática do *sistema eleitoral*[1631] – que se define como *o método que permite traduzir, em mandatos, os votos que foram depositados nas*

[1631] Sobre os sistemas eleitorais em geral, v. Jorge Miranda, *Ciência Política...*, pp. 212 e ss., e *Manual...*, VII, pp. 208 e ss.; Dieter Nohlen, *Sistemas electorales...*, pp. 52 e ss.; Reinhold Zippelius, *Teoria...*, pp. 258 e ss.; AAVV, *Sistemas eleitorais: o debate científico* (org. de Manuel Braga da Cruz), Lisboa, 1998; José Manuel Sérvulo Correia e Jorge Bacelar Gouveia, *Hondt (método de)*, in VELBC, XIV, Lisboa/São Paulo, 1999, pp. 1269 e 1370; Jorge Bacelar Gouveia, *Sistemas eleitorais e método de Hondt*, in DJAP, 1º sup., Lisboa, 2000, pp. 459 e ss.; Hans Kelsen, *Teoria Geral do Direito e do Estado*, pp. 418 e ss.; Vital Moreira,

urnas pelos cidadãos eleitores – acaba por ser, de entre todas estas questões que se colocam na organização eleitoral, a que ocupa o lugar proeminente.

Do prisma técnico, a conversão de votos em mandatos, estando associada a cálculos matemáticos, obriga a uma saudável articulação de esforços com a Ciência Matemática no estudo das diversas possibilidades de manifestação da vontade eleitoral, rica interdisciplinaridade que não encontramos noutros domínios.

Em termos políticos, a opção por determinado sistema eleitoral não é – nem nunca poderá ser – neutra, pois é nele que se traçam as linhas estruturantes dos diferentes instrumentos de ação política.

Se quanto aos diversos pontos que se levantam no ato eleitoral, é usual verificarmos uma única regulação legal, já quanto ao sistema eleitoral, numa tendência que se vai acentuando, normalmente é a própria Constituição que chama à sua órbita a definição das suas traves-mestras.

VIII. É assim que, no seio dos diversos "temas eleitorais", tem sido pertinente desenvolver algumas considerações sobre esta *vexata quaestio* de qualquer organização eleitoral.

Embora o sistema eleitoral se funde num *conceito unívoco de transformação de votos em mandatos*, nem por isso se mostra impedido de se desdobrar em múltiplas combinações, que podem ser arrumadas nestas três categorias de representação[1632]:

– a *representação proporcional*;
– a *representação maioritária*; e
– a *representação de minorias*.

IX. A *representação proporcional* arranca do pressuposto de que à diversidade da vontade eleitoral revelada no exercício do direito de sufrágio

Elementos..., pp. 57 e ss.; MARIA BENEDITA URBANO, *A nova vaga dos sistemas eleitorais compostos ou combinados – o sistema de representação proporcional personalizada*, in AAVV, *Homenagem ao Prof. Doutor André Gonçalves Pereira*, Lisboa, 2006, pp. 327 e ss.; MANUEL PROENÇA DE CARVALHO, *Manual*..., pp. 122 e ss.

[1632] No plano legislativo, é de sublinhar a importância de uma compilação contendo as leis eleitorais para os Parlamentos dos Estados da União Europeia: JORGE MIRANDA, *Leis Eleitorais para os Parlamentos dos Países da União Europeia*, Lisboa, 1998.

Quanto a estas diversas opções, v. DIETER NOHLEN, *Sistemas electorales*..., pp. 91 e ss.

deve igualmente corresponder uma diversidade paralela na composição dos órgãos eletivos.

Com este sistema, a fase intermédia da transformação dos votos em mandatos, longe de distorcer aquela num sentido pré-estabelecido, deve levar à sua fiel réplica em termos orgânicos. A proporcionalidade aqui em causa determina uma equivalência entre os votos dirigidos às diferentes candidaturas e o número de mandatos que lhes são reservados no órgão eleito.

Em termos práticos, a proporcionalidade pode comportar diversos matizes, que originam outros tantos métodos pertencentes à grande família do sistema eleitoral proporcional, deles se evidenciando três mais significativos.

O *método do quociente eleitoral* consiste na divisão do número total de votos pelo número de mandatos, atribuindo-se a cada candidatura tantos candidatos quantas as vezes que o quociente apurado couber no número de votos por ela recebido. Esta proporcionalidade é total quando perante um único colégio eleitoral, ou é aproximada se se está em face de vários colégios eleitorais. Neste caso, é ainda possível estabelecer submodalidades na atribuição dos restos.

O *método do número uniforme* radica no facto de a transformação de votos em mandatos se realizar tendo por base a fixação prévia do número de votos necessários para se alcançar um mandato, valor que é dado pelo quociente entre o total de votos obtidos pela lista e o número de votos correspondentes a cada mandato.

O *método do divisor comum* – aquele que é mais utilizado e trabalhado doutrinária e legislativamente – assenta na existência de um número pelo qual se fazem as várias operações de divisão. As somas dos votos obtidos são, sucessivamente, divididas por números pré-estabelecidos e os resultados são decrescentemente ordenados, sendo os mandatos atribuídos por essa ordem. A experiência mostra que os divisores adotados podem ser muito diversos, no objetivo de combinar a facilidade do método com o máximo aproveitamento dos restos.

Outros métodos são ainda (i) o *voto único transferível*, (ii) o *método da representação proporcional personalizada*, (iii) a *representação proporcional a duas voltas* e (iv) o *sistema da votação mínima ou cláusula-barreira*[1633].

[1633] Cfr. Dieter Nohlen, *Sistemas electorales...*, pp. 112 e 113.

X. A *representação maioritária*, bem em contraste com a representação proporcional, já não atende a qualquer lógica de proporcionalidade, mas a uma noção de maioria.

A atribuição dos mandatos do órgão eletivo, tendo presente uma certa votação, beneficia a candidatura que tiver obtido mais votos se comparada com as restantes candidaturas.

A aplicação deste sistema permite encontrar uma grande dicotomia entre a representação maioritária que se basta com uma maioria relativa – em que os mandatos são atribuídos à candidatura que tiver obtido mais votos a favor do que qualquer outra (ou a uma volta) – e a representação maioritária que exige uma maioria absoluta – na qual os mandatos são entregues à candidatura que tiver alcançado mais de metade dos votos emitidos (ou a duas voltas).

Segundo Dieter Nohlen, é possível esquematizar a seguinte *tipologia de sistemas eleitorais maioritários*[1634]:

- o sistema de maioria relativa com circunscrições uninominais (Reino Unido, eleições legislativas);
- o sistema de maioria absoluta com circunscrições uninominais (França, eleições legislativas);
- o sistema de maioria com circunscrições plurinominais e com representação de maiorias;
- o sistema de maioria com circunscrições plurinominais pequenas;
- o sistema de maioria com lista proporcional adicional.

XI. A *representação de minorias*, por fim, tem como preocupação essencial a proteção de determinado grupo de pessoas num dado espaço eleitoral, comportando as seguintes modalidades:

a) o método de lista incompleta: o número de candidatos a eleger nunca pode preencher, na totalidade, os lugares do órgão eletivo, como é o caso do Parlamento, cabendo sempre os restantes à minoria em causa;

b) o método do voto único não transferível: cada eleitor vota num único candidato, sendo escolhidos os candidatos que tenham ganho um maior número de votos;

1634 Cfr. Dieter Nohlen, *Sistemas electorales...*, pp. 111 e 112.

c) *o método do voto cumulativo*: cada eleitor tem tantos votos quantos os mandatos correspondentes ao colégio, podendo distribuí-los igualmente por todos ou concentrá-los em algum ou alguns dos candidatos da sua preferência.

XII. A mera descrição dos diversos sistemas eleitorais teoreticamente concebíveis poderia criar a impressão de que se trataria, afinal, de uma escolha meramente técnica ou tenuemente ancorada noutras razões, uma predominância para as de tipo sociológico.

Bem ao invés: a escolha de determinado sistema eleitoral traz consequências verdadeiramente decisivas de ordem política, tanto no sistema de partidos, e consequentemente do sistema de governo, como no sistema político em geral, mesmo ao nível da sua forma de governo.

XIII. Desde muito cedo que os sistemas de representação proporcional e de representação maioritária têm levantado polémica em torno das respetivas vantagens e inconvenientes, num debate já clássico em que os argumentos apresentados acabam por se anular reciprocamente.

Os defensores do sistema proporcional invocam a *retratação muito mais fidedigna que tal sistema propiciaria da diversidade da vontade eleitoral, ao que não seria alheio um maior dinamismo político que se imprimiria ao sistema de governo*, por facilitar a representação parlamentar de um maior número de formações partidárias, com o forçoso acréscimo de debate político.

Os sequazes do sistema maioritário afirmam que *só esse sistema favoreceria a estabilidade governativa*, permitindo alcançar mais frequentemente maiorias absolutas, tendo também a vantagem de aproximar os eleitos dos eleitores.

No entanto, importa situar devidamente esta disputa, cuja dimensão se encontra, na verdade, apreciavelmente reduzida. Tal opção dilemática não faz sentido quando se trata de escolher o titular de um órgão singular, como é o caso do Presidente da República. No caso do órgão parlamentar, se houver círculos uninominais, naturalmente que a eleição obedece ao sistema maioritário.

XIV. Em matéria de *sistema de partidos*, a Ciência Política, em conjunto com o Direito Constitucional, tem ensaiado a elaboração de leis explicativas das relações mais ou menos constantes que se assinalam entre a escolha de certo sistema eleitoral e o funcionamento, diretamente, do sistema de partidos e, indiretamente, do sistema de governo.

Ficaram famosas, a este propósito, as *leis de Maurice Duverger*, que em 1951 as formulou do seguinte modo[1635]:

(i) a representação maioritária a uma volta origina o bipartidarismo perfeito;
(ii) a representação maioritária a duas voltas conduz ao multipartidarismo polarizado;
(iii) a representação proporcional favorece o multipartidarismo perfeito[1636].

Em conclusão: a opção entre estes dois sistemas eleitorais não é uma escolha politicamente despicienda[1637], mas que sempre incide sobre aspetos gerais do funcionamento do sistema político, sendo uma das suas principais variáveis[1638].

XV. Contudo, a nosso ver, é necessário ir mais longe e não encarar a adoção destes dois sistemas eleitorais sob a perspetiva do funcionamento do sistema de governo, simplesmente registando as suas especificidades, e emitir um juízo de valor a respeito da sua aceitabilidade, sobretudo se pensarmos num sistema político que refranja, o mais escorreitamente possível, o princípio democrático.

A *análise da prática da representação maioritária*, por muito sucinta que seja, *torna logo patente que a vontade eleitoral, de acordo com este sistema, não é*

[1635] Cfr. Maurice Duverger, *Los partidos políticos*, Cidade do México, 1994, pp. 235 e ss. Cfr. também Jorge Bacelar Gouveia, *Sistemas eleitorais...*, pp. 461 e 462; Gianfranco Pasquino, *Sistemas Políticos...*, pp. 167 e ss.

[1636] Este foi um dos méritos destas Leis de Duverger, que não obstante têm sido objeto de múltiplas críticas, como as de Dieter Nohlen (*Sistemas electorales...*, p. 385), que nelas encontra insuperáveis óbices empíricos, teóricos e metodológicos: empíricos porque estas leis são infirmadas em muitos países; teóricos porque estas leis apresentam numerosas exceções que invalidam a formulação de uma lei geral; metodológicos porque o esforço comparativo não assenta na homologia dos sistemas eleitorais postos em comparação.

[1637] Sobre a relação entre os sistemas eleitorais e os sistemas de partidos, v. Dieter Nohlen, *Sistemas electorales...*, pp. 393 e ss.

[1638] Posteriormente, caberia a Giovanni Sartori reformular as leis de Maurice Duverger, propondo a existência de quatro leis na relação do sistema eleitoral com o sistema partidário. Cfr. Dieter Nohlen, *Sistemas electorales...*, pp. 387 e ss.

revelada na sua integralidade. O pluralismo eleitoral que se dá a conhecer nas votações de cada candidatura concorrente não tem depois reflexo, ainda que aproximado, na repartição dos mandatos, pois que a força partidária vencedora tem uma hegemonia que vai muito para além da vitória eleitoral que obteve.

Este facto, por si só, suscita-nos as maiores dúvidas quanto à compatibilidade de tal sistema eleitoral com o princípio democrático. A vontade que o povo de um Estado expressa no ato eleitoral, em vez de ser exatamente transposta para a repartição dos mandatos, é adulterada ao sabor de um critério de conversão de votos em mandatos que não atende à posição das minorias.

Obviamente que o banimento deste sistema não põe em causa o princípio da maioria, nem sequer aconselha a positivação de um qualquer sistema de representação das minorias.

O respeito pela vontade da maioria, se adotarmos o sistema da representação proporcional, fica sempre salvaguardado, uma vez que continua a ser esse o diapasão da validade das deliberações parlamentares.

Também não se sugere a aplicação da representação das minorias porque com a representação proporcional os partidos minoritários têm assento parlamentar por direito próprio e não por um qualquer favor artificialmente concedido pelo sistema eleitoral.

207. Os traços fundamentais do Direito Eleitoral Português

I. A importância da eleição em qualquer democracia afere-se pelo conjunto de fontes normativas que integram o Direito Eleitoral, ramo do Direito Constitucional que visa a definição do respetivo regime[1639].

[1639] Sobre o Direito Eleitoral Português em geral, v. JORGE MIRANDA, *O Direito Eleitoral na Constituição*, in AAVV, ESC, II, Lisboa, 1978, pp. 461 e ss., *Eleição*, in Pol., II, Lisboa, 1984, pp. 898 e ss., *Ciência Política...*, pp. 222 e ss., *O Direito Eleitoral Português*, in Br, IV, vol. 141, outubro de 1995, pp. 310 e ss., *Direito Constitucional III...*, pp. 28 e ss., *Eleições e candidaturas*, in AAVV, *Estudos em Homenagem ao Conselheiro José Manuel Cardoso da Costa*, Coimbra, 2003, pp. 659 e ss., e *Manual...*, VII, pp. 201 e ss.; ANTÓNIO JOSÉ FERNANDES, *Os sistemas político-constitucionais português e espanhol (análise comparativa)*, Lisboa, s. d., pp. 89 e ss.; LUÍS SÁ, *Eleições e Igualdade de Oportunidades*, Lisboa, 1992, pp. 46 e ss.; ANTÓNIO NADAIS, *Eleição*, pp. 205 e ss.; J. J. GOMES CANOTILHO e VITAL MOREIRA, *Constituição...*, pp. 518 e ss.; J. J. GOMES CANOTILHO, *Direito Constitucional*, pp. 432 e ss.; JOSÉ F. F. TAVARES, *Estudos...*, pp. 95

Ao texto da CRP se comete a tarefa, em preceito próprio, de fixar essas coordenadas fundamentais, nos seguintes aspetos:

- o recenseamento dos eleitores;
- a campanha política;
- a votação por sufrágio;
- a fiscalização dos atos eleitorais;
- a transformação dos votos em mandatos.

II. Depois há uma imensidão de leis e de fontes normativas menores – que infelizmente nunca chegou a ser codificada – que concretizam e desenvolvem aquelas orientações constitucionais, designadas por "leis eleitorais" ou, em geral, por "legislação eleitoral"[1640].

De acordo com a CRP, o princípio democrático, como não podia deixar de ser, insufla quase todas as escolhas dos governantes, sendo grande a lista de órgãos cujos titulares assentam no sufrágio direto e universal:

- *Presidente da República* (eleições presidenciais): DL nº 319-A/76, de 3 de Maio;
- *Assembleia da República* (eleições legislativas): L nº 14/79, de 16 de Maio;
- *Assembleias Legislativas das Regiões Autónomas dos Açores e da Madeira* (eleições regionais): para a Madeira, a LO nº 1/2006, de 13 de fevereiro, e para os Açores, o DL nº 267/80, de 8 de agosto;
- *Assembleias de Freguesia, Assembleias Municipais e Câmaras Municipais* (eleições autárquicas): LO nº 1/2001, de 14 de agosto;

e ss.; Jorge Cortês, *Contributo para o estudo do princípio da representação proporcional*, in AAVV, *Estudos vários de Direito Eleitoral*, Lisboa, 1996, pp. 80 e ss.; Carlos Fraga, *Contencioso Eleitoral*, Coimbra, 1997, pp. 36 e ss.; Jorge Bacelar Gouveia, *Sistemas eleitorais...*, pp. 463 e ss.; António Cândido de Oliveira, *A Democracia Local (aspectos jurídicos)*, Coimbra, 2005, pp. 50 e ss.; Rodolfo Viana Pereira, *Tutela Coletiva no Direito Eleitoral – controle social e fiscalização das eleições*, Rio de Janeiro, 2008, pp. 71 e ss.

[1640] Para uma apresentação da diversa legislação sobre esta matéria, v. Jorge Bacelar Gouveia, *Legislação Eleitoral*, Lisboa, 1995, e *Legislação de Direito Constitucional*, pp. 351 e ss. V. ainda a atualizada documentação que o STAPE tem organizado para cada ato eleitoral.

Para uma perspetiva histórico-constitucional em Portugal, é fundamental consultar o livro de Pedro Tavares de Almeida, *Legislação Eleitoral Portuguesa – 1820-1926*, Lisboa, 1998.

– *Parlamento Europeu*, nos candidatos a eleger em Portugal, que são 24 (eleições europeias): a L nº 14/87, de 29 de abril.

O texto constitucional ainda prevê a possibilidade de outras eleições se basearem no sufrágio direto e universal, como sucederá, quando criadas, com a escolha da assembleia regional das regiões administrativas[1641].

III. De todos aqueles temas, cujo estudo completo neste contexto é verdadeiramente impossível, é de privilegiar as opções que o Direito Eleitoral Português firmou sob o prisma destes três principais pontos de vista, que traduzem a essência da eleição[1642]:

– o *recenseamento eleitoral*;
– a *caracterização do sufrágio*;
– o *procedimento eleitoral*.

IV. O *recenseamento eleitoral* espelha uma existencial necessidade de disciplina do procedimento de votação, na medida em que corporiza uma permanente e prévia certificação formal acerca da qualidade de cada cidadão como eleitor[1643].

Para que o cidadão possa votar, é forçoso que esteja inscrito nos cadernos eleitorais, o que se explica pela conveniência de evitar fraudes, que assim se consegue pelo prévio conhecimento de quem tem capacidade eleitoral ativa devidamente reconhecida[1644].

[1641] Cfr. o art. 260º da CRP.

[1642] Cfr. Jorge Bacelar Gouveia, *Legislação Eleitoral em Moçambique*, in *Estudos de Direito Público de Língua Portuguesa*, Coimbra, 2004, pp. 160 e ss.

[1643] Sobre o recenseamento eleitoral, v. J. J. Gomes Canotilho e Vital Moreira, *Constituição...*, pp. 270 e 519; Jorge Miguéis, *O regime jurídico do recenseamento eleitoral – passado e futuro*, in RJ, nº 23, novembro de 1999, pp. 295 e ss.; Jorge Miranda, *Recenseamento eleitoral*, in RFDUP, ano I, 2004, pp. 101 e ss.

[1644] É a este propósito que Jorge Miranda (*Recenseamento...*, p. 102) evidencia duas funções ao recenseamento eleitoral: "a) De segurança jurídica em geral e de protecção da confiança, porquanto cada eleitor inscrito tem a garantia de votar – e, na medida em que o recenseamento seja permanente – de votar em quaisquer eleições; b) De transparência política, porque a autenticidade do recenseamento – quer dizer, a correspondência entre eleitores e eleitores inscritos – é condição básica de formação correcta da vontade popular e da autenticidade do sistema democrático".

Os princípios fundamentais do recenseamento eleitoral, e que também valem para os referendos, cujo regime consta da L nº 13/99, de 22 de março, são os seguintes[1645]:

- *a universalidade*: o recenseamento eleitoral, por causa da universalidade do sufrágio, inclui a totalidade daqueles que tenham capacidade eleitoral ativa;
- *a permanência*: tendo as eleições, assim como o sufrágio que lhes subjaz, um caráter periódico, o recenseamento eleitoral assume-se permanente, implicando uma estrutura organizativa que o mantenha vigente e sempre pronto à respetiva atualização;
- *a atualidade*: tendo por função traduzir, em cada momento, o corpo eleitoral, o recenseamento deve manter-se atualizado, sendo feitas as alterações correspondentes na capacidade eleitoral ativa, bem como noutros elementos relevantes, como o da residência eleitoral;
- *a obrigatoriedade e a oficiosidade*: o recenseamento eleitoral é obrigatório para os cidadãos com capacidade eleitoral ativa residentes em território português, devendo as autoridades eleitorais promover essa inscrição no caso de os cidadãos não tomarem tal iniciativa, recenseamento que é, no entanto, voluntário para os cidadãos eleitores portugueses que residam no estrangeiro e para os cidadãos eleitores estrangeiros residentes em Portugal;
- *a unicidade*: associando-se à igualdade do direito de sufrágio, só se admite uma única inscrição no recenseamento, válida para todos os atos eleitorais e referendários, tal como o cidadão só pode dispor de um único voto.

O registo dos elementos pertinentes do recenseamento eleitoral é da incumbência do STAPE, organismo integrado no Ministério da Administração Interna, ao qual compete "A organização, manutenção e gestão da BDRE..."[1646].

O recenseamento eleitoral é efetuado pelas comissões recenseadoras, que se organizam no território português ao nível das freguesias, desenvolvendo o seu trabalho com permanência, o qual depois se traduz na

[1645] Cfr. os arts. 2º, 3º, 4º, 5º, 6º e 7º da L nº 13/99, de 22 de março.
[1646] Art. 11º, nº 1, da L nº 13/99.

redação dos cadernos eleitorais que comprovam o universo dos eleitores que integram cada colégio eleitoral[1647].

A importância do recenseamento eleitoral, essencialmente sob a perspetiva de que o seu teor condiciona a verdade de qualquer ato eleitoral ou referendário, está ainda devidamente refletida nas sanções – criminais e contraordenacionais – que são aplicáveis à violação das respetivas regras[1648].

V. O *sufrágio*, terminologicamente herdeiro do *ius sufragi* romano, é outro eixo fundamental do Direito Eleitoral Português e exprime os termos por que a vontade individual dos cidadãos eleitores se pode transformar numa vontade coletiva declarada no dia das eleições.

De acordo com a CRP, numa célebre fórmula várias vezes repetida, o sufrágio é definido como sendo "...universal, igual, direto, secreto e periódico..."[1649], cada uma dessas qualidades, não vazias de sentido, mas prenhes de um significado jurídico-constitucional:

- *sufrágio universal*: o voto é de todos, não se aceitando qualquer exclusão no conjunto daqueles que, tendo idade acima de 18 anos, devem possuir capacidade eleitoral ativa, assim se proscrevendo o sufrágio restrito, seja capacitário (por não se possuir certas habilitações literárias), seja censitário (por não se atingir um patamar mínimo de rendimentos), seja por qualquer outra razão discriminatória (por não se permitir o voto das mulheres ou de outros grupos minoritários, em nome de pseudo-justificações raciais, religiosas ou outras);
- *sufrágio igual*: o voto, sendo de todos, deve valer exatamente o mesmo entre si, proibindo-se a ponderação dos votos no sentido de alguns poderem valer mais do que o de outros, numa outra garantia para-

[1647] Cfr. os arts. 21º e ss. da L nº 13/99.

[1648] Cfr. os arts. 75º e ss. da L nº 13/99.

[1649] Art. 10º, nº 1, primeira parte, da CRP, fórmula que se repete, ainda que menos completamente, na definição do direito, liberdade e garantia de sufrágio do art. 49º, nº 1, da CRP, na qual se diz que "Têm direito de sufrágio todos os cidadãos maiores de dezoito anos, ressalvadas as incapacidades previstas na lei geral", em todo o caso se acrescentando, no seu nº 2, que "O exercício do direito de sufrágio é pessoal e constitui um dever cívico".

lela da plenitude do sufrágio (ainda que em associações de Direito Privado essa seja uma prática possível[1650]);

- *sufrágio direto*: o voto projeta-se na escolha dos candidatos que se apresentam, não havendo qualquer esquema de mediação na relevância que se atribui aos respetivos efeitos, tornando a vontade expressa muito mais genuína e pura;
- *sufrágio secreto*: o voto é formulado na intimidade do eleitor, sem que em qualquer momento seja forçado a revelar em quem votou, nem o podendo fazer nas imediações da assembleia de voto, assim se alcançando uma maior liberdade de expressão e assim se evitando constrangimentos sobre certos eleitores por parte dos candidatos;
- *sufrágio periódico*: o voto é repetido nos períodos previamente estabelecidos na lei eleitoral na exata medida em que os cargos políticos são temporários, devendo aqueles que são eletivos ser escolhidos por nova eleição, o que também se filia diretamente numa exigência do princípio republicano;
- *sufrágio pessoal*: o voto é determinado pelo eleitor, não sendo suscetível de qualquer fenómeno de representação, voluntária ou necessária, mesmo em situações de impossibilidade daquele, com isso se assegurando que a vontade do eleitor jamais seja adulterada, o que não impede que, em certos casos, o voto possa ser enviado por correspondência, derrogando-se o princípio geral da presencialidade do sufrágio[1651].

No plano do exercício do sufrágio, a CRP apresenta ainda um preceito algo enigmático, ao estabelecer que "O exercício do direito de sufrágio (...) constitui um dever cívico"[1652], o que tem implicações na perspetiva de

[1650] É o que sucede, por exemplo, em alguns clubes de futebol, em que aos associados com filiação mais antiga são atribuídos mais votos do que em relação aos mais novos, não obstante a relação de pertença de cada associado à agremiação ser intrinsecamente a mesma.

[1651] A *presencialidade* é, na verdade, diversa da *pessoalidade*: o voto por correspondência continua sendo fiel ao voto pessoal porque a produção da escolha no boletim de voto é sempre feita pelo cidadão eleitor, e não por um procurador, embora a sua entrega, para efeitos de contagem, não seja feita ao mesmo tempo do seu preenchimento, antes acontecendo uma dilação temporal imposta pela via da correspondência postal, que se for segura não suscita problemas de maior.

[1652] Art. 49º, nº 2, *in fine*, da CRP.

saber se o sufrágio pode ser obrigatório quanto ao seu exercício, à semelhança do que sucede nalguns Estados, como o Brasil ou a Bélgica.

É nossa convicção que a referência constitucional ao sufrágio como "dever cívico" o situa apenas no plano da moralidade política do cidadão, e não permite que se lhe associe um dever jurídico, pelo que tal dever não pode ser imposto e, por maioria de razão, muito menos decretadas sanções contra o respetivo incumprimento.

VI. O *procedimento eleitoral* existe porque pressupõe que a eleição, como ato jurídico-público, de natureza política e final, seja apenas o resultado de um percurso, que comporta diversas fases, procedimento eleitoral que em regimes democráticos se tem revelado cada vez mais complexo[1653], sendo de equacionar as seguintes fases[1654]:

- *Marcação da data das eleições*: tudo começa com a definição da data das eleições, mais ou menos previsível, dentro do calendário abstratamente estabelecido pela lei eleitoral, mais previsível no caso da aproximação do fim dos mandatos eletivos, menos previsível no caso de cessação antecipada dos mandatos por dissolução, sendo tal legalmente possível;
- *Apresentação das candidaturas*: marcada a data das eleições, as pessoas e as entidades que se querem candidatar têm de apresentar-se ao sufrágio, dando a conhecer os contornos das respetivas candidaturas;
- *Campanha eleitoral*: conhecidos os candidatos, reserva-se um período de campanha eleitoral, no qual, de um modo mais intenso, se organiza o esclarecimento dos cidadãos em relação às propostas das candidaturas apresentadas, normalmente com uso de meios extraordinários que não são postos em prática no tempo não eleitoral;
- *Organização das assembleias de voto*: a realização da votação só é viável com a preparação das assembleias de voto, que consiste na esco-

[1653] Por ser mais recente, a sistematização da LO nº 1/2001, de 14 de Agosto, é cientificamente mais aceitável na dilucidação destas diversas fases, expressas nos diversos títulos deste diploma legislativo: Título III – Organização do processo eleitoral; Título IV – Propaganda eleitoral; Título V – Organização do processo de votação; Título VI – Votação; Título VII – Apuramento; Título VIII – Contencioso da votação e do apuramento.

[1654] Cfr. Jorge Bacelar Gouveia, *Legislação Eleitoral...*, p. 163; Filipe Boa Baptista, *Regime jurídico das candidaturas*, Lisboa, 1997, pp. 19 e ss.

lha das pessoas e dos lugares em que vai ter lugar a votação, distribuindo-se o número de cidadãos pelos diversos locais, segundo o critério da residência eleitoral;

- *Votação*: é o momento em que cada cidadão eleitor exerce o seu direito de voto, escolhendo de entre as alternativas que se consubstanciam nas diversas candidaturas apresentadas;
- *Apuramento*: é a contagem dos votos, num primeiro momento feita em cada assembleia de voto, e posteriormente feita em termos mais amplos, para se permitir a conversão dos votos em mandatos, por aplicação das regras próprias inerentes à natureza de cada órgão a eleger;
- *Contencioso da votação e apuramento*: feita a votação e a respetiva contagem, as irregularidades verificadas podem ser objeto de impugnação judicial, uma vez que é legítimo fazer chegar ao conhecimento dos tribunais a prática de atos considerados ilegais ou inconstitucionais[1655].

208. A representação proporcional em especial

I. No tocante ao sistema eleitoral, expostas as várias possibilidades, com múltiplas aplicações de Direito Constitucional Comparado, cumpre perceber qual o sistema que a CRP escolheu para vigorar em Portugal.

Essa foi uma opção logo tomada pelo legislador constituinte, preferindo a CRP a *representação proporcional*, em preceito genericamente dedicado aos "Princípios gerais de Direito Eleitoral", no qual estipulou que "A conversão dos votos em mandatos far-se-á de harmonia com o princípio da representação proporcional"[1656].

Há, depois, afirmações pontuais desse princípio para cada órgão eletivo:

- a Assembleia da República[1657];
- as Assembleias Legislativas das Regiões Autónomas[1658];

[1655] Cfr. RODOLFO VIANA PEREIRA, *Tutela Coletiva*..., pp. 15 e ss.

[1656] Art. 113º, nº 5, da CRP.

[1657] Cfr. o art. 149º, nº 1, da CRP.

[1658] Cfr. o art. 231º, nº 2, da CRP.

– os órgãos de tipo assembleia das autarquias locais[1659]; e
– a assembleia regional da região administrativa, em particular[1660].

Outras disposições constitucionais, embora implícita ou indiretamente, depõem nessa mesma linha: a caracterização do sufrágio como «igual»[1661] ou a proibição da cláusula-barreira na eleição dos Deputados à Assembleia da República[1662].

A CRP, em certos casos, usa ainda o conceito de proporcionalidade em tópicos afins ao da transformação dos votos em mandatos: o número de Deputados a eleger por cada círculo plurinominal deve ser proporcional ao número de eleitores nele recenseados[1663].

II. Não se pense, todavia, que essa decisão foi fruto de um mero acaso ou o resultado da escolha de um sistema eleitoral fácil do ponto de vista do seu manuseamento. Foram significativas razões que impeliram nessa direção.

Da perspetiva política, numa altura que a Democracia trazida pela III República praticamente despontava, considerou-se – a nosso ver, bem – que *seria esse o sistema que melhor poderia satisfazer as exigências daí advenientes*.

A criação muito recente de diversos partidos políticos impunha a adoção de um critério que os pudesse fazer representar no Parlamento, de forma a, primeiro, aquilatar-se da sua real implantação popular e, depois, iniciar-se o processo da confrontação político-partidária dentro das próprias instituições recém-criadas.

Vista a questão historicamente, terão sido *determinantes não só a utilização da representação proporcional no período da I República como a necessidade de contrastar com o período constitucional imediatamente antecedente, marcado pelo sistema maioritário, aplicado em eleições normalmente fraudulentas.*

III. A consagração constitucional da representação proporcional, após a afirmação genérica do critério de transformação dos votos em mandatos para os órgãos eletivos, realizou uma segunda especificação, ao ter esco-

1659 Cfr. o art. 239º, nº 2, da CRP.
1660 Cfr. o art. 260º da CRP.
1661 Cfr. os arts. 10º, nº 1, e 49º da CRP.
1662 Cfr. o art. 152º, nº 1, da CRP.
1663 Cfr. o art. 149º, nº 2, da CRP.

lhido, no seio da plêiade de métodos existentes, *o método do divisor comum, na variante atribuída a Victor d'Hondt, também designado por "média mais alta"*.

O legislador constitucional fez essa outra opção explícita com relação ao critério eleitoral, desde logo, na eleição dos Deputados à Assembleia da República, dizendo-se na CRP que "Os Deputados são eleitos segundo o sistema de representação proporcional e o método da média mais alta de Hondt"[1664].

A CRP precisou também a adoção do método de Hondt para um dos órgãos colegiais autárquicos: a assembleia regional da região administrativa[1665].

IV. Balizados os termos por que a CRP referencia a matéria da transformação dos votos em mandatos, resta saber com que amplitude a representação proporcional se encontra positivada.

Da própria letra do preceito constitucional em que se fala da "conversão de votos em mandatos", juntamente com a articulação que se deve fazer com outras normas constitucionais, este princípio só se aplica às eleições dos órgãos constitucionais cujos titulares sejam escolhidos pelo povo, de acordo com o sufrágio direto e universal.

Não tem lugar, portanto, nas eleições de outros órgãos constitucionais que não apresentem essa característica fundamental e nas de outros órgãos colegiais de natureza pública ou privada, embora possa servir de norma de Direito subsidiário.

É irrelevante para este princípio constitucional que os órgãos eletivos tenham ou não uma estrutura específica de assembleia: a alusão que se faz a esses órgãos, a avaliar pelo modo como se encontra formulada, prescinde dessa singularidade da sua composição.

V. No espaço de liberdade de conformação que a CRP concedeu ao legislador ordinário em matéria eleitoral, ponto importante era precisamente o relativo ao critério da transformação de votos em mandatos naquelas eleições em que, apesar de se deverem enquadrar no espírito de um sistema de representação proporcional, não houvesse qualquer indicação constitucional a respeito do concreto método a adotar.

[1664] Art. 149º, nº 1, da CRP.

[1665] Cfr. o art. 260º da CRP.

A orientação, aqui, foi sempre a mesma e estendeu o método de Hondt, já constitucionalizado nas eleições dos Deputados à Assembleia da República e dos deputados à assembleia regional da região administrativa, aos restantes órgãos colegiais eletivos.

No caso da eleição dos Deputados à Assembleia da República, como não podia deixar de ser, a respetiva Lei Eleitoral reitera a adoção da representação proporcional de Hondt, aí se explicitando as suas diversas operações matemáticas[1666].

Noutros casos, porém, a escolha do método de Hondt não contava com qualquer imposição constitucional nesse sentido, mas mesmo assim foi o preferido:

- na eleição dos deputados às Assembleias Legislativas das Regiões Autónomas da Madeira e dos Açores[1667];
- na eleição dos titulares dos órgãos autárquicos da assembleia de freguesia, da câmara municipal e da assembleia municipal[1668];
- na eleição dos Deputados ao Parlamento Europeu[1669].

VI. Tendo já referenciado o contexto constitucional e legal em que o método de Hondt tem o seu assento no nosso Direito Constitucional, cumpre explicitar, ainda que em termos sintéticos, o seu funcionamento[1670].

O método de Victor d'Hondt filia-se no grupo dos sistemas eleitorais que aceitam como bitola essencial para a transformação dos votos em mandatos a necessidade de filtrar a votação nas várias listas por sucessivos divisores.

[1666] Cfr. o art. 16º da L nº 14/79, de 16 de maio (Lei Eleitoral da Assembleia da República).

[1667] Respetivamente, com o art. 16º da LO nº 1/2006, de 13 de fevereiro (Lei Eleitoral para a Assembleia Legislativa da Madeira), e com o art. 16º do DL nº 267/80, de 8 de Agosto (Lei Eleitoral para a Assembleia Legislativa dos Açores).

[1668] Como se prescreve no art. 13º da LO nº 1/2001, de 14 de agosto (Lei Eleitoral para as Autarquias Locais).

[1669] Por remissão efetuada no art. 1º da L nº 14/87, de 29 de abril (Lei Eleitoral para o Parlamento Europeu), para o art. 16º da L nº 14/79.

[1670] Mais uma vez lembramos que este método, por ser uma modalidade de representação proporcional, só tem sentido relativamente a órgãos colegiais, não se verificando em Portugal a outra hipótese da sua inaplicabilidade, que é a da existência de círculos uninominais.

De acordo com o método descoberto por este advogado belga, e posteriormente professor de Direito Civil (nascido em Gand a 1841 e falecido em 1901), *os sucessivos divisores a serem utilizados correspondem à ordem crescente dos números inteiros com início no 1: 1, 2, 3, 4, 5, etc. Os resultados da votação em cada lista são divididos por cada um destes quocientes.* A operação de divisão deve ser interrompida quando o número de quocientes obtidos, depois de ordenados, ultrapassar o número de mandatos a atribuir.

Com esses quocientes, associados à lista a que pertencem, estabelece-se uma série decrescente. A atribuição dos mandatos faz-se nos exatos termos dos quocientes apresentados nessa série.

VII. Descrevendo esquematicamente as operações que este sistema envolve, podemos apresentar os três quadros seguintes:

A. Divisão dos votos pelos quatro primeiros divisores

Lista	*Votos*	*1*	2	3	4
A	60 000	60 000	30 000	20 000	15 000
B	45 000	45 000	22 500	15 000	11 250
C	30 000	30 000	15 000	10 000	7 500
D	21 000	21 000	10 500	7 000	5 250
E	9 000	9 000	4 500	3 000	2 250

B. Série decrescente dos quocientes obtidos

1) 60 000 (A)	6) 21 000 (D)	11)11 250 (B)	16) 7 000 (D)
2) 45 000 (B)	7) 20 000 (A)	12)10 500 (D)	17) 5 250 (D)
3) 30 000 (A)	8)15 000 (A)	13)10 000 (C)	18) 4 500 (E)
4) 30 000 (C)	9) 15 000 (B)	14) 9 000 (E)	19) 3 000 (E)
5) 22 500 (B)	10)15 000 (C)	15) 7 500 (C)	20) 2 250 (E)

C. Distribuição dos onze mandatos a repartir

Listas	A	B	C	D	E
Mandatos	4	4	2	1	-

VIII. Um dos temas mais recorrentes do atual panorama da política legislativa portuguesa, no domínio eleitoral, é o da *revisão do sistema elei-*

toral, que se constitui, aliás, como uma das medidas a tomar em sede de reforma do nosso sistema político, de que se tem falado, nos últimos tempos, com grande insistência e por diversos setores partidários.

Os termos em que o mesmo tem sido colocado não têm primado, infelizmente, pelo nível científico e reflexivo que, só pela sua importância, essa matéria exigiria. Não se trata de acrescentar uma vírgula a um qualquer anódino preceito legal; trata-se de mudar um sistema eleitoral, cujas consequências se farão sentir em todo o sistema democrático.

O ponto nevrálgico incide não tanto no critério de Hondt quanto na própria representação proporcional em si mesma considerada.

A crítica fundamental tem a ver com a sua incapacidade congénita de propiciar maiorias absolutas no Parlamento, o que se confirmaria pelo caráter multipartidário do sistema de partidos português.

Também se vai dizendo que tal sistema, pelo caráter plurinominal de círculos que postula, não permite a desejável aproximação entre eleitor e eleito.

IX. No nosso modo de ver a questão, essas críticas são, na realidade, improcedentes, numa resposta que se apoia em várias linhas de argumentação.

Cumpre lembrar que a existência ou não de maiorias absolutas, num sistema democrático como o nosso, é fruto de uma vontade eleitoral e não pode ser obtida na secretaria. Ou essa vontade a quer e ela forma-se, ou não a quer e a governação do Estado deve fundar-se nos equilíbrios parlamentares que se atingirem. E é importante lembrar que esta crítica seria menos impertinente se se estivesse a viver um período caótico na estabilidade governativa, como se não houvesse maiorias duradouras.

O elemento de natureza histórico-sociológica, nestas coisas dos sistemas eleitorais, sobretudo se já ensaiados há mais de trinta anos, tem ainda uma palavra a dizer. Depois de um período democrático de certa duração, em que houve tempo para o nascimento, implantação e estabilização das instituições democráticas, *mudar radicalmente algo que foi fundamental ao desenrolar dessas vicissitudes, como decerto foi o método proporcional de Hondt, parece-nos extremamente perigoso*, quer pelos desequilíbrios a que poderia dar azo, quer pela quebra de expectativas de funcionamento dos processos eleitorais, que mal ou bem, os cidadãos eleitores já possuem e que tão árduo foi conquistar.

Raciocinando em termos jurídicos, *algumas dessas ideias merecem-nos sérias reservas quanto à sua constitucionalidade, pensando naquelas que pretendem passar da representação proporcional à representação maioritária.* Nem a lei ordinária, de acordo com o atual texto constitucional, pode desviar-se da representação proporcional, nem o legislador de revisão poderia revogá-la, por a matéria do sistema eleitoral estar devidamente super-rigidificada como limite material de revisão, dizendo-se no respetivo preceito constitucional que as "...leis de revisão constitucional terão de respeitar (...) o sistema de representação proporcional»[1671].

X. Isto não quer dizer, porém, que a legislação eleitoral existente – a infraconstitucional e não as normas constitucionais pertinentes – se apresente "perfeita" e isenta de qualquer intervenção retificativa.

Simplesmente, essa intervenção, que consideramos até desejável, de modo algum se alinha nas preocupações que referimos conexas com a matriz do sistema eleitoral. *Essa intervenção assume essencialmente um cariz de natureza técnica, sem prejuízo da introdução de um ou outro mecanismo já com uma coloração política mais visível, mas, obviamente, mantendo sempre a ossatura do atual sistema eleitoral*[1672].

Da nossa parte, achamos verdadeiramente decisivo que qualquer alteração legislativa a fazer reúna uma aceitabilidade geral e possa corresponder aos aperfeiçoamentos que, quotidianamente, procuramos em matéria do cumprimento dos valores transcendentes que fundamentam o Ordenamento Jurídico e também o Ordenamento Eleitoral[1673].

[1671] Art. 288º, al. h), *in fine*, da CRP.

[1672] Já em tempos houve uma comissão de reforma legislativa, chefiada pelo Professor Doutor Jorge Miranda, que estudou e preparou um anteprojeto de Código Eleitoral. Foi pena que esse esforço não lograsse ser reconhecido pelo legislador e o código científico não tivesse passado a código jurídico.

É sempre altura de se retomar essa iniciativa, que tinha o mérito de unificar, no plano legislativo, todo um conjunto de legislação já relativamente antiga – e, em certos pontos, mesmo ultrapassada – e salpicada, aqui e ali, por declarações de inconstitucionalidade de algumas das suas normas pelo Conselho da Revolução, primeiro, e pelo Tribunal Constitucional, depois.

[1673] Nós propusemos uma solução eleitoral codificada em Moçambique, tal opção – que ainda não logrou concretizar-se – se fundando em razões de ordem prática, de ordem política e de ordem científica. Cfr. JORGE BACELAR GOUVEIA, *Legislação Eleitoral...*, pp. 160 e ss.

209. A democracia semidireta e o referendo em geral

I. A *dimensão referendária* da democracia consiste na possibilidade de os cidadãos se pronunciarem acerca de assuntos que se colocam à governação.

Já não se trata de escolher os governantes, em função das suas capacidades pessoais ou do ideário político pretendido, governantes que depois ficarão com a responsabilidade de decidir em vez do povo.

É o próprio povo que decide, por si mesmo, certas questões, intervindo pontualmente na resolução dos assuntos públicos, povo que, enquanto conjunto de cidadãos governados, por momentos se transforma em povo governante, resolvendo a questão que lhe tenha sido submetida.

II. O instituto político-constitucional que concretiza a democracia semidireta ou democracia referendária é o *referendo*, ato pelo qual o povo responde a uma pergunta que lhe é apresentada a respeito de uma matéria que se coloca à decisão do poder público.

A vontade que vem a ser manifestada num certo sentido – "sim", "não" ou "abstenção" – espelha o entendimento popular, coletivamente válido no âmbito de um procedimento de votação.

O referendo implica que o povo decida sobre uma questão que normalmente é do foro dos órgãos representativos, os quais têm titulares que foram escolhidos para imputarem uma vontade psicológica à atividade jurídico-pública[1674].

A palavra "referendo" (*ad referendum*) proveio do Direito Internacional Público, em cujo contexto os tratados são negociados *ad referendum*

Discutindo a reforma do sistema eleitoral, v. Rui Oliveira Costa, *Lei Eleitoral para a Assembleia da República – proposta de configuração de círculos uninominais*, Lisboa, 2009, pp. 72 e ss.

[1674] Sobre o referendo em geral, v. José Ferreira Marnoco e Sousa, *Direito Político...*, pp. 177 e ss.; Ricardo Leite Pinto, *Referendo local e descentralização política*, Lisboa, 1984, pp. 5 e ss.; Jorge Miranda, *Referendo*, in Pol., V, Lisboa, 1987, pp. 99 e ss., *Ciência Política...*, pp. 235 e ss., e *Manual...*, VII, pp. 306 e ss.; Maria Luísa Duarte, *O referendo e a representação política*, in RJ, nºs 9 e 10, junho de 1987, pp. 195 e ss.; Luís Barbosa Rodrigues, *O referendo...*, pp. 19 e ss.; Maria Benedita Pires Urbano, *O referendo*, Coimbra, 1998, pp. 7 e ss.; Vital Moreira, *Elementos...*, pp. 71 e ss.; Paulo Bonavides, *Teoria do Estado*, pp. 349 e ss.; Francisco Pereira Coutinho, *O referendo...*, pp. 9 e ss.; Manuel Proença de Carvalho, *Manual...*, pp. 137 e ss.; Pedro Trovão do Rosário, *A Democracia Semidireta em Portugal*, Lisboa, 2013, pp. 13 e ss.

quando carecem de ulterior consentimento dos órgãos internos competentes, fazendo-se a mesma homologia para a pergunta que se formula ao povo, a qual carece de aceitação ou rejeição popular posterior[1675].

É exatamente isso o que a CRP vem a reconhecer, frisando a importância de mais este caminho no enriquecimento da democracia portuguesa: "O povo exerce o poder político através do sufrágio (...), do referendo e das demais formas previstas na Constituição"[1676].

III. A observação do referendo no seu lugar de instituição político-constitucional permite múltiplos prismas de análise, que se mostram relevantes noutras tantas classificações que têm sido propostas:

a) *as matérias a referendar*: referendo constitucional, internacional, político, legislativo e administrativo;

b) *o momento da realização:* referendo prévio, referendo final e referendo superveniente;

c) *a obrigatoriedade ou a facultatividade da convocação*: referendo obrigatório e referendo facultativo;

d) *a força jurídica da resposta*: referendo vinculativo e referendo consultivo.

IV. A melhor localização conceptual do referendo aconselha ainda a sua diferenciação relativamente a outros institutos que dele se separam[1677]:

- a *eleição*;
- a *destituição popular* (*recall*);
- a *iniciativa legislativa popular*;
- a *petição popular*;
- as *assembleias abertas*.

[1675] Mas naturalmente que o referendo de que aqui curamos situa-se no plano do Direito Constitucional, embora o instituto, com esta ou outra configuração, seja conhecido de outros ramos do Direito.

No caso do Direito Internacional, o referendo tem sentido quando se pergunta a certo povo se quer ser independente, no contexto do exercício da autodeterminação dos povos.

No plano do Direito Administrativo, o *referendum administrativo* traduz a expressão de uma vontade administrativa, necessário à eficácia do ato administrativo ou de algo equivalente.

[1676] Art. 10º, nº 1, da CRP e cfr. também o art. 115º, nº 1, da CRP.

[1677] Cfr. FRANCISCO PEREIRA COUTINHO, *O referendo...*, pp. 23 e ss.

A *eleição*, sendo a figura afim mais próxima do referendo, deste se distingue, embora a sua titularidade também resida no povo, por não ser uma decisão de governação e ser uma seleção de governantes para ocuparem os cargos públicos.

A *destituição popular*, sendo o reverso da eleição, implica a cessação da titularidade dos cargos públicos, mas, tal como a eleição, dissocia-se do referendo por se projetar no preenchimento dos órgãos, não na tomada de decisões materiais.

A *iniciativa legislativa popular* significa que os cidadãos, enquanto comunidade política, podem exercer o direito de fazer iniciar um procedimento legislativo, ainda que não decidam a respetiva conversão em lei, mas neste caso assinala-se a distinção frente ao referendo porque o povo não decide o ato legislativo, apenas o decide propor, cabendo a decisão aos órgãos públicos competentes.

A *petição popular*, uma versão enfraquecida da iniciativa legislativa popular, representa o direito de os cidadãos darem a conhecer aos órgãos públicos os seus pedidos, sem terem a garantia de que sejam apreciados e, por maioria de razão, decididos, pelo que o fosso relativamente ao referendo é ainda maior, pois que na petição popular apenas se chama a atenção para o seu conteúdo, não havendo uma decisão sobre questões da governação.

As *assembleias abertas* são diversas do referendo porque nelas o aglomerado populacional pode equivaler, em certos casos, a uma assembleia deliberativa, que se reúne sob certas circunstâncias, tal como a experiência ateniense nos deixou ou, hoje, pode suceder, em Portugal, nas freguesias com menos de 150 eleitores[1678].

V. O referendo em Direito Constitucional tem sido porventura um dos temas que mais ricos debates tem suscitado nas últimas décadas, num estudo que se vai acentuando, para além das importantes ilações que o mesmo proporciona no plano diverso da Ciência Política.

É verdade que a Democracia Contemporânea em boa parte nasceu contra a afirmação de uma alternativa referendária, que ainda por cima tem um pesado lastro histórico de experiências pouco democráticas.

[1678] Cfr. o art. 21º, nº 1, da LAL.

Mas não tem sido menos verdade que a sociedade de informação em que estamos mergulhados exige uma maior participação dos cidadãos, gradualmente se eliminando as dificuldades e os perigos que antes se assacavam ao referendo:

- o problema do desconhecimento técnico das matérias por parte do povo que vai decidir não existe mais porque não apenas as decisões são pontuais como se estabelece a obrigatoriedade de uma ampla campanha de esclarecimento;
- o problema da distorção "plebiscitária" dos resultados é dificuldade meramente teórica porque o referendo não é uma ilha democrática, antes se insere num contexto globalmente democrático, juntando-se não apenas a outros instrumentos de participação política como vivendo lado a lado com a democracia eleitoral.

E vamos mesmo mais longe: numa altura em que muitos acreditam que a democracia se encontra em crise profunda, pelo descrédito em que os políticos genericamente caíram, ou pela insuficiência dos mecanismos representativos e partidários na resposta às inquietações dos cidadãos, desvenda-se na democracia referendária uma importante válvula de segurança para assegurar a mínima "oxigenação democrática" do sistema político.

210. As principais opções do Direito Referendário Português

I. O Direito Constitucional Português acolhe o instituto do referendo, não desde o início, mas a partir das suas revisões constitucionais, adotando três modalidades do mesmo e em três momentos distintos:

- *o referendo local em 1982*, consagrado pela LC nº 1/1982, prevendo-se que "As autarquias locais podem submeter a referendo dos respetivos cidadãos eleitores matérias incluídas nas competências dos seus órgãos..."[1679];
- *o referendo nacional em 1989*, consagrado pela LC nº 1/1989, estipulando-se que "Os cidadãos eleitores recenseados no território

[1679] Art. 240º, nº 1, da CRP.

nacional podem ser chamados a pronunciar-se diretamente, a título vinculativo, através de referendo, por decisão do Presidente da República, mediante proposta da Assembleia da República ou do Governo, em matérias das respetivas competências..."[1680], sendo o referendo da instituição em concreto das regiões administrativas uma sua especialidade[1681];

– *o referendo regional em 1997*, consagrado pela LC nº 1/1997, a ter lugar no âmbito das Regiões Autónomas, prescrevendo-se que "Os referendos podem ter âmbito regional..."[1682], sendo certo que "Compete à Assembleia Legislativa da região autónoma apresentar propostas de referendo regional, através do qual os cidadãos eleitores recenseados no respetivo território possam, por decisão do Presidente da República, ser chamados a pronunciar-se diretamente, a título vinculativo, acerca de questões de relevante interesse específico regional..."[1683].

II. A respetiva regulação jurídico-normativa é amplamente desenvolvida por duas leis ordinárias, uma para o referendo nacional, aprovada em 1998 (a LORR), e a outra para o referendo local, aprovada em 2000 (a LORL), aquela com a seguinte sistematização, num total de 255 artigos:

– Título I – *Princípios gerais*
– Título II – *Convocação do referendo*
– Título III – *Realização do referendo*
– Título IV – *Efeitos do referendo*
– Título V – *Regras especiais sobre o referendo relativo à instituição em concreto das regiões administrativas*
– Título VI – *Disposições finais e transitórias*

Só muito recentemente, em 2015, viria a ser publicada a LORA, mas estranhamente só para a Região Autónoma dos Açores, o que só pode suscitar as maiores reservas, não apenas políticas como de inconstitucionalidade parcial por omissão de lei ordinário devida.

1680 Art. 115º, nº 1, da CRP.
1681 Consagrado no art. 256º da CRP, ao qual também se aplica a LORR.
1682 Art. 115º, nº 13, da CRP.
1683 Art. 232º, nº 2, da CRP.

A não ser que se possa pensar, no que à Região Autónoma da Madeira toca, numa aplicação analógica daquela legislação que só visa os Açores ou numa aplicação subsidiária da legislação do referendo nacional, sem ainda excluir mesmo a supletividade geral do Direito Eleitoral em relação ao Direito Referendário[1684].

A jurisprudência constitucional já tem tido ocasião de se pronunciar, por diversas vezes, a respeito do regime do referendo, tanto o nacional como o local, por força da obrigatoriedade da sua intervenção a título de fiscalização preventiva da constitucionalidade e da legalidade[1685].

III. O *referendo nacional* é o instituto que concita mais elementos normativos[1686], em acordância com a sua proeminência no contexto do fortalecimento da democracia política portuguesa.

Até à data, já foram realizados três referendos nacionais, os dois primeiros no mesmo ano de 1998 e o terceiro em 2007:

- o primeiro em 28 de junho de 1998, sobre o aborto a pedido, em que ganhou o "não"[1687];
- o segundo em 8 de novembro de 1998, sobre a regionalização administrativa do território continental, também com a vitória do "não"[1688]; e

[1684] Cfr. o art. 115º, nº 9, da CRP.

[1685] Cfr. os seguintes acórdãos do Tribunal Constitucional: o Ac. nº 288/98, de 17 de abril de 1998, sobre a despenalização do aborto a pedido; o Ac. nº 531/98, de 29 de julho de 1998, sobre a ratificação do Tratado de Amesterdão; o Ac. nº 532/98, de 29 de julho de 1998, sobre a regionalização administrativa do território continental português; e o Ac. nº 704/2004, de 17 de dezembro de 2004, sobre a ratificação do TCE.

[1686] Sobre o regime do referendo nacional em geral, v. JORGE MIRANDA, *Ciência Política...*, pp. 262 e ss., *Manual...*, V, pp. 385 e ss., e *Manual...*, VII, pp. 319 e ss.; J. J. GOMES CANOTILHO e VITAL MOREIRA, *Constituição...*, pp. 529 e ss.; LUÍS BARBOSA RODRIGUES, *O referendo...*, pp. 157 e ss.; FERNANDO PAULO DA SILVA SUORDEM, *Legislação do referendo anotada*, Coimbra, 1997, pp. 15 e ss.; MARIA BENEDITA PIRES URBANO, *O referendo*, pp. 140 e ss.; J. J. GOMES CANOTILHO, *Direito Constitucional...*, pp. 864 e ss.; FRANCISCO PEREIRA COUTINHO, *O referendo...*, pp. 88 e ss.; PEDRO TROVÃO DO ROSÁRIO, *A Democracia...*, pp. 71 e ss.; ANTÓNIO FILIPE, *O referendo na experiência constitucional portuguesa*, Coimbra, 2016, pp. 375 e ss.

[1687] Cfr. o Mapa Oficial nº 2/98 da Comissão Nacional de Eleições, publicado no DR, I S-A, nº 183, de 10 de Agosto de 1998, em que, num total de 2 664 894 votantes, o "não" obteve 50,9% dos votos e o "sim" alcançou 49,1% dos votos.

[1688] Cfr. o Mapa Oficial nº 4/98 da Comissão Nacional de Eleições, publicado no DR, I S-A, nº 294, de 22 de dezembro de 1998, em que, num total de 3 984 551 votos expressos, o "não" obteve 63,52% dos votos, e o "sim" alcançou 36,48% dos votos.

– o terceiro em 11 de fevereiro de 2007, novamente sobre o aborto livre, tendo desta feita vencido o "sim"[1689].

Infelizmente, acabou por não ter lugar, não obstante a promessa feita pela esmagadora maioria dos partidos políticos, o referendo sobre a ratificação por Portugal do Tratado de Lisboa, sucedâneo do frustrado TCE, tendo até para o efeito sido realizada – e com o objetivo de se evitarem dúvidas – a VII revisão constitucional de 2005, que passou a aceitar a realização de um referendo direto do texto deste tratado sob a perspetiva do acordo ou desacordo à sua ratificação.

IV. Segundo o texto da CRP, o referendo nacional "...só pode ter por objeto questões de relevante interesse nacional que devam ser decididas pela Assembleia da República ou pelo Governo através da aprovação de convenção internacional ou de ato legislativo"[1690].

Do ponto de vista das matérias, o referendo nacional delimita-se positivamente na ideia geral de se tratar de "questões de relevante interesse nacional", conceito indeterminado que será interpretado pelos órgãos intervenientes no respetivo procedimento, mas que permite afastar a sujeição a referendo nacional de assunto sem qualquer dignidade referendária.

A CRP e a LORR vão um pouco mais longe na densificação desse conceito geral e enquadram o seu âmbito, no plano formal, nas matérias "... que devam ser decididas pela Assembleia da República ou pelo Governo através da aprovação de convenção internacional ou de ato legislativo"[1691].

Ora, este esclarecimento sobre a definição das matéria referendáveis leva à exclusão das questões que só possam ser decididas por atos de outra índole – como atos constitucionais, políticos, administrativos ou judiciais – assim também os atos legislativos que não sejam da competência daqueles dois órgãos de soberania, como os atos das Assembleias Legislativas das Regiões Autónomas, isto é, os decretos legislativos regionais.

[1689] Cfr. o Mapa Oficial nº 1/2007 da Comissão Nacional de Eleições, publicado no DR, I S-A, nº 43, de 1 de março de 2007, em que, num total de 3 840 176 votantes (43,57%), o "sim" obteve 59,25% dos votos, e o "não" alcançou 40,75% dos votos.

[1690] Art. 115º, nº 3, da CRP e art. 2º da LORR.

[1691] Art. 2º da LORR.

Em contrapartida, são bastantes as matérias que se afiguram expressamente excluídas, pois que a CRP igualmente tem a preocupação de fazer uma delimitação negativa dos assuntos suscetíveis de referendo nacional, alguns deles já pressentidos aquando da delimitação positiva[1692]:

– as alterações constitucionais;
– as questões e atos de conteúdo orçamental, tributário ou financeiro;
– as matérias de reserva exclusiva da Assembleia da República;
– as matérias de reserva absoluta da competência legislativa da Assembleia da República, com pontuais exceções.

V. O universo dos cidadãos com direito de votar no referendo nacional apresenta-se em grande medida decalcado da capacidade eleitoral ativa, fixando-se a homologia de que quem vota nas eleições nacionais também vota nos referendos nacionais.

A orientação geral é a de que o direito de votar no referendo nacional está confinado aos "...cidadãos eleitores recenseados no território nacional..."[1693], recenseamento que, sob esta perspetiva, é obrigatório.

A despeito desta regra geral, admite-se a possibilidade de os cidadãos com capacidade eleitoral ativa, recenseados no estrangeiro, igualmente votarem, desde que os referendos recaiam "...sobre matéria que lhes diga também especificamente respeito"[1694].

VI. A convocação do referendo nacional desenvolve-se por um caminho procedimental, não sendo um ato instantâneo, nele se divisando as seguintes três fases:

– *a proposta*[1695]: da Assembleia da República ou do Governo, conforme o ato correspondente seja da competência de um ou outro destes órgãos, cabendo a iniciativa, no caso da Assembleia da República, aos Deputados, aos grupos parlamentares, ao Governo e a grupos de cidadãos eleitores, neste caso a iniciativa popular sendo exercida por um mínimo de 60 000 cidadãos eleitores portugueses[1696];

1692 Cfr. o art. 115º, nº 4, da CRP e o art. 3º da LORR.
1693 Art. 37º, nº 1, da LORR.
1694 Art. 115º, nº 12, da CRP e art. 37º, nº 2, da LORR.
1695 Cfr. os arts. 10º e ss. da LORR.
1696 Cfr. o art. 16º da LORR, neste preceito alterada pela LO nº 1/2016, de 26 de agosto.

- *a fiscalização preventiva da constitucionalidade e da legalidade*: depois de formulada a proposta, esta submete-se a fiscalização preventiva obrigatória, com o objetivo de se analisar a sua constitucionalidade e a sua legalidade, além da apreciação dos requisitos relativos ao universo eleitoral[1697], pedido feito pelo Presidente da República ao Tribunal Constitucional, que deve decidir no prazo normal de 25 dias, mas que pode ser encurtado por motivos de urgência[1698], decisão que pode ser positiva ou negativa em relação àquele pedido;
- *a decisão*: se o Tribunal Constitucional verificar a constitucionalidade e a legalidade da proposta (caso contrário, tal não é possível, tendo lugar a reformulação da mesma), o Presidente da República decide discricionariamente sobre a realização do referendo, devendo, no caso afirmativo, convocá-lo no prazo de 20 dias[1699], por decreto, ato presidencial que fixa a data do mesmo[1700].

VII. À convocação do referendo nacional segue-se a sua *realização*, o procedimento de expressão da vontade popular referendária, a qual se distribui por diversas fases:

- *a campanha*: corresponde ao período prévio à data da votação em que se organizam atos de esclarecimento destinados a convencer os cidadãos votantes a respeito das alternativas de resposta, nele podendo institucionalmente participar os partidos políticos[1701];
- *a organização das assembleias de voto*: relaciona-se com a organização burocrática do exercício do voto na constituição das assembleias de voto por que são distribuídos os votantes, com o objetivo de assegurar a eficiência e a veracidade da respetiva expressão política, para além das inerentes garantias de liberdade e de imparcialidade[1702];
- *o exercício do voto*: traduz o momento em que cada cidadão votante exprime a sua vontade de responder, num dos sentidos possíveis, à pergunta de referendo[1703];

[1697] Cfr. o art. 26º da LORR.
[1698] Cfr. o art. 27º da LORR.
[1699] Cfr. o art. 34º da LORR.
[1700] Cfr. o art. 35º, nº 2, da LORR.
[1701] Cfr. os arts. 39º e ss. da LORR.
[1702] Cfr. os arts. 76º e ss. da LORR.
[1703] Cfr. os arts. 106º e ss. da LORR.

- *o apuramento dos resultados*: significa a contagem dos votos, incluindo os procedimentos de reclamação em relação aos resultados de apuramento[1704].

Por via de regra, a realização do referendo nacional é facultativa, não sendo necessária a sua convocação a fim de decidir determinada questão político-legislativa.

A única exceção é a da regionalização administrativa, cuja decisão está dependente da convocação de um referendo em que ganhe o sim: "A instituição em concreto das regiões administrativas, com aprovação da lei de instituição de cada uma delas, depende da lei prevista no artigo anterior e do voto favorável expresso pela maioria dos cidadãos eleitores que se tenham pronunciado em consulta direta, de alcance nacional e relativa a cada área regional"[1705].

VIII. Os *efeitos* do referendo nacional têm a característica da sua vinculatividade, até porque com a realização de uma consulta popular desta envergadura não se justificaria que fosse meramente consultivo.

Contudo, essa vinculatividade fica adstrita a um mínimo de participação, no sentido de evitar referendos vinculativos quando não haja um mínimo de participação popular: "O referendo só tem efeito vinculativo quando o número de votantes for superior a metade dos eleitores inscritos no recenseamento"[1706].

A vinculatividade do referendo afere-se em razão de dois tipos de deveres que emergem da decisão referendária e que se projetam na atuação dos órgãos política e legislativamente competentes para a atuação correspondente:

- *um dever positivo, de facere*, "de agir": dever de aprovar os diplomas adequados à realização prática da decisão referendária – ou, para usar a expressão legal, aprovar o ato de "...sentido correspondente..." – no prazo, respetivamente, de 90 ou 60 dias, conforme o dever impenda sobre a Assembleia da República ou o Governo[1707], ao mesmo tempo

[1704] Cfr. os arts. 137º e ss. da LORR.

[1705] Art. 256º, nº 1, da CRP, que corresponde, no plano da LORR, aos seus arts. 245º e ss.

[1706] Art. 115º, nº 11, da CRP e art. 240º da LORR.

[1707] Cfr. o art. 241º da LORR.

que se estabelecem proibições no âmbito dos poderes presidenciais que se inscrevam numa lógica de *faculté d'empêcher*[1708];

- *um dever negativo, de non facere*, "de não agir": dever de não aprovar diplomas que contrariem o sentido da decisão referendária, dever negativo que termina no caso de "...nova eleição da Assembleia da República ou a realização de novo referendo com resposta negativa"[1709].

De acordo com a lógica do referendo nacional, a decisão referendária, ao invés do que sucede noutros sistemas constitucionais, não corporiza diretamente uma fonte de Direito, antes sendo um impulso legiferante, ao nível da produção dos correspondentes atos legislativos e convenções internacionais.

É por isso que não são de considerar opiniões que excessivamente fortaleçam a decisão referendária, que terá a seguinte configuração[1710]:

- *um ato político*, praticado pelo povo, que, reunido no dia do referendo, é o seu autor formal, ato do Estado-Comunidade;
- *com efeitos cogentes*, de natureza normativa, porquanto à respetiva decisão, se tomada com a participação de mais de metade do colégio eleitoral, a CRP e a LORR atribuem força vinculativa;
- *mas de eficácia interna*, pois que não determina, por si só, a constituição, a modificação ou a extinção de outros atos jurídico-públicos.

[1708] Cfr. o art. 242º da LORR.

[1709] Art. 243º, *in fine*, da LORR.

[1710] Têm sido várias as opiniões que a doutrina constitucional portuguesa tem expendido a este propósito:

- Luís Barbosa Rodrigues (*O referendo...*, pp. 241 e ss.) refere que o referendo é um ato legislativo atípico de valor reforçado, o que não parece minimamente ajustável à realidade portuguesa, porque a decisão não reveste forma de lei – quando muito, seria um ato normativo, mas não legislativo – nem sequer se pode perceber onde está o seu valor reforçado, uma vez que não pode dispor sobre a consistência jurídica de outros actos jurídico-públicos que sejam feitos contra ele;
- Francisco Pereira Coutinho (*O referendo...*, p. 130) defende um ato de referendo muito menos forte, dizendo que "...parece-nos evidente que o referendo não tem a natureza de acto normativo e, por maioria de razão, muito menos terá a natureza de acto legislativo, mesmo que atípico. Quanto ao valor reforçado, quando muito, esse valor será atribuído à «lei pós-referendária» e mesmo assim esta será sempre temporalmente limitada, nunca se reconduzindo à categoria das leis de valor reforçado".

IX. É evidente que o atual regime do referendo em Portugal, na CRP e na LORR, padece de graves contradições, a principal delas a de não ter tido a presciência da necessidade de instituir mecanismos efetivos que impusessem a vontade do referendo no caso de os órgãos do Estado não pretenderem respeitá-la. Infelizmente, essas cautelas, de todo em todo, não existem, aqui surgindo mais um caso de *lex imperfecta*.

O pior nem será porventura essa primeira conclusão, mas a impressão que fica a qualquer estudioso – e, em certa medida, aos cidadãos portugueses em geral – de que, à força de tantas limitações, se conseguiu unicamente um "semi-referendo", com exclusão da possibilidade de os cidadãos portugueses se pronunciarem sobre aspetos que, nos dias de hoje, se mostram decisivos na atual conceção de Estado Republicano e Fiscal: as matérias da revisão constitucional e as matérias tributárias[1711].

X. O *referendo local* é um instituto que assume uma menor relevância política, na medida em que se confina às questões administrativas das autarquias locais em que é realizado, do mesmo modo recebendo um estatuto constitucional, se bem que bastante escasso, e um muito mais amplo estatuto legal, com a LORL[1712].

O referendo local obedece às seguintes características fundamentais, exercitando-se no âmbito das pessoas coletivas de Direito Público de matriz administrativa, que são as *freguesias* e os *municípios*:

- o referendo apenas pode ter por *objeto* questões de interesse local, mas desde que se limitem às atribuições e competências dos órgãos autárquicos[1713];
- o referendo é sempre de *realização* facultativa e nenhuma decisão administrativa está dele dependente para ser tomada no sentido de não carecer da sua convocação[1714];

[1711] Quer dizer: aquilo que é mais importante decidir é precisamente aquilo que está afastado da decisão popular!

[1712] Sobre o referendo local em geral, v. Ricardo Leite Pinto, *Democracia local...*, pp. 7 e ss.; Jorge Miranda, *Ciência Política...*, pp. 268 e ss., e *Manual...*, VII, pp. 333 e ss.; António Cândido de Oliveira, *A Democracia Local...*, pp. 59 e ss.; António Filipe, *O referendo na experiência...*, pp. 329 e ss.

[1713] Cfr. o art. 3º da LORL.

[1714] Esta é uma conceção que implicitamente decorre do art. 2º da LORL.

- a *iniciativa* do procedimento do referendo repousa nos órgãos autárquicos, assim como no conjunto dos cidadãos eleitores, através de uma iniciativa popular, embora a decisão final seja dos órgãos autárquicos deliberativos, assembleia municipal ou assembleia de freguesia, ao que se segue a fiscalização obrigatória da constitucionalidade e da legalidade por parte do Tribunal Constitucional[1715];
- os *efeitos* do referendo são vinculativos, nunca consultivos, devendo os órgãos autárquicos conformar-se com o sentido da resposta produzida, quer num dever positivo, quer num dever negativo[1716].

211. A democracia participativa e os partidos políticos em geral

I. A *dimensão participativa da democracia*, menos orgânica e mais informal, é a que se liga ao exercício dos direitos de natureza política que permitem a expressão da *opinião pública*, indiretamente influenciando as decisões políticas tomadas pelos governantes, opinião pública que se constrói com base nas opiniões individuais produzidas no espaço público[1717].

Isto quer dizer que a vontade popular que qualquer sistema político deve apreciar não se vai confinar àquilo que é transmitido no momento da eleição ou do referendo – é do mesmo modo relevante a opinião dos cidadãos que se possa manifestar entre aqueles momentos formais-decisórios, dando assim substância a uma cultura democrática e a uma intensa intervenção da sociedade nos assuntos da Política[1718].

Esta outra vertente da democracia não se exerce contra – e muito menos em substituição – a democracia representativa: mas claramente que a complementa, assinalando uma saudável vigilância democrática sobre aquilo que vai sendo o quotidiano da governação.

[1715] Cfr. os arts. 10º e ss. da LORL.

[1716] Cfr. os arts. 219º e ss. da LORL.

[1717] Como refere Reinhold Zippelius (*Teoria...*, p. 346), "Quando aqui se fala, de forma sintética, de "opinião pública", não se deve perder de vista o facto de não existir numa comunidade uma opinião pública uniforme e objectivamente indiferenciada, mas apenas opiniões diferentes, estruturadas (articuladas) por temas, que encontram um apoio por vezes maior e por vezes menor".

[1718] Cfr. Reinhold Zippelius, *Teoria...*, p. 346.

Daí que seja relevante apreciar as duas principais funções que a opinião pública exerce em democracia:

- *uma função de legitimação*: é a função que permite a aceitação, fáctica e ética, da atuação dos governantes, uma vez que estes podem absorver as conceções sociais dominantes que se exprimem através da opinião pública, não divorciando o Estado da Sociedade;
- *uma função de controlo*: é a função que determina a limitação do poder público, na medida em que, diversamente da teoria da *arcana rei publicae* do Estado Absoluto, se exige que os eleitores avaliem os meandros das decisões políticas, assim melhor julgando os governantes nos momentos eleitorais, ao mesmo tempo que estes se sentem condicionados pelo escrutínio da opinião pública.

II. Os instrumentos que se colocam ao serviço desta democracia participativa estão todos em consonância com os *direitos políticos*, os quais integram um ideal de *status* político, de cidadania ativa na participação do espaço público, de construção da opinião pública[1719].

São vários os direitos fundamentais que podem exemplificar essa ideia, assim substanciando uma opinião pública, que, sendo forte, fortalece a democracia participativa, que é componente essencial de um Estado Democrático avançado e amadurecido:

- *a liberdade de opinião* (expressão e informação): a faculdade de os cidadãos livremente exprimirem os seus pontos de vista, sem coação, censura ou discriminação, a respeito dos mais variados assuntos[1720];
- *a liberdade de imprensa*: a faculdade de os cidadãos poderem exprimir as suas opiniões livres usando os meios de comunicação social – a imprensa escrita, o mais antigo, a rádio e a televisão – e também a faculdade, que se integra neste direito fundamental, de criação des-

[1719] Quanto à importância e função da opinião pública em geral, v. Marcello Caetano, *A opinião pública no Estado moderno*, Lisboa, 1965, pp. 11 e ss., e *Manual de Ciência Política...*, I, pp. 380 e ss.; Jürgen Habermas, *L'espace public*, Paris, 1993, pp. 149 e ss.; Reinhold Zippelius, *Teoria...*, pp. 337 e ss.; Maria Luísa Duarte, *O direito de petição – cidadania, participação e decisão*, Coimbra, 2008, pp. 68 e ss.

[1720] Cfr. o art. 37º da CRP.

ses meios de comunicação social, direito que se estende aos jornalistas enquanto seus profissionais[1721];

- *a liberdade de reunião*: a faculdade de as pessoas livremente se juntarem, para entre si trocarem opiniões ou levarem a cabo projetos[1722];
- *a liberdade de manifestação*: a faculdade de as pessoas livremente se juntarem no sentido de exteriorizarem, para fora do agrupamento, os seus pontos de vista[1723];
- *a liberdade de associação*: a faculdade de as pessoas livremente criarem pessoas jurídicas coletivas associativas, não carecendo de qualquer autorização pública, no exercício da sua autonomia privada[1724];
- *a liberdade de criação e de militância nos partidos políticos*: a faculdade de as pessoas livremente criarem partidos políticos, bem como neles desenvolverem a sua atividade de militância, participando na respetiva vida institucional, liberdade que se comunica aos partidos políticos como pessoas associativas especiais[1725];
- *o direito de petição perante órgãos públicos*: a faculdade de as pessoas fazerem chegar às autoridades públicas pedidos, representações, reclamações ou queixas a respeito dos seus direitos, da juridicidade em geral ou para a melhor prossecução do interesse público[1726].

III. Fazendo a ligação entre a democracia representativa e a democracia participativa está ainda o estatuto da *oposição democrática*, dado que em Estado Democrático, se à maioria compete governar, às minorias compete fiscalizar.

[1721] Cfr os arts. 38º e 39º da CRP e as leis que disciplinam as diversas matérias: Lei de Imprensa, Lei da Rádio e Lei da Televisão.

[1722] Cfr. o art. 45º, nº 1, da CRP e o DL nº 406/74, de 29 de Agosto, alterado pela LO nº 1/2012, de 11 de Maio.

[1723] Cfr. o art. 45º, nº 2, da CRP e o DL nº 406/74.

[1724] Cfr. o art. 46º da CRP e o DL nº 594/74, de 7 de novembro, alterado pelo DL nº 71/77, de 25 de fevereiro, para além do próprio CC.

Sobre o direito de petição especificamente, v. MARIA LUÍSA DUARTE, *O direito de petição...*, pp. 73 e ss.; TIAGO TIBÚRCIO, *O direito de petição...*, pp. 39 e ss.

[1725] Cfr. o art. 51º da CRP e a LPP.

[1726] Cfr. o art. 52º, nºs 1 e 2, da CRP e a L nº 43/90, de 10 de Agosto, que regula o direito de petição.

É por isso que esteve bem a CRP na fixação enfática de um estatuto da oposição democrática[1727], que integra um feixe de direitos procedimentais atribuídos às minorias dos órgãos públicos de natureza representativa, ao nível nacional, regional e local, de entre eles se salientando[1728]:

- o *direito de informação*: é o cerne do estatuto do direito de oposição e implica o "...direito de ser informados regular e diretamente pelos correspondentes órgãos executivos sobre o andamento dos principais assuntos de interesse público relacionados com a sua atividade"[1729];
- o *direito de consulta prévia*: é um direito mais forte e faculta aos seus titulares a possibilidade de serem ouvidos antes da tomada de certas decisões mais relevantes[1730];
- *o direito de participação*: o direito "...de se pronunciar e intervir pelos meios constitucionais e legais sobre quaisquer questões de interesse público relevante, bem como o direito de presença e participação em todos os atos e atividades oficiais que, pela sua natureza, o justifiquem"[1731];
- o *direito de participação legislativa*: o "...direito de se pronunciar no decurso dos trabalhos preparatórios de iniciativas legislativas do Governo..." em matéria de "...eleições e associações e partidos políticos"[1732];
- o *direito de depor*: o direito de "...depor perante quaisquer comissões constituídas para a realização de livros brancos, relatórios, inquéritos, inspeções, sindicâncias ou outras formas de averiguação de

[1727] Cfr o art. 11º, nº 2, da CRP, aí se garantindo "É reconhecido às minorias o direito de oposição democrática, nos termos da Constituição e da lei", prescrevendo-se no respetivo nº 3 que "Os partidos políticos representados na Assembleia da República e que não façam parte do Governo gozam, designadamente, do direito de serem informados regular e diretamente pelo Governo sobre o andamento dos principais assuntos de interesse público, de igual direito gozando os partidos políticos representados nas Assembleias Legislativas das Regiões Autónomas e em quaisquer outras assembleias designadas por eleição directa relativamente aos correspondentes executivos de que não façam parte".

[1728] Cfr. a L nº 24/98, de 26 de Maio, que estabeleceu o estatuto do direito de oposição democrática. Cfr. Jorge Bacelar Gouveia, *Legislação de Direito Constitucional*, pp. 207 e ss.

[1729] Art. 4º da L nº 24/98.

[1730] Cfr. o art. 5º da L nº 24/98.

[1731] Art. 6º da L nº 24/98.

[1732] Art. 7º da L nº 24/98.

factos sobre matérias de relevante interesse nacional, regional ou local"[1733].

IV. De todos os direitos fundamentais de intervenção política, como diria Georg Jellinek, um peculiar realce deve ser conferido à liberdade de associação partidária, o mesmo é dizer, ao fenómeno, nas suas diversas implicações, dos *partidos políticos*, ainda que a liberdade de comunicação social, na sociedade de informação de hoje, igualmente não possa ser menosprezada[1734].

A definição de partidos políticos[1735] tem sido tentada pelos mais diversos autores, a partir de diferentes critérios[1736]. Entre nós, a noção de partido político foi uma das preocupações da primeira LPP[1737] – aprovada

[1733] Art. 8º da L nº 24/98.

[1734] Frisando a importância da liberdade da comunicação social na construção da opinião pública em Estado pluralista, Reinhold Zippelius, *Teoria...*, pp. 350 e ss.

[1735] Sobre os partidos políticos em geral, v. Georges Burdeau, *O Estado*, pp. 103 e ss.; Marcelo Rebelo de Sousa, *Direito Constitucional...*, pp. 181 e ss.; Marcello Caetano, *Manual de Ciência Política...*, I, pp. 387 e ss.; Iñigo Cavero Lataillade e Tomas Zamora Rodriguez, *Introducción...*, pp. 257 e ss.; Jean-Paul Jacque, *Le statut des Partis Politiques en Europe*, in AAVV, *Les Droits de L'Homme – droits collectifs ou droits individuels*, Paris, 1980, pp. 102 e ss.; Marcelo Rebelo de Sousa, *Os partidos políticos...*, pp. 7 e ss., *Partidos políticos – Ciência Política e Direito*, in Pol., IV, Lisboa, 1986, pp. 991 e ss., *A Constituição e os partidos políticos*, in AAVV, PSCP, Lisboa, 1989, pp. 663 e ss., e *Ciência Política...*, pp. 88 e 89; Jorge Miranda, *Ciência Política...*, pp. 271 e ss., e *Manual...*, VII, pp. 159 e ss.; José Manuel Meirim, *O financiamento dos partidos políticos e das campanhas eleitorais*, Lisboa, 1994, pp. 5 e ss.; Maurice Duverger, *Los partidos...*, pp. 15 e ss.; Paolo Biscaretti di Ruffìa, *Diritto...*, pp. 901 e ss.; Santiago González-Varas, *La financiación de los partidos políticos*, Madrid, 1995, pp. 5 e ss.; Jorge Bacelar Gouveia e Ana Rita Cabrita, *Partidos políticos*, in DJAP, 1º sup., Lisboa, 1998, pp. 345 e ss.; Vital Moreira, *Elementos...*, pp. 40 e ss.; Fernando Farelo Lopes, *Os partidos políticos*, Oeiras, 2004, pp. 11 e ss.; Manuel Proença de Carvalho, *Manual...*, pp. 97 e ss.; José Fontes, *Teoria Geral...*, pp. 185 e ss.

[1736] Sistematizando alguns desses critérios, Marcelo Rebelo de Sousa, *Direito Constitucional...*, pp. 195 e ss., *Os partidos políticos...*, pp. 75 e ss., e pp. 406 e ss., e *Partidos políticos*, pp. 991 e ss.; Paolo Biscaretti di Ruffìa, *Diritto...*, pp. 904 e ss.; Jorge Miranda, *Ciência Política...*, pp. 273 e ss.; Iñigo Cavero Lataillade e Tomas Zamora Rodriguez, *Introducción...*, p. 259 e ss.

[1737] Matéria em que a atual LPP até ficaria menos perfeita, ainda que igualmente apresente uma definição dos partidos políticos como os que "...concorrem para a livre formação e o pluralismo de expressão da vontade popular e para a organização do poder político, com respeito pelos princípios da independência nacional, da unidade do Estado e da democracia política".

pelo DL nº 595/74, de 7 de novembro – e nela se dizia que "Por partidos políticos entendem-se as organizações de cidadãos, de caráter permanente, constituídas com o objetivo fundamental de participar democraticamente na vida política do País e de concorrer, de acordo com as leis constitucionais e com os seus estatutos e programas publicados, para a formação e expressão da vontade política do povo, intervindo, nomeadamente, no processo eleitoral mediante a apresentação ou o patrocínio de candidaturas".

Esta antiga definição legal é útil porque a partir dela torna-se possível isolar os elementos que, de acordo com o que a generalidade da doutrina considera, integram o conceito de partidos políticos, simultaneamente numa perspetiva politológica e jurídico-constitucional:

- um *elemento subjetivo*;
- um *elemento temporal*;
- um *elemento teleológico.*

O *elemento subjetivo,* tal como nos sugere neste aspeto a mencionada lei portuguesa, ao referir os partidos políticos como *"organizações de cidadãos"*, implica a dimensão pessoal como substrato da entidade a criar. Ao contrário do que sucede com as fundações ou com as sociedades, este elemento de caráter pessoal – que depois se recorta, com cambiantes diversos, pelos militantes e pelos simpatizantes – confere aos partidos a qualificação de associações[1738].

O *elemento temporal* determina que os partidos políticos possuam um caráter duradouro[1739]. Isto significa que, tanto pelos objetivos que prosseguem como pela função social e política que desempenham, os partidos não podem constituir-se a termo ou sujeitar a sua permanência à verificação de uma qualquer condição resolutiva. A existência de uma organização estável é uma característica dos partidos, o que os distingue de outros grupos de fins meramente eleitorais.

[1738] Em Portugal, diferentemente do que sucede noutras Ordens Jurídicas, é-lhes expressamente reconhecida personalidade jurídica, como decorria do nº 2 do artigo 1º do DL nº 595/74.

[1739] Explicitamente outro preceito da LPP vai nesse sentido: o art. 3º refere que "Os partidos políticos gozam de personalidade jurídica, têm a capacidade adequada à realização dos seus fins e são constituídos por tempo indeterminado".

O *elemento teleológico* sublinha as finalidades dos partidos políticos. Está em causa o reconhecimento normativo do importante papel que desempenham no funcionamento do sistema representativo constitucionalmente consagrado. Explicitando esta ideia, recorrendo ao exemplo do legislador português, indique-se a faculdade da apresentação de candidaturas aquando das eleições dos titulares dos órgãos do poder público.

Em resumo: podemos definir os partidos políticos como *as pessoas coletivas de tipo associativo, com carácter de permanência, tendo por finalidade representar o Estado-Sociedade ao nível dos órgãos do poder público, assim contribuindo, como suas peças fundamentais, para o funcionamento do sistema de poder político instituído.*

V. Os elementos conceptuais anteriormente referidos permitem separar os partidos políticos de três *figuras afins* que, com os mesmos, não ostentam qualquer confusão[1740]:

- as *associações políticas*;
- as *comissões eleitorais*; e
- os *grupos de pressão.*

A primeira destas figuras, as *associações políticas*, apesar de poderem prosseguir alguns dos fins assinalados aos partidos políticos, não revestem necessariamente caráter duradouro, nem visam a representação dos cidadãos nos órgãos do poder público. Pretendem simplesmente apresentar-se como *fora* de debate político-ideológico, sobressaindo a sua função pedagógica e intelectual, normalmente de teor setorial no tocante aos caleidoscópicos temas da vida política de um país.

Também costuma distinguir-se os partidos políticos das chamadas *comissões eleitorais* pelas mesmas razões, mas avultando com mais evidência o seu caráter acentuadamente transitório. Uma vez que estas se formam com o intuito exclusivo de patrocinar uma determinada candida-

[1740] Sobre a distinção entre partidos políticos e algumas destas suas figuras afins, v. Marcelo Rebelo de Sousa, *Direito Constitucional...*, pp. 186 e ss., *Os partidos políticos...*, pp. 415 e ss., *Partidos...*, pp. 994 e 995, e *Ciência Política...*, p. 88; Iñigo Cavero Lataillade e Tomas Zamora Rodriguez, *Introducción...*, pp. 261 e ss., e pp. 270 e ss.; Jorge Bacelar Gouveia e Ana Rita Cabrita, *Partidos...*, pp. 346 e ss.

tura eleitoral, elas extinguem-se logo que concluídas as eleições que eram a sua razão de ser.

É ainda de mencionar os *grupos de pressão ou de interesse*, que assentam, as mais das vezes, numa estrutura permanente e bem organizada. Simplesmente, ao contrário dos partidos políticos, não têm por escopo concorrer aos órgãos do poder público, mas tão-somente transmitir as pretensões dos seus associados aos representantes dos cidadãos, partidariamente enquadrados ou não, tentando condicionar – e, se possível, determinar mesmo – as decisões políticas que digam diretamente respeito aos respetivos setores de atividade e de interesse.

VI. Tomando por base diferentes critérios, os vários autores têm procurado proceder a *classificações* dos partidos políticos, de forma a melhor surpreender as relações destes com o sistema político em que se inserem. Entre as mais divulgadas, logo ressalta a classificação proposta por MAURICE DUVERGER, que aparta os *partidos de quadros* dos *partidos de massas*[1741].

Os *partidos de quadros* ou *de notáveis* são aqueles que procuram reunir as pessoas com mais prestígio na sociedade, caracterizando-se por dar sobretudo importância à qualidade dos seus dirigentes, não tanto à quantidade dos seus membros. Dentro dos partidos considerados *de quadros*, podem, na opinião deste autor, sub-distinguir-se os *flexíveis* e os *rígidos*, consoante exista ou não disciplina de voto nos grupos parlamentares e ainda atendendo ao grau de centralização na organização interna do partido.

Por sua vez, os *partidos de massas* ou *de militantes*, surgidos posteriormente, já nos finais do século XIX, caracterizam-se pela maior relevância que atribuem aos seus membros, os militantes. São partidos que, na sua maior parte, têm origem em organizações sócio-profissionais representativas do operariado industrial e dos trabalhadores rurais, os quais visam – com base numa organização estável e permanente, bem como numa disciplina interna mais férrea – prosseguir uma atuação também a nível extra-parlamentar, influindo na opinião pública. Os *partidos de mas-*

[1741] Há autores que referem ainda, na linha da classificação proposta por MAURICE DUVERGER, os *partidos de eleitores*, os *partidos de contestação* e os *partidos mistos*, os quais seriam resultado da evolução e reorganização dos *partidos de massas* e dos *partidos de quadros*.

V., a este propósito, MARCELO REBELO DE SOUSA, *Partidos...*, pp. 1000 e ss., e FERNANDO FARELO LOPES, *Os partidos...*, pp. 29 e ss.

sas podem subqualificar-se como *especializados* – caso dos socialistas – ou *totalitários* – caso dos comunistas e fascistas.

Outras classificações há que atendem à própria ideologia do partido e às conceções de índole social e política defendidas. Nestas, pode recordar-se, a título exemplificativo, a de Georg Jellinek, que distingue *partidos conservadores* e *partidos progressistas.* Os primeiros são os que defendem a manutenção das instituições vigentes e a conservação do sistema político tal como existe. Os outros, pelo contrário, são os que assumem uma postura crítica face à ordem vigente, fazendo propostas no sentido de a alterar ou de criar uma nova ordem.

Mais recentemente, novas modalidades de partidos políticos têm sido aventadas, num diverso enquadramento dado pelo amadurecimento do Estado Social ou até pelo seu envelhecimento, quando se fala já do Estado Pós-Social:

- *os partidos de todo o Mundo ou os "catch all-parties"*: são partidos que, deixando de lado as divisões ideológicas, se apresentam essencialmente pragmáticos, com programas vagos e disciplinas internas fluidas, alcançando uma grande base social de apoio;
- *os partidos-cartel*: são partidos que se assumem como dependentes da atividade estadual e jogam entre si a perpetuação no poder, o que se pode testemunhar nos acordos existentes no plano dos partidos do centro político (o "bloco central").

VII. Numa perspetiva diferente, isto é, olhando agora ao conjunto dos partidos políticos que existem em cada sistema político, distinguem-se vários *sistemas de partidos*, de harmonia com outros tantos critérios[1742].

O critério mais difundido na doutrina considera o número de partidos existentes e surpreende três categorias:

- os *sistemas monopartidários* – de partido único, em que apenas existe um partido político, que é também aquele que está no poder, e de partido liderante, quando coexistam vários partidos, mas só um deles exercendo efetivamente o poder;

[1742] Sobre os sistemas de partidos, v. Marcelo Rebelo de Sousa, *Direito Constitucional...*, pp. 206 e ss.; Maurice Duverger, *Los partidos...*, pp. 234 e ss.; Dieter Nohlen, *Sistemas electorales...*, pp. 42 e ss.; Jorge Bacelar Gouveia e Ana Rita Cabrita, *Partidos...*, pp. 348 e 349.

- *os sistemas bipartidários* – perfeitos, se os dois partidos têm entre 85% e 90% dos mandatos, e imperfeitos, se os dois partidos têm entre 75% e 85% dos mandatos; e
- *os sistemas multipartidários* – perfeitos, se os partidos se equivalem em representatividade eleitoral, e imperfeitos, quando um deles sobressai com mais de 35% dos mandatos.

VIII. Reconhecendo, porém, a insuficiência de um critério apenas numérico, alguns autores, nomeadamente GIOVANNI SARTORI, numa tentativa de melhor explicar a realidade partidária deste ponto de vista, acrescentaram novos critérios de diferença[1743].

Trata-se de considerar a existência de um confronto ou divergência ideológica, mais ou menos marcada, que se trava entre os partidos, de que é exemplo o confronto esquerda-direita.

Assim, o ilustre autor transalpino distingue:

(i) o sistema de partido único (ex-URSS);
(ii) o sistema de partido hegemónico (México);
(iii) o sistema de partido dominante (Índia, Japão);
(iv) o sistema bipartidário (Estados Unidos, Reino Unido);
(v) o sistema pluralista moderado (Países Baixos, Suíça, Bélgica); e
(vi) o sistema de pluralismo polarizado (Itália e Finlândia).

Dentro de cada um destes sistemas, opera o mesmo autor várias ramificações, atendendo ao tal grau de polarização existente entre os partidos. Por exemplo, distingue, no âmbito do bipartidarismo, o bipartidarismo convergente do bipartidarismo polarizado, de acordo com o maior ou o menor confronto ideológico esgrimido entre os dois partidos que integram o sistema.

IX. Nos últimos tempos, além do conceito de polarização, têm sido ainda desenvolvidos os conceitos da *fragmentação* e da *volatilidade* partidária[1744]:

[1743] Cfr. GIOVANNI SARTORI, *Elementi...*, pp. 237 e ss. Cfr. também DIETER NOHLEN, *Sistemas electorales...*, pp. 43 e ss.

[1744] Uma explicação destes conceitos pode ler-se em MARCELO REBELO DE SOUSA, *Partidos...*, pp. 1007 e ss., em que se afirma: "A fragmentação respeita ao sistema político em geral

- o *grau de fragmentação* – distinguindo-se o sistema partidário em razão da dispersão ou da concentração de votos por referência à colocação dos partidos políticos no quadro das diferentes opções sociais e políticas;
- o *grau de volatilidade* – diferenciando-se os sistemas partidários, numa lógica de sucessão no tempo de diversos atos eleitorais, em função do tipo de votação dos eleitores quanto a um mesmo partido, concluindo-se pela existência de partidos que mantêm as votações (sistema com pouca volatilidade) e de partidos que mudam acentuadamente de votações, aumentando e diminuindo (sistema com muita volatilidade).

X. Atualmente, nas sociedades democráticas, os partidos políticos desempenham um papel de extrema relevância para o eficaz funcionamento do sistema político instituído[1745], podendo referir-se estas funções mais relevantes:

1) a *função pedagógica*;
2) a *função eleitoral*; e
3) a *função parlamentar*.

A *função pedagógica* realça a sua excelência como canal de comunicação entre os cidadãos e os poderes públicos. São os partidos, afinal, o meio mais eficaz para transformar as necessidades individuais dos seus membros em exigências políticas coletivas, concretizadas nos programas eleitorais elaborados.

e é um conceito estrutural e tendencialmente estático, traduzindo as clivagens de natureza sócio-económica, étnica, linguística, cultural, que acabam por se repercutir mediatamente no sistema de partidos...".

Quanto ao conceito de *volatilidade*, "...reporta-se à mudança líquida verificada num determinado sistema de partidos como resultado da transferência do voto individual (...). Exprime, pois, o grau de permanência do perfil de um certo sistema de partidos e não tanto as clivagens sociais (como a fragmentação) ou tensões ideológicas interpartidárias (como a polarização)."

[1745] Cfr. também Dieter Nohlen, *Sistemas electorales...*, pp. 43 e ss.

A respeito das diversas funções dos partidos no sistema político, v. Marcelo Rebelo de Sousa, *Direito Constitucional...*, pp. 194 e 195, *Os partidos políticos...*, pp. 95 e ss., e *Partidos...*, pp. 992 e 993, e pp. 1003 e 1004; Jean-Paul Jacque, *Le statut...*, pp. 105 a 107; Jorge Bacelar Gouveia e Ana Rita Cabrita, *Partidos...*, pp. 349 e ss.

Ainda neste contexto, é reconhecida aos partidos uma importante função de formação da opinião pública. Na verdade, sendo os partidos organizações privilegiadas de debate e confronto de ideias, é a partir deles que nasce e ganha forma, como dispõe a LF, a *"vontade política do povo"*[1746]. São os partidos que definem, através dos programas eleitorais que elaboram, as opções que se colocam ao eleitorado.

A *função eleitoral* é, de todas, possivelmente a mais visível e, por isso, a mais significativa. São os partidos políticos os responsáveis pela animação das campanhas eleitorais, quer definindo as opções políticas, quer selecionando os candidatos à titularidade dos cargos políticos. Noutra perspetiva, são ainda eles próprios, como interessados diretos, os fiscalizadores do desenrolar do processo eleitoral.

A *função parlamentar*, em período não eleitoral, implica que os partidos políticos desempenhem uma ação de esclarecimento e de formação das deliberações: ora apoiando, com as ações levadas a cabo e o respetivo discurso político, o Governo no poder que ajudaram a escolher; ora contestando a política governamental, quando estejam na oposição.

Pelo exposto, resulta que os partidos políticos são neste momento uma realidade indispensável ao bom funcionamento do regime democrático, tanto pelo debate ideológico de que são promotores por vocação, como pela animação das campanhas eleitorais, sem esquecer ainda a titularidade e o exercício do poder político.

XI. Como decorre das classificações anteriormente elencadas, há uma interação recíproca entre o sistema de partidos e o sistema político.

Deste modo, se aos sistemas políticos ditatoriais ou totalitários corresponde um sistema de partido único ou liderante, já nos sistemas políticos democráticos a pluralidade de partidos políticos pode traduzir-se num sistema de bipartidarismo ou de multipartidarismo.

De outro lado, o sistema eleitoral condiciona o sistema de partidos existente, como reconhece, em geral, a doutrina. Esta influência até acaba por ser mútua, na medida em que se pretenda consagrar um sistema eleitoral adaptado ao sistema de partidos preexistente ou, com a consagração de determinado sistema eleitoral, criar-se um novo sistema partidário.

[1746] Art. 21º da LF.

Classicamente, separam-se dois grandes sistemas eleitorais:

- o *sistema da representação maioritária*, a uma ou a duas voltas, consoante seja exigida ou não a maioria absoluta; e
- o *sistema de representação proporcional*.

O *sistema da representação maioritária*, dado que se basta com a maioria dos votos em cada círculo eleitoral, permite que o partido vencedor num maior número de círculos obtenha a maioria no Parlamento, ainda que a maioria dos eleitores não tenha votado nesse mesmo partido.

O *sistema de representação proporcional* possibilita que os vários partidos consigam eleger candidatos e, assim, obter representação parlamentar.

Daqui decorre que o sistema de representação maioritária é o que melhor favorece sistemas políticos bipartidários, em que há dois partidos, o partido do Governo e o partido da oposição. Tal é patente em países, nomeadamente os anglo-saxónicos, com sistemas governativos de há muito implantados, onde as clivagens ideológicas não são marcadas[1747].

A representação proporcional, sistema mais comummente adotado pela generalidade dos países europeus continentais, permitindo aos diversos partidos alcançar assento parlamentar, é propiciadora de sistemas multipartidários, dando azo a soluções de compromisso em sociedades onde o debate ideológico se assume mais acentuado.

XII. Se hoje aos partidos políticos é reconhecido um papel decisivo na vida democrática dos Estados, que leva mesmo os autores a adotarem a designação – que é neste momento em parte pejorativa – de *Estado de Partidos (Parteienstaat)*, esse é um fenómeno do século XX que não encontra paralelo na História[1748].

Eis uma evolução que foi em tempos sintetizada por HEINRICH TRIEPEL, em quatro momentos:

[1747] Com uma análise das relações entre o sistema de partidos, o sistema de governo e o sistema eleitoral no Direito Português, v., por todos, MARCELO REBELO DE SOUSA, *Direito Constitucional...*, pp. 209 e ss., e *Os partidos políticos...*, pp. 617 e ss.

[1748] Com o traçado breve desta evolução, v. MARCELO REBELO DE SOUSA, *Direito Constitucional...*, pp. 188 e ss., *Os partidos políticos...*, pp. 19 e ss., e *Partidos*, pp. 995 e ss.; PAOLO BISCARETTI DI RUFFÌA, *Diritto...*, pp. 907 e ss.; JORGE MIRANDA, *Ciência Política...*, pp. 274 e ss.; IÑIGO CAVERO LATAILLADE e TOMAS ZAMORA RODRIGUEZ, *Introducción...*, pp. 257 e ss.; JORGE BACELAR GOUVEIA e ANA RITA CABRITA, *Partidos...*, pp. 351 e ss.

(*i*) *a oposição*;
(*ii*) a *ignorância*;
(*iii*) a *legalização*; e
(*iv*) a *incorporação*[1749].

XIII. Até ao século XIX, as associações de cariz político eram consideradas organizações secretas e subversivas que, por isso mesmo, só tinham de ser proibidas.

A única exceção a assinalar era o Reino Unido, onde os *tories* e os *whigs* haviam sido reconhecidos logo no século XVII.

XIV. Os primeiros partidos políticos só apareceriam com o advento do Estado Constitucional no início do século XIX, motivados pela consagração, nas Constituições europeias, do princípio da representação política.

Inicialmente nasceram como comissões eleitorais de apoio às candidaturas e, com o alargamento do sufrágio já na segunda metade do século XIX, foram aumentando o seu âmbito de ação. Começaram então a criar estruturas organizativas mais complexas e conquistaram um papel nítido nas eleições para os órgãos do poder público.

Apesar da importante função que passaram a desempenhar, durante toda a fase do chamado Constitucionalismo Liberal, os partidos políticos não foram reconhecidos pelas Constituições dos vários Estados, assim como, de um modo sistemático, pela legislação em geral.

O Estado não reconhecia a existência dos partidos, apesar de os tolerar, prosseguindo estes a sua atividade para além da lei e sem merecerem acolhimento constitucional.

[1749] Outra é a proposta de periodificação de MARCELO REBELO DE SOUSA (*Partidos...*, p. 1010), de teor mais analítico, ao descortinar a existência de seis fases na evolução geral dos partidos políticos no percurso de todo o Constitucionalismo:
- 1ª fase – oposição: fins do século XVIII e princípios do século XIX;
- 2ª fase – indiferença: entre 1810 e 1850;
- 3ª fase – reconhecimento atomístico na legislação eleitoral: entre 1850 e 1910;
- 4ª fase – legalização global, com alguns afloramentos constitucionais: entre 1914 e 1930;
- 5ª fase – afirmação do Estado-partido, com transição para Estado de Partidos pelo Estado Democrático defensivo;
- 6ª fase – plenitude do Estado de Partidos, com Estado Social de Direito, depois de 1976.

XV. Foi já no século XX, mais concretamente após a I Guerra Mundial, com a adoção do Estado Social, dando na altura os seus ainda balbuciantes passos, que se encontraram os primeiros exemplos de reconhecimento meramente legal, mas com caráter global, dos partidos políticos.

A tal circunstância decerto que não podia ser alheia a própria universalização do direito de sufrágio, nessa fase definitivamente alcançada. Com este aperfeiçoamento da democracia, os partidos políticos tornaram-se muito mais imprescindíveis para a veiculação das opiniões políticas e para os momentos eleitorais.

XVI. Só, porém, na segunda metade do século XX a juridificação dos partidos políticos atingiria a plenitude, com a respetiva incorporação nas Constituições dos diversos Estados ocidentais.

Estas, atendendo ao protagonismo que os partidos vinham assumindo há muitas décadas na vida política dos diversos países, aceitaram e reconheceram as funções por aqueles desenvolvidas ao nível eleitoral, representativo e de dinamização do debate ideológico nas sociedades democráticas.

Este movimento de incorporação é patente na CI de 1947, na LF de 1949, na CF de 1958 e, após a liberdade e a democracia[1750], na CRP de 1976[1751].

212. O novo Direito dos Partidos Políticos em Portugal

I. Acabámos de ver como desde o século XIX aos nossos dias se caminhou paulatinamente no reconhecimento normativo dos partidos políticos, que é hoje um dado inequívoco nas Ordens Jurídicas dos vários

[1750] No que respeita ao enquadramento jurídico-constitucional dos partidos políticos em Portugal, pode distinguir-se, à semelhança do que ocorreu nos restantes países europeus, três fases:

1) uma primeira fase de ignorância intencional, que decorreu entre 1822 e 1918;
2) uma segunda fase de tolerância, entre 1919 e 1974; e
3) uma fase de incorporação legal e constitucional, que se verifica a partir de 1974.

Cfr. Marcelo Rebelo de Sousa, *A Constituição e os Partidos Políticos*, pp. 663 ss.

[1751] Para uma descrição da evolução dos partidos políticos em Portugal, v. Marcelo Rebelo de Sousa, *Os partidos políticos...*, pp. 135 e ss., e *Partidos políticos portugueses*, in Pol., IV, Lisboa, 1986, pp. 1014 e ss.; Jorge Miranda, *Ciência Política...*, pp. 285 e ss.

Estados, quer ao nível da legislação ordinária, quer ao nível dos textos constitucionais.

No Direito Português vigente, o acolhimento constitucional dos partidos políticos foi curiosamente precedido pela aprovação, no tempo revolucionário, do DL nº 595/74, de 7 de novembro, a anterior LPP, que se manteve em vigor até há bem pouco tempo, embora com algumas alterações. O referido diploma positivou o regime jurídico global dos partidos políticos, numa altura em que se assistia à sua rápida proliferação, consequência da Revolução Constitucional de 25 de Abril de 1974.

Contudo, em 2003, este diploma viria a ser substituído por um novo diploma – a nova LPP[1752] – que remodelou muitos dos seus aspetos: além da noção de partidos políticos e da sua distinção em face das associações políticas, outros pontos relevantes foram objeto de regulamentação, salientando-se o da constituição e o da extinção dos partidos políticos[1753].

Trata-se de uma conceção legal mais completa e atualizada, bem visível nos seus 41 artigos, distribuídos por seis capítulos:

- Capítulo I – *Princípios fundamentais*
- Capítulo II – *Constituição e extinção*
- Capítulo III – *Filiados*
- Capítulo IV – *Organização interna*
- Capítulo V – *Atividades e meios de organização*
- Capítulo VI – *Disposições finais*

No âmbito da elaboração desta importante lei, o Tribunal Constitucional, através do seu Ac. nº 304/2003, de 18 de Junho, teria tido a ocasião de se pronunciar sobre algumas das mais relevantes disposições do novo regime dos partidos políticos em Portugal.

II. A CRP teve também a preocupação de consagrar o estatuto dos partidos, aceitando o seu papel no sistema político. A matéria aparece referida em diversos preceitos constitucionais, nas principais partes regulativas da CRP:

- *nos princípios introdutórios*;

[1752] Aprovada pela LO nº 2/2003, de 22 de Agosto.
[1753] É importante na sua dilucidação o contributo de Jorge Miranda, que foi um dos seus autores materiais.

– *nos direitos fundamentais*;
– *na organização do poder político*.

A título ilustrativo, podemos mencionar dois preceitos constitucionais que genericamente enquadram a função dos partidos políticos no sistema constitucional português vigente:

– um preceito inserto nos princípios fundamentais, no qual se afirma que "Os partidos políticos concorrem para a organização e para a expressão da vontade popular, no respeito pelos princípios da independência nacional, da unidade do Estado e da democracia política"[1754];
– um outro preceito integrado nos direitos fundamentais, em que se pode ler que "A liberdade de associação compreende o direito de constituir ou participar em (...) partidos políticos e de através deles concorrer democraticamente para a formação da vontade popular e a organização do poder político"[1755].

Das disposições citadas resulta patente *o movimento de incorporação formal dos partidos políticos* operado pela CRP: houve a preocupação de marcar uma posição antagónica face ao regime fascizante deposto em 1974, que rejeitava o pluralismo político, por intermédio não apenas do acolhimento expresso da figura, como também e sobretudo procurando consagrar o respetivo estatuto de forma aprofundada[1756].

III. Os traços principais desse regime constitucional são, em síntese, os seguintes:

– apenas se estabelece uma fiscalização externa da atividade dos partidos e não um qualquer controlo do seu programa ou estatutos, sendo aquela fiscalização atribuída aos tribunais, especificamente o Tribunal Constitucional[1757];

[1754] Art. 10º, nº 2, da CRP.

[1755] Art. 51º, nº 1, da CRP.

[1756] Cfr. Marcelo Rebelo de Sousa, *Direito Constitucional...*, pp. 221 e ss.

[1757] Cfr. o art. 223º, nº 2, al e), no qual se afirma que "Compete também ao Tribunal Constitucional (...) Verificar a legalidade da constituição de partidos políticos e suas coliga-

- como se pode verificar das disposições citadas anteriormente, a nossa CRP, como de resto já havia feito a LPP de 1974, reconhece os fins e funções partidárias no âmbito do sistema político consagrado, designadamente a função representativa e de titularidade do poder político, bem como a importante função de contribuir para a formação da *"vontade popular"*[1758];
- no que concerne à função representativa, é conferido aos partidos políticos um monopólio na apresentação de candidaturas à titularidade dos órgãos do poder político ao nível nacional – Assembleia da República e Parlamento Europeu[1759] – e ao nível regional – Assembleias Legislativas das Regiões Autónomas;
- a CRP contém ainda disposições sobre grupos parlamentares[1760] e reconhece o direito de oposição aos partidos que, estando representados na Assembleia da República, não integrem o Governo[1761], bem como os direitos de antena, de resposta e de réplica política[1762].

IV. Refira-se ainda um importante limite que a CRP impõe aos fins partidários, estabelecendo a proibição de os partidos políticos perfilharem uma "ideologia fascista ou racista"[1763], podendo haver lugar à extinção do partido se tal suceder.

De resto, e para frisar o relevo desta matéria, ainda permanece vigente um diploma que especificamente veda as organizações fascistas: a L nº 64//78, de 6 de outubro, numa proibição bastante abrangente, que pretende superar obstáculos de cunho meramente formal, e numa abertura verdadeiramente substancial, de acordo com estes três pontos centrais:

- *na ideologia fascista adotada*: "...considera-se que perfilham a ideologia fascista as organizações que, pelos seus estatutos, pelos seus manifestos e comunicados, pelas declarações dos seus dirigentes ou

ções, bem como apreciar a legalidade das suas denominações, siglas e símbolos, e ordenar a respectiva extinção, nos termos da Constituição e da lei".

[1758] Cfr. o art. 10º, nº 2, da CRP.

[1759] Cfr. o art. 151º, nº 1, da CRP, diretamente aplicável à Assembleia da República e, remissivamente, aplicável ao Parlamento Europeu.

[1760] Cfr. o art. 180º da CRP.

[1761] Cfr. o art. 114º da CRP.

[1762] Cfr. o art. 40º da CRP.

[1763] Cfr. o art. 46º, nº 4, da CRP.

responsáveis ou pela sua atuação, mostrem adotar, defender, pretender difundir ou difundir efetivamente os valores, os princípios, os expoentes, as instituições e os métodos característicos dos regimes fascistas que a História regista, nomeadamente o belicismo, a violência como forma de luta política, o colonialismo, o racismo, o corporativismo ou a exaltação das personalidades mais representativas daqueles regimes"[1764];

- *na atividade abrangida*: "...considera-se que existe uma organização sempre que se verifique qualquer concertação ou conjugação de vontades ou esforços, com ou sem auxílio de meios materiais, com existência jurídica, independentemente da forma, ou apenas de facto, de caráter permanente ou apenas eventual"[1765];
- *nas pessoas atingidas*: "Os que tiverem organizado ou desempenhado cargos diretivos ou funções de responsabilidade em organização declarada extinta por perfilhar a ideologia fascista serão punidos com pena de prisão de dois a oito anos"[1766].

V. Comprovando a importância do estatuto constitucional dos partidos políticos estão muitas das disposições da LPP, a começar logo pelo seu preceito inicial, que em boa medida reproduz a sua função constitucional, deferindo-lhes o papel de concorrerem "...para a livre formação e o pluralismo de expressão da vontade popular e para a organização do poder político, com respeito pelos princípios da independência nacional, da unidade do Estado e da democracia política"[1767].

Muitos dos outros princípios fundamentais constantes da LPP se alinham neste mesmo propósito:

- o princípio da duração indeterminada;
- o princípio da liberdade, quer na sua constituição, quer no desenvolvimento da sua atividade;
- o princípio democrático na sua organização interna;
- o princípio da transparência quanto às suas atividades;
- o princípio do caráter nacional.

1764 Art. 3º, nº 1, da L nº 64/78, de 6 de outubro.

1765 Art. 2º, nº 1, da L nº 64/78.

1766 Art. 5º, nº 1, da L nº 64/78.

1767 Art. 1º da LPP.

VI. No que toca à sua constituição, a orientação geral que decorre do princípio da liberdade é a de que o nascimento dos partidos políticos não fica dependente de qualquer autorização pública: "É livre e sem dependência de autorização a constituição de um partido político"[1768].

Não obstante, são formuladas algumas exigências formais para que o partido político se constitua, sob pena de tal vicissitude não poder sequer operacionalizar-se: a apresentação de um requerimento, subscrito por um mínimo de 7 500 cidadãos eleitores, acompanhado pelo projeto de estatutos, da declaração de princípios ou programa político, bem como da denominação, sigla e símbolo do partido[1769].

A personalidade jurídica dos partidos políticos, assim como o início da sua atividade, surgem com a sua inscrição junto do Tribunal Constitucional, num regime de declaração prévia por mero registo[1770], a qual pode não ser aceite perante o incumprimento de qualquer um dos requisitos formais enunciados.

Quanto à extinção, esta encontra-se agora devidamente regulada, sob duas distintas perspetivas: a extinção voluntária, que se designa por dissolução, e a extinção forçada, que tem a natureza de extinção judicial:

- *a dissolução voluntária*: é a extinção do partido político por deliberação dos seus órgãos, a qual deve ser comunicada ao Tribunal Constitucional, para efeito de cancelamento do registo[1771];
- *a extinção judicial*: é a extinção do partido político, decretada pelo Tribunal Constitucional, através da verificação dos fatores que determinam a respetiva extinção, todos com a particularidade de serem formais e em caso algum se interferindo na atividade material desenvolvida pelo partido político[1772].

VII. A nova LPP passou a evidenciar a matéria do estatuto dos filiados dos partidos políticos, estabelecendo um significativo conjunto de regras a respeito das suas relações com as estruturas partidárias.

1768 Art. 4º, nº 1, da LPP.

1769 Cfr. o art. 15º da LPP.

1770 Cfr. Marcelo Rebelo de Sousa, *Os partidos políticos...*, pp. 418 ss. Cfr. o art. 14º da LPP.

1771 Cfr. o art. 17º da LPP.

1772 Cfr. o art. 18º, nº 1, da LPP.

A relevância dos filiados partidários é enorme porque são eles que integram o substrato do partido, tanto no momento inicial em que se agrupam e organizam de modo a formar um novo partido como quando, após a constituição, são estes filiados que, pela ação política desenvolvida e pela determinação da doutrina e programa adotados, vivificam o partido e asseguram a sua continuidade no quadro do sistema político instituído.

A liberdade de associação partidária, se costuma ser vista institucionalmente do ponto de vista dos partidos políticos, igualmente se assinala numa perspetiva individual, na relação de cada cidadão com cada partido político: "Ninguém pode ser obrigado a filiar-se ou a deixar de se filiar em algum partido político, nem por qualquer meio ser coagido a nele permanecer"[1773].

A filiação partidária, mesmo se concebida com a máxima liberdade, vai comportar limites, uns naturais e outros decorrentes do estatuto dos cidadãos perante outras instâncias públicas:

- *impossibilidade de dupla filiação partidária*: os filiados num partido não podem estar filiados, ao mesmo tempo, em qualquer outro partido[1774];
- *restrições na relação de pertença partidária*: os cidadãos com certos estatutos sofrem limitações na sua atividade partidária, na titularidade de certos cargos partidários ou mesmo no estabelecimento da sua relação de filiação partidária[1775].

O filiado em partido político integra um estatuto que confere vários direitos políticos de participação, mas também se encontra vinculado a um conjunto de deveres, com proteção de cunho disciplinar[1776], tendo o Tribunal Constitucional já decidido dois importantes arestos a este propósito:

- um caso de impugnação de pena disciplinar de suspensão até ao final da legislatura em relação a um Deputado simultaneamente militante, embora o Tribunal Constitucional, pelo Ac. nº 378/2001, de 25 de Setembro, não tivesse conhecido o pedido, absolvendo de

[1773] Art. 20º, nº 1, da LPP.

[1774] Cfr. o art. 21º, nº 2, da LPP.

[1775] Cfr. o art. 22º da LPP.

[1776] Cfr. o art. 23º da LPP.

instância, porque o mesmo teria sido interposto fora de prazo, que era de cinco dias, mesmo considerando tratar-se de um caso de nulidade, como foi alegado pelo recorrente[1777];

- um caso de impugnação de penas disciplinares aplicadas, negando o Tribunal Constitucional, pelo Ac. nº 361/2002, de 21 de agosto, provimento ao pedido por não ter havido o prévio esgotamento dos meios impugnatórios internos partidários[1778].

VIII. No que se refere à estrutura interna, vigora a liberdade geral de organização, o que integra, agora no plano institucional, o princípio da liberdade de associação partidária.

Contudo, a LPP estabelece algumas regras importantes, nalguns casos aplicando-lhes regras gerais dos órgãos públicos.

No plano dos órgãos internos, podendo haver a distinção entre órgãos nacionais e outros órgãos, ali importa dissociar entre o órgão representativo, o órgão de direção política e o órgão de jurisdição, sem excluir a hipótese da realização de referendos internos[1779].

São sobretudo relevantes na organização interna os órgãos de direção política ou de natureza executiva, que dirigem o partido, aplicando as decisões tomadas pelos órgãos representativos, dando resposta às reclamações que lhes são transmitidas pelas bases e ainda definindo a estratégia a seguir em cada momento face aos problemas que vão sendo suscitados no âmbito da vida política nacional.

Os órgãos executivos podem ser colegiais, como é o caso das comissões e dos conselhos, ou singulares, nomeadamente a presidência do partido, atribuída a uma só pessoa, pela necessidade que a história tem demonstrado de uma liderança forte e apelativa, até carismática, que acaba por se tornar a imagem do partido.

No plano das eleições internas, vigora a regra do sufrágio pessoal e secreto, delas sempre cabendo recurso para o Tribunal Constitucional, sob a prévia necessidade de se recorrer aos órgãos de jurisdição interna[1780].

[1777] Cfr. a anotação de Jorge Miranda, *O Tribunal Constitucional em 2001*, in OD, anos 134º-135º, 2002-2003, p. 200.

[1778] Cfr. o Ac. nº 361/2002, de 21 de Agosto. Cfr. a anotação de Jorge Miranda, *O Tribunal Constitucional em 2002*, pp. 205 e 206.

[1779] Cfr. os arts. 25º e ss. da LPP.

[1780] Cfr. os arts. 34º e ss. da LPP.

IX. Cada partido adota a organização interna que melhor lhe aprouver, assim como existe a plena liberdade de os cidadãos aderirem ou não aos partidos políticos existentes.

Não há, da parte do Estado, um controlo da atividade interna dos partidos, limitando-se a CRP e a LPP a estabelecer mecanismos externos e formais de fiscalização da sua ação e organização.

Apesar desse facto, tem-se discutido se não deve o partido, na sua organização interna, estar vinculado ao respeito por certos patamares mais exigentes do princípio democrático[1781] ou se deve o Estado ficar neutral nessa matéria: eis a questão crucial que se colocou ao Tribunal Constitucional quando foi chamado a pronunciar-se, a título de fiscalização preventiva, sobre a nova LPP, tendo então sido equacionadas três questões:

- a extinção judicial por não haver a apresentação periódica de candidaturas;
- a necessidade da adoção do princípio do sufrágio secreto nas eleições e referendos internos; e
- a destituição de cargos internos.

Observámos anteriormente que a LPP tem uma disposição expressa nesta matéria, o art. 7º, que impõe o respeito do princípio democrático, ainda que quanto a aspetos específicos.

Também a CRP – tal como a LF, no respetivo art. 21º – força os partidos ao respeito do princípio democrático na sua organização interna. É o que resulta do seu art. 51º, nº 5, nos seguintes termos: "Os partidos políticos devem reger-se pelos princípios da transparência, da organização e da gestão democráticas e da participação de todos os seus membros."

X. Num momento inicial, quando se legalizaram os partidos políticos, não se concebia sequer a ideia de ser o Estado a financiá-los.

Entre as quotas pagas periodicamente pelos militantes e os donativos dos simpatizantes, entendia-se que deveriam ser os partidos políticos a suportar, com esses recursos próprios, quer os gastos das campanhas

[1781] Cfr. JEAN-PAUL JACQUE, *Le statut...*, pp. 116 ss.

eleitorais, quer as despesas inerentes à manutenção de uma organização estável e "profissionalizada"[1782].

A partir de certa altura, começou a ser notória a insuficiência dos partidos para atenderem, com os seus próprios meios, a todas estas despesas, deparando-se estes com a inevitabilidade de contar com recursos externos, públicos e privados.

Assim nasceu, em termos de regime, a necessidade de se encarar de frente o problema do financiamento dos partidos políticos.

XI. No que toca ao financiamento público, ele é hoje adotado na generalidade dos países europeus, com base no reconhecimento da importante função que os partidos desempenham ao nível da formação da vontade política, nas campanhas eleitorais e no próprio Parlamento.

Assim, o financiamento estatal aos partidos políticos visou, primeiramente, dotá-los dos recursos necessários à prossecução dos seus fins.

Se o financiamento público aos partidos políticos – incluindo também os grupos parlamentares – é hoje pacificamente aceite, não apenas das campanhas eleitorais, como, em geral, do indispensável à manutenção de uma estrutura administrativa permanente, a polémica mantém-se acesa quanto a diversos contornos desse financiamento: os seus limites, os elementos em que se deve basear a distribuição das ajudas e o controlo da sua utilização.

Nomeadamente, tem-se entendido que o financiamento público aos partidos políticos se deve conter dentro de certos montantes, para que não se crie uma dependência em relação ao Estado, que se repercuta sobre a liberdade dos mesmos.

XII. Também quanto ao financiamento privado se levantam alguns problemas, que foram suscitados, em primeiro lugar, nos Estados Unidos da América.

Aí se verifica um fenómeno sem lugar paralelo no Continente europeu: os partidos têm estruturas mínimas de organização e são os próprios

[1782] Sobre o financiamento dos partidos políticos, v. IÑIGO CAVERO LATAILLADE e TOMAS ZAMORA RODRIGUEZ, *Introducción...*, p. 272 ss.; JEAN-PAUL JACQUE, *Le statut...*, pp. 108 e ss.; JOSÉ MANUEL MEIRIM, *O financiamento dos partidos...*, pp. 5 e ss.; SANTIAGO GONZÁLES-VARAS, *La financiación...*, pp. 5 e ss.; JORGE BACELAR GOUVEIA e ANA RITA CABRITA, *Partidos...*, pp. 356 e ss.; JORGE MIRANDA, *Manual...*, VII, pp. 188 e ss.

candidatos e as campanhas eleitorais que assumem relevância na dinamização da vida política do país.

Não é o partido que financia as campanhas: são os próprios candidatos que tratam de angariar contribuições privadas para patrocinar as campanhas.

Chegou-se a um ponto em que os candidatos a representantes e a senadores, em vez de se preocuparem em seguir as instruções partidárias, estão sobretudo empenhados em agradar aos eleitores e aos financiadores privados que lhes pagam as campanhas!

Deste estado de coisas nasceram dois problemas, que são de resto as duas grandes interrogações que se suscitam em torno do financiamento privado aos partidos políticos.

Por um lado, criou-se uma relação de dependência dos partidos face aos privados, pessoas individuais ou empresas, que através do financiamento das campanhas eleitorais ganham cada vez maior influência sobre a vida política, nomeadamente exigindo, em troca da ajuda financeira concedida, contraprestações dos candidatos uma vez eleitos.

Por outro lado, o financiamento privado aos partidos, sem limites, acentua a desigualdade entre estes, na medida em que uns dispõem de ajudas significativas e outros de ajudas menos volumosas, apenas em função de um critério económico de mercado político, não em função da melhor interpretação do interesse geral por quem tem o voto.

Em conclusão: se o financiamento público tem como desvantagem a criação de uma indesejável dependência dos partidos face ao Estado, também o financiamento privado apresenta o inconveniente de levar a uma excessiva influência de certos indivíduos ou empresas sobre os partidos que financiam.

XIII. Daí que, na generalidade dos países, se tivesse optado por estabelecer *regimes mistos*, admitindo dois tipos de financiamento, o público e o privado, mas fixando certas restrições, como a limitação dos gastos nas campanhas eleitorais, e estabelecendo formas de controlo das atividades desenvolvidas.

Perante este enquadramento geral, vejamos agora como a matéria tem sido tratada em Portugal. Entre nós, a primeira legislação sobre financiamento dos partidos apareceu inserida na antiga LPP, nomeadamente no seu art. 20º, aí se estabelecendo o seguinte:

a) no nº 1, a obrigatoriedade de elaboração de relatórios anuais por parte dos partidos, discriminando as receitas e as despesas, o que revelava a preocupação de avançar no campo da transparência da vida financeira partidária;
b) nos nºs 2 e 3, a vedação do financiamento por parte de organismos públicos e que os partidos não podem receber contribuições de valor pecuniário por parte de "pessoas singulares ou coletivas não nacionais, bem como de empresas nacionais"; e
c) no nº 4, a necessidade de as contas dos partidos terem de ser publicadas no *Diário da República*, dando-se resposta, neste ponto, ao problema do conhecimento público dos recursos financeiros partidários.

Mais tarde, previram-se as chamadas subvenções atribuídas pelo Estado aos partidos que haviam concorrido às eleições legislativas e que tivessem obtido representação na Assembleia da República. A matéria encontra-se regulada na LOFAR, que é a Lei da Organização e Funcionamento da Assembleia da República.

XIV. Posteriormente, em 20 de Junho de 2003, seria publicada a L nº 19/2003, a qual veio conferir um tratamento global à matéria do financiamento dos partidos políticos e das campanhas eleitorais, embora não revogando todas as disposições até então aprovadas e que acima foram referidas.

No que toca às fontes de financiamento, estas foram ampliadas: aumentaram-se as subvenções públicas e o próprio financiamento privado viu a sua admissibilidade alargada, pois que se passou a permitir o financiamento por parte de empresas privadas, assim como por parte de estrangeiros[1783].

Houve, por outro lado, a tentativa de reforçar a transparência e publicidade das contas partidárias, nomeadamente impondo-se duras regras contabilísticas, bem como a preocupação de fixar um regime sancionatório efetivo, de natureza contraordenacional, abandonando-se o regime criminal genérico que fora anteriormente instituído[1784].

1783 Cfr. os arts. 2º e ss. da L nº 19/2003, de 20 de junho.

1784 Cfr. os arts. 23º e ss. da L nº 19/2003.

Cumpre ainda referir a criação de uma específica entidade de fiscalização das contas dos partidos políticos – a Entidade das Contas e Financiamentos Políticos[1785] – com competências técnicas relevantes, embora tendo um estatuto secundário de apoio ao Tribunal Constitucional[1786], que é o órgão decisório na matéria, pois que "As contas anuais dos partidos políticos e as contas das campanhas eleitorais são apreciadas pelo Tribunal Constitucional, que se pronuncia sobre a sua regularidade"[1787].

A nova lei representou, assim, um avanço no que concerne ao estabelecimento de um regime global e mais aprofundado na matéria do financiamento dos partidos, embora possa considerar-se pouco corajosa no que toca à publicidade e transparência das contas partidárias[1788].

XV. Volvidas mais de quatro décadas sobre o 25 de Abril de 1974, quando se inaugurou o período de liberdade de criação dos partidos políticos, num sistema de pluralismo ideológico, continuam sendo insistentes os apelos, dos mais diversos quadrantes da sociedade, à reforma, mais ou menos profunda, do *status quo* que neste momento se vive.

As maleitas de que se acusa o panorama normativo-político dos partidos políticos centram-se na perceção fundamental de que a respetiva atuação representativa se não afigura suficiente para veicular as verdadeiras correntes de opinião que se estabelecem na sociedade civil.

O "circuito partidário" – e com isso um pouco, em geral, o mundo da política – padeceria do vício burocrático de apagar, progressivamente, as pontes de legitimação política com os cidadãos politicamente ativos, num sistema auto-reprodutivo da sua legitimidade, que acabaria, a final,

[1785] Prevista no art 24º da L nº 19/2003 e posteriormente criada pela LO nº 2/2005, de 10 de janeiro.

[1786] Uma vez que, nos termos do art. 24º, nº 1, da L nº 19/2003, "A Entidade das Contas e Financiamentos Políticos é um órgão independente que funciona junto do Tribunal Constitucional e tem como funções coadjuvá-lo tecnicamente na apreciação e fiscalização das contas dos partidos políticos e das campanhas eleitorais".

[1787] Art. 23º, nº 1, da L nº 19/2003.

[1788] A idêntica conclusão chega José Manuel Meirim (*O financiamento...*, p. 76), ainda que se referindo à lei anterior, mas que mantém validade, no nosso ponto de vista, para a lei nova: "Expressamente previstas obrigações nesse domínio ao abrigo da legislação revogada, o legislador, preferiu, mais uma vez em domínios que brigam de perto com as expectativas dos cidadãos e que podem acarretar suspeições não fundadas, não possibilitar um controlo por parte da opinião pública."

por construir uma realidade virtual, só para políticos, que mais ninguém conheceria.

XVI. Não têm faltado, ainda que nem sempre muito felizes, numerosas propostas de solução desta situação de crise de aceitabilidade geral do Estado Constitucional dos Partidos Políticos deste início do século XXI.

As respostas têm sido equacionadas por duas diferentes orientações:

- ou *dentro do sistema partidário* – propondo-se alterações no funcionamento interno dos partidos, com um maior controlo no plano da democraticidade das deliberações e na fiscalização da legalidade, ao que acresce cada vez mais a importância da componente financeira, bem como a perda do monopólio partidário na apresentação de candidaturas;
- ou *fora do sistema partidário* – através da introdução ou do "avivamento" de outros instrumentos de veiculação da vontade dos cidadãos, tais como: o reforço dos instrumentos de cariz referendário, a implantação da iniciativa legislativa popular e a atribuição de direitos de participação na elaboração da legislação e, em termos gerais, nas decisões políticas mais importantes a outras estruturas, de tipo territorial ou setorial, não já erigidas na base de um critério puramente partidário.

Eis um tema que, embora sendo neste momento de Política Legislativa, se mostra extremamente relevante no aquilatar das reais intenções daqueles que participam no respetivo debate.

XVII. Não cremos que possa estar em causa a construção de um modelo alternativo à democracia partidária, que na sua essência é válido e em Portugal, particularmente, tem provado bem.

O ponto é que para muitos daqueles que a criticam não estão tanto em causa puros propósitos de melhoramento do sistema partidário quanto essencialmente ocultas e perversas intenções de o aniquilar, substituindo-o porventura por um sistema monopartidário, em que a legitimidade do poder não pudesse ser popularmente testada.

A nosso ver, são os partidos políticos que se apresentam, em termos organizatórios, como os mais fadados para a discussão das questões que ocupam a sociedade e que se colocam à governação, nos seus diversos matizes.

Isso explica-se não só pela estrutura que detêm – para tanto afeiçoada – como também pelas finalidades que apresentam – assim se evitando a dispersão por múltiplas e pouco específicas finalidades, mal de que padecem muitas associações políticas que pretendem tomar o lugar dos partidos no debate político-ideológico.

E o aspeto disciplinar que une os militantes dá também garantias de que a atuação se esteia num conjunto de princípios que programaticamente se lhes impõem, dando consistência à atuação nos diversos níveis em questão.

XVIII. Em conclusão: não vemos como a reforma possa prescindir do papel dos partidos políticos ou possa relegá-los para um plano secundário.

Em contrapartida, consideramos indispensável introduzir algumas modificações, sendo verdade que nenhum sistema pode viver estático e sem se atualizar aos novos tempos.

No plano programático, o declínio das ideologias fez forçosamente diminuir a incidência do debate ideológico e acantonou as opções político-partidárias, progressivamente, em lugares mais recônditos da governação, quando não mesmo reduziu esse debate a uma mera escolha de métodos ou até de pessoas.

Pela observação do fenómeno partidário das últimas décadas, verifica-se que isso não significou a diminuição do debate em torno de certas questões setoriais, como o ambiente, as nacionalidades, o racismo, a igualdade entre sexos ou a subsistência de certos grupos etários.

O que importa, no debate ideológico, é integrar estes novos desafios, que o podem reanimar noutros moldes, já não em projetos globais e acabados de novas sociedades.

XIX. Do ponto de vista organizativo, a diminuição do poder do Estado – algo como na Idade Média, em favor de estruturas infra-estaduais e supra-estaduais – também se reflete nos termos por que, partidariamente falando, se exerce a atividade política.

Urge nesta matéria adequar o incremento destes novos focos de poder a estruturas partidárias devidamente representativas da sua importância, evitando o desfasamento das decisões centralizadas para problemas que não são do centro, aumentando com isso o risco da sua indesejabilidade nos respetivos locais de aplicação.

Quanto à participação interna dos militantes, a rigidez de um estatuto de filiado deve ser reduzida, para o exercício de certas funções não deliberativas. A multiplicidade de liames sociais, bem como a atenuação das diferenças entre as forças partidárias, não facilitam opções tão marcadas de participação, pelo que muitos preferem um relacionamento menos intenso, não passando pela disciplina partidária, mas igualmente útil na circulação das ideias e no forjar de novas e criativas propostas de solução[1789].

[1789] Sobre a importância político-social dos partidos políticos em geral, v. JORGE MIRANDA, *Os partidos políticos e a Constituição*, in AAVV, *Os partidos políticos e sociedade – Actas dos VIII Cursos Internacionais de Verão de Cascais*, III vol., Cascais, 2002, pp. 7 e ss.; AAVV, *O Partido Socialista e a Democracia* (org. de VITALINO CANAS), Oeiras, 2005, pp. 3 e ss.; CARLOS JALALI, *Partidos e Democracia em Portugal 1974-2005 – da Revolução ao Bipartidarismo*, Lisboa, 2007, pp. 19 e ss.

§ 46º O PRINCÍPIO DO ESTADO UNITÁRIO DESCENTRALIZADO

213. A complexidade crescente da organização vertical do Estado

I. Dentro das diversas escolhas que se colocam na definição da forma de Estado, a experiência do século XX tem trazido uma multiplicidade de matizes que, a seu modo, põem em causa a simplicidade – que pode tornar-se mesmo uma mera simplificação – da opção entre o Estado simples e o Estado composto.

Isso sucede, numa lógica de *repartição vertical dos poderes*, de dois modos:

- *dentro da organização estadual*, nas relações do Estado com as entidades menores; e
- *fora da organização estadual*, na posição que o Estado assume na comunidade internacional.

II. Da perspetiva da *repartição interna dos poderes do Estado*, depara-se com a multiplicação dos esquemas de descentralização administrtativa, que transcendem os esquemas tradicionais, com o aparecimento de outras soluções de descentralização territorial e funcional.

Mas a descentralização interna do Estado passou também a contar com o aparecimento de soluções que, ainda se colocando nas extremas do Estado unitário, o aproximam dos Estados compostos, como sucede com algumas experiências de regionalismo político-legislativo, em que não raro até surgem exemplos de enorme singularidade.

III. Pensando na posição internacional do Estado, a Globalização que transmutou o Direito Internacional Público trouxe também consequências inelutáveis na *repartição externa dos poderes do Estado com os poderes que as diversas instituições exercem na comunidade internacional.*

Decerto que foi logo notada a novidade do *supranacionalismo como mais intenso fenómeno de integração regional jurídico-política*, de que a integração europeia foi a grande pioneira, a qual tem sido difundida um pouco por todos os continentes, a despeito das dificuldades que manifestamente enfrenta, aliás, em boa medida expectáveis a partir de um elevado nível de integração que a UE alcançou.

Mais recentemente, têm-se acentuado várias restrições internacionais à tradicional soberania dos Estados com a colocação de múltipos temas na órbita da comunidade internacional – como, *v.g.*, os direitos humanos, o Direito do Ambiente, o aproveitamento dos espaços e dos recursos naturais, ou as desigualdades económico-sociais entre os países e os blocos – e aceitando-se o primado do Direito Internacional Público sobre os Direitos Nacionais, num processo de "contaminação" ou de "mimetismo" provocado pelas relações do Direito da União Europeia com os Direitos dos Estados europeus, falando-se mesmo já num Estado pós-nacional.

214. Portugal como Estado unitário regional e descentralizado

I. Internamente, o legislador constituinte português preferiu *o modelo intermédio do Estado unitário regional e descentralizado.*

É o que se estabelece nos preceitos constitucionais iniciais, ao dizer-se que o "...Estado é unitário e respeita na sua organização e funcionamento o regime autonómico insular e os princípios da subsidiariedade, da autonomia das autarquias locais e da descentralização democrática da Administração Pública"[1790].

No número seguinte do mesmo preceito, acrescenta-se que os "...arquipélagos dos Açores e da Madeira constituem regiões autónomas dotadas de estatutos político-administrativos e de órgãos de governo próprio"[1791].

[1790] Art. 6º, nº 1, da CRP.
[1791] Art. 6º, nº 2, da CRP.

II. O *caráter unitário do Estado Português*, assim enunciado pela CRP no plano interno, *significa a rejeição de qualquer espécie de federalismo, permanecendo no Estado, em exclusividade, o poder constituinte, o poder de revisão constitucional e o poder jurisdicional*.

Isto compreende-se muito facilmente se atentarmos na pequena dimensão territorial de Portugal ou na inexistência de assimetrias culturais, linguísticas ou religiosas suficientemente assinaláveis para justificarem a opção pelo federalismo.

A contra-prova acerca da estrutura unitária do Estado Português afere-se pela inexistência de uma qualquer pluralidade de elementos de natureza estadual:

- há uma só cidadania portuguesa;
- o poder público encontra-se unitariamente definido, brotando de um só poder constituinte; e
- o território está apenas submetido ao poder do Estado.

III. Simetricamente, não se caiu no extremo oposto de conceber um Estado detentor de todos os poderes públicos e, inversamente, avançou-se bastante – sobretudo se compararmos com o panorama anterior da C1933 – na *descentralização político-legislativa*, assim como na *descentralização administrativa*.

A *descentralização político-legislativa* é uma realidade para os arquipélagos dos Açores e da Madeira, que constituem regiões autónomas, dotadas de poderes político-legislativos e administrativos bastante amplos.

A *descentralização administrativa democrático-territorial* traduz-se, primordialmente, na criação de entidades públicas menores com substrato populacional e territorial, exercendo poderes de nível administrativo, delas sobressaindo as autarquias locais.

Outras formas de descentralização administrativa existem – como a *descentralização funcional e associativa* – que desembocam na criação de entidades públicas, com diversas categorias e todas elas sem substrato territorial.

215. O Estado Português e a comunidade internacional

I. Definida a estrutura do Estado Português ao nível interno, é de observar a sua inserção na vida da comunidade internacional, sendo certo que Portugal é um dos Estados mais antigos da Europa e, por isso, também do Mundo.

Esta é a matéria das nossas relações externas, as quais espelham o regime a que se sujeitam os atos de intervenção internacional.

II. É obviamente na CRP – na parte da "Constituição das Relações Externas" – que devemos encontrar as opções básicas que devem orientar a busca dessa relevância internacional do Estado Português, num importante aspeto do seu Direito Constitucional.

São de diferente índole as disposições que aí encontramos, que se explicam dentro da diversidade de funções normativas que a Constituição dos dias de hoje entende por bem levar a cabo:

- *orientações de índole material*, relacionadas com a tomada de posições na esfera internacional;
- *orientações de índole organizatória*, destinadas a esclarecer procedimentos de participação dos diversos órgãos que internamente dela são encarregados.

III. Do ponto de vista material, a CRP tem uma expressa posição acerca do rumo que deve tomar Portugal no seu relacionamento internacional, não sendo algo de indiferente ou neutro no plano das opções constitucionais[1792].

É assim que assume máxima relevância o art. 7º da CRP[1793], que fixa o quadro fundamental dessa matéria, tendo precisamente por epígrafe

[1792] Cfr. J. J. Gomes Canotilho e Vital Moreira, *Fundamentos...*, p. 91. Como escrevem Fausto de Quadros e Jorge Bacelar Gouveia (*As relações...*, p. 59), "Numa assinalável novidade a respeito da inserção de Portugal no mundo, a Constituição Portuguesa não adota qualquer posição de neutralidade e pretende traçar, normativamente, um conjunto de coordenadas fundamentais quanto ao relacionamento externo do Estado Português."

[1793] Sobre este art. 7º da CRP, v. André Gonçalves Pereira, *O Direito Internacional na Constituição Portuguesa*, in AAVV, ESC, I, Lisboa, 1977, pp. 38 e 39; Jorge Miranda, *A Constituição de 1976...*, pp. 292 e 293, e *Manual...*, III, pp. 191 e ss.; António Costa, *A Constituição e as relações externas*, in AAVV, PSPC, Lisboa, 1989, pp. 675 e 676; J. J. Gomes Canotilho e Vital Moreira, *Fundamentos...*, pp. 91 e 92, e *Constituição...*, p. 78; Jorge Bacelar Gouveia, *Os direitos fundamentais atípicos*, pp. 359 e 360; José de Matos Correia, *Direito das Relações Externas: o "parente pobre" da Constituição de 1976?*, in REJP, ano VI, nºs 7/8, janeiro-dezembro de 1999, pp. 121 e ss.; Fausto de Quadros e Jorge Bacelar Gouveia, *As relações...*, pp. 59 e ss.; J. J. Gomes Canotilho, *Direito Constitucional e Teoria...*, pp. 369 e 370.

"Relações Internacionais", em cujo contexto podemos enunciar os seguintes princípios[1794]:

- o princípio da proteção dos direitos do homem;
- o princípio da formação de uma comunidade lusíada;
- o princípio da integração europeia;
- o princípio da independência nacional;
- o princípio do respeito pelos direitos dos povos;
- o princípio da igualdade dos Estados;
- o princípio da solução pacífica dos conflitos internacionais;
- o princípio da não ingerência nos assuntos internos dos outros Estados;
- o princípio da cooperação com todos os outros Estados para a emancipação e progresso da Humanidade;
- o princípio da abolição do imperialismo, do colonialismo e de quaisquer formas de agressão, domínio e exploração nas relações entre os povos;
- o princípio do desarmamento geral, simultâneo e controlado, a dissolução dos blocos político-militares e o estabelecimento de um sistema de segurança coletiva.

De todos eles, indubitavelmente que os princípios da proteção dos direitos do homem, da formação de uma comunidade lusíada e da integração europeia são os mais relevantes[1795].

IV. Não tem sido pacífica a determinação do valor jurídico a atribuir a este artigo, não só por causa da sua inserção sistemática no articulado constitucional como pelo seu genérico conteúdo, com uma estrita necessidade de articulação com muitos outros preceitos constitucionais, sem contar ainda com o seu tom excessivamente proclamatório[1796].

[1794] Cfr. Fausto de Quadros e Jorge Bacelar Gouveia, *As relações...*, pp. 63 e 64.

[1795] Para mais desenvolvimentos acerca destes três princípios, v., por todos, Fausto de Quadros e Jorge Bacelar Gouveia, *As relações...*, pp. 64 e ss.

[1796] Como frisam Fausto de Quadros e Jorge Bacelar Gouveia (*As relações...*, p. 60), essas dúvidas advêm "...do tom proclamatório utilizado, bem como do facto de haver a sobreposição regulativa com outros domínios, assim se suscitando sérias dúvidas a respeito da plenitude do seu vigor jurídico".

Duas são as principais posições que têm sido seguidas na afinação do valor jurídico desta disposição constitucional, que materialmente se prende com vários domínios do maior melindre para o relacionamento externo de Portugal:

- a *posição do caráter programático da disposição*, sem força jurídica suficiente para impor a invalidação de atos que lhe sejam contrários;
- a *posição do caráter precetivo da disposição*, dela decorrendo os fortes efeitos da constitucionalidade plena.

A primeira posição – de juridicidade fraca do art. 7º da CRP – foi logo tomada aquando da formação do texto constitucional, sendo de referir o importante nome de ANDRÉ GONÇALVES PEREIRA, que cedo teve ocasião de dizer que tal preceito constitucional conteria "...regras programáticas pelas quais o Estado se regerá nas relações internacionais"[1797].

A outra posição – de juridicidade forte – tem sido desenvolvida mais recentemente e sublinha que, não obstante se tratar de preceito dotado de grande vaguidade e sendo esmagadoramente composto por princípios, do mesmo decorreria o drástico efeito da invalidação dos atos que lhe fossem contrários[1798].

V. Estamos em crer que é o primeiro entendimento o que devemos perfilhar, não sem que façamos algumas prevenções, no objetivo de melhor recolocar o problema, até porque se trata de uma disposição bastante diversificada, quanto mais não seja por via do acrescento de que foi alvo na V revisão constitucional de 2001.

A intensidade jurídico-constitucional deste art. 7º da CRP não pode ser vista unitariamente e vai depender de vários fatores:

[1797] ANDRÉ GONÇALVES PEREIRA, *O Direito Internacional na...*, p. 38.

[1798] A favor desse forte sentido constitucional, ANTÓNIO COSTA (*A Constituição...*, p. 676), mencionando que "...a sua inclusão no texto constitucional não é despicienda", uma vez que "...lhes confere dignidade constitucional, revestindo-os assim de todas as qualidades inerentes às disposições da Constituição em sentido formal, designadamente como parâmetro de apreciação da constitucionalidade, nos termos do art. 277º, nº 1, e pela relevância intersistemática que podem assumir na interpretação de outras disposições constitucionais".

JORGE MIRANDA (*Curso...*, pp. 155 e ss.) igualmente vai neste sentido, até porque defende o caráter supra-constitucional daqueles princípios como manifestações de um *ius cogens* internacional que se imporia à própria CRP.

- das conexões que tem com outras disposições constitucionais que concretizam os respetivos sentidos normativos, surgindo assim como uma regulação sobreposta;
- do tipo de opções que são ali tomadas, muito diferenciadas, oscilando entre sentidos políticos e sentidos jurídico-normativos;
- dos destinatários dessas disposições, que não têm a ver apenas com o Estado, mas com os cidadãos e instâncias de relacionamento internacional;
- da diferente densidade regulativa de matérias abrangidas, realçando diferentes níveis quanto à sua operatividade[1799].

Quer isto dizer que "O enunciado dos princípios constitucionais em matéria de relações internacionais é, deste modo, muitíssimo proclamatório e, quando muito, assumirá um relevo interpretativo adjuvante de outras disposições constitucionais específicas"[1800].

Por outro lado, a "...dissecação desses vários preceitos desvenda-nos a existência de uma acentuada diversidade de alinhamentos que se tomam por presentes na esfera jurídica das relações internacionais do Estado. E essa diversidade é tanto mais profunda quanto é certo conviverem aspetos tradicionais do relacionamento internacional do Estado, lado a lado com aspetos inovadores e até pouco frequentes, que normalmente não ganham qualquer referência constitucional"[1801].

216. O princípio da integração europeia

I. A mais significativa e intensa dimensão da inserção internacional do Estado Português é a da sua integração europeia, desde 1 de janeiro

[1799] A este propósito, tivemos ocasião de averiguar até que ponto do art. 7º da CRP se poderia retirar uma cláusula de receção de direitos fundamentais atípicos consagrados no plano do Direito Internacional.

A nossa conclusão, perante a sua escassa densidade normativa, foi a de que ela não seria operativa para esse propósito. Cfr. Jorge Bacelar Gouveia, *Os direitos fundamentais atípicos*, p. 316.

[1800] Fausto de Quadros e Jorge Bacelar Gouveia, *As relações...*, p. 62.

[1801] Fausto de Quadros e Jorge Bacelar Gouveia, *As relações...*, pp. 62 e 63.

de 1986, na UE, data da entrada em vigor do correspondente tratado de adesão[1802].

A verdade, porém, é que só depois disso e gradualmente o texto constitucional viria a consagrar e ampliar a autorização dessa integração europeia.

II. Na revisão constitucional imediatamente seguinte à adesão comunitária de Portugal, que ocorreu em 1989, surgiriam diversas disposições com o objetivo de melhor se afeiçoar o sistema político-constitucional às exigências dali advenientes:

- *num plano programático*: a afirmação da política externa portuguesa como uma política de integração europeia, bem como o seu empenhamento no respetivo desenvolvimento;
- *num plano funcional*: a admissão da incorporação automática das fontes normativas do Direito da União Europeia derivado, ainda que a CRP se tenha coibido de utilizar essa expressão.

III. Com a III revisão constitucional, as referências constitucionais europeias da CRP seria reforçadas, em grande medida por via da projetada ratificação do TUE, que veio a suceder em 1993.

As revisões constitucionais de 1997 e de 2004 igualmente seriam importantes sob este ponto de vista: esta, *v. g.*, consagraria o primado do Direito da União Europeia sobre o Direito Português[1803].

IV. A leitura do atual texto da CRP, partindo do mencionado art. 7º, não consente hesitações quanto ao compromisso comunitário de Portugal, consagrando a "cláusula europeia", designação genérica para diversas disposições constitucionais que definem o estatuto de Portugal como Estado "comunitário":

[1802] Com uma análise acerca do impacto dessa adesão no Direito Constitucional Português, cfr. Armando Marques Guedes e Francisco Pereira Coutinho, *O processo de integração europeia e a Constituição Portuguesa*, in ND, nº 115, Outono/Inverno de 2006, pp. 83 e ss.

[1803] Quanto à relação da dita "Constituição Europeia" com o Direito Português, v. Jorge Miranda, *A «Constituição Europeia» e a ordem jurídica portuguesa*, in OD, anos 134º-135º, 2002-2003, pp. 9 e ss., e *Manual*..., III, pp. 207 e ss.; Jorge Bacelar Gouveia, *Manual*..., pp. 394 e ss.

- "Portugal empenha-se no reforço da identidade europeia e no fortalecimento da ação dos Estados europeus a favor da democracia, da paz, do progresso económico e da justiça nas relações entre os povos"[1804];
- "Portugal pode, em condições de reciprocidade, com respeito pelos princípios fundamentais do Estado de Direito Democrático e pelo princípio da subsidiariedade e tendo em vista a realização da coesão económica, social e territorial, de um espaço de liberdade, segurança e justiça e a definição e execução de uma política externa, de segurança e defesa comuns, convencionar o exercício, em comum, em cooperação ou pelas instituições da União, dos poderes necessários à construção e aprofundamento da União Europeia"[1805];
- "As disposições dos tratados que regem a União Europeia e as normas emanadas das suas instituições, no exercício das respetivas competências, são aplicáveis na ordem interna, nos termos definidos pelo Direito da União, com respeito pelos princípios fundamentais do Estado de Direito Democrático"[1806].

V. Mas não se tenha ilusões sobre as consequências que a integração europeia acarreta para Portugal, que mesmo mantendo o essencial da sua soberania passa a sofrer importantes limitações, na medida em que a UE hoje é uma entidade supra-estadual dotada de relevantes parcelas de poder público, subordinando em vários aspetos o poder público dos Estados que dela fazem parte.

Por isso, pode dizer-se, com todo o rigor, que Portugal, tal como os outros Estados que aderiram à integração comunitária, é um Estado de soberania limitada, ou Estado "quase-soberano".

VI. Aquilo que hoje é a UE sedimenta uma longa evolução, já com mais de 50 anos, em que o ideal integrador europeu, começando por ser apenas económico, foi transbordando para outras dimensões.

A integração europeia, posta em prática depois da II Guerra Mundial, desembocou na criação de três organizações internacionais já com assomos de supranacionalismo:

1804 Art. 7º, nº 5, da CRP.

1805 Art. 7º, nº 6, da CRP.

1806 Art. 8º, nº 4, da CRP.

- a Comunidade Económica Europeia (CEE);
- a Comunidade Europeia do Carvão e do Aço (CECA); e
- a Comunidade Europeia de Energia Atómica (CEEA ou Euratom).

Todavia, os sucessivos êxitos das políticas de integração que foram executadas, para além do crescente número de Estados europeus que foram entrando, permitiram o constante aperfeiçoamento das instituições comunitárias, assim como a gradual multiplicação das suas atribuições, sendo hoje apenas uma única entidade internacional, que é a UE, com uma muito discutida natureza jurídica, oscilando entre traços de organização internacional supranacional, confederação e Estado federal;

- *como organização internacional supranacional*: a ausência de um substrato territorial, a especialidade das atribuições comunitárias, a natureza de tratado internacional dos respetivos textos constitutivos, assim como a necessidade da sua alteração por unanimidade, para além da ausência de qualquer poder constituinte;
- *como estrutura confederal*: a limitação das competências dos Estados nas matérias que tenham sido delegadas nas instituições comunitárias, bem como a possibilidade de os Estados livremente poderem sair da UE;
- *como entidade federal*: o implícito primado do Direito da União Europeia sobre os Direitos Estaduais, a automática vigência interna das fontes comunitárias e a adoção de competências exclusivas em favor da UE e contra os Estados membros.

Daí que não pareça absurda a conclusão acerca da impossibilidade da sua caracterização, ora porque nenhum traço se afigura prevalecente, sendo então um "OPNI" (Objeto Político Não Identificado), ora porque tal exercício, se desligado de consequências de regime, se apresenta bastante fútil.

VII. No tocante à evolução do Direito da União Europeia Primário, depois de elaborados os tratados iniciais, estes também designados por Direito Constitucional da União Europeia dada a sua importância na fixação dos fundamentos da sua própria Ordem Jurídica, são de evidenciar os seguintes tratados mais significativos:

- o Ato Único Europeu, que a partir de 1987 permitiu a instalação de um mercado interno;
- o Tratado de Maastricht (TUE), que a partir de 1993 apontou para uma união económica e monetária;
- o Tratado de Amesterdão, que em 1998 reforçou as competências do Parlamento Europeu e simplificou a designação dos preceitos dos tratados constitucionais europeus;
- o Tratado de Nice, que em 2001 re-equacionou os critérios das votações, submetendo-as à dupla maioria dos países e da população;
- o Tratado de Lisboa, que em 2007 reforçou a "dimensão constitucional" da integração europeia.

VIII. Subjugadamente à formação deste Direito Primário ou Constitucional da UE, a Ordem Jurídica Comunitária compõe-se de muitos outros patamares e fontes:

- *os regulamentos*, que são a principal fonte de Direito, totalmente se impondo aos Estados membros, dotados de aplicabilidade direta e efeito imediato;
- *as diretivas*, sendo uma fonte do Direito da União Europeia apenas no tocante aos seus fins, deixando na discricionariedade político-legislativa dos Estados membros o modo e o tempo de execução dos mesmos;
- *os princípios gerais do Direito da União Europeia*, tal como eles sistematicamente se deduzem das diversas fontes, ora pelo esforço do Tribunal de Justiça da União Europeia, ora por ação da doutrina;
- *as decisões comunitárias*, que são atos individuais, em aplicação do Direito da União Europeia, primário e secundário;
- *os pareceres comunitários*, que são apenas atos opinativos acerca das questões que lhes tenham sido submetidas.

IX. A UE, para poder funcionar, apoia-se em várias instituições, que são os seus órgãos, com um estatuto previsto nos tratados, sem ainda esquecer outros órgãos auxiliares:

- *o Parlamento Europeu*, órgão de cunho parlamentar, que integra Deputados Europeus, eleito por círculos nacionais, em função da população, dispondo de competências decisórias e recomendatórias;

– *o Conselho Europeu*, órgão de cúpula, que reúne semestral ou trimestralmente os chefes de Estado e de Governo, para a tomada das decisões mais relevantes;
– o *Conselho de Ministros*, órgão que reúne mensalmente os membros dos Governos dos Estados em razão das matérias para discutir;
– *a Comissão Europeia*, órgão de natureza administrativa e burocrática, composto por um presidente e comissários, indicados por cada Estado-membro;
– *o Tribunal de Justiça da União Europeia*, órgão de natureza judicial, com juízes, um por cada Estado membro, havendo ainda um Tribunal de 1ª Instância.

217. Portugal e a integração lusófona

I. Outra especial dimensão da inserção internacional do Estado Português corresponde ao *princípio da integração lusófona, o qual significa a sua identificação com um conjunto de relações privilegiadas entre os cidadãos portugueses e os cidadãos e os Estados de Língua Portuguesa.*

Eis um domínio em que o mencionado preceito constitucional considera com autonomia, dizendo que "Portugal mantém laços privilegiados de amizade e cooperação com os países de língua portuguesa"[1807].

Numa perspetiva material, são dois os planos em que essa integração lusófona se apresenta constitucionalmente relevante:

– *no plano da valorização da língua portuguesa*, que permite unificar esforços de vários Estados, e também impor deveres ao Estado Português muito para além dos limites do seu território, designadamente na sua diáspora;
– *no plano da atribuição de direitos políticos reservados aos cidadãos portugueses*, sendo estes mais acessíveis aos cidadãos dos Estados de Língua Portuguesa.

II. De acordo com uma perspetiva institucional, o princípio da integração lusófona significa o favor constitucional em relação à participação

[1807] Art. 7º, nº 4, da CRP.

de Portugal em estruturas internacionais que agreguem Estados de Língua Portuguesa.

É assim que, a esta luz, se reveste de forte sentido político – conquanto não tenha, infelizmente, valor constitucional direto – a Comunidade dos Países de Língua Portuguesa (CPLP)[1808], que foi criada em 1996, associando os Estados de Língua Portuguesa: Portugal, Brasil, Angola, Cabo Verde, Guiné Bissau, Moçambique e São Tomé e Príncipe. Timor Leste, que se tornou independente em 20 de maio de 2002[1809], logo de seguida também se integraria nesta organização internacional, o mesmo sucedendo recentemente com a Guiné Equatorial[1810].

III. A definição da atividade desenvolvida pela CPLP compreende a existência de relevantes objetivos, os quais assentam em vários princípios.

[1808] Sobre a CPLP, v. AAVV, *A Comunidade dos Países de Língua Portuguesa* (org. do Instituto de Altos Estudos Militares), Lisboa, 1999, pp. 21 e ss.; Paulo Canelas de Castro, *A Comunidade dos Países de Língua Portuguesa*, in AAVV, *Colóquio de Direito Internacional – Comunidade dos Países de Língua Portuguesa*, Coimbra, 2003, pp. 23 e ss.; AAVV, *Comunidade dos Países de Língua Portuguesa – cooperação* (coord. de Adriano Moreira), Coimbra, 2001, *passim*; Fernando Albuquerque Mourão, *A CPLP e os seus modelos: que comunidade?*, in AAVV, *Colóquio de Direito Internacional – Comunidade dos Países de Língua Portuguesa*, Coimbra, 2003, pp. 107 e ss.; Maria Regina Marchueta, *A CPLP e seu enquadramento*, Lisboa, 2003, pp. 13 e ss.; Jorge Bacelar Gouveia, *Manual...*, pp. 487 e ss.; Jorge Miranda, *Manual...*, III, p. 195.

Os discursos dos Chefes de Estado e de Governo, no momento da assinatura do tratado constitutivo da CPLP, assim como o respetivo articulado, foram conjuntamente publicados na RLAD, I, 1997, pp. 279 e ss. Os Estatutos da CPLP foram ratificados por Portugal pelo Dec. do Presidente da República nº 15/97, de 20 de março.

[1809] Dia da aprovação da respetiva Constituição, elaborada por uma assembleia constituinte, ainda que historicamente a independência tivesse sido proclamada, mas sem efetividade, em 28 de novembro de 1975. Cfr. preâmbulo da CTL, bem como o seu art. 1º.

Cfr. o respetivo texto em Jorge Bacelar Gouveia, *As Constituições dos Estados...*, pp. 425 e ss.

[1810] A CPLP foi criada em Lisboa, através de um tratado internacional, assinado em 17 de julho de 1996, com a presença dos respetivos Chefes de Estados e de Governo, tendo na ocasião o Presidente da República de Portugal, Dr. Jorge Sampaio, afirmado o seguinte: "Uma língua não é apenas um meio de comunicação ou um instrumento de política externa. Uma língua forma-nos a visão do Mundo e é nela que expressamos a dor, o protesto, a esperança, a amizade, o amor. A língua une e identifica".

Cfr. Jorge Sampaio, *Discurso na Cimeira de Fundação da CPLP*, in RLAD, I, Lisboa, 1997, p. 307.

Os objetivos da CPLP são de três ordens[1811]:

- *a concertação político-diplomática*: "A concertação político-diplomática entre os seus membros em matéria de relações internacionais, nomeadamente para o reforço da sua presença nos *fora* internacionais";
- *a cooperação nos mais variados domínios*: "A cooperação, particularmente nos domínios económico, social, cultural, jurídico e técnico-científico";
- *a promoção e a difusão da língua portuguesa*: "A materialização de projetos de promoção e difusão da língua portuguesa".

A CPLP, na prossecução daqueles objetivos, assenta nos seguintes princípios orientadores[1812]:

- a igualdade soberana dos Estados-membros;
- a não ingerência nos assuntos internos de cada Estado;
- o respeito pela identidade nacional;
- a reciprocidade de tratamento;
- o primado da paz, da democracia, do Estado de Direito, dos direitos humanos e da justiça social;
- o respeito pela integridade territorial;
- a promoção do desenvolvimento;
- a promoção da cooperação mutuamente vantajosa.

IV. A estrutura da CPLP compreende quatro órgãos, com competências diferenciadas entre si, podendo esta organização internacional criar outras instâncias de concertação político-diplomática[1813]:

- a Conferência dos Chefes de Estado e do Governo;
- o Conselho de Ministros;
- o Comité de Concertação Permanente;
- o Secretariado Executivo.

[1811] Art. 3º, als. a), b) e c), dos Estatutos da CPLP.
[1812] Cfr. o art. 5º dos Estatutos da CPLP.
[1813] Cfr. o art. 7º dos Estatutos da CPLP.

A Conferência dos Chefes de Estado e do Governo é o órgão mais relevante, reunindo-se ordinariamente de dois em dois anos e cabendo-lhe as decisões mais importantes, como a definição da orientação da política geral e as estratégias da CPLP, além de também lhe caber criar as instituições necessárias para a efetivação dos Estatutos[1814].

O Conselho de Ministros, também com uma feição decisória, assume uma relevância intermédia pela presença dos Ministros dos Negócios Estrangeiros e Relações Exteriores de cada Estado membro e tem competência para coordenar as atividades da CPLP, além de intervir na respetiva gestão administrativa e financeira[1815].

O Comité de Concertação Permanente é um órgão de fiscalização administrativa da atividade da CPLP, cabendo-lhe "...acompanhar o cumprimento pelo Secretariado Executivo das decisões e recomendações emanadas da Cimeira e do Conselho de Ministros"[1816].

O Secretariado Executivo, sendo o principal órgão executivo da CPLP, tem por competências a administração geral da organização, bem como a execução das decisões dos outros órgãos[1817].

[1814] Cfr. o art. 8º dos Estatutos da CPLP.
[1815] Cfr. o art. 9º dos Estatutos da CPLP.
[1816] Art. 10º, nº 2, dos Estatutos da CPLP.
[1817] Cfr. o art. 11º dos Estatutos da CPLP.

Capítulo X
Direitos Fundamentais

§ 47º A importância constitucional dos direitos fundamentais

§ 48º O sistema português de direitos fundamentais

§ 49º O regime geral dos direitos fundamentais

§ 50º O regime especial dos direitos, liberdades e garantias

§ 47º A IMPORTÂNCIA CONSTITUCIONAL DOS DIREITOS FUNDAMENTAIS

218. A proteção constitucional da pessoa pelos direitos fundamentais

I. O Direito Constitucional dos Direitos Fundamentais é o primeiro núcleo temático que, ao nível da especialidade, se impõe esclarecer, logo a seguir à apresentação geral da CRP que se tornou possível através dos princípios constitucionais.

Isto quer dizer que é esta vertente do Direito Constitucional que tem a finalidade de proteger a pessoa humana, ao mais alto nível e com todas as garantias que são apanágio da força deste ramo jurídico.

Em nenhum outro lugar do Direito Positivo se pode dar, nestes termos de máxima efetividade, tanta proteção à pessoa como pela consagração de direitos fundamentais.

II. Contudo, tal não significa que a pessoa humana seja apenas defendida pelo Direito Constitucional dos Direitos Fundamentais, sendo legítimo salientar que este propósito é levado a cabo por outros setores jurídicos:

- o *Direito Penal*, ao punir com as penas mais graves os crimes contra as pessoas e os seus mais elevados valores, como é o caso da vida, intrauterina e extrauterina, da integridade pessoal ou da honra;
- o *Direito Internacional Público*, tendo ultimamente desenvolvido o cada vez mais sofisticado Direito Internacional dos Direitos do

Homem[1818], ao abrigo dos sistemas de proteção de direitos humanos que se têm multiplicado e aperfeiçoado[1819], sem esquecer ainda as respetivas características específicas[1820];

[1818] Sobre o Direito Internacional dos Direitos do Homem e as suas características, v. Marcelo Rebelo de Sousa, *Direito Constitucional...*, pp. 162 e ss.; Jorge Campinos, *Direito Internacional dos Direitos do Homen*, pp. 7 e ss.; Jacques Ballaloud, *Droits de l'Homme et Organisations Internationales*, Paris, 1984, *passim*; André Gonçalves Pereira e Fausto de Quadros, *Manual...*, pp. 392 e ss.; António Truyol y Serra, *Los derechos humanos*, 3ª ed., Madrid, 1984, pp. 11 e ss.; Maria José Morais Pires, *As reservas à Convenção Europeia dos Direitos do Homem*, Coimbra, 1997, pp. 85 e ss; Jorge Bacelar Gouveia, *O estado de exceção...*, I, pp. 254 e ss., e *Manual...*, pp. 513 e ss.; Carlos Villán Durán, *Curso de Derecho Internacional de los Derechos Humanos*, Madrid, 2002, pp. 85 e ss.; Joaquim da Silva Cunha e Maria da Assunção do Vale Pereira, *Manual...*, pp. 463 e ss.; Frédéric Sudre, *Droit Européen et International des Droits de l'Homme*, 6ª ed., Paris, 2003, pp. 21 e ss.; António Menezes Cordeiro, *Tratado de Direito Civil Português*, vol. I, t. III, Coimbra, 2004, p. 85; Jorge Miranda, *Curso...*, pp. 275 e ss.; José Lucas Cardoso, *Direito Internacional Público II – sumários*, Lisboa, 2004, pp. 34 e ss.; Gustavo Ferraz de Campos Monaco, *A Declaração Universal dos Direitos da Criança e seus sucedâneos internacionais*, Coimbra, 2004, pp. 75 e ss.; Fábio Konder Comparato, *A afirmação histórica dos direitos humanos*, 6ª ed., São Paulo, 2008, pp. 1 e ss.

[1819] Para uma consulta dos respetivos textos, v. Jorge Miranda, *Direitos do Homem – principais textos internacionais*, 2ª ed., Lisboa, 1989, pp. 11 e ss.; Jorge Bacelar Gouveia, *Textos Fundamentais...*, pp. 25 e ss., e *Direito da Igualdade Social – fontes...*, pp. 14 e ss.; Cleyson de Moraes Mello e Thelma Araújo Esteves Fraga, *Direitos Humanos – Colectânea de Legislação*, Rio de Janeiro, 2003, pp. 65 e ss.; Pierre-Marie Dupuy, *Les grands textes de Droit International Public*, 4ª ed., Paris, 2004, pp. 107 e ss.

À luz de uma outra perspetiva, de teor jurídico-cristão, pode ainda consultar-se a interessante compilação de Giorgio Filibeck, *Direitos do Homem – de João XXIII a João Paulo II*, Cascais, 2000, pp. 41 e ss.

[1820] Características específicas essas que, segundo Karel Vasak (*Por um Direito Internacional específico dos direitos do Homem*, in AAVV, *As dimensões internacionais dos direitos do homem* [org. de Karel Vasak], Lisboa, 1983, p. 675), se situam tanto no plano das normas internacionais sobre direitos do homem, como no da respetiva aplicação, sendo, quanto ao primeiro aspeto, esse Direito Internacional Específico: um *Direito ideológico* – na medida em que se concretiza num ideal de proteção da pessoa humana; um *Direito derivado* – porque resultado, conquanto não dependência, dos Direitos nacionais; um *Direito mínimo* – ao garantir um patamar irredutível na proteção do indivíduo e permitindo, inversamente, o seu constante alargamento; um *Direito objetivo* – sendo formalizado em tratados-leis, e não em tratados-contratos, sem aplicação do princípio da reciprocidade.

Cfr. ainda Jean-Marie Becet e Daniel Colard, *Les droits...*, I, pp. 112 e 113; Frédéric Sudre, *Droit International...*, pp. 47 e ss.; Jorge Miranda, *Curso...*, pp. 284 e ss.

- o *Direito da União Europeia*, que já se vai mostrando favorável à proteção de direitos fundamentais, num extenso catálogo que consta do Tratado de Lisboa, de valor vinculativo, ainda que o seu reconhecimento seja alcançável através de outros esquemas de receção dos direitos do homem, nomeadamente a partir da CEDH[1821];

[1821] A respeito da proteção dos direitos fundamentais da pessoa no âmbito do Direito da União Europeia, v. Maria Isabel Jalles, *Implicações jurídico-constitucionais da adesão de Portugal às Comunidades Europeias*, Lisboa, 1980, pp. 305 e ss.; Pierre Pescatore, *The context and significance of fundamental rights in the law of the European Communities*, in HRLJ, 1981, vol. 2, nºs 3-4, pp. 295 e ss.; Margarida Silva Pereira, *A protecção dos direitos, liberdades e garantias dos cidadãos pela ordem jurídica das comunidades europeias*, in RJ, outubro-dezembro de 1983, nº 2, pp. 105 e ss.; Alberto Ruano Bastos Raposo, *Os direitos fundamentais nas Comunidades Europeias*, in ND, XIII, nº 47, julho-setembro de 1988, pp. 55 e ss.; Angel G. Chueca Sancho, *Los derechos fundamentales en la Comunidad Europea*, Barcelona, 1989, pp. 5 e ss.; José A. Pastor Ridruejo, *Curso de Derecho Curso de Derecho Internacional público y Organizaciones Internacionales*, 3ª ed., Madrid, 1989, pp. 215 e ss.; M. Dauses, *La protection des droits fondamentaux dans l'ordre juridique des Communautés Européennes*, in DDC, nºs 41/42, 1990, pp. 9 e ss.; Miguel Almeida Andrade, *O papel da Convenção Europeia dos Direitos do Homem na protecção dos direitos fundamentais no âmbito comunitário*, in DDC, nºs 45 e 46, 1991, pp. 35 e ss.; Maria Luísa Duarte, *A liberdade de circulação...*, pp. 241 e ss., *A teoria dos poderes...*, pp. 590 e ss., e *A União Europeia e os Direitos Fundamentais – métodos de protecção*, in *Estudos de Direito da União e das Comunidades Europeias*, Coimbra, 2000, pp. 11 e ss.; Ana Maria Guerra Martins, *O Tratado da União Europeia – contributo para a sua compreensão*, Lisboa, 1993, pp. 29 e 30; António Vitorino, *Protecção constitucional...*, pp. 134 e 135, e *Carta dos Direitos Fundamentais da União Europeia*, Cascais, 2002, p. 7 e ss.; Maria José Morais Pires, *As reservas...*, pp. 364 e 365; Miguel Mendes Pereira, *O direito...*, pp. 1058 e ss.; Carla Amado Gomes, *A natureza constitucional do Tratado da União Europeia*, Lisboa, 1997, pp. 41 e ss.; AAVV, *L'Union Européenne et les Droits Fondamentaux* (ed. de Stéphane Leclerc, Jean Feançois Akandji-Kombé e Marie-Joëlle Redor), Bruxelles, 1999, pp. 13 e ss.; Miguel Poiares Maduro, *Striking the Elusive Balance Between Economic and Social Rights in the EU*, in AAVV, *The EU and Human Rights*, Oxford, 1999, pp. 449 e ss.; José Luís da Cruz Vilaça, *A protecção dos direitos fundamentais na Ordem Jurídica Comunitária*, in AAVV, *Estudos em Homenagem ao Prof. Doutor Rogério Soares*, Coimbra, 2001, pp. 415 e ss.; Rui Medeiros, *A Carta dos Direitos Fundamentais da União Europeia, a Convenção Europeia dos Direitos do Homem e o Estado Português*, in AAVV, *Nos 25 Anos da Constituição da República Portuguesa de 1976 – evolução constitucional e perspectivas futuras*, Lisboa, 2001, pp. 227 e ss.; António Goucha Soares, *A Carta dos Direitos Fundamentais da União Europeia – a protecção dos direitos fundamentais no ordenamento comunitário*, Coimbra, 2002, pp. 7 e ss.; Francisco Ferreira de Almeida, *Direito...*, pp. 346 e ss.; Jorge Miranda, *Curso...*, pp. 310 e ss.; Jorge Bacelar Gouveia, *Manual...*, pp. 537 e ss.

– o *Direito Civil*, quando se encabeça pelos direitos da personalidade[1822], os quais se relacionam com a proteção da pessoa na atividade jurídico-privada[1823].

III. Pela sua importância, de todos estes, os *direitos humanos* ganham uma especial acuidade, porque diretamente comunicam com o Direito Constitucional, sendo até, de alguma sorte, o seu natural prolongamento.

[1822] Sobre os direitos de personalidade em geral, neles sobressaindo zonas de sobreposição com os direitos fundamentais, v. ORLANDO DE CARVALHO, *Os direitos do homem no Direito Civil Português*, Coimbra, 1973, pp. 7 e ss.; CARLOS ROGER VIDE, *Bienes de la personalidad, derechos fundamentales y libertades públicas*, Bologna, 1995, pp. 124 e ss.; JESÚS GONZÁLEZ PÉREZ, *La dignidad...*, pp. 124 e 125; RITA AMARAL CABRAL, *O direito à intimidade da vida privada*, in AAVV, *Estudos em Memória do Professor Doutor Paulo Cunha*, Lisboa, 1989, pp. 373 e ss.; JOSÉ M. LETE DEL RIO, *Derecho de la Persona*, 2ª ed., Madrid, 1991, pp. 22 e ss.; JOSE CASTAN TOBEÑAS, *Los derechos...*, p. 30; J. J. GOMES CANOTILHO, *Direito Constitucional*, pp. 520 e 521; JOSÉ DE OLIVEIRA ASCENSÃO, *Teoria Geral...*, I, pp. 74 e ss., e pp. 102 e ss.; RABINDRANATH CAPELO DE SOUSA, *O Direito Geral...*, pp. 581 e ss.; PEDRO PAIS DE VASCONCELOS, *Teoria Geral...*, pp. 34 e 35, e *Direito de Personalidade*, Coimbra, 2006, pp. 47 e ss.; JORGE SINDE MONTEIRO, *Responsabilidade por conselhos, recomendações ou informações*, Coimbra, 1989, pp. 223 e ss.; PAULO MOTA PINTO, *O direito ao livre desenvolvimento da personalidade*, in AAVV, *Portugal-Brasil Ano 2000*, Coimbra, 1999, pp. 149 e ss.; JORGE MIRANDA, *Manual...*, IV, pp. 58 e ss.; ANTÓNIO MENEZES CORDEIRO, *Tratado...*, vol. I, t. III, pp. 29 e ss., e *Defesa da concorrência e direitos fundamentais das empresas: da responsabilização da Autoridade da Concorrência por danos ocasionados em actuações de inspecção*, in OD, ano 136º, 2004, I, pp. 59 e ss.

[1823] Relativamente ao recorte dos direitos de personalidade no âmbito do Direito Civil, v. LUÍS CABRAL DE MONCADA, *Lições de Direito Civil*, I, 2ª ed., Coimbra, 1954, pp. 279 e 280; ADRIANO DE CUPIS, *Direitos de personalidade*, Lisboa, 1961, *passim*; MANUEL DUARTE GOMES DA SILVA, *Esboço...*, p. 157; F. SANTORO-PASSARELLI, *Teoria Geral do Direito Civil*, Coimbra, 1967, pp. 30 e ss.; ORLANDO CARVALHO, *Os direitos do Homem...*, pp. 24 e ss.; A. PENHA GONÇALVES, *Direitos de personalidade e sua tutela*, Luanda, 1974, pp. 5 e ss.; RABINDRANATH CAPELO DE SOUSA, *A Constituição e os direitos...*, pp. 93 e ss., e *O Direito Geral...*, pp. 106 e ss.; JOÃO DE CASTRO MENDES, *Teoria Geral do Direito Civil*, I, Lisboa, 1978, pp. 310 e ss.; CARLOS ROGEL VIDE, *Bienes...*, pp. 24 e ss.; CARLOS ALBERTO DA MOTA PINTO, *Teoria Geral...*, pp. 207 e ss.; JOSÉ DE OLIVEIRA ASCENSÃO, *Teoria Geral...*, I, pp. 121 e ss.; DIOGO LEITE DE CAMPOS, *Lições de Direitos da Personalidade*, 2ª ed., Coimbra, 1992, pp. 52 e ss.; LUÍS CARVALHO FERNANDES, *Teoria Geral do Direito Civil*, I-II, 2ª ed., Lisboa, 1995, pp. 187 e ss.; PEDRO PAIS DE VASCONCELOS, *Teoria Geral...*, pp. 34 e ss.; ANTÓNIO JORGE FERNANDES DE OLIVEIRA MENDES, *O direito à honra e a sua tutela penal*, Coimbra, 1996, pp. 11 e ss.; JOSÉ JOÃO ABRANTES, *Os direitos de personalidade no novo Código do Trabalho (breve apontamento)*, in *Contrato de trabalho e direitos fundamentais*, Coimbra, 2005, pp. 251 e ss.

Os direitos fundamentais, no século XIX, começaram por ser uma criação específica do Direito Constitucional, cujos textos passaram a positivar posições de garantia do indivíduo em relação ao Estado.

A partir do momento em que as relações internacionais se intensificaram, e a sociedade internacional passou a regular diretamente múltiplos setores da atividade humana, aqueles direitos fundamentais foram replicados ao nível do Direito Internacional, numa superior instância de defesa contra os abusos cometidos pelas autoridades estaduais.

O mais curioso é notar, porém, que os direitos humanos, autonomamente consagrados num outro ramo do Direito (o Direito Internacional Público), acabaram por se cruzar com a positivação constitucional dos direitos fundamentais, externamente acelerando um conjunto de soluções que internamente chegariam primeiro.

IV. É assim que, com a Revolução Constitucionalista e Liberal, foram concebidos os *direitos fundamentais*, representando a atribuição às pessoas de posições subjetivas de vantagem, numa relação direta com o Estado-Poder, dentro de uma perceção totalmente inovadora para a época[1824], com as seguintes marcas definidoras[1825]:

- direitos fundamentais de fundamento *jusracionalista*, já que o Estado deveria apenas declarar, e não criar, tais direitos, estes se apresentando, por seu lado, como o produto da natureza humana, descoberta pela "razão raciocinante", com base nas conceções contratualistas então triunfantes;
- direitos fundamentais de feição *negativa*, na medida em que correspondiam a posições de distanciamento, de autonomia, de separação e de liberdade das pessoas contra o poder político;
- direitos fundamentais de *força constitucional*, pois que os mesmos deveriam ser consagrados ao nível dos textos constitucionais for-

[1824] Sobre alguns dos elementos definidores do Estado Constitucional Contemporâneo, v. Marcelo Rebelo de Sousa, *Direito Constitucional...*, pp. 102 e ss., e *Lições...*, I, pp. 22 e ss.; Diogo Freitas do Amaral, *Curso...*, I, pp. 77 e ss.; Jorge Bacelar Gouveia, *O estado de excepção...*, pp. 166 e ss.

[1825] Cfr. Jorge Bacelar Gouveia, *A afirmação dos direitos fundamentais no Estado Constitucional Contemporâneo*, in AAVV, *Direitos Humanos* (coord. de Paulo Ferreira da Cunha), Coimbra, 2003, pp. 54 e 55.

mais, com isso se proscrevendo a fonte costumeira e alçando-se os mesmos ao nível supremo da Ordem Jurídica Estadual;
- direitos fundamentais de *cunho individual*, uma vez que cada indivíduo, segundo a doutrina do liberalismo político então reinante, representaria uma necessidade de proteção perante o poder público[1826].

Foi assim que nasceu, na Teoria do Direito Constitucional, a problemática dos direitos fundamentais, a qual depois se foi expandindo em múltiplas direções.

V. O *conceito de direitos fundamentais*, de acordo com esta perspetiva específica, implicou que ao Direito Constitucional, como estalão supremo da Ordem Jurídica, se entregasse a incumbência singular de proteção da pessoa humana.

Assim, *os direitos fundamentais são as posições jurídicas ativas das pessoas integradas no Estado-Sociedade, exercidas por contraposição ao Estado-Poder, positivadas na Constituição*, daqui se descortinando três elementos constitutivos:

- *um elemento subjetivo*: as pessoas integradas no Estado-Sociedade, os titulares dos direitos, que podem ser exercidos em contraponto ao Estado-Poder;
- *um elemento objetivo*: a cobertura de um conjunto de vantagens inerentes aos objetos e aos conteúdos protegidos por cada direito fundamental;
- *um elemento formal*: a consagração dessas posições de vantagem ao nível da Constituição, o estalão supremo do Ordenamento Jurídico.

Vejamos em pormenor cada um destes elementos, melhor se compreendendo os respetivos aspetos caracterizadores.

[1826] Salientando as diversas novidades trazidas pelos direitos fundamentais no tempo do Constitucionalismo, e até por contraposição às experiências pré-constitucionais, Marcelo Rebelo de Sousa, *Direito Constitucional...*, pp. 156 e ss.; José Carlos Vieira de Andrade, *Os direitos fundamentais...*, pp. 51 e ss.

VI. O *elemento subjetivo* prende-se com as pessoas jurídicas a quem os direitos fundamentais respeitam, no contexto da titularidade dos mesmos, sendo certo que são posições subjetivas insuscetíveis de titularidade por parte de todo e qualquer indiferenciado sujeito jurídico.

A fronteira que se deve estabelecer – e que também dá a necessária consistência aos direitos fundamentais no Estado Constitucional – repousa no facto de os direitos fundamentais ganharem sentido a benefício de quem pretende enfrentar o poder estadual, ou qualquer outro poder público.

Os direitos fundamentais, na sua génese, evolução e função, não se explicam senão num contexto dicotómico entre o Poder e a Sociedade, devendo por isso somente ser titulados por pessoas que se integram na Sociedade e que em relação ao Poder se possam contrapor.

Deste modo, é de afastar os direitos fundamentais que estejam na titularidade das estruturas dotadas de poder público, não fazendo sentido que entre estas se exerçam espaços de autonomia, já que não se vê como seja logicamente possível que alguém no poder se defenda do próprio poder.

VII. O *elemento objetivo* explicita a existência de vantagens, patrimoniais e não patrimoniais, em favor do titular dos direitos fundamentais, inscrevendo-se num conjunto das situações jurídicas ativas porque portadoras de benefícios.

Não é possível ser mais rigoroso, numa ótica juscivilística, a respeito do recorte dessas situações de vantagem: elas são de muitas diversas índoles, não tendo necessariamente de respeitar o conceito específico de direito subjetivo, podendo oferecer outros contornos.

Os efeitos jurídicos que traduzem a situação de vantagem projetam-se sobre as realidades materiais que afetam, em favor do titular do direito, bens jurídicos que se tornam, por essa via, constitucionalmente relevantes.

A apreciação do objeto dos direitos fundamentais permite individualizar diferentes conceções, desde prestações a outros tipos de vantagens atribuídas ao titular do direito fundamental.

VIII. O *elemento formal* dá-nos conta da necessidade de os direitos fundamentais se consagrarem no nível máximo da Ordem Jurídico-Estadual Positiva, que é o nível jurídico-constitucional.

A Ordem Jurídica não dispõe de um só nível e, pelo contrário, espraia-se por diversos patamares, em correspondência à importância das matérias versadas, mas também de harmonia com a lógica funcional das autoridades que as produzem.

Os direitos fundamentais, neste contexto, vêm a ocupar a posição cimeira da pirâmide da Ordem Jurídico-Estadual, em obediência, de resto, ao respetivo conteúdo no seio dos valores que o Direito Constitucional transporta.

IX. Os direitos fundamentais podem ser igualmente perspetivados segundo diversas *classificações*, em aplicação de outros tantos critérios, sendo de dissociar os seguintes grupos classificatórios[1827]:

- as *classificações subjetivas*;
- as *classificações materiais*;
- as *classificações formais*; e
- as *classificações regimentais*.

X. As *classificações subjetivas* dizem respeito ao modo como os direitos fundamentais se relacionam com os respetivos titulares, variando em razão da sua contextura:

- *os direitos fundamentais individuais e os direitos fundamentais institucionais*, consoante os direitos sejam titulados por pessoas físicas e por pessoas coletivas[1828], ainda podendo dar-se o caso de direitos fundamentais simultaneamente individuais e institucionais[1829];
- *os direitos fundamentais comuns e os direitos fundamentais particulares*, consoante os direitos sejam pertinentes a todas as pessoas ou res-

[1827] Realçando algumas classificações de direitos fundamentais, MARCELO REBELO DE SOUSA, *Direito Constitucional...*, pp. 170 e ss.; JORGE MIRANDA, *Manual...*, IV, pp. 77 e ss.; J. J. GOMES CANOTILHO, *Direito Constitucional e Teoria...*, pp. 393 e ss.; JOSÉ CARLOS VIEIRA DE ANDRADE, *Os direitos fundamentais...*, pp. 172 e ss.

[1828] Exemplos de direitos individuais: o direito à vida ou à integridade pessoal. Exemplos de direitos institucionais: os direitos das associações religiosas ou políticas.

[1829] É o caso do direito de petição, na modalidade não política, "...para defesa dos direitos e interesses legalmente protegidos", o qual é titulado tanto por pessoas singulares quanto por "...quaisquer pessoas coletivas legalmente constituídas" (art. 4º, nº 4, da L nº 43/90, de 10 de Agosto, sobre o direito de petição).

peitem a certas categorias de sujeitos, em função de várias situações, como a cidadania.

XI. As *classificações materiais* implicam a consideração dos seus objeto e conteúdo, sendo de dividir entre as seguintes modalidades:

- *os direitos fundamentais gerais e os direitos fundamentais especiais*, consoante a possibilidade de os mesmos se mostrarem pertinentes em qualquer circunstância da vida, sendo de certa sorte "direitos permanentes ou constantes" de cada pessoa, ou no caso de serem pertinentes em situações limitadas ou mesmo pontuais, direitos que nem sempre são automaticamente inerentes à pessoa humana, variando conforme múltiplos critérios de idade, condição corporal ou inserção social[1830];
- *os direitos fundamentais pessoais, os direitos fundamentais políticos, os direitos fundamentais laborais e os direitos fundamentais sociais*, consoante o âmbito de vida relevante, em nome de valores pessoais, de trabalho, de participação política ou de inserção na sociedade[1831].

XII. As *classificações formais* relacionam-se com traços que peculiarmente definem os direitos fundamentais no tocante à sua estrutura formal, sendo de destrinçar entre:

- *os direitos, as liberdades e as garantias*, conforme as posições subjetivas tenham a estrutura de direito subjetivo, correspondam ao aproveitamento de um espaço de autonomia ou surjam equacionadas num contexto de proteção de outro direito fundamental principal, mostrando-se acessoriamente ligados aos mesmos;

[1830] Exemplos de direitos fundamentais gerais: a liberdade de expressão, o direito geral de personalidade ou o direito à proteção da saúde.

Exemplos de direitos fundamentais especiais: os direitos dos cidadãos portadores de deficiência, na pendência dessa situação de deficiência (art. 71º, nº 1, da CRP, direitos depois concretizados pela Lei de Bases da Reabilitação), ou os direitos dos cidadãos à cultura física e ao desporto, considerando as devidas circunstâncias de cada um (art. 79º, nº 1, da CRP, depois densificado pela Lei de Bases do Desporto).

[1831] Os exemplos constam da própria CRP, que assim distribui boa parte dos tipos de direitos fundamentais que consagra.

– o *status negativus* (liberdades negativas), o *status activus* (liberdades positivas), o *status positivus* (direitos a prestações) e o *status activae processualis* (direitos procedimentais), classificação celebrizada por Georg Jellinek e que dá conta da relação da pessoa com o Estado e com o tipo de exigência que ao mesmo se impõe.

XIII. As *classificações regimentais* procedem à separação das categorias de direitos fundamentais pela aplicação de diversas regras do respetivo regime, sendo de distinguir, lembrando especificamente a CRP, entre dois grupos que cortam simetricamente o respetivo universo:

– *os direitos, liberdades e garantias*, com um regime reforçado; e
– *os direitos económicos, sociais e culturais*, com um regime enfraquecido.

Em contrapartida, não parece que faça sentido apreciar os direitos fundamentais em função da sua pertença ou não à Constituição – como sucederia com a contraposição entre direitos fundamentais "materiais" e "formais" – porque lhes é essencial a respetiva inserção constitucional e, assim sendo, ficando dotados de força constitucional[1832].

XIV. O esclarecimento teorético acerca dos direitos fundamentais completa-se com a apresentação das respetivas *figuras afins*, que paralelamente recortam aquele âmbito:

– as *garantias institucionais*;
– os *interesses difusos*;
– as *situações funcionais*;
– os *deveres fundamentais*;
– os *direitos dos povos*.

As *garantias institucionais*[1833] representam o reconhecimento de instituições da realidade social e económica que, pela sua importância, mere-

[1832] É por isso que não parece ser de aceitar a classificação de Jorge Miranda, ao dissociar entre direitos fundamentais materiais e direitos fundamentais formais, aqueles presentes na Constituição material e estes presentes na Constituição formal: Jorge Miranda, *Manual...*, IV, pp. 7 e ss.

[1833] Sobre as garantias institucionais, v. Jorge Miranda, *Manual...*, IV, pp. 72 e ss.; Maria d'Oliveira Martins, *Contributo para a compreensão da figura das garantias institucio-*

cem uma proteção constitucional, mas em que não se assinala qualquer dimensão subjetiva, antes uma dimensão unicamente objetiva: são instituições que cumpre proteger, através da imposição ao poder público de um dever de as defender, ainda que nalguns casos as garantias institucionais se possam subjetivar por se mostrarem acessórias do cumprimento de direitos fundamentais *proprio sensu*, podendo nesse caso comungar do respetivo regime.

Os *interesses difusos* são posições jurídicas que não adquirem um suficiente grau de densificação subjetiva a ponto de por eles se permitir o aproveitamento específico do respetivo bem[1834] e unicamente facultam intervenções procedimentais e processuais por parte do respetivo titular, clamando pela tutela pública no sentido da prevenção e da reparação de danos[1835]. Um dos domínios mais emblemáticos dos interesses difusos é o da problemática ambiental[1836], ainda que tal perspetiva tenha vindo a alargar-se a outros aspetos[1837], como a saúde pública ou a defesa do património cultural[1838].

nais, Coimbra, 2007, pp. 11 e ss.; José Carlos Vieira de Andrade, *Os direitos fundamentais...*, pp. 134 e ss.

[1834] Sobre os interesses difusos, v. Luís Filipe Colaço Antunes, *O procedimento administrativo de avaliação do impacto ambiental*, Coimbra, 1998, pp. 71 e ss.; Jorge Miranda, *Manual...*, IV, pp. 68 e ss.; Miguel Teixeira de Sousa, *A legitimidade popular na tutela dos interesses difusos*, Lisboa, 2003, pp. 37 e ss.

[1835] Ainda que não seja de excluir que nalgumas situações os interesses difusos, vistos em termos gerais, possam acolher direitos fundamentais, como é o caso em que a violação de bens comunitários adquire uma intensidade tal que questione bens individualizáveis, como a saúde individual, aparecendo aqui já o direito à proteção da saúde como verdadeiro direito fundamental.

[1836] Cfr. o art. 66º da CRP, bem como numerosa legislação ordinária, de que se salienta tanto a Lei de Bases da Política de Ambiente (a L nº 19/2014, de 14 de abril) como a Lei das Organizações Não Governamentais de Ambiente (a L nº 35/98, de 18 de julho).

[1837] Sobre a confluência de posições subjetivas em matéria de Direito Constitucional do Ambiente, v. J. J. Gomes Canotilho e Vital Moreira, *Constituição...*, pp. 347 e ss.; Rui Medeiros, *O ambiente na Constituição*, in RDES, 1993, pp. 377 e ss.; Jorge Miranda, *A Constituição e o Direito do Ambiente*, in AAVV, *Direito do Ambiente*, Oeiras, 1994, pp. 353 e ss., e *Manual...*, IV, pp. 535 e ss.; José Sendim, *Responsabilidade civil por danos ecológicos*, Coimbra, 1998, pp. 104 e ss.; António Barbas Homem, *Urbanismo, ambiente e litoral*, in RAOT, nº 3, outubro de 1998, pp. 39 e ss.; Vasco Pereira da Silva, *Verdes são também os direitos do homem*, in AAVV, *Colloquia – 2*, Coimbra, 1999, pp. 133 e ss., e *Como a Constituição é Verde... – Os Princípios Fundamentais da Constituição Portuguesa de Ambiente*, in AAVV, *Nos 25 Anos da Constituição da República Portuguesa – Evolução Constitucional e Perspectivas Futuras*, Lisboa, 2001, pp. 193

As *situações funcionais* são posições subjetivas, ativas e passivas, inerentes à titularidade de um órgão público, de acordo com o cargo que é desempenhado[1839], situações funcionais que se adicionam aos direitos fundamentais, aquelas relacionadas com o estatuto dos governantes e estes atinentes ao estatuto de todas as pessoas – e também dos governantes – como governados.

Os *deveres fundamentais*[1840] corporizam imposições de desvantagem, que gravam os respetivos titulares, em nome da defesa de interesses gerais,

e ss.; Jorge Bacelar Gouveia, *A prática de tiro aos pombos, a nova Lei de Proteção dos Animais e a Constituição Portuguesa*, in RJUA, nº 13, Coimbra, junho de 2000, pp. 242 e ss.; Maria Fernanda Palma, *Acerca do estado actual do Direito Penal do Ambiente*, OD, ano 136º, 2004, I, pp. 77 e ss.; José Esteve Pardo, *Derecho del Medio Ambiente*, 2ª ed., Madrid, 2008, pp. 19 e ss.

1838 De que é um bom exemplo o direito de ação popular consagrado no art. 52º, nº 3, al. a), da CRP.

1839 Sobre as situações funcionais, com alusão à sua distinção perante os direitos fundamentais, v. Jorge Miranda, *Deputado*, in DJAP, III, 2ª ed., Lisboa, 1990, pp. 534 e ss., *Imunidade parlamentar*, in VELBC, X, Lisboa/São Paulo, 1977, pp. 1091 e 1092, *Deputado*, in Pol., II, Lisboa, 1984, p. 121, *Órgãos do Estado*, pp. 922 e 923, e pp. 73 e ss., *Órgãos de Estado*, pp. 257 e 258, e *Manual...*, IV, pp. 62 e ss.; Georges Burdeau, *O Estado*, pp. 81 e ss.

Quanto às imunidades parlamentares, enquanto vertente ativa das situações funcionais dos Deputados, traduzida tanto na *irresponsabilidade* como na *inviolabilidade*, adotando-se por vezes terminologia diversa, v. Raoul de la Grasserie, *Les principes sociologiques...*, p. 157; José Ferreira Marnoco e Sousa, *Direito Político...*, pp. 621 e ss.; Domingos Fezas Vital, *Imunidades parlamentares*, in RLJ, ano 56º, nº 2219, pp. 49 e ss., e *ibidem*, ano 58º, nº 2282, pp. 129 e ss.; Léon Duguit, *Traité de Droit Constitutionnel*, IV, 2ª ed., Paris, 1924, pp. 211; Plácido Fernández-Viagas Bartolomé, *La inviolabilidad e inmunidad de los Diputados y Senadores*, Madrid, 1990, pp. 21 e ss., e pp. 91 e ss.; Marcel Prélot e Jean Boulouis, *Institutions...*, pp. 800 e ss.; Jean Gicquel, *Droit Constitutionnel...*, pp. 749 e ss.; Ángel Manuel Abellán, *El estatuto de los parlamentarios y los derechos fundamentales*, Madrid, 1992, pp. 26 e ss., e pp. 35 e ss.; J. J. Gomes Canotilho e Vital Moreira, *Constituição...*, pp. 637 e ss.; Luís Barbosa Rodrigues, *Imunidade parlamentar*, in DJAP, V, Lisboa, 1993, pp. 175 e ss.; Silvano Tosi, *Diritto...*, pp. 72 e ss.; Dominique Turpin, *Droit...*, pp. 435 e ss.; Luís Sá, *O lugar da Assembleia...*, pp. 174 e ss.; Carla Amado Gomes, *As imunidades parlamentares no Direito Português*, Coimbra, 1998, pp. 72 e ss.; José Luis Peñaranda Ramos, *La dimensión actual de las prerrogativas parlamentares*, in AAVV, *Comentarios a la Constitución Española de 1978* (dir. de Oscar Alzaga Villaamil), VI, Madrid, 1998, pp. 326 e ss.

1840 Sobre os deveres fundamentais, v. Jorge Miranda, *A Constituição de 1976...*, pp. 327 e ss., e *Manual...*, IV, pp. 76 e 77, e pp. 175 e ss.; Francisco Lucas Pires, *Teoria da Constituição...*, p. 341; José Casalta Nabais, *Os direitos na Constituição...*, pp. 37 e ss., *Droit fondamentaux...*, pp. 31 e ss., e *O dever fundamental de pagar impostos*, Coimbra, 1998, pp. 41 e ss.; J. J. Gomes Canotilho e Vital Moreira, *Fundamentos...*, pp. 117 e ss., e pp. 146 e ss., e *Constituição...*,

do Estado ou da Sociedade[1841], e que podem ser o contraponto do reconhecimento dos direitos fundamentais, deveres fundamentais que mais se apresentam válidos na defesa nacional e no pagamento de impostos.

Os *direitos dos povos* abrangem posições subjetivas ativas, mas em que a sua titularidade se mostra pertinente à proteção de uma comunidade de pessoas, grupalmente considerada em função de um nexo de pertença – étnico, religioso, linguístico ou qualquer outro – relevando mais do domínio do Direito Internacional Público[1842].

219. A evolução dos direitos fundamentais

I. Os direitos fundamentais, bem como o nascimento da ideia de cidadania, não se posicionam somente numa ótica de viragem para o Estado Contemporâneo, já que do mesmo modo se afiguram relevantes da perspetiva do enriquecimento que proporcionaram à evolução da Sociedade e do Estado em geral.

Essa é uma verificação que não deixa margem para hesitações quando analisamos *a evolução da positivação dos direitos fundamentais*[1843]. É que por aí

pp. 118 e ss.; J. J. Gomes Canotilho, *Direito Constitucional*, pp. 547 e ss., e *Direito Constitucional e Teoria...*, pp. 531 e ss.; José Carlos Vieira de Andrade, *Os direitos fundamentais...*, pp. 150 e ss.

[1841] Em termos mais gerais, quanto a este tema na doutrina estrangeira, v. Giorgio Lombardi, *Contributo allo studio dei doveri costituzionali*, Milano, 1967, *passim*; Santiago Varela Diaz, *La idea de deber constitucional*, in REDC, 1982, pp. 69 e ss.; Gregório Peces-Barba, *Los deberes fundamentales*, in EsD, nº 1, Outono-Inverno de 1987-1988, pp. 9 e ss.; Carl Schmitt, *Théorie...*, p. 312; Albert Bleckmann, *Staatsrecht II...*, pp. 285 e 286; Alessandro Pace, *Problematica...*, I, pp. 11 e ss.; Jorge de Esteban e Pedro J. González-Trevijano, *Curso...*, II, pp. 306 e ss.; Klaus Stern, *Das Staatsrecht der Bundesrepublik Deutschland*, III/2, München, 1994, pp. 985 e ss.; Enrique Álvarez Conde, *Curso...*, I, pp. 486 e ss.

[1842] Sobre os direitos dos povos, v. Pedro Pinto Leite, *O Direito Internacional e os direitos dos povos*, in RIL, nº 109, janeiro-março de 1991, pp. 183 e ss.; Jorge Miranda, *Manual...*, IV, pp. 66 e ss.

[1843] Com importantes contributos a respeito do seu percurso, Marcelo Rebelo de Sousa, *Direito Constitucional...*, pp. 155 e ss.; Reinhold Zippelius, *Teoria...*, pp. 418 e ss.; Paulo Ferreira da Cunha, *Teoria da Constituição*, II, pp. 91 e ss.; Jorge Miranda, *Manual...*, IV, pp. 12 e ss; Enrique Álvarez Conde, *Curso...*, I, pp. 272 e ss.; J. J. Gomes Canotilho, *Direito Constitucional e Teoria...*, pp. 377 e ss.; Jorge Bacelar Gouveia, *A afirmação dos direitos fundamentais...*, pp. 58 e ss.; José Carlos Vieira de Andrade, *Os direitos fundamentais...*, pp. 51 e ss.; José João Abrantes, *Contrato de trabalho e direitos...*, pp. 21 e ss.; Ingo Wolfgang

se percebe o eixo de ação das grandes instituições do Direito Constitucional, assim como se pressente o seu valor para o próprio desenvolvimento daquele setor do Direito.

Se muitas coisas aconteceram em dois séculos de Constitucionalismo, não se podem excluir as mutações que tão substancialmente aperfeiçoaram o catálogo constitucional dos direitos fundamentais.

Trata-se de uma apreciação que é facilitada a partir de alguns pontos de contraposição, os quais posteriormente permitem equacionar *os grandes marcos de alteração substancial na consagração dos direitos fundamentais*:

- o Liberalismo económico do século XIX transformou-se no Intervencionismo social keynesiano no século XX;
- o Nacionalismo político do século XIX cedeu o passo ao Internacionalismo do século XX, bem como à multiplicação das relações internacionais;
- o Individualismo filosófico do século XIX foi sensivelmente atenuado pelo Solidarismo do século XX.

Daí que as grandes linhas de viragem dos séculos XIX e XX, que se resumem a estes fenómenos, impliquem a necessidade de se equacionar várias alterações, que cumpre organizar na seguinte *periodificação*[1844], também apelidadas de "gerações" de direitos fundamentais segundo KAREL VASAK:

- o *período liberal*;
- o *período social*;
- o *período cultural*.

II. O *período liberal* analisa-se pela consagração de *uma primeira geração de direitos fundamentais* como conjunto de *direitos de natureza negativa*, através dos quais se tinha em mente, em primeiro lugar, a garantia de um espaço de autonomia e de defesa dos cidadãos em face do poder público (*Abwehrrechte*).

SARLET, *A eficácia dos direitos...*, pp. 42 e ss.; RICARDO DIP, *Los Derechos Humanos y el Derecho Natural – de cómo el hombre* imago Dei *se tornó* imago hominis, Madrid, 2009, pp. 73 e ss.; DIMITRI DIMOULIS e LEONARDO MARTINS, *Teoria Geral dos Direitos Fundamentais*, 2ª ed., São Paulo, 2010, pp. 21 e ss.

[1844] Cfr. JORGE BACELAR GOUVEIA, *A afirmação dos direitos fundamentais...*, p. 59.

Isso é bem visível nas principais liberdades públicas que foram então consagradas e que até aos nossos dias, salvo algumas pontuais modificações, continuam a fazer parte de um património irrevogável que o Constitucionalismo Liberal legou e que foi produzido pelos pioneiros.

Por outro lado, embora revelando uma preocupação específica, essa primeira geração de direitos fundamentais foi preenchida pelo estabelecimento de várias garantias dos âmbitos penal e processual-penal, dessa forma se alcançando a chamada "humanização" do Direito Penal[1845].

III. O *período social* consagrou *uma segunda geração de direitos fundamentais*, em que se tornou nítido o propósito de alargar os fins do Estado e de neles fazer refletir uma *proteção de natureza social*.

É assim que, a partir da segunda metade do século XX, nasceram os direitos de natureza social, assumindo-se o Estado como prestador de serviços. Criaram-se os direitos fundamentais à educação, à proteção da saúde e à segurança social, de entre outros, sempre exemplificações dos direitos fundamentais a prestações (*Leistungsrechte*).

Obviamente que esta visão social dos direitos fundamentais não pode ser desligada do sentido do Estado Social, bem como dos conteúdos económicos das Constituições, que também ganham neste período foros de cidade.

IV. O *período cultural* traduz a existência de *uma terceira geração de direitos fundamentais*, em que se regista o aparecimento de novos direitos fundamentais, a partir do último quartel do século XX.

Todavia, o que mais caracteriza esta fase não é tanto a sua unicidade, mas, pelo contrário, a sua *multi-direcionalidade*, tal a diferença e sobretudo a pouca proximidade que se regista entre os novos tipos de direitos fundamentais consagrados.

[1845] De que foi grande expoente CESARE BECCARÍA, com o seu livro *Dos Delitos e das Penas*, publicado em 1762, bastante tempo antes do Liberalismo, em que defendeu inúmeras alterações radicais no sentido da humanização do Direito Penal e do Direito Processual Penal, cumprindo recordar a questão da pena de morte (CESARE BECCARÍA, *Dos Delitos e das Penas*, Rio de Janeiro, 2004, p. 76): "Não se pode julgar necessária a morte de um cidadão, senão por dois motivos. O primeiro quando, mesmo privado de liberdade, tenha ele ainda tais relações e tal poder, que preocupe a segurança da nação; quando sua existência possa produzir uma resolução perigosa para a forma de governo estabelecida".

O contexto em que estes direitos fundamentais se formam é mesmo tributário de várias dimensões caracterizadoras da sociedade atual:

- uma sociedade de risco;
- uma sociedade global;
- uma sociedade de informação;
- uma sociedade multicultural.

Um primeiro grupo de propósitos aflora nas *questões ambientais*, área que, por força do desenvolvimento tecnológico, se tornou inevitável como centro das políticas públicas. Vão assim surgir diversas posições subjetivas em matéria de ambiente, daí derivando direitos fundamentais, deveres fundamentais e interesses difusos, todos com o objetivo comum da sua proteção.

Outro núcleo extremamente importante relaciona-se com os recentes desenvolvimentos na investigação científica em matéria de manipulação genética, fazendo avançar o progresso humano a níveis alarmantes para a destruição do homem e, por junto, da própria civilização. É então indispensável que se adotem mecanismos de segurança da identidade genética humana, em que se preserva o ser humano de indesejáveis avanços tecnológicos e científicos[1846].

Cumpre ainda mencionar as fortes preocupações que passaram a ser constitucionalmente sentidas em matéria de representação das singularidades culturais dos povos, bem como do fito de estabelecer os direitos dos grupos minoritários, numa ótica menos esmagadora da força conformadora do princípio maioritário, que aqui encontra os seus limites.

V. Claro que o facto de ser possível frisar, em mais de duzentos anos de Constitucionalismo, a pertinência de três períodos bem marcados na evolução dos direitos fundamentais não pode significar que os direitos da geração anterior deixassem de obter reconhecimento.

[1846] Quanto a estes novos direitos, v. AAVV, *Problemi giuridici della Biomedicina*, Roma, 1977, pp. 3 e ss.; DAURY CÉSAR FABRIZ, *Bioética e direitos fundamentais*, Belo Horizonte, 2003, pp. 17 e ss.; PAULO OTERO, *Direito da Vida – Relatório sobre o Programa, Conteúdos e Métodos de Ensino*, Coimbra, 2004, pp. 105 e ss., e *Instituições Políticas...*, I, pp. 617 e ss.; HELENA PEREIRA DE MELO, *Manual de Biodireito*, Coimbra, 2008, pp. 19 e ss.

Esta foi *uma evolução acumulativa* e não alternativa, por cuja ação se adicionaram novos direitos àqueles que já pertenciam ao catálogo dos direitos fundamentais previamente positivados nos textos constitucionais.

Igualmente não pode esconder-se que essa sobreposição de direitos exerceu uma influência limitativa naqueles que já estavam consagrados, tal se notando mais na passagem do período liberal ao período social.

Só que esse fenómeno deu-se aqui como em qualquer outro aspeto constitucional, a partir do momento em que os textos constitucionais incorporaram uma cláusula social, mostrando-se permeáveis – e já não neutrais, como no tempo liberal – à realidade constitucional circundante.

Como afirma José Carlos Vieira de Andrade, "Se quiséssemos caracterizar sinteticamente essas transformações através de algumas palavras-chave ou ideias-força, diríamos que na evolução deste subsistema jurídico se salientam as ideias de acumulação, de variedade e de abertura"[1847].

VI. O itinerário da positivação constitucional dos direitos fundamentais identicamente não pode desconsiderar as profundas mutações que o Direito Internacional Público conheceria na segunda metade do século XX, as quais são atinentes aos valores protegidos pelos direitos fundamentais[1848].

Estamos obviamente a falar na *proteção internacional dos direitos do homem*, momento que apenas se concretizaria a seguir à II Guerra Mundial e que viria do mesmo modo a influenciar os direitos fundamentais constitucionalmente consagrados.

De que forma, porém, foi essa influência exercida?

A principal delas esteou-se na aceleração da consagração dos direitos fundamentais já conhecidos dos Estados mais evoluídos, que primeiro os

[1847] José Carlos Vieira de Andrade, *Os direitos fundamentais...*, p. 68.

[1848] Relativamente aos contornos da proteção internacional dos direitos do homem, para um conspecto geral, v., de entre tantos outros, AAVV, *As dimensões internacionais dos direitos do homem* (org. de Karel Vasak), Lisboa, 1983, pp. 36 e ss.; Pedro Nikken, *La protección internacional de los derechos humanos – su desarrollo progresivo*, Madrid, 1987, pp. 38 e ss.; Marcello Caetano, *Manual de Ciência Política...*, I, pp. 316 e ss.; Klaus Stern, *Das Staatsrecht...*, III/1, pp. 252 e ss.; Albert Bleckmann, *Staatsrecht II...*, pp. 51 e ss.; Reinhold Zippelius, *Teoria...*, pp. 432 e ss.; Jorge Bacelar Gouveia, *O estado de exceção...*, I, pp. 254 e ss.; Jorge Miranda, *Manual...*, IV, pp. 22 e ss., e pp. 52 e ss.; José Carlos Vieira de Andrade, *Os direitos fundamentais...*, pp. 27 e ss.

exteriorizaram para os instrumentos internacionais de proteção de direitos humanos.

A importância dos direitos humanos internacionalmente concebidos pôde também ter sido substancial – e não apenas processual – na medida em que, a partir do plano internacional, foi possível congeminar um conjunto de preocupações internacionais, principalmente atinentes aos direitos fundamentais de terceira e quarta geração, quer em matéria de ambiente, quer em matéria de direitos à proteção das minorias, quer no domínio da autonomia cultural dos grupos e dos povos.

220. Os direitos fundamentais e o futuro

I. Esta brevíssima exposição a respeito do lugar dos direitos fundamentais no Estado Contemporâneo, testemunhando as enormes vantagens que se associam a esta categoria jurídica, não pode esconder, do mesmo passo, os *perigos* que espreitam no horizonte[1849].

Os direitos fundamentais não são direitos infalíveis e, por isso, existem perigos que atualmente se concebem e que podem lançar dúvidas quanto à efetividade da sua proteção.

Simplesmente, esses perigos, em vez de nos fazerem esmorecer, devem suscitar a nossa reflexão, tendo em mente o desiderato de os vencer. O Estado de Direito assim o exige.

II. O perigo mais sério – e simultaneamente o mais disfarçado de todos – é o da elevada disponibilidade que hoje existe no tocante à *banalização* da singularidade garantística que é inerente aos direitos fundamentais[1850].

[1849] Cfr. JORGE BACELAR GOUVEIA, *A afirmação dos direitos fundamentais...*, pp. 70 e ss.; RICARDO DIP, *Los Derechos Humanos...*, pp. 21 e ss.

[1850] Que argutamente PAULO OTERO (*A Democracia Totalitária – do Estado Totalitário à Sociedade Totalitária*, São João do Estoril, 2001, pp. 153 e ss.) refere como sendo o "esvaziamento do Estado de Direitos Fundamentais", aqui entendido como debilitação da «fundamentalidade» dos direitos fundamentais: "No limite, sabendo-se que não há uma elasticidade ilimitada de direitos fundamentais, um alargamento artificial de novos direitos fundamentais, especialmente através da «promoção» constitucional de realidades dotadas de uma diferente natureza ou da qualificação legal como tais por força do princípio da não-tipicidade, provocará uma diluição da «fundamentalidade» de cada direito, restringindo a operatividade daqueles que são verdadeiramente fundamentais e, ao mesmo tempo, ampliando

Numa altura em que o discurso sobre a proteção das pessoas por intermédio dos direitos fundamentais se vulgarizou, inevitavelmente que também se vulgarizou o recurso a essa técnica jurídico-formal. O resultado é o da multiplicação, que pode ser excessiva, do número dos direitos fundamentais existentes.

Mas, afinal, em que consiste esse perigo da banalização?

Estamos em crer que esse perigo está na adulteração da hierarquia de valores que deve necessariamente subjazer aos direitos fundamentais e, sobretudo, pensar que os direitos fundamentais valem todos o mesmo, risco que se potencia pelo crescimento do seu número.

Por outro lado, esse facto naturalmente se repercute sobre a menor proteção que recai sobre cada um, sendo certo que as virtualidades fácticas que se associam ao reconhecimento constitucional não são inesgotáveis.

III. Outro perigo que nos deve apoquentar é atinente à eventual *uniformização* dos direitos fundamentais que progressivamente vamos consagrando nos textos constitucionais, tendência que ter-se-á afirmado, primeiro, ao nível da proteção internacional dos direitos humanos.

É nítido que a globalização que estamos vivendo nos oferece uma dimensão jurídica, muito saudável e que é o produto de uma aproximação cultural entre regiões, povos e Estados.

Também é evidente que por detrás dessa globalização, que é boa no que de bom globaliza, se esconde uma "má globalização", quando ela pretende ser – e muitos vezes o é realmente – um instrumento de domínio, impondo uma determinada visão do mundo e da vida, sem espaço para os direitos fundamentais que possam espelhar as autonomias e as peculiaridades de certos povos e culturas.

Assim se abre um imenso desafio de heterogeneização dos direitos fundamentais, em resposta às diversidades – culturais, religiosas e outras – que temos de enfrentar, sob pena do perigo maior do desmembramento da comunidade política[1851].

a esfera daqueles que carecem de tal «fundamentalidade»" (p. 156). Cfr. também PAULO OTERO, *Instituições Políticas...*, I, pp. 609 e ss.

[1851] Com algumas destas preocupações, no multiculturalismo ou noutros setores, v. AAVV, *Democracia com mais Cidadania – a questão da igualdade de participação política*, Lisboa, 1998, pp. 7 e ss.; AAVV, *Direitos Humanos, Estrangeiros, Comunidades Migrantes e Minorias*

IV. Do mesmo modo angustiante é o perigo da *processualização* dos direitos fundamentais, pela tendência que os regimes democráticos hodiernamente vivem para a dessubstancialização da atividade pública, acreditando que o processo decisório democrático é apenas um modo de decidir, e não o decidir segundo um certo sentido material, valioso por si.

Com isso se desiste de uma fundamentação material dos direitos fundamentais – e, por arrastamento, de múltiplos outros aspetos de natureza jurídica, mais sensíveis a uma coloração axiológica – e com a inevitabilidade de se perder uma raiz de fundamentação material, que em si mesma é a única chave para responder, com uma orientação segura, a um conjunto de opções que dizem respeito à vida coletiva. As opções já não valem pelo conteúdo que exprimem, antes pelo número de adeptos que reúnem, num momento em que a bondade intrínseca das soluções cede o passo ao grau massivo de aderentes a essas mesmas soluções[1852].

Evidentemente que não é apenas a visão axiológica que se perde porque, ao lado da dessubstancialização dos direitos fundamentais, se regista a respetiva *geometrização*, situação em que a maioria tudo decide, abafando as minorias e não tendo estas qualquer possibilidade de fazer vingar os seus legítimos direitos.

V. Não quer isto dizer que o percurso feito até aqui, em matéria de direitos fundamentais, não tenha sido profundamente positivo, como facilmente o comprovam as várias *conquistas* sucessivas obtidas, de acordo com estes passos:

- primeiro, a própria e singela consagração constitucional dos direitos fundamentais;

(coord. de J. J. Gomes Canotilho), Oeiras, 2000, pp. 3 e ss.; António de Araújo, *Cidadãos Portadores de Deficiência – o seu lugar na Constituição da República*, Coimbra, 2001, pp. 7 e ss.; AAVV, *Direitos fundamentais – Multiculturalismo e Religiões* (org. da Comissão dos Direitos Humanos da Ordem dos Advogados), Cascais, 2007, pp. 87 e ss.

1852 Como tivemos ocasião de escrever noutro lugar (Jorge Bacelar Gouveia, *O estado de exceção...*, II, pp. 1477 e 1478), "Só as considerações de tipo supra-positivo – e não positivista ou sociológico – é que permitem chegar a uma conclusão segura. A justeza do Direito não pode ser dada pelo critério do poder, nem pode ser conferida pelo critério da sociedade: a justeza do Direito só pode ser dada pela existência de um conjunto de princípios e valores que não são intrínsecos ao poder positivo ou ao poder social e que se lhes impõem, reunindo-se em torno da ideia da dignidade da pessoa humana".

- depois, a progressiva diversificação dos mesmos, ao que acresceu a sua densificação material e tipológica;
- a seguir, a preocupação irradiante da proteção dos direitos fundamentais para outras instâncias, no âmbito do Direito Internacional Público, e mais recentemente, para outros ramos do Direito, em que se regista a consagração cruzada dos mesmos, como sucede nos últimos tempos com o Direito da Igualdade Social[1853];
- finalmente, o constante aperfeiçoamento do regime jurídico dos direitos fundamentais, com a introdução de figuras que tendem a delimitar mais o poder de intervenção do legislador e do administrador no espaço de conformação que é deixado pela Constituição aos poderes infraconstitucionais.

VI. Porém, estes vários e inequívocos sucessos não nos devem fazer esquecer aqueles diversos perigos, que podem turvar uma proteção dos direitos fundamentais que se deseja intensa, perigos de natureza formal e material, perigos de natureza teórica e prática.

O que fazer para os afrontar?

Acreditar que eles existem e agir quotidianamente para os combater, no pressuposto de que a respetiva proteção é eminentemente cultural e que a intervenção dos cidadãos, nos seus diversos campos de atividade, acaba por ser, a longo prazo, altamente frutificante por sabermos que os direitos fundamentais nasceram com o Constitucionalismo, numa altura em que as pessoas passaram de "súbditos" a "cidadãos", transitaram de "objeto" a "sujeito" do poder público.

[1853] Numa perspetiva de proteção de certos grupos de pessoas. Cfr. Jorge Bacelar Gouveia, *Direito da Igualdade Social – guia...*, pp. 13 e ss.

§ 48º O SISTEMA PORTUGUÊS DE DIREITOS FUNDAMENTAIS

221. A conceção pluralista dos direitos fundamentais

I. Numa *lógica material*, coloca-se o problema de saber qual o critério unificador dos direitos fundamentais, assim se encontrando a chave que permita identificar um denominador comum dentro de toda uma variedade de posições jurídicas, válido como critério hermenêutico, mas igualmente válido como critério legiferante.

Este é um problema que não suscita peculiares dúvidas no plano da Teoria do Direito Constitucional, sendo certo que aí é possível acomodar um conceito de direito fundamental que se apresente minimamente adaptável à evolução de dois séculos de Constitucionalismo, em que muito aconteceu e muito se diversificou, bastando pensar nas gerações de direitos fundamentais que se foram sucedendo.

Já no plano da Dogmática do Direito Constitucional se levanta um problema adicional, que é o de, perante um dado texto constitucional, se visualizar um conceito comum e, sobretudo, explicativo de todos os tipos de direitos fundamentais que se possam apresentar.

É assim que surge a ideia de que o texto constitucional não chamou "direitos fundamentais" a quaisquer posições subjetivas de um modo arbitrário, antes o determinou com base num critério racional, que explica as escolhas feitas e justifica outras que não foram feitas.

A relevância deste problema igualmente se coloca no plano da extensão do catálogo de direitos fundamentais, sendo certo que o texto constitucional português obedece a mecanismos de abertura que se fundam nesse mesmo critério.

II. Este não é, porém, um problema de agora e tem-se desenvolvido ao sabor do aparecimento de teorias que se vão afirmando explicativas das tipologias de direitos fundamentais, paralelamente ao ritmo das gerações que se foram cumulando.

O Constitucionalismo Liberal fez vingar a *teoria liberal*, caracterizada pelos direitos de liberdade e pelas liberdades públicas, todos dominados por uma ideia de abstenção do Estado em relação à Sociedade e à Economia, e todos radicados, no plano da fundamentação do Estado e do Poder, numa conceção jusnaturalista, eivada do espírito do jusracionalismo e do contratualismo da Ilustração do século XVIII, com as necessárias consequências da universalidade, inalienabilidade e imprescritibilidade dos direitos fundamentais[1854].

Com o século XX, as teorias densificadoras dos direitos fundamentais multiplicaram-se, em resultado da diversificação dos problemas postos à governação, avançando também algumas conceções positivistas:

- a *teoria socialista*, bem plasmada nos sistemas constitucionais de inspiração soviética, em que os direitos fundamentais, de cunho social e económico, se colocam ao serviço de uma ideologia única e de uma ditadura coletivista de esquerda;
- a *teoria fascista*, constante dos sistemas constitucionais fascistas, em que os direitos fundamentais assumem uma relevância social-corporativa, indexados ao Estado segundo uma conceção organicista do poder político, com ausência de pluralismo político, ainda que se consagrando direitos de natureza económica e social;
- a *teoria social*, em direta decorrência da Questão Social e do intervencionismo económico e social, defendendo a existência de direitos sociais, num contexto de sistema político democrático pluralista e de economia de mercado, se bem que socialmente limitado por diversos mecanismos de intervenção pública;
- a *teoria democrática*, fundada numa certa obsessão, na Alemanha do pós-guerra, com a preservação, por dentro, da democracia política, depois do trauma que o regime nacional-socialista infligiu na sociedade alemã.

[1854] Cfr. Reinhold Zippelius, *Teoria...*, pp. 436 e 437.

III. Olhando para a CRP, o único índice que podemos encontrar é o reconhecimento da necessidade de um conceito material de direito fundamental, pois que é através dele que podemos operacionalizar a abertura do sistema constitucional de direitos fundamentais[1855].

Simetricamente, o inverso tem razão de ser, ainda que se admita ter poucas consequências práticas: haver direitos fundamentais como tal qualificados pelo texto constitucional, mas que não possam adequar-se ao critério material que procede à respetiva definição.

O preceito fulcral, como pudemos observar para a abertura do catálogo constitucional do mesmo, é aquele em que se afirma que "Os direitos fundamentais consagrados na Constituição não excluem quaisquer outros constantes das leis e das regras aplicáveis de Direito Internacional"[1856].

Só que em vão o texto constitucional fornece a substanciação de tal critério, pelo que só resta lá chegar através da análise, nem sempre muito elucidativa, de diversos elementos presentes, essencialmente a partir dos princípios constitucionais, de entre eles o da dignidade da pessoa humana, o do Estado Democrático e do Estado Social.

IV. A indicação, por parte do texto constitucional, de uma categoria de direitos fundamentais pressupõe que a primeira opção se exerça no *conceito de direito fundamental* que cobre essa classe.

Assim se estabelece uma *summa divisio* com o restante grupo de figuras e instituições afins, abrangidas no articulado constitucional impregnado de direitos fundamentais[1857].

[1855] Quanto ao conceito de direito fundamental na CRP, v., por todos, Marcelo Rebelo de Sousa, *Direito Constitucional...*, pp. 178 e ss.

[1856] Art. 16º, nº 1, da CRP.

[1857] Sobre o conceito de direito fundamental em geral, também com referência às respetivas figuras afins, v. João de Castro Mendes, *Direitos...*, pp. 101 e 102; Jorge Miranda, *Relatório com o programa, os conteúdos e os métodos do ensino de direitos fundamentais*, in RFDUL, XXVI, 1985, pp. 495 e ss., *Direitos fundamentais*, pp. 71 e ss., e *Manual...*, IV, pp. 7 e ss. e pp. 48 e ss.; Carlos S. Niño, *Ética...*, pp. 11 e ss.; Henrique Mota, *Biomedicina...*, pp. 124 e ss.; J. J. Gomes Canotilho, *Direito Constitucional*, pp. 521 e ss.; Jorge Bacelar Gouveia, *Os direitos fundamentais atípicos*, pp. 113 e ss.; Vitalino Canas, *Relação jurídico-pública*, in DJAP, VII, Lisboa, 1996, p. 226; Luís Filipe Colaço Antunes, *O procedimento administrativo de avaliação de impacto ambiental*, Coimbra, 1998, pp. 71 e ss.; Ingo Wolfgang Sarlet, *A eficácia dos direitos...*, pp. 33 e ss.; José Carlos Vieira de Andrade, *Os direitos fundamentais...*, pp. 107 e ss.

Isso só se obterá, porém, através da respetiva formulação, podendo chegar-se ao resultado fornecido pelo conceito de direito fundamental, nos seus três elementos:

i) o *elemento subjetivo* – implicando a subjetivação nas pessoas e não segundo normas organizatórias e objetivas, pessoas essas integradas no Estado-Comunidade, por contraposição ao Estado-Poder, que atua através dos seus agentes e titulares de órgãos;
ii) o *elemento objetivo* – retratando uma vantagem, não uma obrigação ou dever, relacionada com um valor ou um bem que se afigura constitucionalmente protegido;
iii) um *elemento formal* – ancorando essa posição no Direito Constitucional, com as características de supremacia e rigidez que definitivamente o individualizam no seio da Ordem Jurídica[1858].

V. Dele se crê que devam ficar excluídas, regra geral, as *garantias fundamentais,* assim como todas as restantes figuras afins dos direitos fundamentais, numa tarefa que, no entanto, não se revela de grande precisão e, ao invés, sendo bem árdua.

Há desde logo preceitos que nem sequer corporizam quaisquer posições subjetivas. São preceitos que contêm princípios objetivos ou normas dirigidas ao Estado, impondo-lhe deveres relacionados com o cumprimento dos direitos fundamentais conexos.

Há também preceitos que, embora consagrem posições subjetivas, não preenchem o conceito constitucionalmente relevante de direito fundamental: apesar de raras, são situações em que o legislador constitucionalizou posições subjetivas que não respeitam os restantes elementos constitutivos do conceito de direito fundamental.

Contudo, importa anotar uma exceção: na medida em que, no texto constitucional, se depara com inúmeras categorias de garantias jurídicas, parece que podem ser pertinentes ao universo dos direitos fundamentais aquelas que se submetam a uma *função subjetivante*, isto é, as que cum-

[1858] No estrangeiro, os seguintes contributos: KLAUS STERN, *Das Staatsrecht...*, III/1, pp. 554 e ss.; LUIS PRIETO SANCHIS, *Estudios...*, pp. 75 e ss.; ALBERT BLECKMANN, *Staatsrecht II...*, pp. 61 e ss.; BODO PIEROTH e BERNHARD SCHLINK, *Grundrechte...*, p. 14; JOSE CASTAN TOBEÑAS, *Los derechos...*, pp. 13 e ss.

Cfr. JORGE BACELAR GOUVEIA, *Os direitos fundamentais atípicos*, p. 113.

pram uma missão adjuvante na proteção de um direito subjetivo fundamental, numa relação de acessoriedade em relação aos mesmos.

Em termos gerais, são as garantias diretamente vinculadas aos direitos fundamentais, bem como as institucionais que se afirmem numa relação de acessoriedade relativamente a estes, relação que permite, do mesmo modo, proteger um conjunto de bens jurídicos essenciais.

VI. Interessa ainda saber, no campo de liberdade regulativa devolvida ao legislador constitucional, sobre que vetores ele erigiu o seu conceito de direito fundamental, nos aspetos essenciais de teor material[1859].

Três têm sido as principais respostas dadas pela doutrina portuguesa a este respeito:

i) a versão *imperialista* de Jorge Miranda, para quem os direitos fundamentais consagrados na CRP o são sempre em sentido material, critério que, no entanto, dá por esclarecido o que se pretendia esclarecer (*quod erat demonstrandum*) – precisamente saber quando é que a CRP está autorizada a qualificar como direito fundamental certa realidade, que não muda de natureza só pelo facto de como tal ser qualificada;
ii) a versão *liberal-moderna* de José Carlos Vieira de Andrade, para quem o conceito de direito fundamental se esteia num tríplice critério substancial e formal – ter um radical subjetivo, exercer uma função de proteção de bens pessoais e possuir uma intenção de explicitação de uma ideia de homem "...decantada pela consciência universal ao longo dos tempos"[1860];

[1859] Sobre o sistema constitucional português de direitos fundamentais, v. J. J. Gomes Canotilho e Vital Moreira, *Fundamentos...*, pp. 93 e ss., e *Constituição...*, pp. 101 e ss.; Jorge Bacelar Gouveia, *Os direitos fundamentais atípicos*, pp. 293 e ss., *O estado de exceção...*, I, pp. 836 e ss., e *Os direitos fundamentais na Constituição Portuguesa de 1976*, in AAVV, *Temas de Teoria da Constituição e Direitos Fundamentais* (org. de Dirley da Cunha Júnior e Rodolfo Pamplona Filho), Salvador, 2007, pp. 139 e ss.; Jorge Miranda, *O sistema português de direitos fundamentais*, in RDP, Ano I, nº 1, Lisboa, janeiro/junho de 2009, pp. 129 e ss.; J. J. Gomes Canotilho, *Direito Constitucional e Teoria...*, pp. 398 e ss.; José Carlos Vieira de Andrade, *Os direitos fundamentais...*, pp. 71 e ss.; Manuel Afonso Vaz, Raquel Carvalho, Catarina Santos Botelho, Inês Folhadela e Ana Teresa Ribeiro, *Direito Constitucional – o Sistema Constitucional Português*, Coimbra, 2012, pp. 231 e ss.

[1860] José Carlos Vieira de Andrade, *Os direitos fundamentais...*, pp. 79 e 80.

iii) a versão *omnicompreensiva* de J. J. Gomes Canotilho e Vital Moreira, que atendem à combinação primordial, que a CRP teria feito, entre as teorias liberal e social dos direitos fundamentais, positivando aspetos de uma e da outra, sem com uma delas se comprometer especificamente, articulando harmonicamente direitos negativos e positivos, e culminando na escolha de três valores fundamentais – a liberdade, a democracia política e a democracia económica e social[1861].

VII. Da nossa parte, importa preliminarmente reconhecer que hoje – na CRP como em qualquer texto constitucional – nenhuma teoria pode ter a pretensão de explicar, como deve ser, a totalidade de um sistema de direitos fundamentais.

A multiplicidade dos aspetos subjacentes aos vários tipos desses direitos é de tal ordem que não permite qualquer esforço de unificação, isso bem se compreendendo pela evolução que os direitos fundamentais tiveram desde o século XIX.

Mais importante do que esclarecer se certas teorias tiveram ou não acolhimento constitucional, é encontrar a conceção própria de cada texto e não impor-lhe construções importadas de caráter manifestamente espúrio[1862].

A nossa posição propende para considerar um *critério misto*, a *quatro tempos*, aparecendo como pólos dominantes as *teorias liberal e social*, com um maior número de direitos fundamentais que se podem testar sob as respetivas óticas e, em plano lateral, as *teorias democrática e marxista*[1863], estas presentes em alguns, poucos, direitos fundamentais mais setorizados[1864].

[1861] Dizendo J. J. Gomes Canotilho e Vital Moreira (*Fundamentos...*, p. 106): "É essa trilogia que constitui o *pressuposto* e o *critério substancial* dos direitos fundamentais, sendo insuficiente e inadequada qualquer concepção reducionista que faça apelo apenas a um daqueles valores". Cfr. também J. J. Joaquim Gomes Canotilho, *A teoria constitucional dos direitos fundamentais*, in Fr, ano II, nº 5, janeiro-março de 1979, pp. 46 e ss.

[1862] Cfr. Jorge Bacelar Gouveia, *Os direitos fundamentais atípicos*, p. 408.

[1863] Cfr. Jorge Bacelar Gouveia, *Os direitos fundamentais atípicos*, pp. 408 e ss.

[1864] Com uma avaliação geral acerca do sistema dos direitos fundamentais na CRP, versando sobretudo esta ótica material, v. José Manuel Cardoso da Costa, *A hierarquia das normas constitucionais e a sua função na protecção dos direitos fundamentais*, Lisboa, 1990, pp. 6 e ss.; José Casalta Nabais, *Os direitos na Constituição...*, pp. 17 e ss.; J. J. Gomes Canotilho e

222. A posição constitucional, tipológica e aberta dos direitos fundamentais

I. Numa *lógica formal*, a proteção dos direitos fundamentais coloca o problema da sua *força jurídica* na constelação geral dos direitos subjetivos públicos.

Se são direitos fundamentais, de acordo com o conceito que os substancia, isso implica que tais posições jurídicas oferecem uma relação singular com o texto constitucional: *uma relação de inserção na Constituição que estrutura cada Estado.*

Os direitos fundamentais ostentam, deste modo, *uma força jurídica constitucional*, que lhes é dada pelo caráter constitucional das fontes normativas que os consagram: na verdade, estamos perante posições jurídicas *ex Constitutionem*, porquanto derivam do Ordenamento Jurídico Constitucional.

O sentido profundo desta constitucionalização afere-se por um estatuto formalmente constitucional constante do articulado da CRP[1865].

II. Essa observação, no que respeita à posição normativa dos direitos fundamentais, não teria a mínima relevância se a Ordem Jurídica fosse constituída por um único estalão.

A verdade é que não o é. E até se têm multiplicado, por diversas razões, os níveis de diferenciação entre grupos de fontes e de normas dentro de uma Ordem Jurídica.

Ora, é aí que o nível constitucional se posiciona de um modo extremamente relevante por representar a cúpula do sistema jurídico, acima da qual não se reconhece a validade de qualquer outra fonte normativa de Direito Positivo.

Cabe à Constituição – e às fontes constitucionais em geral – este papel fundacional do sistema jurídico, aí se determinando as grandes diretrizes da respetiva estruturação, devendo as fontes que as contrariam ser

Vital Moreira, *Fundamentos...*, pp. 93 e ss.; Jorge Bacelar Gouveia, *Os direitos fundamentais atípicos*, pp. 371 e ss.; Jorge Miranda, *Manual...*, IV, pp. 128 e ss., e *Manual...*, IV, 4ª ed., pp. 141 e ss.; Rui Medeiros, *O Estado de Direitos Fundamentais Português: alcance, limites e desafios*, in APDC, vol. II, 2002, pp. 24 e ss.

[1865] Cfr. Jorge Bacelar Gouveia, *A afirmação dos direitos fundamentais...*, pp. 62 e ss.

fulminadas de inconstitucionalidade e, em decorrência disso, invalidadas.

III. O caráter constitucional dos direitos fundamentais implica que estes se apresentem cimeiramente localizados dentro do Ordenamento Jurídico, comungando das características próprias das normas e dos princípios de natureza constitucional.

E qual é a importância deste facto? Ela é concernente a dois aspetos:

– *a supremacia hierárquica*;
– *a rigidez constitucional*.

A *supremacia hierárquica* implica que nenhuma outra norma ou princípio, que não tenha a mesma qualidade, possa contradizer o sentido normativo que deles se extrai.

A *rigidez constitucional* representa a circunstância de a respetiva alteração obedecer a mecanismos que tornam essa operação mais difícil, por força da existência de diversos limites à revisão constitucional.

O resultado mais visível desta colocação suprema no sistema jurídico liga-se ao caráter "couraçado" que passa a acompanhar os direitos fundamentais, conceptualmente sempre direitos constitucionais: a da inconstitucionalidade das normas e dos princípios que os ofendem.

Isso tem a consequência prática de poderem ser postos em ação diversos mecanismos com o fito de destruir essas normas e esses princípios, violadores dos direitos fundamentais, assim melhor se preservando essa parte da Ordem Constitucional.

IV. O facto de os direitos fundamentais, relativamente à sua fonte normativa, forçosamente se alcandorarem a uma posição normativo-constitucional cimeira não acarreta a impossibilidade de se estabelecer a sua comunicação com outros estratos do sistema jurídico, sendo certo que este se apresenta multi-nivelado nos seus escalões hierárquicos.

É assim que muitas vezes os textos constitucionais aceitam a contribuição de outros planos do Ordenamento Jurídico – as leis ordinárias e as fontes internacionais – para completarem o elenco constitucional dos direitos fundamentais.

Estamos perante *um mecanismo de abertura dos direitos fundamentais que são positivados na Constituição aos outros níveis*, os quais podem ser relevantes no aparecimento de novas posições jurídicas com a mesma importância, ou até para completarem determinada configuração constitucional já alcançada por certo direito fundamental[1866].

Esta *cláusula de abertura* do catálogo constitucional de direitos fundamentais pode, deste modo, assumir duas funções em relação a determinado subsistema constitucional de direitos fundamentais:

- de *integração* – na medida em que por essa cláusula podem chegar ao texto constitucional direitos fundamentais novos ou esquecidos no momento da expressão da vontade constituinte, assim se logrando obter o seu reconhecimento;
- de *aperfeiçoamento* – porquanto outras fontes podem apresentar contornos mais precisos dos direitos e frisar a existência de novas faculdades, até certo momento desconhecidas ou desconsideradas[1867].

Eis um fenómeno de *receção constitucional*, através do qual se torna possível dar força constitucional a certas normas – as fontes dos direitos fundamentais – que até então apenas ostentavam um estatuto infra-constitucional, com todos os benefícios associados a essa constitucionalização[1868].

V. O caráter constitucional dos direitos fundamentais, não obstante ser extremamente importante na consolidação da sua eficácia protetora, não é totalmente suficiente, dado que importa atender a outra nota que foi dando o tom à positivação dos direitos fundamentais desde que viram

[1866] Sobre este mecanismo de abertura, v. Henrique Mota, *Le principe...*, pp. 177 e ss.; J. J. Gomes Canotilho e Vital Moreira, *Constituição...*, pp. 137 e 138; Jorge Bacelar Gouveia, *Os direitos fundamentais atípicos*, Lisboa, 1995, pp. 39 e ss.; Paulo Otero, *Direitos históricos...*, pp. 1061 e ss.; Jorge Miranda, *Manual...*, IV, pp. 162 e ss.; José Carlos Vieira de Andrade, *Os direitos fundamentais...*, pp. 73 e ss.; Pedro Delgado Alves, *A cláusula aberta de direitos fundamentais e os limites materiais de revisão constitucional*, in AAVV, *Estudos Jurídicos e Económicos em Homenagem ao Prof. Doutor António de Sousa Franco*, III, Lisboa, 2006, pp. 627 e ss.; Rui Medeiros, *O Estado de Direitos...*, pp. 26 e ss.; Jorge Miranda e Rui Medeiros, *Constituição...*, I, pp. 137 e ss.; Benjamim Silva Rodrigues, *Direito Constitucional*, I, 1ª ed., Lisboa, 2011, pp. 107 e ss.

[1867] Cfr. Jorge Bacelar Gouveia, *Os direitos fundamentais atípicos*, pp. 72 e ss.

[1868] Defendendo esse estatuto constitucionalizado, Jorge Bacelar Gouveia, *Os direitos fundamentais atípicos*, pp. 313 e ss.

Contra essa consequência da constitucionalização, Jorge Miranda, *Manual...*, IV, pp. 168 e 169.

a luz do dia no Constitucionalismo Liberal[1869]: o facto de os direitos fundamentais, logo bem desde o seu início, se terem apresentado segundo uma *técnica de tipificação na respetiva declaração formal dentro dos textos constitucionais*[1870].

Ao lado da sua força normativo-constitucional, acrescenta-se outro traço, que é o do seu *matiz tipológico*, o que se diferencia bem na Metodologia do Direito como via específica de pensar e de formular os comandos normativos[1871].

VI. A primeira dimensão do sentido tipológico dos direitos fundamentais – os quais se mostram, por esta razão, verdadeiros tipos jurídicos – reside na consequência de a respetiva formulação ser mais concisa do que seria se o texto constitucional recorresse apenas a conceitos gerais e classificatórios.

Os direitos fundamentais não são, pois, consagrados por recurso a conceitos, que pudessem abranger amplamente uma dada realidade a submeter aos efeitos do Direito – são, antes, agrupados em realidades menos amplas, em torno, deste modo, de tipos jurídicos, por cujo intermédio melhor se capta o pormenor do objeto e do conteúdo de cada direito fundamental considerado.

A grande vantagem do recurso ao método da tipificação – por contraste com o método da conceptualização – consiste numa menor abstração, que traz consigo uma maior capacidade de retratação da realidade a que respeita cada direito fundamental.

[1869] Cfr. Jorge Bacelar Gouveia, *A afirmação dos direitos fundamentais...*, pp. 65 e ss.

[1870] Cfr. Jorge Bacelar Gouveia, *Os direitos fundamentais atípicos*, pp. 56 e ss.

[1871] Para uma aproximação às características do pensamento tipológico, por contraste com o pensamento generalizante, v. Karl Engisch, *Die Idee der Konkretisierung in Recht und Rechtswissenschaft unserer Zeit*, Heidelberg, 1953, pp. 237 e ss.; José de Oliveira Ascensão, *A tipicidade dos direitos reais*, Lisboa, 1968, pp. 34 e ss., e *O Direito...*, pp. 452 e ss., e p. 479; João Baptista Machado, *Introdução ao Direito...*, pp. 116 e ss.; Carlo Beduschi, *Tipicità e Diritto – contributo allo studio delle razionalità giuridica*, Padova, 1992, pp. 31 e ss.; Pedro Pais de Vasconcelos, *Contratos atípicos*, Coimbra, 1995, pp. 21 e ss.; Jorge Bacelar Gouveia, *Os direitos fundamentais atípicos*, pp. 56 e ss., e *O estado de exceção...*, II, pp. 1542 e ss.; Karl Larenz, *Metodologia...*, pp. 655 e ss.; Rui Pinto Duarte, *Tipicidade e atipicidade dos contratos*, Coimbra, 2000, pp. 27 e ss.

VII. Outra dimensão presente na tipificação dos direitos fundamentais nos textos constitucionais é concernente ao valor que os direitos fundamentais devem possuir se vistos no conjunto das tipologias que entre si formam. É que a sua eficácia fica acrescida se se mostrarem plurais, apresentando-se em círuclos que, como pudemos observar, se têm vindo a alargar.

O mais relevante desse valor coletivo dos direitos fundamentais, se observados como tipos jurídicos contextualizados em tipologias jurídicas, é porém a possibilidade de estas não serem tipologias fechadas e serem, ao invés, *abertas ou exemplificativas.*

Nunca em cada momento os direitos fundamentais positivados num dado texto constitucional são únicos, havendo a possibilidade de recorrer ao conceito geral subjacente, para formular outros direitos fundamentais, assim denominados *direitos fundamentais atípicos*[1872].

VIII. Qualquer uma destas duas dimensões inerentes ao sentido tipológico dos direitos fundamentais se encontra em muitos dos textos constitucionais, do século XIX e do século XX.

Se analisarmos os textos constitucionais, no que toca à primeira dimensão, facilmente reparamos que há a preocupação de apresentar os direitos fundamentais através de um número razoável de tipos – e até com uma lógica mais ou menos diversificada em razão dos respetivos objetos e conteúdos específicos, cada um deles substanciando a construção de um ou de alguns dos tipos de direitos fundamentais consagrados.

O mesmo se pode dizer, embora talvez sem a mesma importância, de alguns textos constitucionais em matéria de abertura a outros direitos fundamentais – os direitos fundamentais atípicos – que não obtiveram uma consagração tipificada nos catálogos constitucionais, mas que por este mecanismo são detetados e invocados.

223. Os direitos fundamentais atípicos em especial

I. Pela dificuldade que os envolve, *os direitos fundamentais atípicos* merecem alguma detença, dado que acabam por cumprir a função de abrir o

[1872] Cfr. Jorge Bacelar Gouveia, *Os direitos fundamentais atípicos*, pp. 39 e ss.

catálogo constitucional, sem que para os mesmos – o que para lá de certo limite seria uma quase impossibilidade técnica – o texto constitucional tenha ajudado com os convenientes índices aplicáveis.

Os direitos fundamentais atípicos colocam três questões, para as quais não se encontra uma resposta direta na CRP:

- *a extensão material de tais direitos*;
- *as fontes de onde emanam esses direitos*;
- *o regime que lhes é aplicável*.

II. Preliminarmente importa considerar que o alargamento do catálogo de direitos fundamentais que a cláusula aberta propicia deve ser cuidadosamente separado de outros fenómenos que, coincidindo no resultado, experimentam outros caminhos, que não se confundem com a referência da atipicidade das fontes[1873].

Um desses fenómenos retrata o aparecimento dos tipos de direitos fundamentais através de um processo hermenêutico, e não normativo-constitucional. São os *direitos fundamentais implícitos* que se apresentam como o resultado de uma interpretação extensiva das fontes constitucionais, bem na esteira da conhecida orientação jurisprudencial norte-americana[1874].

Outro fenómeno marcante vem a ser o do *reconhecimento da constitucionalização de outras fontes – internas ou externas – que concretizam os direitos fundamentais*, sobretudo no campo dos direitos fundamentais sociais, concretização que assim acaba por se convolar, dentro de certos limites, em densificação constitucional dos mesmos, numa lógica de prolongamento das fontes constitucionais.

Fenómeno que ainda deve merecer atenção, pela destrinça que sugere quanto aos direitos fundamentais atípicos, é o dos *direitos fundamentais extra-documentais*, caso em que os direitos fundamentais acolhidos com valor constitucional são extravagantes relativamente ao texto constitu-

[1873] Chamando a atenção para estes dois fenómenos como vias alternativas à abertura que é diretamente propiciada pela cláusula aberta de direitos fundamentais, v. Rui Medeiros, *O Estado de Direitos...*, pp. 28 e ss.

[1874] Cfr. Jorge Bacelar Gouveia, *Os direitos fundamentais atípicos*, pp. 164 e ss.

cional, aparecendo como direitos situados fora da codificação imposta pelo articulado constitucional[1875].

III. Na perspetiva da *identificação dos direitos fundamentais atípicos*, difícil é saber qual o critério material que os permite encontrar.

Esta é uma tarefa, contudo, que já se mostra muito facilitada por ter sido possível deparar com uma chave identificadora dos direitos fundamentais do sistema constitucional português, diretamente radicando no respetivo conceito.

Não se crê que essa chave não possa ser utilizada para selecionar os direitos fundamentais atípicos, que no plano substancial ostentam uma mesma dignidade constitucional.

Em termos práticos, a aplicação desse critério material conceptual permite que os direitos fundamentais atípicos, na respetiva localização, se processe de acordo com uma analogia – uma *analogia iuris, e não legis* – para com os direitos fundamentais típicos[1876], nela se apontando os núcleos materiais de proteção constitucional da pessoa humana que se desenvolve através da técnica dos direitos fundamentais[1877].

IV. Do ponto de vista das fontes, a abertura constitucional dos direitos fundamentais, como sucede noutros ordenamentos constitucionais, não tinha forçosamente de sujeitar-se a qualquer indexação de um elenco das mesmas de onde brotassem os tipos de direitos a acolher.

Não foi esse o caso seguido pela CRP, que expressamente condicionou o acolhimento dos direitos fundamentais atípicos ao facto de os mesmos serem previamente positivados nalgumas fontes normativas que mencionou e que são de duas ordens:

- *fontes normativas externas*: "...as regras aplicáveis de Direito Internacional...";
- *fontes normativas internas legais*: "...as leis...".

[1875] Cfr. Jorge Bacelar Gouveia, *Os direitos fundamentais atípicos*, pp. 141 e ss.

[1876] Cfr. Jorge Bacelar Gouveia, *Os direitos fundamentais atípicos*, pp. 371 e ss.

[1877] José Carlos Vieira de Andrade (*Os direitos fundamentais...*, p. 186) é, a este propósito, bem explícito: "Essa analogia de natureza deve (...) respeitar, cumulativamente, a dois elementos: trata-se de uma posição subjetiva individual ou de uma garantia que possa ser referida de modo imediato e essencial à ideia de dignidade humana, isto é, que integre a matéria constitucional dos direitos fundamentais; e poder essa posição subjetiva ou garantia ser *determinada* a um nível que deva ser considerado *materialmente constitucional*".

Carecendo de um sentido interpretativo especial, no contexto de outras aceções para as fontes mencionadas, considera-se que o entendimento a acolher deve ser amplo:

- *no caso das fontes externas, os direitos fundamentais atípicos podem provir de qualquer fonte internacional ou comunitária que integre a Ordem Jurídica Portuguesa*, nos termos gerais em que a CRP admite a sua incorporação interna;
- *no caso das fontes internas legais, os direitos fundamentais atípicos podem amplamente nascer de fontes normativas voluntárias*, mas incluindo os diversos planos do exercício do poder público, desde a função legislativa à função administrativa, passando, sendo caso disso, pela função política[1878].

V. No plano do regime, a dúvida central – conquanto não seja a única – tem sido a de saber se estes direitos atípicos, sendo considerados fundamentais, gozariam de um estatuto constitucional.

Não se justificam quaisquer negações a propósito do regime constitucional destes direitos[1879]:

- não é só o facto de tal categoria poder ser aplicada a quaisquer direitos fundamentais, independentemente do modo da sua positivação ou do lugar da sua tipificação constitucional;
- como também é de referir a circunstância de o regime se dissociar da categoria conceptual, nem sequer fazendo sentido falar de direitos fundamentais não constitucionais, pois que aí lhes faltaria um elemento conceptual, que é exatamente a fundamentalidade hierárquico-normativa[1880].

O regime aplicável aos direitos fundamentais atípicos igualmente se discute para aqueles que sejam direitos, liberdades e garantias, caso em que, na linha do regime constitucional de que ficam a beneficiar, se julga

[1878] Cfr. Jorge Bacelar Gouveia, *Os direitos fundamentais atípicos*, pp. 331 e ss.

[1879] Cfr. Jorge Bacelar Gouveia, *Os direitos fundamentais atípicos*, pp. 415 e ss.

[1880] É essa também a posição da doutrina portuguesa em geral, que apenas obstaculiza a extensão do regime dos direitos, liberdades e garantias típicos aos atípicos por razões atinentes à sua posição hierárquico-normativa, não por causa da sua natureza conceptual.

de lhes estender na sua totalidade, ingressando no conceito de direitos, liberdades e garantias atípicos de natureza análoga[1881].

224. Os direitos, liberdades e garantias e os direitos económicos, sociais e culturais

I. Terceiro tema geral que importa analisar no sistema de direitos fundamentais alude à *intensidade* com que os direitos fundamentais são consagrados no texto constitucional.

A despeito do seu idêntico caráter constitucional, os direitos fundamentais não têm sempre a mesma intensidade normativa e é possível vislumbrar diferentes alcances no modo como os respetivos conteúdo e objeto condicionam os destinatários, públicos e privados, ou irradiam para o restante Ordenamento Jurídico e, por consequência, chegam à realidade constitucional.

No plano constitucional, é uma dicotomia fundamental pela existência conjunta dos *direitos, liberdades e garantias* e dos *direitos económicos, sociais e culturais*, embora não se afigure fácil descortinar a distinção rigorosa entre esses dois grupos de direitos fundamentais[1882].

II. Tudo estaria resolvido, sem qualquer necessidade de intervenção doutrinária e jurisprudencial, se a arrumação sistemática que consta da CRP fosse totalmente aceitável.

Essa seria a mais imediata impressão, sendo certo que o próprio articulado constitucional precisamente assenta, na descrição dos tipos de direitos fundamentais que positiva, nessa crucial dicotomia, nos títulos II e III da Parte I da CRP.

[1881] Muitos são os exemplos possíveis de direitos fundamentais atípicos, sendo de recordar estes: o direito a alimentos do Direito Civil; os direitos dos consumidores do Direito do Consumo no que estão para além dos direitos dos consumidores constitucionalmente tipificados; os direitos dos trabalhadores do Direito do Trabalho para além dos constitucionalmente tipificados, previstos no CT.

[1882] Quanto aos critérios que podem sustentar esta separação, sob o enfoque do texto constitucional português, v., de entre outros, Jorge Bacelar Gouveia, *O estado de exceção...*, II, pp. 867 e ss.; Jorge Miranda, *Manual...*, IV, pp. 139 e ss.; José Carlos Vieira de Andrade, *Os direitos fundamentais...*, pp. 172 e ss.

Todavia, nem todas as questões são resolvidas porque o texto articulado concebe a existência de um regime específico atribuído aos direitos, liberdades e garantias, que não é aplicável aos direitos económicos, sociais e culturais, para tanto sendo exigível a separação conceptual entre estes dois grupos de direitos fundamentais, que assim ganha uma direta relevância no regime aplicável.

III. A definição dos direitos, liberdades e garantias[1883], tal como simetricamente a definição dos direitos económicos, sociais e culturais, julgar-se-ia tarefa resolvida por a própria CRP indicar os direitos fundamentais que qualifica como direitos, liberdades e garantias[1884]: é, com efeito, o que acontece com os tipos de direitos fundamentais que se encontram no título II da Parte I do articulado constitucional, exatamente epigrafado "Direitos, liberdades e garantias".

Não haveria, deste modo, qualquer questão a pôr porque, no fim de contas, a CRP teria tudo logo solucionado pela simples arrumação sistemática dos mesmos, sob a designação de "direitos, liberdades e garantias", nomeando todos e cada um desses preceitos.

IV. A leitura do texto constitucional não nos pode iludir, porém, quanto a uma resposta assim tão simplista, que está longe de corresponder à verdade, que é bem mais complexa[1885].

[1883] Cfr. o art. 19º, repetidamente, nos nºs. 1, 3, 5, da CRP.

[1884] Quanto aos direitos, liberdades e garantias em geral na CRP, bem como o respetivo regime, v. JOÃO DE CASTRO MENDES, *Direitos...*, pp. 94 e ss., e pp. 103 e ss.; RABINDRANATH CAPELO DE SOUSA, *A Constituição e os direitos...*, pp. 195 e 196; JORGE MIRANDA, *O regime dos direitos...*, pp. 41 e ss., *Direitos fundamentais*, pp. 78 e ss., e pp. 81 e ss., *Manual...*, IV, pp. 139 e ss., e pp. 311 e ss., e *Manual...*, IV, 4ª ed., pp. 365 e ss.; MARCELO REBELO DE SOUSA, *Direito Constitucional...*, pp. 179 e ss.; JOSÉ CARLOS VIEIRA DE ANDRADE, *Direitos fundamentais*, pp. 604 e ss., *Direitos e garantias...*, pp. 691 e ss., e *Os direitos fundamentais...*, pp. 191 e ss.; JOSÉ MANUEL CARDOSO DA COSTA, *A hierarquia...*, pp. 9 e ss.; JOSÉ CASALTA NABAIS, *Os direitos na Constituição...*, pp. 22 e ss., *Les droits fondamentaux...*, pp. 220 e ss., e *Droits fondamentaux...*, pp. 18 e ss.; J. J. GOMES CANOTILHO e VITAL MOREIRA, *Fundamentos...*, pp. 109 e ss., e *Constituição...*, pp. 110 e ss., e pp. 121 e ss.; MANUEL AFONSO VAZ, *Lei...*, pp. 298 e ss.; J. J. GOMES CANOTILHO, *Direito Constitucional*, pp. 522 e ss., e pp. 577 e ss.; JORGE BACELAR GOUVEIA, *Os direitos fundamentais atípicos*, pp. 430 e ss.; JORGE MIRANDA e RUI MEDEIROS, *Constituição...*, I, pp. 143 e ss.

[1885] A versão inicial deste preceito proposta pela Comissão de Direitos e Deveres Fundamentais, no âmbito do procedimento de elaboração da CRP, apenas se referia a "direitos",

O que a CRP faz, quanto à tipologia de direitos fundamentais que apresenta nos preceitos compreendidos no mencionado título II, é somente fornecer ao intérprete um *critério qualificativo*, segundo o qual considera que tudo o que se encontra nesse conjunto de artigos corresponde a tipos de direitos fundamentais pertencentes à espécie "direitos, liberdades e garantias".

Mas nunca se poderia cair no formalismo de pensar que a CRP, ao referir-se a direitos, liberdades e garantias, estaria certeiramente a agrupar todos os tipos de direitos fundamentais regulados nos preceitos constitucionais que nessa parcela do articulado constitucional se compreendem.

V. Essa tarefa qualificativa requer, já dentro do conceito de direito fundamental relevante, que se afine o critério constitucionalmente adequado dos "direitos, liberdades e garantias", qualificação que não se pode atingir automaticamente pela simples observação da sistemática constitucional[1886].

não contemplando, pelo menos de um modo literal, a especificação dos direitos, liberdades e garantias.

A respetiva inserção deveu-se a uma proposta que foi feita no debate da Assembleia Constituinte pelo Deputado Luís Catarino, por identidade com o preceito anterior em que se previa a excecionalidade do estado de exceção na suspensão dos direitos, liberdades e garantias. Cfr. DAC, nº 36, de 23 de Agosto de 1975, p. 980.

A verdade, porém, é que não se tinha a presciência do radicalismo dessa *summa divisio*, em confronto com os direitos sociais, utilizando-se, com o mesmo amplo significado, "direitos, liberdades e garantias" e "direitos fundamentais".

A infixidez terminológica que se verificaria no futuro art. 16º da CRP, ao mesmo tempo que se lembra o posicionamento geral – e não apenas para os direitos, liberdades e garantias – destes preceitos introdutórios, mostram-no à saciedade.

[1886] Não é esse, pelo menos aparentemente, o entendimento de boa parte da doutrina portuguesa neste ponto, para quem a qualificação do art. 17º da CRP – quando se diz que o "...regime dos direitos, liberdades e garantias aplica-se aos enunciados no título II..." – funciona automaticamente, não se carecendo de qualquer tarefa interpretativa a respeito do que consta desse título II da Parte I, assim se acreditando na existência de uma presunção quanto à sua fundamentalidade subjectiva. Cfr. Jorge Miranda, *Manual...*, IV, p. 145, deixando noutro escrito apenas a respectiva interrogação (*Direito fundamentais*, p. 82).

Essa é também a posição de J. J. Gomes Canotilho e Vital Moreira (*Constituição....*, p. 141), que considera ser aplicável este regime a tais direitos e isto "...qualquer que seja a sua espécie, desde direitos pessoais, passando pelos de participação política, até aos direitos, liberdades e garantias dos trabalhadores e qualquer que seja a sua estrutura jurídica, desde

Este é um tópico que a doutrina debate intensamente, estando assim longe da unanimidade quanto a uma conclusão final.

A conceção que mais adesão tem tido é de índole formal e realça a circunstância de os direitos, liberdades e garantias, por contraposição aos direitos económicos, sociais e culturais, na CRP, se erguerem segundo um conjunto de opções regulativas que pertencem ao domínio do texto constitucional.

É para aí que aponta o critério, maioritariamente seguido pela doutrina, da *determinação, determinabilidade* ou *determinidade constitucional* dos objeto e conteúdo dos direitos, liberdades e garantias[1887].

as garantias penais, passando pelas liberdades tradicionais, até aos direitos de natureza positiva".

Diferentemente, José Carlos Vieira de Andrade é o único que legitimamente se interroga, acabando por admitir a aplicação desse regime às normas que não positivem direitos, liberdades e garantias, embora depois aceite que essa distinção seja, na prática, difícil de se realizar (*Os direitos fundamentais...*, pp. 81, 197 e 198).

Em idêntico sentido depõe Manuel Afonso Vaz, que entende que a identificação dos direitos, liberdades e garantias enumerados não se faz tanto pela sua localização quanto pelo preenchimento, por parte dos mesmos, do critério da "determinidade constitucional", embora admita a função de tal critério para fora do conceito de direito, liberdade e garantia, dizendo que "...não é o facto de um preceito constar de tal catálogo que o converte, por isso, em direito constitucional", rematando assim o seu pensamento: "O critério da *constitucionalidade* do direito não se deverá, porém, indagar se num caso ou noutro estaremos perante um conceito material de «direito, liberdade e garantia», mas sim à presença ou não de uma estrutura expressiva da norma constitucional que lhe confere *determinidade constitucional* e, por isso, aplicabilidade directa, ou seja, que os torna «direitos de agir ou de exigir com eficácia imediata» decorrente da norma constitucional" (*Lei...*, p. 369).

[1887] José Carlos Vieira de Andrade (*Os direitos fundamentais...*, p. 176, *Direitos fundamentais*, p 605, e *Direitos e garantias...*, p. 692) é o primeiro autor que propõe como critério aferidor do regime dos "direitos, liberdades e garantias", em ordem à aplicação do regime que lhes está particularmente construído, o da determinabilidade dos respetivos preceitos constitucionais atributivos, o que implica ser o respetivo conteúdo determinado ou determinável no plano das opções constitucionais, para além do facto de necessariamente se tratar de uma posição subjetiva individual ligada à dignidade da pessoa humana, ali escrevendo o seguinte: "...a Constituição pressupõe dois tipos de direitos: aqueles cujo *conteúdo principal é essencialmente determinado ou determinável ao nível das opções constitucionais* e aqueles outros cujo conteúdo *principal* terá de ser, em maior ou menor medida, *determinado por opções do legislador ordinário*, ao qual a Constituição confere poderes de determinação ou concretização".

E acrescenta: "Isto é, que o regime dos direitos, liberdades e garantias se aplica aos direitos susceptíveis de concretização ao nível constitucional, mas já não àqueles que, para além de um mínimo, só se tornam «líquidos e certos» no plano da legislação ordinária".

VI. Mais isolados são outros entendimentos que a doutrina constitucional portuguesa tem vindo a experimentar, numa tónica mais substancialista:

- o critério dos direitos inerentes ao género humano[1888];
- o critério da função de libertação dos direitos frente ao poder público[1889];

Exatamente no mesmo sentido, citando-o, se alinha José Casalta Nabais (*Droits fondamentaux...*, p. 18, e *Os direitos na Constituição...*, p. 22), neste trecho afirmando que "De acordo com este critério, o regime dos direitos, liberdades e garantias deve ser aplicado àqueles direitos cujo conteúdo está determinado no texto constitucional ou é determinável segundo as regras gerais de interpretação jurídica pelas autoridades encarregadas da sua aplicação...".

Manuel Afonso Vaz (*Lei...*, pp. 305, nt. nº 57, e p. 372), dando por adquirido ser idêntico ao que insufla toda a categoria dos direitos, liberdades e garantias, frisa o critério de determinidade constitucional dos respetivos preceitos. Este autor ainda acrescenta que o conceito de "determinidade constitucional" dos direitos, liberdades e garantias, em contraste com a indeterminidade constitucional dos direitos económicos, sociais e culturais, se expressa normativamente pela ideia de aplicabilidade direta: "Tais preceitos constituem, por isso, «direitos subjetivos constitucionais», ou seja, dimensões de autonomia subjectiva constitucionalmente definida, garantida e tutelada", acrescentado ainda que "Tais preceitos gozam, na terminologia significante que adoptamos, de *determinidade* constitucional de conteúdo". Este autor (*Lei...*, p. 302 e ss.) separa ainda a questão da determinidade constitucional, representada pela aplicabilidade directa, da questão da exequibilidade de cada direito, colocada noutro patamar e que nunca pode pôr em causa essa primeira conclusão, numa relação próxima da conexão entre a norma preceptiva autoexequível e heteroexequível.

Rui Medeiros (*Ensaio...*, p. 121) igualmente se socorre de critério semelhante, pensando especificamente no direito à indemnização civil, ao referir que esse direito "...tem o seu conteúdo essencialmente determinado ao nível das opções constitucionais, não dependendo da lei ordinária para se tornar líquido e certo".

[1888] João de Castro Mendes (*Direitos...*, pp. 103 e 104), realçando o facto de a categoria dos direitos, liberdades e garantias se descobrir por exclusão de partes, avança com o critério material da sua pertença ao ser humano enquanto tal, como pessoa, ou em "aspectos incindíveis da sua personalidade, ou pelo menos enquanto cidadão".

[1889] Jorge Miranda oferece diversas formulações, todas elas coincidentes no essencial: "Cremos que estamos diante de um critério misto, na confluência de elementos subjectivos, elementos objectivos e elementos estruturais, explicável por razões históricas bem conhecidas e decorrente de certos postulados ou concepções filosófico-jurídicas de base"(*A Constituição de 1976...*, pp. 335 e 336).

Noutra ocasião, aponta para a revelação da "autonomia de pessoas e de grupos formados na sociedade civil frente ao Estado" (*Iniciativa económica*, in AAVV, NDAC, Lisboa, 1986, pp. 75 e 76, e *Manual...*, IV, 2ª ed., pp. 98, 141 e ss.).

Especificando ainda noutro passo o seguinte (*Relatório...*, p. 501): "Os direitos, liberdades e garantias como direitos de *autonomia*, de manifestação, de individualização: revelam a

– o critério da teoria demo-liberal de direitos fundamentais[1890];
– o critério da estrutura defensiva dos direitos fundamentais.

Ainda se tem avançado com *critérios mistos*, combinando diversas perspetivas possíveis, sendo de evidenciar estes dois mais relevantes:

– o que combina, por um lado, a natureza defensiva dos direitos e, por outro lado, a similitude com os direitos positivos que se incluem nos direitos, liberdades e garantias do título II da Parte I da CRP[1891]; e
– o que integra, simultaneamente, as dimensões da aplicabilidade direta, da determinabilidade constitucional do conteúdo e da exequibilidade autónoma[1892].

essência da pessoa; têm por contrapartida uma posição de *respeito* pela esfera própria da pessoa pelo Estado e pelas demais entidades públicas (e, em certos casos, privadas); traduzem-se em *limitações* que o poder público se impõe e impõe a outros poderes. Os direitos sociais como direitos de *necessidade* e, ao mesmo tempo, de *comunicação*: têm que ver com as condições de *existência* da pessoa; têm por contrapartida a prestação de bens e serviços".

Aparentemente no mesmo sentido se posiciona Jónatas Machado (*O regime concordatário...*, p. 30), afirmando que se trata de um direito "...com uma forte componente negativa, de defesa do seu titular perante intromissões abusivas do Estado...". Noutro trecho (*Liberdade religiosa...*, p. 199), mais perentoriamente qualificando a liberdade religiosa como um direito que "...pretende, fundamentalmente, recortar em torno de indivíduos e de grupos um perímetro de liberdade de opção e actuação religiosa que o Estado não pode vulnerar. Dele procedem, a um tempo, *direitos subjectivos de defesa e normas definitórias de competências negativas estaduais*".

1890 Cfr. Almeno de Sá, *A revisão do Código Civil e a Constituição*, in RDE, 1977, nº 3, p. 442.

1891 Cfr. J. J. Gomes Canotilho e Vital Moreira, *Fundamentos...*, p. 125, e *Constituição...*, pp. 117 e 142. O elenco comum a todas estas posições abrange os seguintes tipos de direitos: o direito de acesso ao Direito e aos tribunais, o direito de resistência, o direito de recorrer ao Provedor de Justiça, o direito à retribuição do trabalho, ao limite máximo da jornada de trabalho, ao descanso semanal e a férias periódicas pagas, ao subsídio de desemprego, ao salário mínimo nacional, o direito de iniciativa privada, cooperativa e autogestionária, o direito de propriedade privada, o direito das mulheres à dispensa do trabalho para efeitos de parto, o direito ao ensino básico, o direito de indemnização e de reserva dos proprietários fundiários expropriados, o direito ao recenseamento eleitoral, o direito de apresentar candidaturas, os direitos de participação direta em órgãos do poder local, o direito de participar na administração da justiça, o direito de recurso contencioso e demais direitos perante a administração e os direitos dos funcionários públicos.

1892 Cfr. J. J. Gomes Canotilho, *Direito Constitucional*, pp. 525 e ss., que acaba por resumir esse critério misto à respetiva função defensiva, advertindo ainda que essas características não inviabilizam a eventual natureza prestativa dos direitos (como é o caso de uma vertente do direito à vida), nem necessariamente implicam a respetiva justiciabilidade.

VII. O nosso pensamento tende a considerar que os direitos, liberdades e garantias se definem em razão da *norma atributiva dos mesmos, enquanto categoria mais restrita do que os direitos fundamentais em geral: são as posições subjetivas constitucionalmente positivadas em normas precetivas*[1893].

Inversamente, as normas constitucionais que consagram os direitos económicos, sociais e culturais têm natureza programática, oferecendo uma menor vinculatividade em relação à força inerente às normas precetivas.

Numa palavra: *o critério de separação entre estes dois grupos de direitos fundamentais é normativo-formal*, não parecendo que os outros critérios forneçam condições operativas para levar por diante a sua missão porque o regime construído para os direitos, liberdades e garantias assenta no pressuposto da respetiva eficácia imediata.

Daí que não pareça que esses outros critérios possam ser bem sucedidos na tarefa de destrinçar entre os direitos, liberdades e garantias e os direitos económicos, sociais e culturais:

- *não pode ser o critério da determinabilidade ou determinação constitucional* porque o texto da CRP nem sempre é coerente quanto ao grau de densidade conferido à positivação de direitos fundamentais, dele não fazendo depender o regime aplicável, podendo haver direitos determinados ao nível constitucional que sejam direitos sociais;
- *não pode ser o critério da natureza prestativa dos direitos* porque há direitos, liberdades e garantias que podem assumir uma feição positiva, exigindo a adoção positiva de certos comportamentos[1894];

[1893] Cfr. Jorge Bacelar Gouveia, *Os direitos fundamentais atípicos*, pp. 437 e 438, *Objeção de consciência...*, p. 186, e *A irretroatividade da norma...*, p. 84, tendo havido a oportunidade, no primeiro daqueles escritos, de dizer o seguinte: "Da nossa parte, preferimos um critério de teor normativo, pelo qual a qualificação de um direito fundamental como análogo aos direitos, liberdades e garantias se faça através da espécie de norma que o positiva, *a revestir sempre uma natureza precetiva e nunca programática*. É uma conclusão que parte da observação das normas que positivam os direitos fundamentais considerados pela CRP direitos, liberdades e garantias e da razão de ser da separação existente entre o regime específico destes e o regime específico dos direitos sociais".

[1894] Como sucede com o direito à vida, que não é apenas o direito a não morrer, mas igualmente acolhe o direito a sobreviver e a salvar-se pela intervenção do Estado, ali através de um mínimo de subsistência (para, *v. g.*, não morrer de fome), aqui através dos mecanismo de proteção civil perante acidentes ou catástrofes.

- *não pode ser o critério dos destinatários públicos dos direitos* porque inevitavelmente as exigências que nele se estabelecem integram a globalidade da Ordem Jurídica e não constituem uma "ilha" que isoladamente vincule apenas o poder público, embora se admita que o dever de cumprimento de um direito social mais fortemente impenda sobre o poder público do que sobre os restantes membros da comunidade política.

VIII. Esta é uma distinção que depois floresce em múltiplos efeitos de natureza prática, devendo realçar-se a importância de duas matérias mais delicadas na intervenção dos poderes infraconstitucionais, dentro do contexto geral dos regimes que são específicos de cada uma daquelas classes de direitos fundamentais[1895]:

- *a intervenção reguladora*; e
- *a intervenção restritiva.*

Em qualquer uma delas, *a força diretiva dos direitos fundamentais que sejam direitos, liberdades e garantias é inevitavelmente mais forte do que aquela que os direitos económicos, sociais e culturais ostentam.*

Tanto a regulação quanto a restrição dos direitos, liberdades e garantias, comparativamente ao que sucede com os direitos económicos, sociais e culturais, se afiguram mais limitadas, quer ao nível material, quer ao nível organizatório:

- ao *nível material,* porquanto o caráter precetivo das respetivas normas atributivas apenas consente uma muito limitada restrição, sendo de levar em consideração um dado conjunto de princípios que a regulam – os princípios da prospetividade, da abstração, da generalidade, da proteção do conteúdo essencial e da autorização constitucional expressa;
- ao *nível organizatório,* dado que a intervenção deve ser feita sempre ao mais alto nível dos órgãos que dispõem do primado da competência legislativa, a partir de decisores de tipo parlamentar.

[1895] Sobre estas duas diferentes formas de legislativamente intervir nos direitos fundamentais, v., por todos, Jorge Bacelar Gouveia, *Regulação e limites dos direitos fundamentais,* in DJAP, 2º sup., Lisboa, 2001, pp. 450 e ss.

225. Os direitos fundamentais análogos

I. As considerações acerca da exata delimitação do conceito relevante de direitos, liberdades e garantias não se limitam à sua mera definição no quadro de *direitos fundamentais tipificados enumerados.*

É que se impõe também a relacionação desses direitos – que o sistema português de direitos fundamentais abundantemente pratica – com os que estão para além daqueles que constam do título II da Parte I da CRP, podendo ser localizados noutros lugares do texto constitucional: os *direitos, liberdades e garantias típicos não enumerados ou, noutra terminologia, os direitos fundamentais análogos.*

A CRP estabelece a orientação geral de não serem só os direitos, liberdades e garantias assim considerados no título II da Parte I da CRP que beneficiam do respetivo regime específico: o mesmo também se aplica "... aos direitos fundamentais de natureza análoga"[1896].

Significa isto que outros direitos fundamentais há – com esta "natureza análoga" – que gozam do regime específico aplicável aos direitos, liberdades e garantias[1897].

[1896] Art. 17º, *in fine,* da CRP. Sobre os direitos fundamentais de "natureza análoga", bem como o respetivo regime, no plano doutrinário, v. Jorge Miranda, *O quadro dos direitos políticos na Constituição,* in AAVV, ESC, I, Lisboa, 1977, p. 181, *Art. 167º, alínea c), e 17º – competência legislativa sobre direitos, liberdades e garantias dos trabalhadores,* in AAVV, ESC, I, Lisboa, 1977, pp. 392 e ss., *A Constituição de 1976...,* pp. 339 e ss., e *Manual...,* IV, pp. 149 e ss.; Carlos Pamplona Corte-Real, *As garantias...,* pp. 14 e 15; Guilherme d'Oliveira Martins, *A Constituição Económica...,* pp. 790 e 791; José Barros Moura, *A Constituição Portuguesa e os trabalhadores – da revolução à integração na CEE,* in AAVV, PSPC, Lisboa, 1989, p. 822; J. J. Gomes Canotilho e Vital Moreira, *Fundamentos...,* pp. 124 e ss., e *Constituição...,* pp. 116 e 140 e ss.; José Casalta Nabais, *Droits fondamentaux...,* p. 18; J. J. Gomes Canotilho, *Direito Constitucional,* pp. 529 e ss.; Jorge Bacelar Gouveia, *Objeção de consciência...,* p. 185; José de Oliveira Ascensão, *Teoria Geral...,* I, pp. 105 e ss., e *Direito de autor e direitos...,* pp. 190 e ss.; José Carlos Vieira de Andrade, *Os direitos fundamentais...,* pp. 185 e ss.

[1897] Em termos jurisprudenciais, o Ac. nº 373/91 do Tribunal Constitucional, de 17 de outubro de 1991 (in ATC, XX, Lisboa, 1991, pp. 111 e ss.), defende a orientação de no regime dos direitos, liberdades e garantias se incluírem também normas sobre a produção legislativa, quanto ao seu núcleo essencial, numa posição de algum ecletismo: "Ora, entende o Tribunal que, de qualquer modo, cabem necessariamente na reserva da competência legislativa da Assembleia da República, por força das disposições combinadas dos artigos 17º e 168º, nº 1, alínea b), da CRP, as intervenções legislativas que contendam com o *núcleo essencial* dos «direitos análogos», por aí se verificarem as mesmas razões de ordem material que justificam a actuação legislativa parlamentar no tocante aos direitos, liberdades e garantias" (p. 121).

O ponto é selecionar os direitos que integram tal categoria constitucional[1898].

II. A dificuldade que se levanta tem que ver com o sentido dessa sua "natureza análoga".

Novamente se podem fazer sentir divergências dogmáticas nos índices que servem para a sua identificação, a qual se pode discutir quer como "conceito unitário" a toda a categoria de direitos, liberdades e garantias – todos seriam análogos uns dos outros – quer como "conceito funcionalmente restrito" à aferição de uma relação externa entre um grupo de direitos – os do título II da Parte I da CRP – e os restantes que se candidatassem, em razão da sua natureza, a uma extensão de regime, não possuindo esse critério uma similitude com o que unisse aqueles entre si.

A doutrina constitucional é dominada por uma *visão unitária do critério dessa analogia*, englobando, do mesmo passo, os direitos, liberdades e garantias enumerados e os direitos fundamentais análogos, através do critério que enuncia para os primeiros[1899].

III. Da nossa parte, não se vê razão para construir um critério da analogia de feição autónoma, só para a relação entre os direitos, liberdades e garantias do título II da Parte I da CRP e os direitos fundamentais "análogos": se esse diapasão não fosse o mesmo, sérias reservas se poriam a tal

[1898] Cfr. Jorge Bacelar Gouveia, *Os direitos fundamentais atípicos*, p. 435, aí se distinguindo esses dois planos.

[1899] Foi precisamente isso que frisámos noutro lugar (*Os direitos fundamentais à proteção dos dados pessoais informatizados*, in ROA, ano 51, 1991-III, p. 717), a propósito de certa categoria de direitos, liberdades e garantias, acenando – na aplicação do regime dos direitos, liberdades e garantias – para a sua localização no título II da Parte I ou na equiparação à natureza desses direitos.

Com a aparente exceção de J. J. Gomes Canotilho (*Direito Constitucional*, p. 530), na medida em que enuncia um duplo critério que é diverso daquele que propugna na identificação dos direitos, liberdades e garantias, devendo a analogia ser procurada do seguinte modo: por um lado, a cada uma das categorias de direitos, liberdades e garantias e não em relação ao respetivo conjunto; por outro lado, a cada uma das espécies sistematizadas na Constituição – direitos, liberdades e garantias pessoais, de participação política e dos trabalhadores.

extensão de regime, que depende sempre, em última instância, da essência das categorias em presença[1900].

O critério parece-nos ser, portanto, o que para nós também anima a distinção, mais geral, entre direitos, liberdades e garantias e direitos económicos, sociais e culturais, ou seja, o caráter precetivo das normas que atribuem aqueles, por oposição ao caráter programático das normas que atribuem estes.

IV. Os exemplos possíveis desses tipos de direitos fundamentais análogos são bastante numerosos, o que até certo ponto questiona a técnica do legislador constituinte, ainda que, por outra parte, comprove a importância da sua consagração constitucional.

No plano dos direitos análogos tipificados em preceitos constitucionais não pertencentes ao título II da Parte I da CRP, cumpre mencionar várias categorias de localização sistemática:

- no título I da Parte I da CRP, a respeito dos princípios gerais: o direito de resistência e o direito de legítima defesa[1901], o direito de acesso ao Direito e à Justiça[1902] e o direito de queixa ao Provedor de Justiça[1903];
- no título III da Parte I da CRP, sobre "Direitos e Deveres Económicos, Sociais e Culturais": os direitos dos consumidores[1904], o direito de iniciativa económica privada[1905] e o direito de propriedade privada[1906];

[1900] A favor da dissociação entre os verdadeiros direitos, liberdades e garantias e os direitos fundamentais de natureza análoga, João de Castro Mendes (*Direitos...*, pp. 106 e 107), não considerando como direitos, liberdades e garantias, embora admitindo a extensão do regime, os direitos que não constem do título II da parte I da CRP.

Contra, utilizando indistintamente as expressões "direitos, liberdades e garantias análogos" ou os "direitos fundamentais análogos", Jorge Miranda, *A Constituição de 1976...*, pp. 339 e 340, e *Manual...*, IV, pp. 149 e ss.

[1901] Cfr. o art. 21º da CRP.

[1902] Cfr. o art. 20º da CRP.

[1903] Cfr. o art. 23º da CRP.

[1904] Cfr. o art. 60º da CRP.

[1905] Cfr. o art. 61º, nº 1, da CRP.

[1906] Cfr. o art. 62º da CRP.

- na Parte II da CRP: o direito de participação dos trabalhadores na gestão das empresas do setor público[1907] e o direito de resistência fiscal[1908];
- na Parte III da CRP: os direitos dos administrados em geral[1909] e o direito à objeção de consciência perante a defesa militar da Pátria[1910].

1907 Cfr. o art. 89º da CRP.
1908 Cfr. o art. 103º, nº 3, da CRP.
1909 Cfr. o art. 268º da CRP.
1910 Cfr. o art. 276º da CRP.

§ 49º O REGIME GERAL DOS DIREITOS FUNDAMENTAIS

226. A atribuição subjetiva: universalidade e igualdade

I. A primeira dimensão do regime geral dos direitos fundamentais respeita às orientações existentes no tocante à respetiva *atribuição*, numa matéria extremamente relevante sob o ponto de vista das vantagens inerentes ao desfrute dos direitos fundamentais[1911].

Os eixos de análise que estão em causa são dois, simbolizados por dois princípios constitucionais:

– *o princípio da universalidade*;
– *o princípio da igualdade*.

II. Contudo, o pressuposto fundamental da operacionalização destes dois princípios – que, em grande medida, são princípios gerais de Direito – radica na concomitante atribuição da personalidade jurídica, além da pertinente capacidade jurídica: os direitos fundamentais comungam, de

[1911] Em matéria de titularidade de direitos fundamentais, v. NUNO E SOUSA, *A liberdade de imprensa*, Coimbra, 1984, pp. 84 e ss.; KLAUS STERN, *Das Staatsrecht...*, III/1, pp. 999 e ss.; ALBERT BLECKMANN, *Staatsrecht II...*, pp. 97 e ss.; BODO PIEROTH e BERNHARD SCHLINK, *Grundrechte...*, pp. 32 e ss.; JORGE BACELAR GOUVEIA, *Os direitos fundamentais à protecção...*, pp. 709 e ss.; JORGE MIRANDA, *Manual...*, IV, pp. 215 e ss.; J. J. GOMES CANOTILHO, *Direito Constitucional e Teoria...*, pp. 415 e ss.; JOSÉ CARLOS VIEIRA DE ANDRADE, *Os direitos fundamentais...*, pp. 117 e ss.; DIMITRI DIMOULIS e LEONARDO MARTINS, *Teoria Geral dos Direitos Fundamentais*, pp. 70 e ss.

um modo geral, da lógica dos direitos subjetivos, aproveitando-se o lastro mais desenvolto da Dogmática do Direito Civil.

A maioria dos casos não suscita, sob este ponto de vista, qualquer dificuldade, dado que a atribuição de direitos fundamentais – ou, noutra terminologia, a titularidade de direitos fundamentais – segue exatamente os termos por que o Direito Civil, que funciona como Direito Comum, concebe a atribuição dos direitos subjetivos privados[1912].

Mas pode haver casos de descolagem entre a conceção comum – decalcada do Direito Civil – e a conceção do Direito Constitucional – que redesenha tais conceitos em função da sua específica realidade, na positivação de certos tipos de direitos fundamentais.

O resultado jamais pode ser, como por vezes se sugere no Direito Civil, o da atribuição de direitos sem sujeito, pois isso seria um absurdo lógico-jurídico: o que é preciso reconhecer é a autonomia do Direito Constitucional no recorte específico da atribuição subjetiva de direitos fundamentais, mesmo que isso implique a não coincidência com os correspondentes conceitos do Direito Civil.

Os exemplos são vários, nalgumas hipóteses tendo o Direito Comum necessidade de acompanhar o passo em frente dado pela positivação dos direitos fundamentais: foi esse o caso dos direitos fundamentais das comissões de trabalhadores, entidades até então desconhecidas do mundo do Direito do Trabalho, mas que, por força do seu reconhecimento constitucional, lograram alcançar também personalidade jurídica coletiva[1913].

Em qualquer caso, quem comanda o Direito Civil é o Direito Constitucional e não o contrário, sendo justo falar, mais do que de autonomia, de supremacia deste em relação àquele: foi pena que, a este propósito, o Tribunal Constitucional, na questão da despenalização do aborto, não tivesse enveredado pelo reconhecimento de subjetividade fundamental

[1912] Quanto aos conceitos de pessoa, personalidade e capacidade jurídicas, adquirido comum do Direito, e não apenas do Direito Civil, v. Hans Kelsen, *Teoria Geral do Direito e do Estado*, pp. 135 e ss.; v. José Dias Marques, *Teoria Geral do Direito Civil*, I, Coimbra, 1958, pp. 31 e ss.; João de Castro Mendes, *Teoria Geral...*, I, pp. 79 e ss., e *Introdução...*, pp. 129 e ss.; Carlos Alberto da Mota Pinto, *Teoria Geral...*, pp. 193 e ss.; José de Oliveira Ascensão, *Direito Civil – Teoria Geral*, I, Lisboa, 1997, pp. 116 e ss.; Pedro Pais de Vasconcelos, *Teoria Geral do Direito Civil*, I, Lisboa, 1999, pp. 31 e ss.; António Menezes Cordeiro, *Tratado de Direito Civil Português*, vol. I, t. I, 2ª ed., Coimbra, 2000, pp. 201 e ss.; Luís A. Carvalho Fernandes, *Teoria Geral do Direito Civil*, I, 3ª ed., Lisboa, 2001, pp. 117 e ss.

[1913] Cfr. o art. 54º da CRP.

ao feto e do embrião antes de o Direito Civil traçar o início da personalidade jurídica com o "nascimento completo e com vida", o que é manifestamente tardio em vista da proteção da vida humana que, evidentemente, não começa nesse momento, mesmo na sua projeção social[1914].

III. O *princípio da universalidade* está consagrado no primeiro preceito inserido na Parte I da CRP, dedicada aos direitos fundamentais, em que se diz o seguinte: "Todos os cidadãos gozam dos direitos e estão sujeitos aos deveres consignados na Constituição"[1915], depois se acrescentando que "As pessoas coletivas gozam dos direitos e estão sujeitas aos deveres compatíveis com a sua natureza"[1916].

O princípio da universalidade[1917] igualmente acolhe outra perspetiva, qual seja a da titularidade dos direitos fundamentais por parte das pessoas considerando a categoria dos cidadãos, dos estrangeiros e dos apátridas, vigorando o princípio da equiparação, com desvios e contra-desvios[1918].

IV. A primeira faceta do princípio da universalidade diz respeito à questão de saber se as pessoas coletivas também são titulares de direitos fundamentais, podendo aqui subdistinguir-se entre pessoas coletivas públicas e privadas, e abrindo-se dentro de qualquer delas diversas classificações.

A orientação geral que se obtém é a de que as pessoas coletivas são titulares de direitos fundamentais, em nome deste princípio da universalidade, desde que os direitos fundamentais concretamente a analisar se harmonizem, na proteção concedida, ao sentido existencial da pessoa coletiva em causa, até podendo haver, no extremo, direitos fundamentais só para pessoas coletivas: a liberdade religiosa individual não se aplica

[1914] A respeito da questão da proteção jurídico-fundamental da vida humana antes do nascimento, enfrentando o problema da não atribuição formal de personalidade jurídica, de entre outros problemas, v. Carlo Emilio Traverso, *La tutela costituzionale della persona umana prima della nascita*, Milano, 1977, pp. 15 e ss.; Jorge Bacelar Gouveia, *Vida humana pré-natal, aborto e Constituição*, Lisboa, 2009, pp. 9 e ss.

[1915] Art. 12º, nº 1, da CRP.

[1916] Art. 12º, nº 2, da CRP.

[1917] Sobre o princípio da universalidade, pensando-se na abertura às pessoas coletivas, v. Jorge Bacelar Gouveia, *Os direitos fundamentais à protecção...*, pp. 709 e ss.; Jorge Miranda, *Manual...*, IV, pp. 219 e ss.; António Menezes Cordeiro, *Defesa da concorrência...*, pp. 69 e ss.

[1918] Cfr. o art. 15º da CRP.

numa sociedade comercial, mas a inviolabilidade do domicílio já pode ter razão de ser, em nome da proteção de segredos da atividade económica[1919].

No tocante à distinção entre pessoas coletivas públicas e privadas, a lógica primária fundamental dos direitos fundamentais, a despeito de a formulação do princípio da universalidade não o dizer, não parece consentir que as pessoas coletivas públicas possam beneficiar de tais direitos: é que os direitos fundamentais, no Direito Constitucional, visam defender a liberdade e a autonomia da sociedade, não defender segmentos do poder contra outros segmentos de poder, ainda que pontualmente se possam admitir exceções.

V. A outra faceta do princípio da universalidade diz respeito à titularidade de direitos fundamentais por parte de pessoas jurídicas que não sejam de cidadania portuguesa, residualmente interessando às pessoas coletivas estrangeiras[1920].

A CRP adota o *princípio da equiparação* segundo o qual os direitos fundamentais que se aplicam aos cidadãos portugueses beneficiam os cidadãos estrangeiros e os apátridas (que não têm cidadania alguma): "Os estrangeiros e os apátridas que se encontrem ou residam em Portugal gozam dos direitos e estão sujeitos aos deveres do cidadão português"[1921].

Simplesmente, esta é uma orientação que comporta diversas limitações, as quais nem sequer se limitam aos direitos fundamentais, antes dizem respeito aos direitos subjetivos em geral.

A equiparação já não vigora, porém, não havendo qualquer extensão de direitos, no caso de "...direitos políticos, o exercício das funções públicas que não tenham caráter predominantemente técnico e os direitos e deveres reservados pela Constituição e pela lei exclusivamente aos cidadãos portugueses"[1922].

1919 Nesse sentido, na jurisprudência do Tribunal Constituciconal, cfr. o emblemático Ac. nº 539/97 do Tribunal Constitucional, in DR, II S, nº 278, de 2 de dezembro de 1997, p. 14782 e ss.

1920 Cfr. Mário Torres, *O estatuto constitucional dos estrangeiros*, in SI, nº 290, 2001, pp. 7 e ss.

1921 Art. 15º, nº 1, da CRP.

1922 Art. 15º, nº 2, da CRP.

Mas a equiparação volta a funcionar para um grupo restrito de cidadãos estrangeiros – os cidadãos dos Estados de língua portuguesa[1923] e com residência permanente em Portugal, desde que havendo reciprocidade – em todos aqueles direitos, com exclusão, contudo, do "...acesso aos cargos de Presidente da República, Presidente da Assembleia da República, Primeiro-Ministro, Presidentes dos tribunais supremos e o serviço nas Forças Armadas e na carreira diplomática"[1924].

Há ainda equiparações específicas, com base na regra da reciprocidade, em matéria de capacidade eleitoral ativa e passiva, tanto no âmbito das eleições autárquicas, para cidadãos estrangeiros residentes em Portugal, como no âmbito da eleição do Parlamento Europeu, para os cidadãos dos Estados membros da União Europeia, ditos cidadãos europeus[1925].

VI. O *princípio da igualdade* está previsto no preceito seguinte, embora outros preceitos constitucionais dispersos apontem nesse mesmo sentido, estipulando-se que "Todos os cidadãos têm a mesma dignidade social e são iguais perante a lei"[1926], depois ainda se elencando critérios proibidos de discriminação.

O princípio da igualdade tem subjacente um juízo eminentemente comparatístico – o "triângulo da igualdade" – em que se colocam em confronto três realidades, os lados do triângulo:

- a providência que se pretende adotar, genericamente o efeito jurídico a estipular;
- a situação que vai incorporar esse efeito jurídico; e
- a realidade que, não sendo atingida pela providência a decretar, é colocada em estrita comparação.

VII. O princípio da igualdade desenvolve-se sob duas linhas fundamentais:

[1923] Quanto ao estatuto dos cidadãos lusófonos, numa perspetiva dogmático-comparada, v. Wladimir Brito, *Cidadania transnacional ou nacionalidade lusófona?*, in DeC, ano VI, nº 19, janeiro a abril de 2004, pp. 215 e ss.

[1924] Art. 15º, nº 3, da CRP.

[1925] Cfr. o art. 15º, nºs 4 e 5, da CRP.

[1926] Art. 13º, nº 1, da CRP.

- *o tratamento igualizador*: tratar igualmente o que é materialmente igual, proibindo-se o tratamento discriminatório, positivo e negativo, que se funda em razões que não são objetivamente admissíveis; e
- *o tratamento diferenciador*: tratar diferentemente o que é materialmente desigual, o qual se justifica no facto de haver razões substanciais que o explique.

A listagem das razões que não podem justificar a discriminação negativa é meramente exemplificativa, podendo haver outras que não justifiquem tal tipo de tratamento, desde que não se afigurem materialmente justificadas sob a perspetiva do efeito jurídico que se pretende estabelecer.

O princípio da igualdade acolhe ainda outra perspetiva, que lhe foi acrescentada por força do princípio da socialidade, que é o princípio da igualdade social, o qual implica, em certos casos, a adoção de um tratamento diferenciador, positivamente discriminatório, em benefício de certos grupos ou situações.

227. O exercício jurídico: regulação e limites

I. Outra dimensão do regime geral dos direitos fundamentais é a do seu *exercício*, com o que se desenha os termos por que as faculdades neles incluídas como direitos subjetivos, ou equivalentes, podem ser postas em ação, nomeadamente perguntando-se acerca da existência de limites às mesmas.

Eis um tema em que de novo o Direito Constitucional dos Direitos Fundamentais vai beneficiar – e muito absorver – das conceções e dos regimes que o Direito Civil estabeleceu há muito e que devem considerar-se aplicáveis.

Esquematizando os problemas que estão em presença da ótica da limitação do exercício dos direitos, importa referir dois aspetos:

- *a regulação do exercício*; e
- *os limites do exercício*.

II. No Direito Constitucional Português, a categoria dos direitos fundamentais, do ponto de vista da sua localização sistemática no Ordenamento Jurídico, em grande medida se esteia na respetiva consagração no texto constitucional, que representa assim a sua fonte primacial.

Como a Dogmática dos Direitos Fundamentais tem recentemente mostrado, não se apresenta muitas vezes suficiente uma única intervenção desse texto normativo na sua qualidade de fonte constitucional, que visa tornar tais direitos plenamente operativos.

É que importa que o modo da consagração dos direitos fundamentais seja alvo de intervenção normativa posterior, dita de *regulação* dos mesmos, podendo assumir uma destas duas possíveis configurações[1927]:

- *a regulamentação de direitos fundamentais* – quando a intervenção normativa, sendo útil no esclarecimento da sua estrutura e na disciplina do respetivo exercício, não se assume necessária;
- *a concretização de direitos fundamentais* – quando a intervenção normativa, sendo já indispensável para dar exequibilidade aos direitos, permite o respetivo exercício, bem como a delimitação dos seus contornos, prevenindo um eventual conflito com outros direitos[1928].

III. A *regulação* dos direitos fundamentais pode ser vista sob diversas perspetivas funcionais, que lhe dão assim um largo campo de utilidade prática[1929]:

1) para esclarecer e aclarar o conteúdo e o objeto dos direitos fundamentais;
2) para acomodar o respetivo exercício, tornando-o efetivo ou mais fácil;
3) para prevenir situações de abuso de exercício, estabelecendo os seus limites internos;

[1927] Cfr. J. J. Gomes Canotilho e Vital Moreira, *Fundamentos...*, pp. 142 e 143; Jorge Bacelar Gouveia, *Os direitos fundamentais atípicos*, pp. 445 e 446, e *Regulação e limites dos direitos fundamentais*, in DJAP, 2º sup., Lisboa, 2001, pp. 451 e ss.; J. J. Gomes Canotilho, *Direito Constitucional e Teoria...*, pp. 1261 e ss.; Jorge Miranda, *Manual...*, IV, p. 330; José Carlos Vieira de Andrade, *Os direitos fundamentais...*, pp. 265 e ss.

[1928] Mostrando a importância desta legislação, regulamentadora e limitadora dos direitos fundamentais, está o conjunto apreciável de legislação ordinária atinente aos direitos fundamentais.

Cfr. um seu razoável elenco em Jorge Bacelar Gouveia, *Legislação de Direitos Fundamentais*, pp. 11 e ss.

[1929] Cfr. Jorge Bacelar Gouveia, *Regulação...*, p. 451.

4) para evitar situações de colisão com outros direitos contíguos, traçando, segundo o princípio da concordância prática, as fronteiras entre eles.

IV. Em alguns, poucos, casos, a regulação dos direitos fundamentais fica a cargo do próprio texto constitucional, que os positiva ao mesmo tempo que se encarrega de estabelecer a respetiva regulação. Não é muito frequente, mas é uma possibilidade que, pontualmente, se encontra estabelecida[1930].

O caso mais paradigmático é o da liberdade de reunião: o texto constitucional, não se limitando a positivar o direito, vai mais além na consagração dos respetivos contornos – dizendo que a reunião se entende como sendo "pacífica e sem armas" – e também na explicitação de o respetivo exercício ser livre – não dependendo o mesmo de "autorização" das autoridades públicas[1931].

Outros casos podemos também referir: no direito à integridade pessoal, na sua vertente física, a especificação de que o mesmo não admite certas práticas, como a "tortura, os tratos ou penas cruéis, degradantes ou desumanos"[1932]; na liberdade religiosa, a especificação de que a mesma implica que "...Ninguém pode ser perseguido, privado de direitos ou isento de obrigações ou deveres cívicos por causa das suas convicções ou prática religiosa"[1933].

V. A intervenção normativo-constitucional nesta veste da regulação dos direitos fundamentais está longe, no entanto, de ser a regra, já que essa é a missão de que normalmente se desincumbe a lei infraconstitucional[1934].

Simplesmente, dado que o sistema de atos legislativos não é monista, cumpre diferenciar entre as intervenções legislativas que se operam no plano das (i) leis reforçadas e as intervenções normativas que se realizam no âmbito dos (ii) atos legislativos comuns, em qualquer destes não sendo ela diretamente protagonizada pela própria CRP.

[1930] Cfr. Jorge Bacelar Gouveia, *Regulação...*, pp. 451 e 452.

[1931] Art. 45º, nº 1, da CRP.

[1932] Art. 25º, nº 2, da CRP.

[1933] Art. 41º, nº 2, da CRP.

[1934] Cfr. Jorge Bacelar Gouveia, *Regulação...*, pp. 452 e ss.

Porque o sistema português de atos legislativos é um sistema também parcialmente regionalizado, dada a existência de Regiões Autónomas dotadas de poder legislativo, pondera-se ainda a partilha por estas deste poder de intervenção legislativa reguladora dos direitos fundamentais.

Para os direitos fundamentais que sejam direitos, liberdades e garantias, a resposta parece evidente no sentido de só ser admissível a lei formal proveniente de órgãos nacionais.

O mesmo se deve concluir para os direitos económicos, sociais e culturais, porquanto esta matéria se deve implicitamente considerar como sendo uma matéria da República, assim excluída da órbita de ação do poder legislativo regional.

VI. Dentro da constelação de atos legislativos, numa evidenciação que a revisão constitucional de 1997 veio acentuar, há alguns deles que, não deixando de se considerar hierarquicamente pertencentes à lei ordinária, assumem uma especial força subordinante de outros atos legislativos.

É aquilo a que a CRP chama "leis de valor reforçado", cuja categoria abrange, numa definição dogmaticamente discutível, três realidades distintas: as leis orgânicas, as leis aprovadas por dois terços e as leis cujo conteúdo se imponha a outras leis[1935].

A matéria da regulação dos direitos fundamentais sem qualquer dúvida que ocupa um lugar de relevo neste grupo de atos legislativos, em testemunho claro, aliás, da respetiva importância no contexto dos tipos de intervenção legislativa que se antolham possíveis.

Quanto às leis orgânicas, é de mencionar o facto de estas poderem respeitar aos direitos fundamentais se incidirem nas seguintes questões: o direito de sufrágio, as eleições e os referendos, o direito à cidadania portuguesa e a liberdade de associação e de partidos políticos.

Quanto às leis que carecem de ser aprovadas por maioria de dois terços dos Deputados presentes, desde que superior à maioria absoluta dos Deputados em efetividade de funções, sublinhe-se a atribuição do direito de sufrágio aos cidadãos portugueses residentes no estrangeiro para a eleição do Presidente da República[1936].

1935 Cfr. o art. 112º, nº 3, da CRP.

1936 Cfr. o art. 121º, nº 2, da CRP.

VII. Nos restantes casos, não abrangidos pelas específicas intervenções que constitucionalmente se preveem na categoria de leis de valor reforçado, verifica-se a adoção de um esquema dualista quanto ao tipo de intervenção legislativa reguladora dos direitos fundamentais, precisamente em razão da diferenciação entre os direitos, liberdades e garantias e os direitos económicos, sociais e culturais[1937].

Para os direitos, liberdades e garantias, estabelece-se uma genérica reserva relativa de competência legislativa em favor da Assembleia da República: tudo quanto diga respeito à legiferação nesta matéria[1938], submete-se a este tipo de intervenção. Ela tem como característica a possibilidade de uma intervenção parlamentar, que pode, em todo o caso, ser delegável no Governo, mediante autorização legislativa.

Já quanto aos direitos económicos, sociais e culturais, a regra é outra e consiste na partilha da intervenção legislativa entre a Assembleia da República e o Governo: tanto aquela, através de lei, como este, por intermédio de decreto-lei, podem legiferar para essa categoria de direitos fundamentais[1939].

Este é um esquema que funciona, como refere José Carlos Vieira de Andrade, em termos de cláusula de autorização geral para uma intervenção legislativa reguladora dos direitos fundamentais[1940].

VIII. No tocante a certos direitos fundamentais, porém, o texto constitucional, do mesmo passo que os positiva, refere particularmente essa tarefa como estando a cargo de legisladores específicos:

- a lei que deve estabelecer as "...garantias efetivas contra a utilização abusiva, ou contrária à dignidade da pessoa humana, de informações relativas às pessoas e famílias"[1941];

[1937] Cfr. Jorge Bacelar Gouveia, *Os direitos fundamentais atípicos*, p. 444; Jorge Miranda, *Manual...*, IV, pp. 376 e ss.

[1938] Por força da al. b) do nº 1 do art. 165º da CRP.

[1939] Não obstante esta divisão, é a própria CRP que entende reiterar a mesma consequência da reserva relativa de competência legislativa parlamentar para alguns direitos, liberdades e garantias: o estado e a capacidade das pessoas, a expropriação por utilidade pública e as garantias dos administrados.

[1940] Cfr. José Carlos Vieira de Andrade, *Os direitos fundamentais...*, p. 215.

[1941] Art. 26º, nº 2, da CRP.

- a lei que deve definir o "...conceito de dados pessoais, bem como as condições aplicáveis ao seu tratamento automatizado, conexão, transmissão e utilização"[1942];
- a lei que deve regular "a adoção", bem como os termos da respetiva tramitação célere[1943];
- a lei que deve garantir o "...direito de objeção de consciência"[1944].

IX. Todavia, é de equacionar regras só para alguns direitos fundamentais, que implicam da parte do texto constitucional um desvio relativamente àquelas duas traves-mestras da organização do poder legislativo na regulação dos direitos fundamentais, de acordo com a seguinte orientação, em que se podem incluir direitos, liberdades e garantias e direitos económicos, sociais e culturais:

- *casos de reserva absoluta de competência legislativa da Assembleia da República para direitos, liberdades e garantias*: é o que sucede com a liberdade de ensino (no que tenha de pertinente com as bases do sistema de ensino), com o direito à liberdade física (no que possa relacionar-se com o regime das forças de segurança) ou ainda com o estatuto dos cargos públicos (a liberdade de exercício de cargos públicos);
- *casos de reserva relativa de competência legislativa da Assembleia da República para direitos económicos, sociais e culturais*: bases do sistema da segurança social (no que concerne ao direito à segurança social), bases do serviço nacional de saúde (no que respeite ao direito à proteção da saúde), bases do sistema de proteção da natureza, do equilíbrio ecológico e do património cultural (naquilo que seja pertinente ao direito ao ambiente e ao direito à cultura).

X. Não sendo a situação mais comum, a positivação constitucional da tipologia de direitos fundamentais é acompanhada, por vezes, da enunciação simultânea de limites de conteúdo e de objeto dos mesmos.

[1942] Art. 35º, nº 2, da CRP, diploma que é a L nº 67/98.

[1943] Cfr. o art. 36º, nº 7, da CRP.

[1944] Art. 41º, nº 6, da CRP, que é depois densificado pela LOC.

São situações em que o legislador constitucional, em vez de deferir essa tarefa à lei, prefere logo estabelecer tais limites, quer por razões de técnica normativa, quer por razões de ordem política[1945].

Por não se tratar de uma situação habitual, não é possível deparar com numerosos exemplos dessa *limitação constitucional expressa* de direitos fundamentais.

Ainda assim, é viável apresentar dois casos mais flagrantes:

- a impossibilidade de a privação da cidadania e da capacidade civil, ambas reconhecidas através dos respetivos direitos fundamentais, se fundar em motivos políticos, podendo assim abranger outros motivos[1946];
- a possibilidade da extradição de cidadãos portugueses, em princípio vedada, segundo condições de reciprocidade estabelecidas em convenção internacional, nos casos de terrorismo e de criminalidade internacional organizada, sempre que o Estado requisitante ofereça garantias de um processo justo e equitativo[1947].

XI. A consagração dos direitos fundamentais na CRP, como tivemos ocasião de observar, não se reduz ao respetivo texto constitucional, mas antes acolhe – e, para alguns, mesmo com valor hierárquico constitucional – outras possíveis fontes.

Um lugar à parte nessas fontes extra-constitucionais que se afiguram atinentes aos direitos fundamentais é indubitavelmente conferido à DUDH, aprovada por res. da Assembleia Geral da ONU, em 10 de Dezembro de 1948[1948].

Em relação às *limitações ao exercício dos direitos fundamentais*, é de equacionar a função que aquela relevante carta internacional de direitos do

[1945] Cfr. Jorge Bacelar Gouveia, *Regulação...*, pp. 454 e ss.

[1946] Cfr. o art. 26º, nº 4, da CRP.

[1947] Cfr. o art. 33º, nº 3, da CRP.

[1948] A respeito da relevância constitucional da DUDH em geral, v. J. J. Gomes Canotilho e Vital Moreira, *Fundamentos...*, p. 143, e *Constituição...*, pp. 138 e 139; Paulo Otero, *Declaração Universal...*, pp. 603 e ss.; Jorge Bacelar Gouveia, *Os direitos fundamentais atípicos*, pp. 145 e ss., e *A Declaração Universal...*, pp. 925 e ss.; Jorge Miranda, *Manual...*, IV, pp. 156 e ss.; José Carlos Vieira de Andrade, *Os direitos fundamentais...*, pp. 40 e ss.

homem possa desempenhar no seio do sistema constitucional português de direitos fundamentais[1949].

É uma questão que se tem posto à doutrina no preciso ponto de saber se essa DUDH pode ser invocada para se proceder, no plano interno, a uma limitação aos direitos fundamentais.

XII. Vai exatamente nesse sentido um dos seus preceitos com uma cláusula geral do seguinte teor: "No exercício destes direitos e no gozo destas liberdades, ninguém está sujeito senão às limitações estabelecidas pela lei com vista exclusivamente a promover o reconhecimento e o respeito dos direitos e liberdades dos outros e a fim de satisfazer as justas exigências da moral, da ordem pública e do bem-estar numa sociedade democrática"[1950].

O modo por que esta questão tem sido posta permite enquadrar as posições expendidas em dois grupos, o dos que aceitam essa aplicação limitadora e o dos que a rejeitam:

a) a primeira posição apresenta como argumento o facto de, na ausência de uma cláusula geral de limitação dos direitos fundamentais inserta no texto da CRP, ser sempre possível, havendo uma lacuna de regulamentação e apelando-se à respetiva função integradora, que tal preenchimento se possa realizar segundo os termos da DUDH, neste particular com uma disposição aplicável[1951];
b) a outra posição não admite que a invocação da DUDH possa ser feita com um espírito limitador ou constringente do sistema de direitos fundamentais, unicamente se enquadrando a mesma função integradora num sentido mais favorável ao cidadão e contra o poder[1952].

Do nosso ponto de vista, a resposta a dar a este problema jamais pode desenraizar-se dos termos por que a CRP realiza o chamamento da DUDH.

[1949] Cfr. Jorge Bacelar Gouveia, *Regulação...*, pp. 455 e 456.
[1950] Art. 29º, nº 2, da DUDH.
[1951] Com este ponto de vista, José Carlos Vieira de Andrade, *Os direitos fundamentais...*, p. 281; Jorge Miranda, *Manual...*, IV, p. 161.
[1952] Neste sentido, J. J. Gomes Canotilho e Vital Moreira, *Constituição...*, p. 139.

Compulsando a letra e o espírito do referido preceito, não parece que possa haver dúvidas, na vertente integrativa, de que tal cláusula deva ser acolhida: não tendo a esse respeito a CRP uma resposta, e a mesma sendo claramente dada na DUDH, é inteiramente legítimo que a ela se recorra para a integração dessa lacuna do catálogo constitucional de direitos fundamentais[1953].

XIII. Os *limites internos* dos direitos fundamentais assumem razão de ser em nome do reconhecimento de que a formulação das respetivas faculdades não podem em abstrato legitimar o seu uso em qualquer circunstância ou preenchendo toda e qualquer finalidade.

O exercício dos direitos fundamentais, ainda que formalmente tais limites não tenham sido formulados, indexa-se à limitação que deriva do respeito por valores gerais do sistema constitucional, que circunstancialmente podem impedir certos exercícios dos direitos fundamentais, tal como no Direito Civil do mesmo modo se apresenta uma cláusula geral de exercício abusivo dos direitos fundamentais.

Se em teoria esta posição não pode ser criticável, pensando no sistema português de direitos fundamentais, ela pode ser difícil de implantar porquanto não existe qualquer cláusula semelhante à que vigora no CC, podendo o resultado ser o da inadmissibilidade de qualquer limitação geral ao exercício dos direitos.

Essa é uma conclusão, no entanto, que não podemos aceitar, sendo certo que o recurso à DUDH se afigura muito útil, aplicando um dos seus preceitos, que fornece indicações sobre a admissibilidade de alguns limites, insertos num texto insuspeito na proteção efetiva dos direitos do homem[1954].

Daí que possamos encontrar aqui um apoio seguro, por força da receção da própria DUDH no Direito Constitucional Português, para aceitar a existência de uma cláusula geral de limitação ao exercício dos direitos fundamentais.

Obviamente que essa disposição, assim aplicável, não impede que outras cláusulas possam igualmente funcionar, mas já microscopica-

[1953] Assim, Paulo Otero, *Declaração Universal...*, pp. 610 e 611; Jorge Bacelar Gouveia, *A Declaração Universal...*, pp. 945 e ss., e *Regulação...*, pp. 455 e 456.

[1954] Art. 29º, nº 2, da DUDH.

mente, ao nível de direitos fundamentais em particular, não tanto numa escala macroscópica, que só aquela cláusula pode dar.

XIV. Os *limites externos* dos direitos fundamentais já se relacionam com o problema do *colisão de direitos*[1955], dando-se o caso de, em simultâneo, dois ou mais direitos serem insuscetíveis de aplicação, total ou parcial, numa questão já extrínseca porque derivada do facto de haver a presença de dois ou mais direitos de titulares distintos.

Também aqui o CC dispõe de preceito que se destina a iluminar um caminho possível, fazendo uma distinção entre direitos da mesma espécie e direitos de gabarito distinto, propondo uma solução em razão de um critério de hierarquia valorativa.

Para a CRP, enfrentamos o problema idêntico de não ser possível encontrar disposição semelhante, sendo embora o problema mais fundo, pois que se duvida da solução que pudesse ser dada apenas por aquela cláusula geral.

Num certo sentido, a diferenciação hierárquico-formal com que parte o CC é inaplicável porque os direitos fundamentais são todos equivalentes, não havendo a heterogeneidade formal e material ali prevista, Direito Civil que, diversamente do Direito Constitucional, contém uma gama muito mais diversificada de direitos subjetivos.

[1955] A respeito da delimitação das situações de colisão de direitos fundamentais, bem como dos diversos esquemas de resolução desses conflitos, incluindo a teoria da ponderação de bens e da concordância prática, v. J. J. Gomes Canotilho, *Constituição dirigente...*, pp. 199 e 200, *Direito Constitucional*, pp. 643 e ss., e *Direito Constitucional e Teoria...*, pp. 1269 e ss.; Enrique Alonso García, *La interpretación...*, pp. 413 e ss.; Nuno e Sousa, *A liberdade...*, pp. 290 e ss.; José Lamego, *«Sociedade aberta» e liberdade de consciência*, Lisboa, 1985, pp. 75 e 76; Ricardo Gouveia Pinto, *A colisão de direitos fundamentais na Constituição da República Portuguesa de 1976*, Lisboa, 1988, pp. 18 e ss.; José Manuel Cardoso da Costa, *A hierarquia...*, pp. 15 e ss.; Albert Bleckmann, *Staatsrecht II...*, pp. 391 e ss.; Bodo Pieroth e Berhnard Schlink, *Grundrechte...*, pp. 80 e ss.; Maria Fernanda Palma, *A justificação...*, I, pp. 441 e ss.; Manuel Cavaleiro de Ferreira, *Lições...*, I, pp. 210 e ss.; J. J. Gomes Canotilho e Vital Moreira, *Fundamentos...*, pp. 135 e ss.; Jorge Bacelar Gouveia, *O direito de passagem...*, p. 109, e *Os direitos fundamentais atípicos*, pp. 448 e ss.; Robert Alexy, *Teoría de los...*, pp. 87 e ss., e pp. 157 e ss.; Peter Häberle, *La libertad fundamental en el Estado Constitucional*, San Miguel, 1997, pp. 86 e ss.; Klaus Stern, *Das Staatsrecht...*, III/2, pp. 603 e ss.; Cristina M. M. Queiroz, *Interpretação...*, pp. 314 e ss.; José Carlos Vieira de Andrade, *Os direitos fundamentais...*, pp. 300 e ss.

Também não se pode cair no extremo oposto de pensar que os direitos fundamentais, apenas por o serem, se apresentam, todos, com a mesma dignidade material num caso de colisão de direitos.

É por isso que a cláusula geral do CC pode ajudar a resolver o problema no Direito Constitucional, ainda que apenas esboce uma solução incompleta, que passa pelo seguinte esquema em caso de colisão de direitos fundamentais[1956]:

- a *aplicação preferente* do direito fundamental considerado valorativamente superior em relação a outro direito fundamental;
- a *aplicação concordante* dos direitos fundamentais considerados valorativamente equivalentes.

O *critério valorativo* só é aplicável no caso de ser possível, na colisão de direitos em causa, considerar um dos direitos valorativamente superior em relação a outros direitos na situação conflitual[1957].

O *critério da concordância* prática significa que, perante direitos fundamentais valorativamente equivalentes, devem todos eles ser limitados, cedendo todos por igual e impondo-se uma mesma bitola limitativa[1958].

Esta matéria da colisão de direitos fundamentais tem subjacente uma avaliação valorativa que só pode ser dada pela *ponderação de bens* que os direitos fundamentais são portadores, sem cuja chave a resposta tornar-se-á virtualmente impossível.

Eis um esforço praticamente inútil se o caminho for o do formalismo das categorias constitucionais, como se este problema se pudesse resolver com base numa hierarquia abstrata de direitos fundamentais apenas feita com base na sua diversa localização no articulado constitucional.

[1956] Relativamente ao enquadramento deste critério de valoração ética, J. DIAS MARQUES, *Teoria Geral...*, I, pp. 298 e 299; FERNANDO ANDRADE PIRES DE LIMA e JOÃO DE MATOS ANTUNES VARELA, *Código Civil anotado*, I, Coimbra, 1967, pp. 217 e 218; JOÃO DE CASTRO MENDES, *Teoria Geral...*, I, pp. 354 e 355; LUÍS CARVALHO FERNANDES, *Teoria Geral do Direito Civil*, II, Lisboa, 1983, p. 76; HEINRICH EWALD HÖRSTER, *A parte geral do Código Civil Português – Teoria Geral do Direito Civil*, Coimbra, 1992, pp. 281 e ss.; JOSÉ DE OLIVEIRA ASCENSÃO, *Teoria Geral...*, I, pp. 272 e ss.

[1957] Exemplo: em caso de colisão entre a honra e a privacidade, este deve prevalecer contra o direito à informação.

[1958] Exemplo: em caso de colisão de direitos de manifestação por uma mesma via pública, deve qualquer deles ser decepado no que for suficiente para que todos se possam exercer.

Não: a apreciação deve ser tipológica, e não abstrata, e deve suscitar uma ponderação dos bens envolvidos nos direitos fundamentais, naturalmente a questão da localização sistemática podendo ser um dos elementos auxiliares, mas não certamente o único, nem certamente podendo sobrepor-se à consistência material do objeto e do conteúdo de cada direito fundamental em questão[1959].

Como muito bem alerta José Carlos Vieira de Andrade, "Na metodologia para resolução de conflitos entre direitos, tem de atender-se fundamentalmente a *três fatores*, ponderando, num juízo global, mas em função de cada um deles, *todas as circunstâncias relevantes* no caso concreto", depois referindo o "*...âmbito e graduação do conteúdo dos preceitos constitucionais em conflito* (...), a *natureza do caso* (...) e *a condição e o comportamento das pessoas envolvidas...*"[1960].

XV. É bastante frequente, no plano doutrinário, retirar a conclusão de que os *direitos fundamentais absolutos* – os que nem em estado de exceção podem ser tolhidos – se posicionam num estalão supremo da Ordem Jurídica e sendo, por conseguinte, logo prevalecentes sobre quaisquer outros direitos que com eles entrem em conflito.

Esta é também uma conclusão que muitas vezes é veiculada por conceções hierarquizantes dos direitos fundamentais, segundo as quais a superação das colisões entre os direitos fundamentais se efetua de acordo com uma tabela rígida[1961].

[1959] Mas também pode suceder que não se faça uma conveniente apreciação dos bens em presença, numa tarefa de ponderação de bens que pode ser obscurecida por diversos preconceitos.

Essa foi a tentativa levada a cabo pelo Tribunal Constitucional aquando da aprovação da primeira lei que despenalizou algumas das categorias de aborto, matéria que depois se recolocaria em 1998 aquando da realização de um referendo, que terminou com a vitória do não ao aborto livre.

Quanto a esta discutível ponderação de bens que o Tribunal Constitucional levou a cabo, v. Jorge Bacelar Gouveia, *Pela dignidade do ser humano não nascido*, in AAVV, *Vida e Direito – Reflexões sobre um referendo* (org. Jorge Bacelar Gouveia e Henrique Mota), Lisboa, 1998, pp. 73 e ss.

[1960] José Carlos Vieira de Andrade, *Os direitos fundamentais...*, p. 306.

[1961] Dessa conceção se faz eco, no Direito Constitucional Português, *v. g.*, Jorge Miranda, que propõe que estes direitos ocupem uma posição cimeira, tanto do ponto de vista do regime dos direitos fundamentais como da respetiva conexão com a dignidade da

No entanto, esta não é uma teoria inteiramente convincente, tendo-se assinalado – como é o caso, uma vez mais, de José Carlos Vieira de Andrade – a impossibilidade da fixação geral de um quadro hierarquizado e prévio de direitos fundamentais para fazer face a situações de colisão, pois que a "...solução dos conflitos e colisões não pode ser resolvida com recurso à ideia de uma ordem hierarquizada dos valores constitucionais"[1962].

Tal é também a opinião de J. J. Gomes Canotilho, para quem não é possível, *in abstractu*, o estabelecimento de uma hierarquização, sendo antes necessário proceder a uma apreciação concreta, segundo a teoria da ponderação dos bens[1963]. Feita essa análise, estaria então o intérprete habilitado a decidir, importando primeiro efetuar uma harmonização e só depois aplicar uma orientação de prevalência[1964].

pessoa humana, seguindo-se, depois, as outras possíveis categorias que contam com regras progressivamente menos protectoras:

- a) de acordo com o primeiro critério, são de referir (i) os direitos fundamentais absolutos, (ii) os direitos, liberdades e garantias do título II da Parte I da CRP, (iii) os direitos fundamentais de natureza análoga dispersos noutras partes da CRP, (iv) os direitos constitucionais dos trabalhadores que não sejam direitos, liberdades e garantias, (v) outros direitos económicos, sociais e culturais constantes simultaneamente da CRP e da DUDH, (vi) os restantes direitos económicos, sociais e culturais consignados na CRP, (vii) os direitos fundamentais de natureza análoga constantes de lei e de regras internacionais e (viii) outros direitos fundamentais constantes de leis e de regras internacionais (cfr., com ligeiras diferenças, *A Constituição de 1976...*, pp. 357 e 358, *Direitos fundamentais*, p. 83, e *Manual...*, IV, pp. 194 e 195);
- b) relativamente ao outro critério, são de mencionar os direitos fundamentais absolutos, em primeiro lugar, seguidos pelas seguintes categorias – (i) os direitos, liberdades e garantias pessoais comuns, (ii) os direitos económicos, sociais e culturais comuns, (iii) os direitos, liberdades e garantias de participação política, (iv) os direitos, liberdades e garantias pessoais particulares e direitos, liberdades e garantias dos trabalhadores, (v) os direitos, liberdades e garantias dispersos no texto constitucional, (vi) os direitos económicos, sociais e culturais particulares, (vii) os direitos, liberdades e garantias constantes de leis e regras internacionais e (viii) os outros direitos fundamentais constantes de leis e regras internacionais (cfr. *Direitos fundamentais*, pp. 93 e 94, e *Manual...*, IV, 2ª ed., pp. 176 e 289).

1962 José Carlos Vieira de Andrade, *Os direitos fundamentais...*, p. 321, acrescentando, noutro trecho (*Os direitos fundamentais...*, p. 106), que "A ordem constitucional dos direitos fundamentais é, desde logo, uma *ordem pluralista e aberta* e, por isso, não-hierárquica".

1963 Cfr. também Jörg Paul Müller, *Eléments...*, pp. 168 e ss.

1964 Cfr. J. J. Gomes Canotilho, *Direito Constitucional*, pp. 646 e 647, e *Proteção do ambiente e direito de propriedade (crítica de jurisprudência ambiental)*, Coimbra, 1995, pp. 90 e 91.

Igualmente se tem a opinião de que, em matéria de colisão de direitos fundamentais, não seria admissível uma solução de tipo rígido, desde logo porque essa hierarquização acabaria por ser pouco praticável, não resolvendo todos os conflitos existentes, a começar pelos que se verificam entre os direitos de uma mesma categoria hierarquizada.

É assim irrealista pensar que se podem resolver os problemas de colisão de direitos com base numa simples tábua fixa de direitos, formulada abstrata e antecipadamente, porque não apenas descolada da realidade como nem sequer pertinente para os eventuais conflitos que derivassem da colisão entre as categorias dos direitos mencionados. Os esquemas lógico-subsuntivos não permitem a busca de uma solução constitucionalmente adequada.

O certo é que também a solução da concordância prática não permite resolver todos os problemas. Se é verdade que muitos conflitos se solucionam diminuindo, no plano concreto, igualmente o alcance dos direitos conflituantes, não é menos verdade que, noutras situações, tal tarefa não é possível e a concordância prática tem de ser complementada ou substituída por uma ideia de prevalência, tal a gravidade da colisão na lesão dos direitos em questão.

É neste cruzamento metodológico que os direitos fundamentais absolutos se podem constituir como um auxiliar importante na resolução dos conflitos entre direitos fundamentais, enquanto exprimam um critério geral de ordem ética, como é, no caso, o da dignidade da pessoa humana[1965], que se conexiona diretamente com a tipificação daqueles direitos fundamentais absolutos.

Através da ponderação concreta de bens, os direitos fundamentais absolutos erigem-se em pauta autónoma nessa análise, determinando a sua prevalência comparativamente a outros bens ou direitos que com eles conflituem[1966].

[1965] Cfr. Jorge Bacelar Gouveia, *Os direitos fundamentais atípicos*, p. 397.

[1966] E por isso não podemos ir tão longe quanto José Carlos Vieira de Andrade (*Os direitos fundamentais...*, p. 302), quando duvida mesmo da aplicabilidade de um critério valorativo de prevalência no tocante aos direitos fundamentais absolutos, dizendo que "Os próprios bens da vida e integridade pessoal, que o nº 4 do art. 19º parece positivamente considerar como bens supremos da comunidade, podem ser sacrificados, total ou parcialmente, em determinadas situações: basta lembrar, em geral, para além do estado de guerra, os casos de

228. A tutela efetiva: jurisdicional e não jurisdicional

I. Um último aspeto do regime geral dos direitos fundamentais mostra-se concernente aos mecanismos que são constitucionalmente concebidos para os defender contra as violações de que sejam alvo.

A posição jurídico-constitucional dos direitos fundamentais, bem como a tipificação e a abertura da respetiva positivação, são elementos cruciais na obtenção de um desiderato de efetividade desses mesmos direitos fundamentais.

Simplesmente, sem a implantação de mecanismos de ordem prática destinados à sua defesa, nunca essa efetivação poderia passar do papel e penetrar na realidade constitucional do quotidiano dos cidadãos que fossem turbados na titularidade e exercício desses seus direitos.

II. É por isso que a proteção dos direitos fundamentais jamais se pode bastar com a sua mera existência, por mais numeroso e rico que seja o seu elenco constitucional[1967].

Contudo, tornou-se indispensável contar, no plano do Direito Constitucional, com o contributo de duas instâncias do poder público que podem, neste âmbito, desempenhar um papel indiscutível, numa dicotomia entre duas espécies de *tutela dos direitos fundamentais*:

- *a tutela não contenciosa*; e
- *a tutela contenciosa*.

III. A *tutela não contenciosa* abrange os mecanismos que determinam a possibilidade de defender os direitos fundamentais sem ser necessário recorrer aos tribunais.

rapto em que os Governos se recusam a negociar com os terroristas e proíbem até as famílias de satisfazerem os pedidos de resgate...".

[1967] Sobre a tutela dos direitos fundamentais em geral, v. José Manuel Cardoso da Costa, *A tutela constitucional dos direitos fundamentais*, Lisboa, 1980, *passim*; Jorge Bacelar Gouveia, *O regime profissional do pessoal paramédico constante do Decreto-Lei nº 320/99 e a Constituição Portuguesa*, in OD, ano 132º (2000), III-IV, pp. 524 e ss., e *A afirmação dos direitos fundamentais...*, pp. 69 e 70.; Jorge Miranda, *Manual...*, IV, pp. 254 e ss.; J. J. Gomes Canotilho, *Direito Constitucional e Teoria...*, pp. 491 e ss.; José Carlos Vieira de Andrade, *Os direitos fundamentais...*, pp. 315 e ss.; Manuel Afonso Vaz, Raquel Carvalho, Catarina Santos Botelho, Inês Folhadela e Ana Teresa Ribeiro, *Direito Constitucional...*, pp. 277 e ss.

A sua defesa muitas vezes passa pela consciencialização do poder público para o respetivo cumprimento, com a ativação de instrumentos que interferem junto dos próprios titulares do poder que ofende esses direitos[1968].

Está em causa, em primeiro lugar, a própria Administração Pública, cabendo-lhe boa parte da responsabilidade nas violações que são cometidas. Ora, há meios destinados a fazer ver à atuação administrativa a necessidade de rever os atos praticados, com isso se restabelecendo a juridicidade no que respeita aos órgãos administrativos.

É também de referir órgãos que, não fazendo parte dos tribunais, podem da mesma forma exercer uma atividade de controlo quanto à defesa dos direitos fundamentais, a partir de uma atuação independente – é o caso do Provedor de Justiça, com uma larguíssima tradição na Europa do Norte – e que no caso português igualmente desempenha funções particularmente relevantes na apresentação de pedidos de fiscalização da constitucionalidade[1969].

IV. O Provedor de Justiça desenvolve uma proteção informal dos direitos fundamentais na medida em que lhe incumbe "...a defesa e promoção dos direitos, liberdades e garantias e interesses legítimos dos cidadãos, assegurando, através de meios informais, a justiça e a legalidade do exercício dos poderes públicos"[1970].

O seu âmbito de atuação é amplo no espaço dos diversos poderes públicos, com exclusão dos casos em que já esteja a intervir a função judicial, podendo ainda incidir nas "...relações entre particulares que impliquem uma especial relação de domínio, no âmbito da proteção de direitos, liberdades e garantias"[1971].

O acesso à atuação do Provedor de Justiça realiza-se pelo direito de queixa, constitucionalmente consagrado, podendo aquele órgão, se assim entender, dirigir "...aos órgãos competentes as recomendações necessá-

[1968] Será paradigmático o caso do direito de petição, previsto no art. 52º, nºs 1 e 2, da CRP. Sobre o direito de petição, v. Tiago Tibúrcio, *O direito de petição...*, pp. 47 e ss.

[1969] Sobre o Provedor de Justiça, v. Maria Eduarda Ferraz, *O Provedor de Justiça na defesa da Constituição*, Lisboa, 2008, pp. 11 e ss.; José Lucas Cardoso, *A posição institucional do Provedor de Justiça*, Coimbra, 2012, pp. 21 e ss.

[1970] Art. 1º, nº 1, da EPJ.

[1971] Art. 2º, nº 2, *in fine*, do EPJ.

rias para prevenir e reparar injustiças"[1972], embora também disponha de poderes instrumentais, de natureza obrigatória, em ordem à prossecução da atividade que lhe está definida, como visitas de inspeção, investigações e inquéritos que se justifiquem[1973].

O procedimento de queixa ao Provedor de Justiça tem diversas fases, que assim se organizam:

- *a iniciativa*: do cidadão queixoso, individual ou coletivamente considerado, ou do próprio Provedor de Justiça;
- *a apreciação liminar*: que traduz a avaliação sobre as queixas que devem prosseguir ou as que devem ser logo indeferidas, estas quando apresentadas sem identificação do queixoso, sendo este elemento essencial, apresentadas por má-fé ou sem fundamento e queixas cuja apreciação não seja da competência do Provedor de Justiça[1974];
- *a instrução*: momento em que os serviços do Provedor de Justiça pedem os elementos que considerem necessários para a decisão, além de outros procedimentos, como visitas, inspeções ou inquirições, havendo sempre o dever de cooperação por parte de todas as entidades públicas, civis e militares[1975];
- *a decisão*: se houver motivo, o Provedor de Justiça formula uma recomendação no sentido de ser evitada ou reparada a injustiça, mas o procedimento de queixa pode igualmente terminar pelo arquivamento, pelo encaminhamento para outro mecanismo de tutela mais apropriado[1976] ou, nos casos de pouca gravidade, por uma simples "...chamada de atenção ao órgão ou serviço competente ou dar por encerrado o assunto com as explicações fornecidas"[1977].

A formulação de recomendações, dentro de uma lógica meramente consultiva, ainda assim tem efeitos obrigatórios no plano procedimental: não só o "...órgão destinatário da recomendação deve, no prazo de 60 dias a contar da sua receção, comunicar ao Provedor de Justiça a posição que

1972 Art. 3º, *in fine*, do EPJ.
1973 Cfr. o art. 21º, nº 1, als. a) e b), do EPJ.
1974 Cfr. o art. 27º, nº 2, do EPJ.
1975 Cfr. os arts. 28º e 29º do EPJ.
1976 Cfr. os arts. 31º, 32º e 33º do EPJ.
1977 Art. 33º do EPJ.

quanto a ela assume"[1978] como o "...não acatamento da recomendação tem sempre de ser fundamentado"[1979].

V. A *tutela contenciosa* implica que a defesa dos direitos fundamentais seja levada a cabo pelos órgãos de natureza jurisdicional, com tudo quanto isso acarreta no modo de decidir e nos efeitos da decisão[1980].

A consequência prática dessa proteção desemboca depois na (i) desvalorização dos atos jurídico-públicos que violem os direitos fundamentais ou na (ii) imposição de deveres de indemnização de acordo com os mecanismos da responsabilidade civil, ou mesmo pondo-se a hipótese de responsabilidade penal.

[1978] Art. 38º, nº 2, da CRP.

[1979] Art. 38º, nº 3, da CRP.

[1980] Sobre o direito de acesso à justiça, da perspetiva mais ampla da proteção jurisdicional dos direitos fundamentais em geral, consagrado no art. 20º, nº 1, da CRP, com múltiplas implicações noutras disposições constitucionais, *maxime* o art. 202º da CRP, nele se reconhecendo uma dimensão *material* (a intervenção através de órgãos de cariz jurisdicional), uma dimensão *subjetiva* (o acesso de todos, na base da legitimidade, à atividade jurisdicional) e uma dimensão *temporal* (a emissão célere de uma decisão), v. João de Castro Mendes, *Art. 206º – função jurisdicional*, in AAVV, ESC, I, Lisboa, 1977, p. 312; Maria da Assunção Andrade Esteves, *A constitucionalização...*, pp. 161 e ss.; Marcelo Rebelo de Sousa, *O princípio da legalidade administrativa na Constituição de 1976*, in DemL, nº 13-2, janeiro de 1980, pp. 14 e ss., e *Orgânica judicial, responsabilidade dos juízes e Tribunal Constitucional*, Lisboa, 1992, pp. 7 e ss.; Carlos Lopes do Rego, *Acesso ao Direito e aos tribunais*, in AAVV, *Estudos sobre a jurisprudência do Tribunal Constitucional*, Lisboa, 1993, pp. 45 e ss.; Maria Luisa Balaguer Callejon, *La interpretación...*, pp. 121 e ss.; J. J. Gomes Canotilho e Vital Moreira, *Constituição...*, pp. 161 e ss.; J. J. Gomes Canotilho, *Direito Constitucional*, pp. 651 e ss.; Miguel Teixeira de Sousa, *Introdução ao processo civil*, Lisboa, 1993, pp. 11, e *Estudos sobre o novo processo civil*, 2ª ed., Lisboa, 1997, pp. 33 e ss.; Mário de Brito, *Acesso ao direito e aos tribunais*, in OD, ano 127º, III-IV, julho-dezembro de 1995, pp. 351 e ss.; Maria Fernanda dos Santos Maçãs, *A suspensão judicial da eficácia dos actos administrativos e a garantia constitucional da tutela judicial efectiva*, Coimbra, 1996, pp. 272 e ss.

§ 50º O REGIME ESPECIAL DOS DIREITOS, LIBERDADES E GARANTIAS

229. O sentido do regime especial

I. Para além das regras gerais que definem o regime dos direitos fundamentais, importa ainda perceber *o regime especial que se aplica aos direitos, liberdades e garantias*[1981], vista a diferença que têm em relação aos direitos económicos, sociais e culturais, que se torna real ao nível da distinção de regimes que lhes são aplicáveis.

As dificuldades começam precisamente no que se considera compreendido no âmbito do regime dos direitos, liberdades e garantias, dele não dando o texto constitucional qualquer indicação.

O único ponto de referência é o que consta de um dos preceitos iniciais da Parte I da CRP, no qual se afirma que "O regime dos direitos, liberdades e garantias aplica-se aos enunciados no título II e aos direitos fundamentais de natureza análoga"[1982].

Sabendo-se em que consistem os direitos, liberdades e garantias e os direitos fundamentais de natureza análoga, em grande medida recortados

[1981] Sobre o regime específico dos direitos, liberdades e garantias, v. Jorge Miranda, *O regime dos direitos...*, pp. 41 e ss., e *Manual...*, IV, pp. 311 e ss.; J. J. Gomes Canotilho e Vital Moreira, *Fundamentos...*, pp. 121 e ss.; Jorge Bacelar Gouveia, *Os direitos fundamentais atípicos...*, pp. 439 e 440, e *A irretroactividade da norma fiscal...*, pp. 84 e 85; José Manuel Sérvulo Correia e Jorge Bacelar Gouveia, *A inconstitucionalidade do Decreto-Lei nº 351/93, de 7 de Outubro – parecer*, in AAVV, *Direito do Ordenamento do Território e Constituição*, Lisboa, 1998, pp. 120 e ss.; J. J. Gomes Canotilho, *Direito Constitucional e Teoria...*, pp. 437 e ss.; José Carlos Vieira de Andrade, *Os direitos fundamentais...*, pp. 184 e ss.

[1982] Art. 17º da CRP.

em função de consequências regimentais, resta definir a amplitude desse regime, para que depois o mesmo possa ser parcelarmente explicitado.

II. A doutrina portuguesa, nesta matéria encimada por Jorge Miranda[1983], tem alinhado na distinção proposta por este ilustre constitucionalista entre três aceções de regime especial dos direitos, liberdades e garantias:

- *o regime material*, o qual incluiria normas de fundo;
- *o regime orgânico*, que abrangeria normas relativas à competência legislativa; e
- *o regime de limites materiais de revisão constitucional*, atinente à proteção concedida no seio dessa vicissitude constitucional.

Perante a inviabilidade de poder fazer uma distinção desta natureza entre três regimes, que não resiste a alguns testes, esta não é posição a adotar, desde logo por não ser possível distinguir o regime material e o regime organizatório, bastando pensar que nas restrições legislativas aos direitos, liberdades e garantias ambas as vertentes se encontram presentes.

Daí que se possa propor outra arrumação do regime especial dos direitos, liberdades e garantias, de acordo com o seguinte esquema:

- a aplicabilidade;
- a vinculação;
- a restrição;
- a suspensão; e
- a defesa.

230. A aplicabilidade infraconstitucional direta e imediata

I. A primeira dimensão do regime dos direitos, liberdades, e garantias, em preceito que tem precisamente por epígrafe "Força jurídica", refere que "Os preceitos constitucionais respeitantes aos direitos, liberdades e garantias são diretamente aplicáveis..."[1984].

[1983] Cfr. Jorge Miranda, *Manual...*, IV, pp. 153 e ss.
[1984] Art. 18º, nº 1, primeira parte, da CRP.

A força jurídica desta categoria de direitos afere-se por uma peculiar relação inter-normativa com os restantes patamares do Ordenamento Jurídico, assim se fazendo jus à importância das respetivas faculdades[1985].

II. A leitura deste preceito constitucional estabelece a orientação geral de os preceitos que positivam os direitos, liberdades e garantias gozarem de uma característica especial, que é a *aplicabilidade direta*.

A *aplicabilidade direta* significa que os direitos, liberdades e garantias, para serem exercitáveis pelos respetivos titulares, não carecem de qualquer interposição legislativa, bastando-se a si mesmo e por si impondo os seus comandos.

Caem assim por terra todos os álibis que pudessem estar associados à ausência de leis ordinárias que não fizessem a execução dos direitos, liberdades e garantias.

Compreende-se muito bem que assim seja porque, de contrário, seria o Direito Constitucional dos Direitos Fundamentais a ficar dependente do Direito Infraconstitucional, numa absurda inversão da hierarquia do Ordenamento Jurídico.

III. A aplicabilidade direta dos direitos, liberdades e garantias não é só uma mera verificação de um resultado que aparece, sob todos os pontos de vista, como apreciavelmente evidente.

A aplicabilidade direta é também uma *regra autónoma*, que vale para os casos em que se pudesse levantar o obstáculo da carência de uma interposição legislativa para assegurar a exequibilidade de um direito, liberdade e garantia.

Em termos gerais, a existência daquela regra significa que ela vale para todos os direitos, liberdades e garantias, reforçando a sua força jurídica na relação que mantêm com os outros níveis da Ordem Jurídica.

Contudo, não é de excluir que certos casos representem um desvio desta orientação geral e forcem à existência de uma interposição legislativa.

IV. A regra da aplicabilidade direta dos direitos, liberdades e garantias possui ainda interesse num outro plano da realização do Direito: não já no da sua criação, mas no da sua hermenêutica.

[1985] Cfr. Jorge Miranda, *Manual*..., IV, pp. 311 e ss.

É que esta regra, neste contexto, funciona como parâmetro interpretativo autónomo, impondo-se à normação infra-constitucional, a qual se submete a uma interpretação conforme à Constituição, na hipótese em que ela seja viável.

V. A procura de um regime especial para os direitos, liberdades e garantias vai mais longe e não deve deixar-se acantonar a esta ideia da aplicabilidade direta, já de si extremamente relevante.

Retomando algo que já foi deixado expresso na teoria das normas constitucionais, importa também dizer – sendo isso até mais importante do que aquela dimensão – que os direitos, liberdades e garantias se caracterizam por uma *aplicabilidade imediata*.

Esta aplicabilidade imediata significa que as faculdades contidas naquela categoria de direitos podem ser logo realizáveis e não estão dependentes da consecução de condições de facto, como condições económicas e sociais, podendo as mesmas impor-se nos restantes estalões do Ordenamento Jurídico.

Como é que se chega a esta aplicabilidade imediata se o texto constitucional apenas refere a aplicabilidade direta?

Por um argumento de maioria de razão, fundado na ideia de que a efetividade que se pretende impor através desta aplicabilidade direta só é verdadeiramente lógica se for acompanhada de uma prévia aplicabilidade imediata.

231. A vinculação das entidades públicas e privadas

I. A vinculação dos direitos, liberdades e garantias às entidades públicas e privadas, com origem em preceito homólogo da LF, representa uma severa preocupação de tornar os preceitos constitucionais maximamente operativos.

A disposição constitucional que vem a esclarecer esta matéria dispõe que "Os preceitos constitucionais respeitantes aos direitos, liberdades e garantias (...) vinculam as entidades públicas e privadas"[1986].

[1986] Art. 18º, nº 1, *in fine*, da CRP.

No tocante às entidades públicas, este é um preceito que se inspirou em preceito equivalente da LF, no qual se afirma que "Os direitos fundamentais a seguir discriminados vinculam os poderes legislativo, executivo e judiciário como preceitos diretamente aplicáveis"[1987].

II. A *vinculação das entidades públicas* acaba por traduzir a própria essência dos direitos fundamentais em geral, ainda que seja especificamente concebida para os direitos, liberdades e garantias.

Mesmo que nada se dissesse, naturalmente que os direitos fundamentais, na relação jurídico-pública absoluta que espelham, sempre implicariam a adstrição geral das entidades públicas ao respetivo cumprimento.

Todavia, a consagração desta regra destina-se a frisar que a projeção dos direitos, liberdades e garantias não fica acantonada numa qualquer mais estreita relação entre as pessoas e o Estado, mas num contexto mais geral das entidades públicas, numa visão omnicompreensiva, fazendo com que todas elas os tenham de respeitar e sejam os respetivos sujeitos passivos:

- *dentro do Estado*, impõe-se referir, na esteira da regra do Direito Constitucional Alemão, os diversos poderes estaduais, nas respetivas dimensões legislativa, política, administrativa e jurisdicional;
- *fora do Estado*, cumpre mencionar a globalidade das entidades públicas que, não integrando o Estado, beneficiam de um estatuto de Direito Público, desenvolvendo poderes conferidos por esta parcela do Direito, salientando-se as entidades políticas infra-estaduais e supra-estaduais.

III. No âmbito das funções jurídico-públicas, cada uma das atividades, por si mesma, sujeita-se aos direitos, liberdades e garantias:

- *a legislação*: não apenas ficando impedida de contrariar os preceitos, mas também se submetendo aos mesmos no plano da interpretação conforme à CRP;
- *a administração*: tendo a função administrativa acesso direto aos direitos, liberdades e garantias, o desrespeito pelos mesmos não pode ser desculpado pela intermediação do princípio da legalidade,

[1987] Art. 1º, nº 3, da LF.

sendo certo que mais forte do que este princípio é o princípio da constitucionalidade, em que se incorporam os direitos, liberdades e garantias;

- *o governo*: ainda que muitas vezes apenas sejam atos internos, ou em relação aos quais sendo mais escassos os mecanismos de fiscalização da constitucionalidade, o certo é que os atos de governo igualmente se submetem ao império dos direitos, liberdades e garantias, devendo respeitá-los;
- *a jurisdição*: a atividade dos tribunais, longe de poder ser já hoje concebida como um processo automático de aplicação do Direito, "...a boca que pronuncia as palavras da lei...", no dizer da célebre frase de Charles de Montesquieu, é ela ainda diretamente sensível ao respeito dos direitos, liberdades e garantias, essencialmente quando o Direito aplicável lhe proporciona espaços criativos de Direito, como sucede no caso da integração de lacunas, do preenchimento de conceitos indeterminados ou na remissão para normas extra-jurídicas.

IV. A *vinculação das entidades privadas* – o mesmo é dizer a efetividade dos direitos, liberdades e garantias no tocante a pessoas jurídicas não reguladas pelo Direito Público, antes abrangidas pelo Direito Privado – é bem mais complexa do que o primeiro termo deste tópico de regime, uma vez que se apresenta para enfrentar uma maior variedade de situações.

Fala-se, por isso, na eficácia horizontal ou para terceiros dos direitos fundamentais (*Drittwirkung*), vinculando, mais ou menos intensamente, consoante as opções de cada sistema constitucional, os cidadãos entre si e não apenas o poder público, contra os quais esses direitos inicialmente nasceram, conferindo posições de defesa aos cidadãos[1988].

[1988] Quanto a esta questão da eficácia privada dos direitos, liberdades e garantias, v. José Carlos Vieira de Andrade, *Os direitos fundamentais...*, pp. 232 e ss.; Nuno e Sousa, *A liberdade...*, pp. 103 e ss.; Vasco Pereira da Silva, *A vinculação das entidades privadas pelos direitos, liberdades e garantias*, in RDES, XIX, II, IIª S, nº 2, 1987, pp. 259 e ss.; António Menezes Cordeiro, *Teoria Geral do Direito Civil*, I, 2ª ed., Lisboa, 1989, pp. 315 e ss.; José João Nunes Abrantes, *A vinculação das entidades privadas aos direitos fundamentais*, Lisboa, 1990, pp. 29 e ss., e pp. 94 e ss., *O Direito do Trabalho e a Constituição*, in *Estudos de Direito do Trabalho*, Lisboa, 1992, pp. 80 e ss., *Estudos sobre o Código...*, pp. 150 e ss., e *Contrato de trabalho e direitos...*, pp. 65 e ss.; Claus-Wilhelm Canaris, *Direitos Fundamentais e Direito Privado*, Coimbra, 2003, pp. 19 e ss.; Benedita Mac Crorie, *A vinculação...*, pp. 5 e ss.; Dimitri Dimoulis e Leonardo

Os direitos fundamentais, através do alargamento desta sua eficácia, em sobreposição com outras categorias de posições subjetivas, como os direitos de personalidade, para além das inevitáveis consequências a respeito do seu conceito, deixaram de ser apenas vistos numa relação bipolar entre a pessoa e o poder público, para se integrarem numa *relação triangular*, na qual também entram os restantes membros da comunidade política[1989].

V. Só que a aplicação desta regra nem sempre é viável, devendo ser objeto de uma redução dogmática, como recorda José João Abrantes, havendo situações em que essa eficácia horizontal está logo garantida ou, inversamente, nunca podendo fazer sentido[1990]: no primeiro caso, quando é o próprio texto constitucional a consenti-lo dentro da lógica de direitos fundamentais que operam nas relações jurídico-privadas[1991]; no outro caso, isso sucede quando os direitos, liberdades e garantias não tenham a virtualidade de se aplicar nas relações jurídico-privadas[1992], apenas tendo por destinatário possível o poder público[1993].

Martins, *Teoria Geral dos Direitos Fundamentais*, pp. 90 e ss.; Virgílio Afonso da Silva, *A Constitucionalização do Direito...*, pp. 50 e ss.

1989 Como refere José João Abrantes (*Contrato de trabalho e direitos...*, p. 68), "Além do Estado, existem na sociedade outros poderes, inimigos, pelo menos potenciais, das liberdades. Se o problema se põe a nível das próprias relações entre pessoas singulares, bastando pensar, por exemplo, nas relações empregador-trabalhador, coloca-se de uma forma ainda mais aguda nas relações entre o indivíduo e os agrupamentos privados, em que as forças são, por definição, desiguais".

1990 José João Abrantes, *Contrato de trabalho e direitos...*, p. 72: "É evidente que o problema não tem autonomia nos casos em que é a própria Constituição a reconhecer a eficácia horizontal dos seus preceitos e também não se coloca quando ao direito nela reconhecido é de imediato apontado um devedor, seja ele o Estado ou um particular".

1991 Exemplos: os direitos que, sendo constitucionais, pertencem ao Direito da Personalidade, como os que constam do art. 26º, nº 1, da CRP.

1992 Exemplos: em geral, os direitos inoponíveis aos particulares por fazerem sentido apenas contra o poder público, como sucede com o direito à cidadania, o direito à proteção jurisdicional efetiva ou a garantia do *habeas corpus*.

1993 Ainda que no primeiro caso essa seja uma operação de destrinça que nem sempre se afigura fácil. Como refere Benedita Mac Crorie (*A vinculação...*, pp. 11 e 12), "No entanto, se atentarmos aos exemplos dados pelos diferentes autores, apercebemo-nos da disparidade de perspetivas e da dificuldade que implica determinar que direitos têm, à partida, na sua estrutura, uma projecção imediata no âmbito das relações jurídicas privadas".

A elaboração dogmática da eficácia horizontal dos direitos, liberdades e garantias tem beneficiado de duas grandes teorias, tal como o tema se foi desenvolvendo no espaço germânico[1994], daí irradiando para outras paragens[1995]:

- primeiro, a *vinculação direta* (*unmittelbare Drittwirkung*), associada à dimensão objetiva dos direitos fundamentais como normas de valor, sem qualquer mediação legal, significando que os direitos, liberdades e garantias têm a mesma importância de qualquer outra regra ou princípio que aquele Direito estabeleça, podendo os respetivos beneficiários invocá-los, como se estivessem a invocá-los perante uma entidade pública; e
- depois, a *vinculação indireta* (*mittelbare Drittwirkung*), que se torna operativa através do Direito Privado, por intermédio dos seus conceitos gerais e indeterminados, bem como das suas cláusulas gerais, em que avulta a boa fé, o abuso do direito, a ordem pública e os bons costumes, com a vantagem da preservação da respetiva autonomia regulativa e dogmática, por aqui se dando conta da impossibilidade existencial de os direitos fundamentais, feitos numa relação entre cidadão e poder, serem diretamente relevantes nas relações jurídico-privadas.

VI. O amadurecimento da aplicação destas duas distintas teorias veio aproximá-las, não se podendo dizer que qualquer uma delas não tenha cedido em favor da outra, até que se chegou à conclusão de que o problema redundará numa questão de colisão de direitos: de um lado, a liberdade contratual e outros direitos e princípios do Direito Privado e, do outro lado, os direitos, liberdades e garantias que são especificamente avaliados à luz da Ordem Constitucional[1996].

[1994] Que originalmente apenas refere os direitos fundamentais em geral e não contempla, dada essa ausência na sistemática da LF, a contraposição entre direitos, liberdades e garantias e os direitos económicos, sociais e culturais, ainda que ela se imponha no plano lógico, pela diversa força jurídica dos respetivos preceitos.

[1995] Cfr. José Carlos Vieira de Andrade, *Os direitos fundamentais...*, pp. 244 e ss.; José João Abrantes, *Contrato de trabalho e direitos...*, pp. 80 e ss.; Benedita Mac Crorie, *A vinculação...*, pp. 13 e ss.

[1996] Como refere José João Abrantes (*Contrato de trabalho e direitos...*, p. 101) "É desse modo que, em nosso entender, deve ser encarado o problema da *Drittwirkung*: quer sejam

Noutra perspetiva, parece evidente que a solução para este problema passará pelo poder fáctico que as partes envolvidas ostentam na efetividade dos direitos, liberdades e garantias: enquanto nas relações privadas típicas a sua aplicação é menos forte, sendo até tratadas no plano da colisão de direitos fundamentais, já no caso das relações privadas de poder se justifica a consideração autónoma desta regra do regime específico dos direitos, liberdades e garantias.

Como defende José Carlos Vieira de Andrade, "...para além dos casos já referenciados em que a Constituição expressamente concebe os direitos perante privados, só deverá aceitar-se esta transposição direta dos direitos fundamentais, enquanto direitos subjetivos, para as relações entre particulares quando se trate de situações em que as pessoas coletivas (ou, excecionalmente, os indivíduos) disponham de *poder especial* de caráter privado sobre (outros) indivíduos"[1997].

A leitura da CRP inequivocamente depõe no sentido da adoção da primeira teoria da vinculação direta, ainda que essa disposição deva ser apreciada *cum grano salis*, na medida em que não pode fugir da evolução posterior da contraposição daquelas duas teorias, fazendo confluir a solução dogmática do problema para uma solução geral de colisão de direitos, ainda que se possa defender a CRP como preferindo um entendimento mais reforçado na vinculação dos direitos, liberdades e garantias às entidades privadas[1998].

entendidos como directa quer como indiretamente aplicáveis, aqueles direitos terão sempre que ser harmonizados com os princípios próprios do Direito Privado, com a consequente necessidade de ser assegurada a "concordância prática" entre todos os interesses em causa".

[1997] José Carlos Vieira de Andrade, *Os direitos fundamentais...*, pp. 247 e 248, acrescentando ainda que "Em tais casos, estamos perante relações de poder – e não relações entre iguais – e justifica-se a proteção da liberdade dos homens comuns que estejam em posição de vulnerabilidade. O poder em causa não terá de ser necessariamente um poder jurídico, se for um poder de facto inequívoco e objetivamente determinável, como aquele que existe *em relações informais*, por exemplo, numa situação de monopólio de facto, de cartelização ou de oligopólio, pelo menos de bens essenciais".

[1998] Cfr. José João Abrantes, *Contrato de trabalho e direitos...*, pp. 120 e ss.; Benedita Mac Crorie, *A vinculação...*, pp. 61 e ss.

232. A restrição infraconstitucional

I. A disciplina dos direitos, liberdades e garantias, admitida pelo legislador constitucional, não oferece um panorama suficientemente completo do tipo de intervenção que a CRP houve por bem atribuir à lei infraconstitucional.

É que, em razão do posicionamento da normação legislativa ordinária, ao lado de um sentido de *regulação*, como vimos, incumbe-lhe também um papel de *restrição*, comprimindo o sentido constitucional dos direitos, liberdades e garantias, numa lógica que pode genericamente valer para todos os direitos fundamentais consagrados[1999].

A pensar nisso a CRP inclui dois preceitos específicos para os direitos, liberdades e garantias, tendo presente o velho brocardo latino *Odiosa sunt restringenda*:

- "A lei só pode restringir os direitos, liberdades e garantias nos casos expressamente previstos na Constituição, devendo as restrições limitar-se ao necessário para salvaguardar outros direitos ou interesses constitucionalmente protegidos"[2000];

[1999] Quanto ao regime das leis restritivas dos direitos, liberdades e garantias, v. FRANCISCO LUCAS PIRES, *Uma Constituição para Portugal*, pp. 86 e ss.; JORGE MIRANDA, *O regime dos direitos...*, pp. 81 e ss., *Restrição de direitos*, in Pol., Lisboa, 1987, pp. 518 e ss., e *Manual...*, IV, pp. 337 e ss.; MARCELO REBELO DE SOUSA, *Direito Constitucional...*, pp. 176 e ss.; JOSÉ CARLOS VIEIRA DE ANDRADE, *Direitos fundamentais*, pp. 606 e 607, *Direitos e garantias...*, p. 693, e *Os direitos fundamentais...*, pp. 279 e ss.; JOSÉ LAMEGO, *«Sociedade aberta»...*, pp. 76 e ss.; NUNO E SOUSA, *A liberdade...*, pp. 255 e ss.; MANUEL AFONSO VAZ, *Lei...*, pp. 296 e ss.; ALBERTO ESTEVES REMÉDIO, *Forças Armadas e forças de segurança – restrições aos direitos fundamentais*, in AAVV, *Estudos sobre a jurisprudência do Tribunal Constitucional*, Lisboa, 1993, pp. 375 e ss.; J. J. GOMES CANOTILHO e VITAL MOREIRA, *Fundamentos...*, pp. 133 e ss., e *Constituição...*, pp. 145 e ss.; JORGE BACELAR GOUVEIA, *Os direitos fundamentais...*, pp. 456 e 457, *O estado de exceção...*, II, pp. 858 e ss., e pp. 1356 e ss., *Regulação...*, pp. 456 e ss., e *Segredo de Estado*, in *Estudos de Direito Público*, vol. I, Cascais, 2000, pp. 101 e ss.; ALEXANDRE SOUSA PINHEIRO, *Restrições aos direitos, liberdades e garantias*, in DJAP, VII, Lisboa, 1996, pp. 281 e ss.; J. J. GOMES CANOTILHO, *Direito Constitucional e Teoria...*, pp. 450 e ss.; JORGE MIRANDA e RUI MEDEIROS, *Constituição...*, I, pp. 148 e ss.; DIMITRI DIMOULIS e LEONARDO MARTINS, *Teoria Geral dos Direitos Fundamentais*, pp. 122 e ss.; VIRGÍLIO AFONSO DA SILVA, *Direitos Fundamentais – conteúdo essencial, restrições e eficácia*, 2ª ed., Malheiros Editores, São Paulo, 2011, pp. 21 e ss.

[2000] Art. 18º, nº 2, da CRP.

– "As leis restritivas de direitos, liberdades e garantias têm de revestir caráter geral e abstrato e não podem ter efeito retroativo nem diminuir a extensão e o alcance do conteúdo essencial dos preceitos constitucionais"[2001].

II. A doutrina portuguesa tem unanimemente equacionado este problema como um fenómeno de restrição de direitos, liberdades e garantias, o qual se define do seguinte modo: *a diminuição do alcance permissivo das normas constitucionais que os garantem, de um modo permanente*[2002], *em determinadas situações – restrições objetivas – ou para certas categorias de pessoas – restrições subjetivas.*

Partindo da ideia de que os direitos, liberdades e garantias não são ilimitados, ela justifica-se pela conveniência de proteger outros valores igualmente relevantes no plano constitucional. Em todo o caso, a restrição assume uma feição *parcial*, não atingindo a totalidade do sistema de direitos fundamentais alvo do respetivo efeito[2003].

Pensando nos interesses em jogo, a restrição de direitos, liberdades e garantias funda-se na circunstância de os textos constitucionais reconhecerem que não seria possível a vida coletiva se não fossem previstos mecanismos de limitação material dos direitos fundamentais genericamente proclamados, com o intuito primordial de assegurar a própria efetividade da respetiva tipologia no seu conjunto.

Essas restrições dos direitos, liberdades e garantias – o que também se pode aplicar à globalidade dos direitos fundamentais – inserem-se, pois, numa tríplice função[2004]:

a) uma função adequadora;
b) uma função dirimente; e
c) uma função comunitária.

A *função adequadora* explica-se no seio da acomodação constitucional dos diversos tipos de direitos, liberdades e garantias consagrados. A restrição de um deles serve para permitir que outros direitos se exerçam sem

2001 Art. 18º, nº 3, da CRP.

2002 Cfr. Manuel Afonso Vaz, *Lei...*, p. 333.

2003 Cfr. Manuel Afonso Vaz, *Lei...*, p. 333.

2004 Cfr. Jorge Bacelar Gouveia, *O estado de exceção...*, II, pp. 1357 e 1358.

sobreposições, todos assim tendo a maior eficácia possível, segundo um princípio de otimização dos respetivos conteúdo e exercício.

A *função dirimente* tem lugar no contexto específico da colisão entre direitos, liberdades e garantias, a qual representa o exercício conflituante por parte de dois ou mais titulares de direitos contrapostos. A restrição de alguns deles pode servir para evitar a repetição desses conflitos no futuro, resolvendo-os logo no plano da legislação, não sendo necessário recorrer a ulteriores intervenções administrativas ou jurisdicionais.

A *função comunitária* liga-se à conjugação entre os direitos, liberdades e garantias das pessoas e os bens ou interesses coletivos identicamente merecedores de tutela. O exercício de tais direitos, para lá do respeito imposto pelos outros direitos, liberdades e garantias com os quais podem entrar em choque, deve ainda surgir materialmente limitado pelo acatamento de valores comunitários que se lhes impõe de um modo geral. A restrição de direitos, liberdades e garantias pode ainda ser um instrumento de garantia desses bens, limitando aqueles direitos nas situações em que os mesmos conflituariam com os interesses da coletividade que importa preservar.

III. As considerações que expendemos a propósito dos termos da intervenção legislativa não restritiva nos direitos, liberdades e garantias valem, *mutatis mutandis*, para as intervenções de caráter restritivo. De igual forma se regista a dicotomia, falando em termos gerais, entre a reserva relativa de competência legislativa parlamentar para os direitos, liberdades e garantias e a competência legislativa concorrencial da Assembleia da República e do Governo para os direitos económicos, sociais e culturais.

O legislador constitucional, na atribuição normativa deste poder legal de cariz restritivo dos direitos, liberdades e garantias, perante alguns dos tipos de direitos fundamentais, estipulou a possibilidade de o legislador ordinário efetuar a respetiva restrição, instituindo pontuais mandatos para o efeito.

Foi isso o que aconteceu com vários preceitos constitucionais, de que recordamos alguns[2005]:

[2005] Cfr. Jorge Bacelar Gouveia, *Regulação...*, pp. 457 e 458.

- o tempo e as condições que a lei determinar na restrição da liberdade física[2006];
- os termos fixados por lei para quebrar a inviolabilidade do domicílio e o sigilo das telecomunicações e da correspondência[2007];
- as incapacidades que a lei geral deve prever para o exercício do direito de sufrágio[2008];
- os limites estabelecidos pela lei, tendo em conta o interesse geral, à iniciativa económica[2009].

Esta *restrição legal constitucionalmente autorizada para cada direito, liberdade e garantia que se pretenda comprimir* está, aliás, em direta consonância com um dos princípios que se pode extrair do mencionado preceito constitucional que cuida do regime geral, formal e material, a que se submetem as intervenções legais restritivas dos direitos, liberdades e garantias.

Esse princípio vem a ser *o princípio da autorização constitucional expressa*, que resume as preocupações de segurança que o legislador constitucional teve no sentido de evitar a fraude à Constituição e de, por conseguinte, impedir uma intervenção legal restritiva incontrolável.

Duas são, pois, as condições que daqui se inferem: por um lado, a necessidade de o preceito constitucional prever essa intervenção restritiva; por outro lado, a imposição de que essa autorização, para restringir, seja feita a título expresso[2010].

O problema que tem sido posto na doutrina portuguesa é o de que, do ponto de vista prático, o respeito escrupuloso por aquele princípio bloquearia, de um modo excessivamente gravoso, a intervenção legislativa restritiva, não permitindo assim uma conveniente composição dos contrários e legítimos interesses em jogo.

2006 Cfr. o art. 27º, nº 3, da CRP.

2007 Cfr. o art. 34º, nºs 2 e 4, da CRP.

2008 Cfr. o art. 49º, nº 1, da CRP.

2009 Cfr. o art. 61º, nº 1, da CRP.

2010 Como explicita J. J. Gomes Canotilho (*Direito Constitucional e Teoria...*, p. 452), "Esta autorização de restrição expressa tem como objetivo obrigar o legislador a procurar sempre nas normas constitucionais o *fundamento concreto* para o exercício da sua competência de restrição de direitos, liberdades e garantias, e visa criar *segurança jurídica* nos cidadãos, que poderão contar com a inexistência de medidas restritivas de direitos fora dos casos expressamente considerados pelas normas constitucionais como sujeitos a reserva de lei restritiva".

É por isso que aquele princípio tem sido objeto de "suavização interpretativa", reconhecendo-se a existência de autorizações implícitas de restrição legal para certos direitos fundamentais: isso com base numa análise material de cada direito, liberdade e garantia, sopesando os valores em presença, de uma parte, os da proteção efetiva do direito e, da outra parte, os dos interesses na sua restrição.

Na prática, ao lado de autorizações explícitas específicas para restringir certos tipos de direitos, liberdades e garantias, tem-se admitido a existência de uma cláusula geral de restrição legal sobre todo e qualquer direito, liberdade e garantia, fundada em considerações materiais[2011], ancorando-se a mesma na reserva relativa de competência legislativa da Assembleia da República, ao competir-lhe legislar sobre direitos, liberdades e garantias.

IV. As restrições constitucionalmente admissíveis aos direitos, liberdades e garantias – não já em termos organizatórios quanto em termos puramente materiais – não se apresentam livres ou em "branco", devendo essas intervenções constringentes mostrar-se materialmente justificadas.

A medida da intervenção restritiva de tipo legal é dada, no quadro do regime que a CRP oferece no tocante às restrições que prevê, por vários princípios fundamentais[2012]:

- o princípio da proteção do núcleo essencial;
- o princípio da proporcionalidade;
- o princípio da generalidade;
- o princípio da abstração; e
- o princípio da prospetividade.

Vejamo-los separadamente, embora os dois primeiros com mais detença.

V. O princípio que se afigura mais intenso, mas também sendo aquele de mais difícil densificação, vem a ser *o princípio da proteção do núcleo essencial* dos direitos, liberdades e garantias a restringir.

[2011] Cfr. J. J. Gomes Canotilho e Vital Moreira, *Constituição...*, p. 151; Jorge Miranda, *Manual...*, IV, pp. 332 e 333.

[2012] Cfr. Jorge Bacelar Gouveia, *Regulação...*, pp. 458 e ss.

Trata-se de uma preocupação de natureza material, que pretende evitar o esvaziamento dos direitos restringidos, nem tudo se permitindo em nome do valor, direito ou interesse que pseudo-fundamentasse a restrição em questão. Isso implica que haja sempre um setor irremissível dos direitos, liberdades e garantias cuja visibilidade é a missão primordial deste princípio.

Só que por detrás desta linearidade de raciocínio se esconde, desde logo, a extensão da definição desse núcleo essencial, degladiando-se entre si neste ponto as teorias absolutas e as teorias relativas quanto ao recorte do mesmo: aquelas defendendo que existe, abstratamente determinável, um núcleo essencial que nunca é legítimo tolher; estas aceitando diferentes intensidades na delimitação desse núcleo, consoante as circunstâncias do caso concreto e com recurso aos parâmetros ditados pelo princípio da proporcionalidade.

Não se encontrando uma resposta literal no texto constitucional, pensamos que a autonomização deste princípio da proteção do núcleo essencial, por um lado, e o facto de o sistema português se fundar no valor integrador da dignidade da pessoa humana, por outro lado, são fortes argumentos que nos impelem para aceitar mais a teoria absoluta e não tanto a teoria relativa[2013].

Do ponto de vista da conexão deste princípio enquadrador das restrições dos direitos, liberdades e garantias com os termos da respetiva positivação, suscita-se a dúvida de saber se ele visa a proteção de todo e cada direito, naquilo que se conceba mesmo na sua vertente subjetiva e individual, ou se o mesmo é compatível com uma visão menos exigente, em que se realçam apenas preocupações de caráter geral de equilíbrio do sistema de direitos, liberdades e garantias, ainda que isso possa sacrificar por completo alguns concretos e particulares tipos de direitos.

Neste aspeto, *a letra da CRP parece favorecer a ideia de que está em causa o preceito, preferindo-se um sentido objetivista contra um sentido subjetivista*. Mas é forçoso aceitar que para alguns direitos, de novo particularmente importantes por força do princípio da dignidade da pessoa humana, possa prevalecer uma conceção subjetivista[2014].

[2013] Assim, José Carlos Vieira de Andrade, *Os direitos fundamentais...*, p. 287; J. J. Gomes Canotilho, *Direito Constitucional e Teoria...*, pp. 430 e ss.

[2014] Neste sentido, J. J. Gomes Canotilho, *Direito Constitucional e Teoria...*, pp. 457 e 458.

VI. Outro princípio que orienta as opções do legislador que restringe direitos, liberdades e garantias tem que ver com a contenção do exercício desse poder ablativo em função de determinados ditames de ordem racional, segundo as três vertentes que são conhecidas do *princípio da proporcionalidade*, tal como tem sido desenhado na doutrina e na jurisprudência publicista do pós-guerra:

i) a *adequação* da restrição ao fim que se tem em vista;
ii) a *indispensabilidade* da restrição relativamente a esse fim, em comparação com outros instrumentos possíveis de atuação legislativa, de caráter menos agressivo;
iii) a *racionalidade* do teor da restrição imposta em função do balanço entre as vantagens e os custos que derivam da respetiva utilização.

VII. A importância dogmático-regulativa das restrições aos direitos, liberdades e garantias implica o extremo cuidado que o legislador constitucional colocou noutras dimensões da intervenção legislativa sobre tais direitos:

- *o princípio da generalidade*, vedando-se a possibilidade de as respetivas normas visarem pessoas, identificáveis por si mesmo e não por categorias gerais;
- *o princípio da abstração*, pelo qual se impede que a estipulação da restrição atinja casos particulares, que se determinam em termos de espaço e de tempo;
- *o princípio da prospetividade*, por intermédio do qual se impede que os efeitos da restrição possam atingir situações da vida que se tenham produzido antes da respetiva entrada em vigor.

VIII. O texto constitucional assume como finalidade expressa das restrições dos direitos, liberdades e garantias a necessidade da salvaguarda dos outros direitos fundamentais[2015].

Disso mesmo cura o emblemático preceito constitucional que versa o regime das restrições, afirmando que devem "...as restrições limitar-se ao

[2015] Cfr. Jorge Bacelar Gouveia, *Regulação...*, pp. 460 e ss.

necessário para salvaguardar outros direitos ou interesses constitucionalmente protegidos"[2016].

Essa não deixa de ser, contudo, uma alusão escassa sob a ótica da identificação desses valores em nome dos quais podem ser erguidas as restrições.

Mas é possível fazer a sua indiciação, assim se legitimando uma intervenção restritiva pela respetiva invocação, da qual se evidenciam os seguintes:

- a segurança do Estado e a segurança pública;
- a proteção do ambiente e do ordenamento do território;
- vários motivos de bem comum relativos ao consumo, à saúde e à propriedade privada; e
- a dignidade da pessoa humana.

IX. No tocante à ideia da *segurança do Estado*, é pacífico aceitar não só a pertinência desse valor como ínsito na própria ideia de Estado juridicamente estruturado como a sua valia na justificação da restrição de certos direitos, liberdades e garantias, de que cumpre referir os seguintes casos:

1) do *direito de acesso à informação administrativa* – com o mecanismo do *segredo de Estado*, pelo qual se impede o conhecimento generalizado da comunidade sobre determinadas informações públicas constantes de arquivos e registos administrativos, vê-se a restrição do direito fundamental, enunciado em termos gerais, ao *open file* na Administração Pública, porque em determinados casos se afigura prevalecente a necessidade de resguardar certas informações em nome da segurança, interna e externa[2017], do Estado[2018], ou com o mecanismo da confidencialidade fiscal, que limita o acesso aos dados que a Administração Fiscal armazena a respeito da situação tributária dos contribuintes[2019];

[2016] Art. 18º, nº 2, *in fine*, da CRP.

[2017] Cfr. os arts. 164º, al. *q)*, e 268º, nº 2, da CRP.

[2018] Cfr. Jorge Bacelar Gouveia, *Segredo de Estado*, in DJAP, VII, Lisboa, 1996, pp. 366 e ss.

[2019] Cfr. Carlos Pamplona Corte-Real, Jorge Bacelar Gouveia e Joaquim Pedro Cardoso da Costa, *Breves reflexões em matéria de confidencialidade fiscal*, in CTF, nº 368, outubro-dezembro de 1992, pp. 7 e ss.; Jorge Bacelar Gouveia, *O acesso às matrizes prediais*

2) da *liberdade física dos cidadãos* – através da imposição de um conjunto de tipos criminais sob a ideia unitária da defesa do Estado, os chamados *crimes contra o Estado*[2020], verifica-se que a limitação da liberdade física das pessoas se compreende pela prossecução deste valor constitucional fundamental;
3) do *direito de acesso aos processos penais* – por intermédio do *segredo de justiça*[2021], que impossibilita o acesso do arguido às peças processuais até ao momento da acusação pelo Ministério Público, admite-se a restrição do direito de que o arguido goza de aceder às peças processuais criminais que a seu respeito existam, em nome da preservação da honra do arguido e da eficiência da ação penal na recolha de provas[2022].

X. A CRP, em demonstração, aliás, da respetiva modernidade, confere um largo tratamento às *questões ambientais.*

E fá-lo de um modo dúplice: i) consagrando, no tocante aos direitos fundamentais de cariz social, um *direito ao ambiente e à qualidade de vida*[2023]; ii) *reconhecendo no ambiente um interesse difuso*, suscetível de proporcionar a associações cívicas que atuem nesta área a possibilidade da defesa dos respetivos interesses através de uma legitimidade processual ativa de tipo popular[2024].

A consideração constitucional da realidade ambiental pode também justificar a imposição de restrições a vários direitos fundamentais, por maioria de razão incluindo os direitos, liberdades e garantias, sobretudo aqueles que economicamente se situem relacionados com a edificação de construções e a utilização dos solos.

Daí que sejam pensáveis restrições ao conteúdo de certos direitos fundamentais de teor económico – nomeadamente o direito de propriedade e o direito de iniciativa económica – no caso de se enquadrar a defesa daqueles valores.

organizadas pela Administração Fiscal por parte dos advogados, in ROA, ano 60, I, janeiro de 2000, pp. 353 e ss.

2020 Cfr. os arts. 308º e ss. do CP.

2021 Cfr. o art. 86º do CPP.

2022 Cfr. o art. 268º, nº 2, da CRP.

2023 Cfr. o art. 66º da CRP.

2024 Cfr. o art. 52º, nº 3, da CRP.

É nesse sentido que a própria CRP aponta na sua parte inicial, ao apresentar como uma das tarefas fundamentais do Estado precisamente "Proteger e valorizar o património cultural do povo português, defender a natureza e o ambiente, preservar os recursos naturais e assegurar um correto ordenamento do território" [2025].

XI. Ainda que normativamente mais desenvolvidos no texto constitucional, estes valores da segurança do Estado e da preservação do ambiente e do ordenamento do território não são os únicos que se admitem como autorizando a imposição de restrições aos direitos, liberdades e garantias.

Outros valores existem que, do mesmo modo, legitimam uma intervenção restritiva por parte do legislador, e que sinteticamente podemos elencar:

a) a proteção da saúde pública – a qual possibilita inúmeras restrições ao direito de iniciativa económica, através do estabelecimento de constrições nessa atividade que se traduza em atos de consumo;

b) a consagração da função social da propriedade privada – a qual implica que o direito de propriedade não seja encarado de um modo absoluto, sendo de referir, principalmente, a possibilidade das intervenções expropriatórias para a defesa do interesse geral, com a devida compensação indemnizatória;

c) a garantia dos direitos dos consumidores – os quais, consistindo na faculdade que a estes assiste, segundo o texto constitucional, de exigir a qualidade dos bens e serviços consumidos, a formação e a informação, a proteção da saúde, da segurança e dos seus interesses económicos, bem como a reparação de danos[2026], justificam um conjunto de limitações que se impõem à atividade económica ligada ao comércio e ao consumo, *maxime* no domínio das limitações bastante abrangentes que se colocam à atividade publicitária[2027];

d) a defesa da privacidade e da intimidade – este valor, apresentando-se no texto constitucional como explicando restrições a vários direitos fundamentais, parcialmente sobrepostos, possibilita a limitação quer da utilização de dados pessoais a respeito de pessoas e famílias

[2025] Art. 9º, al. *e)*, da CRP.

[2026] Cfr. o art. 60º, nº 1, da CRP.

[2027] Cfr. o art. 60º, nº 2, da CRP.

– os chamados direitos fundamentais à proteção dos dados pessoais informatizados[2028] – quer do acesso generalizado a informações administrativas que revelam aspetos da intimidade, assim não acessíveis por qualquer cidadão.

XII. A explicitação dos fundamentos das restrições aos direitos, liberdades e garantias não pode, por fim, desprender-se das considerações de caráter geral que se extraem do primeiro dos princípios constitucionais que animam o Direito Constitucional Português – o *princípio da dignidade da pessoa humana*[2029].

É tendo em conta esta sua vital importância que logo o artigo inicial do texto constitucional, não deixando dúvidas quanto à sua pertinência, o enuncia solenemente: "Portugal é uma República soberana, baseada na *dignidade da pessoa humana* e na vontade popular e empenhada na construção de uma sociedade livre, justa e solidária"[2030].

Para além das múltiplas funções metafísicas e dogmático-positivas que hoje em dia pacificamente se lhe reconhecem, o princípio da dignidade da pessoa humana não somente explica a atribuição de direitos fundamentais aos cidadãos, no confronto que estes vivificam com o Estado-Poder.

Pode igualmente surgir como muito operacional e efetivo na justificação de certas restrições a esses mesmos direitos fundamentais. Isto bem comprova, de resto, o transversalismo deste princípio, que emerge como plenamente válido, dados os valores que nele se transportam, sem dependência do tipo de relação que esteja em questão, assim se assumindo objetivamente funcional: serve também para restringir certos direitos fundamentais na parte em que não traduzam diretamente os respetivos ditames.

É possível equacionar o recurso, em termos gerais, a este princípio fundamental do Direito Constitucional Português quando o teor das restrições que se pretendam cominar atinjam o respetivo âmbito de prote-

[2028] Cfr. o art. 35º da CRP. Cfr. JORGE BACELAR GOUVEIA, *Os direitos fundamentais à proteção...*, pp. 703 e ss.; J. J. GOMES CANOTILHO e VITAL MOREIRA, *Constituição...*, pp. 215 e ss.

[2029] Quanto à dignidade da pessoa humana na CRP, v. J. J. GOMES CANOTILHO e VITAL MOREIRA, *Constituição...*, pp. 58 e 59; JORGE BACELAR GOUVEIA, *Os direitos fundamentais atípicos*, pp. 384 e ss., e *O estado de exceção...*, II, pp. 1463 e ss.; PAULO OTERO, *O poder...*, II, pp. 553 e ss.; J. J. GOMES CANOTILHO, *Direito Constitucional e Teoria...*, pp. 225 e 226; JORGE MIRANDA, *Manual...*, IV, pp. 180 e ss.

[2030] Art. 1º da CRP.

ção, quer porque o mesmo sobressai na compressão do núcleo essencial do direito fundamental a restringir, quer porque é a sua defesa que legitima certas restrições de outros direitos.

Mesmo que não se lhe reconheça esta função restritiva de caráter geral de um modo expresso, o recurso a este princípio acaba por se afigurar necessário na compreensão da unidade de sentido do sistema constitucional que o mesmo protagoniza.

XIII. Além do regime geral das restrições dos direitos, liberdades e garantias, é ainda possível observar regimes particulares que levam em consideração certas posições subjetivas, relativamente às quais as restrições fazem sentido.

Quer isto dizer que as restrições têm relevância no plano de diversas situações:

- as restrições aplicáveis a certos funcionários;
- as restrições aplicáveis a reclusos; e
- as restrições aplicáveis a estrangeiros e apátridas.

XIV. A primeira categoria de pessoas em que se verifica um regime específico de restrição de direitos, liberdades e garantias é a dos militares e dos paramilitares[2031].

Segundo o que se dispõe na CRP, a "...lei pode estabelecer, na estrita medida das exigências próprias das respetivas funções, restrições ao exercício dos direitos de expressão, reunião, manifestação, associação e petição coletiva e à capacidade eleitoral passiva por militares e agentes militarizados dos quadros permanentes em serviço efetivo, bem como por agentes dos serviços e forças de segurança..."[2032].

Em termos organizatórios, a particularidade digna de registo respeita à circunstância de, nestes casos, a aprovação da lei que introduz as restrições nos direitos fundamentais destes cidadãos dever ser aprovada por

[2031] Quanto a este caso especial de restrição de direitos fundamentais, v. Jorge Bacelar Gouveia, *Regulação...*, pp. 463 e 464; J. J. Gomes Canotilho, *Direito Constitucional e Teoria...*, pp. 466 e 467; Paulo Otero, *Os militares e o direito de manifestação*, in AAVV, *Estudos Jurídicos e Económicos em Homenagem ao Prof. Doutor António de Sousa Franco*, III, Lisboa, 2006, pp. 599 e ss.; José Carlos Vieira de Andrade, *Os direitos fundamentais...*, pp. 296 e ss.

[2032] Art. 270º da CRP.

maioria de dois terços dos Deputados presentes, desde que superior à maioria absoluta dos Deputados em efetividade de funções[2033]. A maioria de dois terços dos Deputados em efetividade de funções assume-se como um desvio à regra geral do número de votos necessários para a aprovação de um ato legislativo parlamentar – a maioria relativa, ou seja, mais votos a favor do que contra[2034].

O conjunto dos direitos fundamentais que se encontram abrangidos por esta especial cláusula de restrição, definidos em termos da pertença a um determinado estatuto, é taxativamente enunciado no texto constitucional, estando em causa normas dotadas de uma excecionalidade material evidente.

O fio condutor que se descobre nesses direitos assimila-os a uma restrição de "ordem essencialmente política", visando conferir ao estatuto das forças militares e paramilitares uma neutralidade ativa em face do poder político, impedindo-as de tomar parte nas respetivas decisões, quer no momento da designação dos respetivos titulares, quer no momento da formação da opinião pública.

A definição de quem seja "militar" ou "paramilitar" não é constitucionalmente apresentada, sendo necessário fazer o respetivo preenchimento com o recurso à legislação ordinária que cuida do estatuto militar. Note-se, no entanto, que se opera a limitação da possibilidade da restrição aos militares e paramilitares que se encontram no quadro permanente, não a todos eles.

XV. Outra situação que também merece referência no plano das limitações de direitos, liberdades e garantias que respeitam às pessoas que se encontrem em determinadas circunstâncias é a daquelas que se sujeitam à aplicação de uma medida privativa de liberdade[2035].

Ainda que constitucionalmente se não faça essa destrinça e ainda que, no plano valorativo e processual, se trate de casos assinalavelmente diver-

[2033] Cfr. o art. 168º, nº 6, da CRP.

[2034] Cfr. o art. 116º, nº 3, da CRP.

[2035] Refletindo sobre a particular restrição de direitos fundamentais para pessoas privadas da liberdade, J. J. Gomes Canotilho e Vital Moreira, *Constituição...*, p. 198; Jorge Bacelar Gouveia, *Regulação...*, pp. 464 e ss.; José Carlos Vieira de Andrade, *Os direitos fundamentais...*, p. 298.

sos, é de equiparar à situação de recluso com sentença transitada em julgado o preso preventivamente.

Perante a ausência de resposta ao nível do texto constitucional primitivo, a revisão constitucional de 1982 aditou um número ao artigo sobre os limites das penas e das medidas de segurança[2036], nele se dizendo que "Nenhuma pena envolve como efeito necessário a perda de quaisquer direitos civis, profissionais ou políticos".

A partir da revisão constitucional de 1989, a CRP passou ainda a contemplar outro número, esclarecendo definitivamente esta questão, em que se diz o seguinte: "Os condenados a quem sejam aplicadas pena ou medida de segurança privativas da liberdade mantêm a titularidade dos direitos fundamentais, salvas as limitações inerentes ao sentido da condenação e às exigências próprias da respetiva execução"[2037].

O princípio geral que ficou reafirmado é o de que os reclusos, só pelo facto de terem sido condenados a uma pena ou medida de segurança privativa de liberdade, não perdem só por isso a titularidade de direitos fundamentais. E a CRP admite-o em termos muitíssimo latos porque refere, alargadamente, "direitos civis, profissionais ou políticos", com isso se afastando o penoso espetro da "morte civil", não podendo os reclusos ser considerados vítimas de uma qualquer *capitis deminutio*.

A primeira das exceções em que se admite uma restrição na titularidade de direitos, liberdades e garantias relaciona-se, segundo o que se diz no texto constitucional, com o sentido da condenação que se obtém da pena privativa de liberdade. Facilmente se compreende que, tratando-se da aplicação de uma pena ou medida de segurança desse jaez, não possa o recluso reivindicar o exercício do direito que essa mesma pena ou medida de segurança visa coartar, que é a liberdade física, nos precisos termos nela estipulados, quanto ao local, duração e modo de execução.

A outra das exceções, não tendo já que ver diretamente com o sentido da condenação que priva o recluso da liberdade física, assume-se como sendo a *decorrência lógica* da respetiva execução. Ela implica que o recluso não usufrua dos direitos, liberdades e garantias que, não integrando o tipo da liberdade física, também não possam, a título lateral, ser exercidos em vista da situação de prisão em que se encontra.

[2036] Cfr. o art. 30º, nº 4, da CRP.

[2037] Art. 30º, nº 5, da CRP.

São todos aqueles direitos, liberdades e garantias cujo exercício só possa ter logicamente sentido havendo o pressuposto da liberdade física e que não possam ter lugar numa situação de aplicação da pena privativa de liberdade – os direitos, liberdades e garantias que se apresentem materialmente dependentes da liberdade física das pessoas ou da possibilidade de que a mesma venha a ser exercida.

Não se explicitam na CRP, relativamente a esta segunda exceção, quais os direitos fundamentais que não podem ser objeto de exercício em atenção à respetiva incompatibilidade com a situação de privação de liberdade. Mas é evidente que deve aqui funcionar um laço de conexão material, que serve para afastar qualquer arbitrariedade possível.

XVI. Situação que ainda merece observação, no tocante a um especial estatuto de direitos, liberdades e garantias por referência a pessoas, é a daqueles que não tenham cidadania portuguesa, igualando-se, para o efeito, os estrangeiros e os apólides[2038].

Numa manifesta e rasgada generosidade, o legislador constitucional português entendeu por bem estabelecer como princípio geral, no tocante à titularidade dos direitos fundamentais em razão deste aspeto do laço de cidadania, *o princípio da equiparação*: à partida, os estrangeiros e os apátridas gozam dos mesmos direitos fundamentais de que usufruem os cidadãos portugueses[2039].

A extensão desse princípio geral não se apresenta, no entanto, como total e deparamos com três conjuntos de domínios que limitam uma potencial e irrestrita aplicação de tal princípio[2040]:

a) os direitos políticos;
b) o exercício de funções públicas que não tenham caráter predominantemente técnico;
c) os direitos (e os deveres) reservados pela Constituição ou pela lei exclusivamente aos cidadãos portugueses.

Todavia, a CRP recorta, dentro da categoria dos cidadãos estrangeiros, três grupos de cidadãos a quem confere estatutos privilegiados se

[2038] Cfr. Jorge Bacelar Gouveia, *Regulação...*, pp. 466 e ss.

[2039] Cfr. o art. 15º, nº 1, da CRP.

[2040] Cfr. o art. 15º, nº 2, da CRP.

os compararmos com os restantes estrangeiros e com os apátridas em geral, assim recuando nas limitações genericamente impostas aos cidadãos estrangeiros, aceitando o exercício de direitos fundamentais que, em princípio, lhes seriam vedados.

Essas categorias são (i) os cidadãos de língua portuguesa, (ii) os cidadãos estrangeiros residentes em Portugal e (iii) os cidadãos da UE:

1) os cidadãos dos países de língua portuguesa: atribuição geral, por convenção internacional e através da condição de reciprocidade, desde que residam em território português, de direitos não atribuíveis aos estrangeiros, com exceção do acesso a certos cargos dos órgãos de soberania, o serviço nas forças armadas e a carreira diplomática[2041];

2) os cidadãos estrangeiros residentes no território nacional: atribuição por lei, mediante a condição de reciprocidade, de capacidade eleitoral ativa e passiva na eleição dos órgãos das autarquias locais[2042];

3) os cidadãos dos Estados da União Europeia residentes no território português: atribuição por lei, sob a condição de reciprocidade, de capacidade eleitoral ativa e passiva na eleição para o Parlamento Europeu[2043].

233. A suspensão em estado de exceção

I. A positivação do estado de exceção no Direito Constitucional Português esteia-se nas duas figuras do *estado de sítio* e do *estado de emergência*[2044],

[2041] Cfr. o art. 15º, nº 3, da CRP.

[2042] Cfr. o art. 15º, nº 4, da CRP.

[2043] Cfr. o art. 15º, nº 5, da CRP.

[2044] Sobre o estado de exceção em geral, v. Marcelo Rebelo de Sousa, *Direito Constitucional...*, pp. 174 e ss.; António Damasceno Correia, *Estado de sítio...*, pp. 111 e ss.; J. J. Gomes Canotilho e Vital Moreira, *Fundamentos...*, p. 139, e *Constituição...*, pp. 156 e ss.; Jorge Bacelar Gouveia, *Os direitos fundamentais atípicos*, pp. 457 e ss., *O estado de exceção...*, I, pp. 557 e ss., e II, pp. 781 e ss., e *Regulação...*, pp. 467 e ss.; Jorge Miranda, *Manual...*, IV, pp. 346 e ss.; J. J. Gomes Canotilho, *Direito Constitucional e Teoria...*, pp. 1099 e ss.; José Carlos Vieira de Andrade, *Os direitos fundamentais...*, pp. 316 e ss.

a primeira com raízes no Constitucionalismo Português[2045] porque introduzida na C1911 e a segunda criada, originalmente, com a CRP.

A ligação do estado de exceção constitucional aos direitos, liberdades e garantias é muito óbvia: a CRP apenas admite a sua suspensão na vigência do estado de sítio e do estado de emergência, em vista das respetivas finalidades e estritamente limitado ao modo por que pode exercer-se.

Daí que estudar a suspensão dos direitos, liberdades e garantias seja estudar também, em maior escala, tal como o mesmo vem a ser sistematicamente localizado, o estado de exceção na CRP.

II. O Direito Constitucional Português igualmente prevê como figura próxima do estado de exceção constitucional o *estado de guerra*, ainda que doutrinariamente esquecido e legislativamente pouco construído[2046], instituto que oferece uma semelhante relevância na esfera do Direito Internacional Público[2047].

Tal como estes dois tipos de estados de exceção, o estado de guerra assenta numa confluência de fatores de caracterização:

[2045] No estrangeiro, os contributos a respeito do estado de exceção são inúmeros, cumprindo referir os seguintes: RAFAEL BIELSA, *El estado de necesidad en el Derecho Constitucional y Administrativo*, Buenos Aires, 1957, pp. 56 e ss.; GENEVIÈVE CAMUS, *L'état de nécessité en Démocratie*, Paris, 1965, pp. 9 e ss.; GERARDO MORELLI, *La sospensione...*, pp. 1 e ss.; PIETRO PINNA, *L'emergenza nell'ordinamento costituzionale italiano*, Milano, 1988, pp. 1 e ss.; FRANCISCO FERNÁNDEZ SEGADO, *El estado de excepción...*, pp. 11 e ss.; PEDRO CRUZ VILLALÓN, *Estados excepcionales y suspensión de garantías*, Madrid, 1984, pp. 13 e ss.; LEANDRO DESPUY, *Les derechos humanos y los estados de excepción*, Cidade do México, 1999, pp. 1 e ss.

[2046] Sobre o estado de guerra em geral, v. JORGE MIRANDA, *Atos e funções do Presidente da República*, in AAVV, ESC, I, Lisboa, 1977, p. 267; DIOGO FREITAS DO AMARAL, *A Lei de Defesa Nacional...*, pp. 149 e ss.; ANTÓNIO DAMASCENO CORREIA, *Estado de sítio...*, p. 149; ALFREDO BARROSO e JOSÉ VICENTE BRAGANÇA, *O Presidente da República: função e poderes*, in AAVV, PSPC, Lisboa, 1989, p. 341; JORGE BACELAR GOUVEIA, *Os limites circunstanciais...*, pp. 107 e 108, *O estado de exceção...*, I, pp. 713 e ss., II, pp. 1334 e ss., e *Estado de guerra*, in AAVV, DJAP, 2º sup., Lisboa, 2001, pp. 306 e ss.; J. J. GOMES CANOTILHO e VITAL MOREIRA, *Os poderes do Presidente da República*, Coimbra, 1991, pp. 91 e ss, e p. 109, e *Constituição...*, pp. 156, 595, 596 e 773; J. J. GOMES CANOTILHO, *Direito Constitucional e Teoria...*, pp. 1100 e 1101.

[2047] Cfr. a extensa bibliografia em JORGE BACELAR GOUVEIA, *Estado de guerra*, pp. 302 e ss.

- *os pressupostos*[2048]: numa visão mais restrita e de índole militar, o estado de guerra justifica-se "...em caso de agressão efetiva ou iminente..."[2049] ao território nacional;
- *o procedimento*[2050]: o itinerário decisório do estado de guerra implica a participação dos três órgãos de soberania politicamente ativos, cabendo a respetiva iniciativa ao Governo, posteriormente o Conselho de Estado sendo consultado, seguindo-se a intervenção da Assembleia da República autorizando-o e, a final, o Chefe de Estado decretando-o;
- *os efeitos*[2051]: sendo a CRP escassa a este respeito, apenas se referindo à possibilidade da decretação de tribunais militares, é na LDN que se pode densificar o seu sentido mais profundo, o mesmo consistindo na preparação do país para enfrentar as circunstâncias bélicas[2052].

Não obstante os pontos de contacto entre o estado de guerra e o estado de exceção, visível na semelhança de um dos pressupostos e na homologia do procedimento, são figuras distintas, não tendo o estado de guerra a virtualidade de substancialmente alterar a Ordem Constitucional, como faz o estado de exceção, com a única exceção de permitir o funcionamento dos tribunais militares[2053], que não operam em tempo de paz, dizendo a CRP que "Durante a vigência do estado de guerra serão constituídos tribunais militares com competência para o julgamento de crimes de natureza estritamente militar"[2054].

[2048] Cfr. Jorge Bacelar Gouveia, *Estado de guerra*, pp. 309 e ss.

[2049] Art. 135º, al. c), da CRP.

[2050] Cfr. Jorge Bacelar Gouveia, *Estado de guerra*, pp. 317 e ss.

[2051] Cfr. Jorge Bacelar Gouveia, *Estado de guerra*, pp. 320 e ss.; Vítor M. Gil Prata, *A Justiça Militar e a Defesa Militar*, Lisboa, 2012, pp. 63 e ss.

[2052] Podendo identificar-se quatro efeitos fundamentais, nos termos do art. 41º da LDN: (i) o empenhamento total na prossecução das finalidades da guerra; (ii) o ajustamento da economia nacional ao esforço de guerra; (iii) a mobilização e a requisição dos recursos necessários à defesa nacional; (iv) a urgência na satisfação das necessidades decorrentes da prioridade da componente militar.

[2053] Cfr. Jorge Bacelar Gouveia, *Estado de guerra*, pp. 323 e ss., sendo a posição do texto corrigida no sentido de aceitar algumas consequências de exceção constitucional – precisamente no caso dos tribunais militares – na decretação do estado de guerra.

[2054] Art. 213º da CRP.

III. Na sua essência, o regime constitucional do estado de sítio e do estado de emergência – que podem ser conjuntamente designados por estado de exceção – foi logo definido na versão primitiva da CRP, tendo as posteriores revisões constitucionais efetuado alterações de pouca monta[2055], podendo, em resumo, registar-se dois diferentes contributos:

1) *a revisão constitucional de 1982* – por um lado, a maior democratização do procedimento decisório do estado de exceção, em decorrência, em geral, da maior democraticidade alcançada no sistema de governo português mercê da substituição de um órgão de cariz militar e revolucionário (o Conselho da Revolução), sendo a respetiva intervenção de tipo autorizativo trocada por uma intervenção de tipo consultivo a cargo do Conselho de Estado; por outro lado, o aperfeiçoamento garantístico que se obteve através do aumento do número expresso de direitos fundamentais que passaram a ser insuscetíveis de suspensão na pendência das situações de exceção;
2) *a revisão constitucional de 1989* – muito menos importante do que a primeira, esta revisão caracterizou-se por um melhoramento técnico-jurídico do regime do estado de exceção, com o esclarecimento de dúvidas que a redação inicial tinha suscitado na doutrina, sobretudo na disciplina dos aspetos jurídico-formais da declaração do estado de exceção.

IV. As *fontes normativas* da regulação do estado de exceção não se limitam, todavia, ao texto constitucional, havendo ainda que realçar tanto as fontes internacionais como as fontes legais[2056].

No plano internacional, Portugal encontra-se vinculado aos sistemas de proteção dos direitos do homem da ONU e do CEu, pelo que também por aqui se aplicam os respetivos textos.

E repare-se que, não obstante ter havido a formulação de algumas reservas por parte de Portugal, em matéria das derrogações aos direitos do homem que são previstas no PIDCP e na CEDH não se depara com qualquer desvio relativamente ao regime que é formulado, respetivamente,

[2055] Cfr. Jorge Bacelar Gouveia, *O estado de exceção...*, I, pp. 557 e ss., e *Regulação...*, pp. 467 e 468.

[2056] Cfr. Jorge Bacelar Gouveia, *O estado de exceção...*, I, pp. 608 e ss., e pp. 622 e ss.

nos seus arts. 4º e 15º, assim plenamente aplicáveis na Ordem Jurídica Portuguesa.

No plano legal, o regime constitucional do estado de exceção é amplamente desenvolvido por uma lei que apenas trata destas matérias – a Lei sobre o Regime do Estado de Sítio e do Estado de Emergência (LRESEE), que integra os seguintes capítulos, nos seus 28 artigos:

- Capítulo I – *Disposições gerais*
- Capítulo II – *Do estado de sítio e do estado de emergência*
- Capítulo III – *Da declaração*
- Capítulo IV – *Da execução da declaração*
- Capítulo V – *Do processo de declaração*

Apesar do seu caráter específico, esse não vem a ser o único diploma pertinente porque outra legislação existe que, pontualmente, cuida de aspetos relacionados com o regime do estado de exceção: a legislação sobre referendos, a legislação sobre a responsabilidade penal dos titulares dos cargos políticos ou a legislação sobre a defesa nacional e as forças armadas.

V. O regime do estado de exceção constitucional pode ser distribuído pelos seguintes eixos[2057]:

a) *os pressupostos* – situações de crise político-social;
b) *os efeitos materiais* – a suspensão de direitos, liberdades e garantias – e *os efeitos organizatórios* – o reforço das competências administrativas do Governo;
c) *o procedimento de decretação* – intervenção partilhada dos órgãos de soberania politicamente ativos;
d) *o controlo da execução* – de feição político-parlamentar e jurisdicional.

VI. O texto constitucional, em matéria de *pressupostos* do estado de exceção, considera três situações possíveis para se levar a cabo a respetiva decretação[2058]:

[2057] Cfr. Jorge Bacelar Gouveia, *Regulação...*, p. 468.

[2058] Cfr. Jorge Bacelar Gouveia, *O estado de exceção...*, II, pp. 781 e ss., e *Regulação...*, pp. 468 e 469.

1) a "agressão efetiva ou iminente por forças estrangeiras" – uma situação de caráter militar internacional, em que se regista a ofensa da integridade territorial do Estado;
2) a "grave ameaça ou perturbação da ordem constitucional democrática" – uma situação de caráter político-institucional, na qual se põe em causa a estrutura constitucional do Estado, nos seus aspetos e princípios nucleares;
3) a "calamidade pública" – uma situação de cariz social, de elevados prejuízos e que atinge um grande número de pessoas, causada por acidentes tecnológicos ou por catástrofes naturais[2059].

VII. A *decisão* de decretação do estado de exceção – seja do estado de sítio, seja do estado de emergência – assume-se como possuindo um caráter discricionário, sendo internamente delimitada pelo princípio da proporcionalidade, designadamente impondo a contenção, segundo os termos exigentes desse princípio fundamental de Direito Público[2060], dos seguintes efeitos[2061]:

- *os efeitos materiais*: na suspensão de direitos fundamentais;
- *os efeitos organizatórios*: na tomada das medidas administrativas apropriadas;
- *os efeitos territoriais*: na escolha da parcela do território nacional em que esses efeitos vão ter lugar; e
- *os efeitos temporais*: na duração desses mesmos efeitos.

Os *efeitos de índole material* abarcam a suspensão dos direitos, liberdades e garantias previstos na CRP[2062]. A LRESEE prevê, no entanto, limi-

[2059] Cfr. o art. 19º, nº 2, da CRP e o arts. 1º, 8º e 9º da LRESEE.

[2060] É do seguinte teor o preceito constitucional que consagra o princípio da proporcionalidade, que é o art. 19º, nº 4, da CRP: "A opção pelo estado de sítio ou pelo estado de emergência, bem como as respectivas declaração e execução, devem respeitar o princípio da proporcionalidade e limitar-se, nomeadamente quanto às suas extensão e duração e aos meios utilizados, ao estritamente necessário ao pronto restabelecimento da normalidade constitucional".

[2061] Cfr. Jorge Bacelar Gouveia, *O estado de exceção...*, II, pp. 814 e ss., e *Regulação...*, pp. 469 e 470.

[2062] Cfr. o art. 19º, nº 1, da CRP.

tações nalguns direitos suscetíveis de suspensão, dispondo a respeito do modo como sobre eles se projeta esse efeito ablativo[2063].

A CRP, no que é repetida pela LRESEE, determina ainda a impossibilidade da suspensão destes direitos fundamentais: os direitos à vida, à integridade pessoal, à identidade pessoal, à capacidade civil e à cidadania, a não retroatividade da lei criminal, o direito de defesa dos arguidos e a liberdade de consciência e de religião[2064].

Os *efeitos de cariz organizatório* são muito mais limitados se comparados com os efeitos materiais. De um modo geral, permite-se o reforço das competências administrativas do Governo, órgão que chefia a execução do estado de exceção[2065], dizendo-se que "A declaração do estado de sítio ou do estado de emergência confere às autoridades competência para tomarem as providências necessárias e adequadas ao pronto restabelecimento da normalidade constitucional"[2066].

Isso explica-se pelas características que inerem ao exercício da função administrativa por parte do Governo, não só a respetiva continuidade funcional, mas também a sua colegialidade restrita, bem como ainda a disponibilidade sobre os meios materiais de uso da força – as polícias e as forças armadas.

Relativamente às competências constitucionalmente estabelecidas dos órgãos de soberania que não sejam do foro administrativo, a orientação geral é a da respetiva intangibilidade, o mesmo se dizendo no tocante aos órgãos das Regiões Autónomas. Com a decretação do estado de exceção, não se opera uma qualquer concentração de poderes no Governo, que vê unicamente os seus poderes administrativos reforçados, mantendo-se os restantes órgãos no exercício das suas competências ordinárias[2067].

2063 Cfr. o art. 2º, nº 2, da LRESEE.

2064 Cfr. o art. 19º, nº 6, da CRP. Sobre estes direitos intangíveis, v., por todos, Jorge Bacelar Gouveia, *O estado de exceção...*, II, pp. 888 e ss.

2065 Cfr. Jorge Bacelar Gouveia, *O estado de exceção...*, II, pp. 940 e ss.

2066 Art. 19º, nº 8, da CRP e art. 19º da LRESEE.

2067 É bem explícita sobre esse ponto a CRP, no seu art. 19º, nº 7, ao prescrever que "A declaração do estado de sítio ou do estado de emergência só pode alterar a normalidade constitucional nos termos previstos a Constituição e na lei, não podendo nomeadamente afetar a aplicação das regras constitucionais relativas à competência e ao funcionamento dos órgãos de soberania e de governo próprio das regiões autónomas ou os direitos e imunidades dos respectivos titulares".

O estado de exceção tem mesmo, em certos casos, o efeito contrário de congelar o exercício de outras competências constitucionais, as quais não podem ser exercidas enquanto se mantiver a respetiva vigência: a proibição da dissolução do Parlamento[2068] ou a proibição da revisão constitucional[2069].

VIII. Em termos de declaração do estado de sítio e do estado de emergência[2070], regista-se um *procedimento* em que se envolvem os diversos órgãos do Estado, com isso se atestando, aliás, a extraordinária importância que a CRP quis atribuir à situação de exceção constitucional[2071]:

a) a iniciativa do Presidente da República: perante o preenchimento dos respetivos pressupostos, cabe ao Chefe de Estado tomar oficiosamente a iniciativa de pôr em marcha um procedimento para declarar o estado de sítio e o estado de emergência, elaborando para o efeito um projeto de declaração;

b) a audição, a título instrutório, do Governo: havendo a intenção de iniciar o procedimento, o Presidente da República deve consultar o Governo, que emite parecer obrigatório e não vinculativo;

c) a autorização da Assembleia da República: o projeto de declaração, devidamente acompanhado do parecer do Governo, é depois submetido a apreciação da Assembleia da República, que lhe concede ou não a sua autorização, não podendo, em todo o caso, introduzir-lhe emendas;

d) a decisão final do Presidente da República: havendo a autorização parlamentar, cabe ao Presidente da República a última palavra, decretando ou não o estado de sítio e o estado de emergência, exatamente nos termos propostos (tendo ainda que contar com a referenda ministerial).

[2068] Cfr. o art. 172º, nº 1, da CRP. Cfr. J. J. Gomes Canotilho e Vital Moreira, *Constituição...*, p. 703.

[2069] Cfr. o art. 289º da CRP. Cfr. Jorge Bacelar Gouveia, *Os limites circunstanciais...*, pp. 103 e ss.; J. J. Gomes Canotilho e Vital Moreira, *Constituição...*, pp. 1067 e 1068.

[2070] Cfr. Jorge Bacelar Gouveia, *O estado de exceção...*, II, pp. 1025 e ss., e *Regulação...*, p. 470.

[2071] Cfr. os arts. 10º e ss. e 23º e ss. da LRESEE.

IX. O cuidado que o legislador constitucional pôs na elaboração de um regime do estado de exceção que respeitasse os exigentes vetores do Estado de Direito, de que a CRP justamente se reclama, visualiza-se ainda no tipo de *controlo* que entende fazer incidir sobre os respetivos atos[2072].

O *controlo de natureza política* compete à Assembleia da República, a quem se atribui o poder de fiscalizar, *a posteriori*, a execução do estado de exceção, com a aplicação da responsabilidade política – a demissão do Governo por aprovação de uma moção de censura – ou da responsabilidade penal – por indiciação através de comissões de fiscalização parlamentar[2073].

O *controlo de natureza jurisdicional* efetiva-se, essencialmente, pelo Tribunal Constitucional, a quem compete verificar a constitucionalidade dos atos de decretação e de execução do estado de exceção que tenham natureza normativa, incumbindo aos restantes tribunais verificar a legalidade dos atos não normativos, bem como a aplicação da responsabilidade penal e civil que decorra da sua prática.

X. A dualidade de figuras de estado de exceção, tal como o mesmo se encontra gizado pelo Direito Constitucional Português, só é dogmaticamente aceitável se a uma distinção terminológica corresponder, na verdade, uma real diferenciação de regimes aplicáveis a cada uma dessas figuras.

Estamos em crer que essa diferença de regime existe[2074]. A separação entre o estado de sítio e o estado de emergência vem então a cimentar-se numa divisão mista, sublinhando-se a existência simultânea nessa diferenciação de elementos quantitativos e de elementos qualitativos.

Simplesmente, ela é *tão ténue* que nunca deveria justificar, por si mesma, a apresentação separada das duas figuras, pelo que se costuma normalmente optar pela sua apresentação conjunta[2075].

Note-se que este não é o panorama do Direito Constitucional Comparado Europeu, que normalmente acentua – até por razões históricas

[2072] Cfr. Jorge Bacelar Gouveia, *O estado de exceção...*, II, pp. 1173 e ss., e *Regulação...*, pp. 470 e 471.

[2073] Cfr. o art. 28º da LRESEE.

[2074] Cfr. Jorge Bacelar Gouveia, *O estado de exceção...*, I, pp. 710 e ss.

[2075] Cfr. Jorge Bacelar Gouveia, *O estado de exceção...*, I, pp. 706 e ss., e *Regulação...*, p. 471.

muito fortes – a diferenciação de variados instrumentos do estado de exceção.

XI. É no plano da CRP que se situam as diferenças menos sensíveis entre o estado de sítio e o estado de emergência. Os critérios que, segundo o texto constitucional, permitem fazer a dissociação regimental entre o estado de sítio e o estado de emergência são dois, um qualitativo e o outro quantitativo:

- o *critério qualitativo* tem que ver com a maior gravidade dos pressupostos do estado de sítio por comparação com os pressupostos que originam o estado de emergência;
- o *critério quantitativo* liga-se à circunstância de o estado de emergência, ao contrário do que sucede com o estado de sítio, só poder suspender alguns – e não todos os que seria possível, pelo menos em abstrato, suspender – direitos, liberdades e garantias.

No plano da normação infraconstitucional, avançam-se outros relevantes critérios, para além da densificação que se faz do primeiro dos critérios constitucionais enunciados.

A LRESEE explicita que os dois pressupostos da "agressão militar" e da "perturbação da Ordem Constitucional" originam o estado de sítio e o pressuposto da "calamidade pública" dá azo ao estado de emergência[2076].

O novo critério legal, que vai para além daquilo que se estabelece na CRP, é o do *grau de militarização das autoridades administrativas* – com a substituição e a subordinação das autoridades civis pelas autoridades militares no estado de sítio e apenas a coadjuvação daquelas por estas no estado de emergência.

234. A tutela reforçada

I. O regime da tutela que especificamente visa defender os direitos, liberdades e garantias assume uma efetividade suplementar, em acrés-

[2076] Cfr., respetivamente, os arts. 8º e 9º da LRESEE.

cimo aos mecanismos que são comuns a todas as classes dos direitos fundamentais[2077].

Trata-se de quatro mecanismos que importa referir, ainda que de natureza diferenciada[2078]:

- o *direito de resistência*;
- o *direito de legítima defesa*;
- a *responsabilidade criminal*; e
- a *responsabilidade civil*.

A recente e importante reforma do Direito Administrativo Processual Português inclusivamente criou um mecanismo específico para defesa dos direitos, liberdades e garantias.

II. O *direito de resistência*[2079], sendo um direito cuja consagração constitucional não é frequente, está diretamente previsto[2080], juntamente com o

[2077] Com uma global apreciação dos diversos mecanismos de tutela dos direitos fundamentais, v., por todos, CATARINA SANTOS BOTELHO, *A tutela direta dos direitos fundamentais*, Coimbra, 2010, pp. 113 e ss.

[2078] Sobre alguns destes meios de justiça privada em geral, v. JOSÉ DE OLIVEIRA ASCENSÃO, *O Direito...*, pp. 92 e ss.

[2079] Sobre o direito de resistência na CRP, v. JORGE MIRANDA, *O regime dos direitos...*, pp. 86 e 87, e *Manual...*, IV, pp. 358 e ss.; MARCELO REBELO DE SOUSA, *Direito Constitucional...*, pp. 295 e 296, e *O valor...*, I, pp. 181 e ss.; JOSÉ CARLOS VIEIRA DE ANDRADE, *Direitos e garantias...*, p. 694, e *Os direitos fundamentais...*, pp. 342 e 343; NUNO ROGEIRO, *Resistência (direito de)*, in Pol., V, Lisboa, 1987, pp. 460 e 461; MARIA DA ASSUNÇÃO ANDRADE ESTEVES, *A constitucionalização...*, pp. 195 e ss.; MARIA MARGARIDA CORDEIRO MESQUITA, *Direito de resistência e ordem jurídica portuguesa*, in CTF, nº 353, janeiro-março de 1989, pp. 31 e ss., *Direito de resistência e ordem fiscal*, Coimbra, 1996, pp. 16 e ss., e *Resistência (direito de)*, in DJAP, 1º sup., Lisboa, 1998, pp. 433 e ss.; MARIA FERNANDA PALMA, *A justificação...*, I, pp. 217 e ss.; J. J. GOMES CANOTILHO e VITAL MOREIRA, *Constituição...*, pp. 165 e ss.; J. J. GOMES CANOTILHO, *Direito Constitucional*, p. 663; JORGE BACELAR GOUVEIA, *Os direitos fundamentais atípicos*, pp. 465 e 466, e *Objecção...*, p. 12.

[2080] Quanto ao direito de resistência numa perspetiva filosófico-histórica, bem como em termos de doutrina estrangeira, v. LÉON DUGUIT, *Manuel...*, pp. 280 e ss., e *Traité...*, III, pp. 790 e ss.; MARCELO REBELO DE SOUSA, *Direito Constitucional...*, pp. 295 e ss.; JEAN RIVERO, *Les libertés...*, I, pp. 285 e ss.; GERMANO MARQUES DA SILVA, *Crimes contra a autoridade pública*, in Pol., I, Lisboa, 1983, pp. 1370 e 1371; MARCELLO CAETANO, *Manual de Ciência Política...*, I, pp. 326 e ss.; MARIA DA ASSUNÇÃO ANDRADE ESTEVES, *A constitucionalização...*, pp. 13 e ss.; GUILLERMO ESCOBAR ROCA, *La objeción de consciência en la Constitución Española*, Madrid, 1993, pp. 60 e 61; ANTÓNIO DAMASCENO CORREIA, *O direito à objecção...*, pp. 23 e ss.; JORGE

direito de legítima defesa, nos seguintes termos: "Todos têm o direito de resistir a qualquer ordem que ofenda os seus direitos, liberdades e garantias e de repelir pela força qualquer agressão, quando não seja possível recorrer à autoridade pública"[2081].

O conteúdo deste direito implica, exatamente pelo uso da expressão "resistência", o sentido de desobediência às determinações do poder público, resistência essa que pode teoricamente conceber-se sob três diversas formas:

- a resistência passiva: a simples não execução dos atos ditados pelo poder público;
- a resistência defensiva: a reação de desobediência da pessoa à ordem do poder público;
- a resistência ativa: a resposta à ordem do poder público através da destruição ou perturbação desse mesmo poder público.

III. O *direito de legítima defesa* está também diretamente previsto para levar por diante uma atuação defensiva no caso de violação dos seus direitos, liberdades e garantias[2082].

Diferentemente do direito de resistência, o direito de legítima defesa faz sentido nas relações entre os titulares desses direitos e os outros cidadãos, numa lógica paritária.

A verdade, porém, é que o facto de a CRP apenas mencionar o direito não veda a aplicação subsidiária de outras normas – do CC e do CP – que completam a descrição dos termos do exercício deste mecanismo de auto-tutela.

IV. A violação dos direitos, liberdades e garantias, para além das implicações que decerto assume no plano da desvalorização dos atos jurídico-públicos, é do mesmo modo relevante no plano da construção de certos

Bacelar Gouveia, *Objecção de consciência...*, p. 174; Germán J. Bidart Campos, *Lecciones elementales de política*, 5ª ed., Buenos Aires, 1996, pp. 389 e ss.; Reinhold Zippelius, *Teoria...*, pp. 195 e ss.; Peter Pernthaler, *Allgemeine...*, pp. 253 e ss.; Jorge Miranda, *Manual...*, IV, pp. 358 e ss.

[2081] Art. 21º da CRP.

[2082] Sobre a legítima defesa em geral, v. Américo A. Taipa de Carvalho, *A legítima defesa*, Coimbra, 1995, pp. 9 e ss.; José de Oliveira Ascensão, *O Direito...*, pp. 93 e ss.

tipos de crimes que só podem ser perpetrados pelos titulares de cargos políticos, que assim incorrem em responsabilidade criminal[2083].

Esta especial proteção dos direitos, liberdades e garantias significa que a sua violação pode traduzir-se nalguns tipos de crimes, com isso se lhes oferecendo uma maior proteção nos seguintes casos, numa *responsabilidade penal* por violação dos mesmos:

- *o atentado contra a Constituição da República*, assim se atingindo, por ser uma das suas parcelas, os direitos, liberdades e garantias, havendo o objetivo de alterar e suspender o texto constitucional[2084];
- *o atentado contra o Estado de Direito*, nele se incluindo os direitos, liberdades e garantias, uma vez que se pretende a destruição destes, com grave violação das funções públicas[2085];
- *a suspensão ou restrição ilícitas de direitos, liberdades e garantias*, nestes dois casos incriminando-se a ilicitude daqueles dois efeitos, decretadas contra as exigências constitucionais[2086].

V. Ainda no plano da responsabilidade jurídica, os direitos, liberdades e garantias igualmente suscitam a especial proteção que é dada pela *responsabilidade civil*[2087], que nos termos em que constitucionalmente se desenha visa a violação dos direitos, liberdades e garantias.

[2083] Delimitação do conceito de titular de cargo político que se apresenta bem ampla, de modo a conseguir-se uma mais efetiva incriminação em caso de graves violações dos direitos, liberdades e garantias. Cfr. os arts. 2º e 3º da LRCTCP.

[2084] Cfr. o art. 8º da LRCTCP.

[2085] Cfr. o art. 9º da LRCTCP.

[2086] Cfr. o art. 15º da LRCTCP.

[2087] Sobre a responsabilidade civil do Estado em geral, v. Luís Lopes Navarro, *A responsabilidade civil do Estado*, in BMJ, nº 4, 1948, pp. 27 e ss.; Diogo Freitas do Amaral, *A responsabilidade da Administração no Direito Português*, Lisboa, 1973, pp. 15 e ss.; J. J. Gomes Canotilho, *O problema da responsabilidade...*, pp. 131 e ss., e *Direito Constitucional*, pp. 659 e ss.; João de Castro Mendes, *Direitos...*, p. 111; Jorge Miranda, *Inconstitucionalidade*, in DJAP, V, Lisboa, 1993, p. 204, e *Manual...*, IV, pp. 286 e ss.; Simões de Oliveira, *Meios contenciosos acessórios*, in AAVV, *Contencioso Administrativo*, Braga, 1986, pp. 254 e ss.; Marcelo Rebelo de Sousa, *Privatizações e Constituição*, Lisboa, 1991, pp. 156 e ss., e *Responsabilidade dos estabelecimentos públicos de saúde: culpa do agente ou culpa da organização?*, AAVV, *Direito da Saúde e Bioética*, Lisboa, 1996, pp. 160 e ss.; Rui Medeiros, *Ensaio...*, pp. 83 e ss., e *Responsabilidade civil dos poderes públicos – ensinar e investigar*, Lisboa, 2005, pp. 5 e ss.; Maria Luísa Duarte, *A cidadania da União e a responsabilidade dos Estados por violação do Direito Comunitário*, Lisboa, 1994, pp. 81 e ss.; J. J. Gomes Canotilho e Vital Moreira, *Constituição...*, pp. 168 e ss.; Manuel

Para esse mesmo resultado, aponta um dos preceitos constitucionais iniciais da Parte I da CRP, ao neles se estipular que "O Estado e as demais entidades públicas são civilmente responsáveis, em forma solidária com os titulares dos seus órgãos, funcionários ou agentes, por ações ou omissões praticadas no exercício das suas funções e por causa desse exercício, de que resulte violação dos direitos, liberdades e garantias ou prejuízo para outrem"[2088].

Afonso Vaz, *A responsabilidade civil do Estado – considerações breves sobre o seu estatuto constitucional*, Porto, 1995, pp. 9 e ss.; António Esteves Fermiano Rato, *Responsabilidade*, in DJAP, VII, Lisboa, 1996, pp. 265 e ss.; Maria José Rangel Mesquita, *Da responsabilidade civil extracontratual da Administração no ordenamento jurídico-constitucional vigente*, in AAVV, *Responsabilidade civil extracontratual da Administração Pública* (coord. de Fausto de Quadros), Coimbra, 1995, pp. 41 e ss., e *Responsabilidade do Estado e demais entidades públicas: o Decreto-Lei nº 48 051, de 21 de Novembro de 1967, e o artigo 22º da Constituição*, in AAVV, PC, II, Coimbra, 1997, pp. 371 e ss.; Jorge Bacelar Gouveia, *O estado de exceção...*, II, pp. 1247 e ss., e *O Decreto-Lei nº 351/93 e a Constituição Portuguesa – anotação aos Acórdãos nº 329/99 e nº 517/99 do Tribunal Constitucional*, in RFDUNL, ano I, nº 1 de 2000, pp. 189 e ss.; Marcelo Rebelo de Sousa e André Salgado de Matos, *Direito Administrativo Geral – Responsabilidade Civil Administrativa*, III, Lisboa, 2008, pp. 11 e ss.; Luís S. Cabral de Moncada, *Responsabilidade civil extra-contratual do Estado*, Lisboa, 2008, pp. 13 e ss.; Carlos Alberto Fernandes Cadilha, *Regime da responsabilidade civil extracontratual do Estado e demais entidades públicas anotado*, Coimbra, 2008, pp. 24 e ss.

[2088] Art. 22º da CRP.

Capítulo XI

Organização Económica

§ 51º O PRINCÍPIO DO ESTADO SOCIAL

235. Os fins do Estado em geral

I. Os *fins do Estado* interpretam as grandes orientações da comunidade política seguidas pela governação, normalmente expressas nos textos constitucionais, ainda que muitas vezes definidas na conjunturalidade da decisão política quotidiana.

Seria difícil deparar com uma matéria que melhor pudesse refletir a evolução do Estado Constitucional nestes seus dois séculos de vida, pois que apreciar estes fins implica apreciar a respetiva localização histórica.

O Estado Liberal foi um Estado em que avultou a dimensão estática da segurança e da justiça, dentro da conceção geral da separação entre Estado-Poder e o Estado-Comunidade, num contexto de liberdade individual.

Já no Estado Social, e em parte no Estado Pós-Social, os fins liberais conservam-se, mas são indexados a uma cláusula social de bem-estar e de intervencionismo económico, de acordo com uma conceção dinâmica e transformista da sociedade pelo Estado, que assim se acrescenta de um conjunto de finalidades no sentido da prossecução da igualdade material.

II. A preocupação com a defesa da igualdade em Estado Social – sem naturalmente obliterar a importância da liberdade, que se refrange ao nível do princípio democrático e do Estado de Direito – determina a emergência de *um princípio social ou da socialidade*, que se concretiza em múltiplos instrumentos que são típicos desta fase do Estado Constitucional.

O *princípio social representa, deste modo, um núcleo de preocupações de que o Estado fica sendo portador, na realização dos objetivos que são assinalados ao Estado Social que se desenvolveu no século XX*[2089].

Este é um traço central na evolução do Estado desde que, no tempo liberal, surgiu no contexto do Constitucionalismo, pois que agora o Estado obtém três novas preocupações:

- *uma preocupação de justiça distributiva*, não apenas uma justiça formal e meramente comutativa, sendo inúmeras as consequências práticas;
- *uma preocupação de bem-estar social*, pela qual o Estado passa a lutar, realizando um novo conjunto de incumbências, assim como através da categoria dos direitos fundamentais sociais;
- *uma preocupação de intervenção económica*, encarando a atividade da economia como um domínio submetido à relevância jurídico-constitucional, surgindo o conceito de Constituição económica.

III. O contexto do nascimento do Estado Social, já conhecido, radica num inovador conjunto de doutrinas políticas e económicas, a partir da rejeição de um modelo liberal.

Em qualquer caso, dele deve ser bem diferenciado de qualquer *princípio socialista*, que alimentou os totalitarismos de esquerda, fundados no marxismo-leninismo e que se desenvolveu a partir do Estado Soviético, depois se espalhando para outras experiências, mais ou menos puras na receção desse modelo.

Os pressupostos e os resultados só podem ser distintos, não obstante uma comum e difusa ideia de que em ambos os casos se apela a uma maior intervenção do poder público:

- *diferenças nos pressupostos* da aceitação ou da rejeição de uma matriz liberal de sociedade, da economia e do Estado, respetivamente nos princípios social e socialista;
- *diferenças nos resultados* de propor a coletivização social e económica, bem como a ditadura do proletariado no caso do princípio socia-

[2089] Sobre o princípio do Estado Social em geral, v. J. J. Gomes Canotilho, *Direito Constitucional e Teoria...*, pp. 335 e ss.; José Carlos Vieira de Andrade, *Os direitos fundamentais...*, pp. 359 e ss.; Rolf Stober, *Direito Administrativo Económico Geral*, Lisboa, 2008, pp. 60 e ss.

lista, enquanto que no princípio social apenas se admite a coexistência de um setor público com o setor privado, assim como a relevância da intervenção económica e social do Estado numa lógica de correção das desigualdades reais e de fomento da igualdade de oportunidades.

236. Portugal como Estado Social

I. Da leitura do nosso texto constitucional resulta clara a formulação dos objetivos fundamentais que se assinalam ao Estado na sua refração constitucional máxima.

É logo no preâmbulo que se detetam no Estado preocupações modernas de socialidade, pois que se assinala como objetivo a alcançar "...abrir caminho para uma sociedade socialista, no respeito da vontade do povo português, tendo em vista a construção de um país mais livre, mais justo e mais fraterno"[2090].

II. É também de não esquecer a importância dos preceitos iniciais do articulado constitucional, em que se apela, enfaticamente, à ideia de democracia social e económica, num enriquecimento – que alguns poderão ver como limitação – da conceção democrática, assim definitivamente deixando para trás o modelo liberal:

- Art. 1º da CRP: "Portugal é uma República soberana (...) empenhada na construção de uma sociedade livre, justa e solidária"[2091];
- Art. 2º da CRP: "A República Portuguesa é um Estado de Direito Democrático (...), visando a realização da democracia económica, social e cultural..."[2092].

III. Porventura o mais relevante de todos esses preceitos vem a ser o do art. 9º da CRP, precisamente epigrafado de "Tarefas fundamentais do Estado", nele se prescrevendo[2093]:

2090 § 4º, *in fine*, do preâmbulo da CRP.

2091 Art. 1º, *in fine*, da CRP.

2092 Art. 2º, *in fine*, da CRP.

2093 Art. 9º, als. a) a h), da CRP.

- "Garantir a independência nacional e criar as condições políticas, económicas, sociais e culturais que a promovam";
- "Garantir os direitos e liberdades fundamentais e o respeito pelos princípios do Estado de Direito Democrático";
- "Defender a democracia política, assegurar e incentivar a participação democrática dos cidadãos na resolução dos problemas nacionais";
- "Promover o bem-estar e a qualidade de vida do povo e a igualdade real entre os portugueses, bem como a efetivação dos direitos económicos, sociais, culturais e ambientais, mediante a transformação e modernização das estruturas económicas e sociais";
- "Proteger e valorizar o património cultural do povo português, defender a natureza e o ambiente, preservar os recursos naturais e assegurar um correto ordenamento do território";
- "Assegurar o ensino e a valorização permanente, defender o uso e promover a difusão internacional da língua portuguesa";
- "Promover o desenvolvimento harmonioso de todo o território nacional, tendo em conta, designadamente, o caráter ultraperiférico dos arquipélagos dos Açores e da Madeira";
- "Promover a igualdade entre homens e mulheres".

IV. O desenvolvimento do caráter social do Estado Português alinha-se, depois, por aquilo que se prescreve na Parte I e na Parte II da CRP:

- na Parte I, o princípio social concretiza-se nos designados *direitos fundamentais económicos, sociais e culturais*;
- na Parte II, o princípio social afirma-se em múltiplas disposições e princípios *que limitam a iniciativa e a propriedade privadas, para além da conceção intervencionista do Estado na economia*, bem como a dimensão distributiva da fiscalidade.

V. A certeza final, para quem ainda tivesse dúvidas, acerca do empenho da CRP no princípio social fica definitivamente adquirida pelo relevo que se lhe dá, embora não usando esse nome, em matéria de limites materiais de revisão constitucional, o que se comprova por dois dos tópicos que integram a sua lista:

– "A coexistência do setor público, do setor privado e do setor cooperativo e social de propriedade dos meios de produção"[2094];
– "A existência de planos económicos no âmbito de uma economia mista"[2095].

237. O princípio da igualdade social

I. O primeiro dos três aspetos mencionados é concretamente representado – no plano do Direito Constitucional, mas daqui irradiando para outros níveis ordenadores – pela *justiça social,* a qual se mostra ser um suplemento, senão mesmo uma correção, à justiça formal que foi diretamente herdada do Liberalismo político e económico.

No plano da formulação do princípio da igualdade, ao lado da sua apresentação clássica, em que o que é igual deve suscitar um igual tratamento, sobressaem outras dimensões deste mesmo princípio, essencialmente através da sua formulação positiva, correspondendo à necessidade de tratar diferentemente o que é diferente no plano da materialidade subjacente.

Assim se aceita – e, em certos casos, se impõe mesmo – a diferenciação de tratamento perante situações que não devem ser igualadas, num juízo que, contudo, nem sempre é fácil de fazer.

O ponto de viragem que se estabelece é a ideia de que a igualdade, mais do que a dimensão estática da lei, seja positiva ou negativa, propicia por parte da própria lei uma busca ativa da mesma, que passa a ser uma igualdade, não da lei, mas através da lei.

Nisto consiste o *princípio da igualdade social* como correção e adequação do princípio da igualdade desenvolvido em ambiente de Estado Social, o qual se ergue ao nível das opções do Estado, que deixa de ser neutro, para assumir este programa de transformação da realidade constitucional.

II. A aplicação do princípio da igualdade social, como aspeto nuclear do princípio social, especifica-se por intermédio da adoção de mecanis-

[2094] Art. 288º, al. f), da CRP.
[2095] Art. 288º, al. g), da CRP.

mos mais cogentes de *discriminação positiva*, abstratamente concedendo vantagens a certos grupos de pessoas em situação de perda inicial, que de outra forma não poderiam beneficiar da lógica do princípio da igualdade.

É assim que se fala hoje de um *Direito da Igualdade Social*[2096], que tem precisamente por objeto espelhar todas as transformações que ao nível do Direito – embora esta temática em muito o ultrapasse – acontecem com o fito de alcançar essa preocupação social[2097], essencialmente através de esquemas de discriminação positiva.

Ao Direito Constitucional, como parcela suprema desse Direito da Igualdade Social, incumbe a principal tarefa da concretização do princípio social, nesta sua vertente de princípio da igualdade social, por intermédio dos direitos fundamentais sociais, de 2ª geração, tal como eles surgiram em plena Questão Social associados ao nascimento do Direito do Trabalho[2098].

III. Porém, essa preocupação é hoje muito mais vasta do que nas circunstâncias em que este princípio foi mais sentido nos tempos da Questão Social, indo muito para além do Direito do Trabalho, embora neste

[2096] Quanto aos conteúdos do Direito da Igualdade Social, que em tempos tivemos ocasião de reger na Faculdade de Direito da Universidade Nova de Lisboa, Jorge Bacelar Gouveia, *Direito da Igualdade Social – guia de estudo*, Lisboa, 2000, pp. 7 e ss., e *A importância da Lei nº 134/99...*, pp. 11 e ss., e no plano dos conteúdos programáticos, *Direito da Igualdade Social – fontes normativas*, Lisboa, 2000.

Depois de a regência desta disciplina ter sido atribuída a Teresa Pizarro Beleza, o seu âmbito temático estreitou-se à problemática das relações de género numa perspetiva de confessado favorecimento das mulheres, quando em Portugal e no Mundo, se é para encarar a sério o problema da discriminação de género, não pode a mesma partir de um preconceito desfavorável aos homens, tão condenável quanto o preconceito desfavorável às mulheres, estas em muitos setores hoje em clara posição de superioridade numérica. Cfr. Teresa Pizarro Beleza, *Direito das Mulheres e da Igualdade Social – a contrução jurídica das relações de género*, Coimbra, 2010, pp. 23 e ss.

[2097] Sendo suscetível de uma distinção entre uma *parte geral* – relativa aos fundamentos da igualdade, aos fatores discriminatórios e às providências de combate aos mesmos – e uma *parte especial* – atinente ao estudo das diversas posições de desfavorecimento, como as minorias étnicas, as minorias religiosas ou os cidadãos com deficiência. Cfr. Jorge Bacelar Gouveia, *Direito da Igualdade Social – guia...*, pp. 12 e ss.

[2098] Ligando o Direito do Trabalho à Questão Social, v. José João Abrantes, *Estudos sobre o Código do Trabalho*, Coimbra, 2004, pp. 94 e ss.

seja do mesmo modo relevante, comunicando o princípio da igualdade social com outros domínios normativos, como sejam os do:

- *Direito Fiscal*: o princípio da capacidade contributiva, em que a tributação não pode contentar-se com uma ideia de proporcionalidade, pressupondo a progressividade;
- *Direito do Trabalho*: a proteção dos trabalhadores que na relação jurídico-laboral dispõem de uma posição factualmente mais fraca;
- *Direito da Segurança Social*: o estabelecimento de um amplo quadro de proteção social, evitando a desproteção da pessoa nas diversas situações de risco social em que se pode encontrar, muito para além da situação de desemprego.

IV. A especialidade do princípio da igualdade social que se encontra mais desenvolvida no plano jurídico-normativo é a que diz respeito à *igualdade racial*[2099], para a qual a CRP é diretamente sensível nalguns dos seus preceitos, para além do próprio princípio da igualdade[2100]:

- a proibição da informatização de dados sobre origem étnica: "A informática não pode ser utilizada para tratamento de dados referentes a convicções filosóficas ou políticas, filiação partidária ou sindical, fé religiosa, vida privada e origem étnica, salvo mediante consentimento expresso do titular, autorização prevista por lei com garantias de não discriminação ou para processamento de dados estatísticos não individualmente identificáveis"[2101];
- a proibição das associações que perfilhem ideologia racista: "Não são consentidas associações armadas nem de tipo militar, militarizadas ou paramilitares, nem organizações racistas ou que perfilhem a ideologia fascista"[2102];
- a afirmação da igualdade do direito ao trabalho, mesmo contra fatores raciais: "Todos os trabalhadores, sem distinção de idade, sexo,

[2099] Em relação à defesa das minorias étnicas, bem como a sua inclusão, numa perspetiva jurídico-constitucional, v. JORGE BACELAR GOUVEIA, *Direito da Igualdade Social – guia...*, pp. 13 e ss.

[2100] Cfr., no plano legislativo, JORGE BACELAR GOUVEIA, *Direito da Igualdade Social – fontes...*, pp. 14 e ss.

[2101] Art. 35º, nº 3, da CRP.

[2102] Art. 46º, nº 4, da CRP.

raça, cidadania, território de origem, religião, convicções políticas ou ideológicas, têm direito..."[2103].

No plano material, a legislação sobre proteção da igualdade racial é numerosa, dela se evidenciando a garantia da posição de assistente nos crimes de índole racista ou xenófoba por parte das associações de comunidades de imigrantes, antirracistas ou defensoras dos direitos humanos[2104], bem como a lei da anti-discriminação racial[2105], que qualifica a discriminação racial como ilícito contraordenacional e, nos casos mais graves, criminal, com base num amplo conceito de práticas discriminatórias[2106].

V. Outra matéria de intervenção focalizada do princípio da igualdade social é relativa aos *cidadãos portadores de deficiência*[2107], que conta com um regime específico na CRP na categoria de direitos fundamentais especiais, no qual "O Estado obriga-se a realizar uma política nacional de prevenção e de tratamento, reabilitação e integração dos cidadãos portadores de deficiência e de apoio às suas famílias, a desenvolver uma pedagogia que sensibilize a sociedade quanto aos deveres de respeito e solidariedade para com eles e a assumir o encargo da efetiva realização dos seus direitos, sem prejuízo dos direitos e deveres dos pais ou tutores"[2108].

A proteção constitucional é mais direcionada quanto a alguns desses direitos, que são referidos autonomamente, como sucede nestes casos[2109]:

– no apoio às organizações de cidadãos portadores de deficiência[2110];

[2103] Proémio do nº 1 do art. 59º da CRP.
[2104] Cfr. a L nº 20/96, de 6 de julho.
[2105] Cfr. a L nº 134/99, de 28 de agosto.
[2106] Cfr. o art. 4º da L nº 134/99.
[2107] Sobre o estatutos das pessoas portadoras de deficiência, v. JORGE BACELAR GOUVEIA, *Direito da Igualdade Social – guia...*, pp. 17 e 18; ANTÓNIO DE ARAÚJO, *Cidadãos Portadores de Deficiência ...*, pp. 7 e ss.
[2108] Art. 71º, nº 2, da CRP.
[2109] Cfr., no plano legislativo, JORGE BACELAR GOUVEIA, *Direito da Igualdade Social – fontes...*, pp. 118 e ss.
[2110] Cfr. o art. 71º, nº 3, da CRP.

- no apoio e na promoção do acesso dos cidadãos portadores de deficiência ao ensino especial[2111];
- no apoio ao acesso à língua gestual portuguesa[2112].

No plano da legislação ordinária, o diploma geral e enquadrador da matéria é a Lei das Bases Gerais do Regime Jurídico da Prevenção, Habilitação, Reabilitação e Participação da Pessoa com Deficiência, para o efeito esta estabelecendo a realização de uma política global, integrada e transversal[2113].

VI. Área em que a CRP igualmente se mostrou sensível, numa lógica de igualdade social, é a da *proteção da igualdade sexual ou de género*, tomando por referência o desfavorecimento social – conquanto não já jurídico – das mulheres[2114].

Foi com esse propósito que a revisão constitucional de 1997, em particular, introduziu preceitos atinentes à matéria da paridade entre homem e mulher, preceitos que, na sua totalidade, já representam diversas indicações constitucionais nesta matéria[2115]:

- como incumbência do Estado: "Promover a igualdade entre homens e mulheres"[2116];
- o especial apoio às mulheres no trabalho: "Incumbe ao Estado assegurar as condições de trabalho, retribuição e repouso a que os trabalhadores têm direito, nomeadamente: (...) A especial proteção do trabalho das mulheres durante a gravidez e após o parto, bem como

2111 Cfr. a al. g) do nº 2 do art. 74º da CRP.

2112 Cfr. a al. h) do nº 2 do art. 74º da CRP.

2113 Cfr. a L nº 38/2004, de 18 de Agosto, que revogou a L nº 9/89, de 2 de Maio.

2114 Quanto à igualdade social sob o enfoque da proteção da mulher, v. Teresa Beleza, *Mulheres...*, pp. 7 e ss.; Jorge Bacelar Gouveia, *Direito da Igualdade Social – fontes...*, pp. 156 e ss.; Vera Lúcia Carapeto Raposo, *O poder de Eva...*, pp. 289 e ss.

2115 Numa perspetiva interessante de História do Direito Constitucional Portuguesa, v. Irene Flunser Pimentel e Helena Pereira de Melo, *Mulheres portuguesas – história da vida e dos direitos das mulheres num mundo em mudança*, Lisboa, 2015, pp. 91 e ss.

Cfr. no plano legislativo, Jorge Bacelar Gouveia, *Direito da Igualdade Social – fontes...*, pp. 156 e ss.

V. em Espanha a importante LO nº 3/2007, de 22 de março: AAVV, *La igualdad efectiva de mujeres y hombres a partir de la Ley Orgánica 3/2007, de 22 de marzo* (org. de Maria Antonia Castro Argüelles e Diego Álvarez Alonso), Pamplona, 2007, pp. 23 e ss.

2116 Art. 9º, al. h), da CRP.

do trabalho dos menores, dos diminuídos e dos que desempenhem atividades particularmente violentas ou em condições insalubres, tóxicas ou perigosas"[2117];
- a orientação de especialmente proteger a maternidade: "As mulheres têm direito a especial proteção durante a gravidez e após o parto, tendo as mulheres trabalhadoras ainda direito a dispensa do trabalho por período adequado, sem perda da retribuição ou de quaisquer regalias"[2118];
- como diretriz de funcionamento do sistema político: "A participação direta e ativa de homens e mulheres na vida política constitui condição e instrumento fundamental de consolidação do sistema democrático, devendo a lei promover a igualdade no exercício dos direitos cívicos e políticos e a não discriminação do sexo no acesso a cargos políticos"[2119].

Ao nível da legislação infra-constitucional, são vários os diplomas que se alinham nessa preocupação, não só no âmbito da proteção da maternidade, como ainda na criação da Comissão para a Cidadania e a Igualdade de Género[2120], no apoio às mulheres vítimas de violência[2121], no reforço dos direitos das associações de mulheres[2122] e na garantia da igualdade de tratamento no trabalho e no emprego[2123].

VII. Cumpre ainda mencionar a problemática dos *direitos dos estrangeiros e dos imigrantes*[2124], que merecem um cuidado especial por parte da CRP[2125]:

[2117] Art. 59º, nº 2, al. c), da CRP.
[2118] Art. 68º, nº 3, da CRP.
[2119] Art. 109º da CRP.
[2120] Cfr. o DL nº 164/2007, de 3 de Maio.
[2121] Cfr. a L nº 61/91, de 13 de Agosto.
[2122] Cfr. a L nº 107/2015, de 25 de Agosto.
[2123] Cfr. a L nº 105/97, de 13 de setembro.
[2124] A respeito da problemática dos estrangeiros e migrantes, v. Jorge Bacelar Gouveia, *Direito da Igualdade Social – guia...*, pp. 21 e ss.; Andreia Sofia Pinto Oliveira, *O direito de asilo na Constituição Portuguesa – âmbito de proteção de um direito fundamental*, Coimbra, 2009, pp. 95 e ss.; Carla Amado Gomes e Anabela Costa Leão, *A condição de imigrante – uma análise de Direito Constitucional e de Direito Administrativo*, Coimbra, 2010, pp. 21 e ss.
[2125] Cfr., no plano legislativo, Jorge Bacelar Gouveia, *Direito da Igualdade Social – fontes...*, pp. 224 e ss.

– não só no plano do direito de asilo, uma vez que "É garantido o direito de asilo aos estrangeiros e aos apátridas perseguidos ou gravemente ameaçados de perseguição, em consequência da sua atividade em favor da democracia, da libertação social e nacional, da paz entre os povos, da liberdade e dos direitos da pessoa humana"[2126];
– como no domínio do ensino para os filhos de imigrantes, dado que se assume o dever de "Assegurar aos filhos dos imigrantes apoio adequado para efetivação do direito ao ensino"[2127].

Ao nível da legislação infra-constitucional, multiplicam-se as preocupações normativas, não apenas com base na comunitarização do Direito dos Estrangeiros e dos Migrantes, mas sobretudo tendo em consideração razões, não securitárias, mas de inclusão social, acolhendo e integrando os estrangeiros e os imigrantes no contexto social e jurídico português, o que se verifica com as condições de entrada, permanência, saída e expulsão de estrangeiros[2128], com o renovado regime legal de asilo e refugiados[2129] ou com o cuidado de incentivar as associações de imigrantes[2130].

238. Os direitos fundamentais económicos, sociais e culturais

I. Para além das incidências gerais que é possível conceber no princípio social, naquela perspetiva de igualdade social, é também importante observá-lo da ótica da abundante consagração dos *direitos fundamentais económicos, sociais e culturais*[2131], os quais ocupam o Título III da Parte I da CRP, com essa mesma epígrafe.

[2126] Art. 33º, nº 8, da CRP.

[2127] Art. 74º, nº 2, al. j), da CRP.

[2128] Cfr. a L nº 23/2007, de 4 de julho, com alterações posteriores, de novo fixando as condições de entrada, permanência, saída e afastamento de estrangeiros do território português.

[2129] Cfr. a L nº 15/98, de 26 de março.

[2130] Cfr. a L nº 115/99, de 3 de agosto.

[2131] Sobre o recorte dogmático dos direitos económicos, sociais e culturais em geral, com alusão aos respetivos aspetos regimentais, v. Jorge Miranda, *A Constituição de 1976...*, pp. 345 e ss., e *Manual...*, IV, 3ª ed., pp. 99 e ss., pp. 139 e ss., e pp. 383 e ss., e *Manual de Direito Constitucional*, IV, 4ª ed., Coimbra, 2008, pp. 426 e ss.; Ana Prata, *A tutela constitucional...*, pp. 122 e ss.; Maria Isabel Jalles, *Implicações...*, pp. 289 e ss.; J. J. Gomes Canotilho, *Constituição dirigente...*, pp. 363 e ss., *Tomemos a sério os direitos económicos, sociais e culturais*, Coimbra,

Diversamente dos direitos, liberdades e garantias, categoria contra a qual se formulam, os direitos económicos, sociais e culturais são posições subjetivas, em múltiplos domínios da atividade do poder público, mas cuja força jurídica fica dependente das condições fácticas propiciadas – sociais, económicas ou outras – pela realidade constitucional.

É por intermédio desta categoria de direitos fundamentais que o Estado, bem como outras entidades públicas que, por natureza, recebem a missão de executar as políticas adequadas à satisfação destes direitos, fazem chegar à comunidade das pessoas a prossecução dos diversos propósitos sociais que são globalmente referenciados ao princípio social.

II. A consagração constitucional dos direitos económicos, sociais e culturais é generosa, tal a profusão de tipos de direitos que são formulados, abrangendo os principais setores da vida humana coletiva, sendo de salientar estes mais relevantes:

- o *trabalho*: "Todos têm direito ao trabalho"[2132];
- a *segurança social*: "Todos têm direito à segurança social"[2133];
- a *saúde*: "Todos têm direito à proteção da saúde e o dever de a defender e promover"[2134];
- a *habitação*: "Todos têm direito, para si e para a sua família, a uma habitação de dimensão adequada, em condições de higiene e con-

1988, pp. 25 e ss., *Direito Constitucional*, pp. 476, 527 e 528, e pp. 666 e ss., e *Direito Constitucional e Teoria...*, pp. 471 e ss.; José Carlos Vieira de Andrade, *Direitos fundamentais*, pp. 609 e ss., *Direitos e garantias...*, pp. 694 e ss., e *Os direitos fundamentais...*, pp. 172 e ss., e pp. 359 e ss.; Antoni Rovira Viñas, *El abuso...*, pp. 50 e ss.; J. J. Gomes Canotilho e Vital Moreira, *Fundamentos...*, pp. 112 e ss., e *Constituição...*, pp. 144 e 115; José Casalta Nabais, *Os direitos na Constituição...*, pp. 26 e 27, e *Droits fondamentaux...*, pp. 21 e 22; Manuel Afonso Vaz, *Lei...*, pp. 365 e ss.; Ana Paula Ucha, *Direitos sociais*, in AAVV, *Estudos sobre a jurisprudência do Tribunal Constitucional*, Coimbra, 1993, pp. 225 e ss.; Jorge Bacelar Gouveia, *Os direitos fundamentais atípicos*, pp. 441 e 442; Mário Ramos Pereira da Silva, *O regime dos direitos sociais...*, pp. 49 e ss.; Cristina Queiroz, *Direitos fundamentais sociais*, Coimbra, 2006, pp. 5 e ss., e *O Tribunal Constitucional e os direitos sociais*, Coimbra, 2014, pp. 11 e ss.; AAVV, *Los Derechos Sociales como Instrumento de Emancipación* (ed. Miguel Ángel Presno Linera e Ingo Wolfgang Sarlet), Pamplona, 2010, pp. 35 e ss.; António Carlos dos Santos, Maria Eduarda Gonçalves e Maria Manuel Leitão Marques, *Direito Económico*, 6ª ed., Coimbra, 2011, pp. 52 e ss.; José João Abrantes, *Direito do Trabalho II – Direito da Greve*, Coimbra, 2012, pp. 48 e ss.

[2132] Art. 58º, nº 1, da CRP.

[2133] Art. 63º, nº 1, da CRP.

[2134] Art. 64º, nº 1, da CRP.

forto e que preserve a intimidade pessoal e a privacidade familiar"[2135];

- o *ensino*: "Todos têm direito ao ensino com garantia do direito à igualdade de oportunidades de acesso e êxito escolar"[2136];
- a *cultura*: "Todos têm direito à fruição e criação cultural, bem como o dever de preservar, defender e valorizar o património cultural"[2137];
- o *desporto*: "Todos têm direito à cultura física e ao desporto"[2138].

III. No estudo dos direitos económicos, sociais e culturais, na sua forçosa associação ao princípio social, o tema que mais polémica tem suscitado, sendo também o mais difícil de todos, é o de saber se neles efetivamente vigora o *princípio do não retrocesso social*.

Este princípio quer significar que a concretização dos direitos económicos, sociais e culturais, uma vez infraconstitucionalmente alcançada através do plano jurídico e até fáctico, inviabiliza a sua revogação, suspensão ou alteração limitadora do respetivo alcance, assim se proibindo o retrocesso nas vantagens já concedidas no contexto da sua densificação prática.

Argumenta-se em favor da existência desta dimensão de não retrocesso da positivação dos direitos económicos, sociais e culturais com o raciocínio de que, a não ser assim, se obliteraria a essência mais profunda deste princípio, perdendo estes direitos a mais elementar e indispensável força jurídica, que assim, para mais, estaria na completa disponibilidade arbitrária do legislador.

IV. Temos fundadas dúvidas de que a existência daqueles direitos imponha, por si só, um sentido de não retrocesso, até porque a função que a CRP atribui aos planos infra-constitucionais, legislativo e administrativo, é diferenciada, sendo certo que parte da eficácia jurídica dos direitos económicos, sociais e culturais é delegada pelo legislador constitucional no legislador ordinário, numa avaliação que só ele compete fazer, em razão de um critério de conjunturalidade, e não de estruturalidade.

[2135] Art. 65º, nº 1, da CRP.

[2136] Art. 74º, nº 1, da CRP.

[2137] Art. 78º, nº 1, da CRP.

[2138] Art. 79º, nº 1, da CRP.

Na ausência de uma disposição geral sobre esta matéria na CRP, não é possível encontrar uma solução unívoca, devendo esta ser elaborada a partir de alguns indícios, para o resultado de se calibrar a efetividade deste princípio, nos seguintes termos: a dimensão da proibição do não retrocesso social é tanto mais forte quando maior for a densidade constitucional dos respetivos preceitos constitucionais, assim também mais se limitando positivamente a liberdade de conformação do legislador.

Mas não se pode dizer que este princípio vigore genericamente, pois como afirma José Carlos Vieira de Andrade, "A proibição do retrocesso não pode constituir um princípio jurídico geral nesta matéria, sob pena de se destruir a autonomia da função legislativa, degradando-a a mera função executiva da Constituição"[2139].

Tal como não se pode dizer que o princípio do não retrocesso social vigore absolutamente porque está sempre dependente de uma avaliação concreta que pertence ao domínio da conjunturalidade, na qual não são permitidos controlos de juridicidade, cumprindo ainda levar em linha de consideração as condições económicas e sociais de realização desses mesmos direitos, nunca se podendo finalmente excluir a hipótese de a sua regressão ser ditada por essas mesmas condições.

V. Não têm sido muito frequentes os apontamentos da jurisprudência constitucional sobre esta matéria, mas pode em geral considerar-se que ela se tem caracterizado por uma certa limitação da efetividade dos direitos sociais, o que se pode comprovar nestes dois casos:

- *no direito à habitação*: em resposta a um recurso interposto por alguém a quem fora denunciado o contrato de arrendamento para proporcionar a habitação ao senhorio, nos termos do regime de arrendamento urbano vigente, o Tribunal Constitucional considerou que o direito constitucional à habitação se limitaria em razão das opções do legislador, pois que "...o seu grau de realização depende

[2139] José Carlos Vieira de Andrade (*Os direitos fundamentais*..., p. 381), concluindo que "A *liberdade constitutiva* e a *auto-revisibilidade*, ainda que limitadas, constituem características *típicas* da função legislativa e elas seriam praticamente eliminadas se, em matérias tão vastas como as abrangidas pelos direitos sociais, o legislador fosse obrigado a manter integralmente o nível de realização e a respeitar os direitos por ele criados".

Também sobre este tema, Cristina Queiroz, *O princípio da não reversibilidade dos direitos fundamentais sociais*, Coimbra, 2006, pp. 9 e ss.

das opções que o Estado fizer em matéria de política de habitação. E estas são, desde logo, condicionadas pelos recursos materiais (financeiros ou outros) de que o Estado, em cada momento, possa dispor", ainda acrescentando que "A concretização do direito *à habitação* – o facultar a cada pessoa uma *morada condigna* – é, pois, uma tarefa cuja realização gradual, como se disse – a Constituição comete ao Estado"[2140];

- *no direito ao ensino*: com a publicação da L nº 20/92, de 14 de agosto, que determinou um aumento global e substancial das propinas no ensino universitário público[2141], o Tribunal Constitucional, não obstante ter declarado a sua inconstitucionalidade, operou a distinção, não consagrada na CRP, entre o "aumento" e a "atualização" das propinas[2142], este sentido não contrariando a incumbência atribuída ao Estado[2143] da gratuitidade progressiva de todos os graus de ensino[2144].

[2140] Cfr. o Ac. nº 151/92 do Tribunal Constitucional, de 28 de julho de 1992. Cfr. Jorge Miranda, *Jurisprudência Constitucional Escolhida*, I, Lisboa, 1996, p. 947.

[2141] Cfr. o comentário de Jorge Bacelar Gouveia, *A inconstitucionalidade da lei das propinas – anotação ao Acórdão nº 148/94 do Tribunal Constitucional*, in RFDUL, XXXVI, nº 1 de 1995, pp. 257 e ss.

[2142] Cfr. o Ac. nº 148/94 do Tribunal Constitucional, de 8 de fevereiro de 1994, nº 12, dizendo-se o seguinte: "Seja qual for o exacto sentido e alcance do princípio da progressiva gratuitidade do ensino superior público, o que ele, seguramente, não impede ou proíbe é que o valor das propinas, fixado em 1941 e mantido em 1973, *seja actualizado* em termos que adiante se dirão. Ou seja: a CRP não impede ou proíbe que o legislador ordinário ponha termo ao congelamento dos valores das propinas; proíbe-lhes apenas que, desse modo, subverta o funcionamento de um sistema público, claramente definido na mesma." Cfr. Jorge Bacelar Gouveia, *A inconstitucionalidade da lei das propinas...*, p. 283.

[2143] Decisão do Tribunal Constitucional bem criticável, para além das questões mais gerais de dificilmente se dissociar o critério jurídico do critério político de atuação, por diretamente contrariar o sentido mais imediato decorrente da norma programática em questão.

Como tivemos ocasião de afirmar, "A violação da orientação constitucional cifra-se no facto de a alteração no valor das propinas previsto, em revogação do DL nº 31 658, se encaminhar em sentido contrário: aumentar o valor das propinas – seja com aumento real, seja com uma mera atualização – implica sempre um afastamento, de natureza assaz divergente, do objectivo constitucional da progressiva gratuitidade. Em vez de esta alteração legislativa se ocupar da diminuição do valor das propinas, aproximando-se um pouco mais da meta constitucional da gratuitidade, não, tem um conteúdo inverso, tornar o ensino superior público mais oneroso do que era antes, pelo menos para uma boa parte da população escolar". (Jorge Bacelar Gouveia, *A inconstitucionalidade da lei das propinas...*, p. 266).

[2144] Art. 74º, nº 3, al. e), da CRP.

§ 52º A ORDEM ECONÓMICA, FINANCEIRA E FISCAL

239. Constituição Económica e economia social de mercado

I. A *importância do princípio social ainda se manifesta na positivação da Constituição Económica*[2145], que passa a figurar como um dos inevitáveis espaços de normação constitucional, fazendo interessar as opções económicas às opções constitucionais.

Este é mais um dos resultados do Estado Social, que contrasta com o Estado Liberal na relevância que lhe atribui, ainda que a atividade económica igualmente surgisse preponderante na definição das características de cada um destes tipos constitucionais de Estado.

Como escreve Vital Moreira, "É todo este lastro histórico que permite compreender que a Constituição Económica tenha sido concebida como uma «ordem *política* fundamental» da economia, e ainda que a teoria da Constituição económica tivesse visto aí as verdadeiras condições de *nascimento* desta – antes desta situação histórica, *não havia* Constituição económica, isto é, a ordem económica era, como tal, estranha à Constituição – e, finalmente, a tivesse considerado apenas segundo os traços que ela então adquiria, isto é, como quadro da ordem diretiva da economia, como *programa a realizar* – desconhecendo, portanto, a sua eventual fun-

[2145] Sobre o conceito de Constituição Económica, v. Vital Moreira, *Economia e Constituição*, pp. 9 e ss., e *A metamorfose da "Constituição económica"*, in AAVV, *30 Anos da Constituição Portuguesa* (org. de Jorge Bacelar Gouveia et *alli*), Lisboa, 2006, pp. 33 e ss.

ção de garante de um determinado estatuto jurídico da estrutura económica *existente*"[2146].

II. O conceito de Constituição Económica não tem sido uniformemente explanado: por detrás da singela ideia de regulação da atividade económica, que é meramente formal, podem esconder-se variadíssimas matérias, em relação às quais se exige a assunção de decisões.

Partindo de diversos elementos fundamentais na caracterização da economia que interessam ao estatuto constitucional, pode dizer-se que a Constituição Económica contém as seguintes matérias:

- *o regime económico*: os princípios e as regras que ordenam a atividade económica, em resultado da aplicação dos pontos axiais da caracterização dos sistemas económicos, ao nível do móbil da atividade económica, como no plano das instituições que existem, sem ainda esquecer os instrumentos da sua realização;
- *o regime financeiro*: os princípios e as regras que estabelecem a atividade pública de arrecadação de receitas e de decretação de despesas, tendo como foco central o orçamento do Estado como instrumento fundamental da atividade financeira pública;
- *o regime fiscal*: os princípios e as regras que definem, especificamente dentro das receitas públicas, as receitas fiscais, muito mais desenvolvidas no plano do ordenamento aplicável, que é o Direito Fiscal, tal bem se explicando por via da sua fulcral relação com os cidadãos, de onde provêm essas receitas.

III. Eis um conjunto de matérias que se assumem muito relevantes para a CRP, nesta avultando a Parte II, com o título de "Organização Económica", facto que faz da Constituição Económica Portuguesa uma Constituição explícita e extensa.

Pode até dizer-se que para a identidade constitucional do Estado Português não são indiferentes as opções económicas que são tomadas.

O aspeto mais geral é o do regime económico, no qual se consagra uma economia de mercado ou capitalista, mas em que se estabelecem alguns índices de moderação, podendo atribuir-se-lhe o epíteto de *econo-*

[2146] Vital Moreira, *Economia e Constituição*, pp. 94 e 95. Cfr. também Vital Moreira, *A Ordem Jurídica do Capitalismo*, 4ª ed., Lisboa, 1987, pp. 103 e ss.

mia social de mercado ou de "economia mista"[2147], de acordo com os seguintes tópicos[2148]:

- *os setores de propriedade dos meios de produção são diversos*, não se resumindo ao setor privado, o mesmo coexistindo com o setor público e o setor cooperativo e social, não olvidando ainda que o setor privado se submete a várias restrições, como no tocante aos investimentos estrangeiros ou nas atividades que só podem ser operadas no seio do setor público[2149];
- *a decisão económica pertence ao livre jogo do mercado*, mas admite-se a intervenção pública cogente pontual, assim como a intervenção pública geral indicativa através do planeamento económico[2150].

240. Constituição Financeira e Constituição Fiscal

I. Em mais dois outros eixos se pode qualificar a Constituição Económica Portuguesa, sendo certo que a sua aceção *lato sensu* igualmente compreende:

- a *Constituição Financeira*, cuidando das opções fundamentais que se colocam ao nível do Direito das Finanças Públicas, no sempre e central complexo esforço de estabilizar as variáveis financeiras, sobretudo as do défice orçamental e da dívida pública;
- a *Constituição Fiscal*, versando regras e princípios que especificamene se aplicam às receitas fiscais ou, mais latamente, tributárias, no contexto da respetiva relação jurídica, ressaltando as garantias dos contribuintes.

[2147] Como prefere dizer o art. 80º, al. c), da CRP.

[2148] Cfr. Vital Moreira, *A Ordem Jurídica...*, pp. 31 e ss.; António Carlos dos Santos, Maria Eduarda Gonçalves e Maria Manuel Leitão Marques, *Direito Económico*, pp. 40 e ss.; Rui Guerra da Fonseca, *Comentário à Constituição Portuguesa*, II, Coimbra, 2008, pp. 17 e ss.

[2149] Cfr. os arts. 82º, 86º, 87º e 88º da CRP.

[2150] Cfr. o art. 90º da CRP.

II. Em matéria financeira, a opção constitucional não é liberal, mas social, porque o sistema financeiro assume finalidades próprias da afetação dos recursos da atividade pública.

Mas, ao mesmo tempo, a CRP também prossegue finalidades extra-financeiras de correção e desenvolvimento da economia[2151].

Uma das disposições do texto constitucional é bem eloquente a esse propósito: "O sistema financeiro é estruturado por lei, de modo a garantir a formação, a captação e a segurança das poupanças, bem como a aplicação dos meios financeiros necessários ao desenvolvimento económico e social"[2152].

É ainda de assinalar as diversas normas que essencialmente constitucionalizam o Direito Orçamental Português[2153].

III. No que tange à fiscalidade, o programa constitucional, longe de ser neutro ou liberal, é sensível a vários níveis de tributação, avultando a ideia de progressividade, através do conceito de capacidade contributiva[2154], porque o "O sistema fiscal visa a satisfação das necessidades financeiras do Estado e outras entidades públicas e uma repartição justa dos rendimentos e da riqueza"[2155].

Também cumpre referir algumas outras orientações específicas em matéria de Constituição Fiscal[2156]:

- *princípio da legalidade fiscal*: "Os impostos são criados por lei, que determina a incidência, a taxa, os benefícios fiscais e as garantias dos contribuintes"[2157];

[2151] Sobre as opções da Constituição Financeira em Portugal, v. Rui Guerra da Fonseca, *Comentário...*, pp. 758 e ss.

[2152] Art. 101º da CRP.

[2153] Cfr. os arts. 105º, 106º e 107º da CRP.

[2154] Dizendo o texto constitucional, no seu art. 104º, nº 1, que "O imposto sobre o rendimento pessoal visa a diminuição das desigualdades e será único e progressivo, tendo em conta as necessidades e os rendimentos do agregado familiar".

[2155] Art. 103º, nº 1, da CRP.

[2156] Em matéria de Constituição Fiscal Portuguesa, v. Rui Guerra da Fonseca, *Comentário...*, pp. 835 e ss.

[2157] Art. 103º, nº 2, da CRP.

- *direito de resistência fiscal*: "Ninguém pode ser obrigado a pagar impostos que não hajam sido criados nos termos da Constituição, que tenham natureza retroativa ou cuja liquidação e cobrança se não façam nos termos da lei"[2158].

[2158] Art. 103º, nº 3, da CRP.

Capítulo XII
Organização do Poder Político

§ 53º AS PESSOAS E OS ÓRGÃOS JURÍDICO-PÚBLICOS

241. O poder público e as suas estruturas decisórias

I. A atividade que é desenvolvida pelo poder público – do Estado e de outras entidades jurídico-públicas – carece de ser previamente enquadrada no plano organizatório da expressão da respetiva vontade, tal problema se relacionando com o âmbito das respetivas pessoas coletivas.

Isso significa que a produção da vontade do poder público implica a diferenciação entre duas distintas estruturas:

- *a personalidade coletiva do Estado*, que o eleva à condição de pessoa jurídica, de acordo com a prossecução das suas atribuições; e
- *a vontade coletiva do Estado*, que se revela por intermédio dos seus órgãos, no exercício das respetivas *competências*.

II. As *pessoas jurídicas públicas*, pensando-se no Estado por antonomásia, são construídas para permitirem a personalização de interesses subjacentes à comunidade política, assim se unificando a respetiva expressão e identidade.

Não tem sido uniforme a evolução acerca das conceções inerentes à personalidade jurídica do Estado, podendo encontrar-se diversas explicações:

- *a teoria da ficção*, imaginando que no Estado se pudesse exercer a titularidade de direitos que, contudo, só verdadeiramente ocorreria com as pessoas singulares;

– *a teoria da pessoa coletiva real*, concebendo a comunidade política como um verdadeiro e autónomo sujeito jurídico, com uma vida supra-individual, dotada da capacidade para produzir uma vontade propriamente dita.

Qualquer uma delas, embora por razões diferentes, acabaria por ser desmentida pela realidade do Direito Constitucional:

– *a ideia de ficção não é diferenciadora*, pois a partir do momento em que é aquele ramo jurídico a atribuir personalidade jurídica ao Estado, não se julga útil construir qualquer ficção, que aliás se propaga a outras pessoas coletivas;
– *a construção de uma personalidade coletiva real é forçada*, pois que padece de um certo construtivismo no plano da pluralidade de esquemas de produção da vontade que pretende imputar ao Estado.

Não interessa ser tão ambicioso e cuida-se apenas de compreender o Estado como pessoa jurídica em que ocorre "...um esquema de imputação simplificado que, no fundo, regula os deveres e competências dos indivíduos que vivem numa comunidade organizada"[2159].

III. Os *órgãos públicos* são centros de decisão que formulam uma vontade que é referida à respetiva pessoa coletiva pública[2160].

A vontade funcional que se gera no âmbito do órgão público é depois atribuída – imputada – à pessoa coletiva, deixando de pertencer às pessoas que fisicamente a protagonizam.

A imputação funcional vai assim desempenhar um papel de representação orgânica, dado que há um centro de vontade que exprime uma declaração em nome do todo, que é a pessoa coletiva a que pertence[2161].

[2159] Reinhold Zippelius, *Teoria...*, p. 123.

[2160] Sobre os órgãos públicos em geral, v. Marcello Caetano, *Tratado Elementar de Direito Administrativo*, I, Coimbra, 1943, pp. 137 e ss., e *Manual de Ciência Política...*, I, pp. 178 e ss.; Marcelo Rebelo de Sousa, *Direito Constitucional...*, pp. 263 e ss.; Reinhold Zippelius, *Teoria...*, pp. 124 e ss.; Hans Kelsen, *Teoria Geral do Direito e do Estado*, pp. 275 e ss.; Jorge Miranda, *Manual...*, V, pp. 43 e ss.

[2161] Como refere Hans Kelsen (*Teoria Geral do Direito e do Estado*, p. 276), "O julgamento por meio do qual atribuímos uma acção humana ao Estado, com a pessoa invisível, significa

IV. A imputação funcional que integra a teoria dos órgãos públicos pode ser melhor compreendida através da apresentação de algumas das suas figuras afins[2162]:

- a *representação política*: não havendo aqui em rigor representação jurídica, assinala-se somente uma relação de confiança entre os representados – os eleitores – e os representantes – os eleitos, que atuam em nome daqueles, ao procurar um interesse geral ou bem comum, laço fiduciário que se cria e recria com a eleição política;
- a *representação voluntária*: com este fenómeno, que é sobretudo de Direito Privado, existe uma atuação em nome de outrem, dispondo-se de poderes para agir como tal, não ocorrendo qualquer transferência de vontade, antes alguém diferente do representado – o representante – emite uma vontade que se inscreve na esfera jurídica daquele, como se fosse ele próprio a agir, podendo ainda suscitar-se a questão de tal atividade estar situada no âmbito de um contrato de mandato;
- *a delegação de poderes*: nesta figura, de Direito Público, sobretudo de Direito Administrativo, estabelece-se um nexo de confiança pessoal, em que o delegante permite que o delegado desenvolva competências que antes não podia desenvolver, as mesmas podendo partilhar, conferindo-lhes a sua própria autoria;
- *a substituição orgânica*: esta é uma possibilidade, também especialmente preponderante em Direito Administrativo, em que certo titular ou órgão atua no lugar de outro titular ou órgão, do mesmo produzindo a vontade funcional que lhe competiria.

V. Os órgãos públicos ainda se decompõem em elementos constitutivos, desse jeito se evidenciando as dimensões que comportam:

- *a competência*;

uma imputação de uma acção humana ao Estado. O problema do Estado é um problema de imputação".

2162 Sobre estas e outras possíveis figuras afins da imputação funcional, v. ALBERTO DA CUNHA ROCHA SARAIVA, *Construção...*, II, pp. 56 e ss.; LUÍS DA CUNHA GONÇALVES, *Dos contratos em especial*, Lisboa, 1953, pp. 49 e ss.; MARCELO REBELO DE SOUSA, *Direito Constitucional...*, pp. 267 e ss.; MARCELLO CAETANO, *Manual de Ciência Política...*, I, pp. 185 e ss.; ANTÓNIO MENEZES CORDEIRO, *Da Modernização do Direito Civil*, I, Coimbra, 2004, pp. 177 e ss.

- *a titularidade*;
- *o cargo*.

A *competência* designa um poder funcional através do qual se defere a certo órgão a possibilidade de produzir atos destinados à prossecução das atribuições cometidas à pessoa coletiva a que pertence.

A *titularidade* alude à posição que as pessoas físicas assumem no nexo de pertença em relação à estrutura do órgão público em que se integram, revestindo-se a pessoa física, individualmente considerada, de uma dimensão funcional.

O *cargo* traduz as faculdades relacionadas com a posição que o titular do órgão público no mesmo ocupa, num juízo comparativo por referência aos demais titulares, no seio das tarefas ali desenvolvidas.

242. Modalidades de órgãos públicos

I. São várias as modalidades por que os órgãos públicos podem ser vistos, numa conceção que não é apenas privativa do Direito Constitucional, embora lhe interesse muito, elas se enquadrando em *três constelações de classificações dos órgãos jurídico-públicos*[2163]:

- as *classificações estruturais*, que atendem a aspetos relacionados com a organização dos órgãos;
- as *classificações funcionais*, que atendem aos atos que os órgãos produzem;
- as *classificações mistas*, incluindo elementos daquelas duas classificações.

II. As *classificações estruturais* refletem diferentes opções no modo como se concebe a composição e a articulação interna dos órgãos:

- *quanto às relações com outros órgãos*: *órgãos simples e órgãos complexos*, conforme o órgão seja uma unidade irredutível ou, pelo contrário, acolha outros órgãos dentro de si;

[2163] Sobre as diversas classificações de órgãos jurídico-públicos, v. Marcelo Rebelo de Sousa, *Direito Constitucional...*, pp. 265 e ss.; Marcello Caetano, *Manual de Ciência Política...*, I, pp. 183 e ss.; Jorge Miranda, *Manual...*, V, pp. 65 e ss.

– *quanto ao número de titulares*: *órgãos singulares e órgãos colegiais*, conforme o órgão seja apenas composto por um único titular ou seja composto por uma pluralidade de titulares, havendo ainda neste caso quem diferencie entre *órgãos colegiais restritos ou governativos* e *órgãos colegiais amplos ou de assembleia*;
– *quanto à importância das atividades exercidas*: *órgãos principais ou órgãos subsidiárioo*, conforme os órgãos atuem a título principal ou, pelo contrário, desenvolvam a sua atividade na falta ou na impossibilidade de outro órgão o fazer;
– *quanto ao nível do estatuto jurídico*: *órgãos constitucionais e órgãos não constitucionais*, conforme a fonte do respetivo estatuto conste ou não do Ordenamento Constitucional.

III. As *classificações funcionais* dizem respeito aos termos da sua atividade, que se exprime na natureza dos atos que são produzidos:

– *quanto à força jurídica dos atos*: *órgãos deliberativos e órgãos consultivos*, conforme atue a título vinculativo ou a título consultivo, ali produzindo atos obrigatórios, aqui emitindo pareceres ou recomendações;
– *quanto à projeção dos atos*: *órgãos internos e órgãos externos*, conforme a sua atividade se contenha no interior da pessoa coletiva a que pertença ou se expanda externamente;
– *quanto à autonomia decisória*: *órgãos independentes e órgãos hierarquizados*, conforme as suas decisões sejam tomadas sem quaisquer limitações de outro órgão ou o órgão se submeta a outros órgãos superiores;
– *quanto à parcela de poder que exerce*: *órgãos legislativos, políticos, administrativos e jurisdicionais*, conforme a natureza dos atos produzidos, sendo, respetivamente, atos legislativos, políticos, administrativos e jurisdicionais.

IV. A apresentação dos órgãos públicos através das suas principais classificações apenas traduz um percurso de normalidade.

Mas são variegadas as ocasiões em que ocorrem mudanças nessas condições de funcionamento, que se apelidam de *vicissitudes, objetivas quando se repercutem sobre as respetivas competências, e subjetivas quando atingem os seus titulares*:

- *exemplos de vicissitudes objetivas*: a paralisação do funcionamento, *v. g.*, no caso de estado de exceção ou no caso de dissolução do órgão;
- *exemplos de vicissitudes subjetivas*: o prolongamento de funções até à posse de novos titulares ou a reassunção de funções no caso de necessidade, como sucede com a *prorogatio*, ou a substituição temporária dos titulares.

243. Os órgãos colegiais em especial

I. Os *órgãos colegiais* requerem um pouco mais de atenção devido às questões que a sua organização e funcionamento levantam[2164].

Neste sentido, os órgãos colegiais são os órgãos que, do ponto de vista estrutural, apresentam um número plural de titulares, sendo aquelas questões tanto mais difíceis quanto maior for aquele número.

Obviamente que tais questões acabam por se diferenciar, assim como a complexidade funcional e estrutural do respetivo estatuto, em razão da destrinça, que ficou assinalada, entre órgãos colegiais parlamentares e restritos.

II. O *funcionamento dos órgãos colegiais*, não sendo de funcionamento permanente, pressupõe a realização de *reuniões e de sessões*, o que significa que por estes conceitos se designa a ativação do mesmo, que fica apto a tomar *deliberações*.

As reuniões e as sessões têm de ser previamente marcadas, a fim de se poder contar com a presença dos respetivos titulares, agindo, por razões de eficiência, com base numa *ordem de trabalhos*, sendo definidos o espaço e o tempo em que vai ter lugar, para o efeito se produzindo a necessária convocatória.

Noutra perspetiva, estabelece-se o princípio geral da publicidade das reuniões, uma concretização do princípio da transparência do poder público: "As reuniões das assembleias que funcionem como órgãos de

[2164] Quanto aos órgãos colegiais, v. REINHOLD ZIPPELIUS, *Teoria...*, pp. 136 e 137; JORGE MIRANDA, *Manual...*, V, pp. 76 e ss.

soberania, das regiões autónomas ou do poder local são públicas, exceto nos casos previstos na lei"[2165].

III. Para que o funcionamento possa validamente acontecer, é necessário que esteja presente um número mínimo de titulares, sob pena de o órgão não formular uma vontade funcional consistente.

A esta exigência se chama *quorum*, que nos termos da CRP corresponde à maioria do número legal de membros: "As deliberações dos órgãos colegiais são tomadas com a presença da maioria do número legal dos seus membros"[2166].

Esta é uma regra que tem sido confirmada em diversos diplomas de natureza regimental, como sucede com o RCM[2167] e o Regimento do Conselho de Estado[2168].

Os regimentos internos dos órgãos colegiais podem estabelecer desvios a esta orientação geral, de acordo com a consideração de algumas singularidades.

É o que acontece com o RAR, que apenas exige um quinto dos Deputados presentes para efeitos de discussão, não já de deliberação[2169].

O mesmo se diga do funcionamento do plenário dos cidadãos eleitores, ao nível das freguesias administrativas, em que apenas se exige a presença de 10% dos mesmos[2170].

IV. A expressão de vontade dos órgãos colegiais – as suas *votações* – reveste-se de algumas particularidades, em nome da complexidade das matérias, bem como da solenidade que se quer atribuir a esse momento deliberativo, sendo assim de diferenciar entre:

[2165] Art. 116º, nº 1, da CRP.

[2166] Art. 116º, nº 2, da CRP.

[2167] O art. 6º, nº 1, da RCM estabelece que "O Conselho de Ministros delibera validamente desde que esteja presente a maioria dos seus membros com direito a voto".

[2168] Cfr. o art. 8º, nº 1, do Regimento do Conselho de Estado, de 7 de novembro de 1984.

[2169] Como se prescreve no art. 58º, nº 1, do RAR, "A Assembleia da República só pode funcionar em reunião plenária com a presença de, pelo menos, um quinto do número de Deputados em efectividade de funções.", dizendo-se no respectivo nº 2 que "As deliberações do Plenário são tomadas com a presença de mais de metade dos seus membros em efectividade de funções".

[2170] Cfr. o art. 21º, nº 2, da LAL.

- *a votação e o consenso*: a *votação* significa a expressão da vontade coletiva do órgão, com apuramento da vontade individual, enquanto o *consenso* significa um consentimento geral e difuso a certo ato, sem que seja revelado individualmente, nos termos da proposta previamente apresentada ao órgão;
- *as votações abertas e fechadas*[2171]: as *votações abertas* são votações públicas, sabendo-se em quem e no que votam os titulares do órgão, podendo ainda ser nominais no caso de se registar o sentido do voto de cada um dos membros[2172], ao passo que as *votações fechadas* são votações confidenciais que ocorrem no esquema do sufrágio secreto, não se sabendo em quem votam os titulares do órgão.

V. A produção da vontade dos órgãos colegiais exige ainda, por definição, a contagem dos votos para a respetiva formação, partindo-se da pluralidade dos votos a favor, dos votos contra e dos votos de abstenção, sem esquecer que os titulares podem não estar todos presentes no momento de votação, se bem que presentes noutros momentos da reunião do órgão colegial em questão, que se pode prolongar por horas ou dias.

Por força da igualdade radical de todos os seus titulares, a declaração de vontade de um órgão colegial é dada pelo conceito de *maioria*, que representa a existência de mais votos a favor do que contra em relação àquilo que está em deliberação.

Isto mesmo diz a CRP: "Salvo nos casos previstos na Constituição, na lei e nos respetivos regimentos, as deliberações dos órgãos colegiais são tomadas à pluralidade de votos, não contando as abstenções para o apuramento da maioria"[2173].

Só que esta noção de maioria – que *é a noção de maioria relativa como maioria deliberativa geral*[2174] – deve ser contextualizada por várias exceções, que se traduzem na aplicação de outras regras de maioria, as maiorias agrava-

[2171] O RAR, mais desenvolvido devido à importância do órgão que disciplina, indica quatro formas de votação, no seu art. 94º, nº 1: a) por levantados e sentados; b) por recurso ao voto eletrónico; c) por votação nominal; d) por escrutínio secreto.

[2172] É esta a regra geral nas votações no Conselho de Estado, de acordo com o art. 10º, nº 2, do respetivo Regimento.

[2173] Art. 116º, nº 3, da CRP.

[2174] Muitas vezes confirmada pelos diplomas regimentais dos órgãos, como sucede com o Regimento do Conselho de Estado, no seu art. 10º, nº 1.

das, numa escala crescentemente mais empenhativa, tomando por exemplo o funcionamento da Assembleia da República descrito na CRP[2175]:

- *a maioria absoluta dos Deputados presentes*: mais de metade dos votos a favor emitidos pelos Deputados presentes, mesmo que em número inferior ao da maioria de votos dos Deputados do órgão;
- *a maioria absoluta dos Deputados em efetividade de funções*: mais de metade de votos a favor dos Deputados que integram o órgão;
- *a maioria de dois terços dos Deputados presentes*: dois terços, ou mais, de votos a favor emitidos pelos Deputados presentes e votantes na reunião do órgão;
- *a maioria de dois terços dos Deputados em efetividade de funções*: dois terços, ou mais, de votos a favor dos Deputados que integram o órgão;
- *a maioria de quatro quintos dos Deputados em efetividade de funções*: quatro quintos, ou mais, de votos a favor, dos Deputados que integram o órgão.

244. Modos de designação dos titulares

I. O estudo dos órgãos públicos não se basta com a análise das respetivas classificações e aconselha a menção aos *modos de designação dos respetivos titulares*, as pessoas físicas que ficam incumbidas de lhes emprestar a sua vontade psicológica.

São dois os grandes grupos em que se arrumam os modos de designação dos titulares dos órgãos públicos, do seu cruzamento se apresentando os correspondentes tipos[2176]:

[2175] Foi sintomática do relaxamento em que muitas vezes se cai na verificação destas regras o que se passou com a aprovação parlamentar da Lei da Programação Militar, que, em setembro de 2001, embora votada por larga maioria, não conseguiu reunir a maioria absoluta dos votos dos Deputados da Assembleia da República, tendo a contagem sido erroneamente atribuída aos grupos parlamentares e não aos Deputados individualmente considerados.

A respeito dos problemas jurídico-constitucionais relacionados com este caso, foram produzidos alguns pareceres sob encomenda do Presidente da República de então: AAVV, *O Presidente da República e o Parlamento: o procedimento legislativo*, Lisboa, 2004, pp. 7 e ss.

[2176] Sobre os diversos modos de designação dos governantes, v. Marcelo Rebelo de Sousa, *Direito Constitucional...*, pp. 283 e ss.; Marcello Caetano, *Manual de Ciência Política...*, I, pp. 235 e ss.; Jorge Miranda, *Manual...*, V, pp. 62 e ss.; José Fontes, *Teoria Geral...*, pp. 36 e ss.

– *a designação por mero efeito do Direito*; e
– *a designação por efeito do Direito e da vontade.*

II. A *designação por mero efeito do Direito* significa que as escolhas dos titulares, de alguma sorte, estão pré-determinadas por uma previsão jurídico-normativa, apenas se distinguindo conforme a ocorrência de certas circunstâncias que não são o produto específico de uma vontade relevante e que tivesse esse desiderato:

– *a inerência*: a escolha de alguém para um cargo em razão do facto de ser titular de outro cargo[2177];
– *o sorteio*: a escolha de alguém fundada numa solução estatística, de entre um mais amplo leque de hipóteses possíveis;
– *a rotação*: a escolha de alguém por se encontrar no momento da assunção do cargo, numa sequência plural de igual distribuição por várias pessoas[2178];
– *a antiguidade*: a escolha de alguém por ser a mais antiga no exercício de outro cargo, antiguidade que também pode ser da idade;
– *a herança*: a escolha de alguém por adquirir o direito de ser titular de um cargo na morte de outra pessoa[2179].

III. A *designação por efeito do Direito e da vontade* engloba as situações em que, havendo uma disciplina jurídico-normativa, ela conta também, na determinação do titular, com a vontade na respetiva escolha:

– *a eleição*: a escolha de alguém tendo por base um universo pluralista no colégio de votantes, assim como no conjunto dos candidatos apresentados, em nome da diversidade político-ideológica[2180];

[2177] Exemplos: a pertença e a presidência do Conselho de Estado por parte do Presidente da República, por possuir essa qualidade. Cfr. o art. 142º, proémio, da CRP.

[2178] Exemplo antigo: era o que sucedia com as magistraturas romanas, já que, tomando o caso da magistratura consular, os dois cônsules se revezavam na posição ativa de governo.

Exemplo atual: é o caso da presidência das comissões parlamentares especializadas da Assembleia da República, sendo esses cargos distribuídos proporcionalmente pelos grupos parlamentares, o que é uma modalidade de rotação. Cfr. o art. 31º do RAR.

[2179] Exemplo: é o que normalmente sucede em regime monárquico, tal como o testemunhou a História do Direito Constitucional Português no século XIX.

[2180] Exemplos: os dois mais importantes órgãos de soberania em Portugal – Presidente da República e os Deputados à Assembleia da República. Cfr., respetivamente, os arts. 121º e 149º, nº 1, da CRP.

- *a nomeação*: a escolha de alguém por indicação unilateral, sem qualquer contraditório de candidaturas[2181];
- *a cooptação*: a escolha de alguém para fazer parte de um órgão determinada pela vontade dos outros titulares que já fazem parte desse mesmo órgão[2182];
- *a aquisição revolucionária*: a escolha de alguém na sequência de um processo revolucionário, com rutura da Ordem Constitucional[2183];
- *a aclamação*: a escolha de alguém através da expressão de uma vontade coletiva e pública[2184].

245. Órgãos de soberania, órgãos do Estado e órgãos constitucionais

I. Conhecidos os aspetos gerais que permitem caracterizar os órgãos públicos, é a altura de concretizarmos tudo isso olhando para o texto da CRP, assim como para alguma da legislação constitucional materialmente extravagante.

São três as fundamentais categorias com que importa lidar para compreender, na sua totalidade, *o estatuto jurídico que é conferido aos diversos órgãos jurídico-públicos*, sendo de destrinçar entre:

- *os órgãos de soberania;*
- *os órgãos de Estado;* e
- *os órgãos constitucionais.*

II. Os *órgãos de soberania* estão diretamente previstos na CRP, embora esta se coíba de apresentar o critério da respetiva seleção, limitando-se a enunciar os tipos de órgãos que integram a classificação: "São órgãos

[2181] Exemplos: os membros do Governo, nomeados pelo Presidente da República, ainda que em contexto democrático-parlamentar. Cfr. o art. 187º da CRP.

[2182] Exemplos: a escolha de três dos treze juízes do Tribunal Constitucional. Cfr. o art. 222º, nº 1, da CRP.

[2183] Exemplos: a escolha dos membros da Junta de Salvação Nacional, na sequência da Revolução de 25 de abril de 1974, a quem ficou confiada a governação do país.

[2184] Exemplo: em tempo pré-constitucional, foi o caso da escolha pelo povo do rei D. João I, depois da crise de 1383-1385.

de soberania o Presidente da República, a Assembleia da República, o Governo e os Tribunais"[2185].

Têm sido dois os critérios propostos para explicar que a CRP tenha escolhido estes órgãos – e não outros – para lhes atribuir a qualidade de órgãos de soberania:

- *o critério do poder do Estado*: é órgão de soberania o órgão que se insere numa função jurídico-pública;
- *o critério da decisão cogente*: é órgão de soberania o órgão que produz atos obrigatórios.

Quer parecer-nos que o critério válido só pode ser a conjugação destes dois, num sentido eclético: os órgãos de soberania são os órgãos que, desenvolvendo um ou vários dos poderes públicos, se assumem como produzindo atos decisórios.

Esta seria, porém, uma classificação estéril se não desabrochasse ao nível das consequências de regime, o que efetivamente vem a acontecer porque para a CRP "A formação, a composição, a competência e o funcionamento dos órgãos de soberania são definidos na Constituição"[2186].

O que se retira daqui? Retiram-se alguns elementos de regime, de entre eles um estatuto essencialmente constitucional, ou seja, não apenas uma existência prevista ao nível supremo do Ordenamento Jurídico Português, mas uma existência definida no plano constitucional nos seus principais núcleos regulativos.

III. Os *órgãos de Estado* são outra categoria que não se identifica com o conceito dos órgãos de soberania e atende ao nexo de pertença do órgão em causa à pessoa coletiva em que se integra, neste caso sendo um órgão que produz uma vontade referenciada ao Estado.

Se se pode dizer que os órgãos de soberania são sempre órgãos do Estado, o inversa não é verdadeiro, sendo de elencar os seguintes, com a exclusão dos órgãos de soberania já mencionados:

- o Provedor de Justiça;

[2185] Art. 110º, nº 1, da CRP.
[2186] Art. 110º, nº 2, da CRP.

- o Conselho de Fiscalização do Sistema de Informações da República Portuguesa[2187];
- a Entidade Reguladora da Comunicação Social;
- a Comissão Nacional de Proteção de Dados;
- o Conselho Económico e Social;
- a Comissão de Acesso aos Dados Administrativos.

IV. Os *órgãos constitucionais* são, diferentemente dos órgãos de soberania e do Estado, órgãos que, não se preenchendo pelos seus critérios, adquirem uma posição jurídico-constitucional, o que se assume prenhe de consequências práticas, em demonstração da importância que se lhe quis conferir.

Sendo órgãos constitucionais, o respetivo estatuto impõe, desde logo, um reconhecimento ao nível do texto constitucional, embora se assinale que muitos dos seus traços estatutários constam do próprio articulado constitucional, com isso se diminuindo a margem de liberdade de conformação do legislador infraconstitucional.

Cotejando os órgãos constitucionais e os órgãos de soberania, pode dizer-se que todos os órgãos de soberania são órgãos constitucionais, mas nem todos os órgãos constitucionais são órgãos de soberania, como dois círculos concêntricos, um menor dentro de outro maior.

V. Conjugando estas três categorias de órgãos que o Direito Constitucional Português conhece, a sua articulação pode representar-se por círculos, concêntricos e secantes.

A proposição que combina estas três qualidades de órgãos jurídico-públicos pode ser a seguinte: todos os órgãos de soberania são órgãos do Estado, mas nem todos os órgãos do Estado são órgãos de soberania, para além de ser verdade que todos os órgãos de soberania são órgãos constitucionais, a despeito de nem todos os órgãos de Estado serem necessariamente órgãos constitucionais.

[2187] Cfr. Jorge Bacelar Gouveia, *Os serviços de informações de Portugal: organização e fiscalização*, in RDeS, ano I, nº 1, janeiro-junho de 2013, pp. 76 e ss.

§ 54º OS ÓRGÃOS DA REPÚBLICA

246. O Presidente da República

I. A CRP opta por localizar o tratamento jurídico-constitucional do *Presidente da República* no primeiro dos títulos dedicados aos órgãos de soberania[2188], atribuindo-lhe cinco tarefas fundamentais, nos termos da definição que do mesmo apresenta: "O Presidente da República representa a República Portuguesa, garante a independência nacional, a unidade do Estado e o regular funcionamento das instituições democráticas e é, por inerência, Comandante Supremo das Forças Armadas"[2189].

Estas cinco incumbências constitucionais postas a cargo do Chefe de Estado são, no fundo, o resumo das competências de que desfruta, no contexto de um sistema de governo semipresidencial.

É também uma definição que tem muito de proclamatório e que se destina a introduzir o leitor no seio da caracterização do Presidente da República na CRP, esta reservando o Título II da Parte III, com três capítulos:

- Capítulo I – *Estatuto e eleição*
- Capítulo II – *Competência*
- Capítulo III – *Conselho de Estado*

2188 Sobre o Presidente da República, v. J. J. Gomes Canotilho e Vital Moreira, *Os poderes do Presidente da República*, Paulo Otero, *Direito Constitucional Português...*, II, pp. 209 e ss.; Manuel Afonso Vaz, Raquel Carvalho, Catarina Santos Botelho, Inês Folhadela e Ana Teresa Ribeiro, *Direito Constitucional...*, pp. 39 e ss.; Cristina Queiroz, *Os poderes do Presidente da República*, Coimbra, 2013, pp. 51 e ss.

2189 Art. 120º da CRP.

II. O Presidente da República, órgão unipessoal, exerce um mandato de cinco anos e não se admite a re-eleição para um terceiro mandato consecutivo, "...nem durante o quinquénio imediatamente subsequente ao termo do segundo mandato"[2190].

A designação do Presidente da República funda-se no "...sufrágio universal, direto e universal dos cidadãos portugueses eleitores recenseados no território nacional, bem como dos cidadãos portugueses residentes no estrangeiro..."[2191].

A capacidade eleitoral passiva, diferentemente da capacidade eleitoral ativa, é bastante limitada e somente compreende (i) os cidadãos portugueses, de ambos os sexos, na condição de serem (ii) cidadãos portugueses de origem, (iii) maiores de 35 anos de idade[2192], discriminação esta em razão de idade escassamente compreensível à luz do princípio da igualdade e do princípio republicano.

As candidaturas presidenciais são pessoais, não institucionais ou sequer partidárias, dependendo da vontade de cada candidato, impondo-se, contudo, a exigência de uma propositura entre 7 500 e 15 000 cidadãos eleitores, até 30 dias antes da data marcada para a eleição, perante o Tribunal Constitucional[2193].

O sistema eleitoral utilizado é o maioritário[2194], a duas voltas, ganhando à primeira volta o candidato que obtiver mais de metade dos votos, e havendo uma segunda volta se tal não suceder, sendo declarado vencedor, neste caso, o que alcançar mais votos, um dos candidatos obtendo em relação ao outro uma maioria absoluta de votos[2195].

No desempenho das suas funções, o Presidente da República, em caso de impedimento temporário ou de vagatura do cargo, é interinamente substituído pelo Presidente da Assembleia da República[2196], ainda que este tenha algumas limitações no exercício daquelas competências, não

[2190] Art. 123º, nº 1, da CRP.

[2191] Art. 121º, nº 1, da CRP, acrescentando o nº 2 desse mesmo art. 121º da CRP que "A lei regula o exercício do direito de voto dos cidadãos portugueses residentes no estrangeiro, devendo ter em conta a existência de laços de efetiva ligação à comunidade nacional".

[2192] Cfr. o art. 122º da CRP.

[2193] Cfr. o art. 124º da CRP.

[2194] Cfr. o art. 126º da CRP. Cfr. também os arts. 7º e ss. do DL nº 319-A/76, de 3 de Maio.

[2195] No caso de empate, não estando prevista uma solução, será necessário fazer nova votação, o que revela bem mais uma debilidade deste sistema eleitoral.

[2196] Cfr. o art. 132º da CRP.

obstante o princípio do paralelismo dos seus poderes: (i) atos que só pode praticar sob o parecer prévio consultivo do Conselho de Estado e (ii) atos que fica inibido de praticar[2197].

A renúncia presidencial ao cargo é livremente admitida, sem dependência de qualquer autorização material, ainda que se estabeleça o formalismo de a mesma dever ser comunicada à Assembleia da República e posterior publicação no *Diário da República*[2198]. Só que o Presidente da República, nessa hipótese de renúncia, "...não poderá candidatar-se nas eleições imediatas nem nas que se realizem no quinquénio imediatamente subsequente à renúncia"[2199].

III. Ao contrário do que sucede em relação à Assembleia da República e ao Governo, em que é preponderante um critério de divisão material, o texto constitucional distingue as competências do Chefe de Estado discernindo-as entre:

- as "competências quanto a outros órgãos";
- as "competências para a prática de atos próprios"; e
- as "competências nas relações internacionais".

Infelizmente esta é apenas uma mera repartição formal das competências e que pouco esclarece acerca da essência de cada uma delas.

A sua apreciação conjunta, como se verá já de seguida, revela a presença do Chefe de Estado no exercício de atos de índoles muito diversas:

- *atos de natureza internacional*, relativos à vida internacional do Estado[2200];
- *atos de natureza governativa*, relativos ao funcionamento do sistema de governo e à participação no procedimento legislativo;

[2197] Cfr. o art. 139º da CRP.

[2198] Cfr. o art. 131º, nº 1, da CRP, dizendo-se no respetivo nº 2 que "A renúncia torna-se efetiva com o conhecimento da mensagem pela Assembleia da República, sem prejuízo da sua ulterior publicação no *Diário da República*".

[2199] Art. 123º, nº 2, da CRP. Sobre a renúncia do Presidente da República, v. Paulo Otero, *A renúncia do Presidente da República*, Coimbra, 2004, pp. 43 e ss.

[2200] Cfr. Fausto de Quadros e Jorge Bacelar Gouveia, *As relações externas...*, pp. 79 e ss.

– *atos de natureza administrativa*, relativos ao funcionamento da instituição militar, bem como a atos de gestão dos respetivos serviços[2201].

IV. As "competências quanto a outros órgãos" podem ser agrupadas em três diferentes polos, que mostram aspetos da dinâmica desses órgãos: (i) presidir a órgãos constitucionais; (ii) intervir na composição de órgãos através da marcação da eleição dos seus titulares, da nomeação de outros titulares e da decretação da sua dissolução; e (iii) participar no seu funcionamento por intermédio da apresentação de mensagens fundamentadas.

Destas vertentes, a que se apresenta mais importante de todas é a segunda, em que se salienta a dissolução da Assembleia da República, a demissão do Governo e a nomeação do Primeiro-Ministro e do Governo.

A dissolução da Assembleia da República, de acordo com a fórmula constitucional, é um poder livre ou discricionário, que só ao Presidente da República compete avaliar quanto à sua oportunidade. Na prática, é um poder que, pela sua gravidade, só se utiliza em última instância, em face de duas situações-limite: quando, na ausência de uma maioria estável, mesmo de coligação entre vários partidos, seja inviável a formação de governos duráveis, com crises políticas permanentes ou frequentes; quando, apesar de essa maioria existir, se verificar uma ausência de legitimidade política dessa maioria e do Governo que ela apoia[2202].

A demissão do Governo realiza-se no seguinte condicionalismo: "O Presidente da República só pode demitir o Governo quando tal se torne necessário para assegurar o regular funcionamento das instituições democráticas, ouvido o Conselho de Estado"[2203].

Apesar de se tratar de um conceito indeterminado por vaguidade, o fundamento subjacente a este poder de demissão do Governo surge quando a atividade governativa ponha em causa a CRP, a liberdade polí-

[2201] A L nº 7/96, de 29 de fevereiro, define vários órgãos e serviços da Presidência da República, no seu art. 2º, deles se evidenciando o Conselho Administrativo e a Secretaria-Geral.

[2202] Sobre a dissolução da Assembleia da República, v., por todos, Jorge Bacelar Gouveia, *A dissolução da Assembleia da República – uma nova perspetiva da Dogmática do Direito Constitucional*, Coimbra, 2007, pp. 23 e ss.

[2203] Art. 195º, nº 2, da CRP.

tica, a separação de poderes ou a própria democracia, numa fase de passagem para um regime pré-ditatorial.

É, por isso, não já uma responsabilidade política, como fora até 1982, mas sim uma responsabilidade institucional, que se prende apenas com o cumprimento do desenho constitucional do estatuto e dos poderes dos vários órgãos.

A nomeação do Primeiro-Ministro, tal como a demissão do Governo, e em contraste com a dissolução da Assembleia da República, é um poder relativamente limitado, não tanto por a CRP o condicionar à audição dos partidos ali representados e tendo em conta os resultados eleitorais[2204], mas mais por a sua posição depender essencialmente da maioria política que se tenha formado no Parlamento.

O espaço de manobra do Presidente de República alarga-se, contudo, em situações de ausência de maiorias de um só partido ou de coligação, podendo aí desempenhar um papel liderante no estímulo das coligações necessárias, a começar precisamente pela escolha de certa personalidade para Primeiro-Ministro.

V. As "competências para a prática de atos próprios" inclui uma ampla panóplia de competências de natureza política, de entre elas se salientando:

- a participação nos diversos procedimentos legislativos, como a promulgação e o veto político;
- a convocação de referendos nacionais, sob prévia iniciativa da Assembleia da República e do Governo;
- a decretação do estado de exceção;
- a aplicação do poder de clemência, através do indulto e da comutação de penas.

VI. As "competências nas relações internacionais" são mais reduzidas e destinam-se a afirmar a posição do Chefe de Estado como representante da soberania, incluindo-se três atos específicos[2205]:

- a nomeação de embaixadores e enviados extraordinários, bem como a acreditação dos representantes diplomáticos estrangeiros;

[2204] Como se dispõe no art. 190º, nº 1, da CRP.
[2205] Cfr. o art. 135º da CRP.

- a ratificação dos tratados internacionais solenes, após a respetiva aprovação;
- a declaração do estado de guerra, sob prévia autorização da Assembleia da República e audição do Conselho de Estado.

247. A Assembleia da República

I. A *Assembleia da República*, que vem sistematicamente localizada a seguir ao Chefe de Estado, é um órgão colegial, de base pluralista político-partidária[2206].

No plano do texto constitucional, a opção é evidente por uma intensa regulação, dividindo-se a mesma por três capítulos insertos no Título III da Parte III da CRP:

- Capítulo I – *Estatuto e eleição*
- Capítulo II – *Competência*
- Capítulo III – *Organização e funcionamento*

A natureza da Assembleia da República é a de ser um órgão representativo dos portugueses, tal como o diz a própria CRP: "A Assembleia da República é a assembleia representativa de todos os cidadãos portugueses"[2207].

Devido à complexidade organizacional e funcional, o estatuto jurídico da Assembleia da República, para além das abundantes disposições constitucionais com que conta, encontra-se largamente definido no Regimento da Assembleia da República (RAR)[2208], diploma com 271 artigos, com os seguintes títulos:

- Título I – *Deputados e Grupos Parlamentares*

[2206] Sobre a Assembleia da República, v. Luís Sá, *O lugar da Assembleia...*, pp. 15 e ss.; Cristina Queiroz, *O Parlamento como factor de decisão política*, Coimbra, 2009, pp. 37 e ss.; Paulo Otero, *Direito Constitucional Português...*, II, pp. 261 e ss.; Manuel Afonso Vaz, Raquel Carvalho, Catarina Santos Botelho, Inês Folhadela e Ana Teresa Ribeiro, *Direito Constitucional...*, pp. 43 e ss.

[2207] Art. 147º da CRP.

[2208] Regimento da Assembleia da República (RAR), aprovado pelo Regimento da Assembleia da República nº 1/2007, de 20 de Agosto, e alterado pelo Regimento da Assembleia da República nº 1/2010, de 14 de outubro.

- Título II – *Organização da Assembleia*
- Título III – *Funcionamento*
- Título IV – *Formas de processo*
- Título V – *Disposições relativas ao Regimento*
- Título VI – *Disposições finais e transitórias*

II. Tal como a respetiva denominação o inculca, a Assembleia da República é um órgão colegial, de tipo parlamentar, sendo composto por um limite mínimo e um limite máximo de Deputados, definidos nos termos da lei eleitoral: "A Assembleia da República tem o mínimo de cento e oitenta e o máximo de duzentos e trinta Deputados..."[2209].

A atual lei eleitoral optou pelo limite máximo, havendo 230 Deputados eleitos, adotando-se o sistema da representação proporcional segundo o método de Hondt[2210].

A definição do colégio eleitoral parlamentar é concebida parcelarmente em razão dos 22 círculos existentes[2211]:

- os *círculos eleitorais distritais*, integrando os eleitores recenseados em cada distrito civil um colégio eleitoral, havendo um total de 18 distritos, apenas no território continental;
- os *círculos eleitorais regionais*, compostos pelos cidadãos eleitores recenseados nos arquipélagos dos Açores e da Madeira;
- os *círculos eleitorais da emigração*, podendo somente votar os cidadãos que se encontrem recenseados fora do território nacional, com um círculo para a Europa e outro círculo para fora da Europa.

A distribuição dos Deputados a eleger por cada um destes círculos, de acordo com as opções da lei eleitoral, é variável em função da densidade dos eleitores inscritos[2212], com exceção dos círculos da emigração, que só elegem quatro Deputados, referindo-se ainda a possibilidade teórica de um círculo nacional, mas que até à data nunca chegaria a ser criado por lei.

[2209] Art. 148º da CRP.

[2210] Cfr. o art. 13º da L nº 14/79, de 16 de Maio.

[2211] Cfr. o art. 12º da L nº 14/79.

[2212] Pois como refere o art. 149º, nº 2, da CRP, "O número de Deputados por cada círculo plurinominal do território nacional, exceptuando o círculo nacional, quando exista, é proporcional ao número de cidadãos eleitores nele inscritos".

O mandato dos Deputados corresponde à duração da legislatura, que por seu turno se distribui por quatro sessões legislativas anuais[2213].

III. A designação dos Deputados à Assembleia da República obedece ao esquema geral do sufrágio universal, pessoal, secreto e periódico, aplicando-se o método da representação proporcional, na variante de Victor d'Hondt.

A aplicação deste específico método de conversão dos votos em mandatos conta com a proibição da adoção de cláusulas-barreira: a lei eleitoral "...não pode estabelecer limites à conversão dos votos em mandatos por exigência de uma percentagem de votos nacional mínima"[2214].

As candidaturas para a eleição à Assembleia da República são exclusivamente apresentadas pelos partidos políticos, isoladamente ou em coligação[2215], ainda que o Direito Eleitoral Português, ao nível autárquico, já tenha mostrado abertura às candidaturas independentes, por isso não apoiadas pelos partidos políticos.

IV. Os Deputados, como titulares da Assembleia da República, têm *situações funcionais*, as quais incluem um feixe de posições ativas e passivas reguladas pelo Direito Constitucional[2216]:

- *poderes relacionados com o exercício da atividade parlamentar*, assim participando no funcionamento do órgão, para além de poderes instrumentais que permitem o exercício daqueles poderes;
- *direitos relacionados com os benefícios de que são titulares*, incluindo as remunerações e outras vantagens materiais;
- *imunidades relacionadas com a garantia da liberdade do exercício das suas funções*, imunidades que se desdobram na irresponsabilidade pelas opiniões emitidas e na inviolabilidade das respetivas pessoas contra a aplicação de medidas penais, com várias exceções;
- *deveres relacionados com o bom exercício da função parlamentar*, contribuindo para a sua máxima efetividade e que se traduzem na respon-

2213 Cfr. os arts. 153º e 171º da CRP.

2214 Art. 152º, nº 1, da CRP.

2215 Cfr. o art. 151º da CRP.

2216 Cfr. os arts. 4º e ss. do RAR, bem como o Estatuto dos Deputados, aprovado pela L nº 7/93, de 1 de março.

sabilidade das competências parlamentares, para além de outros deveres que sobre eles impendem, como em matéria de transparência[2217], assim como em matéria de incompatibilidades e impedimentos[2218].

V. A Assembleia da República é porventura o órgão mais tipicamente complexo que a Teoria do Direito Constitucional conhece: desdobra-se por vários centros decisórios, que produzem uma vontade politicamente relevante e imputável ao Estado-Poder.

A principal vertente de decisão da Assembleia da República, sendo ela também a que interessa residualmente, é a respetiva valência como universo de todos os seus membros: atualmente, com o conjunto dos seus 230 Deputados, tecnicamente representados pelo Plenário parlamentar, a quem estão cometidas as suas fundamentais competências.

Mas a Assembleia da República também toma importantes decisões, ainda que não tão relevantes quanto aquelas, no âmbito de outros centros de decisão[2219]:

- a *Comissão Permanente da Assembleia da República*: órgão que funciona nas ausências e impedimentos do Plenário e que assegura as funções mínimas vitais que são prototípicas de um Parlamento democrático, de entre as quais se conta a autorização para o Presidente da República se ausentar do território nacional e para a decretação do estado de exceção e do estado de guerra, sem esquecer as competências gerais de fiscalização política e de vigilância pelo cumprimento da Constituição[2220];
- a *Mesa da Assembleia da República*: órgão que desempenha competências de direção e de coordenação burocrática dos trabalhos parlamentares, sendo constituída por um Presidente (que é o Presidente da Assembleia da República), por quatro Vice-Presidentes, a que se juntam quatro Secretários e quatro Vice-Secretários, ainda que nas

[2217] Cfr. a L nº 4/83, de 2 de abril, sobre o controlo da riqueza dos titulares de cargos políticos.

[2218] Cfr. a L nº 64/93, de 26 de agosto.

[2219] Cfr. o art. 175º da CRP.

[2220] Cfr. o art. 179º da CRP e os arts. 39º e ss. do RAR. O Regulamento da Comissão Permanente da Assembleia da República foi aprovado pela Res. da Assembleia da República nº 195/2016, de 13 de setembro de 2016.

sessões plenárias apenas integrem a Mesa o Presidente e os Secretários[2221];

- as *comissões parlamentares especializadas*: órgãos que agregam vários Deputados de acordo com a representatividade parlamentar geral, em razão de matérias específicas da atividade desenvolvida, com uma duração permanente ou com uma duração limitada, sendo este o caso das comissões parlamentares eventuais[2222], também sobressaindo as comissões parlamentares de inquérito[2223], que "...gozam dos poderes de investigação das autoridades judiciais que a estas não estejam constitucionalmente reservados"[2224], no âmbito de inquéritos parlamentares que "...têm por função vigiar pelo cumprimento da Constituição e das leis e apreciar os atos do Governo e da Administração", podendo estes "...ter por objeto qualquer matéria de interesse público relevante para o exercício das atribuições da Assembleia da República"[2225];
- os *Grupos Parlamentares*: órgãos que postulam uma especial vinculação dos Deputados em nome da raiz partidária que determinou a respetiva eleição, dispondo de poderes parlamentares específicos,

[2221] Cfr. o art. 175º, al. b), da CRP e os arts. 22º e ss. do RAR.

[2222] Cfr. o art. 178º da CRP e os arts. 29º e ss. do RAR.

[2223] Quanto às comissões parlamentares de inquérito, v. Rogério Ehrhardt Soares, *As comissões parlamentares permanentes – países não socialistas*, in BFDUC, vol. LVI, 1980, pp. 2 e ss.; Vittorio Di Ciolo, *Parlamento (organizzazione e procedure)*, in ED, XXXI, Milano, 1981, pp. 845 e ss.; Arthur de Castro Borges, *As comissões permanentes nos Parlamentos*, in SI, t. XXX, nºs 169-171, janeiro-junho de 1981, pp. 40 e ss.; Ricardo Medina Rubio, *La función constitucional de las comisiones parlamentarias de investigación*, Madrid, 1994, pp. 61 e ss.; Silvano Tosi, *Diritto...*, pp. 405 e ss.; Luís Sá, *O lugar da Assembleia...*, pp. 193 e ss.; Rosario García Mahamut, *Las comisiones parlamentarias de investigación en el Derecho Constitucional Español*, Madrid, 1996, pp. 178 e ss.; Ignacio Astarola Huarte-Mendicoa e Manuel Cavero Gómez, *Comisiones de investigación*, in AAVV, *Comentarios a la Constitución Española de 1978* (dir. de Oscar Alzaga Villaamil), VI, Madrid, 1998, pp. 569 e ss.; Nuno Piçarra, *O inquérito parlamentar e os seus modelos constitucionais*, Coimbra, 2003, pp. 7 e ss., e *O inquérito parlamentar na Constituição Portugues de 1976 e na lei: consonâncias e dissonâncias*, in AAVV, *Prof. Doutor Inocêncio Galvão Telles: 90 anos – Homenagem da Faculdade de Direito da Universidade de Lisboa*, Lisboa, 2007, pp. 935 e ss.

[2224] Art. 13º, nº 1, da L nº 5/93, de 1 de março, alterada pela L nº 126/97, de 10 de dezembro, e pela L nº 15/2007, de 3 de abril.

[2225] Respetivamente, nºs 1 e 2 do art. 1º da L nº 5/93.

como a iniciativa legislativa, o agendamento parlamentar ou o uso da palavra nos trabalhos parlamentares[2226];

- os *Deputados*: órgãos que podem agir sem inserção em qualquer outra estrutura, para os quais a CRP explicitamente estabelece um regime de situações funcionais[2227].

VI. O funcionamento da Assembleia da República é de cariz permanente, na medida em que, dada a sua posição altamente proeminente na nossa democracia representativa, não se compreenderia que o seu funcionamento fosse intermitente ou sequer temporário[2228].

As regras de funcionamento parlamentar estão constitucionalmente traçadas – até para evitar qualquer tentativa de limitação da sua ação política – e corresponde aos períodos da sessão legislativa, com uma duração anual, a começar em 15 de Setembro e a terminar em 14 de Setembro do ano seguinte, sendo o tempo que sobra depois de 15 de Junho considerado de férias, sem prejuízo de prolongamentos, de resto quase inevitáveis.

VII. As competências da Assembleia da República, que se distribuem em razão dos diversos núcleos de ação decisória que integra, são bastante diversificadas[2229]:

- *competência constitucional*: para aprovar leis de revisão constitucional;
- *competência política*: para aprovar tratados e acordos internacionais[2230], assim como para produzir atos de fiscalização política em relação ao Governo e à Administração Pública em geral[2231];

[2226] Cfr. o art. 180º da CRP e os arts. 6º e ss. da RAR.

[2227] Cfr. os arts. 153º e ss. da CRP e os arts. 1º e ss. do RAR, além do próprio Estatuto dos Deputados em geral.

[2228] Foi isso o que sucedeu na vigência da C1933, sendo essa mais uma das características do regime autoritário que implantou, funcionamento intermitente que obviamente muito contribuiu para a desvitalização da sua posição jurídico-constitucional e jurídico-política, facto a que se aliaram outros instrumentos, como a possibilidade de o Governo editar decretos-leis em caso de urgência e necessidade pública.

[2229] Sobre as funções do Parlamento num prisma de Teoria do Direito Constitucional, v. Mónica Herman Salem Caggiano, *Direito Parlamentar...*, pp. 2 e ss.

[2230] Cfr. Fausto de Quadros e Jorge Bacelar Gouveia, *As relações externas...*, pp. 107 e ss.

[2231] Cfr. José Fontes, *Do controlo parlamentar da Administração Pública*, Lisboa, 1999, pp. 29 e ss.; António Ribeiro Gameiro, *O controlo parlamentar das Finanças Públicas em Portugal (1976-2002)*, Coimbra, 2004, pp. 91 e ss.

– *competência legislativa*: para aprovar atos legislativos e outros atos congéneres.

Tem sido discutido se a Assembleia da República não pode igualmente desenvolver competências administrativas ou competências jurisdicionais: neste caso, não há dúvida acerca da respetiva impossibilidade; naquele caso, essa possibilidade não está afastada, liminarmente, dado ser possível a aprovação de leis apenas em sentido formal[2232].

248. O Governo

I. O *Governo*[2233] é o terceiro órgão de soberania e é um órgão colegial, de tipo governativo, sendo definido pela CRP como "...o órgão de condução da política geral do país e o órgão superior da Administração Pública"[2234].

O estatuto do Governo reparte-se fundamentalmente pelas disposições constitucionais, que, na sua totalidade, se encontram no Título IV da Parte III da CRP, que se divide em três capítulos:

- Capítulo I – *Função e estrutura*
- Capítulo II – *Formação e responsabilidade*
- Capítulo III – *Competência*

Complementarmente, é de considerar dois outros diplomas que fixam relevantes normas a respeito da sua organização e funcionamento, como são a LOG e o RCM.

[2232] Está fora desta discussão a vertente administrativa interna da Assembleia da República, que obviamente tem a sua própria administração, especificamente atribuída, segundo a LOFAR, no seu art. 5º, ao Presidente da Assembleia da República e ao Conselho de Administração, para além dos diversos serviços e outros órgãos que a integram, frisando-se o Secretário-Geral.

[2233] Sobre o estatuto constitucional do Governo em geral, v. J. J. Gomes Canotilho e Vital Moreira, *Constituição...*, pp. 728 e ss.; Jaime Valle, *A participação do Governo no exercício da função legislativa*, Coimbra, 2004, pp. 26 e ss.; Paulo Otero, *Direito Constitucional Português...*, II, pp. 329 e ss.; Manuel Afonso Vaz, Raquel Carvalho, Catarina Santos Botelho, Inês Folhadela e Ana Teresa Ribeiro, *Direito Constitucional...*, pp. 45 e ss.

[2234] Art. 182º da CRP.

À LOG incumbe a definição da sua estrutura organizatória para além dos aspetos que ficam rigidificados no plano constitucional, diploma que se apresenta repartido por quatro capítulos:

- Capítulo I – *Estrutura do Governo*
- Capítulo II – *Competência dos membros do Governo*
- Capítulo III – *Orgânica do Governo*
- Capítulo IV – *Disposições finais e transitórias*

Ao RCM foi deixada uma tarefa sobretudo ligada ao funcionamento do Governo, paredes-meias com o desenvolvimento do procedimento legislativo governamental e realidades afins, com três capítulos:

- Capítulo I – *Do Conselho de Ministros*
- Capítulo II – *Reunião de Secretárias e Secretários de Estado*
- Capítulo III – *Do procedimento legislativo governamental*
- Capítulo IV – *Dos outros procedimentos normativos*
- Capítulo V – *Das disposições finais e transitórias*

II. Do ponto de vista constitucional, o Governo é composto por membros com diversos cargos, cargos que são *necessários*, mas que também podem ser *eventuais*[2235]:

- os *cargos necessários*: o Primeiro-Ministro, que é o Chefe do Governo, os Ministros, os Secretários de Estado e os Subsecretários de Estado;
- os *cargos eventuais*: os Vice-Primeiros-Ministros.

Do ponto de vista legal, a composição de cada Governo, dentro dos parâmetros constitucionais, é determinada pela LOG, que procede à sua formatação, no caso do XXI Governo Constitucional sendo "...constituído pelo Primeiro-Ministro, pelas/os ministras/os e pelas/os secretárias/os de Estado"[2236].

Nas respetivas ausências e impedimentos, o "...Primeiro-Ministro, salvo sua indicação em contrário, é substituído na sua ausência ou impedimento pelo Ministro dos Negócios Estrangeiros ou por ministro que não esteja ausente ou impedido, de acordo com a ordem estabelecida no

[2235] Cfr. o art. 183º da CRP.

[2236] Art. 1º da LOG.

artigo 2º, sendo a substituição comunicada ao Presidente da República, nos termos do nº 1 do artigo 185º da Constituição"[2237].

O Governo assenta num princípio de colegialidade, que é peculiarmente enfatizado pelo texto constitucional, ao dizer, em preceito dedicado à solidariedade governamental, que "Os membros do Governo estão vinculados ao programa do Governo e às deliberações tomadas em Conselho de Ministros"[2238].

A colegialidade do Governo não anula, mas reafirma, a proeminência funcional do Primeiro-Ministro, perante quem são politicamente responsáveis todos os restantes membros do Governo[2239].

III. A formação do Governo deriva dos resultados eleitorais que se projetam na formação das maiorias na Assembleia da República, dado que "O Primeiro-Ministro é nomeado pelo Presidente da República, ouvidos os partidos representados na Assembleia da República e tendo em conta os resultados eleitorais"[2240], supondo-se ser o resultado das eleições para a Assembleia da República.

A nomeação dos restantes membros do Governo é da competência do Presidente da República, sob proposta do Primeiro-Ministro, o mesmo sucedendo no tocante à respetiva exoneração[2241].

A duração do mandato dos membros do Governo, ao contrário dos mandatos presidencial e parlamentar, não está pré-determinada, dependendo das circunstâncias que rodeiam a nomeação de um novo Governo.

O início das funções do Governo, nos seus diversos membros, opera-se no momento da respetiva nomeação e posse[2242].

A cessação de funções do Governo deve ser vista coletiva ou individualmente, ocorrendo segundo três possíveis esquemas[2243]:

- *Primeiro-Ministro*: na sua exoneração, havendo a posse do novo Primeiro-Ministro nomeado;

2237 Art. 7º da LOG. Cfr. o art. 185º, nº 1, da CRP.

2238 Art. 189º da CRP.

2239 Cfr. o art. 191º da CRP.

2240 Art. 187º, nº 1, da CRP.

2241 Cfr. o art. 187º, nº 2, da CRP.

2242 Cfr. o art. 186º, nº 1 e 2, da CRP.

2243 Cfr. o art. 186º, nºs 1, 2 e 3, da CRP.

- *Ministros*: na sua exoneração, assim como na exoneração do Primeiro-Ministro, que automaticamente determina a cessação de funções dos Ministros;
- *Secretários e Subsecretários de Estado*: na sua exoneração, assim como na exoneração do Primeiro-Ministro e dos respetivos Ministros, que automaticamente implica a cessação de funções dos Secretários e Subsecretários de Estado.

Ao contrário do que por vezes se julga, a demissão do Governo, em si mesmo, não é uma causa de cessação de funções, coletiva ou individualmente falando, e apenas surge, na lógica constitucional constante da CRP, como um fator de desvitalização da atividade governamental[2244], passando-se a um *governo de gestão*, nos seguintes casos[2245]:

- *o início de nova legislatura*: a transição para uma nova legislatura, em razão da responsabilidade política do Governo perante a Assembleia da República, tem de acarretar a demissão do Governo, até para que um novo Governo se forme segundo a nova composição parlamentar;
- *a aceitação pelo Chefe de Estado do pedido de demissão apresentado pelo Primeiro-Ministro*: dado o caráter político-pessoal do Governo, assim como a proeminência do Primeiro-Ministro, a vontade de este abandonar as suas funções só pode ter aquele resultado, ainda que a demissão não seja de aceitação obrigatória, no caso de não haver motivos relevantes para tal, em atenção a uma missão que foi assumida no momento da apresentação e subsequente não rejeição do programa do Governo;
- *a morte ou a impossibilidade física duradoura do Primeiro-Ministro*: de novo, a importância do Primeiro-Ministro na dinâmica funcional do Governo acarreta esta drástica consequência, impossibilidade que tem de ser duradoura, não necessariamente permanente, impossibilidade que também pode ser de cunho psicológico;

[2244] Segundo o art. 186º, nº 4, da CRP, em nome do princípio da continuidade da atividade governamental (pois que o Estado não pode deixar de ter um Governo, qualquer que ele seja), "Em caso de demissão do Governo, o Primeiro-Ministro do Governo cessante é exonerado na data da nomeação e posse do novo Primeiro-Ministro".

[2245] Cfr. o art. 195º da CRP.

- *a rejeição do programa de Governo, a não aprovação de uma moção de confiança e a aprovação de uma moção de censura por maioria absoluta dos Deputados em efetividade de funções*: em qualquer destes casos, vem ao de cima a importância da responsabilidade política do Governo perante a Assembleia da República;
- *a perturbação do regular funcionamento das instituições democráticas*: sendo esta hipótese uma válvula de segurança nas mãos do Chefe de Estado, ela não implica, pelo menos literalmente, um mecanismo de responsabilidade política, só de responsabilidade institucional.

IV. O estatuto constitucional do Governo, no plano das respetivas competências, tem uma indicação clara a respeito dos seus três núcleos fundamentais, os quais são:

- as *competências legislativas*;
- as *competências políticas*; e
- as *competências administrativas*.

As *competências legislativas* implicam que, na economia constitucional, o Governo seja um órgão legislativo, tal como a Assembleia da República o é, ainda que exercendo essa competência em setores menos relevantes, emitindo os correspondentes decretos-leis, que são da sua exclusiva responsabilidade no domínio da organização e funcionamento[2246].

As *competências políticas* dizem respeito à prática de inúmeros atos atinentes às relações com os outros órgãos de soberania, como o pedido de convocação de referendos nacionais e as iniciativas legislativas, além dos atos atinentes à contratação internacional do Estado[2247], nos seus momentos iniciais, como também na aprovação dos acordos internacionais que pertençam à sua esfera de competência[2248].

As *competências administrativas* são as mais intensas de todas[2249], até porque o Governo é, para a CRP, o órgão superior da Administração Pública, competindo-lhe apresentar e executar os planos e o Orçamento

[2246] Cfr. o art. 198º da CRP.

[2247] Cfr. Fausto de Quadros e Jorge Bacelar Gouveia, *As relações externas...*, pp. 127 e ss.

[2248] Cfr. o art. 197º da CRP.

[2249] Cfr. o art. 199º da CRP.

do Estado, fazer os regulamentos de execução das leis, dirigir os serviços e a atividade da Administração Direta, superintender na Administração Indireta e tutelar a Administração Autónoma, praticar os atos atinentes aos funcionários e agentes da Administração Pública, além da orientação geral de defender a legalidade democrática e de praticar "...todos os atos e tomar todas as providências necessárias à promoção do desenvolvimento económico-social e à satisfação das necessidades coletivas"[2250].

V. Um pouco à semelhança da Assembleia da República, o Governo tem um funcionamento misto ao nível de diversos sub-órgãos que podem exercer algumas daquelas competências, relevante tanto ao nível da CRP como da legislação ordinária.

A estrutura principal de funcionamento é o *Conselho de Ministros*[2251], que reúne o Primeiro-Ministro e os Ministros[2252], e a quem estão deferidas as competências fundamentais[2253], como as legislativas e as políticas, nomeadamente definir as linhas gerais da política governamental, aprovar os decretos-leis e os acordos internacionais, aprovar os planos e os atos do Governo que envolvam aumento ou diminuição das receitas ou despesas públicas, sem excluir a competência residual que se lhe atribui porque pode ainda deliberar "...sobre outros assuntos da competência do Governo que lhe sejam atribuídos por lei ou apresentados pelo Primeiro-Ministro ou por qualquer Ministro"[2254].

O Governo pode igualmente agir sob outras vestes, delas se salientando como outros sub-órgãos[2255]:

[2250] Art. 199º, al. g), da CRP.

[2251] Cujo funcionamento consta também dos arts. 1º e ss. da RCM.

[2252] Cfr. o art. 4º, nº 1, da LOG.

[2253] Cfr. o art. 200º da CRP.

[2254] Art. 200º, nº 1, al. g), da CRP.

[2255] Não estabelecendo a actual LOG, como tem sido hábito, crê-se que por uma compreensível preocupação de simplificação organizatória, a figura dos Conselhos de Ministros especializados, que reuniriam um número mais limitado de Ministros, em razão de certos setores de atividade, como as pastas políticas ou económicas. Cfr. a possibilidade contida no art. 200º, nº 2, da CRP e a sua recusa pelo art. 4º da LOG.

O DL nº 215-A/2004, de 3 de setembro, que estabeleceu a organização e o funcionamento do XVI Governo Constitucional, diversamente, previa a existência de dois Conselhos de Ministros especializados: o *Conselho de Ministros para os Assuntos Europeus* (art. 32º) e o *Conselho de Ministros para os Assuntos Económicos* (art. 33º).

- *o Primeiro-Ministro*: dirige a política geral do Governo, coordenando e orientando a ação de todos os Ministros, chefia o funcionamento do Governo, protagoniza o seu relacionamento com outros órgãos e informa o Chefe de Estado de todos os assuntos respeitantes à condução da política interna e externa, possuindo ainda competência própria e competência delegada do Conselho de Ministros[2256];
- *os Ministros*: executam a política geral do Governo para departamentos e ministérios, asseguram as relações de caráter geral do Governo com os demais órgãos do Estado, dispõem de competência que lhes tenha sido delegada pelo Conselho de Ministros e pelo Primeiro-Ministro, para além de exercerem competência administrativa própria[2257];
- *os Secretários de Estado*: não dispõem de competência própria, exceto no âmbito dos respetivos gabinetes, e exercem a competência administrativa neles delegada pelo Primeiro-Ministro e pelo Ministro respetivo[2258].

O funcionamento do Governo pode ainda ser visto sob duas distintas velocidades[2259]:

- *o Governo em plenitude de funções*: é a situação normal em que o Governo dispõe dos meios de atividade normal, devidamente legitimado no plano parlamentar;
- *o Governo em funções de gestão*: quando após a sua demissão e depois de nomeado enquanto aguarda a apreciação parlamentar do seu

[2256] Cfr. o art. 201º, nº 1, da CRP e o art. 6º da LOG.

[2257] Cfr. o art. 201º, nº 2, da CRP e o art. 8º da LOG.

[2258] Cfr. o art. 10º da LOG.

[2259] Sobre os governos de gestão em geral, bem como as limitações que sofrem no plano das suas competências, v. JORGE MIRANDA, *A competência do Governo na Constituição de 1976*, in AAVV, ESC, III, Lisboa, 1979, p. 650, nt., *Governo (órgão de)*, in Pol., III, Lisboa, 1985, pp. 99 e 100, *Órgãos do Estado*, in Pol., IV, Lisboa, 1986, p. 929, e *Programa do Governo*, in DJAP, VI, Lisboa, 1994, pp. 554 e 555; DIOGO FREITAS DO AMARAL, *Governos de gestão*, Lisboa, 1985, pp. 12 e ss.; J. J. GOMES CANOTILHO e VITAL MOREIRA, *Constituição...*, pp. 742 e 743; J. J. GOMES CANOTILHO, *Governo*, in DJAP, V, Lisboa, 1993, p. 30; ANTÓNIO VITORINO, *Moção*, DJAP, VI, Lisboa, 1994, pp. 24 e 25; JAIME VALLE, *A participação do Governo...*, pp. 85 e 86, e pp. 256 e 257.

programa, "...o Governo limitar-se-á à prática dos atos estritamente necessários para assegurar a gestão dos negócios públicos"[2260].

249. Os Tribunais

I. De acordo com a CRP, os "...tribunais são os órgãos de soberania com competência para administrar a justiça em nome do povo"[2261].

Daqui se retira a orientação geral segundo a qual a administração da justiça incumbe exclusivamente aos *tribunais*, surgindo estes como um espaço específico na organização do poder público constitucionalmente relevante[2262].

A preocupação constitucional com os tribunais é grande e chega ao ponto de se lhes reservar o Título V da Parte III da CRP, ainda que nos seus quatro capítulos surjam realidades que excedem a realidade judicial:

- Capítulo I – *Princípios gerais*
- Capítulo II – *Organização dos tribunais*
- Capítulo III – *Estatuto dos juízes*
- Capítulo IV – *Ministério Público*

Recentemente, foi aprovada a *Lei da Organização do Sistema Judiciário* (LOSJ)[2263], diploma legislativo que nos seus 188 artigos estabelece a estrutura fundamental do sistema de justiça, com os seguintes títulos:

- Título I – *Princípios e disposições gerais*
- Título II – *Profissões judiciárias*
- Título III – *Tribunais*
- Título IV – *Tribunal Constitucional*
- Título V – *Tribunais judiciais*
- Título VI – *Tribunais administrativos e fiscais*

[2260] Art. 186º, nº 5, *in fine*, da CRP.

[2261] Art. 202º, nº 1, da CRP.

[2262] Sobre os tribunais na CRP, v. Paulo Otero, *Direito Constitucional Português...*, II, pp. 409 e ss.; João Chumbinho, *A Constituição e a Independência dos Tribunais*, Lisboa, 2009, pp. 71 e ss.; António Alberto Vieira Cura, *Curso de Organização Judiciária*, 2ª ed., Coimbra, 2014, pp. 27 e ss.

[2263] Cfr. a L nº 62/2013, de 26 de Agosto.

- Título VII – *Tribunal de Contas*
- Título VIII – *Tribunais arbitrais*
- Título IX – *Julgados de paz*
- Título X – *Departamentos de investigação e ação penal*
- Título XI – *Órgãos de gestão e disciplina judiciários*
- Título XII – *Disposições transitórias e finais*

II. Também importa referir que a CRP abre a porta a outras formas de resolução de conflitos, sendo disso exemplo os *tribunais arbitrais* e os *julgados de paz*[2264].

Os *tribunais arbitrais* caracterizam-se por serem estruturas de composição de litígios que, não integrando o poder jurisdicional formal, exercem um poder delegado por este e assentam numa escolha voluntária quer quanto aos respetivos juízes – os árbitros – quer quanto à submissão das causas ao seu julgamento[2265].

O regime legal da arbitragem voluntária beneficia da L nº 63/2011, de 14 de Dezembro, que, revogando a lei anterior na mesma matéria, trouxe novas disposições sobretudo de natureza processual, diploma de 62 artigos e com a seguinte estrutura:

- Capítulo I – *Da convenção de arbitragem*
- Capítulo II – *Dos árbitros e do tribunal arbitral*
- Capítulo III – *Da competência do tribunal arbitral*
- Capítulo IV – *Das providências cautelares e ordens preliminares*
- Capítulo V – *Da condução do processo arbitral*
- Capítulo VI – *Da sentença arbitral e encerramento do processo*
- Capítulo VII – *Da impugnação da sentença arbitral*
- Capítulo VIII – *Da execução da sentença arbitral*
- Capítulo IX – *Da arbitragem internacional*

2264 Cfr. o art. 209º, nº 2, da CRP.

2265 Quanto aos tribunais arbitrais, bem como a respetiva configuração constitucional, v. Jorge Bacelar Gouveia, *Arrendamento urbano...*, pp. 120 e ss.; João Chumbinho, *A Constituição e a Independência...*, pp. 98 e 99; AAVV, *Mais Justiça Administrativa e Fiscal – Arbitragem* (org. de Nuno Villa-Lobos e Mónica Brito Vieira), Lisboa, 2010, pp. 19 e ss.; Mariana França Gouveia, *Curso de Resolução Alternativa de Litígios*, 3ª ed., Coimbra, 2014, pp. 119 e ss.; António Alberto Vieira Cura, *Curso de Organização Judiciária*, pp. 285 e ss.; António Menezes Cordeiro, *Tratado da Arbitragem*, Coimbra, 2015, pp. 16 e ss.

- Capítulo X – *Do reconhecimento e execução de sentenças arbitrais estrangeiras*
- Capítulo XI – *Dos tribunais estaduais competentes*
- Capítulo XII – *Disposições finais*

Os tribunais arbitrais, exatamente por via de algumas modalidades por que se podem apresentar, são de duas índoles, em função do esquema que preside à respetiva constituição:

- *os tribunais arbitrais voluntários e os tribunais arbitrais necessários*: quando são criados pelas partes ou a sua criação é imposta por lei;
- *os tribunais arbitrais* ad hoc *e os tribunais arbitrais permanentes*: quando a respetiva composição se determina em razão do litígio que lhes é apresentado ou surge com uma duração indefinida.

Nos termos da Lei da Organização, Competência e Funcionamento dos Julgados de Paz[2266], "A atuação dos julgados de paz é vocacionada para permitir a participação cívica dos interessados e para estimular a justa composição dos litígios por acordo das partes"[2267], sendo certo que "Os procedimentos nos julgados de paz estão concebidos e são orientados por princípios de simplicidade, adequação, informalidade, oralidade e absoluta economia processual"[2268].

III. A organização dos tribunais é assaz complexa em face dos múltiplos critérios possíveis para discernir as competências jurisdicionais exercidas, sendo ao mesmo tempo certo que a sua pluralidade é inevitável perante a evidência de não se poder concentrar numa única instância todo o poder jurisdicional[2269].

[2266] Sobre os julgados de paz, v., por todos, António Alberto Vieira Cura, *Curso de Organização Judiciária*, pp. 267 e ss.

[2267] Art. 2º, nº 1, da L nº 78/2001, de 13 de julho, alterada pela L nº 54/2013, de 31 de julho.

[2268] Art. 2º, nº 2, da L nº 78/2001.

[2269] Sobre a organização dos tribunais na CRP, de entre outros, v. J. Baptista Machado, *Introdução ao Direito...*, pp. 150 e 151; Diogo Freitas do Amaral, *Direito Administrativo*, IV, Lisboa, 1989, pp. 136 e ss.; J. J. Gomes Canotilho e Vital Moreira, *Fundamentos...*, pp. 222 e ss., e *Constituição...*, pp. 791 e ss.; António Martinez Valadas Preto, *Jurisdição*, in DJAP, V, Lisboa, 1993, pp. 332 e ss.; Jorge Bacelar Gouveia, *O estado de exceção...*, II, pp. 1195 e ss.,

É assim que se pode observar que essa pluralidade de instâncias jurisdicionais se arruma de acordo com dois importantes critérios: o da *hierarquia* e o da *matéria*.

O texto constitucional alude simultaneamente a esses dois critérios para construir o edifício da jurisdição portuguesa, existindo, porém, outros critérios relevantes para se aquilatar das competências dos tribunais[2270].

IV. Numa *perspetiva material*, deparamos com o seguinte elenco de jurisdições materialmente diferenciadas[2271]:

- *a jurisdição constitucional* – o Tribunal Constitucional, que aplica o Direito Constitucional, dizendo a CRP que o "...Tribunal Constitucional é o tribunal ao qual compete especificamente administrar a justiça em matérias de natureza jurídico-constitucional"[2272];
- *a jurisdição financeira* – o Tribunal de Contas, que "...é o órgão supremo de fiscalização da legalidade das despesas públicas e de julgamento das contas que a lei mandar submeter-lhe..."[2273], aplicando o Direito Financeiro[2274];
- *a jurisdição administrativa e fiscal* – os tribunais administrativos e fiscais, que aplicam o Direito Administrativo e o Direito Fiscal[2275], a

e *Arrendamento urbano*..., pp. 114 e ss.; João Chumbinho, *A Constituição e a Independência*..., pp. 93 e ss.; António Alberto Vieira Cura, *Curso de Organização Judiciária*, pp. 33 e ss.

2270 Sobre os diversos critérios de definição da competência dos tribunais, v. João de Castro Mendes, *Direito Processual Civil*, I, Lisboa, 1986, pp. 399 e ss.; Ronaldo Brêtas de Carvalho Dias, *Processo constitucional e Estado Democrático de Direito*, Belo Horizonte, 2010, pp. 7 e ss.; António Alberto Vieira Cura, *Curso de Organização Judiciária*, pp. 110 e ss.

2271 Refira-se ainda a existência, provisória, dos tribunais militares, tendo sido abolidos como jurisdição autónoma pela revisão constitucional de 1997. Cfr. Jorge Bacelar Gouveia, *Constituição da República Portuguesa e legislação complementar*, 1ª ed., Coimbra, 1997, pp. 17 e 18.

2272 Art. 221º da CRP.

2273 Art. 214º, nº 1, proémio, da CRP.

2274 Dizendo-se ainda na LOPTC que "O Tribunal de Contas fiscaliza a legalidade e regularidade das receitas e despesas públicas, aprecia a boa gestão financeira e efectiva a responsabilidade por infracções financeiras". Art. 1º, nº 1, da LOPTC e cfr. o art. 214º, nº 1, da LOPTC.

2275 Com vários contributos a este propósito: Marcello Caetano, *Manual de Direito*..., I, pp. 42 e ss.; Diogo Freitas Do Amaral, *Curso*..., I, pp. 128 e ss.; Mário Aroso de Almeida, *O novo regime do processo nos tribunais administrativos*, 4ª ed., Coimbra, 2005, pp. 17 e ss.

seu respeito dizendo a CRP que "...Compete aos tribunais administrativos e fiscais o julgamento das ações e recursos contenciosos que tenham por objeto dirimir os litígios emergentes das relações jurídicas administrativas e fiscais"[2276];

- *a jurisdição comum* – os tribunais comuns, que aplicam direta e residualmente os outros ramos do Direito, como o Direito Civil ou o Direito Penal, para os mesmos a CRP referindo que "Os tribunais judiciais são os tribunais comuns em matéria civil e criminal e exercem jurisdição em todas as áreas não atribuídas a outras ordens judiciais"[2277];
- *outras jurisdições*: como os tribunais marítimos e os julgados de paz, ou ainda os tribunais militares, que em todo o caso só gozam de autonomia na vigência do estado de guerra, tendo "...competência para o julgamento de crimes de natureza estritamente militar"[2278].

V. De acordo com a *perspetiva hierárquica*, existem situações diferentes, de nenhuma diferenciação até uma máxima diferenciação estrutural[2279]:

- *jurisdição única*, embora com mecanismos processuais que fazem admitir mais de um grau de decisão judicial, como sucede com o Tribunal Constitucional e o Tribunal de Contas[2280];
- *jurisdições diferenciadas*, em que os tribunais se apresentam por diferentes categorias, como sucede com os tribunais comuns (os tribunais de comarca, os Tribunais da Relação e o Supremo Tribunal de Justiça), ou com os tribunais administrativos e fiscais (os Tribunais Administrativos e Fiscais, os Tribunais Centrais Administrativos do Norte e do Sul, os tribunais tributários e o Supremo Tribunal Administrativo).

[2276] Art. 212º, nº 3, da CRP.

[2277] Art. 211º, nº 1, da CRP.

[2278] Art. 213º da CRP.

[2279] Cfr. António Alberto Vieira Cura, *Curso de Organização Judiciária*, pp. 65 e ss.

[2280] No Tribunal de Contas, existem secções regionais nos Açores e na Madeira, que apenas exercem algumas competências jurisdicionais, sendo as restantes competências atribuídas ao Tribunal de Contas. Cfr. o art. 4º da LOPTC.

Mas as decisões das secções regionais, não obstante o âmbito materialmente parcelar da função jurisdicional que exercem, são suscetíveis de recurso para o Tribunal de Contas. Cfr. o art. 109º da LOPTC.

VI. As competências dos tribunais, bem como das outras estruturas que com eles podem estar conexas, explicitam-se na função jurisdicional da qual são fiéis depositários.

É no conceito de "administração da justiça" que se descobre o sentido dessa função jurisdicional: "Na administração da justiça incumbe aos tribunais assegurar a defesa dos direitos e interesses legalmente protegidos dos cidadãos, reprimir a violação da legalidade democrática e dirimir os conflitos de interesses públicos e privados"[2281].

A função jurisdicional espelha a atividade de aplicação do Direito aos casos concretos, dando aos tribunais e a outras instâncias a palavra definitiva sobre os litígios que sejam chamados a resolver.

VII. Devido à sua importância no funcionamento da justiça, a CRP confere um tratamento desenvolvido à matéria do estatuto dos juízes, a qual se estriba nos seguintes princípios[2282]:

- *o princípio da unidade da carreira dos magistrados judiciais*[2283] não pode conceber divisões na respetiva continuidade ou no modo como são administrativamente geridas;
- *o princípio da independência dos magistrados*: "Os tribunais são independentes e apenas estão sujeitos à lei"[2284];
- *o princípio da inamovibilidade*: "Os juízes são inamovíveis, não podendo ser transferidos, suspensos, aposentados ou demitidos senão nos casos previstos na lei"[2285];
- *o princípio da irresponsabilidade*: "Os juízes não podem ser responsabilizados pelas suas decisões, salvas as exceções consignadas na lei"[2286].

2281 Art. 202º, nº 2, da CRP.

2282 Sobre estes e outros princípios que regem a atividade judicial, v. JOÃO CHUMBINHO, *A Constituição e a Independência...*, pp. 162 e ss.; RONALDO BRÊTAS DE CARVALHO DIAS, *Processo constitucional...*, pp. 112 e ss.; ANTÓNIO ALBERTO VIEIRA CURA, *Curso de Organização Judiciária*, pp. 36 e ss.

2283 Cfr. o art. 215º, nº 1, da CRP.

2284 Art. 203º da CRP.

2285 Art. 216º, nº 1, da CRP.

2286 Art. 216º, nº 2, da CRP.

Os juízes estão sujeitos a diversas situações funcionais, ativas e passivas:

- *ativas*, no conjunto de direitos de que dispõem, desde o vencimento às garantias de inviolabilidade;
- *passivas*, no conjunto de deveres a que se submetem, bem expresso nos seus impedimentos de acumulação de outras funções ou de exercício de atividade política, assinalando-se, a este propósito, a importante regra segundo a qual "Os juízes em exercício não podem desempenhar qualquer outra função pública ou privada, salvo as funções docentes ou de investigação científica de natureza jurídica, não remuneradas, nos termos da lei"[2287].

A gestão das carreiras dos magistrados judiciais, bem como a sua colocação na titularidade dos juízos, pertencem ao Conselho Superior da Magistratura Judicial, com competências[2288]:

- *representativas*: na representação da magistratura perante outras entidades e principalmente perante o Governo;
- *administrativas*: na colocação dos juízes, e na respetiva notação e promoção profissional;
- *disciplinares*: na aplicação do poder disciplinar nos casos de responsabilidade disciplinar.

VIII. O Tribunal Constitucional[2289], de entre os diversos tribunais constitucionalmente previstos, é o único que beneficia de um título próprio[2290], ao contrário de todos os outros, daí decorrendo a sua proeminência protocolar e institucional, embora essa conclusão possa impor-se, obviamente, pela importância das suas funções: *a de ser o guardião supremo e final da Constituição*[2291].

[2287] Art. 216º, nº 3, da CRP.

[2288] Cfr. o art. 218º da CRP.

[2289] Quanto à composição e competência do Tribunal Constitucional, v., por todos, António Alberto Vieira Cura, *Curso de Organização Judiciária*, pp. 65 e ss.

[2290] Cfr. o Título VI da Parte III da CRP, arts. 221º e ss.

[2291] Ainda que nas sessões protocolares do Estado, o presidente do Tribunal Constitucional ocupe apenas o 5º lugar, enquanto que o presidente do Supremo Tribunal de Justiça se coloque no 4º lugar, nem sequer havendo essa representação para os presidentes de outros

O estatuto do Tribunal Constitucional conta ainda com importantes disposições extra-constitucionais, que se concentram na LTC, ato legislativo com 115 artigos, organizados em títulos:

- Título I – *Disposições gerais*
- Título II – *Competência, organização e funcionamento*
- Título III – *Processo*
- Título IV – *Disposições finais e transitórias*[2292]

IX. A composição do Tribunal Constitucional integra 13 juízes, com a categoria de juízes conselheiros, que desempenham um cargo com a duração de nove anos, não renovável, ainda que terminando antecipadamente por renúncia[2293].

Os juízes do Tribunal Constitucional são designados por dois modos distintos[2294]:

- por *eleição*: 10 juízes são escolhidos pela Assembleia da República, por votação de dois terços dos votos favoráveis dos Deputados presentes, desde que superior à maioria absoluta dos Deputados em efetividade de funções;
- por *cooptação*: 3 juízes são escolhidos pelos juízes eleitos, em reunião plenária do órgão jurisdicional, por maioria absoluta dos votos afirmativos.

Os juízes deste alto tribunal têm o estatuto inerente ao do dos juízes conselheiros, referente à mais alta categoria da carreira dos magistrados judiciais, com todas as suas regalias e deveres, podendo ainda beneficiar, a título exclusivo, de passaporte diplomático.

X. Segundo a opção constitucional, o Tribunal Constitucional é genericamente concebido como sendo "...o tribunal ao qual compete espe-

supremos tribunais, como são os casos do Tribunal de Contas e do Supremo Tribunal Administrativo.

2292 Cumprindo ainda referir o DL nº 545/99, de 14 de Dezembro, que trata da composição e funcionamento da secretaria e dos serviços de apoio do Tribunal Constitucional.

2293 Cfr. o art. 222º, nºs 1 e 3, da CRP.

2294 Cfr. o art. 222º, nº 1, *in fine*, da CRP.

cificamente administrar a justiça em matérias de natureza jurídico-constitucional"[2295].

A explicitação desta judicatura constitucional implica que se faça a dissociação de várias *competências especializadas*, sendo a primeira, porém, muito mais relevante do que todas as outras[2296]:

- *a competência de contencioso da constitucionalidade*, nela se realizando a fiscalização da constitucionalidade dos atos jurídico-públicos, a competência por excelência deste alto tribunal[2297];
- *a competência de contencioso da legalidade reforçada*, no âmbito da ilegalidade de atos em relação a atos legislativos de valor reforçado[2298];
- *a competência de contencioso político*, expressando-se numa intervenção a respeito do exercício dos cargos públicos, como no de Presidente da República e no dos Deputados à Assembleia da República[2299];
- *a competência de contencioso eleitoral*, afirmando-se na verificação da legalidade dos diversos atos eleitorais[2300];
- *a competência de contencioso partidário*, intervindo tanto na inscrição dos partidos como na verificação da legalidade dos seus atos eleitorais e disciplinares internos[2301];
- *a competência de contencioso referendário*, apreciando a regularidade dos diversos atos envolvidos no procedimento referendário[2302].

250. Outros órgãos do Estado

I. Além dos órgãos de soberania, que são sempre constitucionais, que tivemos ocasião de apreciar mais pormenorizadamente, importa ainda completar essa observação pela referência a outros órgãos do Estado, alguns constitucionais, mas que não são de soberania.

[2295] Art. 221º da CRP.

[2296] Cfr. o art. 223º, nº 2, da CRP.

[2297] Cfr. os arts. 223º, nº 1, e 277º e ss. da CRP, bem como os arts. 51º e ss. da LTC.

[2298] Cfr. os arts. 223º, nº 1, e 277º e ss. da CRP, bem como os arts. 51º e ss. da LTC.

[2299] Cfr. o art. 223º, nº 2, als. b), d) e g), da CRP, bem como os arts. 86º e ss. da LTC.

[2300] Cfr. o art. 223º, nº 2, al. c), da CRP, bem como os arts. 92º e ss. da LTC.

[2301] Cfr. o art. 223º, nº 2, als. e) e h), da CRP, bem como os arts. 103º e ss. da LTC.

[2302] Cfr. o art. 223º, nº 2, al. f), da CRP, bem como os art. 105º da LTC.

Na esmagadora maioria dos casos, o estatuto desses órgãos é partilhado por vários ramos do Direito e, em qualquer caso, não o tem exclusivamente definido pelo Direito Constitucional Formal, sendo de referir o Direito Administrativo, o Direito da Economia e o Direito Judiciário.

Os órgãos mais significativos são os seguintes:

- *a Entidade Reguladora da Comunicação Social*: é um órgão independente, funcionando junto da Assembleia da República, e tem um amplo feixe de competências no domínio da atividade da comunicação social, tendo um Conselho Regulador composto por cinco membros, com um mandato não renovável de cinco anos[2303];
- *a Comissão Nacional de Proteção de Dados*: é uma entidade administrativa independente, funcionando junto da Assembleia da República, e prossegue atribuições na proteção dos dados pessoais informatizados, dispondo de competências autorizativas e sancionatórias para combater atividades ilícitas, sendo composta por sete membros, com um mandato de cinco anos[2304];
- *a Comissão de Acesso a Dados Administrativos*: é "...uma entidade administrativa independente, que funciona junto da Assembleia da República..."[2305], competindo-lhe zelar pela aplicação da legislação de acesso aos documentos administrativos;
- *o Conselho Económico e Social*: é um órgão de natureza consultiva, sendo constitucionalmente previsto na Constituição Económica, ao qual se defere uma função de "...consulta e concertação no domínio das políticas económica e social, participa na elaboração das propostas das grandes opções e dos planos de desenvolvimento económico e social e exerce as demais funções que lhe sejam atribuídas por lei"[2306];
- *a Comissão Nacional de Eleições*: é um órgão de administração eleitoral, distinto dos órgãos de justiça eleitoral (que são os tribunais), sendo independente, competindo-lhe "...exercer a sua competência

2303 Cfr. a L nº 53/2005, de 8 de novembro, que em anexo aprovou os respetivos estatutos.

2304 Cfr. os arts. 21º e ss. da L nº 67/98, de 26 de outubro, e L nº 43/2004, de 18 de agosto. Cfr. Paulo Otero, *Direito Constitucional Português...*, II, pp. 534 e ss.

2305 Art. 28º da L nº 26/2016, de 22 de agosto.

2306 Art. 92º, nº 1, da CRP.

relativamente a todos os atos de recenseamento e de eleições para órgãos de soberania, das regiões autónomas e do poder local"[2307].

Dois outros órgãos, pelo seu superior relevo, merecem neste contexto um maior desenvolvimento: o Provedor de Justiça e o Conselho de Estado.

II. O *Provedor de Justiça* é constitucionalmente localizado no seu lugar próprio, que é o de defensor dos direitos dos cidadãos, numa perspetiva que vai para além da defesa dos direitos que são fundamentais[2308].

O Provedor de Justiça é designado por eleição da Assembleia da República, exigindo-se a maioria de dois terços dos Deputados, desde que superior à maioria absoluta dos Deputados em efetividade de funções, para um mandato de quatro anos, uma única vez renovável[2309], podendo designar até dois provedores de justiça adjuntos.

O Provedor de Justiça dispõe de poderes essencialmente recomendatórios: "Os cidadãos podem apresentar queixas por ações ou omissões dos poderes públicos ao Provedor de Justiça, que as apreciará sem poder decisório, dirigindo aos órgãos competentes as recomendações necessárias para prevenir e reparar injustiças"[2310].

[2307] Art. 1º, nº 2, da L nº 71/78, de 27 de Dezembro, com alterações posteriores.

[2308] Sobre o estatuto do Provedor de Justiça em geral, a partir do art. 23º da CRP e densificado pelo EPJ, v. Jorge Miranda, *O regime dos direitos...*, p. 65, e *Manual...*, IV, pp. 282 e ss.; Fernando Alves Correia, *Do Ombusdman ao Provedor de Justiça*, Coimbra, 1979, *passim*; Eudoro Pamplona Corte-Real, *Provedor de Justiça*, in Pol., IV, Lisboa, 1986, pp. 1696 e ss.; Luís Lingnau Da Silveira, *O Provedor de Justiça*, in AAVV, PSPC, Lisboa, 1989, pp. 701 e ss., e *O Provedor de Justiça e a feitura das leis*, in L-CCL, nº 12, janeiro-março de 1995, pp. 51 e ss.; J. J. Gomes Canotilho e Vital Moreira, *Constituição...*, pp. 171 e ss.; J. J. Gomes Canotilho, *Direito Constitucional*, pp. 663 e 664; Guilherme da Fonseca, *Direito Administrativo – sumários desenvolvidos*, Lisboa, 1993, p. 188; José Menéres Pimentel, *Provedor de Justiça*, in DJAP, VI, Lisboa, 1994, pp. 657 e ss.; Alberto Martins, *Novos direitos do cidadão*, Lisboa, 1994, pp. 55 e ss.; José Carlos Vieira de Andrade, *Os direitos fundamentais...*, pp. 384 e 368; Ana Fernanda Neves, *O Provedor de Justiça e a Administração Pública*, in AAVV, *Estudos em Homenagem ao Prof. Doutor Joaquim Moreira da Silva Cunha*, Coimbra, 2005, pp. 51 e ss.; AAVV, *O Provedor de Justiça – Estudos – Volume Comemorativo do 30º Aniversário da Instituição*, Lisboa, 2006, pp. 11 e ss.; Catarina Sampaio Ventura, *Direitos humanos e Ombudsman*, Lisboa, 2007, pp. 17 e ss.; Maria Eduarda Ferraz, *O Provedor de Justiça...*, pp. 13 e ss.; Paulo Otero, *Direito Constitucional Português...*, II, pp. 519 e ss.; José Lucas Cardoso, *A posição institucional...*, pp. 21 e ss.

[2309] Art. 23º, nº 3, da CRP e arts. 5º e 6º da EPJ.

[2310] Art. 23º, nº 1, da CRP.

Nalgumas situações, porém, a sua competência pode ser de tipo vinculativo, como sucede em matéria de obtenção de elementos, sendo certo que "Os órgãos e agentes da Administração Pública cooperam com o Provedor de Justiça na realização da sua missão"[2311].

O Provedor de Justiça chefia um conjunto de serviços burocráticos – a Provedoria de Justiça – e é um órgão "...independente dos meios graciosos e contenciosos previstos na Constituição e nas leis"[2312].

III. O *Conselho de Estado* – sendo um órgão do Estado[2313], mas não de soberania[2314] – tem o seu estatuto jurídico-constitucional associado ao estatuto do Presidente da República, sendo aí definido como "...o órgão político de consulta do Presidente da República"[2315].

O Conselho de Estado é um órgão colegial, com uma composição diferenciada nas suas legitimidades, uma vez que dele fazem parte[2316]:

- o Presidente da República, que preside;
- o Presidente da Assembleia da República;
- o Primeiro-Ministro;
- o Presidente do Tribunal Constitucional;
- o Provedor de Justiça;
- os Presidentes dos Governos Regionais;
- os antigos Presidentes da República eleitos na vigência da CRP e que não hajam sido destituídos do cargo;

2311 Art. 23º, nº 4, da CRP.

2312 Art. 23º, nº 2, da CRP e arts. 40º e ss. do EPJ.

2313 Quanto à caracterização do Conselho de Estado na dinâmica organizatória da CRP, v. Alfredo Barroso e José Vicente de Bragança, *O Presidente da República: função e poderes*, in AAVV, PSPC, Lisboa, 1989, p. 325; António José Fernandes, *Os sistemas...*, pp. 51 e 52; Marcelo Rebelo de Sousa, *Estado*, p. 246; J. J. Gomes Canotilho e Vital Moreira, *Constituição...*, pp. 609 e ss.; J. J. Gomes Canotilho, *Direito Constitucional*, p. 757; Jorge Miranda, *Conselho de Estado*, in DJAP, 1º sup., Lisboa, 1998, pp. 78 e ss.; Paulo Otero, *Direito Constitucional Português...*, II, pp. 509 e ss.

2314 Para um breve conspecto histórico do Conselho de Estado, v. José Fernando Nunes Barata, *Administração central*, in DJAP, I, 2ª ed., Lisboa, 1990, p. 194; Jorge Miranda, *Conselho de Estado*, in DJAP, II, 2ª ed., Lisboa, 1990, pp. 581 e ss., e *Conselho...*, 1º sup., pp. 75 e ss.; Marcello Caetano, *Manual de Ciência Política...*, II, pp. 580 e ss.

2315 Art. 141º da CRP.

2316 Cfr. o art. 142º da CRP.

- cinco cidadãos designados pelo Presidente da República pelo período do seu mandato;
- cinco cidadãos eleitos pela Assembleia da República, de harmonia com o princípio da representação proporcional, pelo período da legislatura[2317].

As competências do Conselho de Estado são *consultivas*, porquanto os pareceres que emite não vinculam no tocante às respetivas conclusões, embora nalguns casos a sua produção seja obrigatória, sob pena de invalidade procedimental da decisão final, como sucede com a dissolução dos órgãos legislativos, nacional e regionais, a demissão do Governo, a declaração do estado de guerra e a feitura da paz e a prática dos atos do Presidente da República interino[2318].

Nos restantes casos, a intervenção consultiva do Conselho de Estado, não sendo obrigatória, pode do mesmo modo exercer-se porque lhe compete "...em geral, aconselhar o Presidente da República no exercício das suas funções, quando este lho solicitar"[2319].

O Conselho de Estado, sendo um órgão colegial, funciona sempre em plenário, sob convocação do Chefe de Estado, que determina a ordem de trabalhos das respetivas reuniões[2320].

251. A caracterização do sistema de governo: semipresidencialismo "parlamentarizante"

I. O modo como o poder público se organiza não pode ser visto apenas na relação que se estabelece entre os governantes e os governados.

Ele igualmente se analisa, até com maior tecnicidade, embora com uma menor carga valorativa, na combinação de soluções quando se pensa nas relações inter-orgânicas existentes entre os diversos órgãos de soberania.

[2317] A L nº 31/84, de 6 de setembro, estabelece o estatuto dos membros do Conselho de Estado, não só em relação ao exercício dos cargos, mas igualmente se referindo às respetivas imunidades, direitos e regalias.

[2318] Cfr. o art. 145º da CRP e o art. 3º do Regimento do Conselho de Estado.

[2319] Art. 145º, al. e), da CRP.

[2320] Cfr. os arts. 4º e ss. do Regimento do Conselho de Estado.

Nisso consiste o *sistema de governo*: na avaliação do tipo de relações que se fixam entre os diversos órgãos entre si, privilegiando-se a escolha dos órgãos politicamente ativos, dessa apreciação sendo necessário excluir os tribunais, pois que – já como dizia CHARLES DE MONTESQUIEU há alguns séculos – eles são um poder neutro.

Contudo, essa apreciação deve ser feita numa dupla perspetiva:

- primeiro, olhando para as orientações que se possam extrair do texto constitucional, eventualmente complementadas por regimes infra-constitucionais existentes;
- depois, observando a prática das competências constitucionalmente estabelecidas e avaliar como ocorre a interpretação e a aplicação dessas normas constitucionais.

II. A discussão em torno dos diversos e possíveis sistemas de governo, em teoria, pode corresponder ao número de textos e experiências constitucionais, sendo certo que cada texto e cada experiência trazem algo de peculiar em comparação com todas as demais.

Essa não seria, por certo, uma análise útil e sobretudo factível no contexto em que nos encontramos, pelo que somos forçados a refletir a partir de categorias dadas pelo Direito Constitucional Comparado, nelas avultando como sistemas de governo mais significativos os seguintes três:

- o presidencialismo;
- o parlamentarismo; e
- o semipresidencialismo.

Forçoso é ainda reconhecer que o estudo dos sistemas de governo não fica por aqui: mesmo em sistemas democráticos, é possível referir outros, como o sistema de governo diretorial ou o sistema de governo semiparlamentar.

Isto para já não falar em sistemas de governo pertencentes a sistemas políticos ditatoriais, nos quais são várias as hipóteses que se admitem, como o sistema de chanceler, o sistema fascista ou o sistema soviético.

III. Sendo já conhecidos os contornos conceptuais dos diversos tipos de sistema de governo, é o semipresidencialismo a modalidade de sistema de governo que diretamente nos interessa, sendo ela a que se mais aproxima da experiência portuguesa, além do mais correspondendo a uma preocupação intermédia entre a tendência presidencialista e a tendência parlamentarista[2321].

Em que termos é que se efetiva esse novo equilíbrio de competências entre os órgãos do Estado?

O aspeto geral radica no facto de cada órgão possuir, para além de funções de natureza formal, igualmente uma intervenção real na dinamização do sistema político, assim se verificando uma partilha mais acentuada e porventura melhor equilibrada entre os papéis dos diversos atores político-institucionais.

Mas importa ver mais de perto quais são os índices caracterizadores deste sistema de governo, o que é possível a partir dos elementos dos outros dois sistemas, assim como elaborando elementos originais deste mesmo sistema de governo.

Do sistema de governo presidencial, é possível indicar a intervenção real e efetiva, nos poderes que exerce, do Chefe de Estado, assim como a sua designação popular, que adquire uma forte legitimidade democrática.

Do sistema parlamentar, é de assinalar como ponto central a diarquia no poder executivo, com distinção, nos cargos e nos titulares, entre o Chefe de Estado e o Chefe do Governo.

Como originalidades do sistema de governo semipresidencial, cumpre mencionar o facto de o Governo ser duplamente responsável perante o Chefe de Estado e perante o Parlamento, mesmo que essa responsabilidade não venha a ser formalmente consagrada, além da possibilidade real de dissolução parlamentar decretada pelo Chefe de Estado.

IV. Mas são várias as propostas que a doutrina, no figurino atual do sistema de governo, tem sugerido:

- como *parlamentarismo racionalizado*[2322];

[2321] Sobre a sua definição teorética e aplicação à CRP, v. MARCELO REBELO DE SOUSA, *O sistema de governo português...*, p. 71; VITALINO CANAS, *Semi-Presidential*, pp. 73 e ss., e *Sistema de governo semipresidencial*, in DJAP, 1º sup., Lisboa, 1998, pp. 490 e ss.; CRISTINA QUEIROZ, *O sistema de governo semi-presidencial*, Coimbra, 2007, pp. 21 e ss.; FELICIANO BARREIRAS DUARTE, *O sistema jurídico-político português*, Lisboa, 2016, pp. 79 e ss.

[2322] Cfr. PIER GIORGIO LUCIFREDI, *Il Presidente della Repubblica in Portugallo*, in IP, XLVII, 1983, p. 685; ANDRÉ GONÇALVES PEREIRA, *Direito Público Comparado – o sistema de governo semi-presidencial*, Lisboa, 1984, p. 75, e *O semi-presidencialismo em Portugal*, Lisboa,

- como *semipresidencialismo reforçado*[2323];
- como *semipresidencialismo de tendência parlamentar*[2324];
- como *presidencialismo do primeiro-ministro*[2325];
- como *sistema atípico*[2326];
- como *sistema misto parlamentar-presidencial*[2327];
- como *sistema de cariz parlamentar*[2328];
- como *sistema semiparlamentar, de pendor governamental*[2329];
- como *semipresidencialismo tout court* [2330].

1984, p. 61, sobretudo em virtude do nº 2 do art. 195º da CRP, considerando este autor o sistema ter evoluído, depois da revisão de 1982, para um parlamentarismo racionalizado, por esse preceito ser uma "mentira piedosa"; Paulo Otero, *Direito Constitucional Português...*, II, pp. 486 e ss.

2323 Cfr. Isaltino Morais, José Mário F. de Almeida e Ricardo L. Leite Pinto, *O sistema...*, pp. 91 e ss., e *Constituição...*, pp. 379 e ss.; Luís Salgado de Matos, *Significado e consequências da eleição do Presidente por sufrágio universal – o caso português*, in AS, XIX, nº 76, 1983, p. 241.

2324 Cfr. Diogo Freitas do Amaral (*Governos de gestão*, p. 18) refere que a revisão constitucional de 1982 instituiu um "pendor tendencialmente parlamentar de um sistema de governo presidencial", depois afirmando que o sistema de governo é "semipresidencialista com tendência parlamentar" (*A Constituição e as Forças...*, p. 655).

2325 Cfr. Adriano Moreira (*O regime...*, pp. 31 e ss.), depois de mencionar que juridicamente a CRP consagra um sistema de governo de "tendência parlamentar", e numa visão mais política do que jurídico-constitucional refere, a partir de 1987, "uma mudança do regime, sem revisão constitucional, em que "...foi instituído um Presidencialismo do Primeiro-Ministro".

2326 Cfr. António José Fernandes (*Os sistemas...*, pp. 58) admite a existência de um sistema de governo "misto semiparlamentar", integrando variáveis do sistema presidencialista e variáveis do sistema parlamentar, não se assimilando, de todo o modo, ao semi-presidencialismo francês.

2327 Cfr. J. J. Gomes Canotilho e Vital Moreira (*Fundamentos...*, p. 209, e *Os poderes...*, p. 11), bem como Luís Sá (*O lugar da Assembleia...*, pp. 224 e 225), apontam para um sistema misto parlamentar/presidencial, ainda que com o reforço da componente parlamentar depois da revisão, o mesmo acontecendo individualmente com J. J. Gomes Canotilho (*Direito Constiucional*, p. 709).

2328 Cfr. Paulo Otero, *Conceito e fundamento da hierarquia administrativa*, Coimbra, 1992, pp. 335 e ss., defende um sistema de governo de cariz parlamentar (o mesmo acontecendo para o período anterior à revisão de 1982).

2329 Cfr. Cristina Queiroz (*O sistema político...*, p. 69), dizendo que os fundadores da Constituição de 1976 criaram um "...«presidencialismo de primeiro-ministro», a especial adaptação às condições nacionais do sistema parlamentar *possível...*".

2330 Cfr. António Vitorino (*O sistema de governo na Constituição Portuguesa de 1976 e na Constituição Espanhola de 1978*, in RJ, nº 3, 1984, pp. 45 e ss., e *Moção*, pp. 21 e 22); Marcelo

Eis uma matéria em que a doutrina constitucional tem divergido, provavelmente mais na forma e na terminologia do que no conteúdo, obscurecimento que por vezes deriva da não indicação prévia dos elementos caracterizadores do sistema de governo que teoricamente se concebe.

A disputa doutrinal nesta matéria oscila entre a qualificação do sistema de governo ora como semipresidencial, por influência da CF, ora como parlamentar racionalizado, à maneira alemã, ora ainda como sistema misto presidencial e parlamentar, de pendor parlamentar.

É nossa profunda convicção que o sistema português, não deixando de conferir um certo mas diferenciado protagonismo político aos três órgãos de soberania[2331], favorece *a maior acentuação da componente parlamentar do*

Rebelo de Sousa (*Os partidos políticos...*, p. 519, e *O sistema de governo...*, p. 71), admitindo uma componente semidireta a partir de 1989 (p. 104); Jorge Miranda [*Governo (formas e sistemas de)*, in Pol., III, Lisboa, 1985, p. 88, *Programa...*, p. 559, *A eleição do Presidente da República em Portugal*, in PREJP, nº 2, janeiro-março de 1995, p. 34, e *Manual de Direito Constitucional*, I, 5ª ed., Coimbra, 1996, pp. 392 e ss.]; Francisco Lucas Pires (*O sistema de governo: sua dinâmica*, in AAVV, PSPC, Lisboa, 1989, pp. 300 e ss.), reconhecendo que a revisão constitucional de 1982 trouxe importantes alterações, considera que teria ficado essencialmente igual, como semi-presidencialismo, porque "Nesta lógica de reequilíbrio, o mais que se pode dizer é que se diminuíram os poderes de direção política do Presidente da República, no entanto, aumentaram os respectivos poderes de moderação e arbitragem"; Vitalino Canas (*Preliminares...*, pp. 197 e ss., e *Sistema de governo semi-presidencial*, pp. 490 e ss.); Afonso d'Oliveira Martins (*Promulgação*, in DJAP, VI, Lisboa, 1994, pp. 568 e 569); Raul Machado Horta (*A Constituição da República Portuguesa e o regime semi-presidencial*, in AAVV, PC, I, Coimbra, 1996, pp. 528 e ss.).

[2331] A revisão constitucional de 1982, que atingiu, de um modo especial, a matéria do sistema de governo, veio alterar as coisas, pelo que importa observar as opiniões anteriores:

- como *semi-presidencialismo*: Jorge Miranda, *A Constituição de 1976...*, pp. 418 e ss., *O sistema semipresidencial português entre 1976-1979*, in RFDUL, XXV, 1984, pp. 198 e 199, *Ciência Política...*, p. 138 – aqui chamando-se a atenção para o facto de se tratar de um sistema de governo "com vigilância militar" – e *Manual...*, I, p. 364; Francisco Lucas Pires, *Presidencialismo, Semipresidencialismo ou regime de partidos*, in DemL, nº 1, 1976, pp. 57 e ss.; Manuel de Lucena, *O Estado da Revolução – a Constituição de 1976*, Lisboa, 1978, p. 215; Giuseppe de Vergottini, *Le origini...*, pp. 236 e ss.; Maurice Duverger, *Xeque-Mate*, Lisboa, 1978, pp. 27 e ss., e *Os grandes...*, pp. 151, 269 e 286; André Thomashausen, *Constituição e realidade...*, pp. 484 e ss.; Marcelo Rebelo de Sousa, *Direito Constitucional...*, pp. 350 e ss., *O sistema...*, pp. 587 e ss., *O sistema de governo...*, pp. 8 e 13, e *Estado*, p. 229; Emídio da Veiga Domingos, *Portugal...*, p. 215; Margarida Salema, *O direito de veto...*, pp. 22 e ss.; Armando M. Marques Guedes,

que a componente presidencial, podendo ser apelidado de *sistema semipresidencial imperfeito de tendência parlamentar*, ao estarem presentes quase todas as características desse modelo, que são em si mesmas privativas do semipresidencialismo, mas também comuns dos sistemas presidencial e parlamentar:

(*i*) *do sistema presidencial*, acolhe a eleição direta do Chefe de Estado, assim como a atribuição ao Presidente da República de poderes reais de intervenção política, como o veto legislativo ou a decretação de referendos, sem esquecer ainda o poder de ratificar tratados e a nomeação de diversos titulares de órgãos públicos;

(*ii*) *do sistema parlamentar*, recebe a diarquia no executivo, visto que se opera a absoluta distinção entre as funções presidenciais e governativas;

(*iii*) *do sistema semipresidencial*, integra o mecanismo da dupla responsabilidade do Governo perante o Chefe de Estado e perante o Parlamento, além da faculdade de dissolução parlamentar.

A segurança, a defesa nacional, as forças armadas e os cidadãos numa perspectiva constitucional, Lisboa, 1981, pp. 48 e 49; António Vitorino, *O sistema de governo...*, pp. 48 e 49; Pedro Santana Lopes e J. M. Durão Barroso, *O sistema de governo e o sistema partidário*, Lisboa, 1980, pp. 75 e ss.; José Manuel Durão Barroso, *Le système politique portugais face à l'integration européenne – partis politiques et opinion publique*, Lisboa, 1983, p. 94; Barbosa de Melo, Cardoso da Costa e Vieira de Andrade, *Estudo e projecto de revisão da Constituição da República Portuguesa*, Coimbra, 1981, pp. 148 e ss.; Vitalino Canas, *A forma de governo semi-presidencial e suas características – alguns aspectos*, in RJ, nº 1, 1982; André Gonçalves Pereira, *Direito Público Comparado...*, p. 60, e *O semi-presidencialismo...*, p. 42; Ricardo Leite Pinto, José de Matos Correia e Fernando Roboredo Seara, *Ciência Política...*, pp. 301 e ss.

- como *parlamentarismo racionalizado*: J. J. Gomes Canotilho e Vital Moreira, *Constituição...*, 1ª ed., pp. 254 e ss., ou como "sistema tendencialmente parlamentar", J. J. Gomes Canotilho, *Governo*, pp. 23 e 24;
- como uma coisa ou outra, sob dependência das circunstâncias políticas: Carlo Bottari, *L'organizazione dell'executivo nella forma di governo del Portogallo*, in AAVV, *Costituzione e Strutura del Governo* (org. de Enrico Spagna Musso), Padova, 1982, p. 328;
- como *ditadura do Conselho da Revolução*: Marcello Caetano, *Constituições...*, p. 150;
- como sistema de governo *misto semipresidencial e diretorial militar*, por causa do Conselho da Revolução: Isaltino A. Morais, José Mário F. de Almeida e Ricardo L. Leite Pinto, *O sistema...*, p. 78.

V. Contudo, a positivação constitucional destes dois últimos elementos – o que, de resto, a prática constitucional só tem confirmado – apresenta-se imperfeita ou distorcida, porquanto se apõem limites substanciais que impedem uma maior plenitude no respetivo exercício:

- *em relação à dupla responsabilidade do Governo*, ela é perfeita e total perante a Assembleia da República, dizendo-se que o Governo é politicamente responsável perante tal órgão, ao passo que perante o Chefe de Estado o Governo é apenas institucionalmente responsável, pois que a sua demissão por decisão livre do Chefe de Estado apenas pode ocorrer no dramatismo da perturbação no regular funcionamento das instituições democráticas;
- *em relação ao poder de dissolução presidencial*, não obstante ele surgir como literalmente livre, obviamente que não pode suscitar ao Chefe de Estado o protagonismo político de pretender que a maioria parlamentar coincida com a maioria presidencial, até porque o Governo só é politicamente responsável perante a Assembleia da República, parecendo evidente que este poder sofre a limitação interna de ser exercitável só em situações de crise política.

Daí que estas duas limitações substanciais, nos dois elementos identificadores do semipresidencialismo, juntamente com uma prática continuada de maiorias parlamentares, possam desvitalizar a componente presidencial do sistema de governo, tornando-se um sistema, ainda dentro da qualificação ampla de semipresidencial, de tendência ou pendor parlamentar, o que determina a imperfeição daquela qualificação.

§ 55º AS FUNÇÕES E OS ATOS JURÍDICO-PÚBLICOS

252. O quadro geral das funções e dos atos jurídico-públicos

I. A estrutura do poder público – além dos órgãos que expressam a vontade das respetivas entidades, o Estado e outras pessoas coletivas públicas – inclui os *atos jurídico-públicos* que traduzem a concretização prática dessa vontade, que assim se torna juridicamente relevante.

Os atos jurídico-públicos são a expressão concreta das funções jurídico-públicas, as quais designam as atividades que os órgãos públicos desenvolvem, dentro de um complexo de características mais vastas, sendo vários os atos que explicitam uma mesma função jurídico-pública.

Só que não parece ser possível dividir, antes se devendo unir, a definição de cada função jurídico-pública com as modalidades diferenciadas de atos jurídico-públicos que pertencem a cada uma delas.

II. Como a evolução do Estado Constitucional mostrou, o quadro atual das funções jurídico-públicas – o mesmo igualmente acontecendo com os correspondentes atos jurídico-públicos – é substancialmente diverso daquele que foi idealizado por John Locke e Charles de Montesquieu e logo a seguir posto em prática nos textos constitucionais do século XIX.

As mudanças que ocorreram na passagem do século XIX ao século XX assentaram em muitas causas, tendo por resultado a multiplicação das funções jurídico-públicas, ao mesmo tempo que se esbateram as separações outrora rígidas entre elas.

Contudo, não obstante essas mudanças, a divisão funcional corrigida ainda permanece válida, sendo de indicar quatro critérios de diferenciação[2332]:

- *o critério material*: que atende ao conteúdo e respetivos efeitos, assim como aos objetivos a alcançar com o seu exercício;
- *o critério formal*: que atende à forma e ao procedimento adotados na sua formação e extrinsecação;
- *o critério orgânico*: que atende ao órgão respetivo, bem como ao modo de designação dos seus titulares;
- *o critério hierárquico*: que atende à posição tomada no escalonamento da Ordem Jurídica.

III. A elaboração, teórica e dogmática, das funções jurídico-públicas está longe de ser univocamente entendida, pois que tem sido intenso o debate a respeito da melhor distribuição do poder público pelas suas diversas funções, em homenagem aos quatro critérios que ficaram enunciados, sendo de registar vários ilustres contributos:

- Georg Jellinek propõe a destrinça entre a legislação, a administração e a jurisdição, para além da consideração autónoma das atividades extraordinárias do Estado, fora das regras jurídicas estaduais;
- Léon Duguit separa, nos atos jurídicos, entre os atos-regra, com eficácia normativa, os atos-condição, aplicando um estatuto abstrato e normativo a pessoas, e os atos subjetivos, determinando efeitos jurídicos individuais e concretos, ao mesmo tempo que divisa como funções jurídico-públicas a função legislativa, a função administrativa, a função jurisdicional, aquelas duas sendo, respetivamente, atos-regra e atos-condição;
- Hans Kelsen, com base numa conceção piramidal da Ordem Jurídica Estadual, depara com a Constituição lógica, dela se seguindo, descendentemente, a Constituição histórica, as leis, as decisões judiciais e administrativas e a execução material[2333];

[2332] Cfr. Marcelo Rebelo de Sousa, *Direito Constitucional...*, pp. 247 e ss.; Marcello Caetano, *Manual de Ciência Política...*, I, pp. 149 e 150; Jorge Miranda, *Manual...*, V, pp. 7 e ss.; Ronaldo Brêtas de Carvalho Dias, *Processo constitucional...*, pp. 13 e ss.; Carlos Blanco de Morais, *Curso de Direito Constitucional*, t. I, 3ª ed., Coimbra, 2015, pp. 517 e ss.

[2333] Cfr. Hans Kelsen, *Teoria Pura...*, pp. 309 e ss.

- Marcello Caetano defende uma teoria integral das funções jurídico-públicas, em que se separa, de um lado, as funções jurídicas, as funções legislativa, executiva e judicial, e as funções não jurídicas, as funções política e técnica, conforme o respetivo conteúdo se traduza em atos jurídicos ou em atos materiais[2334].

IV. Não cremos que nenhuma destas formulações seja totalmente aceitável num quadro atualizado das funções jurídico-públicas, com argumentos específicos para duas delas:

- no caso da teoria proposta por Hans Kelsen, para além do problema metodológico geral associado ao positivismo normativista que defende, é bastante criticável a rigidez da aplicação escalonada das diversas funções, sem contar ainda com a deficiente diferenciação entre elas, apenas com base em argumentos lógico-formais;
- no caso da teoria defendida por Marcello Caetano, não é admissível operar uma dicotomia abissal entre atos jurídicos e atos materiais porque o que interessa é a relevância jurídica da expressão de vontade do poder público, não sendo aí pertinente tal destrinça, sendo certo que, em alguns casos, os atos materiais se transformam logo em atos jurídicos, como é o que se passa com a responsabilidade civil por danos causados[2335].

V. Do nosso ponto de vista, a explanação das funções e dos atos jurídico-públicos afeiçoa-se ao seguinte quadro:

- a função constitucional e os atos constitucionais;
- a função legislativa e os atos legislativos;
- a função política e os atos políticos;

[2334] Cfr. Marcello Caetano, *Manual de Ciência Política*..., I, pp. 157 e ss.

[2335] Mesmo no caso da função política, a contradição de Marcello Caetano é flagrante, ao dizer que "Enfim, nos momentos críticos, de revolução ou de necessidade pública, é ainda a função política que toma o passo sobre o Direito para impor soluções de emergência, mesmo contrárias às leis vigentes" (*Manual de Ciência Política*..., I, p. 171).

Mas se estes atos contrariam o próprio Direito existente, sendo por ele aceites, como sucede com o estado de exceção, haverá atividade mais jurídica do que esta, ao fazer quebrar a Ordem Constitucional com a finalidade de, em momento ulterior, alcançar a sua preservação?

– a função administrativa e os atos administrativos;
– a função jurisdicional e os atos jurisdicionais.

VI. Os atos jurídico-públicos, que se inserem numa dada função jurídico-pública, são manifestações da vontade funcional da pessoa coletiva que através do respetivo órgão a produz com base num conjunto próprio de características.

Os atos jurídico-públicos contêm uma *estrutura específica*, na qual sobressaem, da perspetiva da sua relevância para o Direito Constitucional, diversas dimensões:

– *os pressupostos*: significam a necessidade de se encontrarem reunidas certas condições para a sua promanação;
– *os elementos*: significam as peças que são constitutivas dos atos jurídico-públicos, sendo-lhes essenciais;
– *os requisitos*: significam o grau de conformidade que cada ato jurídico-público deve ostentar em relação ao respetivo padrão de exigência, constitucional e legal.

VII. Os *elementos* dos atos jurídico-públicos são os mais importantes na identificação da sua estrutura constitutiva, sendo de elencar as seguintes categorias, na senda da construção geral relativa aos atos jurídicos que aqui faz sentido retomar[2336]:

– *os elementos subjetivos*: a *vontade* do órgão autor do ato, que o imputa à respetiva pessoa coletiva;
– *os elementos objetivos*: o *objeto* e o *conteúdo* do ato, este corporizando os efeitos que naquele se projetam;
– *os elementos formais*: a *forma* de exteriorização do ato e o *procedimento* adotado na sua elaboração;
– *os elementos funcionais*: o *objetivo* a prosseguir, bem como a *motivação* concreta da celebração do ato.

Os *pressupostos* dos atos jurídico-públicos representam as condições prévias que importa dar por verificadas para que o ato se possa formar:

[2336] Sobre a estrutura dos atos jurídico-públicos em geral, v. MIGUEL GALVÃO TELES, *Direito Constitucional...*, 1ª ed., pp. 71 e ss.; MARCELO REBELO DE SOUSA, *O valor...*, I, pp. 105 e ss.; JORGE BACELAR GOUVEIA, *O valor positivo...*, pp. 17 e ss.

– o *pressuposto subjetivo* do órgão autor do ato, uma vez que a vontade que nele se expressa tem uma autoria; e
– o *pressuposto objetivo* da competência para a prática do ato, condição indispensável para que o ato seja validamente produzido.

253. As funções e os atos jurídico-públicos no Direito Constitucional Português

I. Apresentado o quadro geral em que se deve colocar o problema das funções e dos atos jurídico-públicos na Teoria do Direito Constitucional, é altura de se apurar, agora no plano da Dogmática do Direito Constitucional, em que termos as funções e os atos jurídico-públicos se afiguram relevantes numa prévia análise na generalidade, depois se passando à sua apreciação na especialidade.

Eis um caminho que em parte já foi desbravado quando tivemos ocasião de estudar a matéria das fontes do Direito Constitucional.

Desta feita, trata-se do estudo das funções e dos atos do poder público, que não é totalmente coincidente com o tema das fontes do Direito em geral, mas em grande medida com o mesmo se sobrepondo.

A doutrina constitucional, a este propósito, costuma genericamente referir as fontes do Direito, embora na prática as suas apreciações redundem numa conclusão que mais releva das funções e dos atos do poder público.

Não são perspetivas antagónicas, antes se justifica juntá-las, simultaneamente reconhecendo a importância do Direito Constitucional não apenas na estruturação das funções e dos atos do poder público, mas igualmente na definição das fontes do Direito, que não têm de ser exclusivamente do poder público.

II. Diferentemente do que sucede com o CC, a CRP tomou expressa posição sobre esta matéria, reservando-lhe um genérico art. 112º, com a epígrafe de "Atos normativos".

Só que este art. 112º da CRP está longe de ser feliz, sendo vários os defeitos de que padece:

– *o artigo tem uma epígrafe enganadora* porque nem todos os atos jurídico-públicos referidos são necessariamente normativos, podendo haver outros atos normativos que não estão referenciados;

- *o artigo é incompleto, no plano externo,* porque omite a alusão à função internacional e aos atos de Direito Internacional Público, apenas se referindo a parte do Direito da União Europeia, nem sequer se aludindo aos regulamentos comunitários, que são a parcela mais relevante deste ramo do Direito;
- *o artigo é incompleto, no plano interno,* porque omite a alusão a atos jurídico-públicos que, não sendo legislativos, podem do mesmo modo ser normativos, como sucede com alguns atos políticos e alguns atos jurisdicionais;
- *o artigo é erróneo na identificação da forma do ato legislativo* porque não autonomiza, como se imporia, a forma de lei orgânica, ato legislativo criado depois de a CRP ter entrado em vigor, mas que se dissocia, em vários aspetos, das outras leis parlamentares;
- *o artigo é dúbio na consideração das leis de revisão constitucional,* as quais, sendo o produto de uma função constituída, também deveriam ser mencionadas como atos normativos, o que especificamente não sucede.

III. Porventura a principal crítica que pode ser dirigida ao art. 112º da CRP é o facto de o mesmo ter representado uma oportunidade perdida para resolver o problema criado com os preceitos que traçam as fontes do Direito no CC, problema substancialmente agravado com a mudança da Ordem Constitucional corporizada na aprovação da CRP em 1976.

No lugar de se redesenhar, da perspetiva do Estado e do Direito Constitucional, uma nova formulação das fontes do Direito Português, o art. 112º perdeu-se em pormenores escusados, passando ao lado do essencial da Teoria das Fontes do Direito, se bem que avançando com o estatuto dos principais atos jurídico-públicos.

É o que sucede, *primo*, na relação entre o costume e a lei, a despeito da legitimidade não estadual daquele em relação a esta. Mas seria sempre um auxílio acerca da definição da sua relevância positiva.

É o que sucede, *secundo*, em matéria de estatuto das decisões jurisprudenciais, coibindo-se de encarar de frente a questão da normatividade de algumas das suas decisões, não obstante a força *erga omnes* das decisões do Tribunal Constitucional em sede de fiscalização sucessiva abstrata da constitucionalidade.

É o que sucede, *tertio*, no tocante aos critérios de resolução das antinomias normativas ou entre atos jurídico-públicos em geral, dele apenas sobressaindo um claro critério funcional entre atos legislativos e um implícito critério hierárquico na relação entre atos legislativos e atos regulamentares, o que sabe sempre a pouco numa problemática que é muito mais vasta.

254. A função constitucional e os atos constitucionais

I. A *função constitucional é a função mais importante porque corresponde, na sua radicalidade, ao poder constituinte*, que é inerente – e que também o qualifica – ao Estado na sua veste de entidade dotada de poder público máximo, ou seja, um poder soberano na Ordem Interna.

Do ponto de vista material, traduz uma ordenação normativa da Ordem Jurídica global, com propósitos de durabilidade, de acordo com a amplitude própria do poder constituinte que lhe subjaz, sendo em democracia fundado numa legitimidade democrática, representativa ou direta.

Mas nem sempre a função constitucional espelha a produção do poder constituinte, podendo apresentar-se num modo menos drástico, em perspetiva complementar em relação àquele poder público, numa configuração de poder já constituído e por aquele balizado.

II. Esta diferença igualmente se espelha nos *atos constitucionais* que formalizam a função constitucional, apresentando-se pelo menos com três diferentes intensidades:

- os *atos constituintes*, como são as Constituições, atos primários de fundação da Ordem Jurídica Positiva, assim como por vezes do próprio Estado, dos quais derivam todos os restantes atos jurídico-públicos;
- as *leis de revisão constitucional*, como atos legislativos de valor constitucional, subordinados à primariedade da Constituição, mas que podem modificar, suprimir e acrescentar preceitos secundários nela insertos, ainda que se lhe subordinem nos seus aspetos essenciais;
- as *declarações do estado de exceção constitucional*, que são atos jurídico-públicos editados no condicionalismo do estado de exceção constitucional, com uma feição temporária, mas que bloqueiam ou

alteram uma parcela significativa da Constituição, com o precípuo objetivo de restaurar a normalidade constitucional.

III. A importância do estado de exceção constitucional, na perspetiva do poder de exceção que lhe subjaz, pressupõe a sua melhor caracterização como realidade relevante no plano das funções constitucionais públicas[2337].

É, por um lado, um poder do Estado que se define como sendo um poder constituído, ao cumprir, escrupulosamente, o figurino da respetiva densificação constante do texto constitucional, na veste de emanação do respetivo poder constituinte, apenas transformando a Ordem Constitucional nessa exata medida. Do abuso deste poder para lá daqueles limites resulta o desvirtuamento da sua natureza. O exercício do poder de exceção jamais se pode reconduzir à manifestação do poder constituinte porque não só se situa, no plano do regime, num quadro constitucional previamente traçado, mesmo nos casos mais sérios de ampla transformação da Ordem Constitucional, como existem sempre limites – materiais e organizatórios – que impedem que o fundamento desse poder deixe de ser a própria Constituição.

É, por outro lado, um poder do Estado que muito dificilmente se equipara às suas funções clássicas, que se organizaram sem ter presente a categoria da Constituição, tendo que ver apenas com o plano das funções constituídas permanentes. Movendo-se no texto constitucional que as conforma, é de diferente intensidade o poder de alteração da Ordem Jurídica que se lhes reconhece em comparação com a eficácia constitucional que se atribui ao poder de exceção, de intensidade e gravidade muito superiores.

255. A função legislativa e os atos legislativos

I. A *função legislativa,* não sendo a mais alta função jurídico-pública, é, provavelmente, a mais sedimentada de todas, dando conta da preocupação quotidiana pela ordenação do Estado e da Sociedade.

2337 Cfr. JORGE BACELAR GOUVEIA, *O estado de exceção...*, II, pp. 1436 e ss.

A função legislativa tem tido, regra geral, uma consistência normativa, ocupando-se da definição do interesse geral, a partir de órgãos político-democráticos, direta ou indiretamente.

A passagem ao Estado Social e ao Estado Pós-Social relativizou esta característica, não sendo raro o aparecimento de atos legislativos sem teor normativo.

II. A expressão da função legislativa surge nos atos legislativos, com uma forma de lei, sendo possível que isso suceda em quatro casos distintos na CRP:

- *as leis orgânicas*: da competência da Assembleia da República, sendo atos legislativos em matérias de maior melindre e assim exprimindo uma especial proeminência parlamentar[2338];
- as *leis*: da competência da Assembleia da República, apresentando-se como a categoria residual da função legislativa parlamentar nacional[2339];
- os *decretos-leis*: da competência do Governo, manifestando-se nos domínios não reservados à Assembleia da República e às Regiões Autónomas, para além de haver domínios exclusivos de função legislativa do Governo, como são as matérias da sua organização e funcionamento[2340];
- os *decretos legislativos regionais*: da competência das Assembleias Legislativas das Regiões Autónomas, produzindo-se no leque das matérias em que estas pessoas coletivas dispõem da função legislativa[2341].

256. A função política e os atos políticos

I. A *função política* designa, de uma forma lateral, a atividade jurídico-pública que se prende com a definição do interesse geral, nos casos em

[2338] Cfr. os arts. 166º, nº 2, e 168º, nº 5, da CRP.

[2339] Cfr. o art. 166º, nº 3, da CRP.

[2340] Cfr. o art. 198º da CRP.

[2341] Cfr. o art. 227º da CRP.

que a mesma não possa ser desempenhada pelas outras funções e atos jurídico-públicos.

Do ponto de vista material, do mesmo modo a função política se associa à definição do interesse geral, protagonizada pelos principais órgãos públicos dotados de legitimidade democrática, ao mesmo tempo que se rejeita a forma de ato legislativo.

A função política, não tendo pertencido ao núcleo doutrinário essencial da separação de poderes, foi posteriormente acrescentada, mas tem vindo a desenvolver-se em diversas direções, nela avultando inúmeras preocupações, como a do controlo do poder público.

II. A manifestação da função política afere-se pela existência de uma gama muito diversificada de *atos políticos*[2342]:

- *os atos eleitorais*: as eleições expressam uma vontade do colégio eleitoral quanto à designação de pessoas para a titularidade dos cargos postos a votação popular, num caso em que o povo é autor de um ato jurídico-público[2343];
- *os atos referendários*: os referendos igualmente expressam a vontade do conjunto de cidadãos, desta feita sobre questões que são colocadas à sua decisão vinculativa[2344];
- *os atos internacionais*: as convenções internacionais, tratados e acordos, assim como outras fontes e atos de Direito Internacional Público, que se integram no Ordenamento Jurídico português[2345];

[2342] Sobre os atos políticos em geral, v. Miguel Galvão Teles, *Direito Constitucional...*, 1ª ed., pp. 73 e ss.; Marcelo Rebelo de Sousa, *O valor...*, I, pp. 298 e ss.; Diogo Freitas do Amaral, *Direito Administrativo*, IV, pp. 156 e ss.; Cristina M. M. Queiroz, *Os actos políticos...*, pp. 107 e ss.; Jorge Bacelar Gouveia, *O valor positivo...*, pp. 39 e ss.

[2343] Cfr. o art. 119º, nº 1, al. i), da CRP.

[2344] Cfr. os arts. 115º e 240º da CRP.

[2345] Quanto à relevância das fontes internacionais no Direito Português, v., por todos, Jorge Bacelar Gouveia, *O valor positivo...*, pp. 43 e ss., *Os direitos fundamentais atípicos*, pp. 338 e ss., e *Manual...*, pp. 365 e ss.; André Gonçalves Pereira, *O Direito Internacional na...*, pp. 37 e ss.; Jorge Miranda, *As actuais normas internacionais e o Direito Internacional*, in ND, nº 36, outubro-dezembro de 1985, pp. 3 e ss., *As relações entre ordem internacional e ordem interna na actual Constituição Portuguesa*, in AAVV, *Ab Uno ad Omnes – 75 Anos da Coimbra Editora*, Coimbra, 1998, pp. 275 e ss., e *Curso...*, pp. 148 e ss.; Nuno A. Bessa Lopes, *A Constituição e o Direito Internacional*, Vila do Conde, 1979, pp. 95 e ss.; *Relações entre a ordem interna e o Direito Internacional e Comunitário*, in *Da Comunidade Internacional e do seu Direito*, Coimbra, 1996,

- *os atos comunitários*: as fontes do Direito da União Europeia, originário e derivado, assim como outros atos, decisões e manifestações de vontade[2346], que se afigurem relevantes no Ordenamento Jurídico português[2347];
- *os atos governativos*: significam uma multidão de atos que dizem respeito à dinamização do sistema de governo, como as moções parlamentares, os atos de nomeação, demissão e dissolução, para além de outros atos de cunho normativo, mas sem forma legislativa[2348].

pp. 265 e ss.; João Mota de Campos, *A Ordem Constitucional Portuguesa e o Direito Comunitário*, Braga, 1981, pp. 147 e ss., e *As relações da Ordem Jurídica Portuguesa com o Direito Internacional e o Direito Comunitário à luz da revisão constitucional de 1982*, Lisboa, 1985, pp. 55 e ss.; António Barbosa de Melo, *A preferência de lei posterior em conflito com normas convencionais recebidas na ordem interna ao abrigo do nº 2 do art. 8º da Constituição da República (a propósito do art. 4º do Decreto-Lei nº 262/83, de 16 de junho)*, in CJ, IX, 1984, t. 4, pp. 11 e ss.; Afonso Rodrigues Queiró, *A hierarquia das normas de Direito Administrativo Português*, in BFDUC, 1985, pp. 6 e ss.; Paulo Otero, *A autoridade internacional dos fundos marinhos*, Lisboa, 1988, pp. 176 e ss.; Albino de Azevedo Soares, *Lições...*, pp. 80 e ss.; Pedro Romano Martínez, *Relações entre o Direito Internacional e o Direito Interno*, in DJ, IV, 1989/1990, pp. 169 e ss.; Rui Medeiros, *Relações entre normas constantes de convenções internacionais e normas legislativas na Constituição de 1976*, in OD, ano 122º, II, abril-junho de 1990, pp. 355 e ss.; Nuno Piçarra, *O Tribunal de Justiça das Comunidades Europeias como juiz legal e o processo do artigo 177º do Tratado CEE – as relações entre a ordem jurídica comunitária e as ordens jurídicas dos Estados membros na perspectiva dos tribunais constitucionais*, Lisboa, 1991, pp. 77 e ss.; Ricardo Gouveia Pinto, *O princípio da legalidade do imposto e o procedimento em matéria de assistência mútua para a cobrança de créditos entre os Estados-Membros da Comunidade Europeia*, in AAVV, *Temas de Integração*, 2ª semestre de 2004, nº 18, pp. 119 e ss.

[2346] Sobre as fontes e atos de Direito da União Europeia em geral, v. João Mota de Campos e João Luiz Mota de Campos, *Manual de Direito Comunitário*, 4ª ed., Lisboa, 2004, pp. 295 e ss.; Ana Maria Guerra Martins, *Curso de Direito Constitucional da União Europeia*, Coimbra, 2004, pp. 373 e ss.

[2347] Quanto à relevância do Direito da União Europeia no Direito Português, v. Paulo de Pitta e Cunha, *O Tratado de Adesão e o Direito Comunitário Derivado – Sumários*, in AAVV, *A Feitura das Leis – como fazer leis*, II, Oeiras, 1986, pp. 397 e ss.; Carlos Botelho Moniz e Paulo Moura Pinheiro, *As relações da ordem jurídica portuguesa com a ordem jurídica comunitária – algumas reflexões*, in L-CCL, nºs 4/5, abril-dezembro de 1992, pp. 135 e ss.; J. J. Gomes Canotilho e Vital Moreira, *Constituição...*, pp. 89 e ss.; André Gonçalves Pereira e Fausto de Quadros, *Manual...*, pp. 112 e ss.

[2348] Cfr., de entre outros, o art. 166º, nºs 4 e 5, da CRP.

257. A função administrativa e os atos administrativos

I. A *função administrativa* representa uma atividade pública de natureza secundária, que se relaciona com a satisfação das necessidades coletivas do Estado-Sociedade.

A função administrativa prende-se com um segundo nível da definição do interesse público, da responsabilidade de organismos administrativos, que não são, como tendência geral, democraticamente legitimados.

Esta função jurídico-pública tem a inegável vantagem da maior proximidade aos cidadãos, que através dela vêem a satisfação das suas necessidades coletivas, assim como a resolução dos problemas que à governação pública cabe.

II. A *função administrativa* concretiza-se pela produção dos atos administrativos, os quais podem ser exemplificados do seguinte modo:

- *os regulamentos administrativos*[2349]: representam a vontade de estabelecer uma ordenação normativa a respeito da organização e funcionamento das instituições administrativas, ou sobre um domínio específico da atividade dos administrados, com caráter permanente e geral[2350];

[2349] Sobre os regulamentos administrativos em geral, incluindo a sua análise em face dos ditames constitucionais, v. Armando M. Marques Guedes, *Estudos de Direito Administrativo*, Lisboa, 1963, pp. 35 e ss., e *O processo burocrático*, Lisboa, 1969, pp. 50 e ss.; Afonso Rodrigues Queiró, *Lições...*, I, pp. 409 e ss., e *Teoria dos regulamentos*, in RDES, ano I (nova s.), nº 1, janeiro-março de 1986, pp. 5 e ss.; Marcello Caetano, *Princípios fundamentais...*, pp. 97 e ss., e *Manual de Direito...*, I, pp. 95 e ss.; José Luís Vilaça, *Regulamentação e acompanhamento da execução pelo Governo*, in AAVV, *A Feitura das Leis – como fazer leis*, II, Oeiras, 1986, pp. 310 e ss.; Jorge Miranda, *Regulamento*, in Pol., V, Lisboa, 1987, pp. 266 e ss., e *Manual...*, V, pp. 209 e ss.; Diogo Freitas do Amaral, *Direito Administrativo*, III, Lisboa, 1989, pp. 13 e ss.; João Raposo, *O regulamento administrativo*, in AAVV, *O Código do Procedimento Administrativo – seminário*, Oeiras, 1992, pp. 77 e ss.; J. J. Gomes Canotilho e Vital Moreira, *Constituição...*, pp. 513 e ss.; José Mário Ferreira de Almeida, *Regulamento administrativo*, in DJAP, VII, Lisboa, 1996, pp. 194 e ss.; J. J. Gomes Canotilho, *Direito Constitucional*, pp. 909 e ss.; Paulo Otero, *O poder...*, II, pp. 604 e ss.; Manuel Afonso Vaz, Raquel Carvalho, Catarina Santos Botelho, Inês Folhadela e Ana Teresa Ribeiro, *Direito Constitucional...*, pp. 137 e ss.

[2350] Cfr. o art. 112º, nºs 6 e 7, da CRP.

- *os atos administrativos*[2351]: são decisões concretas e individuais tomadas pela Administração Pública, em aplicação das leis e dos regulamentos administrativos, e que definem a situação jurídica dos administrados;
- *os contratos administrativos*[2352]: são acordos de vontade entre duas ou mais partes, articulando direitos e deveres dos contratantes na prossecução do interesse público, definidos no âmbito da atuação da Administração Pública.

258. A função jurisdicional e os atos jurisdicionais

I. A *função jurisdicional* completa o arco das funções jurídico-públicas e designa a aplicação do Direito previamente definido, a partir de órgãos dotados de independência e de imparcialidade, resolvendo os litígios que são levados à sua decisão.

Nem sempre a função jurisdicional compete aos órgãos judiciais, como se pode entrever da possibilidade de os tribunais arbitrais agirem como organismos jurisdicionais, ainda que não integrados na função judicial pública.

Por outro lado, o desempenho da função jurisdicional não é só aplicativa ou não normativa: pode haver casos de criação e de normatividade jurisdicional.

[2351] A respeito do recorte dos atos administrativos, para um conspecto geral, v. MARCELLO CAETANO, *Tratado Elementar...*, I, pp. 221 e ss.; ARMANDO M. MARQUES GUEDES, *Estudos de Direito...*, pp. 49 e ss., e *O processo...*, pp. 52 e ss.; ANDRÉ GONÇALVES PEREIRA, *Erro e ilegalidade...*, pp. 77 e ss.; ROGÉRIO EHRHARDT SOARES, *Direito Administrativo*, Coimbra, 1978, pp. 51 e ss., e *Acto administrativo*, in Pol., I, Lisboa, 1983, pp. 102 e 103; MARCELLO CAETANO, *Princípios fundamentais...*, pp. 106 e ss., e *Manual de Direito...*, I, pp. 427 e ss.; DIOGO FREITAS DO AMARAL, *Direito Administrativo*, III, pp. 66 e ss., e *O regime do acto administrativo*, in AAVV, *O Código do Procedimento Administrativo – seminário*, Oeiras, 1992, pp. 101 e ss.; ANTÓNIO FURTADO DOS SANTOS, *Acto administrativo*, I, 2ª ed., Lisboa, 1990, pp. 128 e ss.

[2352] Sobre os contratos administrativos, v. MARCELLO CAETANO, *Tratado Elementar...*, I, pp. 293 e ss., e *Manual de Direito...*I, pp. 419 e ss.; MARIA JOÃO ESTORNINHO, *Requiem pelo contrato administrativo*, Coimbra, 2003, *passim*; PEDRO GONÇALVES, *O contrato administrativo*, Coimbra, 2003, pp. 22 e ss.

II. Os *atos jurisdicionais* são suscetíveis de diversas modalidades, tal o leque de possibilidades para o respetivo exercício[2353]:

- *as decisões finais e os despachos interlocutórios*: decisões finais porque põem fim ao litígio em cada tribunal e decisões interlocutórias no caso de serem decisões tomadas no seio da tramitação processual;
- *as sentenças e os acórdãos judiciais*: aqueles são os atos finais tomados pelos tribunais singulares, quando têm um único juiz como titular, ao passo que estes são os atos finais tomados pelos tribunais coletivos, quando têm uma pluralidade de juízes na respetiva titularidade.

[2353] Sobre os atos jurisdicionais em geral, v. Marcelo Rebelo de Sousa, *O valor...*, I, pp. 316 e ss.; Jorge Bacelar Gouveia, *O valor positivo...*, pp. 41 e ss.

§ 56º O PROBLEMA DAS FONTES DE DIREITO

259. O sentido geral das fontes do Direito

I. As fontes do Direito, representando os mecanismos que originam as respetivas normas e princípios, habitualmente sob a universal designação de *fontes do Direito*[2354], são uma aplicação metafórica que tem perdurado ao longo dos séculos e na esteira da proposta de MARCO TÚLIO CÍCERO.

Parece ser assim conveniente apresentar um esboço geral da localização das fontes do Direito no campo abrangente da Teoria Geral do Direito, onde têm um lugar central, nela se esclarecendo os termos por que hoje cada uma das suas modalidades assume a devida relevância na construção da Ordem Jurídica.

Depois de feito esse enquadramento geral, chegará o momento de se apreciar a respetiva pertinência no Direito Constitucional, não esque-

[2354] Quanto às fontes do Direito em geral, nas respetivas conceções e categorias, v. ANGEL LATORRE, *Introdução...*, pp. 67 e ss.; J. BAPTISTA MACHADO, *Introdução ao Direito...*, pp. 153 e ss.; JOSÉ DIAS MARQUES, *Introdução...*, 5ª ed., pp. 81 e ss.; INOCÊNCIO GALVÃO TELLES, *Introdução...*, I, pp. 61 e ss.; DIOGO FREITAS DO AMARAL, *Manual de Introdução...*, I, pp. 343 e ss.; NUNO J. ESPINOSA GOMES DA SILVA, *História...*, pp. 445 e ss.; A. SANTOS JUSTO, *Introdução...*, pp. 181 e ss.; MIGUEL REALE, *Teoria Tridimensional...*, pp. 223 e ss.; pp. 183 e ss.; JORGE BACELAR GOUVEIA, *Manual...*, pp. 121 e ss.; JOSÉ DE OLIVEIRA ASCENSÃO, *O Direito...*, pp. 255 e ss.; CARLOS ALBERTO DA MOTA PINTO, *Teoria Geral...*, pp. 63 e ss.; ARTHUR KAUFMANN, *Filosofia...*, pp. 150 e ss.; JOAQUIM FREITAS DA ROCHA, *Constituição, Ordenamento e Conflitos Normativos*, Coimbra, 2008, pp. 90 e ss.; GERMANO MARQUES DA SILVA, *Introdução...*, pp. 85 e ss.

cendo, neste caso, as particularidades que se impõem a partir do fenómeno específico que é a Constituição.

II. Simplesmente, antes de nos abalançarmos a esta tarefa, importa saber em que sentido estamos falando de fontes do Direito.

São múltiplos os sentidos possíveis de fontes do Direito, havendo duas já clássicas contraposições a este propósito:

- *entre fontes materiais e fontes formais*: as fontes materiais manifestando a razão de ser das normas e as fontes formais dando conta do modo de revelação das normas; e
- *entre fontes imediatas e fontes mediatas*: as fontes imediatas sendo os esquemas de revelação do Direito, sem qualquer outra consideração, e as fontes mediatas contendo os esquemas de revelação do Direito apenas como capacidade de influenciar as opções que aquelas primeiras fontes determinaram.

Num certo sentido, em que a inter-influência dos comportamentos e dos pensamentos é grande, encontramos em quase toda a parte uma fonte do Direito.

Não se julga, porém, que essa aceção, pelo seu caráter difuso e excessivamente amplo, possa ser alguma vez útil na delimitação do nosso campo de análise e traçar a destrinça – esse é o ponto central – entre as opções normativas a que devemos obediência e todas as outras que apenas relevam no domínio do político, do social, do cultural ou do psicológico, mas que não têm a virtualidade de fazer nascer um dever-ser jurídico.

Com base nestes pressupostos, esta indagação só seria aceitável se se circunscrevesse às *fontes formais de Direito*, que são as verdadeiras fontes jurídicas operativas e relevantes, *no respetivo sentido jurídico como modos de produção e de revelação de normas e princípios jurídicos*[2355].

Tudo isto não quer dizer que as fontes materiais ou as fontes mediatas não tenham interesse para o Direito: mas relevam da Política ou de

[2355] Como tão bem explicita MIGUEL REALE (*Teoria Tridimensional...*, pp. 226 e 227), "Prefiro afirmar que uma norma, para que possa ser considerada *norma jurídica* e, como tal, dotada de *vis compulsiva*, precisa satisfazer um conjunto de requisitos concernentes à sua elaboração, o que quer dizer que ela deve ser emanada pela *fonte do Direito* correspondente à sua natureza e finalidade".

marginais aspetos relacionados com as diversas tarefas de hermenêutica jurídica, como os fatores sociais e históricos, não ao nível mais profundo da criação do Direito[2356].

III. O sentido das fontes formais de Direito que se considera relevante não toma especificamente em consideração a ambivalência que nelas se regista entre a "formação" e a "revelação" das regras jurídicas e dos princípios, ambas as definições sendo válidas, se bem que com a ideia de que a "formação" se mostra mais afeiçoada ao Direito Público e a "revelação" está mais atenta ao Direito Privado.

Escusado será dizer que as fontes formais de Direito com que se trabalha dizem só respeito ao Direito Objetivo, a esfera do Direito que é geral e abstrato: elas não se relacionam com o outro hemisfério, o do Direito Subjetivo, composto por todas as situações jurídicas, que ligam as pessoas ao aproveitamento dos bens.

Cumpre ainda não esquecer que o conceito de fonte formal do Direito, diferentemente do que tem sido tradicional, é mais amplo por nele se incluírem os esquemas de produção e de revelação dos princípios jurídicos, e não unicamente das normas jurídicas, estas se entendidas em sentido restrito, por contraposição àqueles.

É notório que os princípios gerais do Direito são muitas vezes referenciados como fonte autónoma do Direito, permitindo ir mesmo mais longe do que através das mais habituais fontes do Direito.

Contudo, os princípios gerais de Direito são eles próprios partes integrantes da Ordem Jurídica, não se julgando obviamente viável que algo seja o resultado e a origem do resultado de si mesmo.

É assim que os princípios gerais se colocam na sua devida importância sistemática, ao invés do apagado papel de ator secundário na Teoria das Fontes do Direito que a doutrina antiga lhes tem reservado.

IV. A tipologia tradicional das fontes de Direito faz incluir no respetivo elenco, embora dando-lhes diferentes relevâncias, *a lei, o costume e a*

[2356] Como elucidativamente escreve ARTHUR KAUFMANN (*Filosofia...*, p. 150): "As fontes de Direito em sentido próprio são apenas as normas que sejam determinantes para a decisão jurídica em face de uma situação da vida, não o que (como, por exemplo, um livro de doutrina) serve para a descoberta e compreensão nas fontes de Direito."

jurisprudência. A *doutrina*, outrora importante fonte de Direito, deixou de o ser, para alguns podendo ser repescada – a nosso ver, mal – na fórmula equívoca de fonte material do Direito.

A *lei* ocupa, de há bastante tempo a esta parte, sobretudo com a Idade Contemporânea, um lugar privilegiado, ao traduzir uma vontade ordenadora central de disciplina social, democraticamente legitimada e oficialmente proclamada. A lei é entendida, deste modo, como a formulação voluntária de um dever-ser jurídico, decretada por uma autoridade política.

O *costume*, pelo contrário, reflete um comportamento espontâneo, aceleradamente em perda de terreno por referência à capacidade de especialização material oferecida pela lei, embora nele se dê um íntimo entrelaçamento entre a dimensão ordenadora e o respetivo acatamento social. O costume é avaliado como um comportamento que, sendo praticado, adquire a essência de dever-ser jurídico.

A *jurisprudência*, nalguns casos, posiciona-se como fonte normativa porque, a partir da aplicação do Direito, podem emergir orientações normativas de caráter permanente, no futuro genericamente aplicáveis pelos diversos operadores jurídicos. A jurisprudência é diversa da lei – apesar de igualmente afirmada por uma autoridade pública, como são os tribunais – porque as respetivas formulações de um dever-ser jurídico estão condicionadas à aplicação do Direito pré-existente, só que ganhando a sua relevância no seu aperfeiçoamento, correção e preenchimento.

260. A obsoleta resposta tradicional: as fontes de Direito no Código Civil

I. Sendo este o entendimento geral acerca da relevância atual da tipologia das fontes do Direito, pergunta-se até que ponto ela leva em linha de conta as opções do Direito Português, posto que não seja de excluir que cada Ordenamento Jurídico tenha, nesta matéria, uma orientação particular.

De resto, é mesmo este o ponto central que permite destrinçar entre um sistema jurídico romano-germânico, de cunho europeu continental, e um sistema jurídico anglo-saxónico, que, sendo originário do Reino Unido, depois se propagaria para outras paragens[2357].

A resposta tem sido habitualmente dada com recurso ao Código Civil (CC), que contém um conjunto de disposições iniciais sobre a temática das fontes do Direito, afirmando-se o seguinte, em preceito com a precisa epígrafe "Fontes imediatas": "São fontes imediatas do Direito as leis e as normas corporativas"[2358].

Dantes, o CC ia mais longe, tendo uma disposição alusiva aos assentos, mas que seria revogada[2359], além de ainda agora se referir ao valor jurídico dos usos, bem como à utilização da equidade, em qualquer caso limitando a sua aplicação jurídico-normativa àquelas primeiras fontes[2360].

A análise deste enunciado permite observar que se adota a categoria das *fontes imediatas do Direito*, nessa qualidade o CC aludindo às "leis" e às "normas corporativas", não se referindo a quaisquer outras fontes, nem mesmo às fontes mediatas.

II. Esta é uma maneira totalmente errada de ver a questão, sem falar do profundo desconhecimento que pressupõe acerca daquilo que entretanto sucederia após a aprovação do CC em 1966 e cujo início de vigência ocorreu em 1967: a Revolução de 25 de Abril de 1974 e a nova CRP aprovada, que entrou em vigor em 25 de abril de 1976 e até hoje vigente.

São vários as dificuldades que se detetam no ponto de partida que o CC pretende fornecer neste domínio, os quais se sintetizam nesta lista, mas que importa observar para permitir uma metodologia segura no estudo das fontes do Direito[2361]:

- a desfocada conceção definitória das fontes do Direito em geral;

[2357] Em relação à importância das fontes do Direito para destrinçar entre os sistemas romano-germânicos e os sistemas anglo-saxónicos, v. Miguel Reale, *Teoria Tridimensional...*, p. 225; José de Oliveira Ascensão, *O Direito...*, pp. 153 e ss.

[2358] Art. 1º, nº 1, do CC.

[2359] O antigo art. 2º da CC.

[2360] Cfr. os arts. 3º e 4º do CC.

[2361] Cfr. as críticas de Diogo Freitas do Amaral, *Da necessidade de revisão dos artigos 1º a 13º do Código Civil*, in RFDUNL, ano 1º, nº 1 de 2000, Lisboa, pp. 9 e ss., e *Manual de Introdução...*, I, pp. 367 e ss., e de Jorge Miranda, *Em vez do Código Civil, uma lei sobre leis*, in AAVV, *Estudos Comemorativos dos 10 Anos da Faculdade de Direito da Universidade Nova de Lisboa*, I, Coimbra, 2008, pp. 91 e ss.

– a omissão de outras fontes normativas igualmente relevantes;
– a insuficiente identificação das fontes normativas pertinentes[2362];
– a errónea hierarquização que se pretende das referidas fontes de Direito.

III. É na matéria da definição das fontes normativas pertinentes que se assinala o mais grave erro que se pode assacar ao CC nestes preceitos iniciais, já que assume a pretensão de levar a cabo a esquematização das fontes do Direito consideradas atendíveis no seio da globalidade do Ordenamento Jurídico, numa crítica que é válida tanto no momento em que entrou em vigor quanto nos tempos atuais.

Tudo estaria bem para esta perspetiva do CC se ao mesmo fosse reconhecida qualquer primazia definitória na estruturação do Ordenamento Jurídico. Só que não se pode esquecer que esta função, tanto em 1966 como a partir de 1976, esteve e está cometida à Constituição do Estado: é a ela que cumpre, de entre múltiplas outras tarefas, a definição das fontes normativas relevantes para a construção da Ordem Jurídica.

Decerto que esse empenho não cabe a nenhum Código Civil, que além de não possuir a força jurídico-hierárquica que só um texto constitucional pode ter, oferece uma visão muito estreita, por se limitar ao Direito Civil como ramo jurídico, por mais geral e comum que seja entendido.

Qualquer Código Civil – por muito que isso custe aos civilistas – é sempre e tão-só um Código Civil, não se podendo dele esperar aquilo que ele nunca poderá dar, sob pena da subversão da estruturação do Direito no Estado Contemporâneo e em cujo nome se fez a revolução constitucional.

IV. Mas o CC tem também a falha de fornecer um sentido deficiente acerca das fontes do Direito quando se "esquece" de mencionar algumas das que são absolutamente relevantes, deitando por terra o bom intuito de fazer, com o mínimo de felicidade, a certeira indicação dessas fontes.

A deficiência mais significativa de todas é a da omissão do costume, na medida em que se encontra do outro lado da lei, na sua veste de fonte

[2362] Problemas idênticos suscita a questão das fontes do Direito Internacional Público quando equacionada a partir do art. 38º do ETIJ. Cfr., por todos, JORGE BACELAR GOUVEIA, *Manual...*, pp. 125 e ss.

espontânea, ou não criada, mas que brota da convivência social, dotando-se normalmente de um alto grau de efetividade normativa.

É óbvio que se pode dizer – e consideramos essa asserção rigorosamente verdadeira – que o costume não precisa de pedir licença à lei para se afirmar como tal ou, numa versão mais radical, que no momento em que fosse reconhecido pela lei, ele perderia a sua autonomia conceptual e deixaria de ser um genuíno costume...

Todavia, não se crê que este fosse um obstáculo insuperável, bastando elencar o costume no conjunto das fontes normativas admissíveis, o que não seria necessariamente reconhecido como a fonte da respetiva admissibilidade jurídico-positiva. E esta falta é tanto mais grave quanto é certo tratar-se de um conjunto de disposições que abrem uma lei codificada do Direito Civil, em que pomposamente se assume o desejo de estabelecer as fontes do Direito aplicáveis na Ordem Jurídica Portuguesa.

Outra anomalia de que padece o CC na enunciação das fontes de Direito atinge a jurisprudência, pois que são algumas as situações em que as decisões dos tribunais assumem essa natureza, ainda que perante delimitadas circunstâncias: os acórdãos com força obrigatória geral que a CRP admite que os tribunais produzam.

Mesmo em matéria de assentos, a revogação da respetiva norma, com base na sua declaração da inconstitucionalidade, acabou por ser excessiva, a partir do momento em que o regime material da jurisprudência dos vários tribunais ainda contém alguns traços de fonte de Direito, que concretizam aquela orientação constitucional.

V. Em relação à caracterização da fonte legal, o CC é muitíssimo pobre, não obstante o esforço de proceder à sua formulação, ao dizer que "Consideram-se leis todas as disposições genéricas provindas dos órgãos estaduais competentes"[2363].

O conceito de lei é polissémico, sendo múltiplas as aceções por que pode ser desdobrado, da mais ampla de todas – equivalendo ao próprio Direito – à mais restrita – a lei da Assembleia da República.

Porém, dela certamente fugirão algumas das mais amplas aceções, que assim não se mostram relevantes, para além da total desconsideração das

[2363] Art. 1º, nº 2, primeira parte, do CC.

fontes externas do Direito Português, que dele fazem parte integrante, como é o Direito Internacional Público e o Direito da União Europeia.

O mesmo defeito se regista no tocante à fonte das normas corporativas, que se definem como "...as regras ditadas pelos organismos representativos das diferentes categorias morais, culturais, económicas ou profissionais, no domínio das suas atribuições, bem como os respetivos estatutos e regulamentos internos"[2364].

Esta é uma fonte normativa que deixou de ter sentido, dentro da dimensão de um Estado que era corporativo, com a entrada em vigor da CRP, ainda que possa beneficiar hoje, em parte, de uma interpretação atualista, à mesma se reconduzindo alguns dos instrumentos de regulamentação coletiva do trabalho, previstos no CT.

VI. Falha que não pode ser esquecida e que de padecem os preceitos iniciais do CC é ainda o facto de através da respetiva explanação se poder extrair o entendimento de que se quer gizar uma hierarquia das fontes de Direito estabelecidas.

Evidentemente que este resultado nunca poderia ser aceite porque absurdo: não só a escassez das fontes impede essa hierarquia como ela está distorcida, ao não ponderar o entendimento constitucional sobre a matéria.

261. A nova resposta constitucional: a Constituição como *norma normarum*

I. Quer isto tudo dizer que não é ao CC que se pode deferir o importante papel da esquematização das fontes de Direito na Ordem Jurídica Portuguesa: é que não pode sobreviver, nos preceitos iniciais que ficaram assinalados, às críticas que lhe devem ser dirigidas.

Aqui vale a dimensão do Direito Constitucional – ou olhando mais especificamente para a Constituição – como coluna vertebral da Ordem Jurídica a quem compete definir as relevantes fontes do Direito Português.

[2364] Art. 1º, nº 2, *in fine*, do CC.

Se o Direito Constitucional assume as características de supremacia hierárquico-normativa e de centro material do sistema jurídico, é também nele que devemos procurar a resposta ao problema de saber quais são os tipos de fontes normativas efetivamente aplicáveis[2365], reconhecendo-se à Constituição, na esteira do pensamento de HANS KELSEN[2366], a capacidade de determinar o esquema das fontes do Direito na comunidade política que funda e ordena[2367].

II. Uma resposta adequada a esta matéria depende, pois, da análise do texto constitucional, no qual se deve perceber a relevância das fontes do Direito em geral[2368], que lhe cabe definir, tarefa que não é certamente do Direito Civil.

Só observando a CRP, ela própria uma lei muito especial, é que ficamos a saber quais as várias fontes do Direito, para o que importa transcrever, pela sua importância, parte de um dos seus fundamentais preceitos, com a exata epígrafe de "Atos normativos"[2369]:

- "São atos legislativos as leis, os decretos-leis e os decretos legislativos regionais";
- "Os regulamentos devem indicar expressamente as leis que visam regulamentar ou que definem a competência subjetiva e objetiva para a sua emissão".

Mas este preceito ainda não se afigura suficiente e carece de ser complementado com, pelo menos, outra disposição, atinente à publicação dos atos jurídico-políticos no *Diário da República*, em que se adita a alusão às

2365 Cfr. ENRIQUE ÁLVAREZ CONDE, *Curso...*, I, pp. 153 e ss.; MANUEL AFONSO VAZ, RAQUEL CARVALHO, CATARINA SANTOS BOTELHO, INÊS FOLHADELA E ANA TERESA RIBEIRO, *Direito Constitucional...*, pp. 53 e ss.

2366 Cfr. HANS KELSEN, *Teoria Pura...*, pp. 309 e ss.

2367 Ou como afirma MIGUEL REALE (*Teoria Tridimensional...*, p. 225), indiretamente ao realçar a lógica do sistema jurídico da *Civil Law*, "São a Constituição e as leis de cada país que predeterminam os requisitos caracterizadores das diversas fontes do Direito, que não podem ser configuradas em abstrato, mas sim em razão de específicas conjunturas históricas, como o demonstra a distinção fundamental entre a nomogénese jurídica que caracteriza e distingue o *Common Law* e a que é própria do *Civil Law*, isto é, do Direito de tradição romanística".

2368 Cfr. JORGE BACELAR GOUVEIA, *Arrendamento Urbano...*, pp. 29 e ss.

2369 Art. 112º, nos seus nºs 1 e 7, da CRP.

"...decisões do Tribunal Constitucional, bem como as dos outros tribunais, a que a lei confira força obrigatória geral"[2370].

III. Resumindo as diversas opções constitucionais no tocante às fontes do Direito em geral, cumpre apresentar as seguintes categorias, para depois as melhor explicitarmos, deixando para mais tarde a fonte legal:

- a *lei*, expressando-se em conceitos polissémicos, desde o mais amplo até se reduzir a diversos tipos específicos de atos jurídico-normativos, aqui se incluindo as diversas funções jurídico-públicas, com exclusão da jurisdicional, como é o caso dos atos constitucionais, legislativos, políticos e administrativos de teor normativo;
- o *costume*, uma vez que, sendo uma fonte do Direito Internacional Público, é como tal implicitamente recebida no âmbito da incorporação deste ramo do Direito, embora deva ser considerada no plano das fontes internas do Direito Português, mesmo na ausência de indicação constitucional direta;
- a *jurisprudência*, na medida em que o texto constitucional admite que os tribunais possam produzir atos judiciais dotados de força obrigatória geral, transcendendo os circunstancialismos histórico-individuais dos casos que resolvem.

Em contrapartida, nenhuma alusão se opera em relação à doutrina como fonte do Direito[2371], pelo que fica esclarecida a sua irrelevância na respetiva produção[2372], a despeito do seu papel auxiliar – ou mediato,

[2370] Art. 119º, al. g), da CRP.

[2371] Doutrina que se deve entender como o ensinamento dos jurisconsultos e professores universitários de Direito, não tanto no seu sentido religioso ou no seu sentido político. Quanto a estas distinções, v. Jorge Bacelar Gouveia, *Manual...*, p. 164.

[2372] Lembremos estas significativas palavras de Hans Kelsen (*Teoria Pura...*, p. 112): "A ciência jurídica tem por missão conhecer – por fora, por assim dizer – o Direito e descrevê-lo com base no seu conhecimento. Os órgãos jurídicos têm – como autoridade jurídica – antes de tudo por missão produzir o Direito para que ele possa então ser conhecido e descrito pela ciência jurídica. É certo que também os órgãos aplicadores do Direito têm de conhecer – de dentro, por assim dizer – primeiramente o Direito a aplicar. O legislador, que, na sua actividade própria, aplica a Constituição, deve conhecê-la; e igualmente o juiz, que aplica as leis, deve conhecê-las. O conhecimento, porém, não é o essencial: é apenas o estádio preparatório da sua função que, como adiante melhor se mostrará, é simultaneamente – não só no caso do

como alguns autores preferem dizer – na dilucidação do Direito aplicável[2373].

O mesmo se diga, nesta sede, dos *princípios jurídicos*, que são muito mais do que fontes do Direito: são eles próprios partes integrantes dessas ordens normativas e, como tal, assumem uma direta vinculatividade, apesar de poderem gerar, por seu turno, novas regras jurídicas[2374].

Esse é ainda o resultado quando nos referimos à *equidade*[2375] como hipotética fonte do Direito, já que nem sequer atinge o patamar mínimo de fonte do Direito[2376] em geral[2377], apenas surgindo como um critério

legislador como também no do juiz – produção jurídica: o estabelecimento de uma norma jurídica geral – por parte do legislador – ou a fixação de uma norma jurídica individual – por parte do juiz".

[2373] Diferente é a posição de DIOGO FREITAS DO AMARAL (*Manual de Introdução...*, I, pp. 431 e ss.), para quem a doutrina é fonte do Direito, quer como *juris essendi*, quer como *juris cognoscendi*.

[2374] Como tivemos ocasião de escrever noutro lugar (JORGE BACELAR GOUVEIA, *Manual...*, p. 152), "Em rigor, deve-se frontalmente questionar a inserção dos princípios gerais de Direito no conceito de fonte formal do Direito Internacional: é que eles correspondem a Direito aplicável, não sendo propriamente um esquema por que se possa exprimir um dever-ser a aplicar depois, na convicção de que o aplicador resolve os casos que lhe sejam submetidos tanto por normas como por princípios jurídicos".

[2375] Sobre a equidade na Teoria Geral do Direito, v. ANGEL LATORRE, *Introdução...*, pp. 118 e ss.; MÁRIO BIGOTTE CHORÃO, *Introdução ao Direito*, I, Coimbra, 1989, pp. 95 e ss.; INOCÊNCIO GALVÃO TELLES, *Introdução...*, I, pp. 149 e ss.; DIOGO FREITAS DO AMARAL, *Manual de Introdução...*, I, pp. 125 e ss.; JORGE BACELAR GOUVEIA, *Manual...*, pp. 167 e ss.; JOSÉ DE OLIVEIRA ASCENSÃO, *O Direito...*, pp. 245 e ss., e pp. 261 e 262.

[2376] Numa perspetiva geral, como escreve DIOGO FREITAS DO AMARAL (*Manual de Introdução...*, I, p. 127), "Em nossa opinião, a equidade não é hoje uma forma de integração das lacunas da lei, nem uma suavização bondosa ou caritativa da dureza excessiva da lei, nem sinónimo de Direito Natural ou de Moral. A equidade é um modo jurídico de resolver litígios suscitados na vida real – mas um modo alternativo ao da aplicação do Direito estrito...", concluindo depois que "A equidade deve, pois, ser entendida como *a forma de solução de conflitos jurídicos que assenta na aplicação da Justiça conforme as circunstâncias específicas de cada caso concreto*".

[2377] Igualmente JOSÉ DE OLIVEIRA ASCENSÃO (*O Direito...*, p. 246) opina no sentido de a equidade não ser fonte do Direito, mas antes representar um meio que proporciona um critério formal de decisão: "A resolução dos casos segundo a equidade contrapõe-se à resolução dos casos segundo as regras vigentes. Mas pode haver regras e haver equidade, quando o juiz estiver autorizado a afastar-se da solução legal e a decidir segundo as circunstâncias do caso singular", ainda acrescentando que (p. 261) "A equidade dita soluções para casos, atendendo às peculiares características destes. Não implica elaboração de regras, pois não tem intuito generalizador; portanto, não se projecta noutros casos, semelhantes embora".

casuístico de resolução de casos – a "justiça do caso concreto", como é habitualmente designada – e não indo além de um mero critério formal de decisão.

IV. Esta apresentação do quadro geral das fontes de Direito com base nas referências constitucionais determina que se verifiquem várias contraposições:

- *entre fontes voluntárias e fontes espontâneas*: as fontes voluntárias são as fontes que derivam de um ato de vontade, produzido com uma intenção normativizadora, e as fontes espontâneas são as fontes que, regulando a vida social, surgem involuntariamente no âmbito dessa mesma convivência comunitária;
- *entre fontes superiores e fontes inferiores*: as fontes hierarquicamente superiores, que subordinam as outras, e as demais fontes que lhes devem obediência, dentro de uma lógica hierárquica imposta pelo Direito Constitucional e que é conatural à Ordem Jurídica;
- *entre fontes internas e fontes externas*: as fontes internas são produzidas dentro do âmbito da atividade estadual e as fontes externas são dimanadas de outras entidades ou alcançadas noutros contextos, exteriores ao Estado Português e que este aceita como suas;
- *entre fontes estaduais e fontes não estaduais*: as fontes estaduais radicam no poder estadual, que se assume como autor das mesmas, e as fontes não estaduais têm outras autorias, assim não se conferindo ao Estado o monopólio das fontes do Direito.

A caracterização geral que a tipologia de fontes propicia através deste quadro classificatório permite chegar à óbvia conclusão – que o Estado Social e o Estado Pós-Social têm confirmado – de que as fontes do Direito apenas se atingem na sua plenitude numa lógica de *pluralismo jurídico e social, muito longe se estando do quadro centralizador e unitário do século XIX, com toda a exacerbação do papel da lei, bem acolitado pelo positivismo legalista então reinante.*

§ 57º AS FONTES DE DIREITO JURÍDICO-PÚBLICAS

262. A amplitude da lei como fonte geral de Direito

I. A fonte mais relevante do Direito é a lei, amplitude tanto maior quanto é certo ela acolher numerosos sentidos, dada a polissemia do respetivo conceito[2378].

A descrição da importância da lei pode ser vista sob diversas características, que simultaneamente redundam em várias categorias de atos, na condição de os mesmos serem normativos:

- *os atos constitucionais*;
- *os atos legislativos*;
- *os atos políticos*;
- *os atos administrativos*.

II. *O sentido de lei, nesta hipótese, não é amplíssimo, é apenas amplo, compreendendo as funções constitucional, legislativa, política e administrativa.*

No plano das classificações possíveis, a lei como fonte de Direito, nesta aceção ampla, pode compreender todas as suas variedades, a saber:

[2378] Acerca da lei como fonte do Direito em geral, v. J. Baptista Machado, *Introdução ao Direito...*, pp. 159 e 160; Marcello Caetano, *História...*, pp. 16 e ss.; Diogo Freitas do Amaral, *Manual de Introdução...*, I, pp. 393 e ss., e pp. 486 e ss.; José de Oliveira Ascensão, *O Direito...*, pp. 283 e ss.

- *fontes externas* – o Direito Internacional convencional e unilateral – *e fontes internas* – os atos jurídico-públicos dos poderes estadual e infraestadual;
- *fontes superiores* – a Constituição e os atos constitucionais – *e fontes inferiores* – todas as outras, também entre si ordenadas por relações específicas de hierarquia;
- *fontes estaduais* – a Constituição, os atos constitucionais, o Direito Internacional e o Direito Legal de entidades estaduais – *e fontes não estaduais* – as fontes legais e regulamentares de entidades regionais e administrativas não estaduais.

263. As fontes constitucionais: a Constituição e os atos constitucionais

I. O primeiro estalão da Ordem Jurídica é composto pelos *atos constitucionais,* os quais simbolizam as manifestações voluntárias, de teor normativo, que integram a Ordem Constitucional.

A principal fonte constitucional, como não podia deixar de ser, é a própria *Constituição*, que ao mesmo tempo funciona como fonte geral de Direito, ao não cingir-se ao âmbito específico do Direito Constitucional e irradiando para todos os outros lugares da Ordem Jurídica.

II. Mas também não é de descurar a relevância das *leis de revisão constitucional*, que modificam o texto constitucional, normalmente de cariz normativo, e que assim supervenientemente ficam a ser parte integrante, embora num plano secundário, da Ordem Constitucional.

O mesmo se diga, embora em termos mais limitados, dos atos de exceção, uma vez que, mesmo sendo de vigência breve, se repercutem fortemente na ordem constitucional ao ponto de nela provocarem a suspensão de direitos fundamentais.

264. As fontes externas: o Direito Internacional e Europeu

I. O segundo patamar a considerar no feixe das fontes de Direito é o das fontes internacionais, que podem ser genericamente designados por Direito Internacional e Europeu.

A estas fontes especificamente se refere a CRP, nos seguintes termos:

ARTIGO 8º – (Direito Internacional)

1. As normas e os princípios de Direito Internacional geral ou comum fazem parte integrante do Direito Português.
2. As normas constantes de convenções internacionais regularmente ratificadas ou aprovadas vigoram na ordem interna após a sua publicação oficial e enquanto vincularem internacionalmente o Estado Português.
3. As normas emanadas dos órgãos competentes das organizações internacionais de que Portugal seja parte vigoram diretamente na ordem interna, desde que tal se encontre estabelecido nos respetivos tratados constitutivos.
4. As disposições dos tratados que regem a União Europeia e as normas emanadas das suas instituições, no exercício das respetivas competências, são aplicáveis na ordem interna, nos termos definidos pelo Direito da União, com respeito pelos princípios fundamentais do Estado de Direito Democrático.

II. As fontes oriundas do Direito Internacional Público e do Direito da União Europeia podem, por sua vez, apresentar-se sob diversas categorias:

- os tratados e os acordos internacionais;
- os atos internacionais unilaterais;
- os regulamentos e as diretivas comunitários[2379].

265. As fontes ordinárias: o Direito Legal e afim

I. O terceiro nível de fontes voluntárias de Direito inclui os *atos legislativos*, que, formalmente considerados como leis, incluem quatro categorias de atos, na pressuposição, que nem sempre é verdadeira, de que contêm uma disciplina social normativa:

- as leis da Assembleia da República;
- as leis orgânicas da Assembleia da República;
- os decretos-leis do Governo;
- os decretos legislativos regionais das Regiões Autónomas.

[2379] Sobre este tema, v., por todos, JORGE BACELAR GOUVEIA, *Manual...*, pp. 429 e ss.

II. Só que os atos legislativos estão longe de esgotarem a categoria do Direito ordinário no sentido do conjunto das fontes voluntárias internas de Direito que estão abaixo da Constituição.

Num fenómeno que tem vindo a complexificar-se, os *atos políticos*, a despeito de normalmente não serem normativos e não ostentando a forma de lei, podem ainda assim ser uma fonte de Direito, sendo de considerar os seguintes no plano interno (para além daqueles que interessam ao Direito Internacional):

- as resoluções parlamentares de cessação de vigência dos decretos--leis;
- os decretos presidenciais de dissolução parlamentar;
- as eleições políticas.

266. As fontes administrativas: o Direito Regulamentar

I. O quarto nível da Ordem Jurídica na sua explicitação em termos de fontes normativas é constituído pelo *Direito Regulamentar*, que agrega o conjunto dos regulamentos administrativos da Administração Pública, sejam ou não produzidos pelo Estado.

A função administrativa, revelando-se globalmente na produção de *atos administrativos* (*lato sensu*), pode consubstanciar-se em atos de natureza de fonte de Direito quando os mesmos revistam conteúdo geral e abstrato.

É o caso dos *regulamentos administrativos*, com toda a amplitude que oferecem, nas suas mais variadas modalidades.

II. Diferentemente, os outros atos de natureza administrativa – os atos administrativos e os contratos administrativos – não são deste prisma relevantes por não possuírem normatividade.

§ 58º OUTRAS FONTES DE DIREITO

267. A relevância independente e direta do costume como fonte geral de Direito

I. O *costume* como fonte do Direito representa a prevalência da espontaneidade social que assume uma dimensão de normatividade jurídica[2380], pela conjunção de dois elementos indispensáveis:

- o *elemento material* (o *corpus*) – que integra uma prática reiterada, o que significa a repetição de condutas havendo ocasião de elas acontecerem;
- o *elemento psicológico* (o *animus*) – que implica a consciência de que aquela prática, não sendo rotineira ou burocrática, tem caráter obrigatório (*opinio iuris vel necessitatis*).

A produção destas orientações jurídicas surge de uma convivência social, a que depois fica associado um sentido de dever-ser, sentido de

[2380] Acerca da relevância do costume, de uma perspetiva mais geral do Direito, v. José Hermano Saraiva, *Lições...*, pp. 377 e ss.; Angel Latorre, *Introdução...*, pp. 80 e ss.; Miguel Reale, *Lições Preliminares de Direito*, 10ª ed., Coimbra, 1982, pp. 148 e ss.; J. Baptista Machado, *Introdução ao Direito...*, pp. 161 e 162; António Menezes Cordeiro, *Costume*, pp. 1348 e ss.; João de Castro Mendes, *Introdução...*, pp. 109 e ss.; J. Dias Marques, *Introdução...*, 5ª ed., pp. 88 e ss.; Paulo Dourado de Gusmão, *Introdução...*, pp. 149 e ss.; François Terré, *Introduction Générale au Droit*, Paris, 1991, pp. 180 e ss.; Inocêncio Galvão Telles, *Introdução...*, I, pp. 115 e ss.; Marcello Caetano, *História...*, pp. 14 e ss.; Diogo Freitas do Amaral, *Manual de Introdução...*, I, pp. 373 e ss.; José de Oliveira Ascensão, *O Direito...*, pp. 264 e ss.

juridicidade que não tem de necessariamente espelhar o cumprimento de um dever, podendo ter outras normatividades, como as que decorrem das normas permissivas.

II. O costume como fonte geral do Direito possui a particularidade de se situar no conjunto das fontes espontâneas, que levam a cabo a regulação social a partir dos próprios destinatários, num certo sentido de autorregulação jurídica.

Os costumes não são todos iguais e podem, por sua vez, classificar-se sob diferentes perspetivas, de acordo com outros tantos critérios aplicáveis:

- *o critério do âmbito de aplicação*: *costumes internacionais, costumes nacionais, costumes regionais e costumes locais*;
- *o critério do ramo de Direito a que respeitam*: *costumes civis, costumes comerciais, costumes administrativos, etc.*

III. Por outra parte, importa não esquecer que a singularidade dos costumes implica o seu cuidadoso afastamento de realidades que lhe são afins:

- os *usos*: são práticas continuadas, mas que não dispõem de qualquer valor jurídico-normativo;
- as *tradições*: são comportamentos habituais, em correspondência às feições histórico-culturais das comunidades;
- as *praxes*: são comportamentos rotineiros, desprovidos de juridicidade, ainda que possam beneficiar a eficiência dos serviços da Administração Pública;
- as *cortesias*: são hábitos de boa e simpática convivência humana, com vinculatividade normativa, mas no âmbito da Ordem de Civilidade, não no foro da Ordem Jurídica.

IV. A grande questão que o costume coloca – ganhe ou não a alusão da lei – é a respeito da sua aceitação como fonte autónoma do Direito.

Claro está que não se coloca a hipótese de o costume ter de ser aceite pela lei porque nesse caso ele perderia a sua especial força e valeria antes como fonte legal porque por aquela autorizado.

Classicamente, as relações entre o costume e a lei podem ser de três tipos:

- o costume *secundum legem* – neste caso, *o costume coincide com a lei*, nada lhe acrescentando, mas antes a confirmando na convivência social em que se consubstancia;
- o costume *praeter legem* – neste caso, *o costume vai além da lei*, apresentando normas em aspetos que não foram tocados pelas normas legais, num nítido alargamento do campo da juridicidade; e
- o costume *contra legem* – neste caso, *o costume está contra a lei*, ao produzir normas que são antinómicas relativamente ao que se dispõe na lei.

Eis um debate que está longe de estar terminado, com tomadas de posição especificamente importantes no tocante a esta terceira categoria, já que as primeira e segunda não são muito significativas.

V. Os defensores da irrelevância do costume *contra-legem* invocam o monopólio da lei como expressão da vontade geral e democrática da sociedade, ao que se adiciona a necessidade de segurança e certeza que é conatural à lei e que o costume não pode garantir, nem sequer estando escrito e, por isso, muito mais dificilmente conhecido[2381].

Os defensores da autónoma relevância do costume *contra-legem* referem que o Direito, traduzindo a Ordem Social, não pode abafar os espaços de autonomia comunitária que o costume reflete, não se levantando obstáculos de monta em relação ao propósito de certeza e segurança porque não só há costumes bem conhecidos – e até escritos – como a sua importância se situa mais ao nível dos comportamentos sociais, que, desse ponto de vista, oferecem bem menos acuidade, pois que são socialmente muito mais sentidos.

[2381] Contra o qual já em Portugal a Lei da Boa Razão empreendera um vigoroso combate, exigindo que o costume vigorasse por mais de 100 anos, fosse conforme às leis e correspondesse à "boa razão", sem ainda esquecer todo o novo ambiente racionalista e iluminista que protagonizou.

Cfr. Guilherme Braga da Cruz, *O Direito subsidiário na História do Direito Português*, Coimbra, 1975, pp. 279 e ss.; Mário Júlio de Almeida Costa, *História...*, pp. 356 e ss.; Nuno J. Espinosa Gomes da Silva, *História...*, pp. 392 e ss.; José de Oliveira Ascensão, *O Direito...*, pp. 267 e 268; Pedro Caridade de Freitas, *Um testemunho...*, pp. 58 e ss.

É nesta segunda linha argumentativa que nos situamos, porquanto o costume não só se impõe por si – mesmo contra a maior das leis[2382] – como pensar o contrário seria abrir as portas à "ditadura da lei", comprimindo a autonomia social das comunidades e das pessoas[2383].

Com esta alusão, não escondemos a escassa relevância prática deste problema pela dificuldade de o costume se afirmar na sociedade técnica e de conhecimento em que estamos vivendo, estruturalmente avessa às regulações jurídicas ditadas através de fontes costumeiras.

268. O alcance da jurisprudência como fonte geral de Direito

I. A *jurisprudência* expressa a atividade realizada pelos tribunais na aplicação do Direito, submetendo-se aos parâmetros pré-existentes e sendo seguro que não podem produzir decisões de *non liquet*, como bem recorda o CC: "O tribunal não pode abster-se de julgar, invocando a falta ou obscuridade da lei ou alegando dúvida insanável acerca dos factos em litígio"[2384].

Na esmagadora maioria dos casos, da atividade diuturna dos tribunais – a jurisprudência – não se infere qualquer normatividade: os litígios, cuja composição lhes está constitucionalmente atribuída, ostentam as evidências dos limites subjetivos e objetivos do caso julgado a uma dada situação concreta e histórica, em que são partes pessoas individualmente consideradas, nesse contexto se esgotando os efeitos das decisões jurisprudenciais.

Contudo, pode haver outros casos em que a jurisprudência surge equacionada no contexto de uma específica fonte de Direito, ao trans-

[2382] O que nem sequer acontece com a CRP, para o Direito Internacional Público, uma vez que ela incorpora automaticamente o Direito Internacional geral ou comum, em grande medida de raiz costumeira, nos termos do respetivo art. 8º, nº 1. Cfr. Jorge Bacelar Gouveia, *Manual...*, pp. 369 e ss.

[2383] Cfr. Diogo Freitas Do Amaral, *Manual de Introdução...*, I, pp. 388 e ss., aditando José de Oliveira Ascensão (*O Direito...*, p. 273) que "As bases em que assentamos a nossa visão da ordem jurídica levam-nos noutro sentido. A solução do problema do valor do costume depende, não do Direito legislado, mas das conceções que em definitivo aceitarmos sobre o fundamento da juridicidade".

[2384] Art. 8º, nº 1, do CC.

cender os limites de cada caso concreto e individual e, assim, erigindo-se a orientação geral.

Só a este propósito faz sentido a alusão à jurisprudência como fonte do Direito. Nos demais casos, a jurisprudência é um modo público de aplicação do Direito, tal como isso sucede com a aplicação do Direito em geral pelos sujeitos jurídicos, que no seu dia-a-dia massivamente aplicam o Direito, nos mais variados campos da atividade humana.

II. Até à revisão do CC operada em 1995, estabelecia-se a jurisprudência como fonte de Direito, nos seguintes termos: "Nos casos declarados na lei, podem os tribunais fixar, por meio de assentos, doutrina com força obrigatória geral"[2385].

Os casos assim considerados respeitavam aos supremos tribunais, cujo poder para "assentar" lhes estava cometido pelas respetivas legislações processuais.

Desde que a CRP entrou em vigor, um intenso e continuado debate se instalou na doutrina, com duas grandes orientações:

- ora *verberando-se a constitucionalidade destas disposições*, na medida em que o texto constitucional não permitiria que os tribunais exercessem poder legislativo, usurpando o poder atribuído aos legítimos órgãos legislativos, e considerando-se os assentos atos legislativos da autoria de tribunais, ainda que dos superiores e em peculiares circunstâncias;
- ora *aceitando-se a continuidade destas disposições*, defendendo-se que os assentos seriam atos judiciais, e não legislativos, em relação aos quais o texto constitucional permitia indiretamente a respetiva produção, ao impor que tais decisões se sujeitassem a uma publicação obrigatória no *Diário da República*.

III. Os elementos normativo-constitucionais disponíveis mostravam-se aparentemente contraditórios, com a invocação simultânea destes dois preceitos:

- por um lado, o preceito sobre a definição dos atos normativos expressamente proíbe a atribuição de força normativa a outros atos,

[2385] Art. 2º do CC.

dizendo-se que "Nenhuma lei pode criar outras categorias de atos legislativos ou conferir a atos de outra natureza o poder de, com eficácia externa, interpretar, integrar, modificar, suspender ou revogar qualquer dos seus preceitos"[2386];

- por outro lado, o preceito sobre a publicação de atos jurídico-públicos refere, de entre outras, certas decisões jurisprudenciais: "As decisões do Tribunal Constitucional, bem como as dos outros tribunais a que a lei confira força obrigatória geral"[2387].

IV. A polémica chegaria ao Tribunal Constitucional e este decidiria pela inconstitucionalidade do poder conferido aos tribunais para produzir assentos com a pretensão de uma eficácia vinculativa geral: de acordo com a sua orientação, diversas vezes reiterada, essa inconstitucionalidade cifrava-se na norma contida no art. 2º do CC na parte em que atribuía aos tribunais competência para fixar doutrina com força obrigatória geral, por violação do disposto no art. 115º, nº 5, da CRP[2388].

Em consequência disso, rapidamente o correspondente preceito do CC seria revogado[2389], mas deste entendimento do Tribunal Constitucio-

[2386] Art. 112º, nº 5, da CRP.

[2387] Art. 119º, nº 1, al. g), da CRP.

[2388] Cfr. o Ac. nº 810/93, de 7 de Dezembro, do Tribunal Constitucional, entendimento por diversas vezes reiterado: Ac. nº 407/94, de 17 de maio; Ac. nº 410/94, de 18 de maio; Ac. nº 299/95, de 7 de junho; Ac. nº 743/96, de 28 de maio; Ac. nº 1197/96, de 21 de novembro.

[2389] Sobre a problemática dos assentos em geral, com manifestações favoráveis e desfavoráveis à sua inconstitucionalidade, v. Afonso Rodrigues Queiró, *Lições...*, I, pp. 386 e ss.; J. Baptista Machado, *Introdução ao Direito...*, pp. 160 e 161; A. Castanheira Neves, *Assento*, in Pol., I, Lisboa, 1983, pp. 417 e ss., *O instituto dos «assentos» e a função jurídica dos supremos tribunais*, Coimbra, 1983, pp. 397 e ss., e *O problema da constitucionalidade dos assentos*, Coimbra, 1994, pp. 67 e ss.; Norberto Costa, *Acórdão*, in DJAP, I, 2ª ed., Lisboa, 1990, p. 99; Helena Cristina Costa Tomás, *Em torno do regime dos assentos em processo civil*, Lisboa, 1990, pp. 13 e ss.; Eridano de Abreu, *Assento*, in DJAP, I, 2ª ed., Lisboa, 1990, pp. 500 e 501; António Cordeiro, *Hierarquia das fontes de Direito*, in DJAP, V, Lisboa, 1993, p. 88; António Martínez Valadas Preto, *Jurisdição*, in DJAP, V, Lisboa, 1993, p. 326; J. J. Gomes Canotilho, *Direito Constitucional*, pp. 996 e 997; Jorge Bacelar Gouveia, *Os direitos fundamentais atípicos*, p. 366, nt. nº 140; Vitalino Canas, *Tribunal Constitucional: órgão de estratégia legislativa?*, in RFDUL, XXXVII, nº 2 de 1996, pp. 400 e ss.; António Menezes Cordeiro, *Da inconstitucionalidade dos assentos*, in AAVV, PC, I, Coimbra, 1996, pp. 799 e ss.; Miguel Teixeira de Sousa, *Sobre a constitucionalidade da conversão do valor dos assentos*, in ROA, ano 56, II, Agosto de 1996, pp. 707 e ss.; Isabel Alexandre, *Problemas recentes da uniformização da jurisprudência em processo civil*, in ROA, ano 60, janeiro de 2000, pp. 103 e ss.; Jorge Miranda, *Manual de*

nal não se extraiu qualquer proibição de o legislador estabelecer, em favor dos tribunais, mecanismos de uniformização da jurisprudência, apenas a impossibilidade de terem eficácia externa[2390], pelo que logo se avançou com reformas processuais, dando ao poder judicial a faculdade de emitir acórdãos de uniformização de jurisprudência, com outra amplitude: de natureza interna, e sem vincular a respetiva ordem judiciária[2391].

Foi assim que diversas alterações legislativas se fizeram, assim reconfigurando o poder judicial para estabelecer decisões de uniformização de jurisprudência no tocante aos supremos tribunais:

- *o Supremo Tribunal de Justiça pelo CPC* – com o *julgamento ampliado de revista*, quando verifique, designadamente, "...a possibilidade de vencimento de solução jurídica que esteja em oposição com jurisprudência uniformizada, no domínio da mesma legislação e sobre a mesma questão fundamental de Direito"[2392] – *e pelo CPP* – com *o recurso extraordinário de fixação de jurisprudência*, "Quando, no domínio da mesma legislação, o Supremo Tribunal de Justiça proferir dois acórdãos que, relativamente à mesma questão de Direito, assentem em soluções opostas, o Ministério Público, o arguido, o assistente ou as partes civis podem recorrer, para o pleno das secções criminais, do acórdão proferido em último lugar"[2393], sendo que "A decisão que resolver o conflito não constitui jurisprudência obrigatória

Direito Constitucional, V, 3ª ed., Coimbra, 2004, pp. 49 e ss., e pp. 217 e ss.; Diogo Freitas do Amaral, *Manual de Introdução...*, I, pp. 462 e ss.; José de Oliveira Ascensão, *O Direito...*, pp. 326 e ss.

2390 Isso ficou muito claro no Ac. nº 743/96, de 28 de maio de 1996, do Tribunal Constitucional, emitido no âmbito da fiscalização sucessiva abstrata da constitucionalidade: "...a Constituição não proíbe o legislador de estabelecer institutos adequados à uniformização da jurisprudência – era essa a primeira e essencial vocação dos assentos – mas veda-lhe seguramente a criação de instrumentos ali não previstos que, com eficácia externa (e, por maioria de razão, com forma obrigatória geral) interpretem, integrem, modifiquem, suspendam ou revoguem normas legais. A colisão daquela norma com o texto constitucional radica assim no facto de os assentos se arrogarem o direito de interpretação ou integração autêntica da lei, com força obrigatória geral, assumindo a natureza de actos não legislativos de interpretação ou integração das leis".

2391 Quanto a este novo regime processual dos acórdãos de uniformização de jurisprudência, v. Isabel Alexandre, *Problemas...*, pp. 121 e ss.

2392 Art. 686, nº 3, *in fine*, do CPC.

2393 Art. 437º, nº 1, do CPP.

para os tribunais judiciais, mas estes devem fundamentar as divergências relativas à jurisprudência fixada naquela decisão"[2394];

- *o Supremo Tribunal Administrativo pelo CPTA, no qual se prevê o recurso para uniformização de jurisprudência*, em que "As partes ou o Ministério Público podem dirigir ao Supremo Tribunal Administrativo, no prazo de 30 dias contado do trânsito em julgado do acórdão impugnado, pedido de admissão de recurso para uniformização de jurisprudência..."[2395], sendo que "O recurso é julgado pelo pleno da secção e o acórdão é publicado na 1ª série do *Diário da República*"[2396];
- *o Tribunal de Contas pela LOPTC*, pois que, havendo disparidade de julgados, organiza-se um "...recurso extraordinário da decisão proferida em último lugar para fixação de jurisprudência"[2397], o qual pode concluir positivamente por esse conflito, caso em que "A doutrina do acórdão que fixa jurisprudência será obrigatória para o Tribunal de Contas enquanto a lei não for modificada"[2398].

V. A este propósito, bem se justifica falar da jurisprudência como fonte do Direito, embora os resultados de uma conclusão afirmativa devam ser ponderados com a destrinça entre três categorias:

- *a jurisprudência constante*: forma-se uma corrente jurisprudencial, mas que não tem qualquer virtualidade cogente, sendo, quando muito, uma constância rotineira;
- *o costume jurisprudencial*: quando os tribunais ganham a convicção de uma orientação que devem atribuir às fontes que aplicam, mas neste caso a fonte é o costume, não a jurisprudência, ainda que criado nos estreitos limites da comunidade judiciária;

[2394] Art. 445º, nº 3, do CPP, ainda se estipulando, no respetivo art. 444º, nº 1, que "O acórdão é imediatamente publicado na I S do *Diário da República* e enviado, por certidão, aos tribunais de Relação para registo em livro próprio".

[2395] Art. 152º, nº 1, do CPTA. Cfr. a respetiva versão atualizada em Jorge Bacelar Gouveia, *Novo Código do Procedimento Administrativo e Legislação Complementar*, 2ª ed., Lisboa, 2015, pp. 153 e ss.

[2396] Art. 152º, nº 4, do CPTA.

[2397] Art. 101º, nº 1, *in fine*, da LOPTC.

[2398] Art. 103º, nº 3, da LOPTC.

– *a jurisprudência uniformizada*: o esclarecimento acerca do sentido da aplicação de certas fontes que geraram divergências interpretativas, tal significando a sua vinculatividade com eficácia geral.

É nesta terceira possibilidade que, atualmente, se pode vislumbrar a jurisprudência como fonte de Direito em geral: a primeira hipótese apenas mostra uma tendência fáctica, enquanto que a segunda hipótese vale a título costumeiro, e não jurisprudencial[2399].

Ainda assim, tem sido criticada esta conclusão por das diversas normas processuais que procedem à tramitação e aos efeitos da jurisprudência uniforme não se deduzir qualquer indicação segura quanto a uma vinculatividade geral, dado que essa eficácia não é em lado algum afirmada.

Simplesmente, não nos parece que esse argumento seja procedente: o facto de este tipo de decisão judicial, no caso do CPC, *v. g.*, repousar no pressuposto de se revelar "...necessário ou conveniente para assegurar a uniformidade da jurisprudência"[2400], bem como a existência de tantas cautelas a respeito de uma ampla participação dos juízes, sem esquecer ainda que o "...acórdão proferido pelas secções reunidas sobre o objeto da revista é publicado na 1ª série do *Diário da República*"[2401], são fortes argumentos para pensar o contrário.

[2399] Discutindo os méritos da uniformização jurisprudencial do Direito, no contexto brasileiro da súmula vinculante trazida pela Emenda Constitucional nº 45/2004, ALEX SANDER XAVIER PIRES, *Súmula Vinculante e Liberdades Fundamentais*, Rio de Janeiro, 2016, pp. 305 e ss.

[2400] Art. 686º, nº 1, *in fine*, do CPC.

[2401] Art. 687º, nº 5, do CPC.

§ 59º AS RELAÇÕES ENTRE ATOS JURÍDICO-PÚBLICOS E FONTES DE DIREITO

269. As relações entre atos jurídico-públicos e fontes de Direito; as relações antinómicas em especial

I. Expostas as diversas funções e atos jurídico-públicos, interessa apreciar de que forma os mesmos entre si se relacionam.

Eis uma questão da maior relevância para o escorreito entendimento do próprio Direito, sem cujo estudo seria impossível encontrar-lhe uma unidade sistemática e, dessa sorte, compreendê-lo na sua intimidade.

O pressuposto fundamental de que se parte é o da pluralidade – que é, como se compreende, intensa – dos efeitos e das fontes que estão em causa, podendo assim diretamente comunicar-se.

II. Esse é um relacionamento que pode apresentar-se sob diversas vestes, que interessa identificar, para depois se estudar a última delas com mais detença, a mais relevante e difícil no plano prático[2402].

[2402] Sobre as diversas relações inter-normativas, incluindo as antinomias normativas, no plano da Teoria Geral do Direito, mas largamente operativas no Direito Constitucional, v. António Baião do Nascimento, *Do concurso de normas*, Lisboa, 1971, pp. 37 e ss.; José Dias Marques, *Introdução...*, 4ª ed., pp. 171 e ss.; Hans Kelsen, *Teoria Pura...*, pp. 285 e ss.; Natalino Irti, *L'età della decodificazione*, pp. 43 e ss.; Manuel Cavaleiro de Ferreira, *Lições...*, I, pp. 527 e ss.; Karl Larenz, *Metodologia...*, pp. 372 e ss.; Vittorio Italia, *La fabbrica delle leggi – leggi speciali e leggi di principio*, Milano, 1994, pp. 41 e ss.; Germano Marques da Silva, *Direito Penal Português*, I, Lisboa/São Paulo, 1997, I, pp. 305 e ss.; José António Veloso, *Concurso e conflito de normas*, in DJ, vol. XVII, 2003, pp. 209 e ss.; Luís Duarte D'Almeida,

O mais comum é que à diversidade regulativa corresponda uma diversidade factual do ponto de vista das situações da vida que são versadas: a cada grupo de casos corresponde uma regulação normativa própria, assim se distribuindo o Direito, nos seus vários ramos, sem concursos de normas ou de fontes.

III. Sendo essa a situação normal, nem sempre ela é a situação real, com casos em que surge uma pluralidade de fontes e de normas aplicáveis a uma dada situação, que fica assim sendo potencialmente regulada por mais do que uma solução normativa, relações de diversas categorias:

- a *relação de subsidiariedade*: é a relação que se estabelece entre uma norma que regula certo instituto e a norma que genericamente se aplica, sendo esta subsidiária por funcionar na falta daquela norma que lhe foi peculiarmente dirigida;
- a *relação de especialidade*: é a relação que se estabelece entre a norma especial, que está peculiarmente adaptada a determinadas situações, e a norma geral, aquela ganhando preferência sobre esta, numa conexão entre espécie e género;
- a *relação de excecionalidade*: é a relação que se estabelece entre a norma excecional, que está singularmente dirigida a certas situações, para as mesmas fixando um regime substancialmente diverso, e a norma que é genericamente aplicável, não levando em conta tais especificidades, devendo aquela preferir-se a esta; e
- a *relação de consunção*: é a relação que se estabelece entre duas normas, com âmbitos de aplicação factual coincidentes, mas em que a norma mais ampla absorve a norma menos ampla, prevalecendo a tutela de interesses que ali se realiza.

IV. Estas relações inter-normativas dão origem a *concursos aparentes de normas*, sempre que nelas se descobre uma norma que é tida por aplicável, em detrimento de outra, a qual apenas o foi em potência.

O "concurso de normas" em Direito Penal, Coimbra, 2004, pp. 9 e ss.; Jorge Bacelar Gouveia, *Manual...*, pp. 174 e ss.; José de Oliveira Ascensão, *O Direito...*, pp. 539 e ss.; Carlos Blanco de Morais, *Curso de Direito Constitucional*, t. I, pp. 208 e ss.

Mais complexa vem a ser a situação de *concurso real de normas e de fontes*, verificando-se a aplicabilidade de duas ou mais normas a uma mesma situação de facto, gerando-se assim:

- a *relação de cumulação*: é a relação que se estabelece entre duas normas, que se aplicam simultaneamente ao mesmo grupo de casos, sendo dotadas de efeitos que são complementares entre si; e
- a *relação de conflito*: é a relação que se estabelece entre duas normas que disciplinam divergentemente um mesmo grupo de casos, nenhuma delas se podendo aplicar por ambas traduzirem orientações antinómicas, entre si incompatíveis.

V. Sem dúvida que é esta última categoria de relação inter-normativa que sobressai na sua importância e que suscita as mais delicadas questões do ponto de vista da respetiva resolução.

A *contradição inter-normativa* não tem sempre a mesma consistência, sendo legítimo apresentar duas modalidades:

- a *contradição lógica*; e
- a *contradição valorativa*.

A *contradição lógica* afirma-se pela impossibilidade de duas disposições, entre si incompatíveis, poderem ser simultaneamente aplicáveis, porquanto contêm sentidos normativos inconciliáveis[2403].

A *contradição valorativa* plasma-se no facto de, havendo duas normas incompatíveis entre si, uma delas dever ser preferida, por refranger valores normativos eticamente prevalecentes.

270. Os critérios de resolução das relações antinómicas

I. Depois da definição da relação de incompatibilidade inter-normativa no plano das funções e dos atos jurídico-públicos, coloca-se o problema da procura dos critérios que permitam pôr cobro a esse conflito, elegendo-se as normas e os atos que devem ser tidos por vencedores.

[2403] Cfr. LUDWIG WITTGENSTEIN, *Tratado...*, pp. 76 e ss.

Com muita pena, este tema dos conflitos inter-normativos tem sido redutoramente reconduzido à questão da hierarquia das fontes, das normas e dos atos jurídico-públicos, como se tal dificuldade se pudesse resolver com base num único critério de tipo hierárquico.

Ele é muito mais do que isso: o correto entendimento desta questão, importando alargar os horizontes em que tem sido sediada, leva à busca de outros possíveis critérios, para além do critério mais óbvio da hierarquia.

Por outra parte, escusado será lembrar o prejuízo que os conflitos inter-normativos provocam no Ordenamento Jurídico e no Ordenamento Jurídico-Constitucional na sua relação com a respetiva unidade sistemática, pois como refere João Baptista Machado, "...temos que assentar em que o postulado da "unidade da ordem jurídica" exige que não se verifiquem contradições entre as suas normas (pela mesma razão que exige o preenchimento das respetivas lacunas)"[2404].

II. Apelando à Teoria Geral do Direito, a necessidade de resolver as antinomias entre fontes, normas e atos jurídico-públicos surge com base em quatro critérios que determinam a prevalência de uns sobre os outros:

1) o *critério hierárquico*;
2) o *critério funcional*;
3) o *critério lógico*; e
4) o *critério cronológico*[2405].

2404 Ainda acrescentando J. Baptista Machado (*Introdução ao Direito...*, p. 171), que "Se uma contradição for descoberta e não for de todo possível eliminá-la pelos critérios acima referidos ou pela via interpretativa, teremos de partir da ideia de que as normas em contradição se anulam uma à outra e dar por verificada uma "lacuna de colisão", a preencher nos termos que adiante serão referidos".

2405 Sobre estes vários critérios de resolução das antinomias inter-normativas, v. José Dias Marques, *Introdução...*, 4ª ed., pp. 216 e ss.; J. Baptista Machado, *Introdução ao Direito...*, pp. 170 e 171; Jorge Miranda e Jorge Bacelar Gouveia, *A duração da patente no Acordo do TRIPS e no novo Código da Propriedade Industrial à luz da Constituição Portuguesa*, in ROA, ano 57, I, janeiro de 1997, pp. 276 e ss.; Jorge Bacelar Gouveia, *A aplicação do Acordo ADPIC na Ordem Jurídica Portuguesa – o caso especial da duração das patentes*, in AAVV, *I Forum Ibero-Americano sobre Innovación, Propiedad Industrial e Intelectual y Desarrollo – actas*, Madrid, 2000, pp. 445 e 446, *Ensinar Direito Constitucional*, p. 428, e *Manual...*, pp. 178 e ss.; Itzíar Gómez Fernández, *Conflicto y cooperación entre la Constitución Española y el Derecho Internacional*, Valência, 2004, pp. 39 e ss.; José de Oliveira Ascensão, *O Direito...*, pp. 542 e ss.;

Entre estes quatro possíveis critérios para solucionar antinomias normativas no Direito Constitucional, parece ser ainda viável estabelecer graus de preferência, precisamente seguindo a sequência da tipologia apresentada, o anterior devendo ser normalmente considerado proeminente em relação ao critério seguinte, salvo alguma pontual exceção.

Uma coisa parece certa: não se trata sempre de hierarquia porque o critério hierárquico não é o único, nem sequer se julga útil que o problema da prevalência das fontes, das normas e dos atos jurídico-públicos seja feito abstratamente, pois que só faz sentido na resolução dos casos, enfrentando-se orientações divergentes e simultaneamente aplicáveis.

III. O *critério hierárquico* é um fator de prevalência entre fontes, normas e atos jurídicos que se prende com o reconhecimento da superioridade formal de certa fonte, norma ou ato em decorrência do poder que os segrega, assim se aplicando, com todo o seu vigor, à função constitucional que inere a todo o texto constitucional.

Mas a ideia de hierarquia propaga-se aos restantes atos jurídico-públicos, assim como outras fontes e normas, uma vez que se posiciona na superioridade da função e atos constitucionais em relação às outras funções e atos jurídico-públicos, a mesma supra-ordenação hierárquica ocorrendo nas funções legislativa e política em relação às funções administrativa e jurisdicional.

A concretização prática deste critério hierárquico é simbolizada no princípio da constitucionalidade, bem como nos respetivos corolários adjetivos, não apenas ao nível das consequências da inconstitucionalidade como no plano dos mecanismos de fiscalização da constitucionalidade dos atos do poder público em geral.

IV. O *critério funcional* implica que, em fontes, normas e atos jurídico-públicos uniformemente localizados no plano da sua hierarquia formal, alguns deles, não obstante aquele facto, devam ser considerados prevalecentes sobre outros.

Para assim suceder, emerge uma razão de ordem funcional, dada a importância e o papel que é conferido a certas fontes, normas e atos

MARIA HELENA DINIZ, *Conflito de normas*, 8ª ed., São Paulo, 2008, pp. 33 e ss.; JOAQUIM FREITAS DA ROCHA, *Constituição...*, pp. 295 e ss.

jurídico-públicos, os quais, por natureza, se devem impor a outras fontes, normas e atos.

Esta é uma conclusão que desde 1997 passou a ter uma direta relevância constitucional no plano do conceito de lei com valor reforçado, o que precisamente significa que certos atos legislativos – conceito que até pode ser alargado a outras paragens – ganham preferência sobre outros, a despeito de ocuparem o mesmo nível hierárquico ou a despeito de serem gerais e anteriores a outros atos jurídico-públicos especiais e posteriores[2406].

V. O *critério lógico* (*specialia generalibus derogant*) salienta a preferência a dar à fonte, à norma ou ao ato jurídico-público que especificamente regula certa situação em relação a fonte, a norma ou a ato jurídico-público que apenas genericamente verse a mesma situação[2407], no pressuposto de que melhor se adequa a orientação que mais proximamente quis abordar a hipótese em análise.

A dificuldade é que nem sempre isso sucede e não se pode olvidar, por outro lado, que este critério não é tido por aplicável quando a vontade normativa for também a de afastar a solução especial, por aí se pretender favorecer a solução geral.

Em todo o caso, a aplicabilidade deste critério de solução das antinomias inter-normativas é limitada: ele tem de ser especificamente pretendido pela fonte, pela norma ou pelo ato jurídico-público, sendo legítimo, perante o silêncio na matéria, preferir-se a solução especial em detrimento da solução geral.

Vai também nessa linha o CC, que refere, a este propósito, a seguinte orientação, que pode ser considerada constitucionalmente relevante, na falta de uma indicação da CRP sobre a matéria, numa lacuna constitucio-

[2406] Cfr. o art. 112º, nº 3, da CRP.

[2407] Note-se que este critério de solução de uma antinomia inter-normativa não se confunde com a relação, em concurso aparente, entre a norma geral e a norma especial, que por si, diretamente, se resolveria, sem necessidade de convocar qualquer critério de solução de conflitos inter-normativos, que nesse caso nem chegam a acontecer.

O que importa sublinhar é a vontade de o legislador ter especificamente previsto a situação, interpretando-se a sua intenção revogatória, não tanto o resultado dessa vontade, plasmada na construção de uma norma especial, havendo sempre o pressuposto de o conflito ser real porque não solucionado ao primeiro nível da relação de especialidade.

nal que assim normativamente se preenche: "A lei geral não revoga a lei especial, exceto se outra for a intenção inequívoca do legislador"[2408].

Todavia, subsiste o problema de densificar a relação de especialidade por referência à norma geral. Como sugere José de Oliveira Ascensão, a especialidade pode revelar-se tríplice: material, pessoal e territorial[2409].

VI. O *critério cronológico* (*lex posterior priori derogat*) é decerto o mais pacífico de todos e reside na crença de que a vontade jurídico-pública manifestada em último lugar, por razões de maior vizinhança em relação ao problema político-social subjacente, é sempre a melhor.

Não se vê motivo para não considerar este mesmo critério no âmbito da relação entre fontes, normas e atos de Direito, embora se deva considerar este um critério subordinado aos critérios que acabámos de observar, apenas operando na impossibilidade de aqueles funcionarem.

271. A hierarquia dos atos jurídico-públicos e das fontes de Direito

I. A hierarquia entre os atos jurídico-públicos implica que os mesmos nem sempre se posicionem em idêntico estalão normativo e, pelo contrário, se distribuam pelos seus distintos níveis, de acordo com a perspetiva piramidal da Ordem Jurídica que ainda se mantém essencialmente válida[2410].

Quer isso dizer que não é possível conceber, dentro de uma mesma Ordem Jurídica, um equi-ordenamento hierárquico, tal a multiplicidade das tarefas que lhe são atribuídas.

Se esta verificação para o Direito Constitucional não suscita grande dúvida, sendo-lhe essa característica inerente, o mesmo já porventura

[2408] Art. 7º, nº 3, do CC.

[2409] Como sugere José de Oliveira Ascensão (*O Direito...*, p. 538), "A consequência parece ser a de impor a admissão de um conceito mais vasto de regra geral e regra especial. A identidade total da *ratio* justifica este entendimento amplo. De modo que o art. 7/3 do Código Civil se aplicará, diretamente e não por analogia, quer às regras especiais em sentido estrito, quer às regras particulares, quer às regras locais".

[2410] Com sugestões acerca da hierarquia das fontes e das normas, v. J. Baptista Machado, *Introdução ao Direito...*, pp. 166 e ss.; José de Oliveira Ascensão, *O Direito...*, pp. 579 e ss.

não se revelará tão fácil na consideração de outros patamares da Ordem Jurídica global.

Esta questão complica-se ainda mais por não haver, no plano da CRP, uma indicação completa acerca da hierarquia das fontes normativas ou dos atos jurídico-públicos em geral.

Cabe assim à doutrina constitucional, com base nalguns escassos elementos disponíveis, erguer uma explicação geral sobre os diversos níveis dessa hierarquia.

II. O arrimo mais evidente desse escalonamento hierárquico é o da supremacia hierárquico-formal das normas e dos princípios constitucionais, em nome da função que se atribui à Ordem Constitucional.

Por outra parte, tem também um valor nada despiciendo o modo como a própria CRP concebe o dever de publicitação dos diversos atos jurídico-públicos, sob pena de os mesmos sofrerem de ineficácia jurídica[2411].

Outros elementos existem que depõem num sentido hierarquizador:

- o caráter infra-legal dos regulamentos administrativos, tal como eles são constitucionalmente concebidos[2412];
- o semelhante valor dos atos legislativos, as leis e os decretos-leis, independentemente da sua forma e autoria[2413];
- a superioridade do Direito Internacional e do Direito da União Europeia por referência ao Direito Interno Infraconstitucional[2414].

III. Sintetizando a importância destes diversos fatores, propõe-se a seguinte hierarquia de fontes e atos jurídico-públicos, tal como ela é explícita ou implicitamente concebida pela CRP:

- *as fontes e os atos constituintes*, com exceção da superioridade que seja conferida aos princípios e normas de Direito Internacional Público de natureza superior, de harmonia com a ideia de *ius cogens* internacional[2415];

[2411] Cfr. o art. 119º da CRP.

[2412] Cfr. o art. 112º, nºs 6 e 7, da CRP.

[2413] Cfr. o art. 112º, nº 2, primeira parte, da CRP.

[2414] Cfr., implicitamente, os arts. 8º e 119º da CRP.

[2415] Sobre o *ius cogens* no Direito Internacional, v. AAVV, *The Concept of Jus Cogens in International Law*, Genève, 1967, *passim*; ALBINO DE AZEVEDO SOARES, *Lições...*, pp. 115 e ss.;

- *as fontes, os atos de revisão constitucional e os atos de exceção constitucional*, afetando o texto constitucional, mas sendo por este disciplinados como um poder derivado e dele dependente;
- *as fontes e os atos internacionais e comunitários* incorporados no Direito Português[2416], com exceção dos[2417], poucos, que sejam tidos por supra-constitucionais[2418];
- *as fontes e os atos legislativos e políticos* (não internacionais), integrando o designado Direito Legal e afim;
- *as fontes e os atos administrativos,* incorporando o Direito Infra-Legal, sendo de discernir os casos em que se assinala a sua eficácia normativa daqueles em que tal não sucede, incorporando o *Direito Regulamentar*;
- *as fontes e os atos jurisdicionais,* consubstanciando um último nível, sendo as situações de normatividade muito mais raras.

Armando M. Marques Guedes, *Direito Internacional...*, p. 51; André Gonçalves Pereira e Fausto de Quadros, *Manual...*, pp. 277 e ss.; Eduardo Correia Baptista, *Ius cogens em Direito Internacional*, Lisboa, 1997, *passim*; José Francisco Rezek, *Direito...*, pp. 111 e 112; Nguyen Quoc Dinh, Patrick Daillier e Alain Pellet, *Droit...*, pp. 202 e ss.; Antonio Cassese, *International...*, pp. 138 e ss.; Wladimir Brito, *Direito...*, pp. 131 e ss., e pp. 198 e ss.; Joaquim da Silva Cunha e Maria da Assunção do Vale Pereira, *Manual...*, pp. 347 e ss.; Jorge Miranda, *Curso...*, pp. 121 e ss.; Jorge Bacelar Gouveia, *Manual...*, pp. 183 e ss.; M. Cherif Bassiouni, *Introduction au Droit Pénal International*, Bruxelles, 2002, pp. 72 e ss.

2416 Assim, João de Castro Mendes, *Introdução...*, pp. 92 e ss.; Afonso Rodrigues Queiró, *Lições...*, I, p. 330, e *Fontes não voluntárias do Direito Administrativo*, in RDES, 1976, p. 21; Jorge Campinos, *O Direito Internacional...*, pp. 19 e 20; José Manuel Cardoso da Costa, *A hierarquia...*, p. 27; Nuno e Sousa, *Curso de Direito Internacional Público*, Coimbra, 1991, pp. 121 e ss.; Jorge Bacelar Gouveia, *A duração da patente...*, pp. 279 e ss., e *Manual...*, pp. 391 e ss.

2417 Contra, considerando a equi-ordenação do Direito Internacional ao Direito Legal, v. André Gonçalves Pereira, O *Direito Internacional na...*, p. 40; Barbosa de Melo, *A preferência...*, pp. 13 e ss.; Paulo Otero, *A autoridade internacional...*, pp. 178 e ss.; Joaquim da Silva Cunha e Maria da Assunção do Vale Pereira, *Manual...*, p. 116.

2418 Com contributos acerca da posição do Direito da União Europeia no Direito Português: Albino de Azevedo Soares, *Lições...*, pp. 101 e ss.; Nuno e Sousa, *Curso...*, pp. 101 e ss.; André Gonçalves Pereira e Fausto de Quadros, *Manual...*, pp. 124 e ss.; Eduardo Correia Baptista, *Direito Internacional...*, I, pp. 442 e ss.; Carlos Botelho Moniz, *A Constituição...*, pp. 1245 e 1246; Manuel Proença de Carvalho, *A Constituição Portuguesa e as normas comunitárias: polémica e «mentiras piedosas»*, in AAVV, *Estudos em Homenagem ao Banco de Portugal – 150º Aniversário (1846-1996)*, Lisboa, 1998, pp. 253 e ss.; Miguel Poiares Maduro, *The Heteronyms of European Law*, in ELJ, vol. 5, nº 2, June 1999, pp. 160 e ss.; Francisco Ferreira de Almeida, *Direito...*, pp. 87 e ss.; Jorge Bacelar Gouveia, *Manual...*, pp. 394 e ss.

Naturalmente que nalguns casos é preciso levar em consideração particularidades que estabelecem desvios em relação a esta hierarquia[2419].

272. O valor reforçado dos atos jurídico-públicos

I. Ao lado de uma vertente de hierarquia, os atos jurídico-públicos podem correlacionar-se com base numa vertente de *prevalência funcional*, em nome da tarefa que lhes está especificamente atribuída, assim se lhes conferindo uma peculiar resistência perante ato contrário[2420].

Esta ideia vem a traduzir-se no conceito geral de ato jurídico-público reforçado, qualidade que se assume eminentemente relacional, tomada por referência a um outro ato jurídico-público com o qual entra em comparação.

Explicitamente esta é uma conceção que a CRP assume em matéria de atos legislativos, ao dizer, depois da revisão constitucional de 1997, que "Têm valor reforçado, além das leis orgânicas, as leis que carecem de aprovação por maioria de dois terços, bem como aquelas que, por força da Constituição, sejam pressuposto normativo necessário de outras leis ou que por outras devam ser respeitadas"[2421].

Contudo, nada impede que o critério de prevalência funcional que lhe subjaz seja adotado noutras categorias de atos jurídico-públicos, como os atos políticos, a despeito de nessa matéria a CRP ser silenciosa, assim

[2419] Diogo Freitas do Amaral, em obra recente (*Manual de Introdução...*, I, pp. 567 e ss.), veio "revolucionar" esta matéria, apresentando uma tabela hierárquica totalmente distinta, com a seguinte ordem: 1) as fontes internacionais; 2) as fontes comunitárias europeias; 3) a guerra e a revolução; 4) a Constituição; 5) o Direito ordinário ou infra-constitucional.

É entendimento que não acompanhamos e que não corresponde, na essência, segundo nos parece, ao disposto na CRP, que é a lei fundamental que nos rege e à qual devemos obediência, no seio da Ordem Jurídica Portuguesa, que fez um conjunto de opções que não podemos subverter.

Não obstante tal facto, a posição de Diogo Freitas do Amaral tem o inegável mérito de chamar a atenção para a suavização da absoluta superioridade do Direito Constitucional, que enfrenta limites superiores, obviamente de Direito Natural, mas também de Direito Internacional Público.

[2420] Sobre as leis de valor reforçado em geral, v. J. J. Gomes Canotilho, *A lei do orçamento na Teoria da Lei*, in AAVV, *Estudos em homenagem ao Prof. Doutor J. J. Teixeira Ribeiro*, II, Coimbra, 1979, pp. 582 e 583, e *Direito Constitucional e Teoria...*, pp. 699 e ss.

[2421] Art. 112º, nº 3, da CRP.

como esse silêncio, até 1997, não impediu idêntica construção para os atos legislativos.

II. No âmbito dos atos legislativos reforçados, o que também pode ser válido para outros atos, a relevância da qualificação de lei reforçada é de natureza prática, fazendo aplicar um critério funcional e, ao invés, afastando um critério cronológico, no caso de se enfrentar uma antinomia normativa.

Outra não menos relevante aplicação surge no domínio da fiscalização da legalidade, pois que este tipo de fiscalização, não tendo por parâmetro a Ordem Constitucional, considera como padrão as leis reforçadas, em relação às quais as leis que o não sejam, estando porém no mesmo estalão hierárquico, lhes devem obediência, sendo ilegais se as contrariarem.

III. São múltiplos os exemplos que podem ser dados, assim se comprovando o relevo desta categoria, sendo de evidenciar alguns deles:

- *a lei de enquadramento orçamental* – a L nº 151/2015, de 11 de setembro – *em relação a cada lei anual do Orçamento de Estado*[2422]: não só porque tal função parametrizante decorre da lógica de haver uma lei de enquadramento – uma vez que, nos termos da CRP, "A lei do Orçamento é elaborada, organizada, votada e executada, anualmente, de acordo com a respetiva lei de enquadramento, que incluirá o regime atinente à elaboração e execução dos orçamentos dos fundos e serviços autónomos"[2423] – como também porque é esse mesmo diploma a assumir tal função, ao estabelecer que "O disposto na presente lei prevalece sobre todas as normas que estabeleçam regimes orçamentais particulares que a contrariem"[2424];
- *a lei do regime do estado de sítio e do estado de emergência* – a LRESEE[2425] – *em relação aos diversos atos jurídico-públicos que podem ser praticados, como*

[2422] Embora nesta matéria também seja de referir, pelo menos, mais uma vinculação funcional: a da legislação de classificação orgânica e funcional das despesas. Cfr. o DL nº 26/2002, de 14 de fevereiro, e o DL nº 171/94, de 24 de junho, para as classificações económica e funcional das despesas públicas.

[2423] Art. 106º, nº 1, da CRP.

[2424] Art. 4º da L nº 151/2016, de 11 de setembro.

[2425] Cfr. a LRESEE. Cfr. Jorge Bacelar Gouveia, *Legislação de Direitos Fundamentais*, pp. 25 e ss.

a lei ou a resolução parlamentares de autorização e a própria declaração do estado de sítio ou de emergência, que se consubstancia num decreto presidencial[2426]: não só essa função decorre da lógica da regulação que se contém na LRESEE, que vai muito para além destes atos de decretação, como essa mesma tarefa está constitucionalmente assumida na matéria da reserva absoluta de competência legislativa da Assembleia da República, que são os "Regimes do estado de sítio e do estado de emergência"[2427];

– *os estatutos político-administrativos das Regiões Autónomas* – o EPARAA e o EPARAM – *em relação aos decretos legislativos regionais*[2428], *assim como para outros atos jurídico-públicos (legislativos ou não) das Regiões Autónomas e da República*: isso sucede porque são aqueles estatutos que enquadram e limitam outros atos jurídico-públicos[2429], definindo ainda as matérias que ficam sendo pertença da reserva exclusiva de competência legislativa regional, substancialmente alargada depois da VI revisão constitucional[2430].

[2426] Cfr. os arts. 10º e ss. da LRESEE.

[2427] Art. 164º, al. e), da CRP.

[2428] Cfr. os arts. 226º e 227º, nº 1, al. a), da CRP.

[2429] Pois que estes estatutos exercem, "...na perspetiva regional, a função de texto para-constitucional, nomeadamente em tudo aquilo que, no âmbito regional, a Constituição Portuguesa lhes tenha delegado". Cfr. Jorge Bacelar Gouveia, *O regionalismo político-legislativo português: em busca da perfeição*, in AAVV, *Estudos em Homenagem ao Prof. Doutor Armando M. Marques Guedes*, Coimbra, 2004, p. 65.

[2430] Sobre os estatutos político-administrativos das Regiões Autónomas nesta sua dimensão paramétrica, v. Jorge Bacelar Gouveia, *O regionalismo político-legislativo...*, pp. 63 e ss.

§ 60º A FUNÇÃO LEGISLATIVA E OS ATOS LEGISLATIVOS

273. A função legislativa

I. No exercício do poder público que está atribuído ao Estado, bem como às demais entidades que eventualmente possam partilhar a mesma função do Estado, sobressai, pela sua importância, a *função legislativa*, a qual se pode definir sob quatro perspetivas[2431]:

- *no plano material*: a função legislativa expressa a definição de grandes opções da comunidade e do Estado, numa ampla descoberta do interesse geral;
- *no plano formal*: a função legislativa exerce-se com plena liberdade de opção, respeitando as características típicas do pluralismo e da publicidade que lhe são inerentes;
- *no plano orgânico*: a função legislativa é diretamente dependente do povo na perspetiva da sua legitimação democrática;
- *no plano hierárquico*: a função legislativa é localizada logo abaixo da função constitucional, exprimindo a ordenação conjuntural da sociedade.

[2431] Cfr. José de Oliveira Ascensão, *O Direito...*, pp. 285 e ss.; Enrique Álvarez Conde, *Curso...*, I, pp. 221 e ss.; Jorge Miranda, *Manual...*, V, pp. 133 e ss.; Manuel Afonso Vaz, Raquel Carvalho, Catarina Santos Botelho, Inês Folhadela e Ana Teresa Ribeiro, *Direito Constitucional...*, pp. 53 e ss.

II. Falar da função legislativa só se percebe integralmente quando ela surge confrontada com as outras funções do Estado, delas se diferenciando:

- *a função constitucional*, por intermédio da qual se estrutura o estalão supremo da Ordem Jurídica, quer originariamente na produção de uma nova Constituição, quer supervenientemente quando ocorram intervenções posteriores que a alterem;
- *a função política*, sendo esta bastante próxima da função legislativa, mas dela se separando por não originar atos com forma de lei e por normalmente não oferecer conteúdo normativo, relacionando-se com a dinâmica interna do sistema político;
- *a função administrativa*, que traduz a definição do interesse público mais específico das pessoas na satisfação das suas necessidades materiais essenciais, de segurança, cultura e bem-estar, ora pela produção de atos jurídico-normativos, ora pela produção de atos jurídicos não normativos, ora pela produção de atos materiais;
- *a função jurisdicional*, que se caracteriza pela aplicação do Direito, numa ótica de composição de litígios e segundo uma lógica de independência da judicatura relativamente a outros órgãos.

III. Dando-se conta da importância da função legislativa e dos atos legislativos, a CRP fez rodear o desempenho legislativo de alguns importantes atributos, de que cumpre, neste momento, evidenciar o princípio da competência, o princípio da tipicidade e o princípio da vinculação funcional.

O *princípio da competência* diz-nos que os órgãos em certo momento competentes para a emissão de atos legislativos não o podem deixar de ser por simples vontade sua, ou através de um mecanismo de delegação. As alterações de competência têm de estar previstas constitucionalmente e não são permitidas vicissitudes de competência fora dessas condições.

O *princípio da tipicidade*, que se refere às formas de lei, fixa a necessidade de se conferir força legal apenas aos atos que, como tal, são constitucionalmente considerados, nunca podendo qualquer outro ato, para si próprio ou para terceiro, arrogar-se de possuir uma eficácia jurídica diversa daquela definida pela CRP para tal tipo de ato jurídico-público.

O *princípio da vinculação funcional* implica que, apesar do igual posicionamento hierárquico, certos atos legislativos poderão prevalecer sobre outros em razão da especial função que desempenham, não podendo ser revogados sem que o ato revogando os substitua nessa mesma função ordenadora.

IV. Uma das principais questões que tem acompanhado a caracterização da função legislativa é saber se os respetivos atos devem necessariamente possuir normatividade ou se, pelo contrário, são admissíveis manifestações legislativas não normativas, como as leis-medida[2432].

Eis a questão da distinção entre a lei em sentido formal e a lei em sentido material, que remonta à construção que Paul Laband elaborou para solucionar a crise orçamental prussiana entre 1860 a 1866, defendendo que o sentido material de lei continha um conteúdo de regra de Direito, ao passo que a lei formal apenas se definiria pela dimensão orgânico-procedimental.

Qualquer resposta cabal só pode ser dada depois da análise cuidadosa dos elementos de Direito Constitucional Positivo que sejam disponibilizados. Após essa leitura, conclui-se que são vários os índices que apontam para, em certos usos da legislação, ela dever ser normativa, cumprindo frisar o mais importante de todos: a restrição de direitos, liberdades e garantias, que se realiza por ato legislativo, exigindo-se que o mesmo revista "...caráter geral e abstrato..."[2433].

Outro exemplo que pode ser invocado é o da legislação penal, para a qual são várias as exigências de generalidade que a CRP impõe[2434].

Quedam-se por aqui as indicações seguras, pelo que *não se pode erigir a normatividade a característica geral dos atos legislativos*. As leis-medida são, assim, legítimas, mas na condição de os respetivos efeitos individuais e concretos não questionarem os princípios constitucionais aplicáveis, sobretudo o da igualdade, embora este problema não lhes seja espe-

[2432] Quanto a este problema em geral, v. Raquel Barradas de Freitas, *Lei-medida ou a delimitação do conceito de lei – breve estudo sobre a configuração do problema da lei no ordenamento jurídico português*, in AAVV, *Estudos de Direito Público* (coord. de João Caupers e Jorge Bacelar Gouveia), Lisboa, 2005, pp. 141 e ss.

[2433] Art. 18º, nº 3, primeira parte, da CRP.

[2434] Cfr. os arts. 29º e 37º, nº 3, da CRP.

cífico, a tal exame se sujeitando toda e qualquer manifestação de poder público infraconstitucional[2435].

V. Outro dos problemas fundamentais na definição da função legislativa refere-se à existência ou não de uma separação material frente às outras funções jurídico-públicas, principalmente a função administrativa.

Por outras palavras: pergunta-se se há uma reserva material das diversas funções jurídico-públicas, num debate que se tem essencialmente centrado entre a função legislativa e a função administrativa.

Em certas matérias, o texto constitucional procede a uma caracterização material da função legislativa e da função administrativa, indexando atos com esta designação a certas disciplinas jurídicas que importa fazer, sendo de referir dois casos, um na especialidade e o outro na generalidade:

- *na especialidade*, está a restrição legislativa de direitos, liberdades e garantias, pois que se sabe que esta disciplina jurídica restritiva implica a intervenção legislativa;
- *na generalidade*, nos casos de reserva de competência legislativa parlamentar, também implicitamente se impõe uma reserva de ato legislativo, devendo essas matérias ser disciplinadas por um ato com aquela natureza.

No mais, porém, não se assinalam quaisquer linhas materiais diferenciadoras entre a função legislativa e a função administrativa: de um modo geral, e à exceção daquelas reservas enunciadas, em domínios mais ou menos amplos, não há uma reserva geral material da função legislativa.

Por outra parte, a reserva da função administrativa nunca é como tal admitida no plano constitucional, embora se assinale que a função administrativa beneficia, no plano material, da proteção dada pela racionalidade da separação de poderes, bem como por estar dependente do princípio da legalidade.

2435 Cfr. Jorge Miranda, *Manual...*, V, pp. 148 e ss.

274. A reserva de lei e a competência legislativa

I. A *reserva de lei* implica uma específica colocação dos atos legislativos nos diversos lugares possíveis da constelação de atos jurídico-públicos[2436].

O sentido fundamental da consagração da reserva de lei acarreta a abolição de outras modalidades de atos jurídico-públicos para levar a cabo a disciplina jurídico-normativa que se pretende: se há reserva de lei, num dado assunto, não há lugar à intervenção de atos jurídico-públicos de outra natureza.

Consequentemente, a adoção da reserva de lei para certo regime jurídico elimina a possibilidade de esse mesmo regime jurídico ser normativamente versado pelo recurso a outras instâncias normativas, incluídas noutras funções jurídico-públicas.

Neste contexto, a vertente mais impressiva da reserva de lei é a da sua relação com os atos da função administrativa, mais exatamente, os regulamentos administrativos.

II. A reserva de lei pode igualmente operar dentro dos específicos atos legislativos que o sistema constitucional concebe, destrinça tanto mais importante quanto mais pluralista for a constelação de atos legislativos admitida, aparecendo neste caso a reserva de lei como uma reserva de certas leis ou de certos atos legislativos.

Daí que a reserva de lei se subdivida noutras tantas modalidades possíveis, conforme os critérios operativos para gizar as suas mais importantes contraposições:

- a reserva de Constituição e a reserva de lei;
- a reserva de lei total e a reserva de lei parcial;
- a reserva de lei nacional e a reserva de lei regional; e
- a reserva de lei parlamentar e a reserva de lei governamental.

III. Dentro da distribuição orgânico-funcional que a CRP desenhou, interessa averiguar os termos por que aquele texto constitucional levou a cabo a distribuição da *competência legislativa*, sendo certo que já se perce-

[2436] Sobre a reserva de lei em geral, v. JORGE BACELAR GOUVEIA, *O estado de exceção...*, I, pp. 656 e ss.; J. J. GOMES CANOTILHO, *Direito Constitucional e Teoria...*, pp. 724 e ss.; JORGE MIRANDA, *Manual...*, V, pp. 196 e ss.

beu que os atos legislativos não derivam de uma única entidade e muito menos de um único órgão jurídico-público.

A *competência legislativa* designa a possibilidade de os órgãos públicos poderem emitir atos legislativos, ao abrigo da função legislativa que são chamados a partilhar[2437].

IV. São vários os critérios que permitem identificar as diferentes modalidades de competência legislativa, tal como elas se apresentam relevantes no Direito Constitucional Português:

- *o critério da titularidade pela pessoa coletiva respetiva*: *competência legislativa estadual e competência legislativa não estadual*, conforme seja atribuída ao Estado ou a outro ente legislativo não estadual, como as Regiões Autónomas;
- *o critério da titularidade pelo órgão a quem é atribuída*: *competência legislativa parlamentar e competência legislativa governamental*, conforme o órgão seja o Parlamento ou o Governo, naquele caso podendo ser o Parlamento nacional ou o regional;
- *o critério da atribuição exclusiva ou concorrente*: *competência legislativa exclusiva, competência legislativa delegável e competência legislativa concorrente*, conforme seja apenas o seu titular a desenvolvê-la, possa permitir que outro órgão, por sua decisão, a desenvolva ou esteja em condomínio com outro ou outros órgãos;
- *o critério da definição constitucional por alusão ao órgão que a titula*: *competência legislativa genérica, competência legislativa específica e competência legislativa residual*, conforme a competência seja definida com recurso a conceitos gerais, seja definida em razão de certos assuntos tipificados ou seja atribuída no caso de certo assunto não pertencer, daquela perspetiva, a outro órgão;
- *o critério da intensidade da sua expressão*: *competência legislativa total*, *competência legislativa geral*, *competência legislativa principial* e *competência legislativa de quadro*, conforme inclua tudo aquilo que se refere à matéria abrangida, se insira no âmbito da definição de um regime

[2437] Quanto à configuração da competência legislativa em geral, v. Jorge Bacelar Gouveia, *O Código do Trabalho*..., pp. 46 e ss., e *Arrendamento Urbano*..., pp. 31 e ss.; Fernanda Dias Menezes de Almeida, *Competências*..., pp. 64 e ss.; José Fontes, *Teoria Geral*..., pp. 241 e ss.

geral, apenas respeite às bases de um regime jurídico ou compreenda a produção de leis-quadro;
- *o critério do circunstancialismo da produção: competência legislativa ordinária e competência legislativa extraordinária*, conforme se exerça no normal quotidiano da atividade jurídico-pública dos órgãos legislativos ou surja num circunstancialismo de urgência procedimental.

V. A distribuição da competência legislativa – que depois se plasma na produção de diversos atos legislativos, em aplicação de alguns destes critérios classificatórios – fica melhor compreendida se lançarmos mão da tipologia da competência legislativa prevista no Direito Constitucional Português, apartando essas competências em razão de um fundamental critério de titularidade das mesmas[2438]:

- uma *distribuição horizontal*; e
- uma *distribuição vertical*.

A *distribuição horizontal* acontece dentro de cada pessoa coletiva com competência legislativa, sendo viável aí vislumbrar diversas possibilidades de repartição de tarefas no plano da legiferação.

A *distribuição vertical* surge na relação do Estado com outras pessoas coletivas com competências legislativas, no caso português, as Regiões Autónomas, através das suas Assembleias Legislativas.

VI. É na perspetiva da *distribuição horizontal* que, dentro do Estado, a CRP concebe a atribuição da competência legislativa – ou seja, a faculdade de produzir atos legislativos – a dois dos órgãos de soberania: a Assembleia da República e o Governo.

A partilha da função legislativa por estes dois órgãos sugere a sinalização de quatro categorias de competência legislativa:

- *a competência legislativa parlamentar exclusiva*: o conjunto das matérias em que só a Assembleia da República pode legislar, nelas se encontrando o núcleo mais relevante da legiferação que se concebe, em homenagem à importância político-legislativa deste órgão;

[2438] Cfr. Jorge Bacelar Gouveia, *O Código do Trabalho...*, pp. 47 e ss.

- *a competência legislativa parlamentar delegável*: o conjunto das matérias em que a Assembleia da República pode legislar, mas em que igualmente pode optar por delegar a respetiva legiferação no Governo através de uma autorização legislativa;
- *a competência legislativa governamental exclusiva*: o conjunto das matérias em que o Governo legisla, com caráter de exclusividade, não se concebendo a possibilidade da sua delegação a outros órgãos, *maxime* a Assembleia da República;
- *a competência legislativa concorrente*: o conjunto das matérias, de longe o mais largo de todos, em que tanto a Assembleia da República como o Governo podem livremente legislar, produzindo atos que podem mutuamente modificar-se e revogar-se.

VII. Passando agora à *perspetiva vertical na repartição da competência legislativa*, a relação estabelece-se entre o Estado e as Regiões Autónomas, havendo matérias que pertencem a cada um desses centros legislativos, compreendendo-se que as mais relevantes constem da República e não das Regiões Autónomas.

Só que isso não significa que, em Estado regionalizado e legislativamente descentralizado como é Portugal, as Regiões Autónomas não tenham importantes matérias que lhes sejam atribuídas sob a ótica da sua competência legislativa, a qual se apresenta do seguinte modo:

- *a competência legislativa regional primária*: aprovar decretos legislativos regionais, no âmbito da sua autonomia legislativa;
- *a competência legislativa regional autorizada*: aprovar decretos legislativos regionais em matérias que, sendo de reserva relativa da Assembleia da República, carecem da autorização legislativa desta;
- *a competência legislativa regional de desenvolvimento*: aprovar decretos legislativos regionais de densificação das bases de regimes gerais, nos casos em que esse desenvolvimento não está vedado à competência legislativa regional.

VIII. Indo um pouco mais longe na densificação da competência legislativa constitucionalmente prevista, cumpre ainda inquirir qual a relevância dada à consagração da *competência legislativa extraordinária*: ou, noutra terminologia, o *estado de necessidade legislativa*, sendo certo que pode ocorrer uma situação em que os termos por que a competência legislativa se encontra estabelecida não sejam satisfatórios do ponto de vista do apetrechamento do poder público – estadual ou regional – para a prossecução do interesse geral[2439].

Boa parte dos problemas suscitados pela necessidade constitucional podem ser reconduzidos ao estado de exceção constitucional, o qual pretende responder com uma alteração radical da Ordem Constitucional, motivada por razões de crise institucional, mas em que se visa, em último termo, a sua absoluta preservação, parcialmente a excecionando durante um período transitório.

Contudo, nem todas as questões que se devem discutir no âmbito do estado de exceção constitucional podem ser cabalmente resolvidas, havendo duas razões para tal suceder, pensando no Direito Constitucional Português:

- por um lado, o facto de o estado de exceção constitucional, nos termos em que o mesmo está construído, ser raramente sensível a uma preocupação de urgência procedimental, numa óbvia e – acima de tudo – complicada limitação da eficiência deste instrumento de defesa extraordinária da Constituição;
- por outro lado, o facto de o estado de exceção constitucional ser apenas uma pequeníssima parte dos problemas a resolver pela necessidade legislativa em geral, que se apresenta imperiosa em muitas outras circunstâncias que nada têm que ver com as situações de anormalidade constitucional que subjazem ao estado de exceção constitucional.

E os exemplos possíveis são bem elucidativos, como este: imaginemos que, durante as férias parlamentares, se impõe a aprovação imediata de um diploma para fazer face a uma situação de aguda crise financeira,

[2439] Em alguns países, como é o caso do Brasil e de Angola, esta competência legislativa extraordinária permite o alargamento subjetivo da edição de atos legislativos por parte de órgãos que não seriam normalmente competentes para o fazer. V. o caso da medida provisória no Direito Constitucional Brasileiro.

Sobre a competência legislativa extraordinária, v. José Levi Mello do Amaral Júnior, *Medida Provisória: Edição e Conversão em Lei – teoria e prática*, 2ª ed., São Paulo, 2012, pp. 27 e ss.

numa altura em que o Parlamento não está reunido, nem sendo possível a sua reunião imediata.

A resposta poderia residir no reconhecimento das competências da Comissão Permanente, que tem precisamente o papel de substituto do plenário da Assembleia da República, em situações de recesso desta.

Acontece, porém, que este sub-órgão não tem competências legislativas de urgência, como seria de supor, em nada podendo contribuir para a resolução do problema.

Em resumo: há uma óbvia lacuna de regulamentação constitucional nesta matéria, lacuna de exceção que deve ser preenchida, permitindo que isso venha a suceder.

275. Os atos legislativos

I. Não só por razões relacionadas com a preocupação de dividir a função legislativa entre a Assembleia da República e o Governo, mas também pela existência de Regiões Autónomas com função legislativa, os atos legislativos em Portugal são de quatro tipos, os três primeiros do Estado e o último das Regiões Autónomas[2440]:

- as *leis orgânicas da Assembleia da República*;
- as *leis (stricto sensu) da Assembleia da República*;
- os *decretos-leis do Governo*; e
- os *decretos legislativos regionais das Assembleias Legislativas das Regiões Autónomas*.

II. As *leis da Assembleia da República*, ao contrário do que poderia pensar-se à primeira vista, apresentam nos dias de hoje alguma complexidade, não sendo totalmente correto dizer-se que há uma lei da Assembleia da República, quando, na verdade, há várias leis da Assembleia da República, pela sua função ordenadora, requisitos procedimentais ou qualificações formais:

- *em razão da forma de lei*: as leis orgânicas e as leis (as leis constitucionais pertencem à função e atos constitucionais);

[2440] Cfr. Jorge Bacelar Gouveia, *Arrendamento urbano...*, pp. 31 e ss.; José Fontes, *Teoria Geral...*, pp. 242 e ss.

- *em razão da intensidade da legiferação*: as leis de bases, as leis de autorização ao Governo e às Assembleias Legislativas das Regiões Autónomas, as leis-quadro e as leis materiais.

As *leis reforçadas* assumem uma especial força preferente no confronto com outras leis, em parte por razões específicas ditadas pelo regime a que se submetem ou em razão de possuírem uma força subordinante de outros atos legislativos.

III. Os atos legislativos do Governo do Estado assumem a forma de *decretos-leis* e são necessariamente aprovados em Conselho de Ministros, que é a estrutura mais ampla de atuação do Governo na sua dimensão colegial[2441].

O Governo tem a possibilidade de emitir quatro tipos de atos legislativos, na sequência da classificação que tivemos ocasião de ver, não tendo qualquer relação com a função legislativa das Regiões Autónomas, ao contrário do que sucede com a Assembleia da República, dentro de uma única categoria de ato legislativo:

- *os decretos-leis exclusivos*: "É da exclusiva competência legislativa do Governo a matéria respeitante à sua própria organização e funcionamento"[2442];
- *os decretos-leis concorrentes*: "Fazer decretos-leis em matérias não reservadas à Assembleia da República"[2443];
- *os decretos-leis autorizados*: "Fazer decretos-leis em matéria de reserva relativa da Assembleia da República, mediante autorização desta"[2444];
- *os decretos-leis de desenvolvimento*: "Fazer decretos-leis de desenvolvimento dos princípios ou das bases gerais dos regimes jurídicos contidos em leis que a eles se circunscrevam"[2445].

[2441] Sobre a competência legislativa do Governo, v. JAIME VALLE, *A participação do Governo...*, pp. 219 e ss.

[2442] Art. 198º, nº 2, da CRP, podendo ainda pensar-se na competência legislativa complementar no desenvolvimento das leis de bases.

[2443] Art. 198º, nº 1, al. a), da CRP.

[2444] Art. 198º, nº 1, al. b), da CRP.

[2445] Art. 198º, nº 1, al. c), da CRP.

IV. Os atos legislativos das Regiões Autónomas são sempre da competência das respetivas Assembleias Legislativas, embora outros órgãos existam no contexto do funcionamento do sistema de governo regional, como os Governos Regionais, os quais, porém, não partilham esta competência legislativa regional.

Os *decretos legislativos regionais* – designação dos atos legislativos regionais – que importa apresentar são os seguintes:

- *os decretos legislativos regionais exclusivos*: emitidos ao abrigo da competência legislativa regional primária;
- *os decretos legislativos regionais autorizados*: emitidos ao abrigo de competência legislativa regional autorizada pela República;
- *os decretos legislativos regionais de desenvolvimento*: emitidos ao abrigo da competência legislativa regional de desenvolvimento das bases gerais de regimes jurídicos.

276. As leis orgânicas

I. Traço fundamental da constelação dos atos legislativos é a categoria das *leis orgânicas*, uma criação da IV revisão constitucional[2446], e que passaram a representar uma autónoma modalidade de ato legislativo, com numeração própria no *Diário da República* (DR).

Esta superveniente categoria de ato legislativo só se compreende bem pela referência ao percurso da respetiva positivação constitucional, remontando ao projeto do PS de consagrar as "leis para-constitucionais", com a característica de serem aprovadas, tal como a revisão constitucional, por maioria de dois terços dos Deputados em efetividade de funções.

Como esta ideia, nestes exatos termos, não viria a ser aceite, acordou-se na criação de um seu sucedâneo, menos empenhativo da vontade parlamentar, que foi exatamente o das leis orgânicas.

[2446] Para uma visão geral acerca das leis orgânicas, v. pp. 71 e 72; JORGE MIRANDA, *Manual...*, V, pp. 358 e ss.; JOSÉ LUÍS R. MOREIRA DA SILVA, *Da lei orgânica na Constituição da República Portuguesa*, Lisboa, 1991, pp. 54 e ss.; J. J. GOMES CANOTILHO, *Direito Constitucional*, pp. 833 e ss., e *Direito Constitucional e Teoria...*, pp. 749 e ss.

II. O que dá consistência lógica à introdução da lei orgânica radica na ideia de que há matérias que, pela sua importância, devem submeter-se a um regime jurídico-constitucional, no plano da sua produção, mais abrangente sob o ponto de vista do concurso das vontades para o levar por diante.

Obviamente que se pode discutir se o resultado final alcançado com esta categoria condiz com a motivação inicial: se essa coincidência existe no plano da seleção das matérias ou nos termos específicos da sua votação, já muitas dúvidas ocorrem para a justificação de uma vontade mais abrangente com a simples passagem da maioria relativa para a maioria absoluta.

De resto, se houvesse dúvidas a respeito do interesse jurídico-político das leis orgânicas, bastaria observar os recentes anos de prática político-parlamentar portuguesa para compreender que pouco ou nada mudou depois da sua criação sob o ponto de vista da valorização efetiva da atividade parlamentar[2447].

III. No meio de um nascimento tardio e atribulado, importa reconhecer que o desenho constitucional das leis orgânicas obedece a um mínimo de clareza que é de louvar e que corresponde às seguintes particularidades, tomando por referência os parâmetros da lei da Assembleia da República e o procedimento legislativo parlamentar:

- *no plano subjetivo*, tal como as leis, as leis orgânicas são da competência exclusiva da Assembleia da República, não existindo idêntico fenómeno com o Governo ou com as Regiões Autónomas[2448];

[2447] Se a discussão e posterior positivação constitucional das leis orgânicas logo assentou no equívoco de para as mesmas serem transferidos os fundamentos da sugerida categoria das "leis para-constitucionais", do mesmo modo o equívoco se manteve na designação que lhe foi atribuída, que desse ponto de vista tem alguns lugares paralelos no Direito Constitucional Europeu, mas para designar realidades bem distintas.

É que as semelhanças entre estes atos legislativos com as leis orgânicas não vão além de um mesmo nome porque a realidade substancial e conceptual é totalmente distinta, nem sequer, em rigor, podendo fazer sentido qualquer comparação, na ausência de uma mesma aplicação funcional.

[2448] Cfr. o art. 166º, nº 2, da CRP.

– *no plano material*, as leis orgânicas, logo a seguir às leis de revisão constitucional, correspondem às matérias de maior importância legislativa[2449];
– *no plano procedimental*, as leis orgânicas implicam a necessidade de a sua votação final global ser feita por maioria absoluta dos Deputados em efetividade de funções[2450];
– *no plano formal*, a lei orgânica recebe uma forma legislativa privativa, distinta da das outras leis, tendo por isso uma numeração própria[2451];
– *no plano garantístico*, a fiscalização preventiva da constitucionalidade das leis orgânicas tem um apreciável alargamento da legitimidade processual ativa no respetivo pedido, incluindo também o Primeiro-Ministro e um quinto dos Deputados da Assembleia da República[2452].

277. Os atos legislativos de bases e de desenvolvimento

I. Um primeiro caso de competência legislativa peculiar é o da relação entre a lei de bases gerais[2453], aprovada pela Assembleia da República, e o decreto-lei de desenvolvimento das bases, sendo certo que entre eles se estabelece uma vinculação específica, porque segundo a CRP "As leis e os decretos-leis têm igual valor, sem prejuízo da subordinação às correspondentes leis dos decretos-leis (...) que desenvolvam as bases gerais dos regimes jurídicos"[2454].

Em sentido confirmativo do que aqui se diz está outro preceito que delimita a competência legislativa do Governo: "Compete ao Governo, no exercício de funções legislativas (...) Fazer decretos-leis de desenvol-

[2449] Cfr. as matérias das als. a) a f), h), j), primeira parte da al. l), q) e t) do art. 164º e do art. 255º da CRP.

[2450] Cfr. o art. 168º, nº 5, da CRP.

[2451] Cfr. o art. 3º, nº 2, al. c), primeira parte, da LPIFD.

[2452] Cfr. o art. 278º, nº 4, da CRP.

[2453] Sobre as leis de bases e o respetivo desenvolvimento, v. PAULO OTERO, *O desenvolvimento...*, pp. 7 e ss.

[2454] Art. 112º, nº 2, da CRP.

vimento dos princípios ou das bases gerais dos regimes jurídicos contidos em leis que a eles se circunscrevam"[2455].

O entendimento que se retira é o da prevalência dos princípios ou das bases de regimes jurídicos criados pela Assembleia da República, os quais devem ser obedecidos pelo Governo quando este se propõe densificá-los em decretos-leis de desenvolvimento.

Até certo ponto esta é uma consequência óbvia: não passaria pela cabeça de ninguém aceitar que o desenvolvimento de certos princípios ou bases se pudesse fazer contra o seu sentido mais profundo, desvirtuando ou falsificando a respetiva direcionalidade, num caso evidente de desvio de poder legislativo.

A relação que se fixa entre os atos legislativos de bases e os atos legislativos de desenvolvimento não é de natureza hierárquica, mas é de cunho funcional, assinalando-se a prevalência subordinante dos primeiros em relação aos segundos.

II. Para que a figura das leis de bases e dos decretos-leis de desenvolvimento tenham sentido no preciso âmbito relacional definido, é necessário que os mesmos assentem em determinados pressupostos no tocante ao recorte das respetivas competências legislativas.

Do ponto de vista da Assembleia da República, a permissão para o desenvolvimento de leis de bases através da intervenção do Governo elaborando decretos-leis de desenvolvimento postula que a matéria compreendida no âmbito do desenvolvimento se inclua na categoria da competência legislativa concorrencial ou partilhada entre a Assembleia da República e o Governo, jamais podendo dizer respeito à reserva de competência legislativa da Assembleia da República, absoluta ou relativa:

- não pode ser absoluta porque a competência é só exercitável pelo Parlamento, nela nunca o Governo podendo intrometer-se;
- não pode ser relativa porque para nela entrar o Governo precisa de estar munido de uma lei de autorização, mesmo que pretenda o desenvolvimento de quaisquer bases, e não se bastando a si próprio com a decisão de fazer um decreto-lei de desenvolvimento.

[2455] Art. 198º, nº 1, al. c), da CRP.

Só que esta conclusão não acarreta como inevitável consequência que a matéria objeto de uma lei de bases da Assembleia da República forçosamente se localize na esfera de competência legislativa concorrencial, podendo também incidir na esfera de competência reservada à Assembleia da República.

Vem este a ser o caso em que a reserva de competência legislativa parlamentar, absoluta ou relativa, no plano da sua intensidade regulativa, não absorva todo o espaço possível de legiferação e deixe para a competência concorrencial uma parcela dessa mesma normação.

III. Esta autonomia da relação entre a lei de bases e o decreto-lei de desenvolvimento, quando se situa na hipótese de tudo acontecer na competência legislativa concorrencial dos dois órgãos de soberania em questão, tem defrontado os obstáculos da sua aparente inutilidade, precisamente em nome da liberdade idêntica que se atribui tanto à Assembleia da República como ao Governo de legislarem livremente, mesmo contra as bases pré-definidas, para tanto sendo suficiente primeiro revogá-las, o que podem fazer sem qualquer impedimento.

Se a solução do problema fosse apenas esta, ainda assim a autonomia conferida às leis de bases e aos decretos-leis de desenvolvimento no âmbito concorrencial teria razão de ser: pelo menos, assim se impediria a fraude ao sentido das leis de bases, não permitindo que, invocando o seu sentido ordenador, se decretasse um desenvolvimento que lhe fosse contrário.

Este é, porém, um resultado demasiado escasso e estamos em crer que o texto da CRP pretende que se vá mais longe e aceitar o alargamento pontual da competência legislativa parlamentar, quando legisla na área concorrencial através de leis de bases: a não ser assim, o citado preceito constitucional seria interpretado com um sentido ordenador mais reduzido, e não nos podemos esquecer que as disposições constitucionais devem ser interpretadas segundo o resultado que mais eficácia lhes dê.

Claro que se pode contra-argumentar dizendo que, desse modo, a Assembleia da República estaria a construir uma nova e "selvagem" reserva de competência legislativa, sem apoio constitucional, para além de apresentar-se contraditória com a hipótese em que a Assembleia da República, em vez de uma lei de bases, fizesse uma lei global, com as bases e, ao mesmo tempo, o seu desenvolvimento.

Não consideramos que estes argumentos sejam procedentes: não só é a CRP a aditar uma nova regra de sobreposição em relação ao critério geral de destrinça entre a competência legislativa parlamentar reservada e a competência legislativa concorrencial como há uma diferença assinalável entre legislar sobre as bases – para o que se compreende uma vocação parlamentar mesmo fora da reserva geral de competência legislativa parlamentar – e legislar sobre o desenvolvimento das mesmas, caso em que essa vocação não é tão perentória e nela não se sentindo a necessidade de qualquer prevalência funcional da lei contra o decreto-lei revogatório.

IV. A relação entre os atos legislativos de bases e os atos legislativos de desenvolvimento não se limita, contudo, ao plano nacional e é igualmente viável no plano regional.

Esta é a relação entre os decretos legislativos regionais e as leis estaduais, podendo neste caso as Regiões Autónomas, através das suas Assembleias Legislativas, "Desenvolver para o âmbito regional os princípios ou as bases gerais dos regimes jurídicos contidos em lei que a eles se circunscrevam"[2456].

As leis estaduais em questão não são apenas as leis em sentido nominal da Assembleia da República, mas nelas se incluindo outros atos legislativos, como é o caso dos decretos-leis do Governo: lei em sentido formal.

A matéria que pode pertencer ao desenvolvimento regional dos atos legislativos nacionais deve estar sempre para além dos casos em que só a República é competente, seja porque a título exclusivo, seja porque não houve autorização legislativa regional, podendo ou não tal matéria estar inscrita nas enunciadas nos estatutos político-administrativos.

278. As autorizações legislativas e os atos legislativos autorizados

I. As *leis de autorização legislativa* são outro modo específico de ver o exercício da competência legislativa, da perspetiva das relações tanto entre a Assembleia da República e o Governo, dentro do Estado, como

[2456] Art. 227º, nº 1, al. c), da CRP.

entre a Assembleia da República e as Assembleias Legislativas, num relacionamento entre o Estado e as Regiões Autónomas[2457].

O regime das autorizações legislativas, não obstante as várias homologias existentes, é essencialmente comum a cada um dos tipos que foram mencionados, pelo que se justifica a sua apresentação diferenciada, só após a explicação daquele regime geral.

II. As autorizações legislativas são atos legislativos, mas, diferentemente das leis materiais, adquirem uma *função específica*: permitir que o Governo da República e as Assembleias Legislativas das Regiões Autónomas desempenhem uma competência legislativa que assim se lhes abre e que, de outro modo, não poderiam protagonizar.

A concretização de cada uma destas autorizações legislativas acontece, respetivamente, pela posterior promanação dos correspondentes atos legislativos autorizados: *os decretos-leis do Governo e os decretos legislativos regionais das Assembleias Legislativas.*

O interesse prático das autorizações legislativas surge, por esta via, a duas velocidades: primeiro, com a produção do ato de autorização, e depois, com o ato legislativo autorizado.

Da lógica da autorização legislativa não se deduz qualquer ideia de obrigatoriedade de os órgãos legislativamente autorizados terem de fazer uso dessa nova faculdade, tratando-se apenas de uma autorização para legislar, e não de uma obrigação para legislar.

Noutra perspetiva, percebe-se que as autorizações legislativas integram um juízo circunstancial acerca da sua utilidade, pelo que não valem indefinidamente: "As autorizações legislativas não podem ser utilizadas mais de uma vez, sem prejuízo da sua execução parcelada"[2458].

III. As autorizações legislativas, definidas na CRP, submetem-se a *quatro regimes diversos*, o primeiro geral e os outros três especiais:

2457 Sobre as autorizações legislativas em geral, v. AFONSO RODRIGUES QUEIRÓ, *Lições...*, I, pp. 336 e ss.; JORGE MIRANDA, *Autorizações legislativas*, in RDP, I, nº 2, maio de 1986, pp. 12 e ss., e *Manual...*, V, pp. 311 e ss.; JOSÉ MANUEL SÉRVULO CORREIA e JORGE BACELAR GOUVEIA, *O financiamento municipal...*, pp. 251 e ss.; J. J. GOMES CANOTILHO, *Direito Constitucional e Teoria...*, pp. 761 e ss.; JORGE BACELAR GOUVEIA, *Arrendamento urbano...*, pp. 33 e ss.; YARA MIRANDA, *Autorização legislativa*, in DJAP, 3º sup., Lisboa, 2007, pp. 68 e ss.

2458 Art. 165º, nº 3, da CRP.

- *um regime comum*, aplicável a todas as autorizações legislativas, sendo assim genericamente aplicável;
- *um primeiro regime especial*, apenas aplicável às autorizações legislativas da Assembleia da República ao Governo;
- *um segundo regime especial*, apenas aplicável às autorizações legislativas da Assembleia da República ao Governo, mas agora no estrito âmbito das autorizações legislativas orçamentais;
- *um terceiro regime especial*, apenas aplicável às autorizações legislativas da Assembleia da República às Assembleias Legislativas das Regiões Autónomas.

IV. A construção do *regime geral das autorizações legislativas*, sem se cuidar agora das singularidades daqueles regimes especiais, inclui quatro tópicos fundamentais, na sequência da exigência constitucional segundo a qual "As leis de autorização legislativa devem definir o objeto, o sentido, a extensão e a duração da autorização, a qual pode ser prorrogada"[2459]:

- *o objeto*: a necessidade de haver a tipificação do objeto, não se admitindo autorizações legislativas globais, mas abrangendo um conjunto praticamente total das matérias em que elas se afiguram delegáveis;
- *a extensão*: a imposição de, no objeto recortado, a lei de autorização delimitar – positiva e, ou, negativamente – a amplitude da competência legislativa do órgão que vai dela beneficiar, não se excluindo o caso de a extensão poder coincidir com o objeto;
- *a duração*: a necessidade da definição do tempo de uso potencial da autorização legislativa concedida, evitando-se uma perpetuação dessa possibilidade, demarcação que deve ser precisa do ponto de vista da sua calendarização;
- *o sentido*: a explicitação da orientação material acerca do uso da autorização legislativa concedida, que deve ser posta em prática pela elaboração de ato legislativo autorizado que pretenda atingir certos objetivos ou finalidades, devidamente assinalados no ato legislativo de autorização[2460].

[2459] Art. 165º, nº 2, da CRP.

[2460] Sentido da autorização legislativa que, acrescentado pela revisão constitucional de 1982 e situando-se entre conceções minimalistas e maximalistas, qualquer uma delas errada,

Na redação do diploma legislativo autorizado – seja decreto-lei, seja decreto legislativo regional – é ainda obrigatório fazer a menção da competência legislativa habilitante, com indicação expressa das respetivas leis de autorização legislativa[2461].

V. O âmbito material das autorizações legislativas da Assembleia da República ao Governo, sem por agora referir a questão das autorizações orçamentais, corresponde ao conjunto das matérias da reserva relativa de competência legislativa da Assembleia da República, relativamente às quais este órgão de soberania pode facultar-lhe a legiferação.

Do ponto de vista da definição das matérias objeto da autorização legislativa, estas são potencialmente definíveis em todo aquele leque, que é o maior de todos os regimes especiais estabelecidos.

No plano da duração das autorizações legislativas, elas caducam com a demissão do Governo, facto que se liga diretamente ao órgão a quem são atribuídas, assinalando-se esta particularidade no tocante a este órgão executivo, com isso se mostrando a relação de confiança que as autorizações legislativas pressupõem. Mas estas também caducam com a dissolução da Assembleia da República e com o termo da legislatura[2462].

VI. O regime das autorizações legislativas acabado de revelar, sendo o regime especial ao nível estadual, não se afigura único, uma vez que há também que referir o regime peculiar das *autorizações legislativas orçamentais*, as quais se traduzem num mesmo fenómeno de autorização legislativa ao Governo, mas com a respetiva inserção na lei anual do Orçamento do Estado[2463].

implica a necessidade da formulação autónoma de uma orientação a respeito do exercício da atividade legislativa governamental, sem esquecer também que tal definição deve ser densa, completa e legítima, ainda que possa ser feita remissiva ou implicitamente. Cfr. José Manuel Sérvulo Correia e Jorge Bacelar Gouveia, *O financimento municipal...*, pp. 255 e ss.

Ao nível da jurisprudência constitucional, v. o importante contributo densificador dos Acs. nº 473/89, de 12 de julho, nº 70/92, de 24 de fevereiro, e nº 358/92, de 11 de fevereiro, todos do Tribunal Constitucional.

2461 Cfr. os arts. 198º, nº 3, e 227º, nº 4, da CRP.

2462 Cfr. o art. 165º, nº 4, da CRP.

2463 Sobre as autorizações legislativas orçamentais em especial, v. José Manuel Cardoso da Costa, *Sobre as autorizações legislativas da Lei do Orçamento*, in AAVV, *Estudos em*

A definição material das autorizações legislativas orçamentais, sob o ponto de vista da aplicação de um regime para o efeito especialmente construído, implica que as mesmas "...incidam sobre matéria fiscal"[2464].

O aspeto diferenciador das autorizações legislativas orçamentais em relação ao regime mais amplo cifra-se num diverso enquadramento da sua duração, a qual está já pré-definida, nem sequer tendo de ser, por isso, especialmente delimitada, que é a duração da lei orçamental, uma das poucas leis temporárias constitucionalmente previstas, precisamente para o ano financeiro a que respeitam.

Como refere a CRP, as "...autorizações legislativas concedidas ao Governo na lei do Orçamento ... só caducam no termo do ano económico a que respeitam"[2465].

Significa isto que as autorizações legislativas orçamentais não se sujeitam aos casos de caducidade relacionados com a demissão do Governo, a dissolução da Assembleia da República ou o termo da legislatura[2466].

VII. As *autorizações legislativas regionais*, a serem concedidas pela Assembleia da República às Assembleias Legislativas das Regiões Autónomas, são possíveis num núcleo legislativo muito mais restrito, se comparadas com o núcleo legislativo em que é viável autorizar o Governo da República a legislar.

Sendo embora igualmente definidas essas matérias a partir do conceito de reserva relativa de competência legislativa parlamentar nacional, nem todas elas são relevantes, mas apenas algumas delas[2467].

Numa ótica formal, há ainda duas particularidades a mencionar, introduzindo especialidades neste regime de autorização legislativa:

Homenagem ao Prof. Doutor J. J. Teixeira Ribeiro, III, Coimbra, 1983, pp. 21 e ss.; Isabel Morais Cardoso, *Autorizações legislativas na Lei do Orçamento*, in AAVV, *XX Aniversário do Provedor de Justiça – estudos*, Lisboa, 1995, pp. 117 e ss.

2464 Art. 165º, nº 5, da CRP.

2465 Art. 165º, nº 5, *in fine*, da CRP.

2466 No plano da jurisprudência constitucional, esta solução constitucional diferenciadora, que só surgiria com a revisão constitucional de 1989, seria longamente preparada por diversas intervenções: da Comissão Constitucional, pelo Par. nº 5/80, de 26 de fevereiro; do Tribunal Constitucional, pelos Acs. nº 173/85, de 9 de outubro, nº 254/86, de 23 de julho, nº 356/86, de 16 de dezembro, nº 357/86, de 16 de dezembro, nº 427/86, de 4 de novembro, nº 218/86, de 2 de julho, nº 187/87, de 2 de julho, e nº 180/88, de 14 de julho.

2467 Cfr. o art. 227º, nº 1, al. b), da CRP.

- *de delimitação material*: a necessidade de a lei de autorização ter em apenso o anteprojeto de decreto legislativo a autorizar, dizendo-se que "As propostas de lei de autorização devem ser acompanhadas do anteprojeto do decreto legislativo regional a autorizar..."[2468];
- *de caducidade*: a cessação da vigência da lei de autorização às regiões autónomas com a dissolução ou termo da legislatura das Assembleias Legislativas.

VIII. Se as autorizações legislativas, em qualquer destas modalidades, pressupõem uma relação com diplomas legislativos autorizados, sob pena de não poderem operacionalizar-se, é também de equacionar as possíveis relações de conflito que se possam estabelecer entre si.

A dificuldade não é tanto saber até que ponto os diplomas legislativos autorizados são limitados pelas leis de autorização legislativa, quanto saber em que termos ocorre essa limitação, ao mesmo tempo qualificando-a para efeitos de fiscalização da respetiva constitucionalidade e legalidade.

Eis um caso em que acontece a subordinação de um ato posterior – o ato legislativo autorizado – a um ato anterior – a lei de autorização: essa subordinação não se explica no contexto de uma relação de hierarquia, que não existe, mas numa relação funcional, de prevalência desta lei, por ter valor reforçado, sobre aquele diploma, que é um ato legislativo comum.

Se houver a violação de um dos parâmetros da lei de autorização legislativa habilitante, verifica-se uma inconstitucionalidade ou uma ilegalidade?

A conclusão é a de que a violação de qualquer dos parâmetros daquela acarreta a inconstitucionalidade, pois que mesmo a violação do sentido da autorização, ainda que definido no seio da lei de autorização, assume uma idêntica expressão constitucional, que em todos os casos estabelece as regras do jogo.

IX. Apresentados os regimes, geral e especiais, das autorizações legislativas, é a altura de se proceder à averiguação da respetiva *natureza jurídica*.

[2468] Art. 227º, nº 2, da CRP.

Tem sido bem mais fácil dizer o que as autorizações legislativas não são do que esclarecer aquilo que são:

- *não são transferências de competência*, porque o órgão autorizante mantém incólumes as suas competências legislativas;
- *não são desdobramentos entre a titularidade e o exercício da competência legislativa*, porque em ambos os casos os órgãos autorizante e autorizado legislam em nome próprio;
- *não são meros alargamentos subjetivos de competência*, porque os atos de autorização legislativa não se resumem à extensão da possibilidade de legislar aos órgãos autorizados, antes isso é feito com uma restrição material intensa, dada pelo parâmetro do sentido da autorização legislativa.

Pela afirmativa, cumpre aludir à circunstância de as autorizações legislativas se revestirem da natureza de *ato autorizativo materialmente condicionante* porque é graças à sua produção que o órgão autorizado pode promanar o ato legislativo correspondente, desde que dentro dos limites materiais impostos ao próprio ato de autorização.

279. A apreciação parlamentar de atos legislativos

I. Outra figura relevante no panorama das relações inter-orgânicas no plano legislativo, tal como no caso das autorizações legislativas, diz respeito à *apreciação de diplomas legislativos por parte de órgãos de natureza parlamentar*[2469], no exercício de uma fiscalização de cunho político[2470].

[2469] Sobre a apreciação parlamentar de decretos-leis depois de 1982, v. JORGE SIMÃO, *Da ratificação dos decretos-leis*, Lisboa, 1984, pp. 14 e ss.; ISALTINO AFONSO MORAIS, *A ratificação legislativa no Direito Constitucional Português*, Lisboa, 1985, pp. 38 e ss.; JORGE MIRANDA, *Ratificação*, in Pol., V, Lisboa, 1987, pp. 45 e ss., *Funções...*, pp. 493 e ss., *Ratificação (em Direito Constitucional)*, in DJAP, VII, Lisboa, 1996, pp. 17 e ss., e *Manual...*, V, pp. 346 e ss.; J. J. GOMES CANOTILHO e VITAL MOREIRA, *Constituição...*, pp. 695 e ss.; J. J. GOMES CANOTILHO, *Direito Constitucional*, pp. 876 e ss., e *Direito Constitucional e Teoria...*, pp. 797 e ss.; PAULO OTERO, *O desenvolvimento...*, pp. 52 e ss.; JAIME VALLE, *A participação do governo...*, pp. 264 e ss.

[2470] Na versão primitiva da CRP, a configuração regulativa deste instituto era assaz diversa, suscitando dúvida o alcance desta intervenção parlamentar em termos de existência e validade dos decretos-leis, como pudemos ver brevemente.

Este é um instituto que começou por ser exclusivamente consagrado na relação da Assembleia da República com o Governo, permitindo àquela apreciar o sentido dos decretos-leis por este produzidos.

Depois da revisão constitucional de 1989, este mecanismo passou a ser igualmente consagrado na relação da Assembleia da República com as Assembleias Legislativas das Regiões Autónomas.

II. O sentido fundamental da apreciação parlamentar dos atos legislativos incorpora vantagens sob um duplo ponto de vista:

- *a máxima autonomia decisória da Assembleia da República*, uma vez que a cessação de vigência dos atos legislativos é aprovada por resolução parlamentar, sem qualquer intervenção presidencial, logo com a inviabilidade de um controlo de mérito por via do veto político;
- *a máxima rapidez tramitacional no respetivo procedimento*, por natureza mais simplificado do que o procedimento legislativo que pudesse ter o mesmo efeito, além de que do ponto de vista constitucional há uma especial preocupação a este respeito, dizendo-se que "Os processos de apreciação parlamentar de decretos-leis gozam de prioridade, nos termos do Regimento"[2471].

III. A apreciação parlamentar de atos legislativos está próxima de outras figuras jurídico-constitucionais que ostentam elementos parecidos, ainda que essa diferença tivesse ficado mais clara quando, na IV revisão constitucional, se adotou a terminologia atual – "apreciação" de atos legislativos – em vez da anterior terminologia, bem mais equívoca, de "ratificação" de atos legislativos.

É que a apreciação de atos legislativos não configura qualquer ratificação legislativa, vocábulo que adequadamente designa dois outros fenómenos que não se ajustam à natureza deste instituto:

Cfr. Rui Chancerelle de Machete, *Ratificação de decretos-leis organicamente inconstitucionais,* in AAVV, ESC, I, Lisboa, 1977, pp. 281 e ss.; Jorge Miranda, *A ratificação no Direito Constitucional Português,* in AAVV, ESC, III, Lisboa, 1979, pp. 597 e ss., e *Ratificação*, pp. 43 e 44; Luís Nunes de Almeida, *O problema da ratificação parlamentar dos decretos-leis organicamente inconstitucionais,* in AAVV, ESC, III, Lisboa, 1979, pp. 621 e ss.; J. J. Gomes Canotilho e Vital Moreira, *Constituição...*, 1ª ed., pp. 345 e ss.

2471 Art. 169º, nº 6, da CRP.

- *a ratificação-confirmação*: a intervenção parlamentar que torna definitiva a eficácia de certo ato, superando a precariedade do mesmo[2472];
- *a ratificação-sanação*: a intervenção parlamentar que elimina os vícios de inconstitucionalidade de que padece certo ato, sanando-o na sua potencial invalidade[2473].

IV. A apreciação dos atos legislativos não se apresenta como qualquer originalidade da III República, fundo mergulhando as suas raízes em diversos momentos da História do Direito Constitucional Português, em cujo percurso se assinala uma acentuada variedade de soluções.

A origem mais remota – remota no tempo e remota na proximidade funcional – é a dos *decretos ditatoriais*, prática corrente do Constitucionalismo Monárquico, pela qual o Ministério produzia decretos violando o texto constitucional, decretos que depois eram convalidados por deliberação das Cortes, que emitiam o *bill de indemnidade*, assim isentando de responsabilidade os governantes e conferindo validade aos decretos produzidos.

É curiosamente na experiência do Estado Novo que se situa o antecedente mais próximo da apreciação parlamentar de atos legislativos da CRP, pois que se facultava à Assembleia Nacional a intervenção no sentido de politicamente apreciar a normação emitida pelo Governo no tempo de recesso parlamentar.

V. Do ponto de vista do regime atual, as fontes principais são construídas para a apreciação dos decretos-leis do Governo por parte da Assembleia da República[2474], cujo assento normativo está na CRP e no RAR, neste se localizando como um processo especial.

[2472] Exemplo: a ratificação por parte do plenário parlamentar da autorização à declaração do estado de sítio ou de emergência quando conferida, por razões de urgência, pela Comissão Permanente, assim garantindo, no caso de resposta positiva, a manutenção da eficácia daquela declaração pelo tempo nela previamente estabelecido. Cfr. o art. 138º, nº 2, da CRP.

[2473] Exemplo: a ratificação por parte do plenário, em segunda deliberação, destinada a superar eventuais inconstitucionalidades verificadas numa primeira votação que não tenha cumprido as formalidades exigíveis.

[2474] Decretos-leis que apenas se definem em razão da sua dimensão organizatória, com independência, portanto, de incluírem um regime normativo, uma vez que o texto constitucional não pressupõe o conteúdo normativo na caracterização dos decretos-leis.

Mas este regime é aplicável à apreciação dos decretos legislativos regionais que sejam aprovados ao abrigo de autorizações legislativas dadas pela Assembleia da República às Assembleias Legislativas das Regiões autónomas, sendo aquele "...regime aplicável (...), com as necessárias adaptações"[2475].

Daí que se possa estabelecer três categorias de regimes aplicáveis:

- *um regime geral*, genericamente aplicável a todos os atos legislativos incluídos neste esquema de fiscalização política, tanto nacionais como regionais[2476];
- *um primeiro regime específico*, só aplicável à apreciação dos diplomas publicados no uso de autorização legislativa e com a exclusão dos decretos-leis no uso da competência legislativa partilhada[2477], sendo certo que os atos legislativos abrangidos são tanto do Governo como das Assembleias Legislativas; e
- *um outro regime específico*, só aplicável aos decretos-leis do Governo, não aos decretos legislativos regionais, decretos-leis praticados no uso da competência legislativa nacional concorrencial ou partilhada com a Assembleia da República.

VI. A apreciação parlamentar dos decretos-leis e dos decretos legislativos regionais autorizados pela Assembleia da República integra-se na função de *fiscalização política*, sendo aquele o âmbito material de aplicação desse mesmo mecanismo[2478].

O procedimento aplicável postula um pedido de, pelo menos, dez Deputados nesse sentido, na condição de isso suceder nos 30 dias subse-

Assim, o Ac. nº 24/98, de 22 de janeiro, do Tribunal Constitucional, que formulou o entendimento da impossibilidade da restrição da apreciação dos decretos-leis por parte do Parlamento só para os que ostentassem um sentido normativo, respondendo ao contra-argumento da ingerência parlamentar nos assuntos governativos, hipótese mais plausível perante o conteúdo administrativo dos decretos-leis.

Contra, na doutrina, defendendo a impossibilidade da apreciação parlamentar de decretos-leis apenas formalmente legislativos, Paulo Otero, *O poder...*, II, pp. 628 e ss., e pp. 256 e 257; Jaime Valle, *A participação do Governo...*, pp. 298 e ss.

[2475] Cfr. o art. 227º, nº 4, *in fine*, da CRP.

[2476] Cfr. os arts. 169º e 227º, nº 4, *in fine*, da CRP.

[2477] Cfr. o art. 169º, nº 1, primeira parte, da CRP.

[2478] Cfr. Jaime Valle, *A participação do Governo...*, p. 266.

quentes à data da publicação dos decretos-leis e dos decretos legislativos regionais autorizados no *Diário da República*[2479].

Os efeitos da apreciação parlamentar dos decretos-leis, autorizados e não autorizados, e dos decretos legislativos regionais autorizados oferecem as seguintes três possibilidades:

- *a manutenção da vigência do diploma legislativo apreciado*, chegando-se à conclusão de que o pedido de apreciação recebe resposta negativa;
- *a cessação da vigência do diploma legislativo apreciado*, que só se torna efetiva no momento da publicação da resolução parlamentar no *Diário da República*;
- *a alteração do diploma legislativo apreciado*, neste caso as modificações introduzidas vigorando para o futuro.

VII. A apreciação parlamentar dos decretos-leis do Governo, ou dos decretos legislativos regionais das Assembleias Legislativas das Regiões Autónomas, na condição de ambos serem praticados no uso de competências legislativas autorizadas, para além dos aspetos de regime geral que são sempre pertinentes, integra ainda uma particularidade.

Trata-se da faculdade que se defere à Assembleia da República, aberto o procedimento de fiscalização, de suspender provisoriamente, a título cautelar, a vigência dos diplomas legislativos abrangidos: "Requerida a apreciação de um decreto-lei elaborado no uso de autorização legislativa, e no caso de serem apresentadas propostas de alteração, a Assembleia poderá suspender, no todo ou em parte, a vigência do decreto-lei até à publicação da lei que o vier a alterar ou até à rejeição de todas aquelas propostas"[2480].

Esta suspensão não pode eternizar-se, pelo que se estabelece um prazo para a sua efetividade: "A suspensão caduca decorridas 10 reuniões plenárias sem que a Assembleia se tenha pronunciado a final"[2481].

Ainda que literalmente essa seja a conclusão, referindo a CRP e o RAR, apenas aplicável à relação entre a Assembleia da República e o Governo, parece que a razão de ser desta particularidade é idêntica, podendo o mesmo suceder nas autorizações legislativas regionais, dado que estamos

[2479] Cfr. o art. 169º, nº 1, da CRP e o art. 189º do RAR.

[2480] Art. 169º, nº 2, da CRP e art. 191º, nº 1, do RAR.

[2481] Art. 191º, nº 2, do RAR.

em face do uso de uma competência autorizada, sendo assim legítimo que o órgão que autorizou mais de perto fiscalize o seu uso, dando-se a possibilidade de uma intervenção suspensiva provisória.

É verdade que, não obstante uma mesma autorização legislativa, as Assembleias Legislativas das Regiões Autónomas não são politicamente responsáveis perante a Assembleia da República, como o Governo é politicamente responsável perante a Assembleia da República.

Todavia, não é menos certo que tal situação se afigura irrelevante perante o diapasão comum de uma mesma qualidade de competência legislativa, que é a da competência legislativa autorizada.

VIII. A apreciação dos decretos-leis do Governo fora da situação de autorização legislativa da Assembleia da República, aprovados, portanto, no âmbito da competência legislativa concorrencial ou partilhada, e excluindo-se os decretos legislativos regionais autorizados, para além do regime geral, goza da particularidade de não consentir qualquer suspensão provisória da respetiva vigência.

Esta é uma conclusão que se obtém por uma interpretação *a contrario* e inscreve-se bem na razão de ser da competência legislativa em causa, que é tão pertença do Governo como é da Assembleia da República.

A exclusão da suspensão provisória legitima-se por a intervenção fiscalizatória da Assembleia da República, nesta hipótese, ser bastante mais fraca, não estando em questão qualquer domínio legislativo que lhe seja reservado.

O único fundamento relevante é o da preponderância de uma fiscalização política, não de uma qualquer presença diretiva em competência legislativa mais próxima.

IX. A *natureza jurídica* da apreciação parlamentar de atos legislativos tem sido discutida sob diversas perspetivas, tanto no plano formal como no plano substancial.

Do ponto de vista formal, a intervenção parlamentar pode revestir a forma de *resolução*, que é um ato político[2482], mas tem uma *normatividade negativa*, ao fazer cessar a vigência, determinando o fim do ato legislativo, o que ainda sucede através da *normatividade suspensiva*, no cenário em que,

[2482] Assim, JAIME VALLE, *A participação do Governo...*, pp. 302 e 303.

provisoriamente e enquanto se procede a uma apreciação definitiva, a Assembleia da República entende suspender a vigência do decreto-lei apreciando.

Outra possibilidade para a intervenção parlamentar é a de revestir já a forma de *lei*, caso em que se exterioriza *uma normatividade alternativa*, ao introduzir-se emendas no ato legislativo apreciado, que continua a vigorar com essas alterações.

Em qualquer caso, não parece que os efeitos normativos da cessação de vigência, bem como da alteração dos atos legislativos apreciados, possam ter um efeito retroativo, incluindo ainda um eventual efeito repristinatório, no silêncio da CRP a este respeito, porque essa seria uma faceta só constitucionalmente permitida a um ato formalmente legislativo.

Para que isso sucedesse, seria sempre necessário usar o procedimento legislativo, já que aqueles efeitos ficam arredados do esquema da apreciação parlamentar de atos legislativos, estritamente indexados aos "...efeitos de cessação de vigência ou de alteração..."[2483].

X. A natureza jurídica da apreciação parlamentar também se relaciona com o problema da inconstitucionalidade dos atos legislativos sob apreciação, inquirindo-se sobre se a intervenção parlamentar, positiva ou negativa, tem consequências na sua eventual sanação.

Na ausência de indicações constitucionais diretas sobre essa matéria, parece que o mecanismo da apreciação parlamentar de atos legislativos, por se filiar numa preocupação de fiscalização política, não se destina a reparar uma situação de inconstitucionalidade, além do argumento que refere ainda que a intervenção autónoma é sempre de revogação ou de modificação, não de sanação de diplomas anteriormente inconstitucionais.

Sendo apenas a hipótese de alteração aquela que na prática configura uma aplicação desta pergunta, o que se passará, nesse caso, é a manutenção da inconstitucionalidade do diploma legislativo, mesmo que a parte que lhe foi modificada não padeça de qualquer inconstitucionalidade.

[2483] Art. 169º, nº 1, da CRP.

§ 61º OS PROCEDIMENTOS LEGISLATIVOS

280. A ideia de procedimento legislativo

I. Centremos ainda a nossa atenção, muito em particular, na formação dos mais importantes atos jurídico-públicos da vida quotidiana de qualquer estrutura política, que são os atos legislativos ou, noutra terminologia, as leis em geral.

O que nos imediatamente ocorre é frisar que essa elaboração é tudo menos instantânea, devendo, pelo contrário, corresponder a *uma sequência de atos parcelares, que entre si se conjugam com vista à produção do resultado final*, que é o da promanação do ato legislativo: *a formação dos atos legislativos só pode ser escorreitamente explicada através da ideia de procedimento legislativo.*

O *procedimento legislativo* implica que nele confluam diversas vontades de sujeitos constitucionais, que se articulam numa algo intrincada teia de relações inter-orgânicas, pondo logo assim de parte qualquer hipotética formulação instantânea dessa mesma vontade legislativa[2484].

II. A sucessão de atos que se produzem com esse sentido específico e que preenche o conceito geral – recentemente desenvolvido primeiro

[2484] Sobre o conceito de procedimento dos atos do poder público, v. SERGIO GALEOTTI, *Contributo alla teoria del procedimento legislativo*, Milano, 1985, pp. 16 e ss.; J. J. GOMES CANOTILHO, *Tópicos de um curso de mestrado sobre direitos fundamentais, procedimento, processo e organização*, Coimbra, 1990, p. 15, *Direito Constitucional*, pp. 941 e 942, e *Direito Constitucional e Teoria...*, pp. 869 e ss.; JORGE MIRANDA, *Funções...*, p. 146, e *Manual...*, V, pp. 241 e ss.; JORGE BACELAR GOUVEIA, *O estado de exceção...*, II, pp. 1106 e ss.

pelo Direito Administrativo[2485] e depois trazido para o Direito Constitucional – de *procedimento*[2486] desdobra-se em três elementos constitutivos:

(i) a pluralidade de atos jurídicos que se sucedem no tempo;
(ii) o estabelecimento de uma ordem sequencial entre eles; e
(iii) a identidade de objetivos na formação da vontade última.

III. A procedimentalização dos atos jurídico-públicos[2487], longe de ser inútil, pode desempenhar, ao invés, *importantes funções que é mister recordar*[2488]:

[2485] No Direito Administrativo, trabalha-se com conceitos próximos:
- Armando M. Marques Guedes (*O processo...*, p. 17), situando o processo burocrático no contexto de ato complexo, considera este como o "...ato formado por atos parcelares, relacionados entre si e funcionalmente unificados pela identidade do objetivo último a atingir, de tal modo que da sua combinação resulta uma entidade nova";
- Rui Chancerelle de Machete (*Contribuição para o estudo das relações entre o processo administrativo gracioso e o contencioso,* Lisboa, 1969, p. 123), partindo de um conceito comum de Direito Público, que depois aplica ao Direito Administrativo, tratando-se de um ato administrativo definitivo e executório, esclarece o processo como "...uma sucessão de dois ou mais atos, ordenados segundo determinada forma juridicamente necessária e que se destinam à produção de certo efeito jurídico";

Para mais desenvolvimentos sobre a teoria do procedimento no Direito Administrativo, v. Rogério Ehrhardt Soares, *Direito...*, pp. 141 e ss.; Sergio Galeotti, *Contributo...*, pp. 14 e ss.; Paulo Ferreira da Cunha, *O procedimento administrativo,* Coimbra, 1987, pp. 70 e ss.; Diogo Freitas do Amaral, *Direito Administrativo,* III, pp. 163 e ss.; João Carlos Simões Gonçalves Loureiro, *O procedimento administrativo...*, pp. 53 e ss.; Luís Filipe Colaço Antunes, *O procedimento...*, pp. 157 e ss.

[2486] Assim, Jorge Miranda, *Manual...*, V, p. 110; J. J. Gomes Canotilho, *Direito Constitucional,* pp. 941 e 1161, que refere a existência de um "...complexo de atos constitutivos do procedimento de declaração do estado de sítio".

[2487] Quanto às funções desempenhadas pela procedimentalização administrativa, em grande medida entre a defesa dos direitos dos administrados e a eficiência da atividade administrativa, v. Armando M. Marques Guedes, *O processo burocrático,* Lisboa, 1969, pp. 124 e ss.; Diogo Freitas do Amaral, *Direito Administrativo,* III, pp. 168 e ss.; João Carlos Simões Gonçalves Loureiro, *O procedimento administrativo...*, pp. 65 e ss.; Jorge Bacelar Gouveia, *O estado de exceção...*, II, pp. 1109 e ss.

São salientadas, neste contexto, essencialmente duas funções: uma *função garantística,* permitindo pela audiência prévia a defesa dos direitos e interesses dos administrados; e uma *função racionalizadora,* possibilitando, pela junção de pareceres técnicos, decisões mais amadurecidas e tecnicamente bem sustentadas.

[2488] Referindo em geral estas funções desempenhadas pelo procedimento dos actos jurídico-públicos, por todos, Costantino Mortati, *Istituzioni...*, I, pp. 267 e 268.

1) uma função de *legitimação política*, pelo envolvimento que determina dos principais órgãos constitucionais estabelecidos, obrigando a uma "reflexão coletivizante" dos efeitos que se pretende decretar, ao mesmo tempo facilitando a sua aceitação social;
2) uma função de *racionalidade decisória*, afastando o imediatismo da decisão, forçando a que na mesma se ponderem os diversos interesses em jogo, substituindo a emoção e a intuição pela razão, essencialmente pelo confronto de opiniões diversas e oriundas de vários quadrantes;
3) uma função de *acerto técnico*, pela faculdade que oferece, com a fase instrutória, da participação de órgãos de natureza técnica, formulando as suas opiniões acerca do sentido da decisão.

IV. O *procedimento legislativo*, que ganha sentido no contexto especial da produção de um ato legislativo, embora comungando destes traços gerais do procedimento, pode assumir diversas modalidades, quer em razão do tipo de ato legislativo que esteja em causa, quer em razão do modo como se desenvolvem as fases do mesmo, quer em nome de outros possíveis critérios.

Daí que se possa equacionar *a existência de várias categorias de procedimento legislativo*:

- *procedimento legislativo parlamentar e procedimento legislativo governamental*, consoante possa variar o tipo de ato legislativo jurídico-público em causa, de origem no Parlamento ou no Governo;
- *procedimento legislativo nacional e procedimento legislativo regional*, conforme as entidades jurídico-públicas que protagonizam as competências legislativas, ali no âmbito do Estado, através da Assembleia da República e do Governo, e aqui no seio das Regiões Autónomas dos Açores e da Madeira, que igualmente dispõem de competência legislativa;
- *procedimento legislativo geral e procedimento legislativo especial*, de acordo com regras gerais ou regras que possam responder a outras tantas necessidades, ali para fazer leis e aqui para fazer certas categorias de leis, como as leis do orçamento ou as autorizações legislativas, de entre outras;

- *procedimento legislativo normal e procedimento legislativo de urgência*, na medida em que naquela hipótese enfrentamos situações de normalidade institucional e aqui é imperioso adaptar tais regras a circunstâncias de necessidade constitucional, crise institucional que sugere a agilização do procedimento legislativo.

V. No plano regulativo, a disciplina do procedimento legislativo parlamentar nacional conta com o maior número de disposições constitucionais, mas sobretudo com muitas disposições do RAR, que dedica o seu Título IV às "Formas do processo", subdistinguindo diversos casos, entre procedimentos legislativos e outros procedimentos, de cariz político, internacional e financeiro:

- Capítulo I – *Processo legislativo*
- Capítulo II – *Apreciação de decretos-leis*
- Capítulo III – *Aprovação de tratados e acordos*
- Capítulo IV – *Processos de finanças públicas*
- Capítulo V – *Processos de orientação e fiscalização política*
- Capítulo VI – *Processos relativos a outros órgãos*
- Capítulo VII – *Processo relativo ao acompanhamento, apreciação e pronúncia no âmbito do processo de construção europeia*
- Capítulo VIII – *Processo de urgência*

Já os outros procedimentos legislativos, quer do Governo, quer das Assembleias Legislativas das Regiões Autónomas, obedecem a menos intensos intuitos regulatórios, ali avultando o RCM e aqui sublinhando-se os regimentos parlamentares regionais.

281. O procedimento legislativo parlamentar nacional em geral e a urgência legislativa

I. O melhor conhecimento da elaboração dos atos legislativos parlamentares, que é o que nos interessa mais de perto, passa pela análise de cada uma das fases que, dentro da sequência procedimental, é justo deslindar, nelas sendo possível perceber um efeito específico que participa do ato legislativo final.

As fases procedimentais são as seguintes, algumas delas podendo, por seu turno, desdobrar-se em sub-fases com particularidades a assinalar[2489]:

- *a fase da iniciativa;*
- *a fase da instrução;*
- *a fase da aprovação parlamentar;*
- *a fase da promulgação presidencial;*
- *a fase da referenda ministerial;*
- *a fase da eficácia.*

II. Esta é uma esquematização procedimental que tem como pano de fundo os atos legislativos – as leis – elaborados no âmbito da Assembleia da República, órgão que concita o maior número de regras aplicáveis, assim como as opções mais complexas na edificação de um procedimento legislativo constitucionalmente relevante.

Este é apenas um prisma geral de procedimento legislativo, já que outras modalidades de procedimentos legislativos existem, considerados *especiais*, nos termos do RAR, os quais implicam alguns, maiores ou menores, desvios em relação ao procedimento legislativo geral, que iremos analisar[2490], de que é possível dar os seguintes exemplos:

- a aprovação dos Estatutos Político-Administrativos das Regiões Autónomas;
- a apreciação das propostas legislativas regionais;
- a autorização e a confirmação da declaração do estado de sítio ou do estado de emergência;
- a autorização para declarar a guerra e para fazer a paz; e
- as autorizações legislativas.

A despeito da qualificação normativa, nem todos estes procedimentos são efetivamente legislativos, alguns deles sendo concernentes a procedimentos relacionados com a produção de atos políticos, como são os casos da declaração do estado de exceção, da declaração do estado de guerra,

2489 Sobre as diversas fases do procedimento legislativo, v. J. J. Gomes Canotilho, *Direito Constitucional e Teoria...*, pp. 871 e ss.; Diogo Freitas do Amaral, *Manual de Introdução...*, I, pp. 408 e ss.; José Fontes, *Teoria Geral...*, pp. 250 e ss.

2490 Cfr. os arts. 164º e ss. do RAR.

ou então sendo apenas uma parcela de um procedimento legislativo mais vasto, como acontece com a apreciação das propostas legislativas regionais.

III. Uma importante e transversal perspetiva de apreciação do procedimento legislativo nacional parlamentar, que é o procedimento legislativo por antonomásia, prende-se com a ideia da *urgência legislativa*, nesta ótica procedimental, conquanto não competencial, que já referimos.

O procedimento legislativo acelerado[2491], tal como o mesmo se encontra arquitetado na CRP, só é possível no *âmbito do procedimento legislativo parlamentar nacional*, nada se dizendo a respeito do procedimento legislativo governamental ou regional.

Esse especial procedimento é ali encarado de um modo abrangente, ao englobar, objetivamente, tanto iniciativas de lei como de resolução e ao acolher, subjetivamente, tanto iniciativas internas dos Deputados e grupos parlamentares como iniciativas externas do Governo e das Assembleias Legislativas das Regiões Autónomas.

O procedimento legislativo acelerado assenta num *pressuposto* apenas de ordem *temporal*, segundo o qual se considera unicamente relevante a exigência de uma necessidade de rápida produção legislativa, que é um conceito relativo em face da organização dos procedimentos normais, o mesmo se estabelecendo por alusão ao tempo em que esse percurso é realizado.

A consequência de se considerar existir este procedimento legislativo acelerado, através da verificação dessa causa específica, é a da "...urgência do processamento de qualquer projeto ou proposta..."[2492], o que significa a aceleração da tramitação que se vai percorrer desde a iniciativa procedimental até o ato legislativo ser uma realidade no mundo do Direito Objetivo.

IV. A *decretação* da urgência legislativa parlamentar obedece a uma deliberação da Assembleia da República, que declara a urgência de uma

2491 Cfr. o art. 170º da CRP e os arts. 263º e ss. do RAR.

Sobre este "processo legislativo de urgência" em geral, v. Jorge Miranda, *Resolução*, in DJAP, VII, Lisboa, 1996, p. 256, e *Manual...*, V, pp. 242 e 243; J. J. Gomes Canotilho e Vital Moreira, *Constituição...*, p. 699; J. J. Gomes Canotilho, *Direito Constitucional*, p. 946; Jorge Bacelar Gouveia, *O estado de exceção...*, II, pp. 1325 e ss.

2492 Art. 170º, nºs 1 e 2, *in fine*, da CRP.

proposta ou projeto, pelo que o procedimento legislativo acelerado é aferido quanto a determinada iniciativa legislativa e, por outra parte, carece de um ato de reconhecimento formal dessa situação.

Há, no entanto, que distinguir os regimes desse procedimento de declaração da urgência, consoante as entidades que fazem uso do respetivo pedido, numa divisão subjetiva que assenta no critério da dimensão nacional ou regional dos órgãos em causa:

(i) se a entidade que faz o pedido é nacional – Deputado, grupo parlamentar ou Governo – a urgência legislativa pode respeitar a qualquer iniciativa de lei ou de resolução, mesmo não lhe pertencendo essa iniciativa em concreto;

(ii) se a entidade que solicita essa urgência é regional – as assembleias legislativas regionais – a urgência só pode ser declarada para as iniciativas legislativas que tenham sido por si apresentadas[2493].

V. A determinação do procedimento legislativo acelerado pode ter diferentes *consequências*, de acordo com os vários graus de apreciação dessa urgência procedimental:

1) *urgência proposta por parecer da comissão competente* – dispensa ou redução do prazo de exame em comissão especializada, limitação das intervenções e do uso da palavra no plenário e dispensa do envio à comissão para redação final[2494];
2) *urgência concretizada pela conferência de líderes* – consequências no plano da distribuição do tempo de debate entre os diversos grupos parlamentares[2495];
3) *urgência de cariz subsidiário, caso nenhuma regra especial tenha sido estabelecida, havendo, no entanto, a declaração de urgência* – o prazo de análise em comissão é, no máximo, de cinco dias e o prazo para a redação final é de dois dias[2496].

[2493] A declaração da urgência legislativa, na ausência de qualquer indicação constitucional, pode ser efetivada em qualquer momento do procedimento legislativo parlamentar, mas salvaguardando-se sempre a sua utilidade, que vai diminuindo à medida que esse procedimento caminha para o seu termo.

[2494] Cfr. o art. 264º, nº 1, do RAR.

[2495] Cfr. o art. 264º, nº 2, do RAR.

[2496] Cfr. o art. 265º do RAR.

VI. São diversos os casos em que a CRP refere que as circunstâncias de urgência justificam a adoção de fases aceleradas no percurso do procedimento legislativo e que são:

- *o processo legislativo de urgência em geral*: no âmbito do procedimento legislativo nacional parlamentar, faculta-se a declaração da urgência de qualquer procedimento legislativo, sob pedido interno e externo, o qual depois se concretiza na possibilidade do encurtamento de prazo e na dispensa de formalidades menores[2497];
- *o processo de urgência inerente à declaração do estado de exceção e do estado de guerra*: na participação dos diversos interlocutores, regista-se que vigora o princípio da máxima rapidez possível, com encurtamento dos prazos, na segregação dos atos procedimentais parcelares correspondentes.

282. A fase da iniciativa

I. A *fase da iniciativa legislativa* – que também podemos designar simplesmente por *iniciativa legislativa* – consiste no momento em que a feitura de um ato legislativo começa a sua caminhada[2498].

Este poder de colocar em andamento o procedimento legislativo não se deve confundir com o poder de decidir o próprio ato legislativo, ou de o aprovar, não tendo os respetivos poderes funcionais de coincidir quanto à sua titularidade: quem tem o poder de iniciativa não tem de ser o órgão competente para aprovar.

II. Da iniciativa legislativa cumpre diferenciar a problemática, bastante diversificada, dos *impulsos legislativos (ou legiferantes)*, que com ela não se confundem, mas que foram bem postos em evidência, na sua pecu-

[2497] Diz expressamente a CRP, no seu art. 170º, nº 1, que "A Assembleia da República pode, por iniciativa de qualquer Deputado ou grupo parlamentar, ou do Governo, declarar a urgência do processamento de qualquer projeto ou proposta de lei ou de resolução", ainda se acrescentando no respetivo nº 2 que "A Assembleia pode ainda, por iniciativa das Assembleias Legislativas das regiões autónomas, declarar a urgência do processamento de qualquer proposta de lei por estas apresentada".

[2498] Sobre a iniciativa legislativa em geral, v. JORGE MIRANDA, *Manual...*, V, pp. 246 e ss.; JAIME VALLE, *A participação do Governo...*, pp. 96 e ss.

liar relevância jurídico-constitucional, por José Joaquim Gomes Canotilho[2499].

Os impulsos legislativos representam decisões dos órgãos jurídico-públicos que apontam ou apelam para a conveniência ou a necessidade da tomada de decisões legislativas, mas elas próprias não constituem, por si só, o início de qualquer procedimento legislativo[2500].

São múltiplas as situações que podem ser incluídas neste conceito autónomo de impulsos legislativos, assim recortados de entre outras possibilidades:

- *a decisão positiva do Tribunal Constitucional de verificação da inconstitucionalidade por omissão*, no sentido de ser necessário produzir, por parte do órgão legislativo competente, ato legislativo para fazer cessar a omissão legislativa em causa;
- *a decisão de declaração do estado de guerra pelo Presidente da República*, quando relativa à tomada da decisão de declaração do estado de exceção, por haver coincidência de pressupostos e no caso de ser necessária, para a melhor efetivação daquele, a suspensão de direitos, liberdades e garantias;
- *a decisão referendária vinculativa*, por referência ao ato legislativo ou convencional que se imponha em conformidade com os deveres que dali emergem.

III. O poder para iniciar a marcha do procedimento legislativo não é unívoco e são várias as combinações a salientar:

- *iniciativa interna e iniciativa externa*, conforme a iniciativa seja desencadeada dentro do próprio Parlamento – pelos Deputados, grupos parlamentares ou comissões especializadas (ou, eventualmente, ainda outros órgãos) – ou fora do Parlamento – da parte do Governo, de outros órgãos parlamentares, como as Assembleias Legislativas das Regiões Autónomas ou mesmo dos cidadãos (iniciativa legislativa popular)[2501];

[2499] Cfr. J. J. Gomes Canotilho, *Constituição dirigente...*, p. 185, e *Teoria da Legislação Geral e Teoria de Legislação Penal*, Coimbra, 1988, pp. 26 e 27.

[2500] Ainda que tal solução pudesse, em certos casos, ser determinada por uma mera opção constitucional ou legal.

[2501] Cfr. o art. 118º do RAR.

- *iniciativa geral e iniciativa específica*, pensando-se na amplitude do poder de iniciativa em causa, ali podendo ser uma iniciativa a exercer sobre qualquer matéria e aqui sendo uma iniciativa a exercer apenas em relação a determinados assuntos, mais delimitados em relação ao primeiro;
- *iniciativa reservada e iniciativa concorrente*, de acordo com a exclusividade da iniciativa de certa entidade ou, pelo contrário, a possibilidade de sobre uma mesma matéria haver vários órgãos a exercer o poder de iniciativa legislativa;
- *iniciativa originária e iniciativa superveniente*, tomando em consideração o facto de o poder de iniciativa ser exercido num momento inicial ou, ao invés, num momento posterior, depois de outras entidades já terem exercido a sua iniciativa legislativa, a qual se traduz numa proposta de alteração, com a configuração de emenda, substituição, aditamento e eliminação[2502].

IV. A orientação geral que vigora em matéria de iniciativa legislativa, não só pela CRP como fundamentalmente por força do próprio RAR, é a da liberdade quanto àquelas possíveis perspetivas na sua análise.

Assim não sucede, porém, nalgumas situações específicas, emergindo valores que têm a força de contrariar a amplitude com que a liberdade de iniciativa legislativa é, na sua essência, congeminada.

Do ponto de vista das primeiras classificações, ao lado das iniciativas internas e externas, importa referir iniciativas reservadas a certos órgãos:

- aos Deputados, a iniciativa em matéria de revisão constitucional;
- ao Governo, a iniciativa em matéria da Lei do Orçamento do Estado, da Lei das Grandes Opções dos Planos, das leis que envolvam, no ano económico em curso, aumento das despesas ou diminuição das receitas, das leis de autorização de empréstimos e outras operações de crédito e das leis de autorização legislativa[2503];
- às Assembleias Legislativas das Regiões Autónomas, as alterações aos estatutos político-administrativos e às leis eleitorais regionais[2504].

[2502] Cfr. o art. 119º, nº 2, do RAR.

[2503] Cfr. Jaime Valle, *A participação do Governo...*, pp. 112 e ss., chegando este autor a afirmar que há uma "proeminência da iniciativa legislativa governamental" (pp. 147 e ss.).

[2504] Cfr. o art. 226º, nº 1, da CRP.

V. A relevância da atividade financeira pública implica que, no âmbito do procedimento legislativo, se estabeleça uma limitação geral quanto a todas as iniciativas que envolvam aumento de despesas e, ou, diminuição de receitas: "Os Deputados, os grupos parlamentares, as Assembleias Legislativas das Regiões Autónomas e os grupos de cidadãos eleitores não podem apresentar projetos de lei, propostas de lei ou propostas de alteração que envolvam, no ano económico em curso, aumento das despesas ou diminuição das receitas do Estado previstas no Orçamento"[2505].

Note-se, contudo, que esta "lei-travão" não impede que as iniciativas sejam apresentadas pelo Governo, que fica assim a beneficiar de uma iniciativa exclusiva, tanto originária como superveniente, nem sequer parecendo que a lei-travão impeça a mudança do equilíbrio financeiro noutras receitas e despesas que não digam respeito ao Estado, sendo certo que no Orçamento do Estado nem todas as respetivas verbas lhe sendo pertinentes.

A "lei-travão", historicamente bastante antiga, preenche diversas funções: a do equilíbrio financeiro, a da previsibilidade da atividade financeira pública e a da prevenção de iniciativas demagógicas que se relacionem com os aspetos financeiros da governação.

VI. A iniciativa legislativa popular é outro caso em que se regista um peculiar regime, fazendo-se jus a uma conceção mais participativa da democracia parlamentar, possibilidade que foi introduzida a partir da IV revisão constitucional.

A regulamentação do direito de iniciativa legislativa popular só muito mais tarde seria produzida, apenas se permitindo o exercício daquele direito seis anos depois, tratando-se de um direito não auto-exequível, com a L nº 17/2003, de 4 de junho, oferecendo a seguinte sistematização:

- Capítulo I – *Disposições gerais*
- Capítulo II – *Requisitos e tramitação*
- Capítulo III – *Disposições finais*

[2505] Art. 167º, nº 2, da CRP, a mesma regra se aplicando aos referendos nacionais, conforme o nº 3 do mesmo artigo da CRP.

Os traços fundamentais do regime da iniciativa legislativa popular são:

a) *Titularidade*: a iniciativa popular pertence aos cidadãos eleitores recenseados no território português e aos cidadãos portugueses recenseados no estrangeiro, sendo, contudo, um direito de exercício coletivo, estabelecendo-se um mínimo de 20 000 eleitores[2506];

b) *Objeto*: as matérias objeto deste direito são positivamente delimitadas em termos genéricos no contexto das competências legislativas da Assembleia da República, mas com exclusão de algumas delas, nomeadamente as de maior melindre político – as alterações à Constituição – ou económico – as competências legislativas orçamentais, tributárias e financeiras[2507];

c) *Procedimento*: as propostas de lei, no contexto da iniciativa popular, submetem-se ao mesmo esquema de votação, diferenciando-se uma votação na generalidade, uma votação na especialidade, devendo aqui ser sempre ouvida a comissão que representa os cidadãos, e uma votação final global, sendo a comissão dos representantes da iniciativa notificados da data agendada[2508].

O Direito subsidiário aplicável é o que regula a iniciativa legislativa geral, tal como consta do RAR[2509].

283. A fase da instrução

I. A *fase da instrução legislativa* traduz, após uma primeira manifestação de vontade que acontece na iniciativa legislativa, um segundo momento de reflexão sobre o sentido nela apresentado, sendo conveniente e também por vezes necessário obter informações e opiniões suplementares para melhor legislar:

[2506] Cfr. os arts. 2º e 6º, nº 1, da L nº 17/2003, de 4 de junho, na versão dada pela LO nº 1/2016, de 26 de agosto.

[2507] Cfr. o art. 3º da L nº 17/2003, ainda que algumas das exclusões que aí se enumeram não façam qualquer sentido porque nunca incluídas na competência legislativa parlamentar, que é o ponto de partida da sua definição: é o caso das competências legislativas do Governo ou das Assembleias Legislativas das Regiões Autónomas [cfr. as als. b) e c)].

[2508] Cfr. os arts. 10º, 11º e 12º da L nº 17/2003.

[2509] Cfr. o art. 14º da L nº 17/2003.

- *conveniente* porque pode ser útil chamar ao procedimento legislativo mais opiniões, de pessoas tecnicamente qualificadas em relação aos assuntos que estão em causa;
- *necessário* porque em certos domínios, por força do seu melindre, se justifica que seja obrigatório auscultar a opinião e o parecer de certos grupos e de certos organismos, numa visão concertada e aberta da formação dos atos legislativos.

II. A instrução legislativa é protagonizada pela comissão especializada em razão da matéria, que regra geral é permanente, embora se admita a criação de uma comissão eventual, "...quando a sua importância e especialidade o justifiquem"[2510].

A tarefa que fica a cargo do exame pela comissão especializada consubstancia-se na apreciação aprofundada da iniciativa legislativa apresentada, trabalho que se conclui com a apresentação de um relatório, analisando a admissibilidade constitucional da iniciativa, bem como incorporando os contributos que se imponham no plano das operações instrutórias específicas estabelecidas.

III. A principal diligência que está a cargo da instrução legislativa é a figura da "audição", registando-se o dever de a Assembleia da República promover a sua realização nos seguintes casos:

- *na elaboração da legislação laboral,* em favor das comissões de trabalhadores e das associações sindicais[2511]: uma e outras têm o direito

[2510] Art. 129º, nº 3, do RAR.

[2511] Se bem que o CT tivesse alargado este direito procedimental legislativo às associações patronais, de um prisma que parece ser claramente inconstitucional: "...é que a intervenção das entidades patronais na elaboração da legislação laboral, segundo um estatuto de direito subjetivo, não só oblitera uma intervenção que é constitucionalmente reservada às associações sindicais e dos trabalhadores como ainda através dela se perverte toda a lógica da atribuição desse direito aos sindicatos e às comissões de trabalhadores, supostamente para defender os interesses dos trabalhadores perante quem tem o poder de facto de modificar a legislação que os afecta, não para defender os interesses daqueles que com eles estão em conflito..." (Jorge Bacelar Gouveia, *Os direitos de participação dos representantes dos trabalhadores na elaboração da legislação laboral*, in AAVV, *Estudos do Instituto de Direito do Trabalho*, vol. I, Coimbra, 2001, pp. 124 e 125).

de "Participar na elaboração da legislação do trabalho"[2512], distribuindo-se por vários aspetos, como os sujeitos intervenientes, o objeto protegido e o conteúdo oferecido[2513];

- na *legislação autárquica local*, ao estabelecer-se um direito de audição em favor das grandes organizações do poder local: se "...deve promover a consulta da Associação Nacional de Municípios Portugueses e da Associação Nacional de Freguesias sempre que se trate de projetos ou propostas de lei respeitantes às autarquias locais ou outras iniciativas que o justifiquem"[2514];
- *na elaboração da legislação económica e social*, como sucede com o Conselho Económico e Social: "O Conselho Económico e Social (...) participa na elaboração das propostas das grandes opções e dos planos de desenvolvimento económico e social..."[2515];
- *na alteração da legislação regional e noutras matérias afins*, não necessariamente legislativas, posição que se atribui aos órgãos regionais: "Os órgãos de soberania ouvirão sempre, relativamente às questões da sua competência respeitantes às regiões autónomas, os órgãos de governo regional"[2516].

IV. A instrução legislativa reparte-se por duas outras figuras, em relação às quais existem menos intensas indicações normativas, mas que preenchem uma idêntica função instrutória:

- *a negociação*: exprime a necessidade de a disciplina legal ser apreciada pelas partes envolvidas, antes de se tomar uma decisão legislativa final, como sucede em matéria de direitos dos trabalhadores

[2512] Arts. 54º, nº 5, al. d), primeira parte, e 56º, nº 2, al. a), da CRP e art. 134º do RAR. Sobre as diversas questões dogmáticas suscitadas por este mecanismo, v. Jorge Bacelar Gouveia, *O regime profissional...*, pp. 508 e ss., *Os direitos de participação...*, pp. 114 e ss., e *O Código do Trabalho...*, pp. 52 e ss.

[2513] Cfr. Jorge Bacelar Gouveia, *Os direitos de participação...*, pp. 125 e ss.

[2514] Art. 141º do RAR.

[2515] Art. 92º, nº 1, da CRP.

[2516] Art. 229º, nº 2, da CRP e art. 142º do RAR. Quanto a este mecanismo, v. Jorge Miranda, *Sobre a audição dos órgãos das Regiões Autónomas pelos órgãos de soberania*, in AAVV, *Estudos em Homenagem à Professora Doutora Isabel de Magalhães Collaço*, II, Coimbra, 2003, pp. 779 e ss.

e em matéria de tratamento de confissões religiosas não católicas, através dos acordos celebrados entre essas confissões e o Estado;

- *a discussão pública*: aponta a necessidade de a disciplina legislativa ser discutida pela opinião pública em geral, sendo para tanto os projetos legislativos publicados, fazendo-se chegar ao órgão legislativo as suas opiniões, tal sendo decidido "Em razão da especial relevância da matéria..."[2517].

V. Da instrução legislativa, o mesmo se podendo dizer da perspetiva da iniciativa legislativa, cumpre finalmente diferenciar outro mecanismo, que pode porventura dela se aproximar no plano político, ainda que funcionalmente não se lhe equipare: *o direito de petição*[2518].

O direito de petição – que é também um direito, liberdade e garantia político[2519] – exerce-se "...para defesa dos direitos dos cidadãos, da Constituição, das leis ou do interesse geral, mediante a apresentação aos órgãos de soberania, ou a quaisquer autoridades públicas, com exceção dos tribunais, de petições, representações, reclamações e queixas"[2520], as quais se distinguem entre si[2521]:

- *a petição*: "...a apresentação de um pedido ou de uma proposta, a um órgão de soberania ou a qualquer autoridade pública, no sentido de que tome, adote ou proponha determinadas medidas";
- *a representação*: "...a exposição destinada a manifestar opinião contrária da perfilhada por qualquer entidade, ou a chamar a atenção de uma autoridade pública relativamente a certa situação ou ato, com vista à sua revisão ou à ponderação dos seus efeitos";

[2517] Art. 140º, nº 1, do RAR, para o que, nos termos do art. 134º, nº 3, do RAR, "...os projetos e propostas de lei são publicados previamente em separata eletrónica do *Diário*".

[2518] Cfr. o art. 52º, nºs 1 e 2, da CRP e a L nº 43/90, de 10 de Agosto, tendo sido alterada pela última vez pela L nº 45/2007, de 24 de Agosto, que a republicou integralmente.

[2519] Cfr. o art. 52º, nº 1, da CRP, que dele oferece uma definição próxima da que consta no art. 1º da L nº 43/90: "Todos os cidadãos têm o direito de apresentar, individual ou coletivamente, aos órgãos de soberania, aos órgãos de governo próprio das regiões autónomas ou a quaisquer autoridades petições, representações, reclamações ou queixas para defesa dos seus direitos, da Constituição, das leis ou do interesse geral e, bem assim, o direito de serem informados, em prazo razoável, sobre o resultado da respetiva apreciação".

[2520] Art. 1º da L nº 43/90.

[2521] Cfr., respetivamente, os nºs 1, 2, 3 e 4 do art. 2º da L nº 43/90.

- *a reclamação*: "...a impugnação de um ato perante o órgão, funcionário ou agente que o praticou, ou perante o seu superior hierárquico";
- *a queixa*: "...a denúncia de qualquer inconstitucionalidade ou ilegalidade, bem como do funcionamento anómalo de qualquer serviço, com vista à adoção de medidas contra os responsáveis".

VI. Um cuidado especial reside nas petições endereçadas à Assembleia da República, que merecem um regime mais forte de proteção dos cidadãos[2522]:

- *em geral*, a apreciação "...pelas comissões competentes em razão da matéria ou por comissão especialmente constituída para o efeito...", devendo elaborar-se "...um relatório final, que deverá ser enviado ao Presidente da Assembleia da República, contendo as providências julgadas..."[2523];
- *em especial*, a apreciação por parte do Plenário da República, quando sejam subscritas por mais de 4 000 cidadãos e se conclua, da sua apreciação liminar, a conveniência dessa apreciação, dada a "sua importância social, económica ou cultural e a gravidade da situação objeto de petição"[2524].

284. A fase da aprovação

I. A *fase da aprovação legislativa* integra o momento mais relevante de todo o procedimento legislativo, pois é nela que se assume o clímax da expressão da vontade de legislar[2525].

No entanto, a fase deliberativa, sendo o momento constitutivo do procedimento legislativo, distribui-se por diversos sub-momentos, através da conjugação que é mister operar entre as vontades dos diversos órgãos intervenientes:

2522 Cfr. os arts. 17º e ss. da L nº 43/90.
2523 Art. 17º, nºs 1 e 8, da L nº 43/90.
2524 Art. 24º, nº 1, da L nº 43/90.
2525 Cfr. Jorge Miranda, *Manual...*, V, pp. 271 e ss.

- *a aprovação pela Assembleia da República*, primeiro pela votação na generalidade, depois pela votação na especialidade, e por fim pela votação final global;
- *a promulgação do Presidente da República*, ato que é igualmente necessário para a lei ser juridicamente existente[2526];
- *a referenda ministerial do Primeiro-Ministro*, em nome do Governo, que se apõe sobre o ato presidencial de promulgação.

II. Esta fase deliberativa do procedimento legislativo nacional é, a despeito de alguma simplicidade na apresentação dos diversos momentos que compõem essa teia procedimental, decerto a mais substancial de todas elas, ao centralizar o momento deliberativo fundante da decisão de legislar.

É conveniente, contudo, dissociar entre um momento constitutivo *interno* – que tem lugar dentro das paredes do órgão parlamentar – e um momento constitutivo *externo* – que acontece fora do Parlamento e que clama a intervenção de outros órgãos.

A primeira parte desse momento constitutivo consiste na vontade final do órgão que, para efeitos simbólicos e políticos, é o autor formal do ato legislativo – a Assembleia da República.

Esta deliberação parlamentar representa o coração deste momento constitutivo e compreende a votação do diploma, percorridas as fases da iniciativa e da instrução.

O outro momento que ocorre na fase constitutiva do procedimento legislativo nacional relaciona a vontade final do órgão parlamentar com a intervenção de outros órgãos exteriores e que são constitucionalmente autorizados a intervir.

III. O momento constitutivo interno tem lugar dentro da Assembleia da República e reparte-se por três diferenciados atos, no seu efeito e, na maior parte dos casos, nos respetivos protagonistas:

- *a discussão e votação na generalidade*;

[2526] Sobre o regime da promulgação em geral, v. MARGARIDA SALEMA, *O direito de veto...*, pp. 11 e ss.; MIGUEL LOBO ANTUNES, *Rapports entre pouvoirs publics – rapport portugais*, in AAVV, *Études de Droit Constitutionnel Franco-Portugais – a propos de la révision de la Constitution Portugaise suivies de la traduction de la Constitution*, Paris, 1992, pp. 145 e ss.; J. J. GOMES CANOTILHO e VITAL MOREIRA, *Constituição...*, pp. 597 e ss.; AFONSO D'OLIVEIRA MARTINS, *Promulgação*, pp. 567 e ss.

- *a discussão e votação na especialidade*;
- *a votação final global*.

A primeira intervenção, que respeita à análise pelo plenário dos "...princípios e sistema de cada projeto ou proposta de lei"[2527], versando a votação na generalidade "...sobre cada projeto ou proposta de lei"[2528], assume a importância de se saber se determinada iniciativa legislativa deve continuar o seu percurso ou se, pelo contrário, não obstante já ter sido apreciada na fase instrutória, não reúne a vontade parlamentar suficiente para prosseguir o *iter* legislativo.

A segunda intervenção, que normalmente cabe à comissão especializada que já dirigiu a sua instrução[2529], ainda que o plenário possa sempre "...avocar a si a votação na especialidade a requerimento de, pelo menos, 10 Deputados"[2530], é de pormenor, pois que "A discussão na especialidade versa sobre cada artigo...", sendo que a "...votação na especialidade versa sobre cada artigo, número ou alínea".

A terceira e última intervenção, necessariamente da competência do plenário parlamentar e só possível com a aprovação do texto legislativo na comissão especializada competente, significa a definitiva e firme vontade da Assembleia da República em relação ao mesmo[2531], ao que se segue a adoção da sua redação definitiva por parte da comissão especializada[2532].

285. A fase da promulgação

I. A primeira intervenção constitutiva externa pertence ao Presidente da República, a quem o decreto legislativo, depois de aprovado e redigido, é enviado para promulgação.

2527 Art. 147º, nº 1, do RAR.

2528 Art. 148º, nº 1, do RAR.

2529 Cfr. o art. 150º do RAR, com exceção dos casos em que a CRP exige a intervenção do plenário, nos termos dos nºs 4 e 5 do art. 168º da CRP.

2530 Art. 151º do RAR.

2531 Cfr. o art. 155º do RAR.

2532 Redação final que, na verdade, não pode alterar o diploma já finalmente aprovado, uma vez que, nos termos do art. 156º, nº 2, do RAR, "A comissão não pode modificar o pensamento legislativo, devendo limitar-se a aperfeiçoar a sistematização do texto e o seu estilo, mediante deliberação sem votos contra."

O Presidente da República tem ao seu dispor três comportamentos alternativos[2533]:

- *o pedido da fiscalização preventiva da constitucionalidade do decreto*, devendo fazê-lo no prazo de oito dias a contar da receção do diploma;
- *a promulgação do decreto*, para tanto gozando do prazo de vinte dias desde a sua receção; e
- *o veto político do decreto*, no mesmo prazo de vinte dias, ato que deve ser, no entanto, fundamentado em mensagem enviada à Assembleia da República.

II. A promulgação significa uma apreciação positiva de mérito por parte do Chefe de Estado a respeito do sentido da legislação aprovada pelo órgão competente e que lhe é enviada, assim implicando a sua acordância com a mesma.

Se, porém, o Chefe de Estado entender que o diploma legislativo não merece o seu assentimento, por razões de natureza política, deverá vetá-lo politicamente, o mesmo é dizer, rejeitar a continuação do seu procedimento.

Com o veto político, ato que carece de ser fundamentado[2534], o decreto legislativo é devolvido à Assembleia da República para efeitos de apreciação no sentido da superação do veto político produzido.

III. Com a promulgação do decreto legislativo, segue-se uma outra fase, mas se o Chefe de Estado, contudo, optar pelo veto político, abre-se um leque de três possibilidades de agir:

- *a confirmação do decreto*, sem qualquer alteração do mesmo, o que pode ocorrer pela maioria geral para confirmação – que é a maioria absoluta dos Deputados em efetividade de funções – ou por uma maioria mais agravada – a maioria de dois terços dos Deputados presentes, desde que superior à maioria absoluta dos Deputados em efetividade de funções, para a confirmação de lei orgânica e de decretos respeitantes às matérias das relações externas, limites

[2533] Cfr. o art. 136º, nº 1, da CRP.

[2534] Quanto à fundamentação de certos atos políticos na CRP, v. Jorge Miranda, *Manual*..., V, pp. 108 e ss.; Jorge Bacelar Gouveia, *O estado de exceção*..., II, pp. 1067 e ss.

entre setores de propriedade dos meios de produção e regulamentação dos atos eleitorais não abrangidos na lei orgânica – e sendo o Presidente da República obrigado a promulgar no prazo de oito dias[2535];

- *a confirmação do decreto, mas com a introdução de alterações*, caso em que a maioria aplicável é a maioria relativa como maioria deliberativa geral, devendo o diploma ser re-enviado ao Presidente da República para nova apreciação para efeitos de promulgação ou veto político[2536];
- *a não confirmação do decreto*, hipótese em que o procedimento legislativo respetivo termina e "...a iniciativa legislativa não pode ser renovada na mesma sessão legislativa"[2537].

286. A fase da referenda

I. A outra intervenção constitutiva externa é a da *referenda ministerial*, ato que se apõe à promulgação presidencial dos atos legislativos[2538].

À semelhança da promulgação, também a referenda ministerial é um requisito de existência jurídica[2539], sendo a respetiva emissão da competência, não do Governo, mas sim do Primeiro-Ministro[2540].

[2535] Cfr. o art. 136º, nºs 2 e 3, da CRP.

[2536] O que se depreende tanto implicitamente, por o diploma já não ser o mesmo, sendo dada ao Chefe de Estado uma oportunidade de globalmente se pronunciar sobre a sua bondade, como explicitamente, por aquilo que se prescreve no art. 161º, nº 2, do RAR: "Se a Assembleia introduzir alterações, o novo decreto é enviado ao Presidente da República para promulgação".

[2537] Art. 161º, nº 3, do RAR.

[2538] Sobre a referenda ministerial, v. José Paulo Vieira Duque, *A referenda ministerial*, in RJ, nºs 11 e 12, janeiro-junho de 1989, pp. 117 e ss., e nºs 13 e 14, janeiro-junho de 1990, pp. 17 e ss.; J. J. Gomes Canotilho e Vital Moreira, *Constituição...*, pp. 606 e ss.; Jorge Miranda, *Referenda*, in DJAP, VII, Lisboa, 1996, pp. 67 e ss., e *Manual...*, V, pp. 303 e ss.; Diogo Freitas do Amaral e Paulo Otero, *O valor jurídico-político da referenda ministerial*, in ROA, ano 56, I, janeiro de 1996, pp. 55 e ss.; Jaime Valle, *A participação do Governo...*, pp. 161 e ss.

[2539] Cfr. o art. 140º, nº 2, da CRP.

[2540] Havendo assim uma discrepância entre o art. 197º, nº 1, al. a), da CRP, que a defere ao Governo, e o art. 11º, nº 3, da LPIFD, que para os diplomas da Assembleia da República afirma que, "Após o texto, seguem-se, sucessivamente, a data da aprovação, a assinatura do Presidente da Assembleia da República, a data da promulgação, a ordem de publicação e

II. Nem a CRP, nem qualquer outro diploma, estabelece o prazo em que deve ser emitida, embora se entenda que deve ser imediatamente, logo que o Chefe de Estado tenha efetuado a promulgação.

A maior dificuldade que o instituto da referenda ministerial tem suscitado situa-se ao nível da opção acerca da liberdade ou vinculação da respetiva emissão, o que nunca poderá ser alheio ao problema geral da função constitucional que um Estado Republicano e Democrático lhe quis atribuir.

III. Sendo certo que a referenda ministerial não pode subverter toda uma lógica de separação, interdependência e equilíbrio de competências entre os órgãos de soberania, *maxime* no seio do próprio procedimento legislativo parlamentar, é de crer que a sua aposição seja obrigatória, restando-lhe apenas uma função de mera certificação formal das vontades decisórias progressivamente produzidas.

287. A fase da eficácia

I. A *fase da eficácia legislativa* corresponde à entrada em vigor do diploma, para o que se impõe a realização de um adequado conjunto de procedimentos.

Tudo isso se relaciona com a necessidade, por causa da exigência do princípio do Estado de Direito, de conferir ao diploma a conveniente publicidade, introduzindo transparência na decretação de orientações normativas, com isso se proscrevendo normas jurídicas secretas.

Só assim a comunidade política em geral pode ficar a conhecer o Direito que a rege, assim se evitando fontes escondidas.

II. Esse desejo de publicidade é formalmente alcançado pela publicação geral dos diplomas legislativos no boletim oficial do Estado, que

a assinatura do Presidente da República, a data da referenda e a assinatura do Primeiro-Ministro".

promove a divulgação dos respetivos conteúdos, que é o *Diário da República*[2541].

Obviamente que esta via não impede a utilização de outras vias de publicitação dos conteúdos dos atos legislativos, podendo até, em certos casos, a lei determinar outras modalidades de publicidade, a acrescer a esta já referida, mas que continua sendo a principal e, sobretudo, mais segura.

III. A entrada em vigor propriamente dita, segundo a LPIFD, e na ausência de mecanismos específicos, obedece agora a um único esquema supletivo: a entrada em vigor, no território nacional ou no estrangeiro, ocorre no quinto dia posterior[2542].

O termo *a quo* destes prazos é a data da publicação, o que equivale à disponibilização no respetivo sítio da Internet[2543].

288. Os procedimentos legislativos parlamentares nacionais especiais

I. Ao lado da esquematização dos procedimentos legislativos parlamentares, nacionais e gerais, como se acabou de expor, é possível encontrar situações particulares, em que o legislador, em sua homenagem, elabora regimes diferenciados no itinerário procedimental de elaboração dos atos legislativos.

O desvio relativamente ao regime geral é, contudo, reduzido, sendo por isso viável qualificá-los como *procedimentos especiais*, ainda que numa medida variável em direta função da matéria em questão.

[2541] Cfr. o art. 119º da CRP. Sobre a publicitação dos atos jurídico-públicos em geral, incluindo o respetivo regime legal constante da LPIFD, v. JORGE MIRANDA, *Decreto*, in DJAP, III, 2ª ed., Lisboa, 1990, pp. 339 e 340; MARCELO REBELO DE SOUSA, *O valor*..., I, pp. 275 e ss.; MARGARIDA ORTIGÃO RAMOS, *Diário da República*, in DJAP, IV, Lisboa, 1991, pp. 12 e ss.; J. J. GOMES CANOTILHO e VITAL MOREIRA, *Constituição*..., pp. 547 e ss.; J. J. GOMES CANOTILHO, *Direito Constitucional*, pp. 947 e ss.; JOSÉ PEDRO FERNANDES, *Publicidade*, in DJAP, VI, Lisboa, 1994, pp. 664 e 665.

[2542] Cfr. o art. 2º, nº 2, da LPIFD, em que se afirma que "Na falta de fixação do dia, os diplomas referidos no número anterior entram em vigor, em todo o território nacional e no estrangeiro, no 5º dia após a publicação".

[2543] Cfr. o art. 1º, nº 2, da LPIFD.

Estão nessas condições três procedimentos legislativos parlamentares nacionais especiais:

- *o procedimento de aprovação dos estatutos político-administrativos das Regiões Autónomas*;
- *o procedimento da aprovação das autorizações legislativas*;
- *o procedimento de celebração de acordos legislativos entre o Estado e as confissões religiosas não católicas.*

II. O *procedimento de elaboração dos estatutos político-administrativos das Regiões Autónomas* assume uma singular relevância jurídico-política porque se localiza no ponto focal da configuração infra-constitucional da autonomia regional, simbolizado nos estatutos político-administrativos.

Os estatutos político-administrativos regionais são aprovados por lei da Assembleia da República, mas desempenham a especial função de, nos espaços regionais, serem complementares do desenho constitucional das suas competências, aí se assumindo como verdadeiras "sub-Constituições" dessas entidades jurídico-públicas[2544].

É por isso que se compreendem bem as especialidades assinaladas na respetiva tramitação:

- *na iniciativa*: as Assembleias Legislativas das Regiões Autónomas têm uma competência exclusiva de iniciativa legislativa, tanto na aprovação inicial do estatuto, quanto na sua alteração ou suspensão posteriores, competência que se apresenta global para qualquer uma das suas matérias[2545];
- *na instrução*: as Assembleias Legislativas das Regiões Autónomas têm o poder para se pronunciarem, a título consultivo, a respeito de eventuais alterações, assim como sobre a rejeição global, que a Assembleia da República pretenda fazer no momento da deliberação em relação à proposta apresentada pela Região Autónoma[2546].

Esta não vem a ser uma qualificação pacífica porque se pode colocar a questão de saber o que acontece no caso de simples inércia procedi-

[2544] Quanto às respetivas particularidades procedimentais, v. Jorge Bacelar Gouveia, *O regionalismo político-legislativo...*, pp. 64 e 65, e *A autonomia legislativa...*, pp. 133 e ss.

[2545] Cfr. o art. 226º da CRP e arts. 164º e 188º do RAR.

[2546] Cfr. o art. 226º, nºs 2 e 3, da CRP e o art. 167º do RAR.

mental em qualquer uma destas fases, não sendo absolutamente sensato concluir pelo bloqueamento, puro e simples, da competência legislativa do Estado nesta matéria.

III. O *procedimento das autorizações legislativas* é outro dos casos em que se encontram presentes diferenças em relação às regras do procedimento legislativo parlamentar comum.

Essas especialidades incidem sobre estes dois aspetos, sendo no mais um procedimento idêntico ao procedimento legislativo parlamentar comum:

- *na iniciativa*: a iniciativa é exclusiva do Governo, apesar de a CRP ser silente na matéria, o que obviamente se compreende porque é da responsabilidade do órgão executivo a emissão do ato legislativo final[2547];
- *na instrução*: há um especial dever de informação por parte do Governo[2548].

Facilmente se percebe que estes desvios se inserem numa senda de aceleração procedimental, permitindo ao Governo, com rapidez, obter da Assembleia da República a autorização legislativa pretendida.

IV. O *procedimento legislativo de elaboração dos acordos entre o Estado e as confissões religiosas não católicas*, sendo muitíssimo recente, assume uma assinalável complexidade, até pela novidade da matéria em Portugal.

O respetivo regime, tal como consta da L nº 16/2001, aponta para o resultado da finalização de um ato legislativo, mas em que o caminho percorrido não se desenrolou nos mesmos moldes do procedimento legislativo comum, nem mesmo considerando o caso de uma iniciativa legislativa governamental.

É ao Governo que incumbe realizar um acordo com cada confissão religiosa, se bem que esse acordo só adquira validade se transformado em lei da Assembleia da República, numa situação em que não há, da parte deste órgão, qualquer liberdade de estipulação acerca do respetivo conteúdo.

2547 Cfr. o art. 188º, nº 1, do RAR.

2548 Cfr. o art. 188º, nº 2, do RAR.

Trata-se apenas de um ato legislativo de mera adesão a um acordo já previamente firmado, em que, apesar disso, a sua vontade é decisiva para a integração do mesmo na Ordem Jurídica.

289. O procedimento legislativo governamental

I. Diversamente do que sucede com o procedimento legislativo nacional parlamentar, e levando em consideração a importância que o assunto mereceria por se tratar de um órgão de soberania, o *procedimento legislativo governamental* dispõe de pouquíssimas normas constitucionais.

É que o procedimento legislativo governamental está essencialmente construído em normas infra-constitucionais[2549], como a LOG e, sobremaneira, o RCM.

Importa chamar a particular atenção para o RCM, que estabelece relevantes aspetos, naquilo que designa por "Do procedimento legislativo governamental", com as seguintes seis secções integradas no seu Capítulo III:

- Secção I – *Fase de planificação legislativa e de monitorização*
- Secção II – *Fase de iniciativa*
- Secção III – *Fase de instrução legislativa*
- Secção IV – *Fase de circulação legislativa*
- Secção V – *Fase de discussão e aprovação*
- Secção VI – *Fase de redação final*

II. Sistematizando as diversas intervenções que decorrem do texto constitucional e dos textos infra-constitucionais, propõem-se as seguintes fases do respetivo procedimento[2550], que não divergem muito das fases relevantes do procedimento legislativo parlamentar, particularidades que merecem uma especial alusão:

- a *fase da iniciativa*;
- a *fase da instrução*;
- a *fase da circulação legislativa*;

[2549] Assim, Jaime Valle, *A participação do Governo...*, pp. 257.

[2550] Cfr. Jaime Valle, *A participação do Governo...*, pp. 258 e ss.

– a *fase da deliberação*; e
– a *fase da eficácia*[2551].

III. A iniciativa legislativa, no caso do procedimento legislativo governamental, é sempre interna e compete "...aos membros do Governo que os enviam ao Secretário de Estado da Presidência do Conselho de Ministros"[2552].

Mas o exercício dessa iniciativa legislativa pode submeter-se a um dever procedimental prévio de informação específica: "Em cumprimento das prioridades políticas fixadas pelo Primeiro-Ministro, a Ministra da Presidência e da Modernização Administrativa, o Ministro Adjunto e o Secretário de Estado da Presidência do Conselho de Ministros podem solicitar o envio de anteprojetos, sempre que a natureza das iniciativas legislativas o justifioque"[2553].

IV. A instrução do procedimento de diplomas legislativos do Governo inclui uma diferenciação entre uma subfase interna e uma subfase externa.

A subfase interna refere-se à produção dos pareceres dos Ministros competentes em razão da matéria, sendo de referir os seguintes casos[2554]: o Ministro dos Negócios Estrangeiros, a Ministra da Presidência e da Modernização Administrativa e o Ministro das Finanças.

A subfase externa relaciona-se com o dever de audição de entidades externas, tal como esse dever está constitucionalmente inscrito ou se deduza da LOG ou do RCM, de que se evidencia a audição das Regiões Autónomas[2555].

Dentro desta fase instrutória, outra regra geral – de timbre bastante draconiano – é a que atribui, no Governo, uma posição prevalecente ao Ministro das Finanças, cabendo-lhe um especial poder de aprovação: "Todos os projetos legislativos que envolvam aumento de despesas ou

2551 A fase da eficácia tem a mesma configuração da fase da eficácia dos atos legislativos parlamentares, pelo que para aí se remetem as necessárias explicitações.

2552 Art. 25º, nº 1, do RCM.

2553 Art. 25º, nº 3, do RCM.

2554 Cfr. os arts. 28º, 29 e 30º da RCM.

2555 Cfr. o art. 32º, nº 3, do RCM.

diminuição de receitas são obrigatoriamente sujeitos a parecer favorável do Ministro das Finanças"[2556].

V. Embora com autonomia formal, ainda se incluem nesta fase instrutória dois outros momentos referidos no RCM e que contribuem para o aperfeiçoamento dos diplomas em causa, designados por "circulação legislativa":

- o envio de projetos para circulação e agendamento; e
- a circulação e apreciação preliminar[2557].

VI. A fase deliberativa reside na aprovação dos diplomas em duas instâncias governamentais[2558]:

- a Reunião de Secretárias e Secretários de Estado; e
- a Reunião do Conselho de Ministros.

A Reunião de Secretárias e Secretários de Estado é já considerada um prévio momento deliberativo, ao delimitar os termos em que, a seguir, o Conselho de Ministros vai intervir, disso se fazendo eco o próprio RCM, ao dizer que "Os projetos apreciados em Reunião de Secretárias/os de Estado são objeto de deliberação: a) Aprovação, com ou sem alterações; b) Adiamento; c) Aceitação da retirada pelos respetivos proponentes; d) Proposta de inscrição na parte IV da agenda do Conselho de Ministros"[2559].

O momento central é o da intervenção do Conselho de Ministros, que é constitucionalmente considerado vital na aprovação dos atos mais relevantes do Governo[2560].

Como sucede com o procedimento legislativo parlamentar, a produção legislativa governamental não dispensa a posterior intervenção presidencial, através da promulgação, bem como da própria referenda ministerial.

[2556] Art. 30º, nº 1, do RCM.

[2557] Cfr. os arts. 34º e ss. do RCM.

[2558] Cfr. o art. 38º do RCM.

[2559] Art. 17º, nº 1, als. a), b), c) e d), do RCM.

[2560] Cfr. o art. 6º do RCM.

A recusa da promulgação presidencial tem a particularidade de se formalizar num veto político que é absoluto, não sendo possível ao Governo superar a rejeição presidencial[2561].

290. O procedimento legislativo regional

I. A competência legislativa regional, bem como os atos legislativos que lhe correspondem, devem ser vistos sob uma perspetiva dinâmica de teor procedimental.

Os atos legislativos regionais, dessa ótica, inserem-se numa lógica procedimental, segundo a qual se articulam diversos momentos, em si diferentes, com vista à produção comum de um ato final, que é o ato legislativo regional[2562], nele também confluindo as características fundamentais (i) da pluralidade de atos jurídicos que se sucedem no tempo, (ii) do estabelecimento de uma ordem sequencial entre eles e (iii) da identidade de objetivos na formação da vontade última.

II. Se bem que menos intensamente regulado pela CRP, em comparação com o que sucede no procedimento legislativo parlamentar nacional, o certo é que nem por isso o procedimento legislativo regional se mostra irrelevante para o nosso texto fundamental[2563].

No mais, é necessário recorrer aos estatutos político-administrativos das Regiões Autónomas, assim como consultar os regimentos das respetivas Assembleias Legislativas, aprovados por resoluções parlamentares regionais.

III. *A elaboração dos atos legislativos regionais* – como acontece, em geral, com os atos legislativos constitucionalmente previstos, preocupação que

[2561] Cfr. o art. 136º, nº 4, da CRP.

[2562] Cfr. Jorge Bacelar Gouveia, *O estado de exceção...*, II, p. 1107, e *A autonomia legislativa...*, pp. 133 e ss.

[2563] Sobre o procedimento legislativo regional, v. Jorge Bacelar Gouveia, *Autonomia regional...*, pp. 146 e ss.

é mais forte no caso dos atos legislativos da Assembleia da República – *depende de uma lógica de tipo procedimental*[2564].

Não estamos, pois, perante atos de produção instantânea, em que seja possível vislumbrar a existência de atos emanados de sopetão; é, pelo contrário, de equacionar a existência de uma dilação – temporal ou qualquer outra – entre o momento do início e o momento da conclusão de cada procedimento legislativo.

Estamos em crer que é possível divisar a existência de quatro momentos distintos, não só quanto ao valor de cada participação na promanação do ato final como ainda por referência ao tipo de requisitos que são respeitados, *maxime* na clássica dicotomia entre requisitos de validade e requisitos de eficácia[2565]:

- a *fase da iniciativa*;
- a *fase da instrução*;
- a *fase da deliberação*; e
- a *fase da eficácia*.

IV. A aplicação destas noções ao procedimento legislativo regional implica que, à semelhança do que sucede a nível nacional, seja possível encarar a sua perceção nesses mesmos moldes[2566].

A *iniciativa* do procedimento legislativo regional pode ser interna – dos grupos parlamentares e dos deputados regionais – como externa – neste caso, apenas do Governo Regional, através da sua reunião plenária.

A *instrução* do procedimento legislativo encetado concita a reunião de pareceres apropriados ao desejo de se alcançar uma boa decisão de legislar, na medida em que seja necessário e conveniente reunir opiniões que permitam uma lei regional melhor informada e melhor fundamentada.

A *deliberação* dá-se com a votação dos diplomas legislativos regionais, precedida da sua discussão, de acordo com a tramitação regimental estabelecida, assim como carecendo, depois disso, da intervenção do Representante da República, através da sua assinatura.

[2564] Como se atesta do exercício que fizemos relativamente ao estado de exceção. Cfr. Jorge Bacelar Gouveia, *O estado de exceção...*, II, pp. 1106 e ss.

[2565] Cfr. Jorge Bacelar Gouveia, *O estado de exceção...*, II, p. 1117; J. J. Gomes Canotilho, *Direito Constitucional e Teoria...*, pp. 871 e ss.

[2566] Cfr. Margarida Salema, *O direito de veto...*, pp. 56 e ss.

A *eficácia* concretiza-se na publicação do diploma no *Diário da República*, assim se lhe conferindo a obrigatória publicitação, de forma a propiciar o seu conhecimento por parte da comunidade, para além da sua publicação nos jornais oficiais regionais.

V. Este é o itinerário normal do procedimento legislativo regional. Mas evidentemente que *há procedimentos legislativos regionais especiais*, nos quais se torna imperioso registar desvios a este enquadramento geral.

São casos em que se assinalam modificações no modo como essas fases têm lugar, em obediência a circunstâncias particulares – como é a urgência ou a natureza especial dos procedimentos.

§ 62º AS REGIÕES AUTÓNOMAS

291. Portugal como Estado Regional

I. Dentro das diversas modalidades possíveis de organizar o Estado, a República Portuguesa, no quadro da CRP, optou pelo Estado unitário ou simples.

Mas a unidade estadual compreende dentro de si a criação de Regiões Autónomas dos Açores e da Madeira[2567], que por mais amplas que sejam nelas nunca reside um vital poder de auto-organização (*Kompetenz-Kompetenz*), porquanto não disfrutam de qualquer poder independente do do Estado[2568].

Como lembra Jorge Miranda, há que frisar dois aspetos que marcam a destrinça entre a Federação e as Regiões Autónomas: a) "...a vontade última na elaboração ou na alteração dos estatutos regionais pertence ao poder central (...) as regiões não têm poder constituinte"; b) "...as regiões tão pouco participam na elaboração e na revisão da Constituição do

[2567] Sobre a atual configuração jurídico-constitucional das Regiões Autónomas Portuguesas, v. Jorge Miranda, *Manual*..., III, pp. 296 e ss.; Jorge Bacelar Gouveia, *O regionalismo político-legislativo*..., pp. 59 e ss., *As Regiões Autónomas: balanço e desafios*, in ReDiP, ano IV, nº 8, julho/dezembro de 2012, pp. 217 e ss., e *A autonomia legislativa*, pp. 21 e ss.; Paulo Otero, *Direito Constitucional Português*..., II, pp. 563 e ss.

[2568] Com um enquadramento histórico das autonomias regionais, José Medeiros Ferreira, *Com os Açores no Dobrar do Século*, Lisboa, 1999, pp. 31 e ss.; Jorge Bacelar Gouveia, *A autonomia legislativa*..., pp. 27 e ss.

Estado, como unidades políticas distintas dele (...) o poder constituinte do Estado é delas independente"[2569].

O desempenho do poder público em Portugal, no plano das funções política e legislativa[2570], assenta, deste modo, na partilha da respetiva titularidade pelo Estado e pelas Regiões Autónomas.

II. O estatuto jurídico destas duas pessoas coletivas de Direito Público está essencialmente dependente do texto da CRP, que lhe reserva até um título próprio: o Título VII, com a epígrafe "Regiões Autónomas", nela se incluindo dez artigos.

Uma não menos relevante função reguladora cabe aos respetivos estatutos político-administrativos[2571], um para cada uma dessas regiões, elaborados em momentos diferentes e propugnando, na prática, parecidas soluções sistemáticas e regulativas para aquelas unidades político-administrativas.

O primeiro estatuto definitivo a ser aprovado foi o EPARAA em 1980, com 141 artigos, assim distribuídos nos seus oito títulos:

- Título I – *Região Autónoma dos Açores*
- Título II – *Princípios fundamentais*
- Título III – *Regime económico e financeiro*
- Título IV – *Órgãos de governo próprio*
- Título V – *Relação da Região com outras pessoas coletivas públicas*
- Título VI – *Das relações internacionais da Região*
- Título VII – *Organização das administrações públicas*
- Título VIII – *Revisão do Estatuto*

O EPARAM foi feito muito mais tarde, só em 1991, e é mais extenso, com 154 artigos, assim distribuídos pelos seus cinco títulos:

- Título I – *Princípios fundamentais*
- Título II – *Órgãos de governo próprio e administração pública regional*
- Título III – *Relações entre o Estado e a Região*

[2569] Jorge Miranda, *Manual...*, III, p. 279.

[2570] Quanto aos contornos destas funções do Estado, v. Marcelo Rebelo de Sousa, *Direito Constitucional...*, pp. 235 e ss.; Marcello Caetano, *Manual de Ciência Política...*, I, pp. 148 e ss.; Jorge Miranda, *Manual...*, V, pp. 7 e ss.

[2571] Cfr. Jorge Bacelar Gouveia, *A autonomia legislativa...*, pp. 37 e ss.

– Título IV – *Do regime financeiro, económico e fiscal*
– Título V – *Disposições finais e transitórias*

III. Só que a regionalização político-legislativa dos arquipélagos dos Açores e da Madeira não corresponde, não obstante as influências recebidas, originariamente, de Itália e, supervenientemente, de Espanha, a um fenómeno que seja total e heterogéneo[2572]:

i) *não é total* porque as Regiões Autónomas apenas foram criadas nos dois arquipélagos referidos, os quais se afiguram, dentro da geografia portuguesa, como os mais importantes, mas longe de abrangerem a totalidade do respetivo território, ao mesmo tempo sendo aqueles que merecem participar nesse fenómeno jurídico-político em atenção às suas singularidades populacionais e espaciais[2573];

ii) *não é heterogéneo* porque a regionalização é feita de modo semelhante para essas duas Regiões Autónomas, ao nível dos seus aspetos básicos de feição funcional – no tocante à dimensão dos respetivos poderes – e de feição estrutural – no plano dos órgãos e serviços que se lhes atribuem.

[2572] Para uma caracterização da regionalização político-administrativa em Portugal desde a CRP76, v. Marcelo Rebelo de Sousa, *Direito Constitucional...*, pp. 147 e ss.; Fernando Amâncio Ferreira, *As regiões autónomas na Constituição Portuguesa*, Coimbra, 1980, pp. 49 e ss.; Eduardo Paz Ferreira, *As finanças regionais*, Lisboa, 1985, pp. 157 e ss.; Pedro Machete, *Elementos para o estudo das relações entre os actos legislativos do Estado e das Regiões Autónomas no quadro da Constituição vigente*, in RDES, ano XXXIII, nºs 1-2, janeiro-junho de 1991, pp. 223 e ss.; J. J. Gomes Canotilho e Vital Moreira, *Constituição...*, pp. 75 e 76; Jorge Bacelar Gouveia, *Portugal – Des collectivités locales en attente de région*, in AAVV, *Les collectivités décentralisées de l'Union Européenne* (org. de Alain Delcamp), Paris, 1994, pp. 309 e ss., *Autonomias regionais – que futuro político-constitucional?*, Funchal, 1999, pp. 9 e ss., *Autonomia regional, procedimento legislativo e confirmação parlamentar*, in RFDUL, XLI, nº 1 de 2000, pp. 137 e ss., *O Decreto-Lei nº 40/2001 e a Constituição Portuguesa*, in *Novos Estudos de Direito Público*, vol. II, Lisboa, 2002, pp. 159 e ss., *O regionalismo político-legislativo...*, pp. 68 e ss., e *A autonomia legislativa...*, pp. 24 e ss.; Paulo H. Pereira Gouveia, *Estudo sobre o poder legislativo das Regiões Autónomas*, Coimbra, 2003, pp. 12 e ss.; Jorge Miranda, *Manual...*, I, pp. 372 e ss, e *Manual...*, III, pp. 300 e ss.

[2573] Ou, como se escreve no art. 225º, nº 1, da CRP, "O regime político-administrativo próprio dos arquipélagos dos Açores e da Madeira fundamenta-se nas suas características geográficas, económicas, sociais e culturais e nas históricas aspirações autonomistas das populações insulares".

IV. Ser uma regionalização político-legislativa não é obviamente sinónimo de proibição da existência de uma *paralela regionalização administrativa*, na medida em que aquele fenómeno decerto permite – senão mesmo impõe – a atribuição de tais poderes de natureza administrativa[2574].

A consagração de Regiões Autónomas na organização constitucional portuguesa equivale também à respetiva dotação com poderes de índole administrativa, fazendo destas, semelhantemente, novos elementos no âmbito da nossa Administração Pública[2575].

Se bem que tenhamos a intenção de concentrar os nossos esforços nos aspetos de caráter político-legislativo, seria metodologicamente discutível não chamar a atenção para esta outra dimensão, que é constitucionalmente obnubilada quando se referem, separadamente, na definição da descentralização jurídico-pública, de um lado, as Regiões Autónomas e, do outro lado, as autarquias locais, estas juntamente com outras modalidades de descentralização democrática da Administração Pública.

292. Os órgãos regionais

I. Sendo pessoas coletivas de Direito Público, com um regime jurídico definido, em parte, pela CRP e, noutra parte, pela lei ordinária, as Regiões Autónomas têm órgãos de governo próprio[2576], ponto estrutural que a nossa Lei Fundamental considera mesmo constitutivo da descentralização político-administrativa que se pretende levar a cabo.

Não é por acaso que o preceito constitucional que se insere no frontispício da CRP refere, com exatidão, esta circunstância[2577], e mais adiante, no recorte dos respetivos poderes, essa mesma ideia se reiterando, ao

[2574] Apresentando diversas modalidades de descentralização administrativa, Diogo Freitas do Amaral, *Curso...*, I, pp. 697 e ss.; Jorge Miranda, *Manual...*, III, pp. 210 e ss.

[2575] Assim, Diogo Freitas do Amaral, *Curso...*, I, p. 547; Jorge Bacelar Gouveia, *A autonomia legislativa...*, pp. 25 e 26.

[2576] Locução usada, *v. g.*, nos arts. 6º, nº 2, e 231º da CRP, nela se inserindo a Assembleia Legislativa e o Governo Regional.

Cfr. o respetivo conceito, por todos, em Jorge Bacelar Gouveia, *O estado de exceção...*, II, p. 952.

[2577] Art. 6º, nº 2, da CRP.

dizer-se que "...As regiões autónomas são pessoas coletivas territoriais..."[2578].

Nas Regiões Autónomas existem também órgãos que, não integrando essa pessoa coletiva, sobre ela projetam a sua atuação. Não são órgãos de governo próprio, mas são órgãos que atuam exclusivamente nas Regiões Autónomas: é o caso dos Representantes da República, um para cada uma delas.

Assim, em termos organizatórios, é de frisar a existência de três órgãos que exercem as suas competências constitucionais e legais no âmbito das Regiões Autónomas portuguesas:

i) *a Assembleia Legislativa*;
ii) *o Governo Regional*; e
iii) *o Representante da República*.

II. A *Assembleia Legislativa* é *o órgão de tipo parlamentar*, sendo representativo de todos os portugueses residentes, e o respetivo mandato tem a duração de quatro anos[2579].

É o único órgão regional que se funda no sufrágio universal e direto dos eleitores residentes nos territórios regionais, operando-se a conversão dos votos em mandatos de acordo com o método da média mais alta de *Hondt*, específica modalidade da representação proporcional[2580].

A Assembleia Legislativa tem o monopólio da função legislativa regional, bem como dos atos da função administrativa regional considerados mais importantes, ainda exercendo várias competências políticas[2581].

III. O *Governo Regional é um órgão de tipo executivo* e ao qual se defere a condução da política geral da Região Autónoma, nos seus mais variados setores e departamentos[2582].

[2578] Proémio do nº 1 do art. 227º da CRP.

[2579] Sobre a Assembleia Legislativa, v. FERNANDO AMÂNCIO FERREIRA, *As regiões autónomas...*, pp. 138 e ss.; J. J. GOMES CANOTILHO e VITAL MOREIRA, *Constituição...*, p. 872; JORGE BACELAR GOUVEIA, *A autonomia legislativa...*, pp. 48 e ss.; JORGE MIRANDA, *Manual...*, III, pp. 317 e ss.; PAULO OTERO, *Direito Constitucional Português...*, II, pp. 603 e ss.

[2580] Aquela imposta pelas leis eleitorais e esta estabelecida no art. 231º, nº 2, da CRP.

[2581] Cfr. o art. 232º da CRP.

[2582] Sobre o Governo Regional, v. FERNANDO AMÂNCIO FERREIRA, *As regiões autónomas...*, pp. 142 e ss.; J. J. GOMES CANOTILHO e VITAL MOREIRA, *Constituição...*, p. 873; JORGE

A sua organização e funcionamento depende de diploma próprio, da exclusiva competência do Governo Regional[2583], sendo chefiado por um Presidente e composto por Secretários Regionais, nas áreas setoriais que se mostrem relevantes para a governação regional.

A nomeação do Presidente do Governo Regional é feita pelo Representante da República, em função dos resultados eleitorais, e, sob sua proposta, também lhe cabe nomear os Secretários Regionais[2584].

O Governo Regional, para além do conjunto de competências administrativas que desenvolve, dispõe de poderes de natureza política, quer no âmbito regional, quer ao nível nacional.

IV. O *Representante da República é o representante do Estado no espaço regional*[2585] e tem uma estrutura de órgão unipessoal[2586].

É nomeado e exonerado pelo Presidente da República, ouvido o Governo[2587]. A duração do respetivo mandato equivale à duração do mandato presidencial e é substituído, nas suas ausências e impedimentos, pelo Presidente da Assembleia Legislativa[2588].

O Representante da República tem competências necessárias, tal como se encontram definidas na CRP, e tem competências eventuais, se isso for determinado pelo Governo:

i) no primeiro caso, são as competências de natureza política, não apenas quanto à constituição do Governo Regional como na parti-

Bacelar Gouveia, *Des collectivités locales...*, pp. 313 e 314, e *A autonomia legislativa...*, pp. 50 e ss.; Jorge Miranda, *Manual...*, III, pp. 319 e 320; Paulo Otero, *Direito Constitucional Português...*, II, pp. 608 e ss.

2583 Cfr. o art. 231º, nº 5, da CRP.

2584 Cfr. o art. 231º, nºs 3 e 4, da CRP.

2585 Cfr. o art. 230º, nº 1, da CRP.

2586 Sobre o antigo Ministro da República e o atual Representante da República, v. Fernando Amâncio Ferreira, *As regiões autónomas...*, pp. 131 e ss.; Jorge Miranda, *Ministro da República*, in DJAP, V, Lisboa, 1993, pp. 597 e ss., e *Manual...*, III, pp. 320 e ss.; J. J. Gomes Canotilho e Vital Moreira, *Constituição...*, pp. 869 e ss.; Jorge Bacelar Gouveia, *Des collectivités locales...*, p. 314, e *A autonomia legislativa...*, pp. 52 e ss.; Paulo Otero, *Direito Constitucional Português...*, II, pp. 541 e ss.

2587 Cfr. os arts. 230º, nº 1, e 133º, al. l), da CRP.

2588 Cfr. o art. 230º, nº 3, da CRP.

cipação que tem no procedimento legislativo regional, através dos poderes de assinatura e veto dos diplomas regionais[2589];

ii) no outro caso, pode exercer, por delegação governamental, competências administrativas de superintendência nos serviços do Estado em cada Região Autónoma[2590].

V. *O sistema de governo regional*, ao contrário do que sucede com o sistema de governo nacional, *reveste a característica de ser parlamentar*[2591].

Contudo, importa fazer as devidas adaptações por ser forçoso combinar competências que são exercidas pelos órgãos de incidência regional e pelos órgãos de incidência nacional[2592].

Não se trata, em primeiro lugar, de um sistema de governo presidencial porque o Representante da República não protagoniza funções essencialmente executivas e porque não é o chefe do poder executivo regional, que reside no Governo Regional. Por outra parte, a Assembleia Legislativa, havendo razões de inconstitucionalidade grave ou de crise política, pode ser dissolvida, o que também não acontece no presidencialismo.

Não se trata, igualmente, de um sistema de governo semipresidencial, dado não ser possível estabelecer um duplo nexo de responsabilidade política do Governo Regional perante, simultaneamente, a Assembleia Legislativa e o Representante da República. É que a confiança política que deve ser expressa apenas atua do Governo Regional para a Assembleia Legislativa, não já operando do Governo Regional para o Representante da República.

É claro que este tem o poder de nomear o Presidente do Governo Regional em função dos resultados eleitorais regionais, mas daí não se

2589 Cfr. os arts. 231º, nº 4, e 233º da CRP.

2590 Possibilidade que pode ser legalmente prevista, ainda que deixasse de estar prevista na CRP.

2591 Também com esta opinião: JORGE MIRANDA, *A Constituição de 1976...*, pp. 446 e 447; MARCELO REBELO DE SOUSA, *Direito Constitucional...*, p. 153; MARGARIDA SALEMA, *O direito de veto...*, pp. 29 e 30; FERNANDO AMÂNCIO FERREIRA, *As regiões autónomas...*, p. 145; ISALTINO MORAIS, JOSÉ MÁRIO F. DE ALMEIDA e RICARDO L. LEITE PINTO, *Constituição...*, pp. 457 e ss.; J. J. GOMES CANOTILHO e VITAL MOREIRA, *Constituição...*, p. 873.

2592 Para uma informação geral acerca destas várias qualificações, v. MARCELO REBELO DE SOUSA, *Direito Constitucional...*, pp. 326 e ss.; MARCELLO CAETANO, *Manual de Direito...*, I, pp. 366 e ss.; JORGE BACELAR GOUVEIA, *As Constituições dos Estados Lusófonos – introdução*, Lisboa, 1993, p. 12; JORGE MIRANDA, *Ciência Política...*, pp. 124 e ss.

pode retirar qualquer laço de fidúcia política deste relativamente à opinião que seja emitida por aquele representante do Estado[2593].

VI. Deste modo, o figurino que melhor se adequa à realidade organizacional das Regiões Autónomas é o do *parlamentarismo*, podendo o mesmo ser de assembleia – não havendo maiorias estáveis e homogéneas na Assembleia Legislativa – ou de gabinete – verificando-se, pelo contrário, maiorias com essas feições, deslocando-se o centro de gravidade da ação política, nessa hipótese, para o Governo Regional e seu Presidente[2594].

A prática política que se tem desenvolvido nestes 40 anos de regionalização político-administrativa insular – por via das maiorias mais ou menos estáveis verificadas, mais na Madeira do que nos Açores – acentua *a vertente de gabinete deste parlamentarismo.*

293. O poder legislativo regional

I. O mais importante dos poderes de natureza regional é o *poder legislativo*[2595], o qual se traduz na produção de *decretos legislativos regionais*, que são sempre da autoria das Assembleias Legislativas.

Eles têm um âmbito geográfico restrito de aplicação, que se confina, como é natural, ao espaço territorial dos respetivos arquipélagos[2596].

[2593] Aliás, a própria CRP é bem clara ao dizer, no seu art. 231º, nº 3, que "O governo regional é politicamente responsável perante a assembleia legislativa regional...".

Os Estatutos Político-Administrativos confirmam, por sua vez, esse preceito constitucional: o art. 82º do EPARAA e o art. 58º do EPARAM.

[2594] Opinião diversa é a de Paulo Otero (*Direito Constitucional Português...*, II, p. 613), que, a este propósito, afirma: "O sistema de governo evolui, deste modo, de um parlamentarismo para um presidencialismo de primeiro-ministro: o presidente do governo regional é o verdadeiro eixo central da vida política e governativa das regiões autónomas".

[2595] Quanto às diversas atribuições e competências regionais em geral, v., por todos, Jorge Bacelar Gouveia, *A autonomia legislativa...*, pp. 61 e ss.

[2596] Quanto ao poder legislativo regional em especial até à VI revisão constitucional, v. Marcelo Rebelo de Sousa, *Direito Constitucional...*, pp. 147 e ss.; Fernando Amâncio Ferreira, *As regiões autónomas...*, pp. 59 e ss.; Margarida Salema, *Autonomia regional*, in AAVV, NDAC, Lisboa, 1986, pp. 218 e ss.; Pedro Machete, *Elementos...*, pp. 95 e ss.; António Vitorino, *Os poderes legislativos das regiões autónomas na segunda revisão constitucional*, in L-CCL, nº 3, janeiro-março de 1992, pp. 26 e ss.; José Luís Pereira Coutinho, *Lei regional*, in DJAP,

Esse poder legislativo regional, porém, necessariamente que vai contar com *limites existenciais*, que convocam uma evidente correlação com a sua própria natureza dentro da organização da República Portuguesa enquanto Estado unitário, princípio constitucional até relevante no plano dos limites materiais de revisão.

Àqueles limites se somam outros *limites de natureza voluntária* que a CRP entendeu por bem estabelecer, calibrando uma certa intensidade na autonomia legislativa que pretendeu conferir às Regiões Autónomas portuguesas, no seio de muitas outras opções possíveis no respeito por aquele princípio da unidade do Estado.

II. O enquadramento do poder legislativo regional, até à VI revisão constitucional de 2004, repousava na ideia de *interesse específico regional*, cuja definição a partir de 1997 passou até a estar expressamente consagrada na CRP[2597], esta então dizendo que, em síntese, seriam matérias de

V, Lisboa, 1993, pp. 402 e ss.; J. J. Gomes Canotilho e Vital Moreira, *Constituição...*, pp. 851 e ss.; Jorge Bacelar Gouveia, *Des collectivités locales...*, pp. 311 e ss., *O Decreto-Lei nº 40/2001...*, pp. 178 e ss., e *A autonomia legislativa...*, pp. 83 e ss.; Jorge Miranda e Jorge Bacelar Gouveia, *O crédito bonificado à habitação e a Região Autónoma dos Açores*, in RFDUL, XXXVII, nº 1 de 1996, pp. 322 e ss.; Jorge Miranda, *Manual...*, V, pp. 187 e ss., e pp. 381 e ss., e *Manual...*, III, pp. 312 e ss.; J. J. Gomes Canotilho, *Direito Constitucional e Teoria...*, pp. 805 e ss.; Paulo Otero, *Direito Constitucional Português...*, II, pp. 578 e ss.

[2597] Quanto aos diversos critérios de densificação do antigo interesse específico regional na doutrina, v. Afonso Rodrigues Queiró, *Lições...*, I, pp. 371 e ss.; Jorge Miranda, *A autonomia legislativa e o interesse específico das regiões autónomas*, in AAVV, ESC, I, Lisboa, 1977, pp. 307 e ss., *O interesse específico das regiões autónomas*, in AAVV, *A autonomia como fenómeno cultural e político*, Angra do Heroísmo, 1987, pp. 105 e ss., *Regiões autónomas*, in Pol., V, Lisboa, 1987, pp. 198 e ss. e *Manual...*, V, pp. 398 e ss.; Fernando Amâncio Ferreira, *As regiões autónomas...*, pp. 83 e ss.; Margarida Salema, *Autonomia regional*, pp. 213 e ss.; Paulo Otero, *A competência legislativa das regiões autónomas*, in RJ, nº 8, outubro-dezembro de 1986, pp. 150 e ss.; Franck Moderne, *Les régions autonomes dans la jurisprudence constitutionnelle du Portugal*, in AAVV, JCP, Paris, 1989, pp. 356 e ss.; Pedro Machete, *Elementos...*, pp. 177 e ss.; J. L. Pereira Coutinho, *Lei regional*, in DJAP, V, Lisboa, 1993, pp. 409 e ss.; J. J. Gomes Canotilho e Vital Moreira, *Constituição...*, pp. 853 e 854; Manuel Afonso Vaz, *Lei...*, pp. 468 e ss.; António Vitorino, *Os poderes legislativos das Regiões...*, p. 29, e *O estatuto jurídico-político das regiões autónomas*, in DJ, X, nº 1, 1996, pp. 61 e 62 ; J. J. Gomes Canotilho, *Direito Constitucional*, pp. 889 e 890; Jorge Miranda e Jorge Bacelar Gouveia, *O crédito bonificado à habitação...*, pp. 323 e 324; J. J. Gomes Canotilho, *Direito Constitucional e Teoria...*, pp. 809 e 810.

interesse específico as que respeitassem "...exclusivamente à respetiva região ou que nela assumam particular configuração"[2598].

O texto constitucional não se limitava, todavia, à conceituação generalizante de tal conteúdo e, ao mesmo tempo que o definia, chegou a apresentar uma lista exemplificativa de tipos de interesse específico regional[2599].

E cada estatuto político-administrativo, por seu lado, densificou ainda outras matérias em que podia estar presente o interesse específico regional, em parte acrescendo à lista que, desde 1997, se tornou constitucionalmente relevante[2600].

Dentro deste contexto, *as leis regionais só se afiguravam legítimas, nas extremas dos territórios regionais, se correspondessem ao desejo de proceder a uma regulação jurídico-pública em que transparecesse um interesse específico regional, ora exclusivo, ora singularmente relevante atenta a realidade regional sobre que projetariam os seus efeitos.*

III. A delimitação da competência legislativa regional, por outra parte, fazia-se pela aposição de limites – ou, noutra terminologia, de *requisitos negativos* – que continham esse exercício de poder normativo público, os quais mostravam a seguinte configuração[2601]:

- *o respeito pela Constituição e pelas matérias de reserva de Constituição* – o poder legislativo regional não podia incidir sobre matérias que a Constituição tinha guardado para o poder de revisão constitucional, da competência legislativa exclusiva da Assembleia da República;
- *o respeito pela competência legislativa reservada dos órgãos de soberania, a Assembleia da República e o Governo* – o poder legislativo regional não podia produzir normas em matérias confiadas à reserva de competência legislativa da Assembleia da República ou do Governo, tal como elas eram tipificadas no texto constitucional, havendo ainda quem reconhecesse a existência de uma residual reserva implícita que tinha de ser do mesmo modo defendida;

[2598] Proémio do art. 228º, *in fine*, da CRP.

[2599] Cada uma das alíneas do art. 228º da CRP.

[2600] Cfr. o arts. 49º e ss. do EPARAA e o art. 40º do EPARAM.

[2601] Cfr. o art. 227º, nº 1, da CRP, nas suas primeiras alíneas.

– *o respeito pelos princípios fundamentais das leis gerais da República* – o poder legislativo regional, a não ser na hipótese de concessão de autorização legislativa com esse propósito, não podia postergar o cumprimento dos princípios fundamentais que se extraíam das leis gerais da República, cuja função era emitir uma normação unificante para todo o território nacional, incluindo também os espaços regionais.

Este conjunto de limites à atividade legislativa regional implicava que a configuração da mesma não pudesse ultrapassá-los, cada um deles oferecendo um sentido singular e preenchendo essas condições.

IV. A revisão constitucional aprovada em 2004 modificaria a lógica da definição da competência legislativa regional, simplificando-a e aumentando-a[2602].

A partir do momento em que entrou em vigor, a competência legislativa regional, expressa através da edição dos decretos legislativos regionais, passou a submeter-se a um requisito positivo menos adstringente do que o do interesse específico regional: *o de as Regiões Autónomas serem legislativamente competentes no conjunto das matérias em que se lhes atribui competência, tal como o respetivo desenho é feito na CRP e sobretudo nos estatutos político-administrativos.*

Com o desaparecimento da cláusula do "interesse específico regional", deixou de ser necessário comprovar, no plano casuístico, a pertinência de certa disciplina jurídica sob o ponto de vista de ela se mostrar peculiarmente afeiçoada ao interesse regional, qualitativo ou quantitativo.

De acordo com esta nova conceção do poder legislativo regional, é à CRP, assim como a cada estatuto político-administrativo, que incumbe definir a amplitude da competência legislativa, sendo certo que as Regiões Autónomas podem "...Legislar no âmbito regional em matérias enunciadas no respetivo estatuto político-administrativo e que não estejam reservadas aos órgãos de soberania"[2603].

[2602] Quanto à nova configuração do poder legislativo regional depois da VI revisão constitucional, v. Jorge Bacelar Gouveia, *O regionalismo político-legislativo...*, pp. 78 e ss., e *A autonomia legislativa...*, pp. 87 e ss.; Paulo Otero, *Direito Constitucional Português...*, II, pp. 580 e ss.

[2603] Art. 227º, nº 1, al. a), da CRP.

V. No plano dos *requisitos negativos*, cuja verificação impede a efetivação de uma competência legislativa regional, mantêm-se apenas algumas das que anteriormente vigoravam, ocorrendo a abolição da necessidade de as leis regionais respeitarem os princípios fundamentais das leis gerais da República, conceito este que simplesmente desapareceu, alinhando-se agora os seguintes requisitos negativos[2604]:

- *o limite da reserva da Constituição e das matérias constitucionais*, em relação às quais os órgãos regionais estão sempre impedidos de legislar;
- *o limite da reserva absoluta das competências legislativas atribuídas aos órgãos de soberania*, nos casos em que nunca se admite o exercício da competência legislativa regional;
- *o limite da reserva relativa das competências legislativas atribuídas aos órgãos de soberania*, sobre as mesmas só podendo haver decretos legislativos regionais no caso de autorização legislativa parlamentar.

VI. A combinação destas diferentes regras que se aplicam à função legislativa regional, que está reservada às Assembleias Legislativas das Regiões Autónomas, proporciona uma variada intensidade na configuração da *autonomia legislativa regional*, sendo de elencar estas cinco hipóteses[2605]:

a) *a competência legislativa primária* – os casos em que se reconhece só à Assembleia Legislativa a manifestação de poder legislativo, sempre próprio e exclusivo, sem que haja sequer a possibilidade de, ao nível nacional, se vedar o respetivo exercício;

b) *a competência legislativa secundária parametrizada* – os casos em que o exercício da competência legislativa regional, sendo diretamente atribuída pelo texto constitucional, não é plena e fica necessariamente enquadrada pela prévia aprovação de uma lei estadual, que condiciona as respetivas opções fundamentais;

c) *a competência legislativa secundária autorizada* – os casos em que, por ação de uma lei de autorização legislativa conferida pela Assembleia da República, se permite à Assembleia Legislativa legislar

[2604] Cfr. Jorge Bacelar Gouveia, *A autonomia legislativa...*, pp. 89 e 90.

[2605] Pronunciando-se sobre esta tipologia: Pedro Machete, *Elementos...*, pp. 230 e ss.; Jorge Bacelar Gouveia, *Des collectivités locales...*, p. 312, e *A autonomia legislativa...*, pp. 90 e 91.

sobre essas mesmas matérias, embora com respeito pela orientação material que for aposta na respetiva lei de autorização;

d) *a competência legislativa secundária de desenvolvimento* – os casos em que se admite que as Assembleias Legislativas possam desenvolver as bases gerais ou os princípios de regimes jurídicos estabelecidos ao nível nacional, desde que não se guardando para os órgãos nacionais o exercício do correspondente poder legislativo complementar; e

e) *a competência legislativa secundária de transposição* – os casos em que se admite que as Assembleias Legislativas possam fazer a transposição das diretivas da União Europeia para o ordenamento legislativo regional.

VII. Do ponto de vista dos atos legislativos regionais, este mesmo esquema tem por resultado o aparecimento de diferentes categorias materiais de leis regionais – os *decretos legislativos regionais* – e que importa apresentar[2606]:

- *os decretos legislativos regionais exclusivos*: emitidos ao abrigo da competência legislativa regional primária própria;
- *os decretos legislativos regionais parametrizados*: emitidos ao abrigo de competência legislativa secundária própria, mas condicionados à existência prévia de lei-quadro da República;
- *os decretos legislativos regionais autorizados*: emitidos ao abrigo de competência legislativa regional autorizada pela República;
- *os decretos legislativos regionais de desenvolvimento*: emitidos ao abrigo da competência legislativa regional de desenvolvimento das bases gerais ou dos princípios de regimes jurídicos;
- *os decretos legislativos regionais de transposição*: emitidos ao abrigo da competência legislativa regional de transposição das diretivas europeias.

VIII. Os atos legislativos das Regiões Autónomas são sempre da competência das respetivas Assembleias Legislativas.

[2606] Cfr. Jorge Bacelar Gouveia, *A autonomia legislativa...*, pp. 91 e 92.

É verdade que outros órgãos existem no contexto do funcionamento do sistema de governo regional, como é o caso dos Governos Regionais.

Contudo, a CRP reservou o exercício desta competência legislativa regional àqueles órgãos parlamentares[2607].

[2607] Cfr. Jorge Bacelar Gouveia, *A autonomia legislativa...*, p. 92.

§ 63º ADMINISTRAÇÃO PÚBLICA E PODER LOCAL

294. A Administração Pública Portuguesa

I. É a partir da descentralização administrativa que tem sentido falar da Administração Pública, sendo esse o fenómeno que explica o seu sentido mais profundo, num heterogéneo universo de entidades que se contrapõem à Administração Privada[2608], assim dando conta da organização pública administrativa que se instala dentro do Estado e que respeita o seu sentido unitário.

A atividade de satisfação das necessidades coletivas, numa sociedade organizada, nem sempre pode ser satisfatoriamente levada a cabo pela iniciativa privada, fundada na liberdade individual.

São múltiplas as situações em que não se pode prescindir do poder público, seja em paralelismo com a iniciativa privada, seja mesmo em exclusividade ou predomínio relativamente ao setor privado.

E isto é verdade nos mais variados segmentos das necessidades humanas: da saúde à segurança, passando pelos transportes ou pela justiça, de entre muitas outras tarefas.

II. Por essa razão, não é possível que algumas das necessidades humanas, individuais ou coletivas, sejam cabalmente solucionadas pela atividade privada, emergindo nesse contexto o poder público, que se encarrega de as satisfazer.

[2608] Cfr. Jorge Bacelar Gouveia, *A autonomia creditícia das autarquias locais: critérios, procedimentos e limites*, in LD, Lisboa, nº 2 de 2004, pp. 207 e ss.

É assim que surge a *função administrativa*, parcela do poder público – lado a lado com a função constitucional, a função legislativa, a função política e a função jurisdicional – a que está cometida a satisfação das necessidades coletivas das pessoas.

Como assinala Diogo Freitas do Amaral, "Todas as necessidades coletivas que mencionámos se situam na esfera privativa da administração pública. Trata-se, em síntese, de necessidades coletivas que podemos reconduzir a três espécies fundamentais: a segurança, a cultura e o bem-estar"[2609].

III. Deste modo, nessa atividade administrativa, bem pode divisar-se três dimensões distintas, mas que são complementares entre si[2610]:

- *a função administrativa enquanto atividade*: a satisfação das específicas necessidades de segurança, cultura e bem-estar de que as pessoas carecem;
- *a função administrativa enquanto organização*: as estruturas institucionais a quem se defere o papel de produzir a satisfação dessas necessidades coletivas;
- *a função administrativa enquanto poder*: os atos que exprimem a autotutela, declarativa e executiva, do Direito, sendo produzidos por quem pode impor efeitos de autoridade, contrariamente ao Direito Privado, fundado nos princípios da liberdade e da igualdade.

IV. Ora, *ao conjunto de entidades que desenvolvem a função administrativa, e que se reconduzem à segunda dimensão referida, dá-se o nome de Administração Pública, nelas se integrando as pessoas coletivas de Direito Público*[2611].

Estas são pessoas coletivas, dotadas de poderes de autoridade ou *ius imperii*, que desempenham atribuições reconhecidas pelo Direito Administrativo, no âmbito da satisfação daquelas necessidades coletivas das pessoas.

[2609] Diogo Freitas do Amaral, *Curso...*, I, pp. 31 e 32.

[2610] Para uma análise das diversas aceções da função administrativa e da Administração Pública, v. Diogo Freitas do Amaral, *Curso...*, I, pp. 29 e ss., e *Administração Pública*, in DJAP, 1º sup., Lisboa, 1998, pp. 13 e ss.; Marcelo Rebelo de Sousa, *Lições...*, I, pp. 12 e ss.; Isabel Celeste M. Fonseca, *Direito da Organização Administrativa*, Coimbra, 2011, pp. 17 e ss.

[2611] Sobre as pessoas coletivas de Direito Público, v., de entre outros, Diogo Freitas do Amaral, *Curso...*, I, pp. 581 e ss.; Marcelo Rebelo de Sousa, *Lições...*, I, pp. 141 e ss.

O seu conjunto, porém, é tudo menos homogéneo, na medida em que são diversos os tipos por que podem apresentar-se, evidenciando-se o seguinte esquema, na esteira da taxonomia proposta por DIOGO FREITAS DO AMARAL[2612], tomando por referência o Estado-Administração:

- a *Administração Estadual Direta*, que tem no Estado a entidade jurídico-administrativa máxima, no plano das atribuições e da liberdade normativa, em relação às mesmas dispondo do poder de direção, que é a faculdade administrativa máxima do ponto de vista da orientação dos serviços administrativos;
- a *Administração Estadual Indireta*, que integra o conjunto das instituições que, sendo formalmente autónomas na sua existência e ação, também são pessoas coletivas de Direito Público, ainda assim desenvolvendo as atribuições que, no fim de contas, se podem reconduzir aos interesses estaduais, mas que o Estado para si não reservou diretamente, antes lhes delegou para o fazerem autonomamente, relativamente às quais pode exercer um intermédio poder de superintendência, que é composta pelos institutos públicos e pelas entidades públicas empresariais[2613];
- a *Administração Autónoma do Estado*, que integra o conjunto de instituições que, levando a cabo atribuições próprias e já distintas das do Estado, igualmente se autonomizam em maior medida deste, em relação à qual aquele apenas exerce um ténue poder tutelar de mera legalidade, que é integrada pelas associações públicas[2614] e pelas entidades administrativas independentes[2615].

2612 DIOGO FREITAS DO AMARAL, *Curso...*, I, pp. 217 e ss. Cfr. também MARCELO REBELO DE SOUSA, *Lições...*, I, pp. 157 e ss., e pp. 239 e ss.; JORGE BACELAR GOUVEIA, *As associações públicas profissionais no Direito Português*, in *Novos Estudos de Direito Público*, II, Lisboa, 2002, pp. 275 e ss.; MARCELO REBELO DE SOUSA e ANDRÉ SALGADO DE MATOS, *Direito Administrativo Geral*, I, Lisboa, 2004, pp. 32 e ss.; NUNO E SOUSA, *Noções de Direito Administrativo*, Coimbra, 2011, pp. 259 e ss.; ISABEL CELESTE M. FONSECA, *Direito da Organização Administrativa*, pp. 59 e ss.

2613 Cfr. o DL nº 558/99, de 17 de Dezembro, que regula o setor empresarial do Estado.

2614 Sobre estas diversas entidades públicas, v. JORGE BACELAR GOUVEIA, *As associações públicas profissionais no Direito Português*, in AAVV, *Direito em Questão* (coord. de LÍDIA RODRIGUES RIBAS), Campo Grande, 2001, pp. 257 e ss.

2615 Sobre as entidades públicas independentes, v. JOSÉ LUCAS CARDOSO, *Autoridades administrativas independentes e Constituição*, Coimbra, 2002, pp. 215 e ss.

V. Ao lado destas pessoas coletivas de Direito Administrativo, independentemente do lugar em que elas se coloquem, é ainda de recordar as pessoas coletivas de interesse público, mas que não se incluem formalmente na Administração Pública.

Só que, por força das suas atribuições e por força de alguns dos poderes de autoridade de que ficam a usufruir, estão estritamente associadas à Administração Pública, com ela mantendo muitos laços de conexão.

Estas instituições tanto podem ter um substrato societário – as *sociedades de interesse coletivo* – como podem ter um substrato não societário, patrimonial ou pessoal – podendo ser *pessoas coletivas de utilidade pública*[2616].

295. As autarquias locais e o Poder Local

I. O princípio da unidade do Estado, além de comportar a existência de regiões autónomas, mais facilmente aceita a coexistência de autarquias locais ou, em geral, de outras estruturas dotadas de poderes públicos secundários em relação ao poder constituinte e ao poder legislativo estaduais.

Trata-se de vislumbrar, dentro de todo o vasto leque de estruturas de poder administrativo, que insufla a Administração Pública na sua aceção de conjunto de entidades jurídico-públicas, certas organizações especiais, dotadas de uma mais ampla autonomia administrativa, impressivamente apelidadas de "Poder Local".

Eis mais uma aplicação da descentralização administrativa, desta feita da *descentralização territorial*, pois que pressupõe a criação de entidades administrativas de substrato territorial e humano, que são as autarquias locais.

II. Antes de se efetuar a respetiva apresentação geral, cumpre dizer que a descentralização administrativa, em que elas se consubstanciam,

[2616] Sobre estas pessoas coletivas que colaboram com a Administração Pública, v. MARCELLO CAETANO, *Manual de Direito...*, I, pp. 396 e ss.; DIOGO FREITAS DO AMARAL, *Curso...*, I, pp. 549 e ss.; MARCELO REBELO DE SOUSA, *Os novos Estatutos da Santa Casa da Misericórdia de Lisboa*, in AAVV, *Santa Casa da Misericórdia de Lisboa – Estudos de Direito Público* (org. de JORGE BACELAR GOUVEIA), Coimbra, 2003, pp. 50 e ss.

bem se diferencia de fenómeno paralelo, que é a da *desconcentração administrativa*, pelo qual se designa a transferência de competências para centros decisórios periféricos, ainda que a sua direta ligação à atividade autárquica muitas vezes justifique um tratamento conjunto.

Para esse efeito se carece de uma divisão do território administrativo português a fim de se poder distinguir entre as diversas atuações administrativas desconcentradas, sem atropelo de competências.

Esses são os *distritos*, uma divisão administrativa que, oriunda do sistema político antecedente, tem permanecido a título transitório[2617], tal como se lhe refere uma das disposições transitórias da CRP: "Enquanto as regiões administrativas não estiverem concretamente instituídas, subsistirá a divisão distrital no espaço por elas não abrangido"[2618].

A divisão distrital só se aplica no território continental, havendo 18 distritos: Aveiro, Beja, Braga, Bragança, Castelo Branco, Coimbra, Évora, Faro, Guarda, Leiria, Lisboa, Portalegre, Porto, Santarém, Setúbal, Viana do Castelo, Vila Real e Viseu.

III. O estatuto jurídico das autarquias locais tem autonomia no articulado constitucional, precisamente no Título VIII da Parte III da CRP, consagrado ao "Poder Local"[2619], ali se referindo ainda outras realidades que não são assimiláveis às autarquias locais[2620]: é o caso das organizações

[2617] Sobre a realidade distrital e os governadores civis, entretanto extintos, v. Aires de Jesus Ferreira Pinto, *Distrito*, in DJAP, IV, Lisboa, 1991, pp. 129 e 130; Jorge Bacelar Gouveia, *Des collectivités...*, pp. 307 e 308; José Fernando Nunes Barata, *Governador civil*, in DJAP, V, Lisboa, 1993, pp. 9 e ss.; Diogo Freitas do Amaral, *Curso...*, I, pp. 319 e ss.; José Manuel Sérvulo Correia e Jorge Bacelar Gouveia, *O financiamento municipal das assembleias distritais e a Constituição*, in RFDUL, vol. XXXVIII, nº 1 de 1997, pp. 234 e ss., e *Governadores civis*, in DHP, sup. VIII, Lisboa, 1999, pp. 118 e ss.; Paulo Otero, *Direito Constitucional Português...*, II, pp. 558 e ss.

[2618] Art. 291º, nº 1, da CRP.

[2619] Cfr. a epígrafe do Título VIII da Parte III da CRP.

[2620] Sobre as autarquias locais em geral, v. Marcello Caetano, *Princípios fundamentais...*, pp. 67 e 68; Jorge Miranda, *O conceito de poder local*, in AAVV, ESC, I, Lisboa, 1977, pp. 317 e ss., *A Constituição de 1976...*, pp. 451 e ss., e *Manual...*, III, pp. 227 e ss.; Oliveira Lírio, *Administração Local*, in DJAP, I, Lisboa, 1990, pp. 209 e ss.; António Pedrosa Pires de Lima, *Autarquia Local*, in DJAP, I, Lisboa, 1990, p. 597; António Francisco de Sousa, *Direito Administrativo das Autarquias Locais*, Lisboa, 1992, pp. 13 e ss.; António Cândido de Oliveira, *A Democracia Local...*, pp. 5 e ss., e *Direito das Autarquias Locais*, 2ª ed., Coimbra, 2013, pp. 125 e e ss.,; Diogo Freitas do Amaral, *Curso...*, I, pp. 417 e ss.; Marcelo Rebelo

de moradores[2621], que não preenchem os requisitos constitutivos daquele conceito.

Todavia, *o principal assento legislativo a levar em consideração para a sua boa caracterização é de índole legal, sendo fundamental considerar, depois da recente reforma, a inexplicável dualidade legislativa na matéria, com a antiga LAL*, a manter-se em vigor em parte das disposições, e uma nova lei autárquica, que agregou novos domínios àquele núcleo fundamental[2622], a L nº 75/2013, de 12 de setembro, que estabelece os seguintes novos regimes:

- *o regime jurídico das autarquias locais*;
- *o estatuto das entidades intermunicipais*;
- *o regime jurídico da transferência de competências do Estado para as autarquias locais e para as entidades intermunicpais*; e
- *o regime jurídico do associativismo autárquico.*

Há ainda um vasto conjunto de outra legislação complementar e porventura dispersa que, a seu propósito, tem sido produzida, nela sendo de evidenciar os seguintes diplomas:

- *Consultas directas a nível local* – LO nº 4/2000, de 24 de agosto;
- *Regime jurídico da reorganização administrativa territorial autárquica* – L nº 22/2012, de 30 de Maio;
- *Reorganização administrativa do território das freguesias* – L nº 11-A/2013, de 28 de janeiro;
- *Atividade empresarial local e participações locais* – L nº 50/2012, de 31 de agosto;
- *Tutela Administrativa* – L nº 27/96, de 1 de agosto;
- *Regime financeiro das autarquias locais e das entidades intermunicipais* – L nº 73/2013, de 3 de setembro.

de Sousa, *Lições...*, I, pp. 333 e ss.; José Casalta Nabais, *O quadro jurídico das finanças locais em Portugal*, in *Revista Jurídica da Universidade Portucalense Infante D. Henrique*, nº 9, Porto, dezembro de 2002, pp. 36 e ss.; Jorge Bacelar Gouveia, *A autonomia creditícia das autarquias...*, pp. 211 e ss.; Paulo Otero, *Direito Constitucional Português...*, II, pp. 615 e ss.; José António Costa Ferreira, *O poder local e regional na Assembleia Constituinte 1975-1976*, Lisboa, 2007, pp. 79 e ss.

[2621] Assim, com esta qualificação, J. J. Gomes Canotilho e Vital Moreira, *Constituição...*, p. 918; Diogo Freitas do Amaral, *Curso...*, I, pp. 449 e 450.

[2622] Sem esquecer ainda, no plano do Direito Internacional Público, a importante Carta Europeia de Autonomia Local.

Esta vasta legislação está ordenada ao estabelecimento de outras tantas questões que o regime das autarquias locais inevitavelmente levanta, como são os seguintes[2623]:

- estrutura orgânica;
- finanças locais;
- atribuições e competências;
- criação, extinção e modificação territorial;
- referendo local;
- tutela administrativa;
- funcionários autárquicos.

IV. Dada a sua importância, as autarquias locais beneficiam mesmo de uma definição constitucionalmente situada, dizendo-se no texto fundamental que são "...pessoas coletivas territoriais dotadas de órgãos representativos, que visam a prossecução de interesses próprios das populações respectivas"[2624].

Esta definição constitucional, depurada de algumas imperfeições que contém[2625], aponta para a existência de quatro elementos constitutivos do conceito de autarquia local, a saber[2626]:

- *o elemento formal*: uma existência autónoma como pessoa coletiva de Direito Público;
- *o elemento humano*: a vinculação da entidade coletiva a um conjunto de cidadãos, através do laço da residência, numa dimensão democrático-representativa;
- *o elemento territorial*: a delimitação da actividade da pessoa coletiva em função de uma dimensão territorial;
- *o elemento funcional*: atribuições e competências de Direito Administrativo, menores relativamente ao poder máximo estadual.

2623 Com uma visão global acerca desses diversos aspetos do regime das autarquias locais, v., por todos, Diogo Freitas do Amaral, *Curso...*, I, pp. 433 e ss.

2624 Art. 235º, nº 2, da CRP.

2625 Cfr. a certeira crítica de Diogo Freitas do Amaral, *Curso...*, I, pp. 418 e ss.

2626 Cfr. Jorge Bacelar Gouveia, *A autonomia creditícia das autarquias...*, pp. 212 e 213; António Cândido de Oliveira, *Direito das Autarquias Locais*, pp. 126 e ss.

V. A configuração das autarquias locais, abaixo deste nível conceptual, permite a indicação de duas modalidades, já que as regiões administrativas até agora não foram legalmente instaladas:

- os *municípios* (também designados por concelhos); e
- as *freguesias*.

O critério que possibilita destrinçar aqueles destas é tríplice: (i) a dimensão territorial, (ii) o conjunto das suas atribuições e (iii) a estrutura dos respetivos órgãos.

Os municípios existem em menor número – 308 – e normalmente integram no seu âmbito territorial mais do que uma freguesia, enquanto que as freguesias, de menor extensão territorial, correspondem à estrutura administrativa mais ínfima.

VI. A realidade da organização autárquica portuguesa, tal como resulta da CRP e da lei, não se limita a estas duas categorias: é verdade que se admitem outras modalidades de organização local.

A essa possibilidade diretamente alude o articulado constitucional, ao referir que "Nas grandes áreas urbanas e nas ilhas, a lei poderá estabelecer, de acordo com as suas condições específicas, outras formas de organização territorial autárquica"[2627].

Significa isto que, ao lado de uma estrutura fundamental do poder autárquico, o texto constitucional abre as portas a que a lei ordinária encare a criação de *estruturas especiais*, não se integrando necessariamente no conceito de autarquia local, com vista a resolver problemas específicos, quer os da insularidade, quer os dos grandes aglomerados urbanos.

VII. Olhando à organização local em Portugal, várias estruturas existem a ponderar no âmbito dessa organização local especial[2628], que se tornaram legalmente visíveis:

- os *conselhos de ilha* – órgãos consultivos que são criados para o arquipélago dos Açores;

[2627] Art. 236º, nº 3, da CRP.

[2628] Assim, referindo a abertura dos tipos de autarquias locais, JORGE MIRANDA, *As associações públicas no Direito Português*, Lisboa, 1985, p. 23; J. J. GOMES CANOTILHO e VITAL MOREIRA, *Constituição...*, p. 884.

- as *áreas metropolitanas*[2629] – podendo ser grandes áreas metropolitanas ou comunidades urbanas[2630];
- *as organizações de moradores*: organizações de moradores "...residentes em área inferior à da respectiva freguesia..."[2631], as quais têm direito de "...petição perante as autarquias locais relativamente a assuntos administrativos de interesses dos moradores" e "...de participação, sem voto, através de representantes seus, na assembleia de freguesia"[2632].

VIII. O texto constitucional assinala ainda a possibilidade de as autarquias locais se poderem associar, com vista à prossecução de projetos comuns[2633].

Do ponto de vista legal, tal hipótese concretizou-se tanto ao nível dos municípios – com as *comunidades intermunicipais*[2634] – como ao nível das freguesias – podendo estas associações desenvolver poderes de Direito Público.

IX. A estrutura organizatória das autarquias locais – municípios e freguesias – apoia-se no *dualismo órgão deliberativo vs órgão executivo*, assim se querendo dotar cada uma dessas pessoas coletivas de um aparelho capaz de expressar aqueles dois relevantes níveis decisórios[2635].

[2629] Cfr. a L nº 10/2003, de 13 de maio.

[2630] Sobre as áreas metropolitanas, v. Diogo Freitas do Amaral, *Curso...*, I, pp. 505 e ss.; António Francisco de Sousa, *Direito Administrativo...*, pp. 72 e ss.

[2631] Art. 263º, nº 1, da CRP.

[2632] Art. 265º, nº 1, als. a) e b), da CRP.

[2633] Cfr. os arts. 247º e 253º da CRP, respetivamente, para as freguesias e para os municípios.

[2634] Sobre as associações de municípios, v. Fernando Alves Correia, *Formas jurídicas de cooperação intermunicipal*, Coimbra, 1986, *passim*; António Francisco de Sousa, *Direito Administrativo...*, pp. 40 e ss.; J. J. Gomes Canotilho e Vital Moreira, *Constituição...*, pp. 908 e 909; Diogo Freitas do Amaral, *Curso...*, I, pp. 501 e ss.; António Cândido de Oliveira, *Direito das Autarquias Locais*, pp. 299 e ss.

[2635] Sobre o sistema de governo das autarquias locais em geral, v. Diogo Freitas do Amaral, *Curso...*, I, pp. 433 e ss.; António Cândido de Oliveira, *A Democracia Local...*, pp. 125 e ss., e *Direito das Autarquias Locais*, pp. 136 e ss.; Paulo Otero, *Direito Constitucional Português...*, II, pp. 640 e ss.

Até à revisão constitucional de 1997, esta era uma matéria constitucionalmente relevante, pois que o articulado da CRP estabelecia as traves-mestras da configuração dos órgãos autárquicos.

Contudo, depois da entrada em vigor dessa revisão constitucional, no objetivo de flexibilizar a alteração do respetivo regime, tal modelação passou a depender apenas da lei ordinária, com o requisito adicional de ser uma lei aprovada por dois terços dos Deputados à Assembleia da República.

Como até ao momento tal diploma ainda não foi aprovado, e já passaram quase 20 anos, essa estruturação orgânica é a que consta da LAL, aprovada em 1999.

X. O atual articulado constitucional, depois complementado pela lei ordinária, encara aquela contraposição entre[2636]:

- um *órgão deliberativo*, de tipo parlamentar; e
- um *órgão executivo*, de feição governativa e colegial.

O *órgão deliberativo* tem uma composição mais numerosa do que o órgão executivo e absorve as competências mais relevantes, de cunho estratégico na atividade autárquica que é levada a cabo, embora socialmente o *órgão executivo* – e, principalmente, o seu presidente – possa sobressair, até por via do caráter mais concreto, por natureza, inerente à atividade executiva, sendo perante aquele que presta contas.

XI. *Os municípios têm como órgãos a assembleia municipal, a câmara municipal e o presidente da câmara municipal*[2637].

Os titulares daqueles órgãos são diretamente eleitos pelos cidadãos, embora menos de metade da assembleia municipal seja composta, por inerência de funções, pelos presidentes de junta de freguesia que integram o espaço territorial do município em questão.

As freguesias têm como órgãos a assembleia de freguesia e a junta de freguesia. A assembleia de freguesia é eleita diretamente pelos cidadãos recenseados no respetivo espaço, ao passo que a junta de freguesia é composta

[2636] Cfr. o art. 239º da CRP.

[2637] A autonomia deste último órgão, se durante bastante tempo foi questionada, tornou-se uma evidência depois da aprovação da atual legislação autárquica.

pelos membros eleitos na primeira reunião da assembleia de freguesia, embora o presidente desta seja automaticamente o cabeça da lista mais votada à assembleia de freguesia.

XII. O *sistema de governo* estabelecido para as autarquias locais, levando em consideração os municípios e as freguesias, tem-se revelado complexo e, sobretudo, gerador de conflitos e de ineficiências[2638].

Mantendo-se praticamente inalterado desde a sua versão originária, o sistema de governo autárquico tem a curiosidade de não se alinhar diretamente com qualquer dos sistemas de governo mais conhecidos:

- *não é parlamentar* porque os dois órgãos executivos não são politicamente responsáveis perante a assembleia municipal ou a assembleia de freguesia;
- *não é presidencial* porque há uma diarquia nos executivos, mais evidente no município do que na freguesia, ali com a dissociação entre o presidente da câmara municipal, como órgão *a se*, e a câmara municipal, a despeito da impossibilidade de os órgãos executivos dissolverem a assembleia municipal, aspeto fundamental do sistema de governo presidencial;
- *não é semipresidencial* porque não se verifica o poder de dissolução da assembleia municipal ou da assembleia de freguesia, nem sequer os órgãos executivos são politicamente responsáveis perante aqueles.

Daí que, por exclusão de partes, o sistema de governo autárquico deva ser qualificado como *diretorial*, à maneira da Constituição Francesa de 1795 ou da Constituição da Suíça[2639].

Esta qualificação é a que mais se lhe ajusta porque se concebe a existência, separadamente e sem possibilidade de recíproca responsabilidade política, de dois órgãos para cada um dos poderes em questão: o órgão

[2638] Considerando o sistema de governo municipal *sui generis*, DIOGO FREITAS DO AMARAL, *Curso...*, I, p. 489.

[2639] A este propósito, PAULO OTERO (*Direito Constitucional Português...*, II, p. 643) afirma que "Não obstante o que resulta da Constituição "oficial", instituindo um cenário convencional de responsabilização de um órgão colegial executivo das freguesias perante o respectivo órgão colegial deliberativo e, ao nível municipal, um sistema parlamentar atípico, a verdade é que a Constituição "não oficial", especialmente ao nível municipal, acabou por instituir um genuíno sistema presidencialista".

colegial restrito para o poder executivo e o órgão de tipo parlamentar para o poder deliberativo.

A pedra de toque dessa caracterização é a da feição colegial do órgão executivo, que não é singular, ainda que seja diretamente eleito[2640].

Os problemas da atual configuração do sistema de governo autárquico, sobretudo no plano municipal, são de diversa ordem e requerem a sua rápida revisão[2641].

[2640] Cfr. Jorge Bacelar Gouveia, *A autonomia creditícia das autarquias...*, pp. 215 e 216.

[2641] Bem identificando esses problemas, António Cândido de Oliveira, *A Democracia Local...*, pp. 136 e ss.

Capítulo XIII
Garantia e Revisão da Constituição

§ 64º A garantia da Constituição

§ 65º A fiscalização da constitucionalidade

§ 66º A revisão constitucional

§ 64º A GARANTIA DA CONSTITUIÇÃO

296. A importância da defesa da Constituição

I. A preocupação com a defesa da Constituição é a outra face da constitucionalidade, não já numa perspetiva normativo-sistemática, quanto numa ótica de proteção da Ordem Constitucional estabelecida.

Por força da importância da defesa da Constituição, os mecanismos que se alinham nesse desiderato são múltiplos, podendo apresentar-se como[2642]:

- *garantias internas e garantias externas*: as primeiras integrando-se dentro da própria Ordem Constitucional, enquanto que as outras funcionando a partir do exterior da Ordem Constitucional;
- *garantias gerais e garantias especiais*: as primeiras tendo uma vocação irradiante para toda a Constituição, ao passo que as outras se limitando a segmentos mais específicos da Ordem Constitucional;
- *garantias políticas, legislativas, administrativas ou judiciais*: cada uma delas dependendo da natureza do órgão que a protagoniza;

[2642] Sobre a problemática das garantias constitucionais em geral, v. HANS KELSEN, *La garantie jurisdictionnelle de la Constitution*, in RDP, 1928, pp. 221 e ss.; KLAUS STERN, *Derecho del Estado...*, pp. 370 e ss.; JORGE MIRANDA, *Contributo...*, pp. 227 e ss., e *Manual...*, VI, pp. 45 e ss.; CARL SCHMITT, *La defensa...*, pp. 27 e ss.; JUAN FERRANDO BADÍA, *Teoría...*, pp. 190 e ss.; PEDRO BACELAR DE VASCONCELOS, *Teoria Geral...*, pp. 81 e ss.; J. J. GOMES CANOTILHO, *Direito Constitucional e Teoria...*, pp. 885 e ss.; CARLOS BLANCO DE MORAIS, *Justiça Constitucional*, I, Coimbra, 2002, pp. 57 e ss.; PAULO OTERO, *Direito Constitucional Português...*, I, pp. 106 e ss.

- *garantias informais e garantias institucionais*: as primeiras acontecendo pela proteção de certos valores constitucionais no comportamento dos governados e dos governantes, ao passo que as outras sendo específicas incumbências dos órgãos do poder público;
- *garantias ordinárias e garantias extraordinárias*: as primeiras ocorrendo na normalidade da vida do Estado, diversamente das outras, surgindo apenas em momentos de crise constitucional.

II. Numa perspetiva tipológica, são vários os institutos que, dentro da conceção geral das *garantias especiais*, assumem esta preocupação, tendo em vista outras tantas circunstâncias, as quais permitem comprovar como é vasto o mundo da defesa da Constituição e como é variável a respetiva fenomenologia.

Sem qualquer preocupação de exaustão, cumpre assinalar a importância dos seguintes mecanismos de garantia especial da Constituição, que dão logo nota, no contexto particular em que se movem, da proteção que à mesma conferem:

- *a perda de direitos fundamentais*[2643]: não obstante a titularidade universal dos direitos fundamentais, a prática de atos graves contra a Ordem Constitucional pode desembocar na perda de certos direitos políticos, numa decisão individual e permanente, com o que se distingue dos efeitos do estado de exceção, figura que não se encontra prevista no Direito Constitucional Português;
- *a proibição dos partidos políticos inconstitucionais*[2644]: a liberdade de associação partidária, dentro das amplas fronteiras da democracia,

[2643] Sobre a perda de direitos fundamentais em geral, v. Dieter-Dirk Hartmann, *Verwirkung von Grundrechten*, in AöR, vol. 95, 1970, pp. 567 e ss.; Klaus Stern, *Derecho del Estado...*, pp. 393 e ss., e *Das Staatsrecht...*, III/2, pp. 930 e ss.; Paulino Jacques, *Curso...*, p. 468; Peter Badura, *Staatsrecht*, p. 83; Albert Bleckmann, *Staatsrecht II...*, pp. 409 e ss.; Bruno Schmidt-Bleibtreu e Franz Klein, *Kommentar...*, pp. 388 e ss.; Konrad Hesse, *Grudzüge...*, pp. 270 e ss.; Theodor Maunz e Reinhold Zippelius, *Deutsches...*, pp. 150 e ss.

[2644] Sobre a proibição dos partidos políticos em geral, v. Marc Chartier, *La jurisprudence du Bundesverfassungsgericht sur les partis politiques*, in *Essais sur les droits de l'homme en Europe*, I S, Paris, 1959, pp. 99 e ss.; H. Maurer, *Das Verbot politischer Parteien*, in AöR, 96, 1971, pp. 203 e ss.; Otto Bachof, *O Direito Eleitoral e o Direito dos Partidos Políticos na República Federal da Alemanha*, in RDES, ano XXVI, nºs 1, 2, 3 e 4, janeiro-dezembro de 1979, pp. 14 e ss.; Klaus Von Beyme, *La protección del ordinamento constitucional y del sistema democratico en la República Federal de Alemania*, in REP, nº 35, setembro-outubro de 1983, pp. 73 e ss.; Klaus

encontra a barreira de um conjunto de limites que o texto constitucional levanta aos partidos políticos, no plano da organização interna, dos fins e dos símbolos, sendo certo que "Os partidos políticos concorrem para a organização e para a expressão da vontade popular, no respeito pelos princípios da independência nacional, da unidade do Estado e da democracia política"[2645];

- *a proibição das associações totalitárias*: a liberdade de associação em geral, tal como mais especificamente sucede em relação aos partidos políticos, enfrenta limites inerentes aos objetivos professados, expressamente se dizendo que "Não são consentidas associações armadas nem de tipo militar, militarizadas ou paramilitares, nem organizações racistas ou que perfilhem a ideologia fascista"[2646];
- *o ilícito criminal político*: embora a criminalização das condutas humanas seja a *ultima ratio* na defesa dos bens jurídicos mais relevantes, em certos casos, pela sua centralidade do ponto de vista da coletividade, a violação de alguns desses bens constitucionalmente consagrados é sancionada pela responsabilidade penal, desempenhando uma função de garantia especial da Constituição, valendo essa punição duplamente para os governantes – *os crimes de responsabilidade* – e para os governados – *os crimes contra o Estado*[2647];

STERN, *Derecho del Estado...*, pp. 402 e ss.; KONRAD HESSE, *Grundzüge...*, pp. 272 e ss.; CHRISTOPH DEGENHART, *Staatsrecht I*, pp. 22 e 23; EKKEHART STEIN, *Staatsrecht*, pp. 131, 361 e 362; ALBERT BLECKMANN, *Staatsrecht I...*, pp. 173 e ss.; THEODOR MAUNZ e REINHOLD ZIPPELIUS, *Deutsches...*, pp. 82 e 83; INGO VON MÜNCH, *Staatsrecht*, pp. 109 e ss.; DIETER GRIMM, *Politische Parteien*, in AAVV, *Handbuch des Verfassungsrechts der Bundesrepublik Deutschland* (org. de ERNST BENDA, WERNER MAINHOFER e HANS-JOCHEN VOGEL), 2ª ed., Berlin/New York, 1994, pp. 620 e ss.: PETER BADURA, *Staatsrecht*, pp. 189 e 190.

Numa ótica mais teorética, relacionando a *Parteienverbot* com as conceções de democracia "resistente" – materialmente contextualizada – e a democracia "neutral" – unicamente relevante de uma perspetiva organizatório-procedimental, PETER PERNTHALER, *Allgemeine...*, pp. 89 e 90.

[2645] Art. 10º, nº 2, da CRP.

[2646] Art. 46º, nº 4, da CRP.

[2647] A respeito da teoria dos crimes contra o Estado, v. KLAUS STERN, *Derecho del Estado...*, pp. 390 e ss.; MANUEL CAVALEIRO DE FERREIRA, *Lições...*, I, pp. 511 e ss.

Crimes que – no dizer de GERMANO MARQUES DA SILVA (*Crimes contra a segurança do Estado*, in Pol., I, Lisboa, 1983, p. 1398) – "...são tradicionalmente punidos, com severidade, sobretudo quando põem em causa a integridade ou a segurança do Estado, fim fundamental

- *o direito à insurreição*[2648]: mesmo considerando a função da Ordem Constitucional, o direito à insurreição, no plano político-filosófico, significa a legitimidade da alteração dessa Ordem Constitucional na prossecução dos ideais de justiça, liberdade e democracia, nunca constitucionalmente previsto, mas cuja importância remonta aos mais antigos debates, já na Idade Média, a respeito da legitimidade do poder político;
- *o direito de resistência:* a despeito do monopólio do uso da força pertencer à autoridade pública, ninguém podendo ser (bom) juiz em causa própria, em certos casos admite-se o direito de resistência, perspetivado na defesa dos valores constitucionais mais relevantes, uma vez que "Todos têm o direito de resistir a qualquer ordem que ofenda os seus direitos, liberdades e garantias..."[2649];
- *a objeção de consciência*[2650]: no plano das convicções subjetivas[2651], a consagração da objeção de consciência permite filtrar certas vio-

da coletividade, e por associação os crimes que afetam a organização política e os titulares do Poder".

[2648] Sobre o direito à insurreição, v. Maria da Assunção Andrade Esteves, *A constitucionalização...*, pp. 142 e ss; J. J. Gomes Canotilho e Vital Moreira, *Constituição...*, p. 167; Jorge Bacelar Gouveia, *Objecção...*, p. 11.

[2649] Art. 21º, primeira parte, da CRP.

[2650] Sobre a objeção de consciência na CRP, v. António Leite, *A religião...*, pp. 309 e ss.; José Lamego, *«Sociedade aberta»...*, pp. 51 e ss., e pp. 105 e ss.; Augusto Silva Dias, *A relevância jurídico penal das decisões de consciência*, Coimbra, 1986, pp. 67 e ss.; J. A. Silva Soares, *Objecção de consciência*, in Pol., Lisboa, 1986, pp. 735 e ss.; Soveral Martins, *Estatuto do objector de consciência*, I, Coimbra, 1987, e II, Coimbra, 1990, *passim*; Jorge Miranda, *A Concordata e a ordem...*, p. 79, e *Manual...*, IV, pp. 417 e 418; J. J. Gomes Canotilho e Vital Moreira, *Constituição...*, pp. 245 e 246; António Damasceno Correia, *O direito à objecção...*, pp. 115 e ss.; Jorge Bacelar Gouveia, *Objecção de consciência...*, pp. 175 e ss.; Jónatas Machado, *Liberdade religiosa...*, pp. 193 e ss.; Jorge de Figueiredo Dias, *Dos factos de convicção aos factos de consciência: uma consideração jurídico-penal*, in AAVV, *Ab Uno ad Omnes – 75 anos da Coimbra Editora*, Coimbra, 1998, pp. 671 e ss.; Francisco Pereira Coutinho, *Sentido e limites do direito fundamental à objecção de consciência*, in RFDUNL, Ano VI, nº 11, 2005, pp. 255 e ss.

Na jurisprudência constitucional, cfr. o Ac. nº 363/91, de 30 de julho de 1991, do Tribunal Constitucional (in ATC, 19º vol., Lisboa, 1991, pp. 79 e ss.).

[2651] Sobre o direito à objeção de consciência em geral, com aproximações político-filosóficas, v. Rinaldo Bertolino, *L'obiezione di coscienza negli ordinamenti giuridici contemporanei*, Torino, 1967, *passim*; Jean-Pierre Cattelain, *L'objection de conscience*, Paris, 1973, *passim*; John Rawls, *Uma Teoria...*, pp. 276 e ss.; Carlos S. Niño, *Ética...*, pp. 400 e ss.; Francisco C. Palazzo, *Obiezione di coscienza*, in ED, XXIX, Milano, 1979, pp. 539 e ss.; Annamaria Lisi-

lações da Constituição[2652], porquanto dá a faculdade ao titular do direito fundamental de não cumprir deveres que podem contender com valores constitucionais, mesmo perante a falência de outros mecanismos de averiguação da inconstitucionalidade, dizendo-se que "É garantido o direito à objeção de consciência, nos termos da lei"[2653], sendo os objetores "...os cidadãos convictos de que, por motivos de ordem religiosa, moral, humanística ou filosófica, lhes não é legítima usar de meios violentos de qualquer natureza contra o seu semelhante, ainda que para fins de defesa nacional coletiva ou pessoal"[2654].

III. Com um muito maior raio de ação, possuindo por isso uma superior eficácia, estão os mecanismos que funcionam como *garantias gerais da Constituição*, ao serem capazes de proteger todas as suas dimensões materiais e organizatórias, não se confinando a parcelas mais estreitas da Ordem Constitucional.

TANO, *L'obiezione di coscienza – due possibili prospettive*, in RTDPC, 1979, pp. 1056 e ss.; M. COSTA FREITAS, *Consciência*, in Pol., I, Lisboa, 1983, pp. 1133 e ss.; JOSÉ LAMEGO, *«Sociedade aberta»...*, pp. 31 e ss.; J. A. SILVA SOARES, *Objecção de consciência*, pp. 748 e ss.; FLORA MARZANO, *Libertà costituzionali, obiezione di coscienza e convertibilità dell'obbligo di leva*, Napoli, 1987, pp. 17 e ss.; RAMON SORIANO, *La objeción de consciencia*, in REP, nº 58, outubro-dezembro de 1987, pp. 61 e ss., e *Las libertades...*, pp. 15 e ss.; RONALD DWORKIN, *Los derechos en serio*, Barcelona, 1989, pp. 276 e ss.; MARIA DA ASSUNÇÃO ANDRADE ESTEVES, *A constitucionalização...*, pp. 139 e ss.; MARINA GASCÓN ABELLAN, *Obediencia al Derecho y objeción de consciencia*, Madrid, 1990, pp. 31 e ss.; JOAN OLIVER ARAUJO, *La objeción de conciencia al servicio militar*, Madrid, 1993, pp. 29 e ss., e pp. 200 e ss.; ANTONIO MARTÍNEZ BLANCO, *Derecho Eclesiástico...*, II, pp. 126 e ss.; ANTÓNIO MILLAN GARRIDO, *La objeción de consciencia al servicio militar y prestación social sustitutiva*, Madrid, 1990, *passim*; G. SUÁREZ PERTIERRA, *La objeción de conciencia al servicio militar en España*, in ADH, nº 7, 1990, pp. 251 e ss.; ANTÓNIO DAMASCENO CORREIA, *O direito à objecção...*, pp. 17 e ss.; GUILLERMO ESCOBAR ROCA, *La objeción de consciência...*, pp. 44 e ss.; ÁNGELA APARISI MARALLES, *La Revolución...*, pp. 283 e ss.; JORGE BACELAR GOUVEIA, *Objecção de consciência...*, pp. 170 e ss.

[2652] Como tivemos ocasião de escrever noutro lugar (JORGE BACELAR GOUVEIA, *Objecção...*, p. 13), "O que assinala a necessidade universal do seu reconhecimento prende-se com a própria essência da pessoa humana, enquanto ser dotado de livre arbítrio, capaz de se autodeterminar segundo o seu próprio critério de decisão. O direito à objeção de consciência permite exatamente, e em termos jurídicos, a realização dessa faculdade, que se funda assim na dignidade da pessoa humana, de acordo com uma visão personalista do Direito".

[2653] Art. 41º, nº 6, da CRP, e art. 1º da LOC.

[2654] Art. 2º da LOC.

A doutrina tem pacificamente aceitado a existência de três institutos que correspondem bem a esta proteção global da Constituição, a primeira uma *garantia acessória*, não principal, a segunda uma *garantia extraordinária*, não ordinária, e a terceira uma *garantia exclusiva*, não mista[2655]:

- a *revisão constitucional*: a possibilidade de rever a Constituição, por ela diretamente aceite, inscreve-se, em último termo, no desejo da sua perpetuação, desenhando-se os limites que não podem ser galgados, sob pena de subversão da Ordem Constitucional e de já não haver revisão, mas uma qualquer outra coisa, como a revolução ou a rutura constitucionais[2656];
- o *estado de exceção constitucional*: a ocorrência de situações dramáticas de perturbação da Ordem Constitucional obriga a tomar medidas muito drásticas que interrompem largas parcelas dessa mesma Ordem Constitucional, que se alinham numa preocupação pela sua proteção última, não obstante o aparente paradoxo de que para defender a Constituição é preciso suspendê-la e modificá-la substancialmente;
- a *fiscalização da constitucionalidade*: a adoção de instrumentos funcionalmente aptos à verificação das situações de violação da Constituição, levados a cabo no âmbito de competências específicas que apenas têm esse fito, é o sinal mais forte da confirmação do objetivo de defesa da Ordem Constitucional, o que vem a acontecer com a fiscalização da constitucionalidade.

Ainda que este também seja o seu lugar, por necessidades de arrumação sistemática na economia global deste livro, apenas dedicaremos agora uma atenção mais desenvolvida, nesta sede, à fiscalização da constitucionalidade.

[2655] Cfr. Maria Benedita Urbano, *Curso de Justiça Constitucional – evolução histórica e modelos do controlo da constitucionalidade*, Coimbra, 2012, pp. 11 e ss.

[2656] No plano funcional, a revisão constitucional também se particulariza em nome de três funções que lhe são assinaladas: (i) uma função de *adequação* do texto constitucional à realidade constitucional; (ii) uma função de *aperfeiçoamento* do texto constitucional, num sentido já técnico e não tanto político; e (iii) uma *função de garantia* da própria continuidade da ordem constitucional. Cfr. Pedro de Vega, *La reforma...*, pp. 67 e ss.

297. A inconstitucionalidade dos atos jurídico-públicos

I. Do ponto de vista sistemático, a garantia da Constituição joga-se na posição que ela exerce de cume da Ordem Jurídica, tal acarretando uma relação de desconformidade por parte de todos os restantes atos jurídico-públicos que à mesma desobedeçam, devendo-lhe antes estrito acatamento.

É esta relação de desconformidade que se designa por *inconstitucionalidade*, o mesmo é dizer, a verificação de uma discrepância entre a Constituição e o ato jurídico-público que com ela é desconforme, tal pressupondo, com base num raciocínio comparativo, um juízo multiforme assim decomposto[2657]:

- *a Constituição como parâmetro de constitucionalidade*, nas suas normas e princípios pertinentes;
- *o ato jurídico-público como objeto do exame de constitucionalidade*, em todas as suas vertentes;
- *uma relação de discrepância dispositiva*, ocorrendo uma contradição nos sentidos normativos que em ambos os elementos se obtêm;
- *uma contradição que se apresente como constitucionalmente relevante*, depurados outros aspetos hermeneuticamente pertinentes, mas não para o apuramento da relação de inconstitucionalidade.

II. Correspondendo a um juízo de desconformidade, a inconstitucionalidade acaba por se filiar, sendo uma sua espécie, no mundo muito mais vasto dos atos antijurídicos ou da antijuridicidade, em que se assinala uma relação de desconformidade de uma certa realidade por referência a um parâmetro de juridicidade.

Só que esse é sempre um juízo jurídico-hermenêutico, não tanto um mero juízo de facto ou mesmo um juízo de valor:

[2657] Sobre o conceito de inconstitucionalidade em geral, v. João Maria Tello de Magalhães Collaço, *Ensaio...*, pp. 119 e ss.; Hans Kelsen, *La garantie...*, pp. 197 e ss., e *Teoria Pura...*, pp. 367 e ss.; Carlo Esposito, *La validità delle leggi*, Milano, 1964, *passim*; Jorge Miranda, *Contributo...*, pp. 11 e ss., e *Manual...*, VI, pp. 7 e ss.; Franco Modugno, *L'invalidità della legge*, Milano, 1970; Miguel Galvão Teles, *Direito Constitucional...*, 1ª ed., pp. 88 e ss.; Marcelo Rebelo de Sousa, *Direito Constitucional...*, p. 369, e *O valor...*, I, pp. 11 e ss.; Marcello Caetano, *Manual de Ciência Política...*, I, pp. 344 e ss.; Jorge Bacelar Gouveia, *O valor positivo...*, pp. 18 e ss.

- não se trata de uma relação naturalística de incompatibilidade de facto, pois é uma relação depurada pelo filtro da Ordem Constitucional na sua aceção normativa;
- não se trata de uma relação de violação de valores que não sejam jurídico-constitucionalmente relevantes, mesmo que se aceite a deficiência da Ordem Constitucional na positivação desses valores.

Em ambos os casos, a relação de inconstitucionalidade é devidamente mediatizada por um padrão jurídico-positivo de constitucionalidade, com tudo quanto isso implica.

III. Esta definição de inconstitucionalidade permite ir mais longe na sua devida dissociação de relações afins que com ela se não confundem:

- a *relação de constitucionalidade*: é o seu simétrico, pois que nela não se regista qualquer violação do parâmetro de constitucionalidade;
- a *relação de ilegalidade*: é também uma relação de conflito, mas desta feita entre um padrão de legalidade – não de constitucionalidade – e um ato jurídico-público com ele desconforme;
- a *relação de ilicitude*: é ainda uma relação de desconformidade, mas normalmente associada à violação geral de um parâmetro de juridicidade perpetrada por um ato jurídico-privado, e não por um ato jurídico-público.

IV. A inconstitucionalidade é tudo menos uma verificação singular, tal a imensidão de modalidades por que a mesma se desdobra, em nome de outros tantos critérios aplicáveis[2658]:

- *a realidade constitucional infringida*: *inconstitucionalidade explícita* e *inconstitucionalidade implícita*, conforme a violação seja de norma ou de princípio constitucional;

[2658] Com os vários critérios de classificação da inconstitucionalidade, v. MIGUEL GALVÃO TELES, *Direito Constitucional...*, 1ª ed., p. 89; MARCELO REBELO DE SOUSA, *Direito Constitucional...*, pp. 369 e ss., *Direito Constitucional I – Relatório*, p. 46, e *O valor...*, I, pp. 139 e ss., e pp. 187 e ss.; JORGE BACELAR GOUVEIA, *O valor positivo...*, pp. 23 e 24, e *Ensinar Direito Constitucional*, pp. 430 e 431; JORGE MIRANDA, *Manual...*, VI, pp. 33 e ss.

- a *estrutura do ato inconstitucional*: *inconstitucionalidade por ação e inconstitucionalidade por omissão*, conforme a violação da Constituição se faça positiva ou negativamente, ou seja, fazendo-se um ato contra a Constituição ou não se fazendo um ato constitucionalmente devido;
- o *elemento ou o pressuposto do ato viciado*: *inconstitucionalidade material, orgânica, formal e procedimental*, conforme a parcela da estrutura do ato inconstitucional que se encontra em desconformidade com a Constituição;
- a *extensão da inconstitucionalidade*: *inconstitucionalidade total e inconstitucionalidade parcial*, conforme a violação da Constituição represente a totalidade do ato ou apenas uma sua parte;
- o *momento da verificação da inconstitucionalidade*: *inconstitucionalidade originária e inconstitucionalidade superveniente*, conforme a violação da Constituição seja congénita do ato inconstitucional ou surja posteriormente, por alteração do parâmetro de constitucionalidade, tendo durante algum tempo o ato sido constitucional e, mais tarde, se tornado inconstitucional;
- o *momento da vigência do padrão aferidor da inconstitucionalidade*: *inconstitucionalidade presente e inconstitucionalidade pretérita*, conforme a verificação do juízo da inconstitucionalidade aconteça no presente ou seja relevante em relação a parâmetro constitucional anterior;
- a *relação principal ou acessória por referência ao padrão de constitucionalidade*: *inconstitucionalidade antecedente e inconstitucionalidade consequente*, conforme a inconstitucionalidade ocorra numa relação principal com a Constituição ou apareça quando há um ato ou fonte, de que se dependa, que é primeiramente inconstitucional, sendo o ato e a fonte acessórios também inconstitucionais.

V. A inconstitucionalidade só se afigura verdadeiramente operativa quando confrontada com as consequências que o Direito Constitucional organiza para a hipótese desse incumprimento, com incidência em dois níveis, numa dimensão sancionatória que comporta por força do princípio da constitucionalidade[2659]:

[2659] Quanto ao Direito sancionatório, que aqui encontra uma das suas múltiplas aplicações, Hans Kelsen, *Teoria Pura...*, pp. 162 e ss., e *Teoria Geral do Direito e do Estado*, pp. 71 e ss.; Marcelo Rebelo de Sousa, *O valor...*, I, pp. 19 e ss.

– *a desvalorização dos atos jurídicos inconstitucionais*; e
– *a responsabilização dos autores de tais atos*[2660].

A importância desta matéria é tão significativa que já no tempo do Estado Romano era bem conhecida a classificação que teorizava várias categorias de normas jurídicas precisamente na sua relação com a existência de normas secundárias de tipo sancionatório:

a) a *lex imperfecta* – desprovida de sanção;
b) a *lex minus quam perfecta* – assistida de sanções para os infratores, mas o ato antijurídico permanecia válido;
c) a *lex perfecta* – assistida da invalidade do ato antijurídico;
d) a *lex maius quam perfecta* – que cumulava a invalidade do ato antijurídico com outro tipo de sanções[2661].

298. Os desvalores dos atos inconstitucionais

I. Uma das vertentes fundamentais do princípio da constitucionalidade – que, na leitura do princípio do Estado de Direito, determina a primazia da Constituição sobre o restante Direito – é *a desvalorização dos atos jurídico-públicos que lhe sejam desconformes*, ou seja, a decretação do "desaparecimento" desses mesmos atos ao indignamente atentarem contra a Constituição[2662],

[2660] Cfr. Jorge Bacelar Gouveia, *A prática de tiro*..., pp. 271 e ss.

[2661] Quanto aos contornos e importância desta classificação, v. João de Castro Mendes, *História*..., pp. 342 e ss., e *Introdução*..., p. 71; Miguel Reale, *Lições*..., pp. 126 e ss.; J. Baptista Machado, *Introdução ao Direito*..., pp. 95 e 96; Jorge Bacelar Gouveia, *O valor positivo*..., p. 20; José de Oliveira Ascensão, *O Direito*..., p. 126.

[2662] Sobre a teoria da invalidade dos atos jurídico-públicos inconstitucionais, v. Gaetano Azzariti, *L'invaliditá della legge per motivi di forma e di sostanza*, in RTDP, 1951, pp. 114 e ss.; Miguel Galvão Teles, *Eficácia dos tratados na ordem jurídica portuguesa – condições, termos e limites*, in CTF, nº 106, 1967, pp. 24 e ss., *Direito Constitucional*..., 1ª ed., pp. 101 e ss., e *Inconstitucionalidade pretérita*, in AAVV, NDAC, Lisboa, 1986, p. 327; Marcelo Rebelo de Sousa, *Direito Constitucional*..., pp. 391 e ss., e *O valor*..., I, pp. 103 e ss.; Hans Kelsen, *Teoria Pura*..., pp. 374 e ss., e *L'Illecito dello Stato*, Roma, 1988, pp. 10 e ss.; Rui Medeiros, *Valores jurídicos negativos da lei inconstitucional*, in OD, 1989, III, pp. 496 e ss.; Jorge Bacelar Gouveia, *O valor positivo*..., pp. 17 e ss.; Jorge Miranda, *Manual*..., VI, pp. 84 e ss.; J. J. Gomes Canotilho, *Direito Constitucional e Teoria*..., pp. 946 e ss.; José de Oliveira Ascensão, *O Direito*..., pp. 297 e ss.

podendo ser definidos como *as consequências jurídicas negativas da inconstitucionalidade intrínseca de um ato jurídico-público*[2663].

O resultado prático da desvalorização dos atos inconstitucionais – por outras palavras, *os desvalores ou os valores negativos dos atos inconstitucionais* – leve à seleção de uma consequência negativa para a subsistência jurídica do ato jurídico-público inconstitucional, tendo a Teoria Geral do Direito, que é globalmente pertinente, evidenciando as seguintes modalidades, conforme a gravidade do vício que lhe dá causa, não sendo possível conceber uma única graduação na depreciação provocada pela inconstitucionalidade intrínseca[2664]:

- *a inexistência*: é o desvalor mais grave e ocorre sempre que a inconstitucionalidade, sendo de tal modo grosseira, impede a própria qualificação do ato em questão em relação ao tipo constitucional para que tivera sido idealizado, nem sequer havendo qualquer ato jurídico-público, mas apenas, e quando muito, uma sua aparência; e
- *a invalidade*: é a modalidade geral, que também se pode obter por exclusão de partes, e corresponde à consequência da inconstitucionalidade intrínseca que, não sendo suficientemente forte para suscitar a inexistência, ainda assim consiste na incapacidade de o ato jurídico-público, sendo existente, produzir os efeitos para que fora concebido, subdividindo-se esta, por seu turno, na nulidade e na anulabilidade.

Diferentemente dos casos anteriores, tendo em comum a verificação da inconstitucionalidade intrínseca de um ato jurídico-público, a *irregularidade* atinge os autores desse mesmo ato, sobre eles fazendo abater

[2663] Cfr. Jorge Bacelar Gouveia, *O valor positivo...*, p. 28.

[2664] Quanto ao desvalor dos negócios jurídicos à luz do Direito Civil, v. Raul Ventura, *Valor jurídico do casamento*, Lisboa, 1951, pp. 5 e ss.; José Dias Marques, *Teoria Geral do Direito Civil*, II, Coimbra, 1959, pp. 217 e ss.; Manuel Domingues de Andrade, *Teoria Geral da Relação Jurídica*, II, Coimbra, 1960, pp. 413 e ss.; Paulo Cunha, *Teoria Geral do Direito Civil*, Lisboa, 1961/62, pp. 236 e ss.; João de Castro Mendes, *Teoria Geral do Direito Civil*, II, Lisboa, 1978, pp. 298 e ss.; Carlos Alberto da Mota Pinto, *Teoria Geral...*, pp. 615 e ss.; António Menezes Cordeiro, *Teoria Geral do Direito Civil*, II, Lisboa, 1987, pp. 347 e ss., e *Tratado...*, vol. I, t. I, pp. 639 e ss.; Ana Prata, *Dicionário Jurídico*, 3ª ed., Coimbra, 1990, pp. 341 e ss.; Ana Paula Ribeiro, *Das invalidades atípicas – esboço de uma teoria geral*, Lisboa, 1993, pp. 13 e ss.; José de Oliveira Ascensão, *O Direito...*, pp. 75 e ss.

consequências negativas[2665], mas não belisca a validade do ato jurídico-público praticado, estando em causa uma inconstitucionalidade intrínseca de menor gravidade, devendo ela ser excluída do elenco de desvalores dos atos inconstitucionais[2666].

O mesmo se diga da *ineficácia*, por vezes associada aos desvalores ou valores negativos dos atos inconstitucionais (ou aos atos antijurídicos em geral), que não é exatamente um desvalor, na medida em que corresponde à improdutividade de um ato jurídico-público inconstitucional por razões externas, normalmente ligadas a anomalias que ocorrem na fase da eficácia, como, por exemplo, a que decorre da violação do dever de publicidade, previsto no art. 119º, nº 2, da CRP[2667].

II. Por mais surpreendente que isso seja, nem sempre a consequência da inconstitucionalidade, sob o ponto de vista do ato jurídico-público praticado, é a da sua desvalorização, podendo dar-se o caso de nada de mal lhe acontecer[2668].

Assim é com o *valor positivo do ato inconstitucional*, o qual significa a ausência de quaisquer consequências jurídicas negativas da inconstitucionalidade intrínseca e menor de um ato jurídico-público, ficando

[2665] Sobre a irregularidade dos atos jurídico-públicos inconstitucionais, ainda que com diversas formulações e conceções, v. MIGUEL GALVÃO TELES, *Direito Constitucional...*, 1ª ed., p. 105; MARCELO REBELO DE SOUSA, *O valor...*, I, p. 275; RUI MEDEIROS, *Valores jurídicos negativos...*, p. 495; JORGE BACELAR GOUVEIA, *O valor positivo...*, pp. 30 e ss.; JORGE MIRANDA, *Manual...*, VI, p. 89; J. J. GOMES CANOTILHO, *Direito Constitucional e Teoria...*, p. 956.

[2666] Sobre o desvalor dos atos administrativos ilegais no âmbito do Direito Administrativo, v. ROGÉRIO EHRHARDT SOARES, *Direito...*, pp. 229 e ss., e *Acto administrativo*, in Pol., I, Lisboa, 1983, p. 104; AFONSO RODRIGUES QUEIRÓ, *Lições...*, I, pp. 511 e 512; MARCELLO CAETANO, *Princípios fundamentais...*, pp. 181 e ss., e *Manual de Direito...*, I, pp. 491 e ss.; DIOGO FREITAS DO AMARAL, *Direito Administrativo*, III, pp. 285 e ss.; RUI MEDEIROS, *Valores jurídicos negativos...*, pp. 490.

[2667] Com esta explicação, que acolhemos, MARCELO REBELO DE SOUSA (*O Valor...*, I, p. 275), dizendo que "Se a figura da irregularidade é marginal relativamente ao cerne da nossa investigação, mas tem que ver com a reação constitucional em face de vícios do ato inconstitucional relativamente aos seus pressupostos e elementos, já a figura da ineficácia se encontra completamente distinta do plano do desvalor do acto inconstitucional, correspondendo à paralisia dos respetivos efeitos devido a actos ou a factos jurídicos que lhe são exteriores e posteriores".

[2668] Quanto à construção deste conceito, v., por todos, JORGE BACELAR GOUVEIA, *O valor positivo...*, pp. 17 e ss., e pp. 401 e ss.

deste modo reservada para um conjunto delimitado de situações, em que aquela inconstitucionalidade intrínseca, por ser de pouca monta, não suscita os graves problemas de qualificação constitucional de um ato jurídico-público[2669].

É uma situação muito rara porque contraria toda a força do princípio da constitucionalidade, que assenta na prevalência formal e substancial da Constituição.

Para que isso seja aceite, é preciso que irrompam razões suficientemente fortes para competir com as razões da desvalorização como resultado da prática de inconstitucionalidades.

Duas podem ser as vias da consagração circunstancial das situações de valor positivo do ato jurídico-público inconstitucional, tal como a figura é excecionalmente desenhada no Direito Constitucional Português[2670]:

- *a consagração substantiva*; e
- *a consagração adjetiva*.

A *consagração substantiva* consiste no facto de a CRP, ponderando os diversos interesses e valores em presença, entender ser melhor a subsistência de um ato inconstitucional – não o desvalorizando, mesmo sendo inconstitucional – a fulminá-lo com um valor negativo, considerando esses outros valores episodicamente mais fortes do que o valor da defesa da Constituição.

O grande exemplo a assinalar é o de certos tratados internacionais orgânica ou formalmente inconstitucionais[2671], no condicionalismo descrito pela CRP, devendo "...ser regularmente ratificados..." e "...desde que tais normas sejam aplicadas na Ordem Jurídica da outra parte, salvo

2669 Cfr. Jorge Bacelar Gouveia, *O valor positivo...*, p. 17.

2670 Cfr. Jorge Bacelar Gouveia, *O valor positivo...*, p. 24.

2671 Quanto aos contornos da difícil hermenêutica deste preceito constitucional, embora com contributos desiguais no desenvolvimento e nas posições assumidas, v. André Gonçalves Pereira, *O Direito Internacional na...*, p. 43; Nuno Bessa Lopes, *A Constituição e o Direito...*, p. 100; Maria Isabel Jalles, *Implicações...*, pp. 97 e ss.; João Mota de Campos, *As relações...*, pp. 131 e ss.; Albino de Azevedo Soares, *Lições...*, pp. 159 e 160; Marcelo Rebelo de Sousa, *O valor...*, I, pp. 273 e ss.; Rui Medeiros, *Valores jurídicos negativos...*, p. 542; Jorge Bacelar Gouveia, *O valor positivo...*, pp. 43 e ss., e *Manual...*, pp. 401 e ss.; J. J. Gomes Canotilho e Vital Moreira, *Constituição...*, pp. 998 e ss.; Eduardo Correia Baptista, *Direito Internacional...*, I, pp. 459 e ss.

se tal inconstitucionalidade resultar de violação de uma disposição fundamental"[2672].

A *consagração adjetiva* exemplifica-se por todos aqueles casos em que, não obstante a prática de atos jurídico-públicos inconstitucionais, os mesmos não sejam judicialmente sindicáveis, mostrando-se o juízo da desvalorização por inconstitucionalidade na prática inoperacional, hipótese que, contudo e sob pena da total subversão da Ordem Constitucional, só deve ser admitida em situações de violação menos grave da Constituição.

Estão nestas condições os atos jurídico-públicos intrinsecamente inconstitucionais que não possam ser objeto de fiscalização da constitucionalidade, mas em relação aos quais não haja a cominação específica de um desvalor de inexistência (que dispensa aquela fiscalização), como é o que se passa com parte dos atos políticos e os atos judiciais não normativos[2673].

III. A explicitação do regime dos diversos desvalores que o Direito Constitucional Português admite não é tarefa fácil porque são escassos os índices ordenadores que se extraem das respetivas fontes.

Em relação à inexistência, curiosamente a CRP não deixa margem para dúvidas, ao considerar razões organizatórias que determinam a imposição desse mais grave desvalor:

- a ausência de promulgação de certos atos legislativos estaduais[2674];
- a ausência de referenda ministerial nos atos presidenciais que à mesma se sujeitem[2675]; ou
- a não marcação da data das novas eleições no ato de dissolução de órgãos colegiais[2676].

Não se pode pensar que por aqui se quedam os casos de inexistência dos atos jurídico-públicos inconstitucionais, outros casos havendo, sendo portanto de alargar o conceito aos vícios materiais: quando assumirem uma gravidade tal que ponha em causa a qualificação mínima de um

[2672] Art. 277º, nº 2, *in fine*, da CRP.

[2673] Cfr. Jorge Bacelar Gouveia, *O valor positivo...*, pp. 39 e ss., e pp. 41 e ss.

[2674] Cfr. o art. 137º, *in fine*, da CRP

[2675] Cfr. o art. 140º, nº 2, da CRP.

[2676] Cfr. o art. 113º, nº 6, da CRP.

ato jurídico-público naquilo que de mais elementar lhe exige o Ordenamento Constitucional.

Na falta de uma definição constitucional, cabe à doutrina e à jurisprudência a respetiva definição, num trabalho que se tem constantemente aprofundado[2677].

IV. Fora estes casos, o regime geral é o da *invalidade*, até tal qualificação de desvalor derivando da própria formulação inicial do princípio da constitucionalidade, ao dizer a CRP que "A validade das leis e dos demais atos do Estado, das regiões autónomas, do poder local e de quaisquer outras entidades públicas depende da sua conformidade com a Constituição"[2678], do qual assim se deduzindo que a desconformidade implica a *invalidade* do respetivo ato como orientação geral.

Nenhuma outra consideração expressa e direta se encontra na qualificação da consequência que se abate sobre um ato jurídico-público inconstitucional. É, pois, razão para perguntar: dentro da dualidade que caracteriza a invalidade, a nulidade e a anulabilidade, qual delas é considerada prevalecente[2679]?

Estamos em crer que o regime aplicável não se apresenta com a pureza de qualquer uma dessas qualificações, pelo que se justifica referir a edi-

[2677] V. a lista de exemplos apresentada por Marcelo Rebelo de Sousa, *O valor...*, I, pp. 162 e ss.

[2678] Art. 3º, nº 3, da CRP.

[2679] Eis, pois, um assunto que tem sido já discutido pela doutrina, com diversas tomadas de posição:

- Marcelo Rebelo de Sousa (*O valor...*, I, pp. 230 e ss.), fazendo radicar o regime fundamental na nulidade, não deixa de frisar a existência de elementos que tornariam essa nulidade uma "nulidade atípica", ainda que antes já tenha defendido a simples nulidade (*Direito Constitucional...*, p. 391);
- Rui Medeiros (*Valores jurídicos negativos...*, pp. 496 e ss.) defende a anulabilidade como regra e a nulidade como exceção;
- Jorge Miranda (*Manual...*, VI, p. 95) refere a existência de uma nulidade *sui generis*, pois que "...a inconstitucionalidade está submetida a um regime multifacetado, que reflete o papel de diferentes princípios e institutos e a variedade das situações da vida" (p. 93);
- J. J. Gomes Canotilho (*Direito Constitucional e Teoria...*, pp. 952 e ss.) apenas defende a aplicação da nulidade, não da anulabilidade;
- José de Oliveira Ascensão (*O Direito...*, pp. 298 e 299) opina no sentido de conferir carácter geral à nulidade, sendo a anulabilidade de rara verificação.

ficação de um regime de *invalidade mista*, com sinais que advêm daquelas duas categorias, embora predominando mais elementos da nulidade do que da anulabilidade:

- *da nulidade*: a faculdade de poder ser invocada a todo o tempo, a impossibilidade de ser sanada por ato confirmativo ou de caducar pelo decurso do tempo, e a oficiosidade no seu conhecimento pelo tribunal, mesmo que as partes não a invoquem;
- *da anulabilidade*: a restrita legitimidade pública na respetiva invocação judicial em sede de fiscalização abstrata, embora seja ampla na fiscalização concreta, além do caráter não suspensivo do desvalor, que só opera depois de declarado pelo tribunal, carecendo dessa declaração, assumindo-se esta intervenção como constitutiva.

Nalgumas das características comuns à nulidade e à anulabilidade, o Direito Constitucional introduz desvios, em nome das suas singularidades, pelo que se pode falar que existe um regime misto de nulidade e anulabilidade, com *traços de atipicidade*, os quais consistem na possibilidade de a retroatividade da decretação da invalidade, comum àquelas duas modalidades, ser limitada em nome de valores ou interesses que vão competir com o da prevalência da Constituição[2680].

299. A responsabilidade por atos inconstitucionais

I. A outra vertente da defesa da Constituição é a da *responsabilidade jurídica pela prática de atos inconstitucionais*, ou seja, a aplicação de consequências jurídicas negativas que se abatem sobre os autores dos atos que se mostrem anti-constitucionais.

A *responsabilidade jurídica* é eixo fundamental a considerar no Direito Sancionatório e reflete a aplicação de consequências desfavoráveis que

[2680] Com esta opinião, embora apenas aceitando a nulidade atípica, e não uma invalidade mista atípica, MARCELO REBELO DE SOUSA, *O valor...*, I, pp. 257 e ss., em nome de outros interesses públicos diversos (p. 257): "Todos estes interesses públicos cedem perante o interesse público cimeiro da salvaguarda do princípio da constitucionalidade – do que advém a opção pela nulidade como forma de invalidade do acto inconstitucional – mas, ainda assim, a Constituição não deixa de os tutelar minimamente, introduzindo atenuações ou desvios à nulidade típica, ou seja, consagrando uma atipicidade evidente".

recaem, não já sobre o ato jurídico ilícito, mas sobre o autor desse mesmo ato, com dois cenários fundamentais[2681]:

- *numa perspetiva cumulativa*, a acrescer à consequência que já se infligiu sobre o ato ilícito e que determinou a sua desvalorização;
- *numa perspetiva disjuntiva*, na medida em que a desvalorização do ato jurídico nem sempre é operativa, sobretudo para enfrentar atos materiais entretanto praticados.

II. Esta responsabilidade, por seu lado, apresenta-se sob diversas vestes, em função dos ramos do Direito que com ela têm mais trabalhado, podendo ser[2682]:

- *a responsabilidade penal*: a aplicação de penas de prisão por ter havido comportamentos que configuram crimes[2683];
- *a responsabilidade contraordenacional*: a aplicação de penas pecuniárias, com a designação de coimas, bem como outras sanções acessórias, num ilícito de natureza administrativa, que se traduz numa contraordenação[2684];
- *a responsabilidade financeira*: a imposição de sanções, reintegratórias ou punitivas, como reação à violação de deveres financeiros;
- *a responsabilidade civil*: a aplicação de um dever de indemnizar – em espécie ou em dinheiro – para reparação dos danos que tenham sido cometidos;
- *a responsabilidade disciplinar*: a aplicação de sanções contra as pessoas que subordinadamente se inscrevam numa relação jurídico-laboral, pertencendo a infração cometida a esse âmbito;
- *a responsabilidade política*: a aplicação de atos de censura e de substituição dos titulares de órgãos que sejam politicamente dependentes quanto à sua subsistência.

[2681] Cfr. Jorge Bacelar Gouveia, *Manual...*, pp. 628 e 629.

[2682] Cfr. Jorge Bacelar Gouveia, *Manual...*, p. 629.

[2683] Sobre a responsabilidade penal, v. Paulo Pinto de Albuquerque, *Comentário do Código Penal*, Lisboa, 2008, pp. 17 e ss.

[2684] Sobre a responsabilidade contraordenacional, bem como a análise do seu regime geral, v. Paulo Pinto de Albuquerque, *Comentário do Regime Geral das Contra-Ordenações*, Lisboa, 2011, pp. 9 e ss.

III. Segundo a ótica específica que é dada pelo Direito Constitucional, interessa desenvolver as categorias de responsabilidade que lhe são peculiarmente aplicáveis em ordem à defesa da Constituição.

Os instrumentos fundamentais são essencialmente três:

(i) a *responsabilidade política*;
(ii) a *responsabilidade civil*;
(iii) a *responsabilidade criminal*.

Neste mesmo sentido expressamente depõe a CRP: "Os titulares de cargos políticos respondem política, civil e criminalmente pelas ações e omissões que pratiquem no exercício das suas funções"[2685].

As outras categorias de responsabilidade, ainda que igualmente se apliquem ao Direito Constitucional, não oferecem nele suficientes singularidades, pelo que o seu estudo é remetido para as disciplinas gerais em que têm as suas sedes.

Não cabe assim aprofundar a responsabilidade contraordenacional, a responsabilidade financeira ou a responsabilidade disciplinar, dado o escasso interesse prático da primeira e em face do facto de os autores dos atos jurídico-públicos aqui mencionados normalmente não se inserirem numa relação disciplinar, ficando a responsabilidade financeira para o Direito Financeiro.

IV. A *responsabilidade política* é um mecanismo bi-direccional, pois que se presta à concretização de duas perspetivas distintas que se acumulam, sob o enfoque comum de uma relação fiduciária que deve substanciar o sistema político e os seus órgãos integrantes[2686].

De um modo geral, com o semipresidencialismo no sistema de governo nacional e com o parlamentarismo no sistema de governo regional, as relações de confiança certificam-se por institutos de fiscalização política, que servem para substituir os programas e os governantes que os protagonizam.

[2685] Art. 117º, nº 1, da CRP.

[2686] Sobre a responsabilidade política em geral, v. Paolo Caretti, *Responsabilità Politica*, in EG, vol. XXVII, Roma, 1991, *passim*; José de Matos Correia e Ricardo Leite Pinto, *A responsabilidade política*, in AAVV, *Estudos Jurídicos em Homenagem ao Prof. Doutor António Motta Veiga*, Coimbra, 2007, pp. 786 e ss., e *A responsabilidade política*, Lisboa, 2010, pp. 25 e ss.

É tudo isso que fica bem claro nas moções que a Assembleia da República pode aprovar sobre o Governo, assim como isso é verdade pelo poder atribuído a outros órgãos – é o caso do Presidente da República relativamente à Assembleia da República e ao Governo – de interferirem na subsistência dos respetivos mandatos.

A dimensão da constitucionalidade igualmente aflora em alguns mecanismos que se alinham com essas preocupações:

- *a dissolução da Assembleia da República*, decretada pelo Presidente da República, sem necessidade de fundamentação, serve também para fazer cessar a legislatura, marcando-se novas eleições, tendo por base a prática de atos inconstitucionais ou anomalias no seu funcionamento;
- *a demissão do Governo*, na sequência de moções parlamentares, de censura, de confiança e de rejeição do programa de governo, sendo do foro da confiança política, pode do mesmo modo incluir considerações de inconstitucionalidade[2687];
- *a dissolução das Assembleias Legislativas das Regiões Autónomas e a demissão dos Governos Regionais*, podendo fundar-se numa justificação política, está igualmente apta para acolher circunstâncias de inconstitucionalidade[2688].

Decerto que o mecanismo mais explícito de afirmação da responsabilidade política diz respeito à faculdade presidencial de *demissão do Governo*, invocando-se a perturbação da normalidade institucional, a qual pode cessar pela demissão do Governo: "O Presidente da República só pode demitir o Governo quando tal se torne necessário para assegurar o regular funcionamento das instituições democráticas, ouvido o Conselho de Estado"[2689].

Este ato de demissão governamental, ao contrário do que poderia parecer, *não configura um ato político de cariz presidencial inteiramente avesso à sua regulação jurídica*, devendo frisar-se a existência de algumas nor-

[2687] Cfr. o art. 195º, nº 1, als. d), e) e f), da CRP.

[2688] Cfr. os arts. 133º, al. j), e 234º da CRP.

[2689] Art. 195º, nº 2, da CRP.

mas constitucionais que o regulam, fixando-lhe "limites constitucionais heterónomos"[2690] evidentes:

- no plano *factual*, o exercício desta competência fica adstrito a um juízo de verificação de determinada ocorrência;
- no plano *procedimental*, é obrigatória a intervenção do Conselho de Estado, o qual tem competência consultiva obrigatória – mas não vinculativa – quanto à intenção apresentada pelo Presidente da República de demitir o Governo;
- no plano *formal*, o ato presidencial de demissão assume a forma de decreto, não carece de referenda ministerial e é obrigatoriamente publicado no *Diário da República*[2691].

V. A *responsabilidade civil* implica que o ilícito da inconstitucionalidade tenha uma resposta no plano de uma sanção compensatória, através da atribuição de uma soma em dinheiro ou da entrega de um bem que exerça uma função substitutiva do dano perpetrado.

Eis um caso em que CRP foi bastante generosa, consagrando um princípio geral de responsabilidade civil, ao mesmo tempo que recusou a positivação apenas de algumas das suas aplicações: "O Estado e as demais entidades públicas são civilmente responsáveis, em forma solidária com os titulares dos seus órgãos, funcionários ou agentes, por ações ou omissões praticadas no exercício das suas funções e por causa desse exercício, de que resulte violação dos direitos, liberdades e garantias ou prejuízo para outrem"[2692].

A verificação da responsabilidade civil pela prática de atos jurídico-públicos inconstitucionais, dada a abrangência deste princípio geral,

[2690] J. J. Gomes Canotilho, *Governo*, pp. 29 e 30.

[2691] Sobre esta particular modalidade de demissão governamental, v. Jorge Miranda, *Governo (órgão de)*, in Pol., III, Lisboa, 1985, pp. 93 e 94; André Gonçalves Pereira, *Direito Público Comparado...*, pp. 35 e 73 e ss., e *O semi-presidencialismo...*, pp. 11 e 12, e pp. 58 e ss.; Francisco Lucas Pires, *O sistema...*, pp. 297 e 298, e *Teoria da Constituição...*, pp. 320 e ss.; Isaltino A. Morais, José Mário Ferreira de Almeida e Ricardo L. Leite Pinto, *Constituição...*, pp. 388 e 389, e *O sistema...*, pp. 105 e ss.; Alfredo Barroso e José Vicente de Bragança, *O Presidente...*, p. 337; J. J. Gomes Canotilho e Vital Moreira, *Os poderes...*, p. 51, e pp. 75 e ss., *Fundamentos...*, pp. 204, 211, 213 e 214, e *Constituição...*, pp. 766 e ss.; J. J. Gomes Canotilho, *Governo*, pp. 29 e 30.

[2692] Art. 22º da CRP.

pode acontecer em relação a qualquer tipo de ato jurídico-público, perante a respetiva indistinção. É assim que esta responsabilidade civil atinge todos os atos jurídico-públicos, sem esquecer os próprios atos jurisdicionais[2693], pois nem mesmo os tribunais, não obstante a sua posição de último baluarte na defesa da Constituição, se encontram inibidos de violar a Ordem Constitucional.

Por outra parte, a inconstitucionalidade não resulta automaticamente em responsabilidade civil, mas apenas surge na medida em que haja a verificação de danos, patrimoniais e não patrimoniais, não elimináveis nos termos da desvalorização dos atos inconstitucionais praticados, e desde que se registem os demais pressupostos da responsabilidade civil.

VI. A *responsabilidade penal* relaciona-se com a incriminação de certas condutas inconstitucionais, perante a gravidade das suas repercussões sobre a Ordem Constitucional.

É assim que tanto o CP como a LCRTCP[2694] isolam alguns atos inconstitucionais que, pela sua gravidade, são considerados tipos criminais, com tudo quanto isso significa no plano deste Direito Sancionatório:

- no CP, *os crimes contra o Estado*, os quais se distribuem por diversos tipos criminais com interesse direto para esta perspetiva, agrupando-se nos (i) crimes contra a segurança do Estado, nos (ii) crimes contra a autoridade pública, nos (iii) crimes contra a realização da justiça e nos (iv) crimes cometidos no exercício de funções públicas[2695]; e
- na LCRTCP, os diversos crimes de responsabilidade, em formulações específicas ou em formulações agravadas em relação aos

[2693] Sobre a responsabilidade civil por atos jurisdicionais em geral, v. Guido Santiago Tawil, *La responsabilidad del Estado y de los magistrados y funcionários judiciales por el mal funcionamento de la Administración de Justicia*, 2ª ed., Buenos Aires, 1993, pp. 13 e ss.; Ronaldo Brêtas de Carvalho Dias, *Responsabilidade do Estado pela Função Jurisdicional*, Belo Horizonte, 2004, pp. 13 e ss.

[2694] Que é a Lei, na sequência da imposição constitucional do art. 117º, nº 3, da CRP, segundo a qual "A lei determina os crimes de responsabilidade dos titulares de cargos políticos, bem como as sanções aplicáveis e os respetivos efeitos, que podem incluir a destituição do cargo ou a perda do mandato".

[2695] Cfr. os arts. 308º e ss. do CP.

tipos criminais comuns[2696], como (i) a traição à Pátria, (ii) o atentado contra a Constituição da República, (iii) o atentado contra o Estado de Direito, (iv) a coação contra órgãos constitucionais, (v) a prevaricação, (vi) a denegação de justiça, (vii) o desacatamento ou recusa de execução de decisão de tribunal, (viii) a violação de normas de execução orçamental, (ix) a suspensão ou restrição ilícitas de direitos, liberdades e garantias, (x) a corrupção passiva para ato ilícito, (xi) a corrupção passiva para ato lícito, (xii) a corrupção ativa, (xiii) o peculato, (xiv) o peculato de uso, (xv) o peculato por erro de outrem, (xvi) a participação económica em negócio, (xvii) o emprego da força pública contra a execução de lei ou de ordem legal, (xviii) a recusa de cooperação, (xix) o abuso de poderes e (xx) a violação de segredo.

[2696] Cfr. os arts. 7º e ss. da LCRTCP.

§ 65º A FISCALIZAÇÃO DA CONSTITUCIONALIDADE

300. A lógica da fiscalização da constitucionalidade dos atos jurídico--públicos

I. A defesa da Constituição – ou, mais genericamente, do Direito Constitucional – igualmente assenta numa vertente de normalidade, que possa desenrolar-se na regularidade do quotidiano das instituições jurídico-públicas.

Trata-se da *fiscalização da constitucionalidade dos atos do poder público*, que consiste na adoção de mecanismos destinados a averiguar da conformidade dos atos jurídico-públicos com a Constituição, aplicando as devidas consequências no caso de virem a ser descobertas situações de conflito constitucional[2697].

II. O quadro teorético global da fiscalização da constitucionalidade permite vislumbrar as diversas possibilidades que se colocam na arrumação das intervenções possíveis, com base noutros tantos critérios[2698]:

[2697] Quanto à fiscalização da constitucionalidade em geral, v. HANS KELSEN, *Teoria Pura*..., pp. 367 e ss.; JORGE BACELAR GOUVEIA, *O regime profissional*..., pp. 526 e ss., e *O Decreto--Lei nº 40/2001*..., pp. 194 e ss.; JORGE MIRANDA, *Manual*..., VI, pp. 48 e ss.; RODOLFO VIANA PEREIRA, *Direito Constitucional Democrático – Controle e Participação como Elementos Fundantes e Garantidores da Constitucionalidade*, Rio de Janeiro, 2008, pp. 5 e ss.; MANUEL AFONSO VAZ, RAQUEL CARVALHO, CATARINA SANTOS BOTELHO, INÊS FOLHADELA E ANA TERESA RIBEIRO, *Direito Constitucional*..., pp. 169 e ss.

[2698] Relativamente a estes critérios gerais de classificação da fiscalização da constitucionalidade, v. MARCELO REBELO DE SOUSA, *Direito Constitucional*..., pp. 373 e ss.; MARCELLO

- *a natureza do órgão fiscalizador*: *fiscalização política e fiscalização jurisdicional*, conforme o órgão autor do controlo tenha uma ou outra natureza, sendo ainda de sub-diferenciar entre a fiscalização política comum e a fiscalização política especializada e entre a fiscalização jurisdicional comum e a fiscalização jurisdicional especializada;
- *o número de órgãos intervenientes*: *fiscalização singular e fiscalização plural*, conforme o número singular ou plural dos órgãos encarregados de desenvolver a fiscalização da constitucionalidade;
- *o tipo e a extensão dos atos sindicáveis*: *fiscalização por ação e fiscalização por omissão*, de todos ou de parte dos atos jurídico-públicos, conforme a fiscalização tenha por objeto atos praticados ou omissões juridicamente relevantes, naquele caso a abrangência da fiscalização podendo incluir todos os atos possíveis ou apenas uma sua parte, maior ou menor;
- *o momento do controlo*: *fiscalização preventiva e fiscalização sucessiva*, conforme o seu momento aconteça ainda durante o procedimento de elaboração da fonte fiscalizanda ou posteriormente, já quando a mesma tenha sido publicada;
- *a via processual seguida*: *fiscalização principal e fiscalização incidental*, conforme o processo de fiscalização o seja a título próprio ou surja enxertado num outro processo, aparecendo como um seu incidente, de entre outros incidentes processuais possíveis;
- *a forma processual escolhida*: *fiscalização por via de ação e fiscalização por via de exceção*, conforme a atividade de fiscalização seja o objetivo do processo iniciado ou apareça como pressuposto ou condição prévia de intervenção final do tribunal, na sua qualidade de exceção processual previamente solucionada, devendo neste caso ser decidido antes da resolução da questão material;
- *os interesses processuais prevalecentes*: *fiscalização objetiva e fiscalização subjetiva*, conforme se pretenda, através do processo de fiscalização, defender a Constituição chegando à proteção da coletividade ou garantindo posições individuais;
- *as circunstâncias envolventes do controlo*: *fiscalização concreta e fiscalização abstrata*, conforme a fiscalização surja a propósito da aplicação

Caetano, *Manual de Ciência Política*..., I, pp. 346 e 347; J. J. Gomes Canotilho, *Direito Constitucional*..., pp. 895 e ss.

do Direito a uma situação da vida num tribunal ou a fiscalização se situe num exame da constitucionalidade desligado da sua eventual aplicação a situações da vida, fiscalização da constitucionalidade que assume os contornos gerais ou em tese, sem curar de saber se está o ato sob análise a ser aplicado a alguém ou a alguma coisa;

- *o tipo de decisões a proferir*: *fiscalização declarativa e fiscalização constitutiva*, conforme as decisões apenas certifiquem o que já existia ou as decisões re-elaborem a realidade constitucional pré-existente à intervenção fiscalizadora.

301. Os principais modelos de fiscalização da constitucionalidade

I. A positivação do controlo da constitucionalidade dos atos jurídico-públicos nem sempre se mostra unívoca. A apreciação de outras tantas experiências, históricas ou comparadas, possibilita a cristalização de alguns dos sistemas mais importantes, que assim acabaram por erigir-se a modelos de fiscalização da constitucionalidade[2699]:

- a fiscalização judicial difusa ou modelo norte-americano;
- a fiscalização judicial concentrada ou modelo austríaco;
- a fiscalização política ou modelo francês.

II. A *fiscalização judicial difusa da constitucionalidade* teve a sua origem no Direito Constitucional Norte-americano, com o nome de "judicial review", apresentando-se como um esquema pelo qual se procede à averiguação da conformidade dos atos jurídico-públicos com a Constituição nos seguintes termos:

- o poder de fiscalização atribuído a todos os órgãos judiciais;
- a possibilidade de recurso para o mais alto tribunal com jurisdição no caso em apreço;
- a desaplicação no caso concreto da norma considerada inconstitucional.

[2699] Quanto aos diversos modelos de fiscalização da constitucionalidade em geral, v. Marcelo Rebelo de Sousa, *Direito Constitucional...*, pp. 373 e ss.; J. J. Gomes Canotilho, *Direito Constitucional e Teoria...*, pp. 895 e ss.; Jorge Miranda, *Manual...*, VI, pp. 100 e ss.; Maria Benedita Urbano, *Curso de Justiça Constitucional*, pp. 17 e ss.

III. A *fiscalização judicial concentrada da constitucionalidade* é proveniente do Direito Constitucional Austríaco, tendo sido consagrada na Constituição da Áustria de 1 de Outubro de 1920, em cuja elaboração teve um papel decisivo o grande juspublicista austríaco HANS KELSEN, doutrinariamente defendendo este modelo, em 1931, no célebre opúsculo *Wer soll der Hüter des Verfassung sein?*, veementemente contestando o pensamento de CARL SCHMITT e propugnando a entrega da fiscalização da constitucionalidade àquele órgão judicial[2700].

Tal como o modelo americano, o modelo austríaco assenta na intervenção do poder judicial, operando-se assim um controlo que é efetivado segundo os ditames próprios da jurisdição como entidade dotada de um modo próprio de agir, com as características inerentes à atuação do poder jurisdicional.

Diferentemente do modelo americano, este modelo austríaco singulariza-se por atribuir o poder de averiguar da conformidade dos atos em relação à Constituição a uma só instância jurisdicional, um Tribunal Constitucional, jurisdição especializada e de nível único.

O acesso à intervenção de controlo da constitucionalidade levado a cabo pelo Tribunal Constitucional, dentro deste modelo, ocorre através dos processos judiciais em qualquer tribunal, devendo estes suspender-se até que o Tribunal Constitucional decida cada dúvida suscitada, não podendo o tribunal *a quo* pronunciar-se sobre a existência de inconstitucionalidades, antes devendo esperar por aquele veredicto.

IV. A *fiscalização política da constitucionalidade*, contrariamente a qualquer um dos modelos anteriores, é protagonizada por órgãos de feição político-legislativa, com características diversas daquelas que singularizam o poder jurisdicional, desenvolvidas em ambiente desfavorável à sua afirmação, em grande medida por reação à experiência liberal de conotação do poder jurisdicional com o *Ancien Régime*, em parte por causa de uma conceção mecanicista de separação orgânico-funcional de poderes reinante no Continente Europeu do século XIX.

A concretização deste modelo de fiscalização política pode apresentar-se sob duas perspetivas:

[2700] Cfr. HANS KELSEN, *Quién debe ser el defensor de la Constitución?*, Madrid, 1995, pp. 3 e ss. Cfr. também HANS KELSEN, *Jurisdição Constitucional*, São Paulo, 2003, pp. 5 e ss.

- *a fiscalização política por um órgão comum*: é o caso de a fiscalização ser desempenhada por um órgão constitucional já existente, que exerce outras competências constitucionais, tendo sido essa a experiência liberal na Europa e tendo sido também essa, noutros pressupostos, a experiência dos Estados socialistas;
- *a fiscalização política por órgão específico*: é o caso do Direito Constitucional Francês, tanto na IV República com o Comité Constitucional como na atual V República com o Conselho Constitucional, aí se registando que o poder de controlo da constitucionalidade se defere a um órgão especialmente competente para o efeito, mas que não tem as características inerentes à judicatura.

Este foi também um tema essencial na Teoria do Direito Constitucional que alimentou a polémica entre Carl Schmitt e Hans Kelsen, que aquele iniciou defendendo, em 1931, ao contrário deste, um modelo de fiscalização política por órgão comum[2701], absolutamente descrendo da possibilidade de essa atividade ser jurisdicional, devendo antes caber, no contexto da Constituição de Weimar em que se pronunciou, ao Chefe de Estado, ideias expressas no seu livro *Der Hüter der Verfassung*[2702].

Neste seu trabalho, Carl Schmitt contrapunha vários importantes argumentos: só a fiscalização política podia agir preventivamente, tendo a fiscalização judicial a desvantagem da intervenção apenas *ex post factum*; só a fiscalização política podia apresentar-se genericamente aplicável, e não ficar sujeita a uma indagação concreta, no âmbito de um processo judicial necessariamente circunstancial.

Daí que tivesse chegado à conclusão de que a figura fundamental de defesa da Constituição, de entre as opções de ser o Presidente ou o Chanceler, só podia ser o Presidente porque com legitimidade plebiscitária, popularmente reconhecida, ao passo que o Chanceler apenas radicaria numa legitimidade parlamentar-partidária.

[2701] Quanto a esta polémica fundadora da fiscalização da constitucionalidade na Europa, v. José Manuel Cardoso da Costa, *Algumas reflexões em torno da justiça constitucional*, in AAVV, *Perspectivas do Direito no início do século XXI*, Coimbra, 1999, pp. 114 e ss.; Maria Benedita Urbano, *Curso de Justiça Constitucional*, pp. 39 e ss.

[2702] Cfr. Carl Schmitt, *La defensa...*, pp. 1 e ss.

V. Eis uma polémica que hoje, com o aprofundamento do Estado de Direito na efetividade da tutela jurisdicional do Direito Constitucional, deixou de fazer sentido.

Ninguém pode defender que seja viável um modelo político de fiscalização da constitucionalidade, sendo certo que os países que tradicionalmente o desenvolveram – como tem sido, *v. g.*, a França – o têm corrigido no sentido de o aproximar, o mais possível, como já sucede, do modelo judicial.

Já a opção entre a fiscalização judicial difusa e a fiscalização judicial concentrada se afigura livre, dentro das exigências do princípio do Estado de Direito, embora a escolha não se possa dissociar de outros elementos, como o sistema jurídico e a força do poder judicial.

Não deixa ainda de ser verdade, como se tem assinalado na doutrina constitucional, a progressiva aproximação entre os modelos americano e austríaco de fiscalização judicial da constitucionalidade dos atos jurídico-públicos[2703], em grande medida por força da resposta a dar a também comuns exigências do princípio do Estado de Direito no tocante à intervenção do poder judicial.

302. A fiscalização da constitucionalidade no Direito Constitucional Português

I. Imediatamente antes de observarmos o regime atual em matéria de fiscalização da constitucionalidade, importa assinalar o percurso que se fez, em Portugal, nesta matéria, medindo até que ponto o mesmo se aproximou das grandes tendências comparatísticas.

Pelas suas características distintas, é usual recortar três períodos, descontando o momento atual, que autonomamente se integra na CRP:

- *o período monárquico liberal*: abrange os três textos constitucionais monárquicos e foi marcado pelo modelo da fiscalização política, de

[2703] Assim, Francisco Fernández Segado, *La justicia constitucional ante el siglo XXI: la progresiva convergencia de los sistemas americano y europeo-kelseniano*, in AAVV, *The Spanish Constitution in the European Constitutional Context* (ed. Francisco Fernández Segado), Madrid, 2003, pp. 855 e ss. Cfr. também Maria Benedita Urbano, *Curso de Justiça Constitucional*, pp. 20 e ss.

teor parlamentar, *fiscalização política* porque os tribunais, integrados no poder judicial, eram exteriores à atividade de fiscalização da constitucionalidade, e *fiscalização parlamentar* porque a indagação a respeito da conformidade das leis para com a Constituição incumbia ao Parlamento, em diversos matizes[2704];

- *o período republicano liberal*: trouxe a inovação da *fiscalização judicial difusa da constitucionalidade*, sob a influência do modelo americano, diretamente importado da primeira Constituição Brasileira de 1891;
- *o período autoritário*: é ambivalente nesta matéria, ao não fechar em absoluto a porta à *fiscalização judicial*, embora a prática tivesse sido muito escassa, e sobretudo afastada dos temas mais candentes que se colocavam no contexto de uma Constituição nominal como era a C1933, em que a *fiscalização política parlamentar* se revelava, por seu lado, totalmente ineficiente.

II. A *fiscalização da constitucionalidade no nosso atual sistema constitucional corresponde a um sistema misto*, nele se incorporando elementos oriundos dos principais modelos que tivemos ocasião de sumariamente descrever[2705], não parecendo forte qualquer lastro no plano histórico-constitucional.

[2704] A prática, porém, foi praticamente inexistente, o que até conduziu à ausência da *summa divisio* entre lei constitucional e lei ordinária.

Ainda que João Maria Tello de Magalhães Collaço (*Ensaio...*, pp. 50 e ss.) tivesse relatado um caso em que a Rainha D. Maria II recusou a sanção real a um diploma, na 2ª vigência provisória da C1822, em 1837, por ser flagrantemente inconstitucional.

[2705] Sobre o sistema português de fiscalização da constitucionalidade em geral, v. Marcelo Rebelo de Sousa, *Direito Constitucional...*, pp. 385 e ss.; Jorge Miranda, *Sobre a previsível criação de um tribunal constitucional*, in DemL, nº 15 (A revisão constitucional), junho de 1980, pp. 72 e ss., *Inconstitucionalidade*, in Pol., III, Lisboa, 1985, pp. 481 e ss., *A fiscalização da constitucionalidade – uma visão panorâmica*, in SI, XLII, julho-dezembro de 1993, nºs 244/246, pp. 170 e ss., e *Manual...*, VI, pp. 152 e ss.; José Mário Ferreira de Almeida, *A justiça constitucional em Portugal – notas para um estudo*, Lisboa, 1985, pp. 52 e ss.; Pierre Bon, *La justice constitutionnelle au Portugal – présentation générale*, in AAVV, JCP, Paris, 1989, pp. 31 e ss.; Luís Nunes de Almeida, *O Tribunal Constitucional e o conteúdo, a vinculatividade e os efeitos das suas decisões*, in AAVV, PSPC, Lisboa, 1989, pp. 942 e ss.; Armando M. Marques Guedes, *La Justice Constitutionnelle au Portugal – préface*, in AAVV, JCP, Paris, 1989, pp. 3 e ss.; J. J. Gomes Canotilho e Vital Moreira, *Fundamentos...*, pp. 237 e ss., e *Constituição...*, pp. 973 e ss.; Dominique Rousseau, *La justice constitutionnelle en Europe*, Paris, 1992, pp. 81 e ss.; Miguel Lobo Antunes, *Tribunal Constitucional*, in DJAP, VII, Lisboa, 1996, pp. 442 e ss.; Fernando

Em contrapartida, *importa desde já arredar do sistema português vigente a presença de quaisquer elementos próprios da fiscalização política da constitucionalidade*, em qualquer das suas modalidades, porque as entidades que levam a cabo esse controlo são sempre pertença do poder jurisdicional.

A apresentação geral do sistema português de fiscalização da constitucionalidade implica ainda que lateralmente tenha sida feita a opção, em alguns aspetos discutível, de lhe acoplar um *sistema de fiscalização da legalidade reforçada*[2706], com um propósito de indiretamente consolidar a efetividade da Constituição através do especial controlo das leis reforçadas, que mais dela se aproximam, não sendo, portanto, apenas, ainda que o seja essencialmente, um sistema de fiscalização da constitucionalidade[2707].

III. O *sistema de fiscalização da constitucionalidade em Portugal, de acordo com a CRP, é um sistema jurisdicional, com intervenção de uma pluralidade instâncias judiciais, cobrindo grande parte dos atos jurídico-públicos*:

- *é um sistema jurisdicional*, e não político, porque esta tarefa está cometida a órgãos de soberania que se inserem nos tribunais;
- *é um sistema difuso e concentrado* porque a intervenção de fiscalização é atribuída tanto aos tribunais em geral como especificamente ao Tribunal Constitucional, este tendo a última palavra;

Alves Correia, *A Justiça Constitucional*, Coimbra, 2002, pp. 31 e ss.; J. J. Gomes Canotilho, *Direito Constitucional e Teoria...*, pp. 917 e ss.; Carlos Blanco de Morais, *Justiça Constitucional*, II, Coimbra, 2005, pp. 15 e ss.; José de Matos Correia, *A Fiscalização da Constitucionalidade e da Legalidade*, 2ª ed., Lisboa, 2007, pp. 11 e ss.; Luís Ferreira Leite, *O Tribunal Constitucional...*, pp. 149 e ss.; Paulo Otero, *Direito Constitucional Português...*, II, pp. 434 e ss.; Benjamim Silva Rodrigues, *Direito Constitucional*, I, pp. 31 e ss.; Manuel Afonso Vaz, Raquel Carvalho, Catarina Santos Botelho, Inês Folhadela e Ana Teresa Ribeiro, *Direito Constitucional...*, pp. 175 e ss.

[2706] Sobre o sistema de fiscalização da legalidade reforçada, v. J. M. Cardoso da Costa, *Tribunal Constitucional*, in Pol., V, Lisboa, 1987, pp. 1330 e 1331; J. J. Gomes Canotilho e Vital Moreira, *Fundamentos...*, pp. 278 e ss., e *Constituição...*, p. 976; J. J. Gomes Canotilho, *Direito Constitucional*, pp. 1095 e ss.; Miguel Lobo Antunes, *Tribunal...*, pp. 444 e 445; Paulo Otero, *Direito Constitucional Português...*, II, pp. 463 e ss.

[2707] Quanto à autonomia do conceito de ilegalidade, por referência ao de inconstitucionalidade, v. Diogo Freitas do Amaral, *Legalidade (princípio da)*, in Pol., III, Lisboa, 1985, pp. 984 e ss.; Jorge Miranda, *Inconstitucionalidade*, pp. 182 e ss., e *Manual...*, VI, pp. 21 e ss.

- *é um sistema preventivo e sucessivo* porque a fiscalização incide tanto no procedimento de elaboração de certos atos jurídico-públicos como fundamentalmente depois de os atos jurídico-públicos estarem concluídos;
- *é um sistema de fiscalização da inconstitucionalidade por ação e por omissão* porque fiscaliza a inconstitucionalidade que se traduz na violação da Constituição tanto por ação como por omissão.

Nesta sede geral e introdutória, é de sublinhar as linhas essenciais do regime de fiscalização da constitucionalidade que a CRP consagrou.

IV. Do ponto de vista da proteção da Ordem Constitucional, ou também designado, na esteira da respetiva expressão francesa, por "bloco da constitucionalidade", *a fiscalização da constitucionalidade assume-se como total*, pois que tudo o que ali se integra – os princípios e as normas constitucionais – serve de parâmetro aferidor do respetivo juízo jurisdicional.

Que assim é, confirma-o a presença de vários preceitos constitucionais, que unanimemente apontam no sentido da coincidência do parâmetro da constitucionalidade com o bloco da constitucionalidade:

- a formulação, em dois lugares distintos, do princípio da constitucionalidade: não só que "A validade das leis e dos demais atos do Estado, das regiões autónomas, do poder local e de quaisquer entidades públicas depende da sua conformidade com a Constituição"[2708], como também que "São inconstitucionais as normas que infrinjam o disposto na Constituição ou os princípios nela consignados"[2709];
- a faculdade atribuída aos tribunais em geral de poderem proceder à fiscalização da constitucionalidade: "Nos feitos submetidos a julgamento não podem os tribunais aplicar normas que infrinjam o disposto na Constituição ou os princípios nela consignados"[2710];
- a faculdade atribuída ao Tribunal Constitucional de efetivar uma especial fiscalização da constitucionalidade: "Compete ao Tribunal

[2708] Art. 3º, nº 3, da CRP.
[2709] Art. 277º, nº 1, da CRP.
[2710] Art. 204º da CRP.

Constitucional apreciar a inconstitucionalidade e a ilegalidade, nos termos dos artigos 277º e seguintes"[2711].

Não se julgue que esta seria uma solução óbvia porque nem sempre se realiza, como é desejável, a exata sobreposição do parâmetro de constitucionalidade com o bloco da constitucionalidade.

V. Na perspetiva dos atos jurídico-públicos que se submetem à fiscalização da constitucionalidade, *a opção da CRP alinha-se com a preocupação de fazer exercer esse exame sobre as fontes normativas em geral*[2712], o que se depreende não apenas do enunciado do princípio da constitucionalidade[2713] como essencialmente da definição de inconstitucionalidade, a qual se prende com o facto de haver "normas que infrinjam o disposto na Constituição..."[2714], ideia repetida na identificação dos tipos de fiscalização sucessiva[2715].

Esta delimitação do objeto geral de fiscalização da constitucionalidade, não pensando agora nas singularidades que alguns dos seus tipos suscitam, não é ainda suficientemente cristalina a respeito das diversas fontes jurídico-normativas, obviamente infraconstitucionais, que são suscetíveis de um exame de constitucionalidade, sendo de referir que o Tribunal Constitucional, bem como a doutrina constitucional, nunca se bastaram com o simples conceito de norma em sentido clássico, ao significar um critério geral e abstrato de decisão[2716].

A preocupação tem sido a de alargar a possibilidade da fiscalização da constitucionalidade, procurando, como diz o Tribunal Constitucional, "...um conceito funcionalmente adequado ao sistema de fiscalização da constitucionalidade (...) e consonante com a sua justificação e sentido"[2717].

2711 Art. 223º, nº 1, da CRP.

2712 Quanto ao recorte do objeto de fiscalização da constitucionalidade, a partir do conceito de norma, v. GUILHERME DA FONSECA e INÊS DOMINGOS, *Breviário...*, pp. 25 e ss.; J. J. GOMES CANOTILHO, *Direito Constitucional e Teoria...*, pp. 932 e ss.; JORGE MIRANDA, *Manual...*, VI, pp. 154 e ss.

2713 Cfr. o art. 3º, nº 3, da CRP.

2714 Art. 277º, nº 1, da CRP.

2715 Cfr. os arts. 280º, 281º e 282º da CRP.

2716 Cfr. os Ac. nº 26/85, de 15 de fevereiro, Ac. nº 80/86, de 11 de março, Ac. nº 157/88, de 7 de julho, e Ac. nº 421/98, de 3 de junho, do Tribunal Constitucional.

2717 Cfr. o Ac. nº 26/85 do Tribunal Constitucional.

Em termos práticos, esse alargamento conceptual permite acolher critérios de decisão que não configurem normas jurídicas: "...onde, porém, um ato de poder público for mais do que isso, e contiver uma regra de conduta para os particulares ou para a Administração ou um critério de decisão para esta última ou para o juiz, aí estaremos perante um ato "normativo", cujas injunções ficam sujeitas ao controlo de constitucionalidade"[2718].

VI. A lista de atos e fontes que podem submeter-se ao juízo da constitucionalidade apresenta-se bastante lata, incluindo fontes intencionais e fontes espontâneas de Direito, inserindo atos de Direito Público e atos de Direito Privado, englobando atos classicamente normativos e atos individuais e concretos na sua expressão de poder público, *numa dupla perspetiva de serem atos normativos, ora em sentido material, ora em sentido funcional*, que assim se exemplificam[2719]:

- *os atos jurídico-públicos normativos*, sem qualquer exclusão, tanto internos como internacionais, e nos internos tanto estaduais como regionais e locais, neles se incluindo os atos políticos normativos, como as resoluções parlamentares de não ratificação dos decretos-leis ou de aprovação do RAR, assim como os atos jurisdicionais, como as decisões de tribunais arbitrais que aprovam o regulamento do respetivo tribunal;
- *os atos jurídico-públicos não normativos*, mas na condição de serem expressão legislativa do poder público, neles se incluindo as leis-medida e as leis individuais e concretas;
- *as fontes normativas espontâneas*, como os costumes em geral, internacionais e internos, e nestes os gerais, os regionais e os locais;
- *as fontes normativas privadas*, como as convenções coletivas de trabalho ou as normas internas de entidades privadas.

VII. Ainda assim, a delimitação do objeto da fiscalização da constitucionalidade que define o sistema português permite ver que nem todos os atos que possam ser inconstitucionais se submetem àquele exame, concluindo-se que este sistema não é globalmente protetor da efetividade

[2718] Cfr. Guilherme da Fonseca e Inês Domingos, *Breviário...*, p. 26.

[2719] Cfr. a listagem de J. J. Gomes Canotilho, *Direito Constitucional e Teoria...*, pp. 935 e ss.; Guilherme da Fonseca e Inês Domingos, *Breviário...*, pp. 30 e 31.

da Constituição, algumas dessas omissões, em todo o caso, podendo ser minoradas por outras vias, sendo de referir estes casos em que não é possível aplicar um qualquer tipo de fiscalização da constitucionalidade[2720], todos eles explicáveis por não serem atos jurídico-públicos normativos:

- *os atos políticos*, sem caráter normativo, ainda que todos eles devam obediência à CRP, por força do princípio da constitucionalidade;
- *os atos administrativos*, sem caráter normativo, igualmente submetidos ao império da CRP, sem possibilidade de serem sindicados;
- *os atos jurisdicionais*, sem caráter normativo, ainda sujeitos à efetividade da CRP, que também subordina os tribunais na sua atividade conformadora.

Caso particularmente mais complexo é o da demarcação dos atos jurisdicionais que se submetem à fiscalização da constitucionalidade, até porque no seio da fiscalização concreta para a CRP esse resultado é aparentemente contraditório, ao expressamente admitir-se que "Cabe recurso para o Tribunal Constitucional das decisões dos tribunais..."[2721].

A exclusão das decisões dos tribunais significa sempre que a intervenção do sistema de fiscalização da constitucionalidade pretende surpreender o parâmetro normativo utilizado[2722], e não o entendimento que certo juiz formulou acerca da sua conformidade com a CRP, ainda que nalguns casos as decisões jurisdicionais possam ser em si mesmo sindicadas pelo

[2720] Não obstante os sucessivos alargamentos que o conceito de norma no sistema de fiscalização da constitucionalidade tem beneficiado, dos quais dá conta Rui Medeiros (*A força expansiva do conceito de norma no sistema português de fiscalização concentrada da constitucionalidade*, in AAVV, *Estudos de Homenagem ao Prof. Doutor Armando M. Marques Guedes*, Lisboa, 2004, pp. 183 e ss.), tanto no plano das normas implícitas e virtuais como em sede de inconstitucionalidade por omissão, concluindo que "O alargamento do objeto do controlo da constitucionalidade constitui, por fim, um argumento adicional no sentido da ausência de justificação para a introdução, no sistema português de justiça constitucional, do instituto do recurso de amparo ou da queixa constitucional contra decisões jurisdicionais" (p. 202).

[2721] Art. 279º, nº 1, proémio, da CRP.

[2722] Como referem Guilherme da Fonseca e Inês Domingos (*Breviário*..., p. 29), "...o contencioso da constitucionalidade é sempre de normas em que se fundam as decisões recorridas e não um contencioso de decisões...".

sistema judicial na medida em que se apresentem como autónomos critérios materiais de decisão[2723]:

- *no caso da interpretação que tenha sido dada pelos tribunais a respeito de disposições constitucionais, distorcendo o seu sentido constitucional,* como tantas vezes sucede na fiscalização concreta;
- *no caso do preenchimento de lacunas feito pelos tribunais, na verificação da ausência de uma norma aplicável e previamente elaborada,* caso em que a decisão jurisdicional é circunstancialmente normativa, sendo logo de seguida aplicativa dessa mesma decisão;
- *no caso em que os tribunais assumem poderes normativos que não têm, indo para além da mera interpretação das normas existentes,* num problema que pode ser de constitucionalidade orgânica e material da decisão.

VIII. O resultado nefasto da ausência, nestes casos, de um mecanismo de fiscalização da constitucionalidade, contrariando a ideia de que a CRP pretende detetar todas as situações em que a sua violação ocorra, pode ser bastante suavizado porque se erguem mecanismos que, a seu modo, contribuem, ainda que indiretamente, para a defesa da Constituição:

- *no caso dos atos administrativos não normativos,* o parâmetro de constitucionalidade deve encontrar-se presente, como parcela do princípio global da juridicidade, que insufla todo o contencioso administrativo, a quem está deferida a atividade de verificação da legalidade, em sentido amplo, da atuação administrativa pública, incluindo a que se expressa nos atos administrativos;
- *no caso dos atos jurisdicionais não normativos,* o parâmetro da constitucionalidade não pode também ser arredado da fiscalização que os tribunais superiores podem realizar sobre os atos dos tribunais inferiores, uma vez que os tribunais, como qualquer órgão de soberania, estão sujeitos ao dever de respeito pela Constituição, apenas não havendo aqui a peculiaridade da fiscalização da constituciona-

[2723] Cfr. os Ac. nº 605/94, de 9 de junho, Ac. nº 282/95, de 7 de junho, Ac. nº 521/95, de 28 de setembro, Ac. nº 585/95, de 7 de novembro, Ac. nº 20/96, de 16 de janeiro, Ac. nº 179/96, de 8 de fevereiro, Ac. nº 338/98, de 12 de maio, Ac. nº 397/98, de 2 de junho, Ac. nº 507/99, de 21 de setembro, Ac. nº 561/99, de 20 de outubro, Ac. nº 562/99, de 20 de outubro, Ac. nº 593/99, de 27 de outubro, Ac. nº 604/99, de 9 de novembro, e Ac. nº 167/2000, de 22 de março, todos do Tribunal Constitucional.

lidade, mas ao mesmo resultado se chegando se nos lembrarmos de que o parâmetro dos recursos jurisdicionais em geral integra a necessidade de as decisões dos tribunais não poderem violar a lei, "lei" em sentido amplo e obviamente incluindo nessa aceção a própria CRP.

Já o caso dos atos políticos não normativos se afigura mais complexo porque não existe, a seu respeito, nenhum outro mecanismo cumulativo de aferição da sua juridicidade, como o contencioso administrativo ou os recursos jurisdicionais.

Embora verberando a lamentável existência de zonas de insindicabilidade constitucional, violadoras da efetividade da CRP, perante o facto de tais atos não poderem ser objeto de processos de fiscalização da constitucionalidade com vista à respetiva eliminação da Ordem Jurídica, é sempre possível chegar a esse mesmo resultado pela construção de desvalores jurídicos que, com o objetivo da respetiva decretação, não careçam de uma intervenção necessária por parte dos órgãos jurisdicionais, como pode suceder com a inexistência.

IX. Os órgãos que intervêm na fiscalização da constitucionalidade, dentro da sua inserção geral na judicatura, são de variada índole, em razão de outros tantos critérios de classificação.

Todos eles têm de comum o facto de integrarem os tribunais como órgãos de soberania, nas suas diversas ramificações, sendo independentes e imparciais, de acordo com o estatuto de inamovibilidade e de irresponsabilidade dos respetivos titulares, os magistrados judiciais.

Tem sido discutido até que ponto o sistema português de fiscalização da constitucionalidade é apenas protagonizado pelos tribunais ou se pode, além disso, ser desenvolvido por outras estruturas que, à luz da CRP, se aproximam do universo da função jurisdicional: os tribunais arbitrais e os julgados de paz.

Na medida em que estas estruturas exercem uma competência jurisdicional delegada pela CRP, implicitamente lhes é conferida a competência de fiscalização da constitucionalidade, havendo ainda um outro argumento funcional, que reside na circunstância de, a não ser assim, a fiscalização jamais poderia ser exercida porque aqueles tribunais produzem decisões insuscetíveis de recurso, dessa forma se impossibilitando que os tribunais estaduais, a intervir depois, pudessem alguma vez efetuar um exame de constitucionalidade.

Com uma importância mais teórica do que prática, está a discussão a respeito de saber se a fiscalização da constitucionalidade, além dos tribunais, pode ainda ser posta em prática por outros órgãos de soberania ou, em geral, pelos órgãos que exercem uma função política de controlo, parcela da função política.

A resposta reside não tanto na possibilidade de a atuação dos diversos órgãos de controlo se fazer à luz de uma preocupação pela defesa da constitucionalidade, como da legalidade em geral, quanto na capacidade para se agir em conformidade, invalidando os atos inconstitucionais.

Ora, parece que o sistema constitucional português reserva a intervenção invalidatória para os órgãos jurisdicionais, o que não exclui que os órgãos de fiscalização política afetem a vigência dos atos que sejam inconstitucionais submetidos ao respetivo raio de fiscalização pela faculdade de decretarem a sua revogação por razões de inconstitucionalidade: mas tal facto não é suficiente para os integrar no sistema de fiscalização da constitucionalidade, que está gizado apenas com tribunais e com decisões de força de caso julgado.

Claro que os mecanismos de fiscalização política, sobretudo os parlamentares, também têm razão de ser, podendo até ser mais efetivos sob certos pontos de vista, mas não se confundem com o sistema de fiscalização da constitucionalidade, que é matricialmente jurisdicional.

303. Os principais elementos do Direito Constitucional Processual Português

I. Definido o enquadramento geral do sistema português de fiscalização da constitucionalidade[2724], observe-se os traços principais que informam essa parcela do Direito Constitucional Português, que também servirá de pórtico ao estudo específico dos tipos de fiscalização da constitucionalidade que o mesmo comporta.

[2724] Ao que se associa, embora limitadamente, a fiscalização da legalidade reforçada.

Esta é, de resto, uma tarefa bastante facilitada por a LTC ter alinhado disposições que são comuns a tais tipos de fiscalização, disposições que se assumem, assim, com uma inequívoca vocação geral.

Neste momento de visão geral do Direito Constitucional Processual Português, cumpre dar atenção a três temas, que depois serão aplicados, mesmo com especialidades, a propósito de cada um daqueles tipos de fiscalização da constitucionalidade:

- *os princípios processuais*;
- *as fases processuais*; e
- *a natureza do processo constitucional*.

II. Tendo em consideração o caráter jurisdicional difuso e concentrado da fiscalização da constitucionalidade, as fontes aplicáveis na definição dos contornos do respetivo regime são, além de constitucionais, aquelas que traçam a organização e o funcionamento dos tribunais em geral e do Tribunal Constitucional, num conjunto de fontes que integram o Direito Constitucional Processual, com as seguintes componentes no caso de Portugal:

- as normas e os princípios constitucionais, essencialmente no tocante aos tribunais e à fiscalização da constitucionalidade;
- a LTC, que é o diploma estruturante da organização, do funcionamento e do processo do Tribunal Constitucional;
- os diplomas legislativos genericamente reguladores da organização e do funcionamento dos diversos tribunais, deles se evidenciando o CPC, de entre outros.

III. O conjunto de preceitos que integram o Direito Constitucional Processual permite do mesmo modo destilar um feixe de *princípios processuais* a respeito do processo constitucional em geral, os quais possibilitam alcançar uma visão global acerca de algumas das suas questões, como sucede com estes três[2725]:

[2725] Sobre os princípios do processo constitucional em geral, v. VITALINO CANAS, *Os processos de fiscalização da constitucionalidade e da legalidade*, Coimbra, 1986, pp. 87 e ss.; JORGE MIRANDA, *Manual...*, VI, pp. 183 e 184; J. J. GOMES CANOTILHO, *Direito Constitucional e Teoria...*, pp. 971 e ss.

– *o princípio do pedido*: a fiscalização da constitucionalidade só acontece por as entidades exteriores ao órgão competente para fiscalizar tal solicitarem, princípio do pedido que também atua como definidor do objeto processual, que assim fica delimitado com o pedido de apreciação apresentado[2726];
– *o princípio do contraditório*: a fiscalização da constitucionalidade que é exercida submete-se sempre à audição das partes em juízo, nos processos de fiscalização abstrata ou concreta, assim se defendendo a preocupação de ouvir os diversos pontos de vista presentes[2727];
– *o princípio da fundamentação*: as decisões tomadas no âmbito do processo constitucional são necessariamente fundamentadas, como em geral qualquer decisão judicial, mas havendo uma preocupação específica com a fundamentação das decisões tomadas nesta sede, ainda que as decisões de inconstitucionalidade possam invocar fundamentos diversos daqueles que foram referidos nos pedidos de fiscalização.

IV. A *marcha do processo constitucional* permite deslindar os diversos passos da sua tramitação, desde que se inicia até à decisão final, marcha processual que se afigura essencial na compreensão da produção do poder jurisdicional de fiscalização da constitucionalidade dos atos jurídico-públicos que lhe estão submetidos.

Em grande medida por aplicação subsidiária do Direito Processual Civil, que corresponde à matriz comum de qualquer processo judicial, não fugindo o processo constitucional a essa orientação[2728], as respetivas *fases processuais* são as seguintes, tomando por referência o processo que se desenvolve no Tribunal Constitucional[2729]:

1) a fase dos articulados iniciais: é neste momento que se define o objeto processual, através da identificação das normas a apreciar do ponto de vista da sua inconstitucionalidade, podendo o órgão autor da

[2726] Cfr. o art. 51º, nº 5, da LTC, ao prescrever que "O Tribunal só pode declarar a inconstitucionalidade ou a ilegalidade de normas cuja apreciação tenha sido requerida, mas pode fazê-lo com fundamentação na violação de normas ou princípios constitucionais diversos daqueles cuja violação foi invocada".

[2727] Cfr. o art. 54º da LTC.

[2728] Aplicável por força dos arts. 48º e 69º da LTC.

[2729] Cfr. os arts. 51º e ss. da LTC.

norma ou a parte contrária explicar, respetivamente, o porquê da sua correta produção ou o porquê de considerar existir a inconstitucionalidade;

2) *a fase da apreciação liminar*: apresentados os articulados, o Tribunal Constitucional intervém liminarmente, decidindo se o pedido deve prosseguir para decisão, se deve ser aperfeiçoado, se deve ser rejeitado por ausência de pressupostos processuais ou se pode ser logo julgado quanto ao fundo, havendo condições para que tal suceda;
3) *a fase da discussão e julgamento*: ultrapassada a fase da apreciação liminar, eventualmente se esperando pelos aperfeiçoamentos solicitados, e não tendo havido logo uma decisão sumária, o Tribunal Constitucional procede à discussão e julgamento do pedido de fiscalização da constitucionalidade, escolhendo-se um relator encarregado de redigir o acórdão e, no final, procedendo-se à votação do mesmo.

V. Se o exercício do poder jurisdicional nos casos de fiscalização da constitucionalidade não suscita dúvidas em relação a cada uma destas fases, o mesmo já não se pode dizer da atribuição ao Tribunal Constitucional do poder de apreciação cautelar, que se vai consumar na decretação de *providências cautelares* no âmbito da fiscalização da constitucionalidade.

E esta nem sequer é hoje uma questão totalmente desconhecida do funcionamento do Tribunal Constitucional porque, a propósito do contencioso partidário, a última alteração à LTC, feita na sequência da IV revisão constitucional, cometeu a este tribunal poderes cautelares: "Como preliminar ou incidente das ações reguladas nos artigos 103º-C e 103º-D, podem os interessados requerer a suspensão de eficácia das eleições ou deliberações impugnáveis, nos prazos previstos no nº 7 do artigo 103º-C, com fundamento na probabilidade de ocorrência de danos apreciáveis causados pela eficácia do ato eleitoral ou pela execução da deliberação"[2730].

A formulação mais interessante do problema é a de saber se, perante a produção de um ato inconstitucional, até que o Tribunal Constitucional venha a proferir uma decisão de fundo, podendo demorar anos, é legí-

[2730] Art. 103º-E, nº 1, da LTC.

timo a quem de direito requerer a suspensão provisória desse diploma, assim se evitando os maiores danos da vigência de um diploma inconstitucional por bastante tempo, nem sempre os mesmos facilmente – e até possivelmente – elimináveis.

No silêncio que o tema tem merecido da doutrina portuguesa, além do próprio silêncio da legislação aplicável, sem direta relação com os processos de fiscalização da constitucionalidade, e não obstante a diferença de tratamento que tem recebido de várias doutrinas e jurisprudências estrangeiras, estamos em crer que tal possibilidade pode ser admitida, ainda que com algumas importantes limitações:

- *em matéria de processos de fiscalização*, é de excluir o reconhecimento de poderes cautelares nos casos em que podia ter havido – ou em que houve mesmo – a fiscalização preventiva, de alguma sorte um bom sucedâneo dos poderes cautelares, em vista do mesmo objetivo que prosseguem, que é o da evitação da entrada em vigor na Ordem Jurídica de grosseiras inconstitucionalidades;
- *em matéria de legitimidade processual*, o pedido da suspensão provisória do ato objeto de fiscalização deve ser feito pelo mesmo órgão que fez o pedido, enxertando-se esse mecanismo no processo principal de fiscalização;
- *em matéria de legislação aplicável*, perante a óbvia lacuna de não haver preceito que o permita, mas que se impõe por força de um argumento de maioria de razão em relação ao poder final de o Tribunal Constitucional poder decretar a invalidade do diploma, é lógico uma vez mais recorrer-se ao Direito Processual Civil como Direito de aplicação subsidiária.

VI. A *natureza* dos processos de fiscalização da constitucionalidade é ainda tema para alguma controvérsia, na procura de se saber quais os interesses prevalecentes, assim se descobrindo a chave identificadora de muitas das opções constitucionais e legais feitas nesta matéria, dando com isso valor a uma questão que seria meramente qualificativa, num verdadeiro esforço que deve ser dogmático.

Os interesses visados pelos processos judiciais em geral, assim como pelos processos constitucionais em especial, podem ser de duas índoles contrapostas:

- *interesses públicos*, ligados à defesa da constitucionalidade objetiva, na medida em que por seu intermédio se preserva um modo geral de ver a organização política do Estado e da Sociedade, plasmado na Ordem Constitucional, que é de todos;
- *interesses privados*, relacionados com a proteção de posições individuais, ainda que mediatizadas pela proteção constitucional geral, na certeza de que também ao nível do Direito Constitucional se protegem direitos individuais.

Os elementos que é possível colher dos diversos processos de fiscalização da constitucionalidade apontam para as duas perspetivas, que assim tornam o sistema português um *sistema misto*, público e privado de fiscalização:

- *prevalece um interesse público* no acesso essencialmente público, o qual também se percebe na proibição geral da desistência dos processos de fiscalização sucessiva, considerando-se ainda, em certos casos, a obrigatoriedade de o Ministério Público apresentar recursos de inconstitucionalidade;
- *prevalece um interesse privado* quando a legitimidade processual se restringe às partes e quando os efeitos se limitam ao caso julgado produzido.

304. A fiscalização preventiva da constitucionalidade

I. *A fiscalização preventiva da constitucionalidade* consiste na possibilidade de este controlo se efetuar num momento intermédio em que o procedimento de produção do ato jurídico-público ainda não se completou[2731].

[2731] Quanto aos contornos da fiscalização preventiva da constitucionalidade em geral, v. MARCELO REBELO DE SOUSA, *O valor...*, I, pp. 235 e ss., e *Orgânica judicial...*, p. 37; MIGUEL GALVÃO TELES, *Liberdade de iniciativa do Presidente da República quanto ao processo de fiscalização preventiva da constitucionalidade*, in OD, ano 120º, I-II, janeiro-junho de 1988, pp. 35 e ss.; PIERRE BON, *La justice...*, pp. 107 e ss.; JORGE MIRANDA, *Inconstitucionalidade*, pp. 482 e ss., e *Manual...*, VI, pp. 227 e ss.; VITALINO CANAS, *Introdução às decisões...*, pp. 39 e ss.; J. J. GOMES CANOTILHO e VITAL MOREIRA, *Constituição...*, pp. 1002 e ss.; JORGE BACELAR GOUVEIA, *O estado de exceção...*, II, pp. 1204 e ss., e *Autonomia regional...*, pp. 150 e ss.; J. J. GOMES CANOTI-

Esta modalidade de fiscalização da constitucionalidade não vem a ser habitual numa perspetiva histórico-comparatística, por isso mesmo lhe sendo assinaladas algumas desvantagens, que nem sequer têm estado arredadas do debate político-doutrinal português: as desvantagens do perigo da maior politicização da atividade de controlo, associada ao facto de ser feita num curto lapso de tempo, sem a devida maturação das decisões tomadas.

Contudo, são também inegáveis as vantagens que lhe podem ser reconhecidas: as vantagens de se evitar a entrada em vigor na Ordem Jurídica de grosseiras inconstitucionalidades, para além da maior importância que certas questões jurídico-constitucionais adquirem precisamente por estarem ligadas a um mais imediato debate político, tal sendo ainda penhor de uma decisão jurisdicional feita rapidamente, não ficando, pelo contrário, esquecida nos sempre muito preenchidos escaparates do poder judicial...

II. Foi, pois, avisada a decisão de o Direito Constitucional Português ter consagrado, em termos até bastante amplos, a fiscalização preventiva da constitucionalidade, de acordo com este regime:

- *quanto ao parâmetro*: *fiscalização só da constitucionalidade*, à exceção de um certo caso, para o qual também vigora a fiscalização da legalidade reforçada, em matéria de consultas referendárias;
- *quanto à sua verificação*: *fiscalização sempre facultativa*, sob requerimento das entidades competentes, com a exceção de um caso, de novo o das consultas referendárias, em que a fiscalização é obrigatória;
- *quanto ao seu objeto*: *fiscalização de atos com diversas naturezas e autorias*, desde atos políticos a atos legislativos, desde atos estaduais a atos regionais.

III. Não se pense que estas coordenadas permitem construir um regime único em matéria de fiscalização preventiva, sendo prudente equacionar *cinco diversos regimes, um geral e os outros especiais*:

LHO, *Direito Constitucional e Teoria...*, pp. 1025 e ss.; PAULO OTERO, *Direito Constitucional Português...*, II, pp. 452 e ss.

- *a fiscalização preventiva da constitucionalidade dos atos legislativos em geral*;
- *a fiscalização preventiva da constitucionalidade das leis orgânicas*;
- *a fiscalização preventiva da constitucionalidade das convenções internacionais*;
- *a fiscalização preventiva da constitucionalidade dos decretos legislativos regionais*; e
- *a fiscalização preventiva da constitucionalidade e da legalidade dos referendos*.

IV. *A fiscalização preventiva da constitucionalidade dos atos legislativos em geral*, funcionando como regime subsidiário dos vários processos de fiscalização preventiva, tem por objeto processual as leis e os decretos-leis, ainda na sua fase intermédia de decretos legislativos, respetivamente da autoria da Assembleia da República e do Governo[2732].

O momento azado para que este controlo se possa exercer é o da ponderação, por parte do Presidente da República, da sua promulgação, não o devendo fazer antes de pedir aquela fiscalização, no caso de ter suspeitas da existência de inconstitucionalidades.

Esse pedido é realizado pelo Presidente da República, estabelecendo a CRP um prazo substantivo de oito dias, tal sucedendo numa altura em que o diploma ainda não está perfeito, por lhe faltar a promulgação, que é um requisito de existência do mesmo[2733].

No requerimento ao Tribunal Constitucional, o Presidente da República deve indicar as normas cuja apreciação requer – o que pode equivaler à totalidade do diploma, isso não o desobrigando, contudo, da especificação das mesmas – e, simultaneamente, apontar as normas e os princípios constitucionais que considera terem sido violados.

Os prazos para que o Tribunal Constitucional decida são bastante curtos, dada a urgência que lhe é inerente, assim se distribuindo[2734]:

- 1 dia para a apreciação liminar do pedido por parte do Presidente do Tribunal Constitucional;
- 1 dia para a distribuição do pedido;
- 5 dias para que o relator, escolhido logo na distribuição, elabore um memorando "...contendo o enunciado das questões sobre que o Tri-

2732 Cfr. os arts. 278º e 279º da CRP e os arts. 57º e ss. da LTC.

2733 Cfr. o art. 278º, nº 3, da CRP e o art. 57º, nº 1, da LTC.

2734 Cfr. os arts. 57º, 58º e 59º da LTC.

bunal deverá pronunciar-se e da solução que para elas propõe, com indicação sumária dos respetivos fundamentos..."[2735];

- 10 dias para o agendamento do processo em sessão plenária do Tribunal;
- 7 dias para, depois da decisão tomada naquela sessão, o relator já escolhido ou a escolher, no caso de aquele ter ficado vencido, redigir o acórdão.

O Tribunal Constitucional emite o correspondente acórdão no prazo máximo de 25 dias depois de recebido o pedido de fiscalização, mas o Presidente da República pode determinar o seu encurtamento por razões de urgência[2736].

V. A intervenção do Tribunal Constitucional, na decisão que este órgão venha a tomar na base de critérios de constitucionalidade, oscila entre uma *decisão positiva* – aceitando a existência de normas inconstitucionais – e uma *decisão negativa* – não encontrando nas normas cuja apreciação foi requerida qualquer vício de inconstitucionalidade[2737].

Essas consequências, no caso de decisão negativa, determinam a continuação do procedimento legislativo que estava suspenso e o Presidente da República ganha, de novo, o poder de decidir, livre e politicamente, entre a promulgação e o veto político. Se essa vier a ser a decisão, o procedimento legislativo é retomado no momento em que se encontrava antes da intervenção deste alto órgão de soberania[2738].

Mais densas vêm a ser as consequências de o Tribunal Constitucional ter concluído pela existência, no diploma legislativo, de normas inconstitucionais. Esta é uma decisão que abre as portas a várias subfases que se conexionam nessa sequência, devendo dissociar-se entre os *efeitos imediatos* e os *efeitos mediatos*.

VI. Os *efeitos imediatos* são da autoria do Presidente da República, que, na qualidade de veículo de articulação entre o Tribunal Constitucional e

[2735] Art. 58º, nº 2, segunda parte, da LTC.

[2736] Cfr. o art. 278º, nº 8, da CRP e o art. 60º da LTC.

[2737] Quanto a estas diferentes possibilidades, v. JORGE BACELAR GOUVEIA, *Autonomia regional...*, pp. 153 e ss.

[2738] Cfr. os arts. 136º, nº 1, al. e), e 233º, nº 2, da CRP.

a Assembleia da República (e outros órgãos legislativos), vai ter de agir vinculadamente.

A decisão positiva do Tribunal Constitucional faz nascer na esfera jurídica do Presidente da República um dever de vetar o diploma – um caso, portanto, de veto obrigatório – e de não proceder, desse jeito, à sua promulgação.

Esse veto é, no entanto, bastante diferente do veto político que tivemos ocasião de observar, porquanto não tem essa motivação, mas corresponde antes a uma fundamentação de natureza jurídico-constitucional, centrada na violação da Constituição.

Mencione-se que essa fundamentação, num caso raro do Direito Público Português, é obrigatoriamente feita por remissão para o acórdão do Tribunal Constitucional que se pronunciou pela inconstitucionalidade.

Aplicado o veto por inconstitucionalidade, o diploma legislativo, no segundo efeito imediato e vinculado que recai sobre o Presidente da República, é devolvido ao órgão que o promanou.

VII. Os *efeitos mediatos* da pronúncia do Tribunal Constitucional pela inconstitucionalidade de normas incluídas nos diplomas legislativos, ao invés dos efeitos imediatos, relacionam-se com o destino que se lhes dá já dentro da atividade que sobre os mesmos os órgãos promanantes entendam por bem desenvolver.

A ideia fundamental é a de que não se admitiria nunca que a decisão do Tribunal Constitucional pudesse ser desconsiderada ao ponto de tudo ficar na mesma e o diploma se transformar, efetivamente, em ato legislativo.

Pelo contrário: o conjunto dos efeitos mediatos gizados pela CRP leva em mente a importância da decisão jurisdicional quanto à inconstitucionalidade, mas vendo-a no especial contexto, de tipo político, do procedimento legislativo, em que ocorre a elaboração de um ato jurídico-público.

VIII. Daí que seja possível esboçar, na sequência da decisão de inconstitucionalidade, *três respostas possíveis*, considerando o órgão Assembleia da República, quanto a um decreto legislativo considerado inconstitucional em sede de fiscalização preventiva:

i) o *expurgo das normas consideradas inconstitucionais*, isso equivalendo à reformulação do diploma, embora nem toda a reformulação seja um expurgo;
ii) a *omissão de qualquer conduta por parte da Assembleia da República*, com isso se colocando um ponto final no respetivo procedimento legislativo;
iii) a *confirmação do diploma por maioria qualificada*, maioria de dois terços dos Deputados presentes, desde que superior à maioria absoluta dos Deputados em efetividade de funções, deste modo se obtendo um reforço da vontade parlamentar no sentido de se pretender a perfeição do diploma, aumentando-se-lhe a sua legitimidade por comparação com a votação anterior.

Se a Assembleia da República nada fizer, o procedimento legislativo caduca, não podendo o Presidente da República promulgar o diploma.

Se a Assembleia da República expurgar ou confirmar o diploma, o Presidente da República tem na sua mão a opção livre de promulgar – considerando que o diploma já não é inconstitucional ou que deve prevalecer um juízo político favorável alargado – e de não promulgar, neste caso nem sequer dispondo de um prazo pré-estabelecido no texto da CRP.

IX. Se o órgão promanante for o Governo, os efeitos da pronúncia pela inconstitucionalidade, sendo idênticos nos imediatos, já se mostram diferentes nos mediatos.

Embora se aceite, como sucede com a Assembleia da República, o expurgo e a desistência, a confirmação já não parece ser possível: o Governo é um órgão colegial restrito e em que não faz sentido fazer votações por maiorias qualificadas, para além de não ser tecnicamente constituído por Deputados.

Daí que em sede de efeitos mediatos, ao Governo, perante uma decisão positiva de inconstitucionalidade, na fiscalização preventiva, não lhe reste outra alternativa senão a do expurgo das normas consideradas inconstitucionais, uma vez que não se lhe permite fazer a confirmação do mesmo.

X. *A fiscalização preventiva da constitucionalidade das leis orgânicas*, estando em grande medida sobreposta ao regime da fiscalização das leis em geral, apenas consagra algumas particularidades na definição da legitimidade processual ativa das entidades que têm acesso ao Tribunal Constitucional para este efeito.

Além do Presidente da República, nesta fiscalização outras entidades ficam com essa faculdade processual, o que é bem demonstrativo da importância que se lhes quis dar e não se deixando, assim, pairar quaisquer dúvidas de constitucionalidade acerca das mesmas, permitindo que a oposição política igualmente utilize este mecanismo, tal se traduzindo na faculdade de estas duas entidades requererem a abertura da fiscalização preventiva:

- o Primeiro-Ministro; e
- um quinto dos Deputados à Assembleia da República.

Para que esta possibilidade seja real, no momento em que o Presidente da Assembleia da República envia o decreto ao Chefe de Estado para que este o promulgue como lei orgânica, "...dará disso conhecimento ao Primeiro-Ministro e aos grupos parlamentares"[2739].

Assinala-se aqui um caso de promulgação temporariamente proibida, essa proibição só terminando quando o prazo para que a sua fiscalização preventiva seja solicitada – que é do mesmo modo de oito dias – se tenha esgotado, não se inutilizando, por esta via, a possibilidade de a fiscalização acontecer[2740].

Em matéria de efeitos da pronúncia do Tribunal Constitucional pela inconstitucionalidade de norma constante de lei orgânica, subsiste ainda um problema, que é o da coincidência entre a maioria necessária para permitir que o Presidente da República, apesar da inconstitucionalidade, possa promulgar o diploma, e a maioria exigível para superar um veto político presidencial, em ambos os casos por maioria de dois terços dos Deputados presentes, desde que superior à maioria absoluta dos Deputados em efetividade de funções, o que, como se compreende, é absurdo.

XI. A *fiscalização preventiva da constitucionalidade das convenções internacionais* assenta num especial propósito de evitar a vinculação de Portugal

[2739] Art. 278º, nº 5, *in fine*, da CRP.
[2740] Cfr. o art. 278º, nº 7, da CRP.

a textos internacionais que não sejam conformes à CRP[2741], para além de se considerar, por esse mesmo facto, a modalidade por excelência de fiscalização da constitucionalidade do Direito Internacional incorporado no Direito Português, assim se prevenindo, por razões de inconstitucionalidade, a posterior impossibilidade do respetivo cumprimento por parte de Portugal, num momento em que, externamente, esse compromisso já fora assumido.

Esta modalidade de fiscalização preventiva operacionaliza-se em dois distintos momentos[2742]:

- *no caso dos tratados*: depois da sua aprovação parlamentar por resolução e antes da ratificação presidencial em decreto autónomo;
- *no caso dos acordos*: dentro da fase da sua aprovação, parlamentar ou governamental, algures depois da votação da resolução parlamentar ou do decreto governamental e antes da assinatura presidencial a apor nesse mesmo ato político de aprovação.

A legitimidade processual ativa restringe-se ao Presidente da República, aproveitando a sua oportunidade para intervir nos respetivos procedimentos, aplicando-se as regras gerais quanto ao tempo de formulação do pedido e de produção da decisão do Tribunal Constitucional.

É no plano dos efeitos possíveis que se registam singularidades que resultam não só dos órgãos que intervêm no procedimento de aprovação como sobretudo das características contratuais das convenções internacionais.

A CRP apenas apresenta como solução peculiar, desviando-se dos efeitos gerais desta fiscalização, um especial regime de confirmação dos tratados solenes, nada dizendo de específico em relação aos acordos internacionais: admite que os tratados solenes, mesmo padecendo de

[2741] Sobre a fiscalização preventiva da constitucionalidade das convenções internacionais, v. Albino de Azevedo Soares, *Lições...*, pp. 181 e 182; J. J. Gomes Canotilho e Vital Moreira, *Constituição...*, pp. 1010 e ss.; Fausto de Quadros e Jorge Bacelar Gouveia, *As relações...*, pp. 147 e 148; Francisco Ferreira de Almeida, *Direito Internacional...*, pp. 157 e 158; João Mota de Campos, *O surpreendente sistema português de controlo de constitucionalidade das convenções internacionais*, in AAVV, *Estudos Jurídicos e Económicos em Homenagem ao Prof. Doutor António de Sousa Franco*, II, Lisboa, 2006, pp. 367 e ss.; Jorge Bacelar Gouveia, *Manual...*, pp. 330 e ss.

[2742] Cfr. Jorge Bacelar Gouveia, *Manual...*, pp. 331 e 332.

inconstitucionalidade, possam ser confirmados por uma maioria de dois terços dos Deputados presentes, desde que superior à maioria absoluta dos Deputados em efetividade de funções[2743].

Pergunta-se: o facto de haver apenas a previsão da confirmação para os tratados solenes, através da Assembleia da República, significa que os acordos simplificados não podem ser confirmados?

Não: a omissão desta referência deve ser entendida como uma lacuna de regulamentação, pois que a Assembleia da República também aprova acordos simplificados[2744], podendo, por isso, confirmá-los, não derivando da natureza dos tratados solenes qualquer impedimento a que isso suceda com os acordos[2745].

Mais problemática é a aplicabilidade prática de outro efeito possível da pronúncia pela inconstitucionalidade de norma constante de convenção internacional, que é o do expurgo da mesma, dado o facto de se tratar de um texto já negociado e fechado.

Quer isso então dizer que não pode haver expurgo de convenções internacionais, não se admitindo para elas tal efeito, que assim somente se operacionaliza nos atos jurídico-públicos internos e unilaterais?

Parece que não, sendo essa solução sempre excessiva[2746]: é que os meandros da contratação internacional podem facultar esquemas alternativos de flexibilização do articulado das convenções internacionais, como sucede com as reservas.

Foi bem mais avisada a solução do RAR, que expressamente previu a possibilidade da formulação de reservas ao tratado, evidentemente do mesmo modo se aplicando aos acordos: "Se o tratado admitir reservas, a resolução da Assembleia que o confirme em segunda deliberação pode introduzir alterações à primeira resolução de aprovação do tratado, formulando novas reservas ou modificando as anteriormente formuladas"[2747].

2743 Cfr. o art. 279º, nº 4, da CRP.

2744 Cfr. Jorge Bacelar Gouveia, *Manual...*, pp. 335 e 336.

2745 Nem sequer o RAR prevendo esta situação lacunar.

2746 Cfr. Jorge Bacelar Gouveia, *Manual...*, pp. 334 e 335.

2747 Art. 204º, nº 1, do RAR.

Indo mais longe, nem sequer é de excluir uma reabertura de negociações com vista a superar o problema, no caso de isso ser viável e no caso de o problema não poder ser resolvido pela simples aposição de reservas[2748].

Qualquer uma destas hipóteses não contraria a CRP porque se inscrevem na ideia geral de expurgo, que será circunstancialmente aceitável em razão das características da convenção internacional em presença[2749].

XII. A *fiscalização preventiva da constitucionalidade dos decretos legislativos regionais* constrói-se em sobreposição com o regime geral da fiscalização da constitucionalidade dos atos legislativos estaduais em geral.

Este tipo de fiscalização insere-se no procedimento legislativo regional, em cujos termos o Representante da República, antes de assinar os decretos legislativos regionais, pode decidir, de entre outras opções, a submissão dos mesmos a fiscalização preventiva da constitucionalidade do Tribunal Constitucional[2750], aplicando-se semelhante prazo de oito dias a contar da sua receção.

Se o Tribunal Constitucional se pronunciar pela inconstitucionalidade, os efeitos seguintes reconduzem-se aos efeitos do regime geral, embora neste caso se levante a dúvida de saber até que ponto se justifica a possibilidade da confirmação por parte da respetiva Assembleia Legislativa[2751], com vista a permitir ao Representante da República, caso o entenda, assinar o diploma, não obstante conservarem-se as normas consideradas inconstitucionais, tal como o mesmo sucede ao nível nacional.

Em contrapartida, os dois outros efeitos não suscitam qualquer hesitação, que são o expurgo da norma considerada inconstitucional e a desistência de levar por diante o procedimento legislativo.

[2748] No caso da formulação de reservas neste contexto de efeitos secundários, expressamente se admite a reapreciação por nova fiscalização preventiva da constitucionalidade. Cfr. o art. 204º, nº 2, do RAR.

[2749] Cfr. Jorge Bacelar Gouveia, *Manual...*, p. 335.

[2750] Cfr. o art. 278º, nº 2, da CRP.

[2751] Nos termos do art. 279º, nº 2, da CRP.

Os argumentos disponíveis, literais e extra-literais, apontam no sentido daquela possibilidade, já com intervenções da Comissão Constitucional[2752] e do Tribunal Constitucional[2753].

[2752] A Comissão Constitucional, no Par. nº 21/80, de 24 de junho de 1980, emitiu a opinião expressa no sentido da admissibilidade da confirmação por parte das Assembleias Regionais, com recurso a argumentos históricos, retirados dos trabalhos da Assembleia Constituinte, a argumentos de tipo sistemático, dado o paralelismo entre as fiscalizações preventivas ao nível nacional e ao nível regional, e argumentos de Direito Comparado, pondo-se em confronto as funções das fiscalizações preventivas portuguesa e francesa. Cfr. o Par. 21/80, de 24 de junho de 1980, in PCC, 13º vol., Lisboa, 1982, pp. 17 e ss.

[2753] O Tribunal Constitucional pronunciou-se, sobre esta questão, em dois importantes acórdãos.

O primeiro deles – o Ac. nº 183/89 do Tribunal Constitucional, de 1 de fevereiro de 1989 – debruçou-se especificamente sobre a questão da obrigatoriedade da assinatura do Ministro da República após confirmação da Assembleia Legislativa Regional, independentemente de ser veto político ou veto por inconstitucionalidade, norma essa constante do art. 35º, nº 4, do EPARAA, antes das alterações introduzidas pela Lei nº 2/2009, de 12 de janeiro. Embora abordando a questão da possibilidade da confirmação parlamentar dos diplomas considerados inconstitucionais em sede de fiscalização preventiva, o Tribunal Constitucional não tomou formalmente posição e limitou-se a analisar, quanto a esse preceito, apenas o aspecto particular de a assinatura ser um dever e não ser uma faculdade: "...pela lógica do discurso que seguidamente se desenvolverá, não se impõe *hic et nunc* que se busque e descubra a exata dimensão significativa do artigo 279º, nº 2, da CRP, quanto ao ponto em causa, que, de resto, está fora do pedido. É que – e isto, só por si, é decisivo para a solução da questão de constitucionalidade em apreciação – ainda que o veto por inconstitucionalidade do Ministro da República pudesse ser ladeado por votação qualificada da assembleia regional (o que apenas por hipótese se admite), então, na geometria do artigo 279º, nº 2, aquele representante da soberania da República não estaria, de modo algum, obrigado a assinar o diploma que primeira vetara". Cfr. o Ac. nº 183/89 do Tribunal Constitucional, in ATC, 13º vol., t. I, Lisboa, 1989, pp. 157 e ss.

Algo diferentemente, no Ac. nº 151/93 do Tribunal Constitucional, de 3 de fevereiro de 1993, este alto tribunal seria mais acertivo e aceitaria, sem rebuços, a possibilidade da confirmação parlamentar regional de diplomas considerados inconstitucionais, por força de diversos argumentos histórico-literais, apesar do seu desmerecimento científico: "Tudo ponderado, porém, e apesar de a solução, pelas razões apontadas pelos vários autores citados, se afigurar aberrante no que respeita à interdependência de poderes entre órgãos de soberania e órgãos próprios das regiões autónomas, opta-se por considerar constitucionalmente admissível a confirmação pelas assembleias regionais, por maioria qualificada de dois terços dos deputados presentes, dos diplomas vetados pelos Ministros da República, na sequência de uma pronúncia de inconstitucionalidade pelo Tribunal Constitucional, em sede de fiscalização preventiva. A tal conclusão parece se dever necessariamente chegar face não apenas à *vontade conjectural* mas à própria *vontade expressa do legislador constituinte*, que, *in casu*,

A aplicação da finalidade da confirmação parlamentar à realidade regional tem, em si, exatamente os mesmos pressupostos que desembocam na conclusão que é inequívoca no plano nacional. Os elementos da analogia, que consideramos pertinentes de um ponto de vista finalístico, estão todos presentes.

Tal como sucede com o Parlamento Nacional, também a confirmação votada pelas Assembleias Legislativas das Regiões Autónomas exprime a vontade de um órgão de natureza político-democrática, que tem um papel decisivo – exatamente equiparável ao da Assembleia da República – no âmbito do correspondente procedimento legislativo.

Por outra parte, trata-se de um órgão também com uma estrutura colegial ampla, de tipo assembleia, no qual se podem espelhar, pluralisticamente, as sensibilidades político-partidárias presentes no seio do espectro partidário regional. A estrutura ampla e de assembleia propiciam essa pluralidade, com isso se tornando viável a lógica dessa confirmação, na expressão, com o mínimo de fidelidade, de uma opinião democrática alargada.

Por fim, é de referir que o tipo de designação dos respetivos titulares está em perfeita consonância com a vontade que seja democraticamente expressa. Tal como sucede com a Assembleia da República, o sufrágio é de tipo direto, universal e periódico, utilizando-se o mesmo critério da representação proporcional segundo o método de Hondt[2754].

XIII. A *fiscalização preventiva da constitucionalidade e da legalidade dos referendos* é o único caso em que, em sede deste tipo de fiscalização, ela adquire duas distintas características[2755]:

– *é de exercício obrigatório*, não podendo haver a convocação de um referendo nacional sempre que o Tribunal Constitucional sobre o

corresponde, aliás, ao teor literal do preceito interpretando". Cfr. o Ac. nº 151/93 do Tribunal Constitucional, in ATC, 24º vol., Lisboa, 1993, pp. 36 e 37.

[2754] Para mais desenvolvimentos, v., por todos, JORGE BACELAR GOUVEIA, *Novos Estudos de Direito Público*, Lisboa, 2002, pp. 71 e ss.

[2755] Cfr. o art. 115º, nº 8, da CRP, bem como o art. 26º da LORR, ali se dizendo explicitamente que "O Presidente da República submete a fiscalização preventiva obrigatória da constitucionalidade e da legalidade as propostas de referendo que lhe tenham sido remetidas pela Assembleia da República ou pelo Governo".

mesmo se pronuncie negativamente, preterição de formalidade que fulminaria de invalidade tal convocação;

- *é duplamente pertinente à constitucionalidade e à legalidade*, o que se explica pelo elevado número de normas e princípios que, a um nível infraconstitucional, igualmente efetivam o regime jurídico do referendo nacional.

Outras particularidades se assinalam, no contexto muito próprio de elaboração de um ato político presidencial, que é o da convocação do referendo nacional:

- o momento para que a fiscalização aconteça situa-se entre a aprovação da proposta de referendo pelo órgão parlamentar ou governativo e a decisão presidencial acerca da sua convocação, ato que é discricionário;
- o prazo para o Presidente da República requerer essa fiscalização é de oito dias a partir do momento da publicação da proposta de referendo: "Nos oitos dias subsequentes à publicação da resolução da Assembleia da República ou do Conselho de Ministros, o Presidente da República submete ao Tribunal Constitucional a proposta de referendo, para efeitos de fiscalização preventiva da constitucionalidade e da legalidade, incluindo a apreciação dos requisitos relativos ao respetivo universo eleitoral"[2756];
- a decisão do Tribunal Constitucional é tomada no prazo de vinte e cinco dias, o qual pode ser encurtado por motivos de urgência[2757].

Os efeitos da decisão do Tribunal Constitucional são especiais no caso de haver a pronúncia pela inconstitucionalidade ou ilegalidade, não suscitando a resposta contrária qualquer problema, e logo se avançando para a fase seguinte: é que não há lugar a qualquer possível confirmação e unicamente se admite o expurgo da proposta do referendo das suas inconstitucionalidades ou ilegalidades, sem o qual a mesma é tecnicamente inviável do prisma do respeito pela CRP e pela lei[2758], esclare-

[2756] Art. 26º da LORR.

[2757] Cfr. o art. 27º da LORR.

[2758] Mas, nesta hipótese, tem de novo lugar a fiscalização preventiva, como se fosse a primeira vez, nos termos do art. 28º, nº 3, da LORR: "No prazo de oitos dias após a publicação

cendo-se que "A Assembleia da República ou o Governo podem reapreciar e reformular a sua proposta, expurgando-a da inconstitucionalidade ou da ilegalidade"[2759].

305. A fiscalização concreta da constitucionalidade

I. A *fiscalização concreta da constitucionalidade* relaciona-se com a aplicação jurisdicional do Direito[2760], sendo a mesma realizada no quotidiano da atividade desenvolvida pelos tribunais.

A fiscalização da constitucionalidade é concreta porque, incidindo sobre fontes normativas já formadas, surge a propósito da sua aplicação a uma situação da vida que o tribunal é chamado a resolver, estando impedido de aplicar fontes consideradas inconstitucionais.

Ainda que o juízo de constitucionalidade apareça com autonomia relativamente ao modo como a situação da vida se vai decidir, suscitando-se um incidente processual apenas com esse objetivo, a sua apreciação inevitavelmente que surge no contexto da respetiva aplicação às situações da vida em causa.

da proposta de referendo que tiver sido reformulada, o Presidente da República submete-a ao Tribunal Constitucional para nova apreciação preventiva da constitucionalidade e da legalidade, incluindo a apreciação dos requisitos relativos ao respetivo universo eleitoral".

[2759] Art. 28º, nº 2, da LORR.

[2760] Sobre a fiscalização sucessiva da inconstitucionalidade em geral, abstrata e concreta, v. Guilherme da Fonseca, *Fiscalização concreta da constitucionalidade e da legalidade*, in SI, XXXIII, nºs 191-192, setembro-dezembro de 1984, pp. 455 e ss.; Marcelo Rebelo de Sousa, *O valor...*, I, pp. 258 e ss., e *Orgânica judicial...*, pp. 37 e ss.; Pierre Bon, *La Justice...*, pp. 66 e ss., e pp. 124 e ss.; J. J. Gomes Canotilho e Vital Moreira, *Fundamentos...*, pp. 241 e 242, e *Constituição...*, pp. 974 e 975, e pp. 1014 e ss.; J. J. Gomes Canotilho, *Direito Constitucional*, pp. 1044 e ss., e pp. 1064 e ss., e *Direito Constitucional e Teoria...*, pp. 982 e ss.; Inês Domingos e Margarida Menéres Pimentel, *O recurso de constitucionalidade – espécies e respectivos pressupostos*, in AAVV, *Estudos sobre a jurisprudência do Tribunal Constitucional*, Lisboa, 1993, pp. 429 e ss.; Vitalino Canas, *Introdução às decisões...*, pp. 51 e ss.; António Rocha Marques, *O Tribunal Constitucional e os outros tribunais: a execução das decisões do Tribunal Constitucional*, in AAVV, *Estudos sobre a jurisprudência do Tribunal Constitucional*, Lisboa, 1993, pp. 457 e ss.; Jorge Miranda, *Inconstitucionalidade*, pp. 485 e ss., e *Manual...*, VI, pp. 188 e ss.; Fernando Alves Correia, *Justiça Constitucional*, pp. 93 e ss.; Guilherme da Fonseca e Inês Domingos, *Breviário...*, pp. 11 e ss.; Paulo Otero, *Direito Constitucional Português...*, II, pp. 448 e ss.

II. Os tópicos fundamentais do regime da fiscalização concreta da constitucionalidade a assinalar, na parte em que corre os seus trâmites no Tribunal Constitucional e aplicando-se a CRP e a LTC, são os seguintes:

- *os sujeitos julgadores*: quem está incumbido de proceder ao juízo verificativo da constitucionalidade;
- *o objeto processual*: a norma e a interpretação da norma que se pretende submeter ao juízo de constitucionalidade;
- *a marcha processual*: a tramitação processual que a fiscalização concreta exige;
- *os recursos admissíveis*: os casos em que uma primeira decisão do Tribunal Constitucional pode ser objeto de recurso dentro dele próprio;
- *os efeitos das decisões*: as consequências que se abatem sobre a decisão que determinou um juízo positivo ou negativo de constitucionalidade a respeito de uma norma.

III. O processo de fiscalização concreta da constitucionalidade, como se depreende do seu caráter concreto, assenta no dualismo que inere à partilha da respetiva competência entre dois níveis da função jurisdicional:

- *os tribunais em geral*;
- *o Tribunal Constitucional em especial, em secção.*

Não é assim possível afirmar um único momento processual para se aquilatar da produção da competência para averiguar da constitucionalidade dos atos jurídico-públicos, havendo estes dois momentos, nem sequer o primeiro sendo absolutamente determinado:

- *num primeiro momento, a fiscalização concreta pode ser realizada pelos tribunais em geral, ex officio* ou a pedido das partes, em qualquer momento do percurso processual, incluindo a última instância de decisão jurisdicional, podendo ainda, dentro da jurisdição geral, haver recursos de decisões de constitucionalidade concreta;
- *num momento ulterior, a fiscalização concreta é exclusivamente efetuada pelo Tribunal Constitucional*, a título de recurso da decisão de outro tribunal, tomadas no primeiro momento processual, pois como

refere a CRP "Cabe recurso para o Tribunal Constitucional das decisões dos tribunais."[2761].

A combinação das intervenções dos tribunais em geral e do Tribunal Constitucional em especial redunda na existência de três possibilidades:

- *a decisão de fiscalização, com recurso para categorias de tribunais superiores, e posterior recurso para o Tribunal Constitucional*: é a situação em que o tribunal *a quo* decidiu não julgar inconstitucionais as fontes normativas consideradas aplicáveis, decisão que, no entanto, pode ser contestada, por recurso, primeiro dentro da jurisdição dos tribunais em razão da matéria, e depois para o próprio Tribunal Constitucional;
- *a decisão de fiscalização, havendo outras categorias de tribunais superiores, mas com recurso direto – per saltum – para o Tribunal Constitucional*: é a situação em que a decisão do tribunal *a quo* julga inconstitucionais as fontes aplicáveis, cabendo um recurso direto para o Tribunal Constitucional, obrigatório para o Ministério Público;
- *a decisão de fiscalização, sem outras instâncias de tribunais superiores, e com recurso imediato para o Tribunal Constitucional*: é a situação em que a decisão de fiscalização, sendo positiva ou negativa em relação ao julgamento de inconstitucionalidade, só é reapreciada pelo Tribunal Constitucional, podendo-o sempre, por não haver mais nenhuma instância superior dentro da hierarquia do tribunal *a quo*.

IV. Do ponto de vista do objeto do processo de fiscalização concreta da constitucionalidade, ao contrário do que literalmente se inculca, não se trata apenas do recurso das decisões de tribunais que aplicaram certa norma, constitucional ou inconstitucionalmente, mas também acolhe a aplicação como parâmetro decisório de certa decisão interpretativa que não seja adequada segundo um juízo de conformidade constitucional, o que implica a existência de dois distintos objetos processuais:

- *a norma aplicada ou não aplicada contra a CRP*;
- *uma certa interpretação da norma considerada inconstitucional*[2762].

[2761] Art. 280º, nº 1, proémio, da CRP e art. 70º, nº 1, proémio, da LTC.

[2762] Sobre este específico alargamento do objeto do processo de fiscalização concreta da constitucionalidade, v. José Manuel Sérvulo Correia e Jorge Bacelar Gouveia, *Princípios constitucionais do acesso à justiça, da legalidade processual e do contraditório; junção de pareceres*

Se a definição da primeira modalidade de objeto processual não suscita dúvidas, até porque vem a ser a definição geral do objeto dos processos de fiscalização da constitucionalidade, já a outra modalidade levanta algumas dificuldades.

É que cumpre desde logo não confundir esse objeto processual com a direta sindicação constitucional das decisões jurisdicionais que o Direito Constitucional Português não autonomiza como processo próprio de fiscalização da constitucionalidade, mas apenas e enquanto especificação do julgamento dos recursos do tribunal *a quo* em geral[2763].

A autonomização deste objeto processual resulta da aplicação primária do Direito que, no seio da fiscalização concreta, os outros tribunais são forçados a fazer, sendo certo que o acesso à justiça é por eles que se inicia.

Se assim não fosse, criar-se-ia uma situação estranha – e sobretudo fraudulenta – em que bastaria ao tribunal *a quo* conferir um sentido inconstitucional a certa norma parametrizadora do caso a ser julgado, não a considerando em si mesmo inconstitucional, para que nunca fosse possível sindicar essa aplicação errónea do Direito contra a Constituição, num grosseiro atropelo ao princípio da constitucionalidade[2764].

V. A marcha dos processos de fiscalização concreta no Tribunal Constitucional assume a natureza, na linguagem processual geral, de *recurso de apelação*[2765], nos seguintes termos:

em processo civil; interpretação conforme à Constituição do artigo 525º do Código de Processo Civil – anotação ao Acórdão nº 934/96 do Tribunal Constitucional, in ROA, ano 57, I, janeiro de 1997, pp. 295 e ss.; GUILHERME DA FONSECA e INÊS DOMINGOS, *Breviário...*, pp. 28 e ss.

[2763] Como explicitam JOSÉ MANUEL SÉRVULO CORREIA e JORGE BACELAR GOUVEIA (*Princípios...*, pp. 301 e 302), "Quer isto dizer que as decisões jurisprudenciais que, por si mesmas, ofendam princípios ou normas da Constituição só podem ser impugnadas através das vias ordinárias de recurso e não através da fiscalização da constitucionalidade a cargo do Tribunal Constitucional. É esta a resposta do Direito Constitucional Positivo Português, mas não deixa de se apresentar como algo insuficiente, uma vez que essas vias de recurso podem não representar a satisfação plena em ordem à reparação da inconstitucionalidade praticada, quer pelo poder atribuído ao tribunal *ad quem*, quer pela exigência da especialização de jurisdição requerida por estas questões".

[2764] Cfr. JOSÉ MANUEL SÉRVULO CORREIA e JORGE BACELAR GOUVEIA, *Princípios...*, pp. 302 e 303.

[2765] Cfr. o art. 69º da LTC.

- *a legitimidade processual ativa*: a legitimidade para interpor o recurso de constitucionalidade é tanto do Ministério Público como das partes com legitimidade, nos termos da lei processual do tribunal *a quo*, para efeitos de interposição de recurso[2766];
- *o prazo da interposição do recurso*: a interposição do recurso de constitucionalidade não pode ser feita a todo o tempo, antes obedecendo ao prazo processual de 10 dias[2767], sendo o recurso apresentado junto do tribunal *a quo*[2768].

A decisão do processo de fiscalização concreta da constitucionalidade – restrita à questão da constitucionalidade, e não havendo qualquer intervenção na questão de fundo que o tribunal *a quo* decidiu[2769] – pode assumir três modalidades distintas, no caso de ter havido a respetiva admissão:

- *a decisão normal*, caso em que o processo termina com a emissão do acórdão por parte de uma das secções especializadas do Tribunal Constitucional;
- *a decisão sumária*, para o caso em que a "...a questão a decidir é simples, designadamente por a mesma já ter sido objeto de decisão anterior do Tribunal, ou por ser manifestamente infundada..."[2770], podendo o Tribunal Constitucional logo decidir, através de uma decisão sumária tomada pelo relator;
- *a decisão em plenário*, o Tribunal Constitucional assim julgando, sob decisão do Presidente, e com o consentimento daquele mesmo plenário, "...quando o considerar necessário para evitar divergências jurisprudenciais ou quando tal se justifique em razão da natureza da questão a decidir..."[2771].

VI. As decisões do Tribunal Constitucional, em sede de fiscalização concreta da constitucionalidade, nem sempre fazem caso julgado no

[2766] Cfr. o art. 72º, nº 1, da LTC.
[2767] Cfr. o art. 75º da LTC.
[2768] Cfr. o art. 75º-A, nº 1, da LTC.
[2769] Cfr. o art. 71º da LTC.
[2770] Art. 78º-A da LTC.
[2771] Art. 79º-A, nº 1, da LTC.

tocante à questão da constitucionalidade, ainda que essa possa ser a regra geral.

De certas decisões cabe recurso, dentro do próprio Tribunal Constitucional, para três instâncias possíveis:

- *para a conferência*, através da reclamação, no caso de ter havido indeferimento liminar do recurso, não o conhecendo, ou de sobre o mesmo ter havido uma decisão sumária tomada pelo relator, conferência que é composta pelo Presidente ou Vice-Presidente do Tribunal Constitucional, além do próprio relator e de mais um juiz indicado pelo pleno da secção respetiva, hipótese que se aplica contra todas as decisões tomadas no âmbito dos poderes do relator[2772];
- *para o pleno da secção*, no caso de a decisão da reclamação não ser definitiva por não ter sido tirada por unanimidade, dela cabendo mais um recurso, agora para o pleno da secção[2773];
- *para o plenário*, incluindo os juízes de todas as secções, na seguinte circunstância: "Se o Tribunal Constitucional vier a julgar a questão da inconstitucionalidade ou ilegalidade em sentido divergente do anteriormente adotado quanto à mesma norma, por qualquer das suas secções, dessa decisão cabe recurso para o plenário do Tribunal, obrigatório para o Ministério Público quando intervier no processo como recorrente ou recorrido"[2774].

VII. O efeito da decisão de fiscalização concreta da constitucionalidade, no caso de ser no sentido da inconstitucionalidade, determina a não aplicação da norma ou da respetiva interpretação à situação da vida que o tribunal *a quo* é chamado a resolver, fazendo "...caso julgado no processo quanto à questão da inconstitucionalidade ou ilegalidade suscitada"[2775].

Nesta hipótese, os tribunais inferiores devem reformar ou mandar reformar a decisão no sentido do respeito pela decisão positiva da inconstitucionalidade: "Se o Tribunal Constitucional der provimento ao recurso, ainda que só parcialmente, os autos baixam ao tribunal de onde provieram, a fim de que este, consoante for o caso, reforme a decisão ou a mande

[2772] Cfr. o art. 78º-B da LTC.
[2773] Cfr. o art. 78º-A, nºs 3 e 4, da LTC.
[2774] Art. 79º-D da LTC.
[2775] Art. 80º, nº 1, da LTC.

reformar em conformidade com o julgamento sobre a questão da inconstitucionalidade ou da ilegalidade"[2776].

Se a decisão for negativa quanto à verificação de inconstitucionalidade, dá-se o caso julgado da mesma, o que automaticamente implica o caso julgado da decisão recorrida[2777].

A desaplicação dos atos jurídico-públicos considerados inconstitucionais, nos estreitos limites subjetivos e objetivos em que se move, equivale a uma consequência de desvalorização do mesmo, mas pontualmente limitada à situação concreta e pessoal de vida que se encontra em juízo.

Diferentemente, se a decisão do Tribunal Constitucional for no sentido da admissibilidade de uma certa interpretação da norma para não ser inconstitucional, "...esta deve ser aplicada com tal interpretação no processo em causa"[2778].

As características processuais da fiscalização concreta da constitucionalidade implicam que as respetivas decisões apenas possam ser vistas nos estritos limites do caso *sub iudice*, sem qualquer possibilidade de dele extravasarem, embora não seja de rejeitar a importância das orientações da jurisprudência constante, em todo o caso jamais em termos de se transformarem em decisões normativas gerais.

Só que não deixa de ser problemático avaliar a projeção dessa solução quando a desaplicação da norma, com o provimento do recurso, acarreta maiores problemas de justiça no caso concreto ou de repristinação de normas revogadas, sendo de aceitar que o Tribunal Constitucional, em sede de fiscalização concreta, tenha os mesmos poderes de conformação das suas decisões que estão previstos para a fiscalização abstrata, ainda que com algumas adaptações, no silêncio da CRP e da LTC sobre a matéria.

Evidentemente que não faria sentido, a título de exemplo, reduzir os efeitos da aplicação da decisão de inconstitucionalidade, por razões financeiras, com o fundamento do interesse público de excecional relevo, numa aplicação meramente individual, quando esse interesse de imediata solvência do Estado nunca poderia existir, enquanto que essa decisão de redução certamente ganharia sentido ao nível das decisões com força obrigatória geral, dada a generalidade dos respetivos destinatários.

[2776] Art. 80º, nº 2, da LTC.

[2777] Cfr. o art. 80º, nº 4, da LTC.

[2778] Art. 80º, nº 3, da LTC.

Em contrapartida, parece que o efeito de redução poderia ter o seu sentido óbvio na emergência de razões de equidade, num juízo que, sendo concreto, é comparativo em relação à situação que existiria na desaplicação da norma julgada inconstitucional.

306. A fiscalização abstrata da constitucionalidade

I. A *fiscalização abstrata da constitucionalidade* é o mais importante de todos os tipos de fiscalização, dado ser esta a fiscalização que concita o maior número de fontes aplicáveis, assim como absorve a primazia das mais sofisticadas soluções doutrinais tidas por aplicáveis, o que bem se compreende pela potência dos respetivos efeitos no quadro geral da Ordem Jurídica.

Ser fiscalização abstrata significa que, no leque das opções possíveis a tomar num momento em que a fonte normativa sob apreciação já é conhecida, e por maioria de razão se encontra produzida, o juízo de constitucionalidade se exerce com total independência da sua aplicação a situações ou litígios concretos, ainda que isso concomitantemente possa suceder, embora tal se apresente irrelevante para a evolução do respetivo processo judicial.

A fiscalização abstrata tem a nota singular de corresponder em exclusivo a uma atividade do Tribunal Constitucional, que não a partilha com nenhuma outra instância judicial, sendo ainda este tipo de fiscalização aquele que representa a faculdade de serem emanadas decisões com força obrigatória geral (*erga omnes*).

II. A fiscalização abstrata da constitucionalidade não tem qualquer distinção, sendo global a relevância do padrão de constitucionalidade que o justifica, pois que se fala singelamente em "...inconstitucionalidade..."[2779].

Contudo, o raciocínio já não é verdadeiro sob o ponto de vista do objeto da respetiva fiscalização, que é unicamente composto por normas jurídicas, ou como diz a CRP "...quaisquer normas..."[2780], em sentido

[2779] Art. 281º, nº 1, al. a), da CRP.
[2780] Art. 281º, nº 1, al. a), *in fine*, da CRP.

material e em sentido formal, num alargamento conceptual que a jurisprudência constitucional se tem encarregado de fazer.

Nessa delimitação das normas objeto de fiscalização abstrata, ainda se incluem aquelas que já tenham cessado a sua vigência, por revogação ou por caducidade, cuja apreciação pode interessar na medida em que tenham sido produzidos efeitos inconstitucionais, numa interpretação extra-literal do preceito constitucional, que assim inteiramente se justifica para contornar a parcial frustração do princípio da constitucionalidade.

III. A fiscalização abstrata da constitucionalidade, no plano da legitimidade processual ativa, assenta numa lógica de legitimidade pública, não privada ou popular: *só às entidades públicas, segundo o elenco taxativo estabelecido na CRP, se permite requerer esta fiscalização*[2781].

As entidades com um poder geral de pedir a fiscalização abstrata são as seguintes[2782]:

- o Presidente da República;
- o Presidente da Assembleia da República;
- o Primeiro-Ministro;
- o Provedor de Justiça;
- o Procurador-Geral da República; e
- um décimo dos Deputados à Assembleia da República[2783].

Todavia, este elenco ainda se alarga a outro conjunto de entidades públicas, mas que diversamente deste apenas dispõe do poder para requerer a fiscalização da constitucionalidade "...quando o pedido de declaração

[2781] Cfr. o art. 281º, nº 2, da CRP.

[2782] Cfr. o art. 281º, nº 2, als. a) a f), da CRP.

[2783] A atribuição a um conjunto dos Deputados – no caso, um décimo – corresponde a uma preocupação de permitir o acesso ao Tribunal Constitucional por parte das minorias políticas.

Refletindo sobre os interesses objetivos e subjetivos subjacentes a este tipo de legitimidade processual, José A. Montilla Martos, *Minoria política y Tribunal Constitucional*, Madrid, 2002, afirmando que "Na justiça constitucional da democracia pluralista, a importância do Tribunal Constitucional como órgão constitucional não resulta apenas da sua função garantística da normatividade da Constituição como também da garantia que oferece à minoria frente ao legislador" (pp. 123 e 124).

de inconstitucionalidade se fundar em violação dos direitos das regiões autónomas..."[2784], segundo uma fundamentação restrita: os Representantes da República, as Assembleias Legislativas das Regiões Autónomas, os presidentes das Assembleias Legislativas das Regiões Autónomas, os presidentes dos Governos Regionais e um décimo dos deputados à respetiva Assembleia Legislativa..."[2785].

Fica de fora tanto a fiscalização privada, a pedido de cada pessoa que se sentisse violentada nos seus direitos fundamentais constitucionalmente relevantes (o recurso de amparo), como a fiscalização popular, fundada em pedidos feitos por associações representativas de interesses gerais não públicos (petição popular).

Eis uma opção, no mínimo, discutível e que gravemente oblitera a construção de uma justiça constitucional que se coloque ao serviço de todos os cidadãos e de toda a comunidade que é sua destinatária, e que se tem mantido, apesar das inúmeras tentativas de consagração de uma legitimidade processual privada e popular.

IV. Paralelamente à legitimidade processual pública que pudemos observar, a CRP admite ainda um outro caso especial de legitimidade processual pública na fiscalização abstrata: "O Tribunal Constitucional aprecia e declara ainda, com força obrigatória geral, a inconstitucionalidade ou a ilegalidade de qualquer norma, desde que tenha sido por ele julgada inconstitucional ou ilegal em três casos concretos"[2786].

A legitimidade processual ativa desta hipótese de fiscalização abstrata é atribuída ao Ministério Público, na sua posição de defensor da juridicidade, o mesmo estando obrigado, através do seu representante no Tribunal Constitucional, a fazer o pedido da respetiva fiscalização, assim como se estende aos próprios juízes do Tribunal Constitucional.

Como se deduz dos termos em que este subtipo de fiscalização abstrata ficou desenhado, o seu fundamento só se apresenta justificável perante a repetição de julgados de inconstitucionalidade em três casos concretos, obviamente tirados no âmbito da fiscalização concreta.

[2784] Art. 281º, nº 2, al. g), *in fine*, da CRP.

[2785] Cfr. o art. 281º, nº 2, al. g), da CRP.

[2786] Art. 281º, nº 3, da CRP.

É no contexto da fiscalização concreta que a LTC localiza este especial mecanismo de passagem à fiscalização abstrata: "Sempre que a mesma norma tiver sido julgada inconstitucional ou ilegal em 3 casos concretos, pode o Tribunal Constitucional, por iniciativa de qualquer dos seus juízes ou do Ministério Público, promover a organização de um processo com as cópias das correspondentes decisões, o qual é concluso ao Presidente, seguindo-se os termos do processo de fiscalização abstrata sucessiva da constitucionalidade ou da ilegalidade previstos na presente lei"[2787].

V. Do ponto de vista processual, a interposição dos pedidos de fiscalização abstrata da constitucionalidade não se submete a nenhum pressuposto de tempestividade, podendo ser apresentados em qualquer altura: "Os pedidos de apreciação da inconstitucionalidade ou da ilegalidade a que se referem as alíneas a) a c) do artigo 281º da Constituição podem ser apresentados a todo o tempo"[2788].

Mas a marcha processual, apresentado o pedido, tem diversos prazos, ainda que a prática mostre – como sucede, de resto, noutros tribunais portugueses – que raramente são cumpridos[2789]:

- 5 dias para a secretaria autuar o pedido e 10 dias para o Tribunal Constitucional decidir da sua admissão, ou tomar outra decisão liminar;
- 30 dias para o órgão autor da norma se pronunciar, querendo;
- 15 dias para a fixação, por parte do Tribunal Constitucional, de uma orientação sobre a matéria, com base em memorando elaborado pelo Presidente do Tribunal Constitucional, depois de terminado o período para ouvir o órgão autor da norma em apreciação;
- 40 dias para que o relator, escolhido no fim daquele período de 15 dias, formule um projeto de acórdão, de harmonia com aquela orientação;
- 15 dias para a tomada de uma decisão final, com base no conhecimento daquele projeto de acórdão, em nova sessão plenária do Tribunal Constitucional.

[2787] Art. 82º da LTC.
[2788] Art. 62º, nº 1, da LTC.
[2789] Cfr. os arts. 62º e ss. da LTC.

VI. Domínio em que a fiscalização abstrata da constitucionalidade se mostra particularmente impressiva é o da panóplia de efeitos possíveis que podem derivar das decisões que o Tribunal Constitucional é capaz de produzir neste contexto, desde logo se separando entre as decisões de não provimento da constitucionalidade – as *decisões negativas* – e as decisões de provimento da constitucionalidade – as *decisões positivas*.

As decisões negativas não assumem o valor de caso julgado material e só vinculam os sujeitos processuais no âmbito do processo de fiscalização em causa, que assim termina sem que o respetivo requerimento tenha sido declarado procedente.

As decisões positivas, inversamente, contêm força de caso julgado material, a qual ainda adquire uma eficácia geral e abstrata, produzindo-se uma declaração de inconstitucionalidade com força obrigatória geral.

As decisões positivas no sentido da inconstitucionalidade – *rectius*, no sentido da desvalorização do ato objeto processual de fiscalização por ser inconstitucional – apresentam-se, por seu turno, sob diversas modalidades, num leque variado e assaz complexo de efeitos possíveis, embora numa lógica de fundo que acaba por ser algo óbvia, lógica essa que se consubstancia na orientação geral da eliminação do ato inconstitucional, na sua fonte e nos efeitos que tenha produzido, num efeito que é bifronte:

- *a retroação daquela eliminação dos efeitos até ao momento em que o ato inconstitucional iniciou a respetiva produção*, incluindo a eliminação do efeito revogatório que entretanto tenha sido emitido – *inconstitucionalidade originária*;
- *a retroação daquela eliminação dos efeitos só até ao momento em que o padrão de constitucionalidade começou a sua vigência*, sendo o ato inconstitucional já pré-existente ao surgimento deste – *inconstitucionalidade superveniente*.

VII. Este é o quadro geral da produção de efeitos no âmbito da declaração de inconstitucionalidade com força obrigatória geral.

Mas importa considerar que as decisões positivas do Tribunal Constitucional, no seio da fiscalização abstrata, oferecem tonalidades diversas, em atenção à presença de outros tantos princípios, valores e interesses que se compaginam com o princípio da constitucionalidade.

É assim que as decisões positivas de inconstitucionalidade nem sempre são lineares nos termos descritos e podem apresentar *efeitos reduzidos* na desvalorização que provocam no ato inconstitucional que lhes deu causa, ainda que a eliminação da sua fonte normativa não possa ser posta em dúvida: "Ficam ressalvados os casos julgados, salvo decisão em contrário do Tribunal Constitucional quando a norma respeitar a matéria penal, disciplinar ou de ilícito de mera ordenação social e for de conteúdo menos favorável ao arguido"[2790].

A restrição fundamental a assinalar é a de que os efeitos da desvalorização por decisão positiva de inconstitucionalidade não podem afetar a máxima consolidação que as situações da vida adquirem no âmbito da produção de um caso julgado, tal implicando que tenha havido a intervenção jurisdicional comum, o que não corresponde à maioria das situações[2791].

Daí que pareça inteiramente legítimo – senão mesmo necessário, à luz do princípio da igualdade de tratamento, o contrário podendo beneficiar quem menos acreditou no sistema político de normalmente emitir normas constitucionais e assim se dever conformar com elas – considerar como abrangidos pela restrição apenas literalmente dirigida ao caso julgado todas aquelas situações de idêntica consolidação jurídica, mas que não tenham resultado da intervenção jurisdicional, nem sempre operacionalizável: estamos a pensar no caso decidido administrativo, do qual não houve qualquer impugnação jurisdicional. Mais complicados são os casos em que todos os efeitos jurídicos já se tenham produzido completamente no passado e cuja subsistência se podendo do mesmo modo admitir.

[2790] Art. 282º, nº 3, da CRP.

[2791] Sobre esta matéria, abrangida pelo art. 282º, nºs 3 e 4, da CRP, v. Marcelo Rebelo de Sousa, *O valor...*, I, pp. 257 e ss.; J. J. Gomes Canotilho, *Direito Constitucional*, pp. 1075 e ss.; Rui Medeiros, *Ensaio...*, pp. 155 e ss.; J. J. Gomes Canotilho e Vital Moreira, *Constituição...*, pp. 1043 e 1044; Jorge Miranda, *Manual...*, VI, pp. 258 e ss.; Vitalino Canas, *Introdução às decisões...*, pp. 195 e ss., e *O Tribunal Constitucional: órgão de garantia da segurança jurídica, da equidade e do interesse público de excepcional relevo*, in AAVV, *Estudos em Homenagem ao Prof. Doutor Armando M. Marques Guedes*, Coimbra, 2004, pp. 107 e ss.; José Manuel M. Cardoso da Costa, *A jurisdição constitucional em Portugal*, 3ª ed., Coimbra, 2007, pp. 92 e ss.; Paulo Otero, *Direito Constitucional Português...*, II, pp. 456 e ss.

VIII. Todavia, a afirmação da exceção do caso julgado – obviamente do caso julgado material – encontra alguns limites, tendo parecido à CRP que o respetivo valor de consolidação jurídica não devia prevalecer nalguns casos particulares, mediante o preenchimento de duas condições, a decidir pelo próprio Tribunal Constitucional, com a aparência de ser um ato discricionário:

(i) *a norma considerada inconstitucional respeitar ao Direito Sancionatório em geral*, nele se incluindo o Direito Penal (ilícito penal), o Direito Disciplinar (ilícito disciplinar) e o Direito contraordenacional (ilícito de mera ordenação social), por aqui se pressupondo uma intervenção compressora dos direitos fundamentais individuais, de entre as razões possíveis, as mais fortes para justificarem um desvio à aplicação do princípio do caso julgado;

(ii) *a norma considerada inconstitucional ser "...de conteúdo menos favorável ao arguido..."*, num juízo comparativo em relação à situação hipotética que existiria no caso de não ser aplicada esta exceção, por desvalorização normal no âmbito da declaração de inconstitucionalidade, ideia de norma "menos favorável" que pressupõe um juízo concreto, incluindo uma situação menos desvantajosa, no caso de haver uma norma sancionatória menos dura, ou uma situação de todo em todo não desvantajosa, por nenhuma norma sancionatória se aplicar.

IX. A delimitação dos efeitos das decisões positivas de inconstitucionalidade que pudemos até agora observar têm em comum serem pré-fixadas ao nível do texto constitucional, estabelecendo-se os limites em que isso pode suceder, ainda que com alguma liberdade de decisão, conquanto não liberdade de estipulação, por parte do Tribunal Constitucional.

A verdade é que este alto tribunal pode produzir decisões positivas de inconstitucionalidade dispondo de uma muito maior liberdade conformativa da sua amplitude, dizendo a CRP que "Quando a segurança jurídica, razões de equidade ou interesse público de excecional relevo, que deverá ser fundamentado, o exigirem, poderá o Tribunal Constitucional fixar os efeitos da inconstitucionalidade ou da ilegalidade com alcance mais restrito do que o previsto nos nºs 1 e 2"[2792].

[2792] Art. 282º, nº 4, da CRP.

A condição geral para que estas decisões sejam tomadas está longe de corresponder a uma mera cláusula vazia e assenta antes numa preocupação substantiva concernente à irrupção de valores que circunstancialmente possam competir com o princípio da constitucionalidade, numa listagem que só pode ser taxativa, dada a excecionalidade do preceito em causa:

- razões de "segurança jurídica": sempre que a decisão geral de invalidação da norma inconstitucional provocasse incerteza jurídica na legislação alternativamente aplicável, ou representasse uma inadmissível frustração de expectativas que se considerassem estabilizadas;
- razões de "equidade"[2793]: sempre que a decisão geral de invalidação da norma inconstitucional criasse um desequilíbrio na solução jurídica dada a situações particulares, fazendo emergir um significativo desejo de tratar situações passadas de um modo diverso, como através de legislação a considerar inconstitucional só para o futuro;
- razões de "interesse público de excecional relevo": sempre que a decisão geral de invalidação da norma inconstitucional, numa óbvia cláusula geral residual, abarcando motivos não contemplados nas cláusulas anteriores, impusesse uma perturbação em qualquer outro interesse público, desde que de excecional relevo, numa avaliação sobretudo qualitativa, neles sobressaindo razões de cunho financeiro e fiscal.

A decisão que venha a ser tomada submete-se ainda, no plano formal, a uma especial fundamentação, diretamente relacionada com a exigibilidade da solução proposta à luz daquelas mesmas razões.

A modelação da decisão positiva de inconstitucionalidade, com a invocação destas razões, pode ser feita segundo o critério temporal: a redução da eficácia retroativa da declaração de inconstitucionalidade, no limite até ao momento em que o acórdão é publicado, tendo nesse caso a decisão, não efeitos *ex tunc*, como é normal, mas só efeitos *ex nunc*.

Não parece que outros critérios se possam apresentar relevantes, sob pena da subversão global da função do mecanismo da fiscalização abstrata da constitucionalidade:

[2793] Quanto a esta aplicação prática da equidade, v. DIOGO FREITAS DO AMARAL, *Manual de Introdução...*, I, pp. 128 e ss.

- *a modelação em razão do território*: seria a decretação da inconstitucionalidade apenas nalgumas parcelas do território, o que não parece admissível à luz da unidade constitucional do território português;
- *a modelação em razão das pessoas*: seria a decretação da inconstitucionalidade apenas para certas categorias de pessoas, o que não parece aceitável à luz de um mínimo estatuto de igualdade jurídica, mesmo que essa teórica restrição respeitasse formalmente o princípio da generalidade.

307. A fiscalização da inconstitucionalidade por omissão

I. A *fiscalização da inconstitucionalidade por omissão* assenta num pressuposto radicalmente diverso daquele que substancia os tipos de fiscalização da constitucionalidade que pudemos apreciar, que é *a inconstitucionalidade por omissão, não por ação.*

Esta inconstitucionalidade por omissão significa a ausência de atos jurídico-públicos que a CRP imponha e sem os quais ela não pode ser cumprida: a sua violação, na inconstitucionalidade por omissão, acontece pela não promanação dos atos jurídico-públicos constitucionalmente devidos[2794].

II. O leque das inconstitucionalidades por omissão é muito variado, em função de outros tantos critérios, em parte coincidentes com os critérios da inconstitucionalidade por ação, sendo de assinalar estes mais relevantes:

- *em função da natureza do ato em falta*: inconstitucionalidade por omissão de atos legislativos, políticos, administrativos ou jurisprudenciais;
- *em função da natureza da norma ou princípio constitucional violado*: inconstitucionalidade por omissão de atos impostos pela Constitui-

[2794] Quanto ao conceito de inconstitucionalidade por omissão, v. J. J. Gomes Canotilho, *Direito Constitucional e Teoria...*, pp. 1033 e ss.; Jorge Miranda, *Manual...*, VI, pp. 272 e ss.; Alan Bohnenberger, *O silêncio legislativo na Constituição da República Portuguesa, na Constituição da República Federativa do Brasil e na Constituição Europeia*, Coimbra, 2004, pp. 38 e ss.

ção, quer nas suas normas, quer nos seus princípios, para a tornarem diretamente exequível e imediatamente aplicável;

- *em função da extensão da omissão violadora da Constituição*: inconstitucionalidade por omissão total – sempre que a ausência de ato devido seja global – e inconstitucionalidade por omissão parcial – sempre que a ausência apenas atinja parte do dever de cumprir a Constituição;
- *em função da relação da omissão para com a Constituição violada*: *inconstitucionalidade por omissão antecedente* – sempre que a violação da Constituição se afira pela ausência de um ato devido e exigido pela Constituição – e *inconstitucionalidade por omissão consequente* – sempre que a violação da Constituição se concretize na falta de um ato jurídico-público que não permita executar a Constituição que apresenta um outro ato de mediação entre ela própria e a realidade constitucional.

III. Mas a inconstitucionalidade por omissão, que assim se pode delimitar, não está inteiramente coberta pela fiscalização da inconstitucionalidade por omissão prevista na CRP[2795], compaginando as dimensões substantiva e processual.

[2795] Sobre a fiscalização da inconstitucionalidade por omissão prevista na CRP, v. Jorge Miranda, *Inconstitucionalidade por omissão*, in AAVV, ESC, I, Lisboa, 1977, pp. 339 e ss., *Inconstitucionalidade*, pp. 489 e ss., *A fiscalização da inconstitucionalidade por omissão no ordenamento constitucional português*, in AAVV, *Inconstitucionalidad por omisión* (coord. de Víctor Bazán), Santa Fé de Bogotá, 1997, pp. 160 e ss., e *Manual...*, VI, pp. 272 e ss.; Marcelo Rebelo de Sousa, *Direito Constitucional...*, pp. 369 e 370; J. J. Gomes Canotilho, *Constituição dirigente...*, pp. 351 e ss., *Direito Constitucional*, pp. 1089 e ss., e *Direito Constitucional e Teoria...*, pp. 1037 e ss.; Pierre Bon, *La Justice...*, pp. 148 e ss.; Jorge Bacelar Gouveia, *Inconstitucionalidade por omissão; consultas directas aos cidadãos a nível local – anotação ao Acórdão nº 36/90 do Tribunal Constitucional*, in OD, ano 122º, 1990, II, pp. 420 e ss.; J. J. Gomes Canotilho e Vital Moreira, *Constituição...*, pp. 1046 e ss.; J. J. Fernández Rodríguez, *La inconstitucionalidad por omisión en Portugal*, in RDES, ano XXXVII, II S, 1995, nºs 1, 2 e 3, pp. 265 e ss., e *La inconstitucionalidad por omisión*, Madrid, 1998, pp. 247 e ss.; Francisco Fernández Segado, *La inconstitucionalidad por omisión: cauce de tutela de los derechos de naturaleza socioeconómica?*, in AAVV, *Inconstitucionalidad por omisión* (coord. de Víctor Bazán), Santa Fé de Bogotá, 1997, pp. 25 e ss.; Giovanni Vagli, *Prime riflessioni sul controllo di costituzionalità per omissione in Portogallo*, in AAVV, PC, III, Coimbra, 1998, pp. 1087 e ss.; Fernando Alves Correia, *Justiça Constitucional*, pp. 95 e ss.; Paulo Otero, *Direito Constitucional Português...*, II, pp. 458 e ss.

Trata-se de um caso em que, no Direito Constitucional Português, não ocorre a total coincidência entre o esquema processual da fiscalização e os casos possíveis de inconstitucionalidade por omissão, o que se deve a duas razões primordiais:

- *por uma opção política*, de não conferir um excessivo peso à fiscalização da inconstitucionalidade por omissão;
- *por uma opção técnica*, de não ser possível tudo fiscalizar no caso da inconstitucionalidade por omissão, que mostra hipóteses insindicáveis deste ponto de vista.

É assim que, dentro do amplo conjunto de exemplos da inconstitucionalidade por omissão, a CRP fez a opção de apenas fiscalizar *a omissão de atos legislativos destinados a executar as fontes constitucionais imediatamente aplicáveis*: "...o Tribunal Constitucional aprecia e verifica o não cumprimento da Constituição por omissão das medidas legislativas necessárias para tornar exequíveis as normas constitucionais"[2796].

IV. A delimitação do conceito de "medida legislativa necessária" para tornar exequíveis as normas constitucionais suscita um primeiro problema a respeito da amplitude com que, nestes termos, funciona o padrão da constitucionalidade, sendo certo que alguns desvios, pelo menos, literais se apresentam:

- por um lado, não se faz qualquer alusão aos princípios constitucionais, mas não se pode esquecer que estes, tal como as normas, igualmente integram o bloco da constitucionalidade;
- por outro lado, o bloco da constitucionalidade que se afigura relevante reduz-se ao texto da CRP, ainda que do mesmo modo a força normativa da CRP se afira por outras disposições constitucionais, mesmo se documentalmente fora da CRP.

São as soluções mais amplas que justificam os dois casos mencionados: não apenas os princípios devem ser considerados, ainda que a sua exequibilidade por normas infra-constitucionais possa ser mais discutível, como qualquer disposição constitucional deve servir de parâmetro para a fiscalização da inconstitucionalidade por omissão, a partir do alargamento

[2796] Art. 283º, nº 1, *in fine*, da CRP.

formal do bloco da constitucionalidade, que aqui tem uma das suas mais importantes aplicações.

V. A delimitação do conceito de "medida legislativa necessária" carece de ser feito sob o prisma do ato omissivo assim violador do texto constitucional.

Por mais redutora que pareça tal solução, resulta seguro que a fiscalização da inconstitucionalidade por omissão quer restringir-se aos atos de natureza legislativa, assim se excluindo quaisquer outros atos cuja omissão possa ser do mesmo modo relevante sob a lógica da violação da CRP por omissão.

Contudo, não deixa de ser curioso verificar que o texto constitucional, na identificação da inconstitucionalidade por omissão relevante no âmbito deste tipo de fiscalização, não se preocupa com a identificação de tipos formais de atos legislativos, antes se refugia num conceito mais fugidio de "medida legislativa" que em mais algum lugar o texto constitucional conhece.

Portanto, parece plausível considerar que este tipo de fiscalização, na configuração do seu objeto, não se deixa agrilhoar por certas categorias formais de atos legislativos e os encara com grande amplitude, dentro de duas balizas extremas:

- por um lado, a lei em sentido material, devendo o ato jurídico-público em falta ter aquela contextura;
- por outro lado, ser infra-constitucional no sentido de com a sua existência se permitir a exequibilidade do texto constitucional.

A concretização dos atos legislativos incluídos vai desde a lei de revisão constitucional – no seu estrito lado de poder constituído – aos diversos atos de natureza legislativa, do Estado e das Regiões Autónomas.

Em contrapartida, não parece que tenha sentido a expansão do conceito de "medida legislativa" – um pouco como o que sucedeu em relação ao conceito de norma na sua qualidade de objeto geral dos processos de fiscalização sucessiva da constitucionalidade – para outras funções jurídico-públicas apenas com base na sua normatividade, a não ser em alguns casos excecionais.

VI. A delimitação do conceito de "medida legislativa necessária" completa-se pela avaliação da situação existente, sob a ótica da aplicação da CRP, no caso de um ato legislativo devido não ter sido produzido.

Uma das perspetivas a considerar é a da valoração da relação de necessidade de certo ato legislativo do prisma da exequibilidade da Constituição.

A inconstitucionalidade por omissão a ser analisada radica na função específica a atribuir ao ato legislativo em falta sob o prisma de o mesmo ser apto, na sua eficácia, a conseguir a aplicação da Constituição.

Não basta, assim, um qualquer ato legislativo, mas impõe-se a eficácia de um ato legislativo que se mostre ter uma aptidão de exequibilidade constitucional, sabendo-se que a efetividade da Constituição depende dele mesmo, ainda no caso de essa efetividade ser plural, por não depender apenas de um singelo ato legislativo.

Porém, essa efetividade constitucional pode ser prejudicada nalgumas situações, todas elas, apesar de diversas, originando um juízo de inconstitucionalidade por omissão[2797]:

- *a omissão total da medida legislativa necessária*, caso em que, pura e simplesmente, o diploma de que se carece não se afigura eficaz;
- *a omissão quantitativamente parcial da medida legislativa necessária*, numa hipótese em que um ou até vários diplomas legislativos conferem alguma exequibilidade à Constituição, mas não na extensão máxima que ela pressupõe, executando-a somente em parte, numa apreciação de tipo quantitativo;
- *a omissão qualitativamente parcial da medida legislativa necessária*, cenário em que se considera a Constituição inexequível por os atos legislativos, não obstante vigentes, se mostrarem insuficientes ou inadequados à plenitude da exequibilidade da lei fundamental, tal como ela foi concebida, numa apreciação qualitativa.

VII. Outra perspetiva que cumpre referir neste terceiro aspeto da relação entre a omissão legislativa e o bloco da constitucionalidade é percebida no âmbito do procedimento de elaboração dos atos legislativos.

[2797] Cfr. Jorge Bacelar Gouveia, *Omissões...*, p. 421.

A aplicação da CRP por intermédio de atos legislativos só vem a suceder, em termos práticos, quando tais atos, além de existirem, são válidos e vigentes. Deste modo, deixa de haver omissão legislativa no caso de os atos legislativos considerados necessários terem alcançado o patamar da efetividade jurídico-legal, que é dada pelo conceito de eficácia normativa.

Contudo, este não foi o sentido que se deduziu de um dos acórdãos do Tribunal Constitucional – o Ac. nº 36/90, de 14 de fevereiro de 1990 – porque nesse aresto este alto tribunal considerou que podiam ser relevantes situações procedimentais em que já se considerasse bastante avançada a elaboração de um ato legislativo, como seria o caso da aprovação parlamentar na generalidade.

Só que não se pode aceitar este entendimento do Tribunal Constitucional porque, além de não ser isso o que está constitucionalmente consagrado, ele implica uma intromissão inadmissível, com juízos de natureza política, no futuro de meros projetos de diplomas legislativos, que ainda nem sequer são juridicamente existentes.

Do que se carece é de uma apreciação substancialmente orientada acerca dos casos em que a omissão legislativa, por razões procedimentais, não acarrete o resultado da inconstitucionalidade por omissão.

A consideração de diversas situações até permite tipificar exceções possíveis, de natureza procedimental, para se concluir pela não inconstitucionalidade por omissão, apesar da ausência de medida legislativa[2798]:

- *quanto ao tempo necessário de elaboração*: por não ter transcorrido, desde a entrada em vigor da norma constitucional cuja fiscalização por omissão se analisa, o tempo considerado indispensável para permitir a edição da medida legislativa em falta, sendo certo que há um procedimento com a sua tramitação e que isso não se opera através de um ato instantâneo;
- *quanto ao funcionamento dos órgãos*: períodos há, mais longos ou mais curtos, em que os órgãos legiferantes não estão operacionais – no caso de recesso parlamentar – ou estão apenas parcialmente operacionais, sem terem a plenitude das suas funções – os governos de gestão ou o Parlamento dissolvido;

[2798] Apresentando essas razões, Jorge Bacelar Gouveia, *Omissões...*, pp. 421 e 422.

- *quanto às relações inter-orgânicas*: o procedimento legislativo não inclui apenas a produção da vontade de um só órgão, mas antes considera a conjunção de diversas vontades, que se harmonizam em termos de produzir um ato final, outro fator a levar em consideração, no início e na conclusão do procedimento legislativo;
- *quanto à natureza das matérias objeto de legiferação*: nem todas as matérias a merecer um tratamento legislativo oferecem o mesmo grau de complexidade, podendo dar-se o caso de se enfrentar um domínio extremamente difícil, com normas técnicas, que dificulte a sedimentação de um projeto legislativo que possa satisfatoriamente prover efetividade à norma constitucional.

Nem sempre o juízo da inconstitucionalidade por omissão se basta com uma omissão legislativa naturalisticamente avaliada: *antes muitas vezes se precisa de uma omissão legislativa constitucionalmente valorada, assim se percebendo bem as diferenças entre uma coisa e outra.*

A regra geral é, pois, a de haver inconstitucionalidade por omissão caso faltem, total ou parcialmente, as medidas legislativas necessárias para executar as normas constitucionais ou, caso elas existam, elas sejam inadequadas ou insuficientes; mas em certas situações, porém, pode o Tribunal Constitucional assim não entender se se verificarem exceções procedimentais que justificam, pela natureza das coisas, essa omissão ou insuficiência[2799].

VIII. O processo de fiscalização da inconstitucionalidade por omissão pode ser desencadeado em qualquer momento por três entidades distintas, ainda que assente em dois fundamentos diversos[2800]:

- *com base num fundamento geral*, assim acedendo a todas as partes da violação da CRP por omissão, o pedido de fiscalização pode ser desencadeado pelo Presidente da República e pelo Provedor de Justiça;

[2799] Jorge Bacelar Gouveia, *Omissões...*, p. 422, aqui se acrescentando que "...o poder de valorar essas situações não briga com a separação de poderes, dado que é a própria Lei Fundamental que o permite, nem com o carácter objetivista da fiscalização, visto que se procede, sempre, a apreciações baseadas em factos cognoscíveis, que não dependem da vontade dos órgãos legiferantes."

[2800] Cfr. o art. 283º, nº 1, primeira parte, da CRP.

- *com base num fundamento específico*, a "...violação de direitos das Regiões Autónomas...", o pedido de fiscalização pode ser requerido pelos presidentes das Assembleias Legislativas das Regiões Autónomas[2801].

A posterior tramitação do processo no Tribunal Constitucional integra as mesmas fases que se encontram presentes no processo de fiscalização abstrata sucessiva da constitucionalidade, para cujo regime a LTC diretamente remete: "Ao processo de apreciação do não cumprimento da Constituição por omissão das medidas legislativas necessárias para tornar exequíveis as normas constitucionais é aplicável o regime estabelecido na secção anterior, salvo quanto aos efeitos"[2802].

IX. O *efeito* da fiscalização da inconstitucionalidade por omissão é meramente declarativo, consistindo no seguinte: "Quando o Tribunal Constitucional verificar a existência de inconstitucionalidade por omissão, dará disso conhecimento ao órgão legislativo competente"[2803].

A decisão positiva na fiscalização da inconstitucionalidade por omissão é a mera verificação – o Tribunal Constitucional "verifica" – de uma omissão legislativa que torna inexequível a CRP, facto que, todavia, não espelha a atribuição, ainda que excecional e provisória, de competências legislativas àquele tribunal, nem mesmo a decisão consiste em qualquer recomendação no sentido de legislar para produzir a normação em falta[2804].

X. Diferentemente dos outros tipos de fiscalização da constitucionalidade, sem dúvida que é a fiscalização da inconstitucionalidade por omissão a que tem recebido o menor favor da jurisprudência constitucional,

2801 Entendendo-se que neste caso de violação dos direitos das Regiões Autónomas, aqueles órgãos, com legitimidade processual ativa geral, igualmente podem requerer esta fiscalização da inconstitucionalidade por omissão.

2802 Art. 67º da LTC.

2803 Art. 283º, nº 2, da CRP.

2804 Ao contrário do que sucedia em anterior versão do regime desta fiscalização da inconstitucionalidade por omissão durante a primeira versão da CRP, nela se estabelecendo, no antigo art. 279º da CRP76, a força recomendatória de decisão do Conselho da Revolução: "Quando a Constituição não estiver a ser cumprida por omissão das medidas legislativas necessárias para tornar exequíveis as normas constitucionais, o Conselho da Revolução poderá recomendar aos órgãos legislativos competentes que as emitam em tempo razoável".

tal o escasso número de acórdãos que foram produzidos ao abrigo desta competência fiscalizatória, dos quais cabe frisar os seguintes, ainda que tenham nalguns casos contribuído para aperfeiçoar o Direito Legal[2805]:

- *direitos de participação das organizações de trabalhadores no procedimento legislativo*: o Par. nº 4/77 da Comissão Constitucional, de 8 de fevereiro, defendeu que deixaria de haver omissão legislativa a partir do momento em que o procedimento legislativo, tendendo à sua edição, tivesse sido iniciado, opinião expendida no seio da verificação da ausência, na altura, de uma lei que concretizava o exercício do direito de participação das associações de trabalhadores na elaboração da legislação laboral[2806];
- *legislação reguladora das consultas diretas aos cidadãos a nível local*: o Ac. nº 36/90 do Tribunal Constitucional, de 14 de fevereiro, o qual, não obstante considerar relevante a não existência do diploma em falta, que era a lei reguladora do exercício do referendo local, bastou-se com o facto de três projetos de lei na matéria já terem sido aprovados, na generalidade, na Assembleia da República, fazendo-se um juízo de que em breve os mesmos viriam a transformar-se em ato legislativo[2807];

[2805] Sendo de assinalar a completa resenha de Jorge Miranda, *O Tribunal Constitucional em 2001*, pp. 202 e 203.

[2806] Tal como se refere no seu texto, "Acha-se, pois, desencadeado um processo legislativo tendente à edição de normas jurídicas que integrem os comandos dos artigos 56º e 58º da Constituição", depois se acrescentando que "Não há, por enquanto, norma legal, mas já existem elementos ou fases do acto complexo do que poderá resultar; e, sendo assim, importa ponderar qual o significado e quais as consequências da existência desse processo". Cfr. o Par. nº 4/77 da Comissão Constitucional, de 8 de fevereiro de 1977, in PCC, I, Lisboa, 1977, p. 84.

[2807] Como se afirma a certo passo no Ac. nº 36/90 do Tribunal Constitucional, "...se pode duvidar-se de que a apresentação de projeto ou proposta de lei tenha, só por si, a virtualidade de afastar a existência de omissão para efeito de declaração de inconstitucionalidade, a aprovação, embora só na generalidade, desse projecto ou proposta já deverá considerar-se, em regra, suficiente para tal efeito". Cfr. a parte final do nº 2 do Ac. nº 36/90 do Tribunal Constitucional.

Na devida altura, tivemos ocasião de veementemente verberar o entendimento que fez maioria na produção do Ac. nº 36/90 do Tribunal Constitucional: "O argumento avançado baseado no facto de o procedimento legislativo destinado à promanação daquela lei já estar a decorrer não pode, a nosso ver, considerar-se procedente. Para lá do atraso objectivamente

- *lei reguladora das candidaturas autárquicas independentes*: no Ac. nº 424/2001, de 9 de outubro, o Tribunal Constitucional não viria a reconhecer a existência de uma inconstitucionalidade por omissão, na medida em que, entretanto, desde o pedido até à decisão, fora aprovada a nova legislação em falta – a LO nº 1/2001, de 14 de agosto – e que veio precisamente permitir as candidaturas independentes aos órgãos autárquicos, que era o que fundava o pedido de fiscalização da inconstitucionalidade por omissão;
- *sistema social de proteção aos desempregados públicos*: o Ac. nº 474/2002 do Tribunal Constitucional, de 19 de novembro, veio dar provimento a um pedido de verificação da inconstitucionalidade por omissão dado não existir, no plano da legislação ordinária, um sistema de proteção no desemprego para os funcionários e agentes da Administração Pública, abrangidos pelo regime da função pública.

detectável, nem sequer a aprovação dos projectos na generalidade é um dado seguro no sentido de se conseguir a tão almejada lei" (Jorge Bacelar Gouveia, *Omissões...*, p. 423).

§ 66º A REVISÃO CONSTITUCIONAL

308. A revisão constitucional em geral

I. De todas estas vicissitudes constitucionais, umas bem mais amplas do que outras, um cuidado especial – por razões teoréticas e por razões fenomenológicas – deve ser atribuído à *revisão constitucional,* que se exprime na elaboração de uma lei de revisão, promanada no contexto de um procedimento que lhe é próprio[2808].

[2808] Quanto à revisão constitucional, v. Costantino Mortati, *Concetto, limiti, procedimento della revisione costituzionale,* in RTDP, 1952, pp. 29 e ss.; Carlo Esposito, *Costituzione, leggi di revisione della Costituzione e «altri» leggi costituzionale,* in AAVV, *Raccolta di Scritti in onore di Arturo Carlo Jemolo,* III, Milano, 1962, pp. 191 e ss.; Giuseppe Contini, *La revisione della Costituzione,* Milano, 1962, *passim,* e *Le revisione costituzionale,* in ED, XL, Milano, 1989, pp. 134 e ss.; Stefano Maria Cicconetti, *La revisione della Costituzione,* Padova, 1972, pp. 134 e ss.; Paolo Barile e Ugo de Siervo, *Revisione della Costituzione,* in NDI, XV, Torino, 1968, pp. 788 e ss.; Marcelo Rebelo de Sousa, *Direito Constitucional...,* pp. 69 e ss.; Karl Loewenstein, *Teoría...,* pp. 175 e ss.; Antonio Carlos Pereira Menaut, *Lecciones...,* pp. 72 e ss.; Juan Ferrando Badía, *Teoría...,* pp. 200 e ss.; Marcel Prélot e Jean Boulouis, *Institutions...,* pp. 242 e ss.; Carl Schmitt, *Théorie...,* pp. 239 e ss.; Afonso d'Oliveira Martins, *La revisión constitucional...,* pp. 17 e ss.; Remedio Sánchez Ferriz, *Introducción...,* pp. 265 e ss.; José Alfredo de Oliveira Baracho, *Teoria geral da revisão constitucional e teoria da Constituição originária,* in RFDUFMG (número especial comemorativo do centenário), Belo Horizonte, 1994, pp. 52 e ss.; Aderson de Menezes, *Teoria Geral...,* pp. 233 e ss.; Pedro de Vega, *La reforma...,* pp. 60 e ss.; Jorge Miranda, *Manual...,* II, pp. 156 e 157; Enrique Álvarez Conde, *Curso...,* I, pp. 176 e ss.; Emílio Kafft Kosta, *O constitucionalismo...,* pp. 77 e ss.; J. J. Gomes Canotilho, *Direito Constitucional e Teoria...,* pp. 1059 e ss.; Manuel Afonso Vaz, *Teoria da Constituição,* pp. 90 e ss.

A *revisão constitucional, através do correspondente poder de revisão, traduz-se na possibilidade da alteração da Ordem Constitucional originariamente estabelecida, mas apenas com um cunho secundário porque de âmbito limitado, quer em função das opções fundamentais que caracterizam o projeto de Direito que se tem em mãos, quer em função do estrito procedimento legislativo que para a respetiva produção se encontra estabelecido.*

Isto é: a revisão constitucional não se pode confundir com as vicissitudes constitucionais totais que refrangem o aparecimento de uma nova Constituição, como são a revolução e a transição constitucionais, na medida em que aqui irrompe um poder constituinte, dito originário. A revisão constitucional resulta sempre de um poder que é constituído, ainda que muitas vezes erroneamente designado por poder constituinte derivado.

Pode acontecer que o poder constituinte surja sob a veste de uma revisão constitucional – como sucede quase sempre em transição constitucional – e implique uma vicissitude constitucional total: mas evidentemente que nesse caso não é o nome que conta, mas a realidade conceptual subjacente, que advém de um verdadeiro, embora escondido, poder constituinte, que é sempre originário.

II. A revisão constitucional formaliza-se na edição de uma lei constitucional, que contém preceitos que estabelecem uma conexão com o articulado constitucional existente, no quadro deste conjunto de efeitos:

- *o efeito revogatório*: o preceito constitucional cessa a sua vigência;
- *o efeito inovatório*: há um novo preceito constitucional que é acrescentado;
- *o efeito modificatório*: o preceito constitucional existente fica a apresentar uma nova formulação normativa;
- *o efeito suspensivo*: o preceito constitucional existente deixa de vigorar por algum tempo.

III. As funções que costumam ser dadas à revisão constitucional radicam no realismo que ela expressa na sempre difícil e, sobretudo, instável ligação do Direito Constitucional à realidade constitucional, pois que aquele corpo de normas e princípios deve constantemente refletir a evolução da situação político-social, ao mesmo tempo que a deve também comandar.

O resultado é uma solução de compromisso em que se admite, até certo ponto, a adaptação da Ordem Constitucional às modificações ocorridas na realidade constitucional, tornando a Constituição melhor afeiçoada a essa mesma realidade, sem nunca, porém, se perverter a sua singularidade fundamental e que é constitutiva da sua ideia de Direito.

Se a revisão constitucional não estivesse estabelecida, seria provável que se conseguisse manter por mais algum tempo a configuração original da Constituição – mas também seria altamente verosímil que essa versão da Constituição, dada a sua rígida imutabilidade, não se podendo atualizar, induzisse mecanismos violentos de alteração da Ordem Constitucional, abrindo mais facilmente a porta a uma nova Ordem Constitucional, assim lhe falecendo a necessária válvula de segurança para a permanência da essência do sistema constitucional adotado.

Sintetizando, pode dizer-se que a revisão constitucional desempenha alguns destes desígnios:

- *atualizar a Ordem Constitucional*, adequando-a à realidade constitucional, em vista das novas necessidades e preocupações que se sentem, mudando algumas das suas opções;
- *interpretar a Ordem Constitucional*, estabelecendo novos critérios hermenêuticos em aspetos que tenham ficado por esclarecer e que, em muitos casos, só a prática constitucional permite detetar;
- *completar a Ordem Constitucional*, suprindo falhas e lacunas nas respetivas disposições, para além de introduzir novos instrumentos.

IV. A apreciação do regime que é aplicado à revisão constitucional, sob a ótica das regras que orientam o correspondente procedimento legislativo, permite equacionar a existência de *regras especiais e excecionais*, mais ou menos divergentes daquelas que conduzem o procedimento legislativo ordinário.

A Teoria do Direito Constitucional tem encontrado cinco grandes categorias de regras, que se apresentam sob a designação de "limites à revisão constitucional", já que a sua razão de ser se prende com a conveniência de melhor moderar a amplitude que está associada ao poder legislativo ordinário, mas que não é recomendável, em tão larga escala, no procedimento legislativo de revisão constitucional[2809].

[2809] Quanto aos diversos limites à revisão constitucional, v. MARCELO REBELO DE SOUSA, *Direito Constitucional...*, pp. 70 e ss., e *O valor...*, I, pp. 287 e ss.; KARL LOEWENSTEIN, *Teoría...*,

Eis o sentido e o alcance desses limites da revisão constitucional:

a) *os limites orgânicos*: regras que particularizam a atribuição do poder de revisão constitucional a certo órgão, concebendo-o com exclusividade dentro da partilha geral de poder legislativo pelos órgãos de soberania;

b) *os limites temporais*: regras que impedem o exercício do poder de revisão constitucional em qualquer momento, apenas o aceitando de vez em quando;

c) *os limites procedimentais*: regras que introduzem particularidades no *iter* procedimental que subjaz à elaboração do ato de revisão constitucional, tornando-o de mais difícil consecução, como as maiorias agravadas que são normalmente exigidas;

d) *os limites circunstanciais*: regras que vedam a expressão do poder de revisão constitucional na vigência de situações de exceção constitucional, assim defendendo a verdade e o livre consentimento da vontade de mudar a Constituição;

e) *os limites materiais*: regras que afastam do alcance do poder de revisão constitucional um conjunto de matérias, valores, princípios ou institutos que integram o núcleo essencial do projeto de Direito de que o texto constitucional é portador e cuja obliteração poria em causa a identidade constitucional.

309. Os limites materiais da revisão constitucional

I. Pela sua relevância prática e pela sua complexidade teórica, os limites materiais de revisão constitucional merecem um tratamento mais desenvolvido, inquirindo-se até que ponto tais limites se afiguram operativos.

pp. 188 e ss.; ANTONIO CARLOS PEREIRA MENAUT, *Lecciones...*, pp. 76 e ss.; KLAUS STERN, *Derecho del Estado...*, pp. 326 e ss.; REMEDIO SÁNCHEZ FERRIZ, *Introducción...*, pp. 270 e ss.; J. J. GOMES CANOTILHO, *Direito Constitucional*, pp. 1124 e ss., e *Direito Constitucional e Teoria...*, pp. 1060 e ss.; AFONSO D'OLIVEIRA MARTINS, *La revisión constitucional...*, pp. 105 e ss.; EMÍLIO KAFFT KOSTA, *O constitucionalismo...*, pp. 125 e ss.; JORGE MIRANDA, *Manual...*, II, pp. 194 e ss.; JOSÉ AFONSO DA SILVA, *Curso...*, pp. 65 e ss.; MIGUEL NOGUEIRA DE BRITO, *A Constituição Constituinte*, Coimbra, 2000, pp. 13 e ss.

Os limites materiais de revisão constitucional, por mais espantoso que isso possa ser, são os limites mais óbvios que se colocam na expressão do poder de rever a Constituição, uma vez que funcionam como o "certificado comprovativo" das limitações que necessariamente inerem ao conceito de revisão constitucional.

Se eles não se concebessem, haveria um qualquer fenómeno jurídico-constitucional, mas certamente nunca aconteceria uma revisão constitucional.

A questão reside, pois, na clarificação desses limites, sendo certo que, para esse efeito, os mesmos aparecem nos textos constitucionais protegidos por *cláusulas – ditas expressas – de limites materiais de revisão constitucional*, as quais suscitam dois tipos de problemas[2810]:

- *o problema de força vinculativa das cláusulas*, por comparação com os outros preceitos constitucionais;
- *o problema de definição dos limites materiais insertos nas cláusulas*, na medida em que estas se oferecem com diversas intensidades em ordem a saber o que se considera ser verdadeiramente um limite material, na perspetiva da violação daquela cláusula.

II. No tocante ao primeiro problema, tem sido muito discutida a força jurídica dos preceitos constitucionais que estabelecem cláusulas de limites materiais à revisão constitucional, discussão que, em rigor, pode estender-se a todas as disposições, oriundas do poder constituinte (originário), que semelhantemente configuram o exercício do poder de revisão: a questão não se reconduz, portanto, aos seus limites materiais, mas joga-se em relação a todos os restantes limites.

São fundamentalmente três as posições propostas, levando em consideração a modificabilidade destas cláusulas, no óbvio objetivo de, em sede de revisão constitucional, concomitante ou posterior, se pretender a libertação daqueles limites, alterando-se as matérias que até então se encontravam por eles protegidas [2811]:

[2810] Sobre a *vexata quaestio* dos limites materiais de revisão constitucional, v., por todos, Marcelo Rebelo de Sousa, *Direito Constitucional...*, pp. 78 e ss.

[2811] Acrescentando ainda Marcelo Rebelo de Sousa (*Direito Constitucional...*, p. 79) a tese segundo a qual o poder de revisão constitucional ainda se acharia limitado "...por *limites materiais imanentes* ou *meta-positivos*, e nunca por quaisquer limites, expressos ou implícitos, de base textual".

- *a teoria da irrevisibilidade*: de acordo com esta teoria, sendo as cláusulas sobre a revisão constitucional criadas pelo poder constituinte originário, só uma nova manifestação do mesmo poder constituinte originário as poderia modificar ou eliminar, nunca uma lei de revisão constitucional, que é sempre, em relação àquele, um poder constituído e não constituinte[2812];
- *a teoria da revisibilidade*: segundo este entendimento, as cláusulas sobre a revisão constitucional não ostentam qualquer força especial em relação aos restantes preceitos constitucionais e se a Constituição, na sua versão original, admitiu o poder de revisão constitucional, então deve daí concluir-se que o mesmo também se exerce sobre o próprio regime de revisão constitucional, ao mesmo tempo que se pode rever o conteúdo que por elas se encontrava abrangido;
- *a teoria da dupla revisibilidade (ou revisibilidade faseada)*: observando esta conceção, a modificação das matérias protegidas pelas cláusulas de revisão constitucional – principalmente sobre os limites materiais, mas não só – deve acontecer a dois tempos, primeiro eliminando-se a cláusula que protege a matéria que se quer atingir e só depois, numa outra revisão constitucional, eliminando-se diretamente o instituto ou o princípio que deixou de estar constitucionalmente protegido pela cláusula de proteção entretanto revogada.

Defendemos a primeira teoria da irrevisibilidade das cláusulas que consagram os limites materiais à revisão constitucional, na lógica do escrupuloso respeito pela vontade originária do poder constituinte: não se concebe que, tendo o poder constituinte construído um conjunto de disposições que se destinam a perdurar mais do que os outros preceitos, venha o poder de revisão constitucional, por ele criado e admitido, a adulterar essa vontade inicial. A criatura jamais pode impor-se ao criador!

III. Esta conclusão não acarretará as drásticas consequências práticas de uma excessiva rigidez do sistema constitucional, numa apreciação fun-

[2812] Assim, Marcelo Rebelo de Sousa (*Direito Constitucional...*, p. 83), para quem "...o poder de revisão constitucional é um poder subordinado de conservação e não de destruição da Constituição, subjacente à Constituição em sentido formal e mais significativa do que ela de uma ótica substancial existe uma Constituição em sentido material, e relevam limites materiais implícitos ao exercício do poder de revisão constitucional".

cional, ou mesmo de deslegitimação, pois que às gerações vindouras se coarta a possibilidade de alterarem a sua Ordem Constitucional?

Não. A própria consagração de um mecanismo de revisão constitucional é um sinal evidente, pelas funções que lhe estão cometidas, de que se pretende abrir a porta ao aperfeiçoamento do sistema constitucional e de que se pretende que o mesmo permita acompanhar a evolução da realidade constitucional.

É nítido que o problema assume outra magnitude a partir do momento em que se quer não apenas uma revisão constitucional, mas algo mais, como mudar radicalmente a Ordem Constitucional. Nessa hipótese, não havendo tecnicamente uma revisão constitucional, surgirá uma revolução constitucional.

Como quer que seja, o poder constituinte originário existe sempre e se for essa a vontade expressa pelo Estado, segundo os esquemas possíveis da efetividade constitucional, tal poder constituinte nunca está impedido de produzir uma nova Constituição. Importa é não confundir os nomes e assumir a rutura da Ordem Constitucional, que vai ser substituída por outra. O poder constituinte, esse, mantém-se incólume, esperando uma nova oportunidade de se exprimir.

IV. Esclarecida a força normativo-constitucional das cláusulas que definem os limites à revisão constitucional, interessa observar diversas situações em que ocorre a violação dessas mesmas cláusulas, para daí se perceber as respetivas consequências no seio do outro problema que ficou enunciado.

No entanto, nesta consideração, é de notar que nem sempre os textos constitucionais fazem uma aplicação correta do conceito de limites materiais de revisão constitucional, dando esse nome a matérias que podem não ter a possibilidade de coincidirem com a sua elevada importância na economia do texto constitucional.

Tem aqui lugar uma tarefa hermenêutica da mais alta dificuldade, mas que permite referenciar o caminho dos princípios fundamentais e das opções que estruturaram o nascimento de um novo poder constituinte.

Os limites materiais, embora possam contar com o auxílio das cláusulas expressas que os formulam, derivam da ideia de Direito que se plasmou na Ordem Constitucional em apreço.

V. O que sucede quando certas matérias foram consideradas como limites materiais de revisão constitucional e, em rigor, não se ajustam a esse conceito, tendo o poder constituinte feito, nesse aspeto, uma qualificação errada? Por outras palavras: o que sucede quando as cláusulas de limites materiais de revisão constitucional não são respeitadas porque excessivas?

A resposta deve ser dada conforme essas matérias se encontram ou não protegidas por cláusulas pétreas, podendo divisar-se quatro casos distintos, em que se equaciona a inexistência, total ou parcial, dessas cláusulas:

b) não havendo cláusulas de limites materiais: se a matéria não for de importância nuclear, ocorre uma normal revisão constitucional; se a matéria for considerada como integrando o núcleo fundamental da Constituição (*Verfassungskern*), ainda que ocorrendo uma revisão constitucional em sentido formal, na realidade sucede uma *transição constitucional*, com o aparecimento de uma nova Ordem Constitucional, por adulteração daquele núcleo identitário;

c) havendo cláusulas de limites materiais: se a matéria não for de importância nuclear, tendo a cláusula sido erroneamente referenciada a um assunto que não assume aquela dimensão, ocorre uma *rutura não revolucionária*, por preterição formal daquela regra, embora não se afetando a identidade constitucional, ato que só permanece se lograr alcançar efetividade constitucional; se a matéria for de importância nuclear, ocorre uma *revolução constitucional*, por se afetar a identidade da Constituição, ao mesmo tempo que se quebra a constitucionalidade formal das alterações admissíveis ao texto constitucional.

VI. Há uma situação particular que deve ser separada de todos estes casos: *a da alteração linguística – mas não normativa – dos preceitos que estabelecem as cláusulas de revisão constitucional.*

A imodificabilidade que propugnamos não é de estilo, mas de sentido ordenador, pelo que as alterações meramente linguísticas, se desprovidas de sentido ordenador, não se repercutem sobre a validade da revisão constitucional.

310. A hiperrigidez da Constituição Portuguesa

I. A experiência constitucional portuguesa em matéria da revisão constitucional é extremamente rica porque não só estabelece um denso regime de revisão constitucional como já ocorreram algumas vicissitudes interessantes na fronteira entre o cumprimento e a violação do correspondente regime, dedicando-lhe a CRP o Capítulo II da Parte II do seu articulado.

Esta importância sistemática está, de resto, bem em consonância com o valor que lhe tem sido atribuído ao nível da doutrina constitucional, ainda que com relevo prático reduzido, tendo sido os limites materiais uma das questões mais em voga nos primeiros anos de vigência da CRP.

II. O *procedimento de revisão constitucional* assenta nas fases fundamentais que são traçadas para o procedimento legislativo parlamentar, embora se introduzam alguns desvios que assinalam a singularidade da revisão constitucional.

A iniciativa da lei de revisão constitucional apenas cabe aos Deputados, individualmente considerados, podendo, no entanto, a subscrição de projetos de revisão constitucional ser feita por mais do que um[2813]. Apresentado um projeto de revisão, os restantes devem ser entregues no prazo de trinta dias[2814], evitando-se delongas escusadas numa matéria que deve ser celeremente resolvida, nisto consistindo o princípio da condensação.

A discussão e a deliberação das alterações constitucionais são sempre feitas, na especialidade, no plenário da Assembleia da República, ainda que se possa apreciar a matéria em comissão especializada. A maioria necessária para que essas alterações sejam aprovadas é de dois terços dos Deputados em efetividade de funções[2815].

A promulgação presidencial do decreto de revisão constitucional não pode ser recusada, não havendo lugar, ao contrário do que normalmente

[2813] Cfr. o art. 285º, nº 1, da CRP.
[2814] Cfr. o art. 285º, nº 2, da CRP.
[2815] Cfr. o art. 286º, nº 1, da CRP.

sucede[2816], a veto político, embora possa haver fiscalização preventiva da constitucionalidade[2817].

A publicação das alterações à Constituição tem a particularidade de ser acompanhada da republicação de todo o texto constitucional já revisto[2818], o que se explica por uma necessidade de segurança e dignidade no conhecimento da nova versão da lei fundamental[2819].

III. Com a finalidade de impor a rigidez constitucional ao seu texto, a CRP consagra limites orgânicos, temporais e procedimentais à respetiva revisão, alguns deles se deduzindo do regime que deixámos brevemente descrito acerca do procedimento legislativo que a acompanha.

No plano dos *limites orgânicos*, o poder para rever a Constituição só é atribuído à Assembleia da República, poder que não é partilhado com o Governo, nem com as Regiões Autónomas, não obstante estes possam partilhar outros aspetos do poder legislativo.

De acordo com os *limites temporais*[2820], a revisão constitucional ordinária só pode efetuar-se cinco anos depois de publicada a última lei de revisão, guardando-se assim um período "defeso constitucional". Há, no entanto, a possibilidade de se fazer, por razão considerada urgente, a revisão constitucional extraordinária em qualquer momento, mesmo sem ter transcorrido aquele período de cinco anos, mas para isso é necessária uma assunção de poderes de revisão, votada por uma maioria de quatro quintos dos Deputados da Assembleia da República em efetividade de funções.

No que concerne aos *limites procedimentais*, eles respeitam ao facto de algumas das fases – como a iniciativa ou a promulgação – terem um regime excecional, contrário ao regime geral, para além de a maioria de

2816 Cfr. o art. 286º, nº 3, da CRP.

2817 Sendo esta questão, no entanto, discutível: contra, em geral, Jorge Miranda, *Manual*..., II, p. 197, apenas o admitindo em caso grave.

2818 Cfr. o art. 287º da CRP.

2819 Experiência que tem sido progressivamente alargada a outras leis, já não constitucionais, mas igualmente consideradas de relevância para o sistema jurídico.

Isso mesmo prevê a LPIFD, no seu art. 6º, ao explicitar os casos de republicação, sendo um deles o das alterações à Constituição.

2820 Cfr. o art. 284º da CRP.

aprovação ser uma maioria agravada de dois terços dos Deputados em efetividade de funções.

IV. A CRP vai ainda mais longe, ostentando duas outras categorias de limites[2821] – *os limites materiais e os limites circunstanciais* – que fazem dela uma *Constituição hiper-rígida*[2822].

Os *limites materiais* significam que a CRP não admite uma revisão ilimitada ou para todas as matérias, o que na prática poderia trazer o fácil resultado de uma nova Constituição, em vez da simples revisão da Constituição existente, apresentando-se assim como irrevisível *um largo conjunto de catorze matérias*[2823], consideradas como participando da essência do Direito Constitucional Português vigente, matérias que estarão sempre excluídas do respetivo âmbito regulativo[2824]:

– a independência nacional e a unidade do Estado;

[2821] Categoria que, juntamente com a das Constituições flexíveis (sem limites à revisão) e com a das Constituições rígidas (apenas com limites orgânicos, formais e temporais), pode, segundo Marcelo Rebelo de Sousa (*Direito Constitucional...*, p. 82, e *Constituição...*, pp. 57 e 58), apresentar-se como uma nova classificação de Constituição, em razão do critério dos termos da respectiva revisibilidade.

[2822] A respeito da classificação, que remonta a James Bryce, entre Constituições rígidas e Constituições flexíveis, v. J. J. Gomes Canotilho e Vital Moreira, *Fundamentos...*, p. 289, e *Constituição...*, p. 977; Afonso d'Oliveira Martins, *La revisión constitucional...*, pp. 93 e ss.

[2823] Cfr. o art. 288º da CRP.

[2824] Quanto aos limites materiais de revisão na CRP em geral, v. Jorge Miranda, *Os «princípios fundamentais»*, in AAVV, ESC, I, Lisboa, 1977, pp. 30, 31 e 36, *A Constituição de 1976...*, pp. 241 e ss., *O regime dos direitos...*, pp. 95 e ss., *Sobre os limites materiais da revisão constitucional*, in RJ, nºs 13 e 14, janeiro-junho de 1990, Lisboa, pp. 7 e ss., e *Manual....*, II, pp. 206 e ss.; Marcelo Rebelo de Sousa, *Direito Constitucional...*, pp. 77 e ss.; Vital Moreira, *Constituição e revisão constitucional*, Lisboa, 1980, pp. 101 e ss.; Henrique Barrilaro Ruas, *O artigo 290º à luz da realidade portuguesa*, in DemL, nº 16-2 (A revisão constitucional), novembro de 1980, pp. 34 e ss.; Ana Prata, *A tutela constitucional...*, pp. 66 e ss.; J. Baptista Machado, *Participação...*, pp. 123 e ss.; Rui Chancerelle de Machete, *Os princípios...*, pp. 1006 e ss.; António de Almeida Santos, *Os limites materiais de revisão constitucional à luz da doutrina e do bom senso*, in AAVV, PSPC, Lisboa, 1989, pp. 1037 e ss.; Francisco Lucas Pires, *Teoria da Constituição...*, pp. 161 e ss.; António Vitorino, *Constituição...*, pp. XVI e ss., ainda que sob a perspetiva específica dos resultados da 2ª revisão constitucional; J. J. Gomes Canotilho e Vital Moreira, *Fundamentos...*, pp. 293 e ss., e pp. 300 e ss., e *Constituição...*, pp. 979, 980 e pp. 1060 e ss.; J. J. Gomes Canotilho, *Direito Constitucional*, pp. 1128 e ss.; Afonso d'Oliveira Martins, *La revisión constitucional...*, pp. 399 e ss.; Jorge Bacelar Gouveia, *Os direitos fundamentais atípicos*, pp. 461 e ss.

- a forma republicana de governo;
- a separação das Igrejas do Estado;
- os direitos, liberdades e garantias dos cidadãos;
- os direitos dos trabalhadores, das comissões de trabalhadores e das associações sindicais;
- a coexistência do setor público, do setor privado e do setor cooperativo e social de propriedade dos meios de produção;
- a existência de planos económicos no âmbito de uma economia mista;
- o sufrágio universal, direto, secreto e periódico na designação dos titulares eletivos dos órgãos de soberania, das regiões autónomas e do poder local, bem como o sistema de representação proporcional;
- o pluralismo de expressão e organização política, incluindo partidos políticos, e o direito de oposição democrática;
- a separação e a interdependência dos órgãos de soberania;
- a fiscalização da constitucionalidade por ação ou por omissão de normas jurídicas;
- a independência dos tribunais;
- a autonomia das autarquias locais; e
- a autonomia político-administrativa dos arquipélagos dos Açores e da Madeira.

A doutrina também discute, a este propósito, a existência de *limites de revisão constitucional de natureza implícita*, os quais não constam desta lista, bem como a eficácia meramente declarativa ou constitutiva destes limites[2825].

V. E qual é a intensidade que estas cláusulas de limites materiais oferecem no seu intuito protetor? Estas disposições são imodificáveis ou apenas se pretende a proteção da essência dos regimes?

Evidentemente que não é legítimo pensar que, ao fim e ao cabo, a intensidade da qualificação de certa matéria como limite material de revi-

[2825] A favor da relevância dos limites materiais implícitos, Marcelo Rebelo de Sousa, *Direito Constitucional...*, pp. 84 e 85; Vital Moreira, *Constituição...*, p. 103; António de Almeida Santos, *Os limites...*, pp. 1041 e 1042; Marcelo Rebelo de Sousa, *Direito Constitucional I – Relatório*, p. 35; J. J. Gomes Canotilho e Vital Moreira, *Fundamentos...*, pp. 300 e 301, e *Constituição...*, pp. 1061 e 1062; Nuno Sá Gomes, *Manual...*, II, p. 246.

são constitucional se possa resumir a uma qualquer eficácia meramente política ou, sendo jurídica, de caráter geral, apenas no intuito, vago e dispersivo, de manter uma qualquer coerência global do subsistema constitucional considerado[2826].

A reiteração, pela CRP, de que a existência de limites materiais expressos implica o "respeito" de certas matérias, bem como o facto de essas cláusulas operarem por referência a opções jurídico-positivas vertidas no texto constitucional, postulam um sentido *medianamente vinculante*[2827], *refreando as opções do legislador de revisão constitucional*[2828].

Por outra parte, a medida do grau de vinculação do legislador de revisão constitucional ao sentido normativo contido nas matérias que se encontram abrangidas por limites materiais, apesar de os mesmos serem formulados para todos os domínios por uma única verbalização ("não podem afetar"), não se afere abstratamente[2829], nem genericamente[2830]:

[2826] Diferente é admitir que a CRP, através destes limites materiais expressos, só consagra os princípios e não já soluções, posição contra a qual se rebela Vital Moreira (*Constituição...*, p. 105), dizendo que "...o artigo 290º não se limita a garantir apenas *princípios* – como por vezes se ouve dizer – de tal modo que a revisão constitucional ficaria com a liberdade de alterar ou restringir os regimes e as soluções constitucionais, se entendesse que o «princípio» ainda ficaria com sentido útil".

Tudo depende do concreto modo de formulação da cláusula que consagra o limite material expresso, não sendo possível responder uniformemente, pois que há formulações mais densas e formulações mais difusas. Além disso, os princípios são também peças do sistema jurídico e nem sempre possuem uma eficácia meramente política, ao contrário do que Vital Moreira, neste passo, deixa transparecer.

[2827] Limitação jurídica do poder de revisão constitucional que espelha, da nossa perspetiva, a necessidade de as cláusulas sobre limites materiais de revisão constitucional não poderem ser contrariadas, aceitando-se assim a tese da eficácia vinculante dos limites materiais, ao mesmo tempo que se considera serem essas cláusulas irrevisíveis, mesmo com uma dupla revisão.

[2828] No mesmo sentido, defendendo a irrevisibilidade da cláusula de limites materiais, Marcelo Rebelo de Sousa, *Direito Constitucional...*, pp. 81 e ss.; Vital Moreira, *Constituição...*, pp. 105 e ss.; Ana Prata, *A tutela constitucional...*, p. 67.

Contra, Rui Chancerelle de Machete, *Os princípios...*, p. 1007, mas limitadamente às matérias não essenciais; António de Almeida Santos, *Os limites...*, pp. 1040 e 1041; Jorge Miranda, *Manual...*, II, pp. 221 e ss.

[2829] Cfr. J. J. Gomes Canotilho e Vital Moreira, *Constituição...*, pp. 1063 e 1064.

[2830] Cfr. Jorge Bacelar Gouveia, *O estado de exceção...*, I, pp. 604 e ss.

- não pode ser *abstratamente* porque tudo depende dos termos por que a CRP, no setor específico em causa, formalizou a vontade material constituinte;
- não pode ser *genericamente* porque, mercê da diversidade regulativa das matérias, é bem possível encontrar diferentes graus – uns mais intensos, outros menos intensos – de vinculação.

O resultado prático que assim se alcança é o de haver diversas intensidades, certamente máxima, *v. g.*, no tocante aos direitos, liberdades e garantias[2831], assim se defendendo todos e cada[2832] um destes direitos fundamentais[2833].

VI. Os *limites circunstanciais*[2834] proíbem a revisão constitucional na vigência de estado de sítio e de estado de emergência.

[2831] Com esta posição, Vital Moreira, *Constituição...*, p. 105.

Mais mitigadamente, Jorge Miranda, *O regime dos direitos...*, p. 98, e *Manual...*, IV, p. 382; José Casalta Nabais, *Droit fondamentaux...*, p. 21, falando em conteúdo essencial dos direitos, liberdades e garantias; Jorge Bacelar Gouveia, *O estado de exceção...*, I, p. 600.

[2832] Contra, José Carlos Vieira de Andrade, *Os direitos fundamentais...*, p. 318, *Direitos fundamentais*, in Pol., II, Lisboa, 1984, p. 607, e *Direitos e garantias fundamentais*, in AAVV, PSPC, Lisboa, 1989, p. 694, apenas vendo neste limite material a proteção, contra a lei de revisão, do "conteúdo essencial" dos "princípios fundamentais respeitantes à matéria de direitos, liberdades e garantias", também seguido por Bernardo Diniz de Ayala, *O direito de antena...*, p. 584, referindo-se ao facto de o art. 288º, al. d), da CRP pretender salvaguardar "...o *sistema* de direitos, liberdades e garantias, e não cada *direito individualmente considerado*".

[2833] Unicamente a princípios – em vez de disposições – numa perspetiva igual para todas as modalidades de limites materiais, Marcelo Rebelo de Sousa, *Direito Constitucional...*, p. 77.

[2834] Cfr. o art. 289º da CRP. Cfr. Jorge Miranda, *O território*, p. 89, *A Constituição de 1976...*, p. 230, *O regime dos direitos...*, p. 91, *A competência do Governo na Constituição de 1976*, in AAVV, ESC, III, Lisboa, 1979, p. 652, *Território*, in Pol., V, Lisboa, 1987, p. 1191, *Estado de sítio e estado de emergência*, in DJAP, IV, Lisboa, 1991, p. 264, *Manual...*, IV, p. 353, e *Manual...*, II, pp. 170 e 172; Marcelo Rebelo de Sousa, *Direito Constitucional...*, p. 75, e *O valor...*, I, pp. 288 e 289; Marcelo Rebelo de Sousa e Margarida Salema, *A revisão constitucional e os partidos políticos*, in DemL, nº 15 (A revisão constitucional), junho de 1980, p. 50; Jorge Bacelar Gouveia, *Os limites circunstanciais...*, pp. 105 e ss., e *O estado de exceção...*, II, pp. 962 e ss.; Javier Pérez Royo, *La reforma...*, p. 151; António Damasceno Correia, *Estado de sítio...*, pp. 161 e ss.; J. J. Gomes Canotilho e Vital Moreira, *Fundamentos...*, p. 298, e *Constituição...*, pp. 1067 e 1068; J. J. Gomes Canotilho, *Direito Constitucional*, p. 1128; Afonso d'Oliveira Martins, *La revisión constitucional...*, pp. 375 e ss.

Não é difícil compreender o porquê desta limitação: colocando-se o Estado numa situação de anormalidade, com ameaças externas ou internas às instituições, não seria prudente desenvolver um procedimento de revisão constitucional, potencialmente muito permeável a essas pressões, assim se inquinando a expressão fiel e democrática da vontade dos representantes do povo.

É uma medida cautelar, visando resguardar o poder de revisão constitucional de manipulações que são sempre mais frequentes – embora não sejam inevitáveis – nestes períodos de conturbação institucional.

Índices

ÍNDICE CRONOLÓGICO

1776 – Revolução Americana
1787 – Constituição Norte-Americana
1789 – Revolução Francesa, de 14 de Julho
1820 – Revolução Liberal Portuguesa, de 24 de Agosto
1821 – Bases da 1ª Constituição Portuguesa
1822 – Grito do Ipiranga, Proclamação da Independência do Brasil, de 7 de Setembro
1822 – 1ª Constituição Portuguesa, de 23 de Setembro
1826 – 2ª Constituição Portuguesa, a Carta Constitucional, de 29 de Abril
1836 – Revolução de Setembro, de 9 de Setembro
1838 – 3ª Constituição Portuguesa, de 4 de Abril
1842 – Golpe de Costa Cabral
1910 – Implantação da República, de 5 de Outubro
1911 – 4ª Constituição Portuguesa, de 21 de Agosto
1917 – Golpe de Sidónio Pais, de 5 de Dezembro
1926 – Revolução de 28 de Maio, Proclamação do Estado Novo
1933 – 5ª Constituição Portuguesa, de 11 de abril
1945 – Carta de São Francisco, de 26 de junho
1947 – Constituição Italiana
1948 – Declaração Universal dos Direitos do Homem, de 10 de Dezembro
1949 – Lei Fundamental de Bona
1958 – Constituição Francesa
1974 – Revolução dos Cravos, de 25 de Abril
1976 – 6ª Constituição Portuguesa, de 2 de Abril
1978 – Constituição Espanhola
1982 – 1ª revisão constitucional portuguesa
1986 – Entrada de Portugal na Comunidade Económica Europeia
1988 – Constituição Brasileira, de 5 de Outubro

1989 – 2ª revisão constitucional portuguesa
1989 – Queda do Muro de Berlim
1992 – 3ª revisão constitucional portuguesa
1996 – Criação da Comunidade dos Países de Língua Portuguesa
1997 – 4ª revisão constitucional portuguesa
1999 – Transferência do território de Macau da soberania portuguesa para a soberania chinesa, em 20 de Dezembro
2001 – 5ª revisão constitucional portuguesa
2004 – 6ª revisão constitucional portuguesa
2005 – 7ª revisão constitucional portuguesa
2007 – Tratado de Lisboa

ÍNDICE JURISPRUDENCIAL

ÍNDICE BIBLIOGRÁFICO

AAVV – *Problemi giuridici della Biomedicina*, Roma, 1977
– *8º Centenário do reconhecimento de Portugal pela Santa Sé* (org. pela Academia Portuguesa de História), Lisboa, 1979
– *Painel sobre a Revisão Constitucional*, in DemL, nº 16, novembro de 1980
– *As dimensões internacionais dos direitos do homem* (org. de Karel Vasak), Lisboa, 1983
– *Portugal – O sitema político-contitucional 1974-1987*, Lisboa, 1989 (= *El sistema político y constitucional português, 1974-1987*, in REP, nºs 60-61, abril-setembro de 1988)
– *The Ethics of Abortion* (ed. de Robert M. Baird & Stuart E. Rosenbaum), Buffalo/New York, 1989
– *Europäisches Datenschutzrecht und die Kirchen* (org. de Gerhard Robbers), Berlin, 1994
– *Grundgesetz für die Bundesrepublik Deutschland* (org. de Karl-Heinz Seifert e Dieter Hömig), 5ª ed., Baden-Baden, 1995
– *A revisão constitucional de 1997 – Opinião sobre o Sistema de Atos Legislativos*, in L-CCL, nºs 19/20, abril-dezembro de 1997
– *Foundations of the Economic Approach to Law* (ed. por Avery Wiener Katz), New York/Oxford, 1998
– *Sistemas eleitorais: o debate científico* (org. de Manuel Braga da Cruz), Lisboa, 1998
– *The East Timor Problem and the Role of Europe* (ed. Pedro Pinto Leite), Lisboa, 1998
– *Democracia com mais Cidadania – a questão da igualdade de participação política*, Lisboa, 1998
– *L'Union Européenne et les Droits Fondamentaux* (ed. de Stéphanie Leclerc, Jean François Akandjikombé e Marie-Jöelle Redor), Bruxelles, 1999
– *As Leis Básicas: problemas e perspectivas*, in RJM, número especial, Macau, 1999
– *A Comunidade dos Países de Língua Portuguesa* (org. do Instituto de Altos Estudos Militares), Lisboa, 1999
– *Portugal e a Transição para a Democracia (1974-1976)* (coord. de Fernando Rosas), Lisboa, 1999

– *O Direito da Defesa Nacional e das Forças Armadas* (coord. de JORGE MIRANDA e CARLOS BLANCO DE MORAIS), Lisboa, 2000
– *História de Moçambique* (coord. de Carlos Serra), vols. I e II, Maputo, 2000
– *Direitos humanos, Estrangeiros, Comunidades Migrantes e Minorias* (coord. de J. J. GOMES CANOTILHO), Oeiras, 2000
– *Comunidade dos Países de Língua Portuguesa* (coord. de ADRIANO MOREIRA), Coimbra, 2001
– *A Descentralização em Angola*, Luanda, 2002
– *Seminário dos 15 Anos da Constituição de 1988* (org. do Senado Federal – Instituto Legislativo Brasileiro), Brasília, 2004
– *O Presidente da República e o Parlamento: o procedimento legislativo*, Lisboa, 2004
– *O Partido Socialista e a Democracia* (org. de VITALINO CANAS), Oeiras, 2005
– *La Constitución Portuguesa de 1976 – un estúdio académico treinta años después* (coord. de JAVIER TAJADURA TEJADA), Madrid, 2006
– *O Provedor de Justiça – Estudos – Volume Comemorativo do 30º Aniversário da Instituição*, Lisboa, 2006
– *Os Militares e a Democracia* (coord. de NUNO SEVERIANO TEIXEIRA), Lisboa, 2007
– *Direitos fundamentais – Multiculturalismo e Religiões* (org. da Comissão dos Direitos Humanos da Ordem dos Advogados), Cascais, 2007
– *O Semi-Presidencialismo e o Controlo da Constitucionalidade na África Lusófona* (ed. de ARMANDO MARQUES GUES), in NE, número especial 11.4, outubro de 2007
– *Estudos de Direito e Segurança* (org. de JORGE BACELAR GOUVEIA e RUI PEREIRA), Coimbra, 2007
– *La igualdad efectiva de mujeres y hombres a partir de la Ley Orgánica 3/2007, de 22 de marzo* (org. de MARIA ANTONIA CASTRO ARGÜELLES e DIEGO ÁLVAREZ ALONSO), Pamplona, 2007
– *O Direito Concordatário: natureza e finalidades* (org. do Instituto Superior de Direito Canónico da Universidade Católica Portuguesa), Lisboa, 2008
– *As novas fronteiras do Federalismo* (org. de Mónica Herman Caggiano e Nina Ranieri), São Paulo, 2008
– *Cuestiones fundamentales de Derecho Natural – Atas de las III Jornadas Hispânicas de Derecho Natural* (ed. de MIGUEL AYUSO), Madrid, 2009
– *Los Derechos Sociales como Instrumento de Emancipación* (ed. Miguel Ángel Presno Linera e Ingo Wolfgang Sarlet), Pamplona, 2010
– *Mais Justiça Administrativa e Fiscal – Arbitragem* (org. de Nuno Villa-Lobos e Mónica Brito Vieira), Lisboa, 2010
– *Jornada sobre la Constitución de 1978 y las relaciones de trabajo* (coord. Joaquín García Murcia), Oviedo, 2010
– *Cádiz, 1812 – El encuentro de España y América en sus suénos de liberdade y justicia* (coord. Raúl Lozano Merino), Madrid, 2012

– *Enciclopédia da Constituição Portuguesa* (coord. de Jorge Bacelar Gouveia e Francisco Pereira Coutinho), Lisboa, 2013

Abellán, Ángel Manuel – *El estatuto de los parlamentarios y los derechos fundamentales,* Madrid, 1992

– *Constituição Anotada da República Democrática dde Timor-Leste* (coord. de Pedro Bacelar de Vasconcelos), Braga, 2011

Abellán, Marina Gascón – *Obediencia al Derecho y objeción de consciencia,* Madrid, 1990

Abrantes, José João – *A vinculação das entidades privadas aos direitos fundamentais,* Lisboa, 1990

– *O Direito do Trabalho e a Constituição,* in *Estudos de Direito do Trabalho,* Lisboa, 1992

– *Estudos sobre o Código do Trabalho,* Coimbra, 2004

– *Contrato de trabalho e direitos fundamentais,* Coimbra, 2005

– *Os direitos de personalidade no novo Código do Trabalho (breve apontamento),* in *Contrato de trabalho e direitos fundamentais,* Coimbra, 2005

– *Direito do Trabalho II – Direito da Greve,* Coimbra, 2012

Abreu, Eridano de – *Assento,* in DJAP, I, 2ª ed., Lisboa, 1990

Ackerman, Bruce – *We The People – Foundations,* I, Cambridge/London, 1993

– *We The People – Transformations,* II, Cambridge/London, 1998

Ackroyd, Peter – *Thomas More – Biografia,* Lisboa, 2003

Acquaviva, Marcus Cláudio – *Teoria Geral do Estado,* São Paulo, 1994

Adragão, Paulo Pulido – *Três teorias da Constituição de 1976,* in RJ, nºs 2/3, abril-junho e julho-setembro de 1985

– *A liberdade de aprender e a liberdade das escolas particulares,* Lisboa, 1995

– *A liberdade religiosa e o Estado,* Coimbra, 2003

– *Levar a sério a liberdade religiosa,* Coimbra, 2012

Agesta, Luis Sánchez – *Sistema político de la Constitución Española de 1978,* 7ª ed., Madrid, 1994

Agostinho, Santo – *A Cidade de Deus,* I, 2ª ed., Lisboa, 1996

Aguiar, Luis – *Las garantias constitucionales de los derechos fundamentales en la Constitución Española,* in RDP(e), nº 10, Verão de 1981

– *Dogmática y teoria jurídica de los derechos fundamentales en la interpretación de estos por el Tribunal Constitucional español,* in RDP(e), nºs 18-19, Verão-Outono de 1983

Akehurst, Michael – *Introdução ao Direito Internacional,* Coimbra, 1985

Akzin, Benjamin – *La désuétude en Droit Constitutionnel,* in RDPSP, 1928

Albuquerque, Martim de – *A Doutrina Social da Igreja,* Lisboa, 1965

– *Jean Bodin na Pensínsula Ibérica – ensaio de História das Ideias Políticas e de Direito Público,* Paris, 1978

Albuquerque, Paulo Pinto de – *Comentário do Regime Geral das Contra-Ordenações,* Lisboa, 2011

– *Comentário do Código Penal,* Lisboa, 2008

Alexandre, Isabel – *Problemas recentes da uniformização da jurisprudência em processo civil*, in ROA, ano 60, Janeiro de 2000

ALEXANDRINO, JOSÉ MELO – *O novo Constitucionalismo Angolano*, Lisboa, 2013
– *Lições de Direito Constitucional*, I, 2ª ed., Lisboa, 2015

ALEXY, ROBERT – *Teoría de la argumentación jurídica*, Madrid, 1989
– *Teoría de los derechos fundamentales*, Madrid, 1993

ALFREDO, BENJAMIN – *Noções elementares de Direito*, Maputo, 2014

ALKATIRI, MARI – *Timor-Leste – o caminho do desenvolvimento*, 2ª ed., Lisboa/Porto/Coimbra, 2008

ALMADA, DAVID HOPFFER – *A questão presidencial em Cabo Verde – uma questão de regime*, Cidade da Praia, 2002

ALMEIDA, ADÃO DE – *Sobre as autorizações legislativas no Direito Constitucional Angolano – contributo para a sua compreensão*, in *Estudos de Direito Público e matérias conexas*, Luanda, 2009
– *Autorizações legislativas e controlo parlamentar do decreto-lei autorizado – o caso angolano*, Coimbra, 2009

ALMEIDA, CARLOS A. NEVES DE – *Os direitos fundamentais nas Constituintes de 1821/1822*, in RFDUL, XXX, 1989, e XXXI, 1990

ALMEIDA, CARLOS FERREIRA DE/CARVALHO, JORGE MORAIS – *Introdução ao Direito Comparado*, 3ª ed., Coimbra, 2016

ALMEIDA, CARLOS MARQUES DE – V. Cunha, J. da Silva

ALMEIDA, EUGÉNIO DA COSTA – *Angola – potência regional em emergência*, Lisboa, 2011

ALMEIDA, FERNANDA DIAS MENEZES DE – *Competências na Constituição de 1988*, 6ª ed., São Paulo, 2013

ALMEIDA, FERNANDO DIAS MENEZES DE – *Formação da Teoria do Direito Administrativo no Brasil*, São Paulo, 2013

ALMEIDA, FRANCISCO FERREIRA DE – *Direito Internacional Público*, 2ª ed., Coimbra, 2003

ALMEIDA, JOSÉ MÁRIO FERREIRA DE – *A justiça constitucional em Portugal – notas para um estudo*, Lisboa, 1985
– *Regulamento administrativo*, in DJAP, VII, Lisboa, 1996
– v. MORAIS, ISALTINO A.

ALMEIDA, LUÍS DUARTE DE – *O "concurso de normas" em Direito Penal*, Coimbra, 2004

ALMEIDA, LUÍS NUNES DE
– *O problema da ratificação parlamentar dos decretos-leis organicamente inconstitucionais*, in AAVV, ESC, III, Lisboa, 1979 – *O Tribunal Constitucional e o conteúdo, a vinculatividade e os efeitos das suas decisões*, in AAVV, PSPC, Lisboa, 1989

ALMEIDA, MÁRIO AROSO DE – *O novo regime do processo nos tribunais administrativos*, 4ª ed., Coimbra, 2005

ALMEIDA, PEDRO TAVARES DE – *Legislação Eleitoral Portuguesa – 1820-1926*, Lisboa, 1998

ALVES, JORGE DE JESUS FERREIRA – *O cooperativismo e os princípios cooperativos na Constituição Portuguesa*, Coimbra, 1980

ALVES, JOSÉ CARLOS MOREIRA – *Direito Romano*, I, 3ª ed., Rio de Janeiro, 1971

ALVES, PEDRO DELGADO – *A cláusula aberta de direitos fundamentais e os limites materiais de revisão constitucional*, in AAVV, *Estudos Jurídicos e Económicos em Homenagem ao Prof. Doutor António de Sousa Franco*, III, Lisboa, 2006

ALVIM, ANTÓNIO MARIA TRIGUEIROS DE SOUSA – *A Questão Democrática – propostas refletidas para a melhoria do sistema político*, Lisboa, 2014

AMARAL, DIOGO FREITAS DO – *A responsabilidade da Administração no Direito Português*, Lisboa, 1973

– *Conceito e natureza do recurso hierárquico*, I, Coimbra, 1981

– *A Lei de Defesa Nacional e das Forças Armadas – textos, discursos e trabalhos preparatórios*, Coimbra, 1983

– *A elaboração da Lei de Defesa Nacional e das Forças Armadas*, in AAVV, *A Feitura das Leis – história da elaboração de textos legais*, I, Oeiras, 1986

– *Estado*, in Pol., II, Lisboa, 1984

– *Uma solução para Portugal*, 6ª ed., Mem Martins, 1985

– *Governos de gestão*, Lisboa, 1985

– *Direito Administrativo*, II, Lisboa, 1988

– *A Constituição e as Forças Armadas*, in AAVV, PSPC, Lisboa, 1989

– *Direito Administrativo*, III, Lisboa, 1989

– *Direito Administrativo*, IV, Lisboa, 1989

– *Ciência Política*, III, Lisboa, 1991

– *Para uma História das Ideias Políticas: Maquiavel e Erasmo ou as duas faces da luta entre o poder e a moral*, in DJ, VI, 1992

– *O regime do ato administrativo*, in AAVV, *O Código do Procedimento Administrativo – seminário*, Oeiras, 1992

– *Ciência Política*, I, Lisboa, 1994

– *Ciência Política*, II, Lisboa, 1994

– *Curso de Direito Administrativo*, I, 2ª ed., Coimbra, 1994

– *O Antigo Regime e a Revolução – memórias políticas (1941-1975)*, 3ª ed., Lisboa, 1995

– *História das Ideias Políticas*, I, Coimbra, 1998, e II, Lisboa, 1998

– *Administração Pública*, in DJAP, 1º sup., Lisboa, 1998

– *D. Afonso Henriques – Biografia*, Lisboa, 2000

– *Da necessidade de revisão dos artigos 1º a 13º do Código Civil*, in RFDUNL, ano 1º, nº 1 de 2000

– *Em que momento se tornou Portugal um país independente*, Coimbra, 2001

– *Estudos de Direito Público e matérias afins*, I e II, Coimbra, 2004

– *Manual de Introdução ao Direito*, I, Coimbra, 2004

– *Última Lição*, Coimbra, 2007

– *Do Absolutismo ao Liberalismo: as reformas de Mouzinho da Silveira*, Coimbra, 2008

– *A transição para a Democracia – memórias políticas II (1976-1982)*, Lisboa, 2008

– *Glória e Tragédia de Gorbatchov*, Coimbra, 2012

AMARAL, DIOGO FREITAS DO/OTERO, PAULO – *O valor jurídico-político da referenda ministerial*, in ROA, ano 56, I, janeiro de 1996

AMBROSETTI, GIOVANNI – *Diritto Naturale Cristiano – profili di método, di storia e di teoria,* 2ª ed., Milano, 1985

ANDRADA, ANTÔNIO CARLOS DOORGAL DE – *Política, ainda é possível?*, Belo Horizonte, 2009

ANDRADE, JOSÉ CARLOS VIEIRA DE – *Declaração Universal dos Direitos do Homem,* in Pol., II, Lisboa, 1984

– *Direitos fundamentais,* in Pol., II, Lisboa, 1984

– *Unidade,* in Pol., V, Lisboa, 1987

– *Direitos e garantias fundamentais,* in AAVV, PSPC, Lisboa, 1989

– *Declaração Universal dos Direitos do Homem,* in DJAP, 1º sup., Lisboa, 1998

– *Os direitos fundamentais na Constituição Portuguesa de 1976,* 4ª ed., Coimbra, 2009

– v. MELO, BARBOSA DE

ANDRADE, MANUEL A. DOMINGUES DE – *Teoria Geral da Relação Jurídica,* II, Coimbra, 1960

– *Ensaio sobre a teoria da interpretação das leis,* 4ª ed., Coimbra, 1987

ANDRADE, MIGUEL ALMEIDA – *O papel da Convenção Europeia dos Direitos do Homem na proteção dos direitos fundamentais no âmbito comunitário,* in DDC, nºs 45 e 46, 1991

ANSTEE, MARGARET JOAN – *Órfão da Guerra Fria – radiografia do colapso do processo de paz angolano 1992/1993,* Porto, 1997

ANTONIO, ÁNGEL LUIS ALONSO DE/ ANTONIO, JOSÉ ANTONIO ALONSO DE – *Derecho Constitucional Español,* Madrid, 1996

ANTONIO, JOSÉ ANTONIO ALONSO DE – v. ANTONIO, ÁNGEL LUIS ALONSO DE

ANTUNES, LUIS FILIPE COLAÇO – *O procedimento administrativo de avaliação de impacto ambiental,* Coimbra, 1998

ANTUNES, MIGUEL LOBO – *Rapports entre pouvoirs publics – rapport portugais,* in AAVV, *Études de Droit Constitutionnel Franco-Portugais – a propos de la révision de la Constitution Portugaise suivies de la traduction de la Constitution,* Paris, 1992

– *Tribunal Constitucional,* in DJAP, VII, Lisboa, 1996

– V. COUTINHO, J. L. PEREIRA

ARAGÓN, MANUEL – *Constitución y Democracia,* Madrid, 1990

ARANGIO-RUIZ, VICENTE – *Historia del Derecho Romano,* 4ª ed., Madrid, 1980

ARAÚJO, ANTÓNIO DE – *Cidadãos Portadores de Deficiência – o seu lugar na Constituição da República,* Coimbra, 2001

– *A Lei de Salazar,* Coimbra, 2007

ARAUJO, JOAN OLIVER – *La objeción de conciencia al servicio militar,* Madrid, 1993

ARAÚJO, RAUL – *Os sistemas de governo de transição nos PALOP,* Coimbra, 1996

– *Semi-presidencialismo em Angola: uma tentativa falhada de modelo de governo,* in RFDUAN, nº 7, Luanda, 2006

– *O Presidente da República no Sistema Político de Angola,* Luanda, 2009

– *A evolução constitucional e as justiças de Angola,* in AAVV, *Sociedade e Estado em construção: desafios do Direito e da Democracia em Angola* (org. Boaventura de Sousa Santos e José Octávio Serra Van Dúnem), Coimbra, 2012

ARAÚJO, RAUL/NUNES, ELISA RANGEL – *Constituição da República de Angola Anotada*, t. I, Luanda, 2014

ARDANT, PHILIPPE – *Institutions Politiques & Droit Constitutionnel (Manuel)*, 3ª ed., Paris, 1991

ARISTÓTELES – *Política*, Lisboa, 1998
– *Constituição dos Atenienses*, Lisboa, 2003

ARNDT, HANS-WOLFANG/RUDOLF, WALTER – *Öffentliches Recht*, 10ª ed., München, 1984

ARNIM, HANS HERBERT V. – *Staatslehre der Bundesrepublik Deutschland*, München, 1984

ARNOLD, RAINER – *La unificación alemana – estudios sobre Derecho alemán y europeo*, Madrid, 1993

ARRIOLA, JUAN FEDERICO – *Teoría General dela Dictadura – un estúdio sobre política y libertad*, Cidade do México, 1994

ARVON, HENRI – *L'Anarquisme*, Paris, 1964

ASCENSÃO, JOSÉ DE OLIVEIRA – *A tipicidade dos direitos reais*, Lisboa, 1968
– *As fontes do Direito no sistema jurídico anglo-americano*, Lisboa, 1974
– *Teoria Geral do Direito Civil*, I, Lisboa, 1993
– *Direito de autor e direitos fundamentais*, in AAVV, PC, II, Coimbra, 1997
– *O Direito – Introdução e Teoria Geral*, 13ª ed., Coimbra, 2005

AUBERT, JEAN-FRANÇOIS – v. THÜRER, DANIEL

AUBOYER, JEANNINE – v. AYMARD, ANDRÉ

AUBY, JEAN-MARIE/DUCOS-ADER, ROBERT – *Droit Public*, I, 9ª ed., Paris, 1984

AUER, ANDREAS/MALINVERNI, GIORGIO/HOTTELIER, MICHEL – *Droit Constitutionnel suisse*, vols. I e II, Berne, 2000

AVRIL, PIERRE– *Les conventions de la Constitution*, Paris, 1997

AVRIL, PIERRE/GICQUEL, JEAN – *Droit Parlementaire*, 2ª ed., Paris, 1996

AYALA, BERNARDO DINIZ DE – *O direito de antena eleitoral*, in AAVV, PC, I, Coimbra, 1997

AYMARD, ANDRÉ/AUBOYER, JEANNINE – *Roma e seu Império – as civilizações da unidade romana*, II, 2º vol., São Paulo, 1956
– *O Oriente e a Grécia Antiga*, I, 2º vol., 3ª ed., São Paulo, 1962
– *Roma e seu Império – o Ocidente e a formação da unidade mediterrânica*, II, 1º vol., 3ª ed., São Paulo, 1962

AZZARITI, GAETANO – *L'invaliditá della legge per motivi di forma e di sostanza*, in RTDP, 1951

BACHOF, OTTO – *O Direito Eleitoral e o Direito dos Partidos Políticos na República Federal da Alemanha*, in RDES, ano XXVI, nºs 1, 2, 3 e 4, janeiro-dezembro de 1979
– *Normas constitucionais inconstitucionais?*, Coimbra, 1977
– *Jueces y Constitución*, Madrid, 1987
– *v.* HANS J. WOLFF,

BADÍA, JUAN FERNANDO – *Teoría de la Constitución*, Valência, 1992
– *Los régimenes políticos actuales – presentación*, in AAVV, *Régimenes políticos actuales* (coord. de JUAN FERRANDO BADÍA), 3ª ed., Madrid, 1995
– *Los régimenes marxistas – introducción*, in AAVV, *Régimenes políticos*

actuales (coord. de JUAN FERRANDO BADÍA), 3ª ed., Madrid, 1995

BADURA, PETER – *Staatsrecht*, 2ª ed., München, 1996

BALANDIER, GEORGES – *Antropologia Política*, 2ª ed., Lisboa, 1987

BALLALOUD, JACQUES – *Droits de l'Homme et Organisations Internationales*, Paris, 1984

BANDEIRA, LUIZ ALBERTO MONIZ – *Brasil, Argentina e Estados Unidos – da Tríplice Aliança ao Mercosul (1870-2003)*, 2ª ed., Rio de Janeiro, 2003

BAPTISTA, EDUARDO CORREIA – *Ius cogens em Direito Internacional*, Lisboa, 1997

– *Direito Internacional Público – sujeitos e responsabilidade*, II, Coimbra, 2004

BAPTISTA, FILIPE BOA – *Regime jurídico das candidaturas*, Lisboa, 1997

BARACHO, JOSÉ ALFREDO DE OLIVEIRA – *Teoria geral da revisão constitucional e teoria da Constituição originária*, in RFDUFMG (número especial comemorativo do centenário), Belo Horizonte, 1994

BARATA, JOSÉ FERNANDO NUNES – *Autoridade*, in DJAP, I, 2ª ed., Lisboa, 1990

– *Administração central*, in DJAP, I, 2ª ed., Lisboa, 1990

– *Governador civil*, in DJAP, V, Lisboa, 1993

BARBERA, AUGUSTO/COCOZZA, FRANCESCO/CORSO, GUIDO – *Le situazioni soggettive. Le liberta dei singoli e delle formazioni sociali. Il principio di eguaglianza*, in AAVV, *Manuale di Diritto Pubblico* (org. de GIULIANO AMATO e AUGUSTO BARBERA), 4ª ed., Bologna, 1994

BARBOSA, CUNHA DE – *Os fuzilamentos; militarmente – o Direito e a necessidade; em geral – a legitimidade da pena de morte*, Coimbra, 1875

BARILE, PAOLO – *Istituzioni di Diritto Pubblico*, 6ª ed., Padova, 1991

– *Garanzie costituzionale e diritti fondamentali: un'introduzione*, in AAVV, PC, II, Coimbra, 1997

BARILE, PAOLO/SIERVO, UGO DE – *Revisione della Costituzione*, in NDI, XV, Torino, 1968

BARKER, ERNEST – *Teoria Política Grega*, 2ª ed., Brasília, 1983

BARRET-KRIEGEL, BLANDINE – *Les droits de l'homme et le droit naturel*, Paris, 1989

BARRON, JEROME A./DIENES, C. THOMAS– *Constitutional Law*, 3ª ed., St. Paul, 1995

BARROSO, ALFREDO/BRAGANÇA, JOSÉ VICENTE – *O Presidente da República: função e poderes*, in AAVV, PSPC, Lisboa, 1989

BARROSO, IVO MIGUEL – *A consagração das liberdades de reunião e de associação na Constituição Portuguesa de 1838*, in AAVV, *Estudos em Homenagem ao Prof. Doutor Joaquim Moreira da Silva Cunha*, Coimbra, 2005

BARROSO, JOSÉ MANUEL DURÃO– *Le système politique portugais face a l'intégration européenne – partis politiques et opinion publique*, Lisboa, 1983

– *O processo de democratização: uma tentativa de interpretação a partir de uma perspetiva sistémica, in* AAVV, PSPC, Lisboa, 1989

– v. LOPES, PEDRO SANTANA

BARROSO, LUÍS – *Salazar, Caetano e o "Reduto Branco" – a Manobra Político-*

-*Diplomática de Portugal na África Austral (1951-1974)*, Porto, 2012

BARROSO, LUÍS ROBERTO – *O Direito Constitucional e a efetividade de suas normas*, 7ª ed., Rio de Janeiro, 2003

– *Influência da reconstitucionalização de Portugal sobre a experiência constitucional brasileira*, in AAVV, *30 Anos da Constituição Portuguesa* (org. de JORGE BACELAR GOUVEIA *et alli*), Lisboa, 2006

– *Vinte Anos da Constituição Brasileira de 1988: o Estado a que chegámos*, in RDdE, Ano 3, nº 10, abril/junho de 2008

– *Curso de Direito Constitucional Contemporâneo*, São Paulo, 2009

BARTOLE, SERGIO – *Costituzione (Dottrine generali e Diritto Costituzionale)*, in DDP, IV, Torino, 1989

BARTOLOMÉ, PLÁCIDO FERNÁNDEZ-VIAGAS – *La inviolabilidad e inmunidad de los Diputados y Senadores*, Madrid, 1990

BARTOLOMEI, FRANCO – *La dignità umana como concetto e valores costituzionale – saggio*, Torino, 1987

BASILE, SILVIO – *Los "valores superiores", los princípios fundamentales y los derechos y libertades públicas*, in AAVV, *La Constitución Española de 1978 – estúdio sistemático* (dir. de ALBERTO PREDIERI e EDUARDO GARCÍA DE ENTERRÍA), Madrid, 1984

BASSIOUNI, M. CHERIF – *Introduction au Droit Pénal International*, Bruxelles, 2002

BASTID, PAUL – *L'idée de Constitution*, Paris, 1985

BASTOS, CELSO RIBEIRO – *Curso de Direito Constitucional*, 22ª ed., São Paulo, 2001

BATIFFOL, HENRI – *A Filosofia do Direito*, Lisboa, s. d.

BATTIS, ULRICH/GUSY, CRISTOPH – *Einführung in das Staatsrecht*, 3ª ed., Heidelberg, 1991

BECCARÍA, CESARE – *Dos delitos e das penas*, Rio de Janeiro, 2004

BECET, JEAN-MARIE/COLARD, DANIEL – *Les droits de l'homme – dimensions nationales et internationales*, I, Paris, 1982

BECK, ULRICH – *La sociedade de riesgo mundial – em busca da la segurarid perdida*, Barcelona, 2008

– *Risk Society – towards a New Modernity*, London, 2012

BEDUSCHI, CARLO – *Tipicitá e Diritto – contributo allo studio delle razionalità giuridica*, Padova, 1992

BELEZA, MARIA LEONOR/SOUSA, MIGUEL TEIXEIRA DE – *Direito da associação e associações*, in ESC, III, Lisboa, 1979

BELEZA, TERESA PIZARRO – *Direito Penal*, I, 2ª ed., Lisboa, 1985

– *Mulheres, Direito, crime ou a perplexidade de Cassandra*, Lisboa, 1990

– *Direito das Mulheres e da Igualdade Social – a contrução jurídica das relações de género*, Coimbra, 2010

BELO, FILOMENA/OLIVEIRA, ANA – *A Revolução Francesa*, Lisboa, 2001

BENOT, IVES – *Ideologias das Independências Africanas*, vols. I e II, Luanda, 1981

BERMÚDEZ, PEDRO SERNA – *Positivismo conceptual y fundamentación de los derechos humanos*, Pamplona, 1990

BERTOLINO, RINALDO – *L'obiezione di coscienza negli ordinamenti giuridici contemporanei,* Torino, 1967

BETTATI, MÁRIO – *Le Droit des Organisations Internationales,* Paris, 1987

BEYME, KLAUS VON – *La protectión del ordinamento constitucional y del sistema democratico en la República Federal de Alemania,* in REP, nº 35, setembro-outubro de 1983

BHATTACHARJEE, A. M. – *Human rights and freedom of religion,* in AAVV, *Human rights and the Law – National & Global Perspectives* (org. de VIJAY CHITNIS, C. M. MADAN e M. H. HIRANI), New Delhi, 1997

BIELSA, RAFAEL – *El estado de necesidad en el Derecho Constitucional y Administrativo,* Buenos Aires, 1957

BILLIG, JOSEPH – *L'Hitlérisme et le système concentrationaire,* Paris, 1967

BIN, ROBERTO – *Atti normativi e norme programmatiche,* Milano, 1988

BIRMINGHAM, DAVID – Angola, in DHP, VII, Porto, 1999

BLANCO, ANTONIO MARTÍNEZ – *Derecho Eclesiástico del Estado,* II, Madrid, 1993

BLECKMANN, ALBERT – *Staatsrecht II – Die Grundrechte,* 3ª ed., Köln/Berlin/Bonn/München, 1989
– *Staatsrecht I – Staatsorganisationsrecht,* Köln/Berlin/Bonn/München, 1993

BOBBIO, NORBERTO– *Teoria dell'Ordinamento Giuridico,* Torino, 1960
– *Contribución a la Teoría del Derecho,* Madrid, 1990
– *Teoria Generale del Diritto,* Torino, 1993
– *Democracy and Dictatorship,* Cambridge, 1997

BODIN, JEAN – *Los seis libros de la República,* 2ª ed., Madrid, 1992

BON, PIERRE – *La justice constitutionnelle au Portugal – présentation générale,* in AAVV, JCP, Paris, 1989

BONAVIDES, PAULO – *Do Estado Liberal ao Estado Social,* Rio de Janeiro, 1980
– *O princípio constitucional da proporcionalidade e a proteção dos direitos fundamentais,* in RFDUFMG, nº especial comemorativo do centenário, 1994
– *O art. 45º da Constituição Federal e a inconstitucionalidade de normas constitucionais,* in RFDUL, XXXVI, nº 1, 1995
– *Constitucionalismo Luso-Brasileiro: influxos recíprocos,* in AAVV, PC, I, Coimbra, 1996
– *Teoria do Estado,* 3ª ed., São Paulo, 2001
– *Ciência Política,* 10ª ed., São Paulo, 2002
– *Curso de Direito Constitucional,* 28ª ed., São Paulo, 2012

BONDE, AMÉDÉE – *Droit Constitutionnel,* Paris, 1914

BORGES, ANSELMO – *Direito à liberdade religiosa,* in AAVV, *Os direitos do homem em Portugal,* Porto, 1974

BORGES, ARTHUR DE CASTRO – *As comissões permanentes nos Parlamentos,* in SI, t XXX, nºs 169-171, janeiro-junho de 1981

BOTELHO, CATARINA SANTOS – *A tutela direta dos direitos fundamentais,* Coimbra, 2010
– v. MANUEL AFONSO VAZ

BOTTARI, CARLO – *L'organizazione dell'executivo nella forma di governo del Portogallo,* in AAVV, *Costituzione e Strutura del Governo* (org. de ENRICO SPAGNA MUSSO), Padova, 1982
BOULOUIS, JEAN – v. PRÉLOT, MARCEL
BOURDIEU, PIERRE – *Sobre o Estado,* Lisboa, 2014
BOURDON, ALBERT-ALAIN – *História de Portugal,* Lisboa, 2010
BOUTHOL, GASTON – *Sociologie de la Politique,* Paris, 1965
BRAGANÇA, JOSÉ VICENTE – v. BARROSO, ALFREDO
BRANCO, PAULO GUSTAVO GONET – v. MENDES, GILMAR FERREIRA
BRAZIER, RODNEY – v. SMITH, STANLEY
BRIERLY, JAMES LESLIE – *Direito Internacional,* 4ª ed., Lisboa, 1979
BRITO, JOSÉ DE SOUSA – *A lei penal na Constituição Portuguesa,* in AAVV, ESC, I, Lisboa, 1977
– *Hermenêutica e Direito,* in *Filosofia do Direito e do Estado,* Lisboa, 1987
– *A Lei da Liberdade Religiosa: necessidade, características e consequência,* in AAVV, *A Religião no Estado Democrático,* Lisboa, 2007, pp. 13 e ss.
BRITO, MÁRIO DE – *Acesso ao direito e aos tribunais,* in OD, ano 127º, III-IV, julho-dezembro de 1995
BRITO, MIGUEL NOGUEIRA DE – *A Constituição Constituinte,* Coimbra, 2000
– *Lições de Introdução à Teoria da Constituição,* Lisboa, 2013
BRITO, NUNO FILIPE – *A administração transitória das Nações Unidas em Timor-Leste,* in JARE, 2002
BRITO, SUSANA – v. GOUVEIA, JORGE BACELAR
BRITO, WLADIMIR – *A Convenção-Quadro Europeia sobre a Cooperação Transfronteiriça entre as Coletividades ou Autoridades Territoriais,* Coimbra, 2000
– *A revisão da Constituição de 1992,* in DeC, nº 9
– *Direito Internacional Público,* Braga, 2003
– *O presidencialismo como sistema de governo adequado para Angola,* in DeC, ano V, nº 18, setembro a dezembro de 2003
– *Cidadania transnacional ou nacionalidade lusófona?,* in DeC, ano VI, nº 19, janeiro a abril de 2004
BROWNLIE, IAN – *Principles of Public International Law,* 4ª ed., Oxford, 1990
BRUNSCHWIG, HENRI – *A partilha de África,* Lisboa, 1972
BRYCE, JAMES – *Constituciones flexibles y Constituciones rígidas,* Madrid, 1988
BUENO, EDUARDO – *Brasil – uma História,* Rio de Janeiro, 2012
BUJAN, ANTÓNIO FERNÁNDEZ DE – *Derecho Público Romano,* Madrid, 1996
BURDEAU, GEORGES – *A Democracia,* 3ª ed., Mem Martins, 1975
– *O Liberalismo,* Póvoa do Varzim, 1979
– *O Estado,* Póvoa do Varzim, s. d.
– *Manuel de Droit Constitutionnel et Institutions Politiques,* 20ª ed., Paris, 1984
CABRAL, MANUEL VILLAVERDE – *Portugal na alvorada do século XX – forças sociais, poder político e crescimento económico de 1890 a 1914,* 2ª ed., Lisboa, 1988

CABRAL, RITA AMARAL – *O direito à intimidade da vida privada*, in AAVV, *Estudos em Memória do Professor Doutor Paulo Cunha*, Lisboa, 1989

– *Eficácia externa da obrigação e o nº 2 do art. 406º do Código Civil*, Braga, s. d.

– *Retroatividade*, in DJAP, VII, Lisboa, 1996

CABRITA, ANA RITA – v. GOUVEIA, JORGE BACELAR

CACHALIA, AZHAR/CHEADLE, HALTON/DAVIS, DENNIS/HAYSOM, NICHOLAS/MADUNA, PENUELL/MARCUS, GILBERT – *Fundamental Rights in the New Constitution*, Cape Town, 1994

CADILHA, CARLOS ALBERTO FERNANDES – *Regime da responsabilidade civil extracontratual do Estado e demais entidades públicas anotado*, Coimbra, 2008

CAETANO, MARCELLO – *Tratado Elementar de Direito Administrativo*, I, Coimbra, 1943

– *A Constituição de 1933 – estudo de Direito Político*, 2ª ed., Coimbra, 1957

– *Apontamentos para a História da Faculdade de Direito de Lisboa*, Lisboa, 1961

– *A opinião pública no Estado moderno*, Lisboa, 1965

– *Portugal e a internacionalização dos problemas africanos*, 4ª ed., Lisboa, 1971

– *Manual de Ciência Política e Direito Constitucional*, II, 6ª ed., Lisboa, 1972

– *Páginas Inoportunas*, Lisboa, s. d.

– *Princípios fundamentais do Direito Administrativo*, Rio de Janeiro, 1977

– *Constituições Portuguesas*, 4ª ed., Lisboa/São Paulo, 1978

– *Direito Constitucional – Direito Comparado, Teoria Geral do Estado e da Constituição, As Constituições do Brasil*, I, 2ª ed., Rio de Janeiro, 1987

– *Direito Constitucional – Direito Constitucional Brasileiro*, II, 2ª ed., Rio de Janeiro, 1987

– *Manual de Ciência Política e Direito Constitucional*, I, 6ª ed., Coimbra, 1989

– *Manual de Direito Administrativo*, I, 10ª ed., Coimbra, 1991

– *História do Direito Português*, 4ª ed., Lisboa/São Paulo, 2000

– *Duas Constituições Irmãs: a Brasileira de 1824 e a Portuguesa de 1826*, in *Marcelo Caetano no exílio*, Lisboa, 2006

– *A Bula Manifestis Probatum*, in *Marcelo Caetano no exílio*, Lisboa, 2006

CAGGIANO, MÓNICA HERMAN SALEM – *Direito Parlamentar e Direito Eleitoral*, São Paulo, 2004

CALDEIRA, MARCO – *"O poder neutro" de Benjamin Constant e o Constitucionalismo Português*, Lisboa, 2016

CALDERÓN, JUAN A. GONZÁLEZ – *Curso de Derecho Constitucional*, 6ª ed., Buenos Aires, 1988

CALVERT, HARRY – *An introduction to British Constitutional Law*, London, 1985

CAMPINOS, JORGE – *A Carta Constitucional de 1826 – comentário e texto*, Lisboa, 1975

– *A Ditadura Militar 1926/1933*, Lisboa, 1975

– *O Presidencialismo do Estado Novo*, Lisboa, 1978

CAMPOS, ANDRÉ SANTOS – *Glosas Abertas de Filosofia do Direito*, Lisboa, 2013

CAMPOS, DIOGO LEITE DE – *Lições de Direitos da Personalidade*, 2ª ed., Coimbra, 1992

– v. TOMÉ, MARIA JOÃO

CAMPOS, GERMÁN J. BIDART – *Manual de História Política*, Buenos Aires, 1994

– *Lecciones elementales de Política*, 5ª ed., Buenos Aires, 1996

CAMPOS, JOÃO LUIZ MOTA DE – v. CAMPOS, JOÃO MOTA DE

CAMPOS, JOÃO MOTA DE – *A Ordem Constitucional Portuguesa e o Direito Comunitário*, Braga, 1981

– *As relações da Ordem Jurídica Portuguesa com o Direito Internacional e o Direito Comunitário à luz da revisão constitucional de 1982*, Lisboa, 1985

– *O surpreendente sistema português de controlo de constitucionalidade das convenções internacionais*, in AAVV, *Estudos Jurídicos e Económicos em Homenagem ao Prof. Doutor António de Sousa Franco*, II, Lisboa, 2006

CAMPOS, JOÃO MOTA DE/CAMPOS, JOÃO LUIZ MOTA DE– *Manual de Direito Comunitário*, 4ª ed., Lisboa, 2004

CAMPOS, PALOMA BIGLINO – *La publicación de la ley*, Madrid, 1993

CAMUS, GENEVIÈVE – *L'état de nécessité en Démocratie*, Paris, 1965

CANARIS, CLAUS-WILHELM – *Pensamento sistemático e conceito de sistema na Ciência do Direito*, Lisboa, 1989

– *Direitos Fundamentais e Direito Privado*, Coimbra, 2003

CANAS, VITALINO – *A forma de governo semi-presidencial e suas características – alguns aspetos*, in RJ, nº 1, 1982

– *Os processos de fiscalização da constitucionalidade e da legalidade*, Coimbra, 1986

– *Preliminares do estudo da Ciência Política*, Macau, 1992

– *Introdução às decisões de provimento do Tribunal Constitucional*, 2ª ed., Lisboa, 1994

– *Proporcionalidade (princípio da)*, in DJAP, VI, Lisboa, 1994

– *Tribunal Constitucional: órgão de estratégia legislativa?*, in RFDUL, XXXVII, nº 2 de 1996

– *State and Church in Portugal*, in AAVV, *State and Church in the European Union* (ed. de GERHARD ROBBERS), Baden-Baden, 1996

– *Relação jurídico-pública*, in DJAP, VII, Lisboa, 1996

– *A Lei Básica e a evolução política de Macau*, in PI, nº 15/16, vol. 1, Outono-Inverno de 1997

– *O sistema de governo moçambicano na Constituição de 1990*, in RLAD, I, Lisboa, 1997

– *O princípio da proibição do excesso na Constituição: arqueologia e aplicações*, in AAVV, PC, II, Coimbra, 1997

– *Sistema de governo semipresidencial*, in DJAP, 1º sup., Lisboa, 1998

– *Constituição da República Portuguesa – comentários e notas*, Lisboa, 2004

– *O Tribunal Constitucional: órgão de garantia da segurança jurídica, da equidade e do interesse público de excecional relevo*, in AAVV, *Estudos em Homenagem ao Prof. Doutor Armando M. Marques Guedes*, Coimbra, 2004

– *Semi-Presidential System*, in APDC, vol. IV, 2004-2005

– *O Partido Socialista e a Democracia* (org. de VITALINO CANAS), Oeiras, 2005
– v. NADAIS, ANTÓNIO
CANAVEIRA, MANUEL FILIPE – *Em busca do "Hub Intermédio" – mitos e realidades do discurso sobre a lusofonia*, in AAVV, *Culturas Cruzadas em Português – redes de poder e relações culturais* (Portugal-Brasil, séc. XIX-XX) (coord. CRISTINA MONTALVÃO SARMENTO e LÚCIA MARIA PASCHOAL), III, Coimbra, 2015
CANFORA, LUCIANO – *A Democracia – História de uma Ideologia*, Lisboa, 2007
CANOTILHO, J. J. GOMES – *O problema da responsabilidade do Estado por atos lícitos*, Coimbra, 1974
– *A teoria constitucional dos direitos fundamentais*, in Fr, ano II, nº 5, janeiro-março de 1979
– *A lei do orçamento na Teoria da Lei*, in AAVV, *Estudos em Homenagem ao Prof. Doutor J. J. Teixeira Ribeiro*, II, Coimbra, 1979
– *Constituição Dirigente e Vinculação do Legislador – contributo para a compreensão das normas constitucionais programáticas*, Coimbra, 1982
– *O círculo e a linha – da "liberdade dos antigos" à "liberdade dos modernos" na teoria republicana dos direitos fundamentais*, in RHI, 1987
– *Tomemos a sério os direitos económicos, sociais e culturais*, Coimbra, 1988
– *Teoria da Legislação Geral e Teoria da Legislação Penal*, Coimbra, 1988
– *Direito, direitos, Tribunal, tribunais*, in AAVV, PSPC, Lisboa, 1989
– *Tópicos de um curso de mestrado sobre direitos fundamentais, procedimento, processo e organização*, Coimbra, 1990
– *Direito Constitucional*, 6ª ed., Coimbra, 1993
– *Governo*, in DJAP, V, Lisboa, 1993
– *As Constituições*, in AAVV, *História de Portugal* (dir. de JOSÉ MATTOSO), V, s. l., 1994
– *Proteção do ambiente e direito de propriedade (crítica de jurisprudência ambiental)*, Coimbra, 1995
– *Direito Constitucional e Teoria da Constituição*, 7ª ed., Coimbra, 2003
CANOTILHO, J. J. GOMES/MOREIRA, VITAL – *Constituição da República Portuguesa anotada*, 1ª ed., Coimbra, 1978
– *Constituição da República portuguesa anotada*, I, 2ª ed., Coimbra, 1984
– *Fundamentos da Constituição*, Coimbra, 1991
– *Os poderes do Presidente da República*, Coimbra, 1991
– *Constituição da República Portuguesa anotada*, 3ª ed., Coimbra, 1993
CANSACELUI, GIORGIO – v. MONACO, RICARDO
CAPELA, JOSÉ – *A República Militar da Maganja da Costa* (1862-1898), Porto, 1992
– *O escravismo colonial em Moçambique*, Porto, 1993
CAPITANT, RENÉ – *La coutume constitutionnel*, in RDPSP, 1979
CARBONNIER, JEAN – *Sociologia Jurídica*, Coimbra, 1979
CARDINAL, PAULO – *Sistema político de Macau na transição: continuidade ou convergência*, in RJM, nº especial, Macau, 1999

– *La institución del recurso de amparo de los derechos fundamentales y la Juslusofonia – los casos de Macau y Cabo Verde*, in AAVV, *El derecho de amparo en el Mundo* (coordenação de HÉCTOR FIX-ZAMUDIO e EDUARDO FERRER MAC-GREGOR), Mexico, 2006

– *Os direitos fundamentais em Macau no quadro da transição: algumas considerações*, in *Cuestiones Constitucionales – Revista Mexicana de Derecho Constitucional*, nº 14, janeiro-junho de 2006

– *The Constitutional Layer of Protection of Fundamental Rights in the Macau Special Administrative Region*, in ReDiP, nº 3, janeiro/junho de 2010

– *Região de Direito – alguns tópicos sobre fiscalização da constitucionalidade e jurisdição da liberdade num Direito (também) em Língua Portuguesa*, in AAVV, *I Congresso do Direito de Língua Portuguesa* (coordenação de JORGE BACELAR GOUVEIA), Coimbra, 2010

CARDOSO, ISABEL MORAIS – *Autorizações legislativas na Lei do Orçamento*, in AAVV, *XX Aniversário do Provedor de Justiça – estudos*, Lisboa, 1995

CARDOSO, JOSÉ LUCAS – *Autoridades administrativas independentes e Constituição*, Coimbra, 2002

– *Direito Internacional Público II – sumários*, Lisboa, 2004

– *A posição institucional do Provedor de Justiça*, Coimbra, 2012

CARETTI, PAOLO – *Responsabilità Politica*, in EG, vol. XXVII, Roma, 1991

CARETTI, PAOLO/SIERVO, UGO DE – *Istituzioni di Diritto Publico*, Torino, 1992

CARMONA, PEDRO – *Aspetos histórico-Jurídicos de Olivença*, in NE, nº 12, janeiro de 2008

CARNEIRO, FRANCISCO SÁ – *As revisões da Constituição Política de 1933*, Porto, 1971

CARON, PIER GIOVANNI – *Corso di Storia dei Rapporti fra Stato e Chiesa*, Milano, 1985

CARPENTER, GRETCHEN – *Introduction to South African Constitutional Law*, Durban, 1987

CARRILHO, JOSÉ NORBERTO/NHAMISSITANE, EMÍDIO RICARDO – *Alguns aspetos da Constituição*, Maputo, 1991

CARRILHO, MARIA – *Democracia e Defesa – sociedade política e forças armadas em Portugal*, Lisboa, 1994

CARVALHO, ALBERTO MARTINS DE – *Angola*, in DHP, I, Porto, 1992

– *Moçambique*, in DHP, IV, Porto, 1992

CARVALHO, AMÉRICO A. TAIPA DE – *Pessoa humana – Direito – Estado – e Desenvolvimento Económico*, Coimbra, 1991

– *A legítima defesa*, Coimbra, 1995

– *Sucessão de leis penais*, 2ª ed., Coimbra, 1997

CARVALHO, GERALDES DE – *Introdução ao método de aplicação científica do Direito*, Coimbra, 1983

CARVALHO, JOAQUIM DE – v. PERES, DAMIÃO

CARVALHO, JORGE MORAIS – v. ALMEIDA, CARLOS FERREIRA DE

CARVALHO, LUÍS NANDIN DE – *Direito ao lobbying*, Lisboa, 2000

CARVALHO, MANUEL PROENÇA DE – *Ciência Política e Direito Constitucional*, Lisboa, 1995

– *A Constituição Portuguesa e as normas comunitárias: polémica e "mentiras piedosas"*, in AAVV, *Estudos em Homenagem ao Banco de Portugal – 150º Aniversário (1846-1996)*, Lisboa, 1998
– *Manual de Ciência Política e Sistemas Políticos e Constitucionais*, 2ª ed., Lisboa, 2008
CARVALHO, ORLANDO DE – *Os direitos do Homem no Direito Civil Português*, Coimbra, 1973
CARVALHO, OTELO SARAIVA DE – *Alvorada em Abril*, 4ª ed., Lisboa, 1998
CARVALHO, RAQUEL – v. MANUEL AFONSO VAZ
CARVALHO, RITA ALMEIDA DE – *A Concordata de Salazar*, Lisboa, 2013
CASSESE, ANTONIO– *International Law in a divided World*, Oxford, 1994
– *International Law*, Oxford, 2003
CASTRO, ANTÓNIO G. F. DE – *Algumas reflexões acerca da pena de morte e da indisciplina militar*, Lisboa, 1874
CASTRO, AUGUSTO VIVEIROS DE – *Estudos de Direito Público*, Rio de Janeiro, 1914
CASTRO, PAULO CANELAS DE – *A Comunidade dos Países de Língua Portuguesa*, in AAVV, *Colóquio de Direito Internacional – Comunidade dos Países de Língua Portuguesa*, Coimbra, 2003
CASTRO, ZÍLIA OSÓRIO DE – *Constitucionalismo vintista – antecedentes e pressupostos*, Lisboa, 1986
CATROGA, FERNANDO – *O republicanismo em Portugal*, 2ª ed., Lisboa, 2000
CATTELAIN, JEAN-PIERRE – *L'objection de conscience*, Paris, 1973
CAVALCANTI, VALQUÍRIA SOARES – v. ROMÃO, JACQUELINE MOURA
CELSO, MANLIO MAZZIOTTI DI – *Lezioni di Diritto Costituzionale*, II, Milano, 1985
CHABERT, SUSANA – *Ordem pública internacional e Direito Comunitário*, Coimbra, 2004
CHARLESWORTH, HILARY – *The Constitution of East Timor*, in IJCL, April, 2003
CHARLOT, MONIQUE – *Le système politique britannique*, Paris, 1976
CHARTIER, MARC – *La jurisprudence du Bundesverfassungsgericht sur les partis politiques*, in *Essais sur les droits de l'homme en Europe*, I S, Paris, 1959
CHEADLE, HALTON – v. CACHALIA, AZHAR
CHENG, BIN – *Studies in International Space Law*, Oxford, 2004
CHEVALLIER, JEAN-JACQUES – *La coutume et le Droit Constitutionnel Français*, in RDPSP, 1970
– *As grandes obras políticas de Maquiavel a nossos dias*, Brasília, 1982
CHKHIKVADZE, VICTOR – *La conception socialiste des droits de l'homme*, in AAVV, *Les dimensions universelles des droits de l'homme* (org. de ANDRÉ LAPEYRE, FRANÇOIS DE TINGUY e KAREL VAZAK), Bruxelles, 1990
CHONG, IEONG WAN – *Anotações à Lei Básica da RAEM*, Macau, 2005
CHOPER, JESSE H. – v. LOCKHART, WILLIAM B.
CHORÃO, MÁRIO BIGOTTE – *Perspetiva jusnaturalista da revisão constitucional*, in DemL, nº 15 (A revisão constitucional), junho de 1980
– *Código*, in Pol., I, Lisboa, 1983
– *Direito Natural*, in Pol., II, Lisboa, 1984

– *Integração de lacunas,* in Pol., III, Lisboa, 1985
– *Justiça,* in Pol., III, Lisboa, 1985
– *Método jurídico,* in Pol., IV, Lisboa, 1986
– *Positivismo jurídico,* in Pol., IV, Lisboa, 1986
– *Natureza das coisas,* in Pol., IV, Lisboa, 1986
– *Sociologia do Direito,* in Pol., V, Lisboa, 1987
– *Introdução ao Direito,* I, Coimbra, 1989
– *Temas fundamentais de Direito,* Coimbra, 1991
– *Aproximação ao realismo jurídico,* in AAVV, *Direito Natural, Religiões e Culturas* (org. de PAULO FERREIRA DA CUNHA), Coimbra, 2004

CHUMBINHO, JOÃO – *A Constituição e a Independência dos Tribunais,* Lisboa, 2009

CÍCERO, MARCO TÚLIO – *Las Leyes,* Madrid, 1989
– *Sobre los deberes,* Madrid, 1989

CIOLO, VITTORIO DI – *Parlamento (organizzazione e procedure),* in ED, XXXI, Milano, 1981

CISTAC, GILLES – *O Direito Eleitoral Moçambicano,* Maputo, 1994
– *Poder legislativo e poder regulamentar na Constituição da República de Moçambique de 30 de Novembro de 1990,* in RJFDUEM, 1996
– *O Tribunal Administrativo de Moçambique,* Maputo, 1997
– *História da Evolução Constitucional da Pátria Amada,* Maputo, 2009

CLARO, JOÃO MARTINS – *O princípio da igualdade,* in AAVV, NDAC, Lisboa, 1986

CLUSELLAS, EDUARDO L. GREGORINI – *Estado de sitio y la armonía en la relación individuo-Estado,* Buenos Aires, 1987

COCOZZA, FRANCESCO – v. BARBERA, AUGUSTO

COELHO, INOCÊNCIO MÁRTIRES – *Fiscalização da Constituição: métodos e princípios da interpretação constitucional,* in DeC, ano V, nº 18, setembro a dezembro de 2003

COELHO, JOSÉ FRANCISCO TRINDADE – *Manual Político do Cidadão Português,* I, 2ª ed., Porto, 1908

COLARD, DANIEL – v. BECET, JEAN-MARIE

COLLAÇO, ISABEL DE MAGALHÃES – *Direito Internacional Privado,* II, Lisboa, 1958-1959

COLLAÇO, JOÃO MARIA TELLO DE MAGALHÃES – *Ensaio sobre a inconstitucionalidade das leis no Direito Português,* Coimbra, 1915

COLLIARD, CLAUDE-ALBERT – *Libertés publiques,* 7ª ed., Paris, 1989

COMAS, RAMÓN – *El Estado y las Iglesias por separado,* Barcelona, 1971

COMPARATO, FÁBIO KONDER – *A afirmação histórica dos direitos humanos,* 6ª ed., São Paulo, 2008

COMTE, AUGUSTO – *Reorganizar a sociedade,* 2ª ed., Lisboa, 1990

CONDE, ENRIQUE ÁLVAREZ – *El régimen político español,* 2ª ed., Madrid, 1985
– *Curso de Derecho Constitucional*: I, 1ª ed., Madrid, 1993; I, 3ª ed., Madrid, 1999; II, 4ª ed., Madrid, 2003

CONSTANT, BENJAMIN – *Esquisse d'une Constitution,* Paris, 1814
– *Principes de Politique,* Paris, 1987
– *Escritos Políticos,* Madrid, 1989

– *De la libertad de los antiguos comparada com la de los modernos*, in *Escritos Políticos*, Madrid, 1989

CONSTANTINESCO, LÉONTIN-JEAN – *Traité de Droit Comparé*, III, Paris, 1983

CONTINI, GIUSEPPE – *La revisione della Costituzione*, Milano, 1962

– *Le revisione costituzionale*, in ED, XL, Milano, 1989

COOLEY, THOMAS M. – *Princípios Gerais de Direito Constitucional nos Estados Unidos da América*, Campinas, 2002

COOTER, ROBERT/ULEN, THOMAS – *Law and Economics*, 2ª ed., Massachusetts, 1997

COQUERY-VIDROVITCH, CATHERINE – *Petite Histoire de l'Afrique*, Paris, 2011

CORD, ROBERT L. – v. ROSKIN, MICHAEL G.

CORDEIRO, ANTÓNIO – *Hierarquia das fontes de Direito*, in DJAP, V, Lisboa, 1993

CORDEIRO, ANTÓNIO MENEZES – *A Constituição patrimonial privada*, in AAVV, ESC, III, Lisboa, 1979

– *Costume*, in Pol., I, Lisboa, 1983

– *Lei (aplicação da)*, in Pol., III, Lisboa, 1985

– *Da boa fé no Direito Civil*, II, Coimbra, 1985

– *Problemas de aplicação da lei no tempo – disposições transitórias*, in AAVV, *A Feitura das Leis – como fazer leis*, II, Oeiras, 1986

– *Teoria Geral do Direito Civil – Relatório*, in RFDUL, XXIX, 1988

– *Teoria Geral do Direito Civil*, I, 2ª ed., Lisboa, 1989

– *Manual de Direito do Trabalho*, Coimbra, 1991

– *Da inconstitucionalidade dos assentos*, in AAVV, PC, I, Coimbra, 1996

– *Tratado de Direito Civil Português*, vol. I, t. I, 2ª ed., Coimbra, 2000

– *Da modernização do Direito Civil – aspetos gerais*, I, Coimbra, 2004

– *Defesa da concorrência e direitos fundamentais das empresas: da responsabilização da Autoridade da Concorrência por danos ocasionados em atuações de inspeção*, in OD, ano 136º, 2004, I

– *Tratado de Direito Civil Português*, vol. I, t. III, Coimbra, 2004

– *Tratado da Arbitragem*, Coimbra, 2015

COROMINA, MARÍA PÉREZ-UGENA – v. MERCHÁN, JOSÉ FERNANDO MERINO

CORRAL, CARLOS – *Sistemas atuais de relações entre Igreja e Estado*, in Br, 1987

CORRALO, GIOVANI DA SILVA – *Curso de Direito Municipal*, São Paulo, 2011

CORRÊA, ÓSCAR DIAS – *Breves observações sobre a influência da Constituição Portuguesa na Constituição Brasileira de 1988*, in AAVV, PC, I, Coimbra, 1996

CORREIA, ADÉRITO – *A fiscalização da constitucionalidade no Constitucionalismo vigente em Angola e no anteprojeto de Constituição*, in AAVV, *Estudos em Comemoração do Vigésimo Aniversário da Licenciatura em Direito da Universidade Agostinho Neto*, Luanda, 2004

CORREIA, ADÉRITO/SOUSA, BORNITO DE – *Angola – História Constitucional*, Coimbra, 1996

CORREIA, ANTÓNIO DAMASCENO – *Estado de sítio e estado de emergência em Demoracia*, Lisboa, 1989

– *O direito à objeção de consciência*, Lisboa, 1993

CORREIA, EDUARDO – *La peine de mort – réflexions sur la problématique et sur le sens de son abolition au Portugal,* in AAVV, *PENA DE MORTE – colóquio internacional comemorativo do centenário da abolição da pena de morte em Portugal,* I, Coimbra, s.d.

CORREIA, FERNANDO ALVES – *Do Ombusdman ao Provedor de Justiça,* Coimbra, 1979

– *Formas jurídicas de cooperação intermunicipal,* Coimbra, 1986

– *O plano urbanístico e o princípio da igualdade,* Coimbra, 1989

– *A Justiça Constitucional,* Coimbra, 2002

CORREIA, JOSÉ MANUEL SÉRVULO/GOUVEIA, JORGE BACELAR – *O financiamento municipal das assembleias distritais e a Constituição,* in RFDUL, XXXVIII, Lisboa, 1997, nº 1

– *Princípios constitucionais do acesso à justiça, da legalidade processual e do contraditório; junção de pareceres em processo civil; interpretação conforme à Constituição do art. 525º do Código de Processo Civil – Anotação ao Acórdão nº 934/96 do Tribunal Constitucional,* in ROA, ano 57, Lisboa, I, 1997

– *A inconstitucionalidade do Decreto-Lei nº 351/93, de 7 de Outubro – parecer,* in AAVV, *Direito do Ordenamento do Território e Constituição,* Lisboa, 1998

– *Governadores civis,* in DHP, sup. VIII, Lisboa, 1999

– *Hondt (método de),* in VELBC, XIV, Lisboa/São Paulo, 1999

CORREIA, JOSÉ DE MATOS – *Direito das Relações Externas: o "parente pobre" da Constituição de 1976?,* in RJEP, ano VI, nºs 7/8, janeiro/dezembro de 1999

– *A Fiscalização da Constitucionalidade e da Legalidade,* 2ª ed., Lisboa, 2007

– v. PINTO, RICARDO LEITE

– v. SEARA, FERNANDO ROBOREDO

CORREIA, JOSÉ DE MATOS/PINTO, RICARDO LEITE – *A responsabilidade política,* in AAVV, *Estudos Jurídicos em Homenagem ao Prof. Doutor António Motta Veiga,* Coimbra, 2007

– *A responsabilidade política,* Lisboa, 2010

CORREIA, JOSÉ MANUEL SÉRVULO – *O estatuto de Portugal como potência administrante de Timor-Leste: um debate no Tribunal Internacional de Justiça,* in AAVV, *Timor e o Direito* (org. de Jorge Miranda), Lisboa, 2001

CORREIA, PEDRO PEZARAT – *Questionar Abril,* Lisboa, 1994

CORSO, GUIDO – v. BARBERA, AUGUSTO

CORTE-REAL, CARLOS PAMPLONA – *Curso de Direito Fiscal,* I, Lisboa, 1981

– *As garantias dos contribuintes,* Lisboa, 1986

CORTE-REAL, CARLOS PAMPLONA/GOUVEIA, JORGE BACELAR/COSTA, JOAQUIM PEDRO CARDOSO DA – *Breves reflexões em matéria de confidencialidade fiscal,* in CTF, nº 368, outubro-dezembro de 1992

CORTE-REAL, EUDORO PAMPLONA – *Provedor de Justiça,* in Pol., IV, Lisboa, 1986

CORTÊS, JORGE – *Região administrativa,* in DJAP, VII, Lisboa, 1996

– *Contributo para o estudo do princípio da representação proporcional,* in AAVV, *Estudos vários de Direito Eleitoral,* Lisboa, 1996

CORWIN, EDWARD S. – *A Constituição norte-americana e seu significado atual*, Rio de Janeiro, 1978

COSENTINO, F. – v. FALZONE, F.

COSTA, ANTÓNIO – *A Constituição e as relações externas*, in AAVV, PSPC, Lisboa, 1989

COSTA, JOAQUIM PEDRO CARDOSO DA – v. CORTE-REAL, CARLOS PAMPLONA

COSTA, JOSÉ MANUEL CARDOSO DA – *Curso de Direito Fiscal*, 2ª ed., Coimbra, 1972
– *A tutela constitucional dos direitos fundamentais*, Lisboa, 1980
– *Constitucionalismo*, in Pol., I, Lisboa, 1983
– *Sobre as autorizações legislativas da Lei do Orçamento*, in AAVV, *Estudos em Homenagem ao Prof. Doutor J. J. Teixeira Ribeiro*, III, Coimbra, 1983
– *Tribunal Constitucional*, in Pol., Lisboa, 1987
– *A hierarquia das normas constitucionais e a sua função na proteção dos direitos fundamentais*, Lisboa, 1990
– *A evolução constitucional no quadro da Constituição da República de 1976*, Lisboa, 1994
– *O enquadramento constitucional do direito dos impostos em Portugal: a jurisprudência do Tribunal Constitucional*, in AAVV, PC, II, Coimbra, 1997
– *Algumas reflexões em torno da justiça constitucional*, in AAVV, *Perspetivas do Direito no início do século XXI*, Coimbra, 1999
– *O princípio da dignidade da pessoa humana na Constituição e na jurisprudência do Tribunal Constitucional*, in AAVV, *Estudos em Homenagem a Manoel Gonçalves Ferreira Filho*, São Paulo, 1999
– *A jurisdição constitucional em Portugal*, 3ª ed., Coimbra, 2007
– v. MELO, BARBOSA DE

COSTA, LUÍS CÉSAR AMADO/MELLO, LEONEL ITAUSSU A. – *História do Brasil*, 11ª ed., São Paulo, 2002

COSTA, MÁRIO JÚLIO DE ALMEIDA – *História do Direito Português*, Coimbra, 1989

COSTA, MÁRIO JÚLIO DE ALMEIDA/ MARCOS, RUI MANUEL DE FIGUEIREDO – *A Primeira República no Direito Português*, Coimbra, 2010

COSTA, NORBERTO – *Acórdão*, in DJAP, I, 2ª ed., Lisboa, 1990

COSTA, PAULO NOGUEIRA DA – v. MACHADO, JÓNATAS E. M.

COSTA, RUI OLIVEIRA – *Lei Eleitoral para a Assembleia da República – proposta de configuração de círculos uninominais*, Lisboa, 2009

COULANGES, FUSTEL DE – *A Cidade Antiga*, 10ª ed., Lisboa, 1971

COUTINHO, FRANCISCO PEREIRA – *O referendo político nacional em Portugal*, in AAVV, *Estudos de Direito Público* (coord. de JOÃO CAUPERS e JORGE BACELAR GOUVEIA), Lisboa, 2005
– *Sentido e limites do direito fundamental à objeção de consciência*, in RFDUNL, Ano VI, nº 11, 2005
– v. GUEDES, ARMANDO MARQUES

COUTINHO, J. L. PEREIRA – *Lei regional*, in DJAP, V, Lisboa, 1993

COUTINHO, LUÍS PEDRO PEREIRA – *A Autoridade Moral da Constituição – da fundamentação da validade do Direito Constitucional*, Coimbra, 2009

COWARD, BARRY – *Oliver Cromwell*, Mem Martins, 1999
CRORIE, BENEDITA MAC – *O recurso ao princípio da dignidade da pessoa humana na jurisprudência do Tribunal Constitucional*, in AAVV, *Estudos em Comemoração do X Aniversário da Licenciatura em Direito da Universidade do Minho*, Coimbra, 2004
– *A vinculação dos particulares aos direitos fundamentais*, Coimbra, 2005
CROUZET, MAURICE – *História Geral das Civilizações – a época contemporânea*, VII, I vol., 2ª ed., São Paulo, 1961
CRUZ, GUILHERME BRAGA DA – *O Direito subsidiário na História do Direito Português*, Coimbra, 1975
– *O movimento abolicionista e a abolição da pena de morte em Portugal (resenha histórica)*, in AAVV, *PENA DE MORTE – colóquio internacional comemorativo do centenário da abolição da pena de morte em Portugal*, I, Coimbra, s. d.
CRUZ, MANUEL BRAGA DA – *Monárquicos e republicanos no Estado Novo*, Lisboa, 1986
– *O Partido e o Estado no Salazarismo*, Lisboa, 1988
– *O Estado Novo e a Igreja Católica*, Lisboa, 1999
CRUZ, SEBASTIÃO – *Direito Romano*, I, 4ª ed., Coimbra, 1984
CUNA, RIBEIRO JOSÉ – *A Orgnização Judiciária em Moçambique: continuidades e rupturas*, Maputo, 2013
CUNHA, FERNANDO JOSÉ FIDALGO DA – *Democracia e divisão de poder – uma leitura da Constituição Moçambicana*, Maputo, s. d.
CUNHA, J. DA SILVA/ALMEIDA, CARLOS MARQUES DE – *História das Instituições – aulas teóricas*, I, Porto, 1994
CUNHA, JOAQUIM MOREIRA DA SILVA – *O sistema português de política indígena no Direito Positivo – desde 1820 à última revisão da Constituição*, Lisboa, 1953
– *Administração e Direito Colonial*, III, Lisboa, 1957
– *Administração e Direito Colonial*, IV, Lisboa, 1958
– *O Ultramar, a Nação e o "25 de Abril"*, Coimbra, 1977
– *História Breve das Ideias Políticas – das origens à revolução francesa*, Porto, 1981
– *Ainda o "25 de Abril"*, Lisboa, 1984
– *Direito Internacional Público – relações internacionais*, III, Lisboa, 1990
– *Direito Internacional Público – a sociedade internacional*, II, 4ª ed., Lisboa, 1993
CUNHA, JOAQUIM MOREIRA DA SILVA/PEREIRA, MARIA DA ASSUNÇÃO DO VALE – *Manual de Direito Internacional Público*, 2ª ed., Coimbra, 2004
CUNHA, PAULO – *Teoria Geral do Direito Civil*, Lisboa, 1961/62
CUNHA, PAULO FERREIRA DA – *O procedimento administrativo*, Coimbra, 1987
– *Amor Iuris – Filosofia contemporânea do Direito e da Política*, Lisboa, 1995
– *Para uma História Constitucional do Direito Português*, Coimbra, 1995
– *Constituição, Direito e Utopia – do jurídico-constitucional nas utopias políticas*, Coimbra, 1996
– *Em demanda dos fundamentos de uma comunidade constitucional lusófona*, in AAVV, PC, II, Coimbra, 1997

– *Teoria da Constituição II: Direitos humanos e direitos fundamentais*, Lisboa/São Paulo, 2000
– *Da Justiça na Constituição da República Portuguesa – subsídios para a determinação do seu estatuto epistemológico-jurídico*, in AAVV, *Nos 25 Anos da Constituição da República Portuguesa – Evolução Constitucional e Perspetivas Futuras*, Lisboa, 2001
– *Teoria da Constituição: I – mitos, memórias, conceitos* Lisboa/São Paulo, 2002
– *O desafio científico e o desafio pedagógico do Direito Natural*, in AAVV, *Direito Natural, Religiões e Culturas* (org. de Paulo Ferreira da Cunha), Coimbra, 2004
– *Direito Constitucional Aplicado*, Lisboa, 2007
– *Geografia Constitucional – sistema juspolíticos e globalização*, Lisboa, 2009
– *Constituição e Valores – Diálogos de Axiologia Constitucional*, in RDP, Ano I, nº 1, Lisboa, janeiro/junho de 2009
– *Princípios fundamentais da Constituição de Timor-Leste: uma anotação ao poema «Pátria» de Xanana Gusmão*, in JURISMAT, Portimão, nº 2 de 2013

Cunha, Paulo de Pitta e – *O Tratado de Adesão e o Direito Comunitário Derivado – Sumários*, in AAVV, *A Feitura das Leis – como fazer leis*, II, Oeiras, 1986

Cunhal, Álvaro – *A Revolução Portuguesa – o passado e o futuro*, 2ª ed., Lisboa, 1994
– *A Verdade e a Mentira na Revolução de Abril (a contrarrevolução confessa-se)*, Lisboa, 1999
– *O Partido com Paredes de Vidro*, 6ª ed., Lisboa, 2002

Cuocolo, Fausto – *Istituzioni di Diritto Pubblico*, 7ª ed., Milano, 1992

Cupis, Adriano de – *Direitos de personalidade*, Lisboa, 1961

Cura, António Alberto Vieira – *Curso de Organização Judiciária*, 2ª ed., Coimbra, 2014

Dahl, Robert A. – *Democracia*, Lisboa, 2000

Daillier, Patrick – v. Dinh, Nguyen Quoc

Dallari, Dalmo de Abreu – *O aparato jurídico da democracia*, in DeC, ano VI, nº 19, janeiro a abril de 2004

Dalla-Rosa, Luiz Vergílio – *Uma teoria do Discurso Constitucional*, São Paulo, 2002

Dalton, Patrick J./Dexter, Robina S. – *Constitutional Law*, London, 1976

Dâmaso, Eduardo – *A invasão spinolista*, Lisboa, 1999

Damião, João – *Conheça a Constituição da República de Angola – contributos para a sua compreensão*, Luanda, 2010

Dauses, M. – *La protection des droits fondamentaux dans l'ordre juridique des Communautés Européennes*, in DDC, nºs 41/42, 1990

David, René/Jauffret-Spinosi, Camille – *Les grands systèmes de Droit Contemporains*, 11ª ed., Paris, 2002

Davis, Dennis – v. Cachalia, Azhar

Degehart, Cristoph – *Staatsrecht I*, 6ª ed., Heidelberg, 1990

Demombynes, G. – *Les Constitutions Européennes*, I, 2ª ed., Paris, 1883

Despuy, Leandro – *Los derechos humanos y los estados de excepción*, Cidade do México, 1999

DEXTER, ROBINA S. – v. DALTON, PATRICK

DIAS, AUGUSTO SILVA – *A relevância jurídico penal das decisões de consciência*, Coimbra, 1986

DIAS, JORGE DE FIGUEIREDO/ ANDRADE, MANUEL DA COSTA – *Dos factos de consciência: uma consideração jurídico-penal*, in AAVV, *Ab Uno ad Omnes – 75 anos da Coimbra Editora*, Coimbra, 1998

DIAS, RONALDO BRÊTAS DE CARVALHO – *Responsabilidade do Estado pela Função Jurisdicional*, Belo Horizonte, 2004

– *Processo constitucional e Estado Democrático de Direito*, Belo Horizonte, 2010

DIAZ, SANTIAGO VARELA – *La idea de deber constitucional*, in REDC, 1982

DICEY, ALBERT VENN – *Introduction à l'étude du Droit Constitutionnel*, Paris, 1902

DIENES, C. THOMAS – v. BARRON, JEROME A.

DIETZE, GOTTFRIED – *Über Formulierung der Menschenrechte*, Berlin, 1956

DIKÖTTER, FRANK – *A grande fome de Mao*, Lisboa

DIMOULIS, DIMITRI/MARTINS, LEONARDO – *Teoria Geral dos Direitos Fundamentais*, 2ª ed., São Paulo, 2010

DINH, NGUYEN QUOC/DAILLIER, PATRICK/PELLET, ALAIN – *Droit International Public*, 7ª ed., Paris, 2002

DINIZ, MARIA HELENA – *Conflito de normas*, 8ª ed., São Paulo, 2008

DIP, RICARDO – *Los Derechos Humanos y el Derecho Natural – de cómo el hombre* imago Dei *se tornó* imago hominis, Madrid, 2009

DIPPEL, HORST – *História do Constitucionalismo Moderno – novas perspetivas*, Lisboa, 2007

DOMINGOS, EMÍDIO DA VEIGA – *Portugal Político – análise das instituições*, Lisboa, 1980

DOMINGOS, INÊS – v. FONSECA, GUILHERME DA

DOMINGOS, INÊS/PIMENTEL, MARGARIDA MENÉRES – *O recurso de constitucionalidade – espécies e respetivos pressupostos*, in AAVV, *Estudos sobre a jurisprudência do Tribunal Constitucional*, Lisboa, 1993

D'ORS, ALVARO – *Derecho y sentido común – siete lecciones de Derecho Natural como limite del derecho positivo*, Madrid, 1995

DUARTE, FELICIANO BARREIRAS – *O sistema jurídico-político português*, Lisboa, 2016

DUARTE, MARIA LUÍSA – *O referendo e a representação política*, in RJ, nºs 9 e 10, junho de 1987

– *A liberdade de circulação de pessoas e a ordem pública no Direito Comunitário*, Coimbra, 1992

– *A cidadania da União e a responsabilidade dos Estados por violação do Direito Comunitário*, Lisboa, 1994

– *A teoria dos poderes implícitos e a delimitação de competências entre a União Europeia e os Estados-membros*, Lisboa, 1997

– *A União Europeia e os Direitos Fundamentais – métodos de proteção*, in *Estudos de Direito da União e das Comunidades Europeias*, Coimbra, 2000

– *O Tratado da União Europeia e a garantia da Constituição*, in AAVV,

Estudos em Memória do Professor Doutor João de Castro Mendes, Lisboa, s. d.
– *O direito de petição – cidadania, participação e decisão*, Coimbra, 2008
– *O ramo e árvore – a propósito do Direito da União Europeia*, in RDP, Ano I, nº 1, Lisboa, janeiro/junho de 2009

DUARTE, RUI PINTO – *Tipicidade e atipicidade dos contratos*, Coimbra, 2000

DUCOS-ADER, ROBERT – v. AUBY, JEAN-MARIE

DUGUIT, LÉON – *Manuel de Droit Constitutionnel*, 12ª ed., Paris, 1911
– *Traité du Droit Constitutionnel*, IV, 2ª ed., Paris, 1924
– *Traité du Droit Constitutionnel*, I, 3ª ed., Paris, 1927
– *Traité du Droit Constitutionnel*, II, Paris, 1928
– *Traité de Droit Constitutionnel*, III, 3ª ed., Paris, 1930

DUPUY, PIERRE-MARIE – *Droit International Public*, Paris, 1992
– *Les grands textes de Droit International Public*, 4ª ed., Paris, 2004

DUQUE, JOSÉ PAULO VIEIRA – *A referenda ministerial*, in RJ, nºs 11 e 12, janeiro-junho de 1989, e nºs 13 e 14, janeiro-junho de 1990

DURÁN, CARLOS VILLÁN – *Curso de Derecho Internacional de los Derechos Humanos*, Madrid, 2002

DUVERGER, MAURICE – *Les régimes politiques*, Paris, 1961
– *Xeque-Mate*, Lisboa, 1978
– *Sociologia da Política*, Coimbra, 1983
– *Os grandes sistemas políticos*, I, Coimbra, 1985
– *Los partidos políticos*, Cidade do México, 1994
– *Eléments de Droit Public*, 13ª ed., Paris, 1995

DWORKIN, RONALD – *Los derechos en serio*, Barcelona, 1989
– *Freedom's Law – the moral reading of the American Constitution*, Cambridge, 1996
– *La Democracia Posible – princípios para un nuevo debate político*, Barcelona, 2007

ELLSCHEID, GÜNTER – *O problema do Direito Natural – uma orientação sistemática*, in AAVV, *Introdução à Filosofia do Direito e à Teoria do Direito Contemporâneas* (org. de ARTHUR KAUFMANN e WINFRIED HASSEMER), Lisboa, 2002

ENDERS, ARMELLE – *História da África Lusófona*, Mem Martins, 1997

ENES, ANTÓNIO – *Deve restabelecer-se a pena de morte?*, Lisboa, 1874

ENGISCH, KARL – *Die Idee der Konkretisierung in Recht und Rechtswissenschaft unserer Zeit*, Heidelberg, 1953
– *Introdução ao Pensamento Jurídico*, 7ª ed., Lisboa, 1996

ENGLARD, IZHAK – *Liberté religieuse et tradition juive en Droit Positif Israelien*, in AAVV, *Les droits de l'homme – droits collectifs ou droits individuels*, Paris, 1980

ESCARAMEIA, PAULA – *Quando o mundo das soberanias se transforma no mundo das pessoas: o Estado do Tribunal Penal Internacional e as Constituições nacionais*, in RFDUNL, Lisboa, ano II, nº 3 de 2001
– *O Direito Internacional e o nascimento de um novo Estado*, in JARE, 2002

ESMEIN, A. – *Eléments de Droit Constitutionnel*, I, Paris, 1921

ESPÍN, EDUARDO – *La Constitución como norma*, in LUIS LÓPEZ GUERRA, EDUARDO ESPÍN, JOAQUÍN GARCÍA MORILLO, PABLO PÉREZ TREMPS e MIGUEL SATRÙSTEGUI, *Derecho Constitucional*, I, Valencia, 1991

ESPOSITO, CARLO – *Costituzione, leggi di revisione della Costituzione e "altri" leggi costituzionale*, in AAVV, *Raccolta di Scritti in onore di Arturo Carlos Jemolo*, III, Milano, 1962

– *La validità delle leggi*, Milano, 1964

ESSEN, ALFRED VAN DER – *Les régions arctiques et antarctiques*, in AAVV, *Traité du Noveau Droit de la Mer* (org. de RENÉ-JEAN DUPUY e DANIEL VIGNES), Paris/Bruxelles, 1985

ESTEBAN, JORGE DE – *Las Constituciones de España*, 2ª ed., Madrid, 2000

ESTEBAN, JORGE DE/GONZÁLEZ-TREVIJANO, PEDRO J. – *Curso de Derecho Constitucional Español*, I, Madrid, 1992

– *Curso de Derecho Constitucional Español*, II, Madrid, 1993

– *Curso de Derecho Constitucional Español*, III, Madrid, 1993

ESTEVES, MARIA DA ASSUNÇÃO ANDRADE – *A constitucionalização do direito de resistência*, Lisboa, 1989

ESTORNINHO, MARIA JOÃO – *A fuga para o Direito Privado – contributo para o estudo da actividade de Direito Privado da Administração Pública*, Coimbra, 1996

– *Requiem pelo contrato administrativo*, Coimbra, 2003

ETIEN, ROBERT – *La nature juridique de la Déclaration de 1789 en 1989*, in RBAM, ano 42, nº 250, julho-agosto de 1989

ÉVORA, ROSELMA – *Cabo Verde – a abertura política e a transição para a democracia*, Cidade da Praia, 2004

FABRIZ, DAURY CÉSAR – *Bioética e direitos fundamentais*, Belo Horizonte, 2003

FACHIN, ZULMAR – *Teoria Geral do Direito Constitucional*, 2ª ed., Londrina, 2006

FAGE, J. D./TORDOFF, WILLIAM – *História da África*, Lisboa, 2010

FALCÃO, MANUEL FRANCO – *Enciclopédia Católica Popular*, Lisboa, 2004

FALCON, GIANDOMENICO – *Lineamenti di Diritto Pubblico*, 3ª ed., Padova, 1991

FALZONE, F./PALERMO, F./COSENTINO, F. – *La Costituzione della Repubblica Italiana*, Roma, 1991

FANON, FRANTZ – *Em defesa da Revolução Africana*, Lisboa, 1980

FAUSTO, BORIS – *História do Brasil*, 13ª ed., São Paulo, 2008

FAVOREU, LOUIS – *L'enseignement de Droit Constitutionnel en France*, in AAVV, *L'enseignement du Droit Constitutionnel* (ed. de JEAN-FRANÇOIS FLAUSS), Bruxelles, 2000

FEIJÓ, CARLOS MARIA – *Notas introdutórias à leitura e compreensão da Carta Orgânica de Angola de 1917*, in ROAA, Luanda, nº 2 de 1999

– *Problemas atuais de Direto Público Angolano – contributo para a sua compreensão*, Lisboa, 2001

– *O Semipresidencialismo em África e, em especial, nos PALOP*, in RFDUAN, Luanda, nº 2 de 2002

– *O novo Direito da Economia de Angola – Legislação Básica*, Coimbra, 2005

– *A Coexistência Normativa entre o Estado e as Autoridades Tradicionais na Ordem Jurídica Plural Angolana,* Coimbra, 2012

FELICE, RENZO DE – *Breve Storia del Fascismo,* Milano, 2008

FELICETTI, FRANCESCO – v. PESCATORE, GABRIELE

FENG, LIN – *Constitutional Law in China,* Hong Kong/Singapore/Malaysia, 2000

FENWICK, HELEN – *Constitucional & Administrative Law,* London, 1993

FERNANDES, ANTÓNIO JOSÉ – *Os sistemas político-constitucionais português e espanhol (análise comparativa),* Lisboa, s. d.

FERNANDES, FRANCISCO LIBERAL – *As forças armadas e a PSP perante a liberdade sindical,* Coimbra, 1990

FERNANDES, JOSÉ PEDRO – *Publicidade,* in DJAP, VI, Lisboa, 1994

– *Territorio nacional,* in DJAP, VII, Lisboa, 1996

FERNANDES, LUÍS CARVALHO – *Teoria Geral do Direito Civil,* II, Lisboa, 1983

– *Teoria Geral do Direito Civil,* I-II, 2ª ed., Lisboa, 1995

FERNANDES, MÁRIO JOÃO/PINHEIRO, ALEXANDRE SOUSA – *O art. 13º da Constituição, um 11º mandamento?,* in RJ, nº 20, novembro de 1996

FERNANDES, VASCO DA GAMA – *Trabalhos parlamentares,* Lisboa, 1978

FERNÁNDEZ, ITZÍAR GÓMEZ – *Conflicto y cooperación entre la Constitución Española y el Derecho Internacional,* Valência, 2004

FERRARA, FRANCESCO – *Interpretação e aplicação das leis,* 4ª ed., Coimbra, 1987

FERRAZ, MARIA EDUARDA – *O Provedor de Justiça na defesa da Constituição,* Lisboa, 2008

FERREIRA, DAVID – *Sidónio Pais,* in DHP, IV, Porto, 1992

FERREIRA, EDUARDO PAZ – *As finanças regionais,* Lisboa, 1985

FERREIRA, FERNANDO AMÂNCIO – *As regiões autónomas na Constituição Portuguesa,* Coimbra, 1980

FERREIRA, JOEL HASSE – *Funcionamento e evolução do sistema político-constitucional em Cabo Verde,* in DeC, ano V, nº 18, setembro a dezembro de 2003

FERREIRA, JOSÉ ANTÓNIO COSTA – *O poder local e regional na Assembleia Constituinte 1975-1976,* Lisboa, 2007

FERREIRA, JOSÉ MEDEIROS – *Com os Açores no Dobrar do Século,* Lisboa, 1999

– *Um corpo perante o Estado: militares e instituições políticas,* in AAVV, PSPC, Lisboa, 1989

FERREIRA, MANUEL CAVALEIRO DE – *Direito de defesa – a jurisdição militar especial – evolução da prisão preventiva,* in SI, 1979

– *Lições de Direito Penal,* I, Lisboa, 1992

FERREIRA, MARGARIDA DAMIÃO – v. GUEDES, ARMANDO M. MARQUES

FERREIRA, PINTO – *Comentários à Constituição Brasileira,* I, São Paulo, 1989

FERREIRA, RUI – *A democratização dos poderes públicos nos países da África Austral,* Coimbra, 1995

FERREIRA, SILVESTRE PINHEIRO – *Cours de Droit Public interne et externe,* I, Paris, 1830

– *Cours de Droit Public interne et externe – Précis de l'ouvrage*, II, Paris, 1830
– *Principes du Droit Public, Constitutionnel, Administratif et des Gens ou Manuel du Citoyen*, III, Paris, 1834
– *Manual do cidadão em um governo representativo*, I, Paris, 1834
– *Observações sobre a Constituição do Império do Brasil e sobre a Carta Constitucional do Reino de Portugal*, 2ª ed., Paris, 1835
– *Breves observações sobre a Constituição Política da Monarquia Portuguesa*, Paris, 1837

FERRIZ, REMEDIO SÁNCHEZ – *Estudio sobre las libertades*, Valência, 1989
– *Introducción al Estado Constitucional*, Barcelona, 1993

FERRO, MÓNICA – *As Administrações Transitórias das Nações Unidas e a construção do Estado de Timor Leste*, in RPIIC, nº 4, 2º semestre de 2002, Lisboa, 2002
– *Administração Internacional em Timor-Leste*, in AAVV, *Timor-Leste em mudança – ensaios sobre Administração Pública e Local* (coord. de ANTÓNIO MARQUES BESSA, NUNO CANAS MENDES, PEDRO CONCEIÇÃO PARREIRA e MÓNICA FERRO), Lisboa, 2004
– *O papel das Nações Unidas na Construção de Estados – o caso de Timor-Leste*, in AAVV, *Ensaios sobre nacionalismos em Timor-Leste* (ed. de ARMANDO MARQUES GUEDES e NUNO CANAS MENDES), Lisboa, 2005
– v. RIBEIRO, MANUEL DE ALMEIDA

FERRO, PEDRO ROSA – *Democracia Liberal – a Política, o Justo e o Bem*, Coimbra, 2012

FIGUEIREDO, JOSÉ VALLE DE – *Anarquismo*, in Pol., I, Lisboa, 1983

FIGUEIREDO, MARCELO – *Teoria Geral do Estado*, São Paulo, 1993

FILHO, MANOEL GONÇALVES FERREIRA – *A Constituição Brasileira de 1988 – aspetos gerais*, in ROA, ano 49, 1989
– *Sobre a Constituição de 1988*, in RFDUL, XXXI, 1990
– *Constitucionalismo português e constitucionalismo brasileiro*, in AAVV, PC, I, Coimbra, 1996
– *Organização do Estado brasileiro e as tendências do federalismo: simetria e assimetria*, in OD, ano 136º, 2004, I
– *O poder constituinte*, 3ª ed., São Paulo, 1999
– *Aspetos do Direito Constitucional Contemporâneo*, 3ª ed., São Paulo, 2011
– *Curso de Direito Constitucional*, 38ª ed., São Paulo, 2012

FILHO, WILLIS SANTIAGO GUERRA – *Notas em torno ao princípio da proporcionalidade*, in AAVV, PC, I, Coimbra, 1996

FILIBECK, GIORGIO – *Direitos do Homem – de João XXIII a João Paulo II*, Cascais, 2000

FILIPE, ANTÓNIO – *O referendo na experiência constitucional portuguesa*, Coimbra, 2016

FIORAVANTI, MAURIZIO – *Constitución – de la Antigüedad a nuestros días*, Madrid, 2007

FIUZA, RICARDO MALHEIROS – *Timor-Leste, o nascimento de um Estado*, in RVFDMC (http://www.revistadir.mcampos.br/PRODUCAOCIENTIFICA/artigos/ricardomalheirosfiuza01.pdf)

Flórez-Valdés, Joaquin Arce y – *Los princípios generales del Derecho y su formulación constitucional,* Madrid, 1990

Foignet, René – *Manuel Elémentaire de Droit Constitutionnel,* 6ª ed., Paris, 1910

Folhadela, Inês – v. Manuel Afonso Vaz

Fonseca, Guilherme da – *Fiscalização concreta da constitucionalidade e da legalidade,* in SI, XXXIII, nºs 191-192, setembro-dezembro de 1984

– *Direito Administrativo – sumários desenvolvidos,* Lisboa, 1993

Fonseca, Guilherme da/Domingos, Inês – *Breviário de Direito Processual Constitucional – recurso de constitucionalidade,* 2ª ed., Coimbra, 2002

Fonseca, Isabel Celeste M. – *Direito da Organização Administrativa,* Coimbra, 2011

Fonseca, Jorge Carlos de Almeida – *O sistema de governo na Constituição Cabo-Verdiana,* Lisboa, 1990

– *Do regime de partido único à democracia em Cabo Verde: as sombras e a presença da Constituição Portuguesa de 1976,* in AAVV, *30 Anos da Constituição Portuguesa* (org. de Jorge Bacelar Gouveia *et alli*), Lisboa, 2006

Fonseca, Rui Guerra da – *Comentário à Constituição Portuguesa,* II, Coimbra, 2008

Fontes, José – *Do controlo parlamentar da Administração Pública,* Lisboa, 1999

– *O direito ao quotidiano estável – um questão de direitos humanos,* Coimbra, 2013

– *Legislação de Direito Constitucional,* 9ª ed., Coimbra, 2015

– *Teoria Geral do Estado e do Direito,* 4ª ed., Coimbra, 2014

Forsthoff, Ernst – *Stato di Diritti in transformazione,* Milano, 1973

Foucart, E.V. – *Eléments de Droit Public et Administratif,* I, I, 4ª ed., Paris, 1955

Fraga, Carlos – *Contencioso Eleitoral,* Coimbra, 1997

Fraga, Thelma Araújo Esteves – v. Mello, Cleyson de Moraes

Franco, António L. de Sousa – *A revisão da Constituição económica,* in ROA, ano 42, setembro-dezembro de 1982

– *Dinheiros públicos, julgamento de contas e controlo financeiro institucional,* in RLAD, I, Lisboa, 1997

– *Princípios gerais da nova Concordata,* in AAVV, *Concordatas Santa Sé – Portugal,* Lisboa, 2004

Franco, António L. Sousa/Martins, Guilherme d'Oliveira – *A Constituição Económica Portuguesa – ensaio interpretativo,* Coimbra, 1993

Freitas, M. Costa – *Consciência,* in Pol., I, Lisboa, 1983

Freitas, Pedro Caridade de – *Um testemunho na transição para o século XIX: Ricardo Raimundo Nogueira,* Coimbra, 2005

Freitas, Raquel Barradas de – *Lei-medida ou a delimitação do conceito de lei – breve estudo sobre a configuração do problema da lei no ordenamento jurídico português,* in AAVV, *Estudos de Direito Público* (coord. de João Caupers e Jorge Bacelar Gouveia), Lisboa, 2005

FREYRE, GILBERTO – *Casa-grande & senzala – formação da família brasileira sob o regime da economia patriarcal*, 51ª ed., São Paulo, 2006

FROMONT, MICHEL – *Grands Systèmes de Droit étrangers*, 4ª ed., Paris, 2001

FUNK, BERND-CHRISTIAN – *Einführung in das österreichische Verfassungrecht*, 8ª ed., Graz, 1995

FUR, LOUIS LE – *L'idée du Droit*, in RFDUL, III, Lisboa, s. d.

GALEOTTI, SERGIO – *Contributo alla teoria del procedimento legislativo*, Milano, 1985

GALVÃO, SOFIA – v. SOUSA, MARCELO REBELO DE

GAMA, JOÃO TABORDA DA – v. SANCHES, J. L. SALDANHA

GAMEIRO, ANTÓNIO RIBEIRO – *O controlo parlamentar das Finanças Públicas em Portugal (1976-2002)*, Coimbra, 2004

GARCÍA, ENRIQUE ALONSO – *La interpretación de la Constitución*, Madrid, 1984

GARCÍA, JUAN A. ALEJANDRE – *Derecho del Constitucionalismo y de la Codificación*, Sevilla, 1980

GARCIA, MARIA DA GLÓRIA FERREIRA PINTO DIAS – *Princípio da igualdade: fórmula vazia ou fórmula "carregada" de sentido?*, in BMJ, nº 358, 1986
– *Da justiça administrativa em Portugal – sua origem e evolução*, Lisboa, 1994
– *Organização Administrativa*, in DJAP, VI, Lisboa, 1994

GARCÍA-PELAYO, MANUEL – *Derecho Constitucional Comparado*, 2ª ed., Madrid, 1991

GAROUPA, NUNO – *Análise Económica do Direito*, in L-CCL, nº 32, outubro-dezembro de 2002

GARRET, ALMEIDA – *Portugal na Balança da Europa*, Lisboa, s. d.

GARRIDO, ANTÓNIO MILLAN – *La objeción de consciencia al servicio militar y prestación social sustitutiva*, Madrid, 1990

GASPARI, ELIO – *A Ditadura Escancarada*, São Paulo, 2002

GAXIE, DANIEL – *Article 89*, in AAVV, *La Constitution de la République Française* (org. de FRANÇOIS LUCHAIRE e GÉRARD COÑAC), 2ª ed., Paris, 1987

GERSÃO, ELIANA – *Acerca da abolição da pena de morte nos crimes militares*, in AAVV, *PENA DE MORTE – colóquio internacional comemorativo do centenário da abolição da pena de morte em Portugal*, I, Coimbra, s. d.

GHAI, YASH – *Hong Kong's New Constitucional Order*, 2ª ed., Hong Kong, 1999

GICQUEL, JEAN – *Droit Constitutionnel et Institutions Politiques*, 10ª ed., Paris, 1991
– v. Pierre Avril

GIL, JOSÉ – *Introdução* ao livro de EMMANUEL SIEYÈS, *O que é o Terceiro Estado?*, Lisboa, 2009

GIL, MARCELA ANZOLA – v. SIERRA, GASPAR CABALLERO

GILISSEN, JOHN – *Introdução histórica ao Direito*, Lisboa, 1988

GIRÃO, DIOGO – v. GUEDES, ARMANDO M. MARQUES

GODECHOT, JACQUES – *Les Constitutions de la France depuis 1789*, Paris, 1995

GODINHO, JOSÉ MAGALHÃES – *Revisão constitucional*, Porto, 1982

GOGEL, FRANÇOIS – *Objet et portée de la protection des droits fondamentaux*, in

AAVV, CCEDF, Paris/Aix-en-Provence, 1982

Gomes, Carla Amado – *A natureza constitucional do Tratado da União Europeia,* Lisboa, 1997

– *As imunidades parlamentares no Direito Português,* Coimbra, 1998

Gomes, Carla Amado/Leão, Anabela Costa – *A condição de imigrante – uma análise de Direito Constitucional e de Direito Administrativo,* Coimbra, 2010

Gomes, José Júlio Pereira – *Timor-Leste: o referendo e os resultados das eleições de 1999,* in JARE, 2002

Gomes, Laurentino – *1808,* São Paulo, 2007

– *1822,* 3ª ed., Porto, 2010

– *1889,* São Paulo, 2013

Gomes, Luiz Flávio/Mazzuoli, Valério de Oliveira – *Direito Supraconstitucional – do absolutismo ao Estado Constitucional e Humanista de Direito,* São Paulo, 2010

Gomes, Nuno Sá – *As garantias dos contribuintes numa perspetiva constitucional,* in AAVV, *A internacionalização da economia e a fiscalidade,* Lisboa, 1993

– *O princípio da segurança jurídica na criação e aplicação do tributo,* in *Estudos sobre a segurança jurídica na tributação e as garantias dos contribuintes,* Lisboa, 1993

– *Subsídios para a revisão da Constituição Fiscal portuguesa,* in CTF, nº 381, janeiro-março de 1996

– *Manual de Direito Fiscal,* II, 2ª ed., Lisboa, 1998

Gomez, Manuel Cavero – v. Harte-Mendicoa, Ignacio Astarola

Gonçalves, A. Penha – *Direitos de personalidade e sua tutela,* Luanda, 1974

Gonçalves, António Custódio – *Tradição e Modernidade na (Re)Construção de Angola,* Porto, 2003

Gonçalves, Luís da Cunha – *Dos contratos em especial,* Lisboa, 1953

Gonçalves, Maria Eduarda – v. Santos, António Carlos dos

Gonçalves, Pedro – *O contrato administrativo,* Coimbra, 2003

Gonçalves, Wilson José – *Diretrizes Jurídicas e Princípio da Justiça Suprema,* in AAVV, *Direito em Questão* (coord. de Lídia Rodrigues Ribas), Campo Grande, 2001

Gontijo, Lucas De Alvarenga – *Filosofia do Direito,* Belo Horizonte, 2011

González-Varas, Santiago – *La financiación de los partidos políticos,* Madrid, 1995

González-Trevijano, Pedro J. – v. Esteban, Jorge de

Gorbatchov, Mikhaïl – *Perestroïka – novo pensamento para o nosso País e para o Mundo,* 11ª ed., Mem Martins, 1988

Gorlero, Maurizio Pedrazza – *Le fonti di Diritto – Lezioni,* Padova, 1985

Gournay, Bernard – *Introdução à Ciência Administrativa,* Lisboa, 1978

Gouveia, Jorge Bacelar – *Os limites circunstanciais da revisão Constitucional,* in RJ, Lisboa, 1989, nºs 11 e 12

– *Inconstitucionalidade por omissão – consultas diretas aos cidadãos a nível local – anotação ao Acórdão nº 36/90 do Tribunal Constitucional,* in OD, 112º ano, Lisboa, 1990, II

– *Os direitos fundamentais à proteção dos dados pessoais informatizados,* in ROA, ano 51, III, Lisboa, dezembro de 1991

– *Organizações internacionais – textos fundamentais*, 1ª ed., Lisboa, 1991
– *O valor positivo do ato inconstitucional*, Lisboa, 1992
– *O direito de passagem inofensiva no novo Direito Internacional do Mar*, Lisboa, 1993
– *As Constituições dos Estados Lusófonos – introdução*, 1ª ed., Lisboa, 1993
– *A proteção de dados informatizados e o fenómeno religioso em Portugal*, in RFDUL, vol. XXXIV, Lisboa, 1993
– *A relevância civil do casamento católico*, in Af, VIII, nº 14, Porto, 1994
– *Legislação de Direito Constitucional*, Maputo, 1994
– *Portugal – Des collectivités locales en attente de région*, in AAVV, *Les collectivités décentralisées de l'Union Européenne* (dir. de Alain Delcamp), Paris, 1994
– *Timor Leste – textos jurídicos fundamentais*, 2ª ed., Lisboa, 1993
– *Legislação Eleitoral*, Lisboa, 1995
– *Objeção de consciência (direito fundamental à)*, in DJAP, VI, Lisboa, 1994
– *Os direitos fundamentais atípicos*, Lisboa, 1995
– *A inconstitucionalidade da lei das propinas – anotação ao Acórdão nº 148/94 do Tribunal Constitucional*, in RFDUL, XXXVI, nº 1 de 1995
– *O princípio democrático no novo Direito Constitucional Moçambicano*, in RFDUL, XXXVI, nº 2 de 1995
– *Organizações internacionais – textos fundamentais*, 2ª ed., Coimbra, 1995
– *Legislação Eleitoral*, Lisboa, 1995
– *Considerações sobre as Constituições Fiscais na União Europeia*, in CTF, nº 381, Lisboa, janeiro-março de 1996
– *Segredo de Estado*, in DJAP, VII, Lisboa, 1996
– *A irretroatividade da norma fiscal na Constituição Portuguesa*, in CTF, nº 387, Lisboa, julho-setembro de 1997
– *A Quarta Revisão da Constituição Portuguesa*, in *Vida Judiciária*, nº 7, Lisboa, outubro de 1997
– *Sistema de atos legislativos – opinião acerca da revisão constitucional de 1997*, in L-CCL, nºs 19/20, Oeiras, abril-dezembro de 1997
– *A República acima do combate político*, in *Diário de Notícias*, de 23 de junho de 1997
– *Pelo voto dos emigrantes*, in *Povo Livre*, de 4 de junho de 1997
– *Constituição da República Portuguesa e legislação complementar*, 1ª ed., Coimbra, 1997
– *Acordos de Cooperação entre Portugal e os Estados Africanos Lusófonos*, 2ª ed., Lisboa, 1998
– *A Declaração Universal dos Direitos do Homem e a Constituição Portuguesa*, in AAVV, *Ab Uno ad Omnes – 75 Anos da Coimbra Editora*, Coimbra, 1998
– *As autarquias locais moçambicanas e a respetiva legislação – um enquadramento geral*, in AAVV, *Autarquias locais em Moçambique – antecedentes e regime jurídico*, Lisboa/Maputo, 1998
– *O estado de exceção no Direito Constitucional – entre a eficiência e a normatividade das estruturas de defesa extraordinária da Constituição*, vols. I e II, Coimbra, 1998
– *La Citoyenneté au Portugal – commentaires et réflexions*, in AAVV, *Citoyenne-*

tés nationales et citoyenneté européenne (coord. de FRANÇOISE PARISOT), Paris, 1998
– *Sistemas eleitorais e método de Hondt*, in DJAP, 1º sup., Lisboa, 1998
– *O estatuto dos governantes municipais*, in AAVV, *Autarquias locais em Moçambique – antecedentes e regime jurídico*, Lisboa/Maputo, 1998
– *Pela dignidade do ser humano não nascido*, in AAVV, *Vida e Direito – Reflexões sobre um referendo* (org. de JORGE BACELAR GOUVEIA e HENRIQUE MOTA), Lisboa, 1998
– *A 4ª revisão da Constituição Portuguesa*, in DeC, ano II, nº 5, Praia, novembro de 1998-fevereiro de 1999
– *Autonomias regionais – que futuro político-constitucional?*, Funchal, 1999
– *Legislação Eleitoral em Moçambique*, in DeC, ano III, nº 7, Praia, julho-outubro de 1999
– *Reflexões sobre a próxima revisão da Constituição Moçambicana de 1990*, Maputo, 1999
– *The 4th Revision of the Portuguese Constitution*, in REDP, vol. 11, nº 1, nº 31, Primavera de 1999
– *O Decreto-Lei nº 351/93 e a Constituição Portuguesa – anotação aos Acórdãos nº 329/99 e nº 517/99 do Tribunal Constitucional*, in RFDUNL, ano I, Lisboa, nº 1 de 2000
– *O acesso às matrizes prediais organizadas pela Administração Fiscal por parte dos advogados*, in ROA, ano 60, I, janeiro de 2000
– *A próxima revisão da Constituição de Moçambique de 1990*, in RJFDUEM, IV, dezembro de 2000
– *O regime profissional do pessoal paramédico constante do Decreto-Lei nº 320/99 e a Constituição Portuguesa*, in OD, ano 132º (2000), III-IV
– *As Constituições dos Estados da União Europeia*, Lisboa, 2000
– *Direito da Igualdade Social – fontes normativas*, Lisboa, 2000
– *Direito da Igualdade Social – guia de estudo*, Lisboa, 2000
– *A prática de tiro aos pombos, a nova Lei de Proteção dos Animais e a Constituição Portuguesa*, in RJUA, nº 13, Coimbra, junho de 2000
– *Segredo de Estado*, in *Estudos de Direito Público*, vol. I, Cascais, 2000
– *Da codificação jurídica em geral à codificação do Direito Internacional*, in *Estudos de Direito Público*, vol. I, Cascais, 2000
– *Autonomia regional, procedimento legislativo e confirmação parlamentar – contributo para a interpretação do art. 279º, nº 2, da Constituição Portuguesa*, in RFDUL, XLI, Lisboa, nº 1 de 2000
– *A aplicação do Acordo ADPIC na Ordem Jurídica Portuguesa – o caso especial da duração de patentes*, in AAVV, *I Fórum Ibero-Americano sobre Innovación, Propiedad Industrial e Intelectual y Desarrollo – Atas*, Madrid, 2000
– *A importância da Lei nº 134/99 no novo Direito Português da Igualdade Social*, in AAVV, *A aplicação da Lei Anti-Discriminação – Lei nº 134/99, de 28 de agosto – Atas de Seminário Técnico*, Lisboa, 2000
– *Sistemas eleitorais e método de Hondt*, in DJAP, 1º sup., Lisboa, 2000

– *Estudos de Direito Público*, vol. I, Cascais, 2000
– *Constituição da República Portuguesa e legislação complementar*, 2ª ed., Lisboa 2001
– *Regulação e limites dos direitos fundamentais*, in DJAP, 2º sup., Lisboa, 2001
– *Estado de guerra*, in DJAP, 2º sup., Lisboa, 2001
– *Reflexões sobre a 5ª Revisão da Constituição Portuguesa*, in AAVV, *Nos 25 Anos da Constituição da República Portuguesa – Evolução Constitucional e Perspetivas Futuras*, Lisboa, 2001
– *O sistema de atos legislativos na 4ª revisão da Constituição Portuguesa: um "aprofundamento multidimensional" do princípio democrático*, in RIL, ano 38, nº 149, janeiro/março de 2001
– *Os direitos de participação dos representantes dos trabalhadores na elaboração da legislação laboral*, in AAVV, *Estudos do Instituto de Direito do Trabalho*, vol. I, Coimbra, 2001
– *As associações públicas profissionais no Direito Português*, in AAVV, *Direito em Questão – aspetos principiológicos da Justiça*, Campo Grande (Brasil), 2001
– *O direito de ingresso na Administração Pública Portuguesa segundo o Decreto-Lei nº 89-F/98*, in OD, ano 133º, Lisboa, 2001, III (abril-junho)
– *A descentralização em Angola*, Luanda, 2002
– *A importância da Lei nº 134/99 no novo Direito Português da Igualdade Social: breves reflexões sobre o sentido e a estrutura da Lei nº 134/99, de 28 de agosto*, in AAVV, *Atas do seminário Técnico sobre a Aplicação da Lei Anti-Discriminação* (org. do *Alto Comissariado para a Imigração e Minorias Étnicas*), Lisboa, 2002
– *Introdução ao Direito Constitucional de Angola*, Luanda, 2002
– *O Decreto-Lei nº 40/2001 e a Constituição Portuguesa*, in *Novos Estudos de Direito Público*, vol. II, Lisboa, 2002
– *A utilização ilegal do domínio público hídrico pelos particulares: o caso das construções clandestinas na Lagoa de Santo André*, in *Novos Estudos de Direito Público*, II, Lisboa, 2002
– *A inconstitucionalidade da discriminação remuneratória das carreiras médicas prestadas em tempo completo*, in *Estudos de Direito Público*, vol. II, Lisboa, 2002
– *A Lei Básica da Região Administrativa Especial de Macau – contributo para uma compreensão de Direito Constitucional*, in AAVV, *2º Seminário Internacional sobre a Lei Básica – Comemorativo do 20º Aniversário da Universidade de Macau*, in BFDUM, ano VI, nº 13, 2002
– *As associações públicas profissionais no Direito Português*, in *Novos Estudos de Direito Público*, II, Lisboa, 2002
– *A afirmação dos direitos fundamentais no Estado Constitucional Contemporâneo*, in AAVV, *Direitos Humanos* (coord. de PAULO FERREIRA DA CUNHA), Coimbra, 2003
– *O Código do Trabalho e a Constituição Portuguesa*, Lisboa, 2003
– *Direito Internacional Público – elementos de estudo*, 3ª ed., Lisboa, 2003
– *Ensinar Direito Constitucional*, Coimbra, 2003

– *Legislação de Direitos Fundamentais*, 2ª ed., Coimbra, 2004
– *Estudos de Direito Público de Língua Portuguesa*, Coimbra, 2004
– *Legislação Eleitoral em Moçambique*, in *Estudos de Direito Público de Língua Portuguesa*, Coimbra, 2004
– *Segredo de Estado e Lei Constitucional em Angola*, in *Estudos de Direito Público de Língua Portuguesa*, Coimbra, 2004
– *Os sistemas político-constitucionais dos Estados Africanos de Língua Portuguesa*, in *Estudos de Direito Público de Língua Portuguesa*, Coimbra, 2004 (=*Les systèmes politico-constitutionnels des États africains de langue portugaise*, in RFDC, nº 73, 2008)
– *A primeira Constituição de Timor Leste*, in *Estudos de Direito Público de Língua Portuguesa*, Coimbra, 2004
– *Arrendamento Urbano, Constituição e Justiça – Perspetivas de Direito Constitucional e de Direito Processual*, Lisboa, 2004
– *A autonomia creditícia das autarquias locais: critérios, procedimentos e limites*, in LD, Lisboa, nº 2 de 2004
– *O regionalismo político-legislativo português: em busca da perfeição*, in AAVV, *Estudos em Homenagem ao Prof. Doutor Armando M. Marques Guedes*, Coimbra, 2004
– *Textos fundamentais de Direito Internacional*, 4ª ed., Lisboa, 2004
– *Manual de Direito Internacional Público*, 2ª ed., Coimbra, 2004
– *Legislação de Direitos Fundamentais*, 2ª ed., Coimbra, 2004
– *O referendo sobre os poderes presidenciais e a Constituição de São Tomé e Príncipe*, in DeC, ano VII, nº 23, Praia, 2005
– *Sistemas constitucionais africanos de língua portuguesa: a caminho de um paradigma?*, in AAVV, *30 Anos da Constituição Portuguesa* (org. de Jorge Bacelar Gouveia *et alli*), Lisboa, 2006
– *Religião e Estado de Direito – uma visão panorâmica*, in AAVV, *Estudos Jurídicos e Económicos em Homenagem ao Prof. Doutor António de Sousa Franco*, I, Lisboa, 2006
– *A fiscalização da constitucionalidade na Constituição da República Democrática de São Tomé e Príncipe de 1990*, in DeC, ano VIII, nº 25/26, Praia, 2006/2007, pp. 101 e ss.
– *Os direitos fundamentais na Constituição Portuguesa de 1976*, in AAVV, *Temas de Teoria da Constituição e Direitos Fundamentais* (org. de Dirley da Cunha Júnior e Rodolfo Pamplona Filho), Salvador, 2007, pp. 139 e ss.
– *Legislação de Direito Constitucional*, 2ª ed., Coimbra, 2007
– *A dissolução da Assembleia da República – uma nova perspetiva da Dogmática do Direito Constitucional*, Coimbra, 2007
– *International Encyclopaedia of Laws – Constitutional Law of Portugal*, suplemento 75, Kluwer, The Netherlands, 2008
– *Os direitos fundamentais em Macau*, in AAVV, *Estudos Comemorativos dos 10 Anos da Faculdade de Direito da Universidade Nova de Lisboa*, I, Coimbra, 2008

– *Manual de Direito Internacional Público*, 3ª ed., Coimbra, 2008
– *Direito Internacional Penal*, Coimbra, 2008
– *Rule of Law in Constitutional State: main features and the experience of Portugal*, in AAVV, *Proceedings of International Academic Conference Commemorating the 61st Anniversary of the Korean Constitution*, Seoul, 2009, pp. 391 e ss.
– *Vida humana pré-natal, aborto e Constituição*, Lisboa, 2009
– *O Estado Constitucional Contemporâneo e o princípio do Estado de Direito*, in RFDUNL, ano XI, nºs 20/21, 2011
– *Macau no Direito Constitucional de Língua Portuguesa*, in ROA, ano 71, IV, outubro-dezembro de 2011
– *Sistema político-constitucional português: balanço e desafios*, in RDP, Ano IV, nº 7, janeiro/junho de 2012
– *A autonomia legislativa das Regiões Autónomas Portuguesa – um contributo de Direito Constitucional Regional*, Lisboa, 2012
– *Direito Constitucional de Timor-Leste*, Lisboa-Díli, 2012
– *Direito, Religião e Sociedade no Estado Constitucional*, Lisboa, 2012
– *Direito Constitucional de Língua Portuguesa – caminhos de Constitucionalismo singular*, Coimbra, 2012
– *Direito Constitucional de Macau*, Lisboa-Macau, 2012
– *As Regiões Autónomas: balanço e desafios*, in ReDiP, Ano IV, nº 8, julho/dezembro de 2012
– *International Encyclopaedia of Laws – Religion Law of Portugal*, suplemento 5, Wolters Kluwer, The Netherlands, 2013
– *Os serviços de informações de Portugal: organização e fiscalização*, in RDeS, ano I, nº 1, janeiro-junho de 2013
– *A formação e o papel do jurista numa Globalização sustentável: o contributo do Direito Constitucional*, in ReDiLP, ano I, nº 2 de 2013
– *As Constituições dos Estados de Língua Portuguesa*, 4ª ed., Coimbra, 2014
– *Direito Constitucional de Angola*, Lisboa-Luanda, 2014
– *Novo Código do Procedimento Administrativo e Legislação Complementar*, 2ª ed., Lisboa, 2015
– *Religion and Law in Portugal*, 2ª ed., Alphen aan den Rijn, 2015
– *Direito Constitucional de Moçambique*, Lisboa-Maputo, 2015
– v. Correia, José Manuel Sérvulo
– v. Miranda, Jorge
– v. Corte-Real, Carlos Pamplona
– v. Quadros, Fausto de

Gouveia, Jorge Bacelar/Brito, Susana/Massangai, Arão Feijão – *Código Civil e Legislação Complementar*, 2ª ed., Maputo, 2000

Gouveia, Jorge Bacelar/Cabrita, Ana Rita – *Partidos políticos*, in DJAP, 1º sup., Lisboa, 1998

Gouveia, Jorge Bacelar/Nhamissitane, Emídio Ricardo – *Código Penal e Legislação Complementar*, 2ª ed., Maputo, 2000

Gouveia, Jorge Bacelar/Pereira, Rui Carlos/Ferreira, Arménio Marques/Teixeira, Virgílio –

Leis de Direito da Segurança, Coimbra, 2006

GOUVEIA, JORGE BACELAR/RIBEIRO, LÚCIA DA LUZ – *Código Comercial e Legislação Complementar*, 2ª ed., Maputo, 2000

GOUVEIA, MARIANA FRANÇA – *Curso de Resolução Alternativa de Litígios*, 3ª ed., Coimbra, 2014

GOUVEIA, PAULO H. PEREIRA – *Estudo sobre o poder legislativo das Regiões Autónomas*, Coimbra, 2003

GOY, RAYMOND – *L'indépendance du Timor Oriental*, in AFDI, XLV, 1999

GRAÇA, PEDRO BORGES – *A construção da Nação em África*, Coimbra, 2005

GRASSERIE, RAOUL DE LA – *Les principes sociologiques du Droit Public*, Paris, 1911

GRIMAL, PIERRE – *O Império Romano*, Lisboa, 2010

GRIMM, DIETER – *Politische Parteien*, in AAVV, *Handbuch des Verfassungsrechts der Bundesrepublik Deutschland* (org. de ERNEST BENDA, WERNER MAIHOFER e HANS-JOCHEN VOGEL), 2ª ed., Berlin/New York, 1994

GRÓCIO, HUGO – *Del Derecho de Presa – Derecho de la Guerra y de la Paz*, Madrid, 1987

GROPPALI, ALESSANDRO – *Introdução ao Estudo do Direito*, Coimbra, 1968

GUADAGNI, MARCUS – *Introdução ao Direito Moçambicano – 9 Direito Constitucional*, Maputo, 1990

GUEDES, ARMANDO MARQUES – *Entre factos e razões – contextos e enquadramentos da Antropologia Jurídica*, Coimbra, 2005

– *Sociedade Civil e Estado em Angola – o Estado e a Sociedade sobreviverão um ao outro?*, Coimbra, 2005

GUEDES, ARMANDO M. MARQUES – *Direito Constitucional*, Lisboa, 1961

– *Teoria Geral do Estado*, II, ap., Lisboa, 1963

– *Estudos de Direito Administrativo*, Lisboa, 1963

– *Introdução ao estudo do Direito Político*, Lisboa, 1969

– *O processo burocrático*, Lisboa, 1969

– *A Unidade Política Nacional e a Autonomia das Províncias Ultramarinas*, in AAVV, *Estudos de Direito Público em honra do Professor Marcello Caetano*, Lisboa, 1973

– *A segurança, a defesa nacional, as forças armadas e os cidadãos numa perspetiva constitucional*, Lisboa, 1981

– *Ciência Política II – Teoria Geral do Estado*, Lisboa, 1982

– *Ideologias e sistemas políticos*, Lisboa, 1984

– *La Justice Constitutionnelle au Portugal – préface*, in AAVV, JCP, Paris, 1989

– *Direito Internacional Público*, 2ª ed., Lisboa, 1992

– *Direito Internacional Público*, in DJAP, 1º sup., Lisboa, 1998

GUEDES, ARMANDO MARQUES/COUTINHO, FRANCISCO PEREIRA – *O processo de integração europeia e a Constituição Portuguesa*, in ND, nº 115, Outono/Inverno de 2006

GUEDES, ARMANDO MARQUES/TINY, N'GUNU/PEREIRA, RAVI AFONSO/FERREIRA, MARGARIDA DAMIÃO/GIRÃO, DIOGO – *Litígios e legitimação – Estado, Sociedade Civil e Direito em S. Tomé e Príncipe*, Coimbra, 2002

GUEDES, LUÍS MARQUES – *Uma Constituição Moderna para Portugal anotada*, Lisboa, 1997

GUEDES, MARQUES – v. PERES, DAMIÃO

GUENHA, JOÃO ANDRÉ UBISSE – *Os sistemas eleitorais em Moçambique*, in RLAD, I, 1997

GUIMARÃES, VASCO BRANCO – *Retroactividae da lei fiscal – admissibilidade e limites*, Lisboa, 1993

GUNN, GEOFFREY – *Timor Loro Sae: 500 anos*, Macau, 1999

GUSMÃO, PAULO DOURADO DE – *Introdução ao Estudo do Direito*, 14ª ed., Rio de Janeiro, 1990

GUSY, CRISTOPH – v. BATTIS, ULRICH

GUTIÉRREZ, ALEJANDRO TORRES – *El derecho de libertad religiosa en Portugal*, Madrid, 2010

HÄBERLE, PETER – *Das Menschenbild in Verfassungsstaat*, Berlin, 1988

– *La libertad fundamental en el Estado Constitucional*, San Miguel, 1997

HABERMAS, JÜRGEN – *O Discurso Filosófico da Modernidade*, Lisboa, 1990

– *Teoría de la acción comunicativa*, II, Madrid, 1992

– *L'espace public*, Paris, 1996

– *Between facts and norms*, Cambridge, 1996

HÄFELIN, ULRICH/HALLER, WALTER – *Schweizerisches Bundesstaatsrecht*, 5ª ed., Zürich, 2001

HAINES, BERTHA MOSER/HAINES, CHARLES GROVE – *The Constitution of the United States*, New York, 1933

HAINES, CHARLES GROVE – v. HAINES, BERTHA MOSER

HALLER, WALTER – v. HÄFELIN, ULRICH

HAMILTON, ALEXANDER/JAY, JOHN/MADISON, JAMES – *Sobre a Constituição dos Estados Unidos*, São Paulo, 1964

– *The Federalist Papers*, London, 1987

HARTMANN, DIETER-DIRK – *Verwirkung von Grundrechten*, in AöR, vol. 95, 1970

HAURIOU, MAURICE – *Précis de Droit Constitutionnel*, Paris, 1923

HAYEK, FRIEDERICH A. – *The Constitution of Liberty*, Chicago, 1978

HAYSOM, NICHOLAS – v. CACHALIA, AZHAR

HECK, PHILIPP – *Interpretação da lei e jurisprudência dos interesses*, Coimbra, 1947

HEGEL, FRIEDERICH – *Princípios da Filosofia do Direito*, Lisboa, 1990

HELLER, HERMANN – *Teoría del Estado*, Cidade do México, 1942

HERCULANO, ALEXANDRE – *Da pena de morte, in Opúsculos*, III, Porto, 1984

HERNÁNDEZ, JUAN CARLOS GONZÁLEZ – *El régimen político português*, in AAVV, *Régimenes políticos actuales* (coord. de JUAN FERRANDO BADÍA), 3ª ed., Madrid, 1995

HERVADA, JAVIER – *Crítica Introdutória ao Direito Natural*, Porto, s. d.

HERVADA, JAVIER/ZUMAQUERO, JOSÉ MANUEL – *Juan Pablo II y los derechos humanos 1981-1992*, Pamplona, 1993

HESSE, KONRAD – *Grundzüge des Verfassungsrechts der Bundesrepublik Deutschland*, 17ª ed., Heidelberg, 1990

– *Die Verfassungsentwicklung seit 1945*, in AAVV, *Handbuch des Verfassungsrechts der Bundesrepublik Deutschland* (org. de ERNST BENDA, WERNER MAIHOFER e HANS-JOCHEN VOGEL), 2ª ed., Berlin/New York, 1994

HEYMANN-DOAT, ARLETE – *Libertés publiques et droits de l'homme,* 2ª ed., Paris, 1990

HILÁRIO, CARLOS ESTEVES – v. MACHADO, JÓNATAS E. M.

HIRST, JOHN – *Breve História da Europa,* Alfragide, 2013

HOBBES, THOMAS – *Leviatã – ou matéria, forma e poder de um Estado Eclesiástico e Civil,* Lisboa, 1995

HOLANDA, SÉRGIO BUARQUE DE – *Raízes do Brasil,* 26ª ed., São Paulo, 2007

HOMEM, AMADEU CARVALHO – *O avanço do republicanismo e a crise da monarquia constitucional,* in AAVV, *História de Portugal* (dir. de JOSÉ MATTOSO), V, s. l., 1983

HOMEM, ANTÓNIO PEDRO BARBAS – *A utilização de princípios na metódica legislativa,* in L-CCL, nº 21, 1998
– *Urbanismo, ambiente e litoral,* in RAOT, nº 3, outubro de 1998
– *O que é o Direito?,* Estoril, 2007
– *Sobre as fontes do Direito Angolano,* in AAVV, *Estudos em honra do Professor Doutor José de Oliveira Ascensão,* I, Lisboa, 2008

HOMO, LÉON – *Les Institutions Politiques Romaines – de la Cité a l'État,* Paris, 1950

HONORATI, MARIA LUISA MAZZONI – *Diritto Parlamentare,* Torino, 2001

HORBACH, CARLOS BASTIDE – *O controle de constitucionalidade na Constituição de Timor-Leste,* in RFDUL, vol., XLVI, nº 2 de 2005

HÖRSTER, HEINRICH – *O imposto complementar e o Estado de Direito,* in RDE, III, 1977
– *A parte geral do Código Civil Português – Teoria Geral do Direito Civil,* Coimbra, 1992

HORTA, RAUL MACHADO – *Estrutura, natureza e expansividade das normas constitucionais,* in OD, ano 124º, I-II, janeiro-junho de 1992
– *A Constituição da República Portuguesa e o regime semi-presidencial,* in AAVV, PC, I, Coimbra, 1996

HOSTOS, EUGENIO M. DE – *Lecciones de Derecho Constitucional,* Paris, 1908

HOTTELIER, MICHEL – v. AUER, ANDREAS

HUARTE-MENDICOA, IGNACIO ASTAROLA/GÓMEZ, MANUEL CAVERO – *Comisiones de investigación,* in AAVV, *Comentarios a la Constitución Española de 1978* (dir. DE OSCAR ALZAGA VILLAAMIL), VI, Madrid, 1998

HUGON, PHILIPPE – *Geopolítica de África,* 3ª ed., Lisboa, 2014

IRTI, NATALINO – *L'età della decodificazione,* 3ª ed., Milano, 1989

ISOART, PAUL – v. TROTABAS, LOUIS

ITALIA, VITTORIO – *La fabbrica delle leggi – leggi speciali e leggi di principio,* Milano, 1994

JACKSON, PAUL – v. PHILLIPS, OWEN HOOD

JACQUE, JEAN PAUL – *Le statut des Partis Politiques en Europe,* in AAVV, *Les Droits de L'Homme – droits collectifs ou droits individuels,* Paris, 1980

JACQUES, PAULINO – *Curso de Direito Constitucional,* 9ª ed., Rio de Janeiro, 1983

JALALI, CARLOS – *Partidos e Democracia em Portugal 1974-2005*, Lisboa, 2007

JALLES, MARIA ISABEL – *Implicações jurídico-constitucionais da adesão de Portugal às Comunidades Europeias – alguns aspetos,* Lisboa, 1980
– *Os direitos da pessoa na Comunidade Europeia,* in DDC, nº 2, 1980
– *Extraterritorialidade e comércio internacional – um exercício de Direito Americano,* Venda Nova, 1988

JAUFFRET-SPINOSI, CAMILLE – v. DAVID, RENÉ

JAY, JOHN – v. HAMILTON, ALEXANDER

JELLINEK, GEORG – *La Déclaration des Droits de l'Homme et du Citoyen,* Paris, 1902
– *L'État Moderne et son Droit,* I, Paris, 1911
– *L'État Moderne et son Droit,* II, Paris, 1913
– *La dottrina generale del Diritto dello Stato,* Milano, 1949
– *Teoría General del Estado,* Granda, 2000

JESUS, JOSÉ MANUEL DUARTE – *Eduardo Mondlane – um homem a abater,* Coimbra, 2010

JHERING, RUDOLF VON – *A Luta pelo Direito,* Rio de Janeiro, 2004

JONES, WALTER S. – v. ROSKIN, MICHAEL G.

JÚNIOR, ANTÓNIO MARQUES – *Legitimidade revolucionária e legitimidade constituinte,* in AAVV, *30 Anos da Constituição Portuguesa* (org. de JORGE BACELAR GOUVEIA *et alli*), Lisboa, 2006

JÚNIOR, J. CRETELLA – *Comentários à Constituição de 1988 – artigos 1º a 5º, LXVIII,* Rio de Janeiro/São Paulo, 1989

JÚNIOR, JOSÉ LEVI MELLO DO AMARAL – *Medida Provisória: Edição e Conversão em Lei – teoria e prática,* 2ª ed., São Paulo, 2012

JÚNIOR, TÉRCIO SAMPAIO FERRAZ – *Princípios condicionantes do poder constituinte estadual em face da Constituição Federal,* in *Interpretação e estudos da Constituição de 1988,* São Paulo, 1990
– *Introdução ao Estudo do Direito,* 2ª ed., São Paulo, 1996
– *Teoria da norma jurídica,* 3ª ed., Rio de Janeiro, 1997

JUSTO, SANTOS A. – *Introdução ao Estudo do Direito,* Coimbra, 2001

KADRI, OMAR SEIXO – *O executivo legislador: o caso brasileiro,* Coimbra, 2004

KALLE, GABRIEL GUILLÉN – *Carl Schmitt en España – la frontera entre lo político y lo jurídico,* Madrid, 1996

KAMISAR, YALE – v. LOCKHART, WILLIAM B.

KASER, MAX – *Direito Privado Romano,* Lisboa, 1999

KATCHI, ANTÓNIO – *As Fontes do Direito em Macau,* Macau, 2006

KATZ, ALFRED – *Staatsrecht – Grundkurs im öffentlichen Recht,* 13ª ed., Heidelberg, 1996

KAUFMANN, ARMIN – *Teoría de las normas,* Buenos Aires, 1977

KAUFMANN, ARTHUR – *Filosofia do Direito,* Lisboa, 2004

KELSEN, HANS – *La garantie jurisdictionnelle de la Constitution,* in RDP, 1928
– *Teoria Geral do Estado,* 3ª ed., Coimbra, 1951

– *Teoría General del Estado*, 14ª ed., Cidade do México, 1979
– *Teoria Pura do Direito*, 6ª ed., Coimbra, 1984
– *Teoria Generale delle Norme*, Torino, 1985
– *L'Illecito dello Stato*, Roma, 1988
– *Quién debe ser el defensor de la Constitución?*, Madrid, 1995
– *A Teoria Pura do Direito e a jurisprudência analítica*, in *O que é a justiça*, São Paulo, 1997
– *Teoria Geral do Direito e do Estado*, 3ª ed., São Paulo, 2000
– *O Estado como integração – um confronto de princípios*, São Paulo, 2003
– *Jurisdição Constitucional*, São Paulo, 2003

KENEZ, PETER – *História da União Soviética*, Lisboa, 2007

KISSINGER, HENRY – *Diplomacia*, 3ª ed., Lisboa, 2007
– *Da China*, Lisboa, 2011

KLEIN, FRANZ – v. SCHMIDT-BLEIBTREU, BRUNO

KNOLLENBERG, BERNHARD – *Origin of the American Revolution: 1759-1766*, Indianápolis, 2002

KOGAN, FLÁVIA AVERBACH – v. ROMÃO, JACQUELINE MOURA

KOJA, FRIEDRICH – *Allgemeine Staatslehre*, Wien, 1993

KOSTA, EMÍLIO KAFFT – *O constitucionalismo guineense e os limites materiais de revisão*, Lisboa, 1997

KÖTZ, HEIN – v. ZWEIGERT, KONRAD

KUBITSCHECK, JUSCELINO – *Por que construí Brasília*, Brasília, 2009

KUHN, THOMAS S. – *A estrutura das revoluções científicas*, Lisboa, 2009

KRAMMICK, ISACC – v. WALTKONS, FREDERICH M.

LABROUSSE, ERNEST – v. MOUSNIER, ROLAND

LACÃO, JORGE – *Constituição da República Portuguesa – prefácio e anotações*, Lisboa, 1997

LACHANCE, LOUIS – *El Derecho y los derechos del Hombre*, Madrid, 1979

LAFFERIÈRIE, JULLIEN – *La coutume constitutionnelle – son role et sa valeur en France*, in RDPSP, 1944

LAITANO, TATIANA MICHELE MARAZZI – *O sistema eleitoral norte-americano*, in AAVV, *O voto nas Américas* (org. de MÓNICA HERMAN CAGGIANO), São Paulo, 2008

LAMEGO, JOSÉ – *Razão e argumentação – a decisão racional no Direito e na Política. Parte A. A fundamentação racional das normas*, in RJ, nº 4, março-maio de 1984
– *"Sociedade aberta" e liberdade de consciência*, Lisboa, 1985

LANGHANS, F. P. DE ALMEIDA – *História das Instituições de Direito Público – fundamentos jurídicos da monarquia portuguesa*, in BMJ, nº 21, novembro de 1950
– *Estudos de Direito*, Coimbra, 1957
– *Constituição de 1838*, in DHP, II, Porto, 1992

LARA, ANTÓNIO DE SOUSA – *A subversão do Estado*, Lisboa, 1987
– *Elementos de Ciência Política*, 2ª ed., Lisboa, 1990

LARANJO, JOSÉ FREDERICO – *Princípios de Direito Político e Direito Constitucional Portuguez*, I, Coimbra, 1905

LARENZ, KARL – *Metodologia da Ciência do Direito*, 3ª ed., Lisboa, 1997

LATAILLADE, IÑIGO CAVERO/RODRÍGUEZ, TOMÁS ZAMORA – *Introducción al Derecho Constitucional,* Madrid, 1996

– *Los sistemas políticos,* Madrid, 1996

LATORRE, ANGEL – *Introdução ao Direito,* Coimbra, 1978

LAVAGNA, CARLO – *Istituzioni di Diritto Pubblico,* 6ª ed., Torino, 1986

LAVIÉ, HUMBERTO QUIROGA – *Curso de Derecho Constitucional,* Buenos Aires, 1987

LAVROFF, DMITRI GEORGES – *Le Droit Constitutionnel de la V République,* Paris, 1995

LEAL, ROSEMIRO PEREIRA – *Processo como Teoria da Lei Democrática,* Belo Horizonte, 2010

LEAL, VICTOR NUNES – *Coronelismo, enxada e voto – o município e o regime representativo no Brasil,* 7ª ed., São Paulo, 2012

LEÃO, ANABELA COSTA – v. GOMES, CARLA AMADO

LEÃO, DELFIM FERREIRA – *Introdução,* in ARISTÓTELES, *Constituição dos Atenienses,* Lisboa, 2003

LEITÃO, ANTÓNIO EGÍDIO DE SOUSA – *Forças Armadas,* in DJAP, IV, Lisboa, 1991

LEITÃO, J. M. SILVA – *Constituição e direito de oposição – a oposição política no debate sobre o Estado Contemporâneo,* Coimbra, 1987

LEITÃO, LUÍS MENEZES – *Direito do Trabalho de Angola,* 3ª ed., Coimbra, 2014

LEITE, ANTÓNIO – *A religião no Direito Constitucional Português,* in AAVV, ESC, Lisboa, 1978

LEITE, LUÍS FERREIRA – *O Tribunal Constitucional e o sistema político,* Lisboa, 2007

LEITE, PEDRO PINTO – *O Direito Internacional e os direitos dos povos,* in RIL, nº 109, janeiro-março de 1991

LESAGE, MICHEL – *Les régimes politiques de l'U.R.S.S. et de l'Europe de l'Est,* Paris, 1971

LESCUYER, GEORGES – v. PRÉLOT, MARCEL

LEVY, DENIS – *De l'idée de coutume constitutionnelle a l'esquisse d'une théorie des sources du Droit Constitutionnel et de leur sanction,* in AAVV, *Recueil d'Études en hommage a Charles Eisemann,* Paris, 1977

LIMA, ANTÓNIO PEDROSA PIRES DE – *Autarquia Local,* in DJAP, I, Lisboa, 1990

LIMA, ARISTIDES R. – *Estatuto Jurídico-Constitucional do Chefe de Estado – um estudo de Direito Comparado,* Cidade da Praia, 2004

LIMA, CAMPOS – *O Estado e a Revolução do Direito,* Lisboa/Rio de Janeiro/Paris, 1914

LIMA, FERNANDO ANDRADE PIRES DE/VARELA, JOÃO DE MATOS ANTUNES – *Código Civil anotado,* I, Coimbra, 1967

LIPSET, SEYMOUR MARTIN/MARKS, GARY – *Por que não houve socialismo na América?,* Lisboa, 2001

LÍRIO, OLIVEIRA – *Administração Local,* in DJAP, I, Lisboa, 1990

LISITANO, ANNAMARIA – *L' obiezione di coscienza – due possibili prospettive,* in RTDPC, 1979

LLOYD, DENNIS – *A ideia de lei,* São Paulo, 1985

LOCKE, JOHN – *Segundo Tratado sobre el Goberno Civil*, Madrid, 1990

LOCKHART, WILLIAM B./KAMISAR, YALE/CHOPER, JESSE H./SHIFFRIN, STEVEN H. – *Constitutional Law – cases, comments and questions*, 7ª ed., St. Paul, 1991

LOEWENSTEIN, KARL – *Teoría de la Constitución*, 4ª ed., Barcelona, 1986

LOIODICE, ALDO – v. NACCI, PAOLO GIOCOLI

LOMBARDI, GIORGIO – *Contributo allo studio dei doveri costituzionali*, Milano, 1967

LOPES, FERNANDO FARELO – *Os partidos políticos – modelos e realidades na Europa Ocidental e em Portugal*, Oeiras, 2004

LOPES, J. J. ALMEIDA – *Princípios constitucionais da separação de poderes da "reserva do juiz" e do Estado de Direito Democrático – evolução do contencioso tributário aduaneiro*, in RDP, III, nº 6, julho-dezembro de 1989

– *Constituição da República Portuguesa anotada*, Coimbra, 2005

LOPES, NUNO A. BESSA – *A Constituição e o Direito Internacional*, Vila do Conde, 1979

LOPES, PEDRO SANTANA/BARROSO, J. M. DURÃO – *O sistema de governo e o sistema partidário*, Lisboa, 1980

LOPES, VÍTOR VERA – *A Constituição Portuguesa de 1933*, in Br, maio de 1966

LÓPEZ, JAVIER FERNÁNDEZ – *La Constitución Orgânica*, in RAFAEL RUIZ MANTECA, ANTONIO-RAFAEL HERNÁNDEZ OLIVENCIA e JAVIER FERNÁNDEZ LÓPEZ, *Introducción al Derecho y Derecho Constitucional*, Madrid, 1994

LOSANO, MARIO G. – *Os grandes sistemas jurídicos*, Lisboa, 1978

LOUREIRO, JOÃO – *O procedimento administrativo entre a eficiência e a garantia dos particulares*, Coimbra, 1995

– *O direito à identidade genética do ser humano*, in AAVV, *Portugal-Brasil Ano 2000*, Coimbra, 1999

LUCAS, M. CH. – *De l'abolition de la peine de mort en Portugal*, Paris, 1869

LUCENA, MANUEL DE – *O Estado da Revolução – a Constituição de 1976*, Lisboa, 1978

– *Rever e romper*, in RDES, XXXIII, nºs 1 e 2, janeiro-junho de 1991

LUCHAIRE, FRANÇOIS – *La protection constitutionnelle des droits e des libertés*, Paris, 1987

LUCIFREDI, PIER GIORGIO – *Il Presidente della Repubblica in Portugallo*, in IP, XLVII, 1983

– *Appunti di Diritto Costituzionale Comparato – il sistema britannico*, 6ª ed., Milano, 1992

– *Appunti di Diritto Costituzionale Comparato – il sistema tedesco*, 5ª ed., Milano, 1992

LUHMANN, NIKLAS – *Legitimação pelo procedimento*, Brasília, 1980

– *Sociologia do Direito*, I, Rio de Janeiro, 1983

– *Sociologia do Direito*, II, Rio de Janeiro, 1985

LUKIC, RADOMIR – *Théorie de l'État et du Droit*, Paris, 1974

LUÑO, ANTONIO E. PÉREZ – *Derechos humanos, Estado de Derecho y Constitución*, 2ª ed., Madrid, 1986

– *Los derechos fundamentales,* 3ª ed., Madrid, 1988

Luxemburgo, Rosa – *A Revolução Russa,* Barreiro, 1975

Maçãs, Maria Fernanda dos Santos – *A suspensão judicial da eficácia dos atos administrativos e a garantia constitucional da tutela judicial efetiva,* Coimbra, 1996

Macedo, Jorge Borges de – *Absolutismo,* in Pol., I, Lisboa, 1983

Machado, Cristina Sousa – *Concessão da nacionalidade portuguesa – limites intrínsecos da discricionariedade,* in AAVV, *XX Aniversário do Provedor de Justiça – estudos,* Lisboa, 1995

Machado, João Baptista – *Participação e descentralização – democratização e neutralidade na Constituição de 76,* 2ª ed., Coimbra, 1982

– *Introdução ao Direito e ao Discurso Legitimador,* Coimbra, 1983

– *O sistema científico e a teoria de Kelsen,* in RFDUL, XXVI, 1985

– *Teoria Pura do Direito,* in Pol., V, Lisboa, 1987

– *Lições de Direito Internacional Privado,* 3ª ed., Coimbra, 1988

Machado, Jónatas E. M. – *O regime concordatário entre a "libertas ecclesiae" e a liberdade religiosa – liberdade de religião ou liberdade da Igreja?,* Coimbra, 1993

– *A liberdade religiosa numa comunidade inclusiva – dos direitos da verdade aos direitos dos cidadãos,* Coimbra, 1996

– *Direito Internacional – do paradigma clássico ao pós-11 de Setembro,* 2ª ed., Coimbra, 2004

Machado, Jónatas E. M./Costa, Paulo Nogueira da/Hilário, Carlos Esteves – *Direito Constitucional Angolano,* 2ª ed., Coimbra, 2013

Machel, Samora – *Mensagem ao Povo de Moçambique (por ocasião da tomada de posse do Governo de Transição em 20 de Setembro de 1974),* Porto, 1974

Machete, Pedro – *Elementos para o estudo das relações entre os atos legislativos do Estado e das Regiões Autónomas no quadro da Constituição vigente,* in RDES, ano XXXIII, nºs 1-2, janeiro--junho de 1991

– *Estado de Direito Democrático e Administração Paritária,* Coimbra, 2007

Machete, Rui Chancerelle de – *Contribuição para o estudo das relações entre o processo administrativo gracioso e o contencioso,* Lisboa, 1969

– *Ratificação de decretos-leis organicamente inconstitucionais,* in AAVV, ESC, I, Lisboa, 1977

– *Os direitos do homem no Mundo,* Lisboa, 1978

– *Os princípios estruturais da Constituição de 1976 e a próxima revisão constitucional,* in AAVV, PSPC, Lisboa, 1989

– *Contencioso administrativo,* in DJAP, II, 2ª ed., Lisboa, 1990

– *Estudos de Direito Público e Ciência Política,* Lisboa, 1991

– *A identidade da Constituição de 1976 e as suas diversas revisões,* in AAVV, *30 Anos da Constituição Portuguesa* (org. de Jorge Bacelar Gouveia et *alli*), Lisboa, 2006

Macphail, I. M. M. – *An introduction to the British Constitution,* London, 1970

Madison, James – v. Hamilton, Alexander

MADUNA, PENUELL – v. CACHALIA, AZHAR

MADUREIRA, ARNALDO – *"O 28 de Maio" – elementos para a sua compreensão*, Lisboa, 1978

MADURO, MIGUEL POIARES – *Striking the Elusive Balance Between Economic and Social Rights in the EU*, in AAVV, *The EU and Human Rights*, Oxford, 1999

– *The Heteronyms of European Law*, in ELJ, vol. 5., nº 2, June 1999

MAGALHÃES, JOSÉ – *Dicionário da revisão constitucional*, Lisboa, 1989

MAGALHÃES, JOSÉ CALVET DE – *Fronteira*, in DJAP, IV, Lisboa, 1991

– *Missão diplomática*, in DJAP, V, Lisboa, 1993

MAGEN, ROLF-PETER – *Staatsrecht – eine Einführung*, 7ª ed., Berlin, Heildelberg, 1985

MAHAMUT, ROSARIO GARCÍA – *Las comisiones parlamentarias de investigación en el Derecho Constitucional Español*, Madrid, 1996

MAISTRE, JEAN-CLAUDE – *A propôs des coutumes et des pratiques constitutionnelles: l'utilité des Constitutions*, in RDPSP, 1973

MALINVERNI, GIORGIO – v. AUER, ANDREAS

MALTEZ, JOSÉ ADELINO – *Sobre a Ciência Política*, Lisboa, 1994

– *Princípios de Ciência Política – introdução à teoria política*, Lisboa, 1996

– *Tradição e Revolução – uma biografia do Portugal Político do século XIX ao XXI*, I, Lisboa, 2004, e II, Lisboa, 2005

MANCHEGO-MUÑOZ, JORGE POWER – *Constitución y Estados de excepción*, Lima, 1990

MANGUEIRA, JOAQUIM BELO – *O Direito Internacional e a endoculturação de valores*, Setúbal, 2003

MANZELLA, ANDREA – *Las cortes en el sistema constitucional español*, in AAVV, *La Constitución Española de 1978 – estúdio sistematico* (org. de ALBERTO PREDIERI e EDUARDO GARCÍA DE ENTERRÍA), Madrid, 1984

– *Il Parlamento*, Bologna, 2003

MAQUIAVEL, NICOLAU – *O Príncipe*, Lisboa, 1990

– *Discourses on Livy*, Chicago/London, 1996

MARALLES, ÁNGELA APARISI – *La Revolución Norteamericana – aproximación a sus orígenes ideológicos*, Madrid, 1995

MARCHUETA, MARIA REGINA – *A CPLP e seu enquadramento*, Lisboa, 2003

MARCOS, RUI – v. COSTA, MÁRIO JÚLIO DE ALMEIDA

MARCUS, GILBERT – v. CACHALIA, AZHAR

MARITAIN, JACQUES – *L'Homme et l'État*, Paris, 1953

MARKS, GARY – v. LIPSET, SEYMOUR MARTIN

MARQUES, A. H. DE OLIVEIRA – *A primeira república portuguesa*, 3ª ed., Lisboa, 1980

– *História de Portugal*, III, 2ª ed., Lisboa, 1981

– *História de Portugal – síntese*, Lisboa, 1991

– *O Estado e as leis*, in AAVV, *Nova História de Portugal – Portugal da monarquia para a república*, XI, Lisboa, 1991

MARQUES, ALEXANDRA – *Segredos da descolonização de Angola*, Lisboa, 2013

MARQUES, ANTÓNIO ROCHA – *O Tribunal Constitucional e os outros tribunais: a execução das decisões do Tribunal Constitucional*, in AAVV, *Estudos sobre a jurisprudência do Tribunal Constitucional*, Lisboa, 1993

MARQUES, JOSÉ DIAS – *Teoria Geral do Direito Civil*, I, Coimbra, 1958
– *Teoria Geral do Direito Civil*, II, Coimbra, 1959
– *Introdução ao Estudo do Direito*, 4ª ed., Lisboa, 1972
– *Introdução ao Estudo do Direito*, 5ª ed., Lisboa, 1986

MARQUES, MARIA MANUEL MARQUES – v. SANTOS, ANTÓNIO CARLOS DOS

MARTÍNES, MIGUEL ANGEL ALEGRE – *La dignidad de la persona como fundamento del ordenamento constitucional español*, León, 1996

MARTINES, TEMISTOCLE – *Diritto Costituzionale*, 6ª ed., Milano, 1990

MARTINEZ, PEDRO ROMANO – *Relações entre o Direito Internacional e o Direito Interno*, in DJ, IV, 1989/1990
– *Direito do Trabalho*, Coimbra, 2002
– *Da cessação do contrato*, Coimbra, 2005

MARTÍNEZ, PEDRO SOARES – *As liberdades fundamentais e a revisão constitucional*, Lisboa, 1971
– *Comentários à Constituição Portuguesa de 1976*, Lisboa, 1978
– *História Diplomática de Portugal*, Coimbra, 1986
– *Um projeto constitucional de 1975*, Coimbra, 1988
– *Filosofia do Direito*, Coimbra, 1991
– *Dispersos económicos – Estado de Direito e estruturas económicas*, in RFDUL, XXXII, 1991
– *Direito Fiscal*, 7ª ed., Coimbra, 1993
– *A República Portuguesa e as relações internacionais (1910-1926)*, Lisboa/São Paulo, 2001

MARTINS, A. H. DE OLIVEIRA – *História de Portugal – síntese*, Lisboa, 1991

MARTINS, AFONSO D'OLIVEIRA – *Promulgação*, in DJAP, VI, Lisboa, 1994
– *La revisión constitucional y el ordenamiento português*, Lisboa/Madrid, 1995
– *O fenomenologismo e a teoria constitucional de Smend*, in AAVV, *Ab Uno ad Omnes – 75 anos da Coimbra Editora*, Coimbra, 1998
– *As Constituições Espanhola de 1978 e Portuguesa de 1976: o atual denominador constitucional comum no espaço ibérico*, in AAVV, *The Spanish Constitution in the European Constitutional Context* (ed. FRANCISCO FERNÁNDEZ SEGADO), Madrid, 2003
– *As Constituições e os seus espaços de relevância jurídica*, in AAVV, *Homenagem ao Prof. Doutor André Gonçalves Pereira*, Lisboa, 2006
– *Para uma teoria do poder constituinte com Direito Natural*, in AAVV, *Estudos em Homenagem ao Professor Doutor Marcello Caetano no centenário do seu nascimento*, Lisboa, 2006
– v. MARTINS, MARGARIDA SALEMA D'OLIVEIRA

MARTINS, ALBERTO – *Novos direitos do cidadão*, Lisboa, 1994

MARTINS, ANA MARIA GUERRA – *O Tratado da União Europeia – contributo para a sua compreensão*, Lisboa, 1993
– *As origens da Constituição Norte-Americana – uma lição para a Europa*, Lisboa, 1994

– *O art. 235º do Tratado da Comunidade Europeia – cláusula de alargamento das competências dos órgãos comunitários*, Lisboa, 1995

– *Curso do Direito Constitucional da União Europeia*, Coimbra, 2004

MARTINS, GUILHERME D'OLIVEIRA – *A Constituição económica portuguesa – do programa à mediação*, in AAVV, PSPC, Lisboa, 1989

– *Portugal – instituições e factos*, Lisboa, 1991

– *A revisão constitucional de 1992 – algumas notas*, in EsD, 1993

– v. FRANCO, ANTÓNIO L. SOUSA

MARTINS, J. P. OLIVEIRA – *Portugal Contemporâneo*, I, 8ª ed., Lisboa, 1976, e II, 8ª ed., Lisboa, 1979

– *História da República Romana*, I, 7ª ed., Lisboa, 1987

– *História de Portugal*, Lisboa, 1988

MARTINS, LEONARDO – v. DIMOULIS, DIMITRI

MARTINS, MARGARIDA SALEMA D'OLIVEIRA/MARTINS, AFONSO D'OLIVEIRA – *Direito das Organizações Internacionais*, I, 2ª ed., Lisboa, 1996

MARTINS, MARIA D'OLIVEIRA – *Contributo para a compreensão da figura das garantias institucionais*, Coimbra, 2007

MARTINS, SOVERAL – *Estatuto do objetor de consciência*, I, Coimbra, 1987, e II, Coimbra, 1990

MARTOS, JOSÉ A. MONTILLA – *Minoria política y Tribunal Constitucional*, Madrid, 2002

MARX, JACQUES – *Resistances à la Declaration des Droits de l'Homme et du Citoyen de 1789*, in AAVV, *Laicité et droits de l'Homme* (org. de GUY HAARSCHER), Bruxelles, 1989

MARZANO, FLORA – *Libertà costituzionali, obiezione di coscienza e convertibilità dell'obbligo di leva*, Napoli, 1987

MARZIALE, GIUSEPPE – v. PESCATORE, GABRIELE

MASSANGAI, ARÃO FEIJÃO – v. GOUVEIA, JORGE BACELAR

MASSINI-CORREAS, IGNACIO – *Derechos humanos "débiles" y derechos humanos "absolutos"*, in OD, ano 123º, I, janeiro-março de 1991

MATEUS, DALILA CABRITA – *A luta pela independência – a formação das elites fundadoras da FRELIMO, MPLA e PAIGC*, Mem Martins, 1999

MATOS, ANDRÉ SALGADO DE – v. SOUSA, MARCELO REBELO DE

MATOS, ARTUR TEODORO – *Timor Português 1515-1769, Contribuição para a sua história*, Lisboa, 1974

MATOS, LUÍS SALGADO DE – *Significado e consequências da eleição do Presidente por sufrágio universal – o caso português*, in AS, XIX, nº 76, 1983

– *O Estado de Ordens*, Lisboa, 2004

– *A separação do Estado e da Igreja – concórdia e conflito entre a Primeira República e o Catolicismo*, Lisboa, 2010

MAUNZ, THEODOR/ZIPPELIUS, REINHOLD – *Deutsches Staatsrecht*, 29ª ed., München, 1994

MAURER, H. – *Das Verbot politischer Parteien*, in AöR, 96, 1971

MAXWELL, KENNETH – *A construção da Democracia em Portugal*, Lisboa, 1999

MAYER, HEINZ – v. WALTER, ROBERT

MAZULA, BRAZÃO – *Educação, cultura e ideologia em Moçambique: 1975-1985*, Porto, 1995

MAZZUOLI, VALÉRIO DE OLIVEIRA – v. GOMES, LUIZ FLÁVIO

M'BOKOLO, ELIKIA – *África Negra – História e Civilizações*, II, 2ª ed., Lisboa, 2011

MEDEIROS, JAMES A. – v. ROSKIN, MICHAEL G.

MEDEIROS, RUI – *Valores jurídicos negativos da lei inconstitucional*, in OD, 1989, III

– *Relações entre normas constantes de convenções internacionais e normas legislativas na Constituição de 1976*, in OD, ano 122º, II, abril-junho de 1990

– *Ensaio sobre a responsabilidade civil do Estado por atos legislativos*, Coimbra, 1992

– *O ambiente na Constituição*, in RDES, 1993

– *A decisão de inconstitucionalidade*, Lisboa, 1999

– *A Carta dos Direitos Fundamentais da União Europeia, a Convenção Europeia dos Direitos do Homem e o Estado Português*, in AAVV, *Nos 25 anos da Constituição da República Portuguesa de 1976 – evolução constitucional e perspetivas futuras*, Lisboa, 2001

– *O Estado de Direitos Fundamentais Português: alcance, limites e desafios*, in APDC, vol. II, 2002

– *A força expansiva do conceito de norma no sistema português de fiscalização concentrada da constitucionalidade*, in *Estudos de Homenagem ao Prof. Doutor Armando M. Marques Guedes*, Lisboa, 2004

– *Responsabilidade civil dos poderes públicos*, Lisboa, 2005

– v. MIRANDA, JORGE

MEDEIROS, RUI/SILVA, JORGE PEREIRA – *Estatuto Político-Administrativo da Região Autónoma dos Açores Anotado*, Lisboa, 1997

MEDINA, JOÃO – *História de Portugal Contemporâneo – político e institucional*, Lisboa, 1993

MEDINA, MARIA DO CARMO – *Angola – Processos Políticos da Luta pela Independência*, 2ª ed., Coimbra, 2001

MEIRA, SÍLVIO A. B. – *Curso de Direito Romano – história e fontes*, 2ª ed., São Paulo, 1975

MEIRELES, R. DA COSTA – *Igreja e Estado*, in Pol., III, Lisboa, 1985

MEIRIM, JOSÉ MANUEL – *O financiamento dos partidos políticos e das campanhas eleitorais*, Lisboa, 1994

– v. COUTINHO, J. L. PEREIRA

MELLO, CELSO D. DE ALBUQUERQUE – *Direito Constitucional Internacional*, 2ª ed., Rio de Janeiro/São Paulo, 2000

MELLO, CLEYSON DE MORAES/FRAGA, THELMA ARAÚJO ESTEVES – *Direitos Humanos – Coletânea de Legislação*, Rio de Janeiro, 2003

MELLO, OSWALDO ARANHA BANDEIRA DE – *A Teoria das Constituições Rígidas*, 2ª ed., São Paulo, 1980

MELO, ANTÓNIO BARBOSA DE – *A preferência da lei posterior em conflito com normas convencionais recebidas na ordem interna ao abrigo do nº 2 do art. 8º da Constituição da República (a propósito do art. 4º do Decreto-Lei nº 262/83, de 16 de junho)*, in CJ, IX, 1984

MELO, BARBOSA DE/COSTA, CARDOSO DA/ANDRADE, VIEIRA DE – *Estudo e projeto de revisão da Constituição da República Portuguesa*, Coimbra, 1981

MELO, HELENA PEREIRA DE – *Manual de Biodireito*, Coimbra, 2008
– v. PIMENTEL, IRENE FLUNSER
MELONCELLI, ACHILLE – *Diritto Pubblico*, 2ª ed., Rimini, 1992
MENAUT, ANTONIO CARLOS PEREIRA – *Leciones de Teoria Constitucional*, 2ª ed., Madrid, 1987
MENDES, ANTÓNIO JORGE FERNANDO DE OLIVEIRA – *O direito à honra e a sua tutela penal*, Coimbra, 1996
MENDES, GILMAR FERREIRA/BRANCO, PAULO GUSTAVO GONET – *Curso de Direito Constitucional*, 8ª ed., São Paulo, 2013
MENDES, JOÃO DE CASTRO – *História do Direito Romano*, Lisboa, 1958
– *Direitos, liberdades e garantias – alguns aspetos*, in AAVV, ESC, I, Lisboa, 1977
– *Art. 206º – função jurisdicional*, in AAVV, ESC, I, Lisboa, 1977
– *Teoria Geral do Direito Civil*, I, Lisboa, 1978
– *Teoria Geral do Direito Civil*, II, Lisboa, 1978
– *Direito Comparado*, Lisboa, 1982-1983
– *Introdução ao Estudo do Direito*, 3ª ed., Lisboa, 2010
– *Direito Processual Civil*, I, Lisboa, 1986
MENDES, NUNO CANAS – *A multidimensionalidade da construção identitária em Timor-Leste*, Lisboa, 2005
MENDES, PAULO DE SOUSA – *Princípios constitucionais de organização judiciária*, in BFDB, nº 1, novembro de 1992
MÉNDEZ, SEBASTIÁN ESTRELLA – *La Filosofia del juicio de amparo*, Cidade do México, 1988
MENDONÇA, JOSÉ JÚNIOR FLORENTINO DOS SANTOS – *A abertura do Direito Constitucional Brasileiro ao Constitucionalismo Português*, in RDP, Ano I, nº 1, Lisboa, janeiro/junho de 2009
MENDONÇA, LUÍS – *O regime político de Cabo Verde*, in RDP, II, nº 3, Janeiro de 1988
MENEZES, ADERSON DE – *Teoria Geral do Estado*, 6ª ed., Rio de Janeiro, 1994
MERCHÁN, JOSÉ FERNANDO MERINO/COROMINA, MARÍA PÉREZ-UGENA Y/SANTOS, JOSÉ MANUEL VERA – *Leciones de Derecho Constitucional*, Madrid, 1995
MERÊA, PAULO – *Sobre a origem do poder civil – estudos sobre o pensamento político e jurídico dos séculos XVI e XVII*, Coimbra, 2003
– *O poder real e as Cortes*, in *Estudos de Filosofia Jurídica e de História das Doutrinas Políticas*, Lisboa, 2004
MESA, VLADIMIRO NARANJO – *Teoría Constitucional e Instituciones Políticas*, 6ª ed., Santa Fé de Bogotá, 1995
MESQUITA, MARIA JOSÉ RANGEL – *Da responsabilidade civil extracontratual da Administração no ordenamento jurídico-constitucional vigente*, in AAVV, *Responsabilidade civil extracontratual da Administração Pública* (coord. de FAUSTO DE QUADROS), Coimbra, 1995
– *Responsabilidade do Estado e demais entidades públicas: o Decreto-Lei nº 48 051, de 21 de Novembro de 1967, e o art. 22º da Constituição*, in AAVV, PC, II, Coimbra, 1997
MESQUITA, MARIA MARGARIDA CORDEIRO – *Direito de resistência e ordem*

jurídica portuguesa, in CTF, nº 353, janeiro-março de 1989

– *Direito de resistência e ordem fiscal,* Coimbra, 1996

– *Resistência (direito de),* in DJAP, 1º sup., Lisboa, 1998

MIGUÉIS, JORGE – *O regime jurídico do recenseamento eleitoral – passado e futuro,* in RJ, nº 23, novembro de 1999

MIGUEL, JORGE – *Curso de Direito Constitucional,* 2ª ed., São Paulo, 1995

MIRANDA, INOCÊNCIO ANTÓNIO DE – *O Cidadão Lusitano,* Lisboa, 1822

MIRANDA, JORGE – *Contributo para uma Teoria da Inconstitucionalidade,* Lisboa, 1968

– *Notas para uma introdução ao Direito Constitucional Comparado,* Lisboa, 1970

– *Sobre a noção de povo em Direito Constitucional,* in AAVV, *Estudos de Direito Público em honra do Professor Marcello Caetano,* Lisboa, 1973

– *Inviolabilidade do domicílio,* in RDES, ano XIX, janeiro-dezembro de 1974

– *A Revolução de 25 de Abril e o Direito Constitucional,* in BMJ, nº 242, 1975

– *Constituição e Democracia,* Lisboa, 1976

– *A Declaração Universal e os Pactos Internacionais de Direitos do Homem – introdução,* Lisboa, 1977

– *A Declaração Universal dos Direitos do Homem e a Constituição,* in AAVV, ESC, I, Lisboa, 1977

– *A autonomia legislativa e o interesse específico das regiões autónomas,* in AAVV, ESC, I, Lisboa, 1977

– *Inconstitucionalidade por omissão,* in AAVV, ESC, I, Lisboa, 1977

– *Os "princípios fundamentais",* in AAVV, ESC, I, Lisboa, 1977

– *O preâmbulo da Constituição,* in AAVV, ESC, I, Lisboa, 1977

– *O conceito de poder local,* in AAVV, ESC, I, Lisboa, 1977

– *Imunidade parlamentar,* in VELBC, X, Lisboa/São Paulo, 1977

– *O quadro dos direitos políticos na Constituição,* in AAVV, ESC, I, Lisboa, 1977

– *Art. 167º, alínea c), e 17º – competência legislativa sobre direitos, liberdades e garantias dos trabalhadores,* in AAVV, ESC, I, Lisboa, 1977

– *Atos e funções do Presidente da República,* in AAVV, ESC, I, Lisboa, 1977

– *A Constituição de 1976 – formação, estrutura, princípios fundamentais,* Lisboa, 1978

– *A participação dos militares no exercício da soberania,* in AAVV, ESC, II, Lisboa, 1978

– *O território,* in AAVV, ESC, II, Lisboa, 1978

– *O Direito Eleitoral na Constituição,* in AAVV, ESC, II, Lisboa, 1978

– *Fontes e Trabalhos Preparatórios da Constituição,* I, Lisboa, 1978

– *A competência do Governo na Constituição de 1976,* in AAVV, ESC, III, Lisboa, 1979

– *A ratificação no Direito Constitucional Português,* in AAVV, ESC, III, Lisboa, 1979

– *Sobre a previsível criação de um tribunal constitucional,* in DemL, nº 15 (A revisão constitucional), junho de 1980

– *As Constituições Portuguesas,* 1ª ed., Lisboa, 1981

– *Sobre o Direito Constitucional Comparado,* in DJ, II, 1981-1986
– *Chefe de Estado,* in Pol., Lisboa, 1983
– *Constituições Portuguesas,* in Pol., I, Lisboa, 1983
– *Direito da Economia,* Lisboa, 1983
– *Sistemas de governo,* in VELBC, 17º vol., Lisboa, 1983
– *A posição constitucional do Primeiro-Ministro,* Lisboa, 1984
– *Eleição,* in Pol., II, Lisboa, 1984
– *Deputado,* in Pol., II, Lisboa, 1984
– *O sistema semipresidencial português entre 1976-1979,* in RFDUL, XXV, 1984
– *L'expérience constitutionnelle portugaise,* in RCP, nº 1, Lisboa, 1º semestre de 1985
– *Governo (formas e sistemas de),* in Pol., III, Lisboa, 1985
– *Igualdade, princípio da,* in Pol., III, Lisboa, 1985
– *Inconstitucionalidade,* in Pol., III, Lisboa, 1985
– *As associações públicas no Direito Português,* Lisboa, 1985
– *Relatório com o programa, os conteúdos e os métodos do ensino de direitos fundamentais,* in RFDUL, XXVI, 1985
– *Governo (orgão de),* in Pol., III, Lisboa, 1985
– *As atuais normas internacionais e o Direito Internacional,* in ND, nº 36, outubro-dezembro de 1985
– *A forma legislativa,* in AAVV, *A Feitura das Leis – como fazer leis,* II, Oeiras, 1986
– *Iniciativa económica,* in AAVV, NDAC, Lisboa, 1986
– *Órgãos do Estado,* in Pol., IV, Lisboa, 1986
– *Autorizações legislativas,* in RDP, I, nº 2, maio de 1986
– *Território,* in Pol., V, Lisboa, 1987
– *Referendo,* in Pol., V, Lisboa, 1987
– *O interesse específico das regiões autónomas,* in AAVV, *A autonomia como fenómeno cultural e político,* Angra do Heroísmo, 1987
– *Regiões autónomas,* in Pol., V, Lisboa, 1987
– *Restrição de direitos,* in Pol., V, Lisboa, 1987
– *Regulamento,* in Pol., V, Lisboa, 1987
– *Ratificação,* in Pol., V, Lisboa, 1987
– *Direitos fundamentais – liberdade religiosa e liberdade de aprender e de ensinar,* in DJ, III, 1987/1988
– *A Constituição de 1976 no âmbito do constitucionalismo português,* in AAVV, PSPC, Lisboa, 1989
– *Direitos do Homem – principais textos internacionais,* 2ª ed., Lisboa, 1989
– *Chefe de Estado,* in DJAP, II, 2ª ed., Lisboa, 1990
– *Conselho de Estado,* in DJAP, II, 2ª ed., Lisboa, 1990
– *Decreto,* in DJAP, III, 2ª ed., Lisboa, 1990
– *Textos históricos do Direito Constitucional,* 2ª ed., Lisboa, 1990
– *Sobre os limites materiais da revisão constitucional,* in RJ, nºs 13 e 14, janeiro-junho de 1990
– *Funções, órgãos e atos do Estado,* 3ª ed., Lisboa, 1990
– *Deputado,* III, 2ª ed., Lisboa, 1990
– *As novas Constituições de Cabo Verde, São Tomé e Príncipe e Moçambique – nota prévia,* Lisboa, 1991

– *O atual sistema português de atos legislativos – opinião,* in L-CCL, nº 2, outubro-dezembro de 1991
– *Ciência Política – formas de governo,* Lisboa, 1992
– *A Concordata e a Ordem Constitucional Portuguesa,* in AAVV, *A Concordata de 1940 Portugal – Santa Sé,* Lisboa, 1993
– *A fiscalização da constitucionalidade – uma visão panorâmica,* in SI, XLII, julho-dezembro de 1993, nºs 244/246
– *Igualdade,* in DJAP, V, Lisboa, 1993
– *Ministro da República,* in DJAP, V, Lisboa, 1993
– *Inconstitucionalidade,* in DJAP, V, Lisboa, 1993
– *Órgãos do Estado,* in DJAP, VI, Lisboa, 1994
– *A Constituição e o Direito do Ambiente,* in AAVV, *Direito do Ambiente,* Oeiras, 1994
– *Programa do Governo,* in DJAP, VI, Lisboa, 1994
– *Poder local e princípio republicano,* in *Estudos de Direito Eleitoral,* Lisboa, 1995
– *A eleição do Presidente da República em Portugal,* in PREJP, nº 2, janeiro-março de 1995
– *O Direito Eleitoral Português,* in Br, IV, vol. 141, outubro de 1995
– *Estudos de Direito Eleitoral,* Lisboa, 1995
– *La Constitution Portugaise et la Protection Internationale des Droits de l'Homme,* in AVR, 34-1, março de 1996
– *O Tratado de Maastricht e a Constituição Portuguesa,* in AAVV, *A União Europeia na encruzilhada,* Coimbra, 1996
– *Jurisprudência Constitucional Escolhida,* I, Lisboa, 1996
– *Ratificação (em Direito Constitucional),* in DJAP, VII, Lisboa, 1996
– *Referenda,* in DJAP, VII, Lisboa, 1996
– *Manual de Direito Constitucional,* I, 5ª ed., Coimbra, 1996
– *A fiscalização da inconstitucionalidade por omissão no ordenamento constitucional português,* in AAVV, *Inconstitucionalidad por omisión* (coord. de Víctor Bazán), Santa Fé de Bogotá, 1997
– *Os sistemas constitucionais do Brasil e dos Países Africanos de Língua Portuguesa,* in RLAD, I, Lisboa, 1997
– *Manual de Direito Constitucional – Estrutura Constitucional da Democracia*, VII, Coimbra, 2007
– *Leis Eleitorais para os Parlamentos dos Países da União Europeia,* Lisboa, 1998
– *Conselho de Estado,* in DJAP, 1º sup., Lisboa, 1998
– *As relações entre ordem internacional e ordem interna na atual Constituição Portuguesa,* in AAVV, *Ab Uno ad Omnes – 75 Anos da Coimbra Editora,* Coimbra, 1998
– *L'enseignement du Droit Constitutionnel au Portugal,* in AAVV, *L'enseignement du Droit Constitutionnel* (ed. de Jean-François Flauss), Bruxelles, 2000
– *Manual de Direito Constitucional,* IV, 3ª ed., Coimbra, 2000
– *O Direito Constitucional Português da Integração Europeia – alguns aspetos,* in AAVV, *Nos 25 Anos da Constituição da*

República Portuguesa – Evolução Constitucional e Perspetivas Futuras, Lisboa, 2001
– *Manual de Direito Constitucional*, VI, Coimbra, 2001
– *Timor e o Direito Constitucional*, in AAVV, *Timor e o Direito* (org. de Jorge Miranda), Lisboa, 2001
– *O Direito Constitucional Português da integração Europeia – alguns aspetos*, in AAVV, *Nos 25 Anos da Constituição da República Portuguesa de 1976 – Evolução Constitucional e Perspetivas Futuras*, Lisboa, 2001
– *Teoria do Estado e da Constituição*, Coimbra, 2002
– *Os partidos políticos e a Constituição*, in AAVV, *Os partidos políticos e sociedade – Atas dos VIII Cursos Internacionais de Verão de Cascais*, III vol., Cascais, 2002
– *A «Constituição Europeia» e a ordem jurídica portuguesa*, in OD, anos 134º-135º, 2002-2003
– *O Tribunal Constitucional em 2001*, in OD, anos 134º-135º, 2002-2003
– *Manual de Direito Constitucional*, I, 7ª ed., Coimbra, 2003
– *Direito Constitucional III – Direito Eleitoral e Direito Parlamentar*, Lisboa, 2003
– *Manual de Direito Constitucional*, II, 5ª ed., Coimbra, 2003
– *Eleições e candidaturas*, in AAVV, *Estudos em Homenagem ao Conselheiro José Manuel Cardoso da Costa*, Coimbra, 2003
– *As Constituições Portuguesa e Espanhola – breve nota comparativa*, in AAVV, *The Spanish Constitution in the European Constitutional Context* (ed. Francisco Fernández Segado), Madrid, 2003
– *Sobre a audição dos órgãos das Regiões Autónomas pelos órgãos de soberania*, in AAVV, *Estudos em Homenagem à Professora Doutora Isabel de Magalhães Collaço*, II, Coimbra, 2003
– *Manual de Direito Constitucional*, III, 5ª ed., Coimbra, 2004
– *Manual de Direito Constitucional*, V, 3ª ed., Coimbra, 2004
– *Curso de Direito Internacional Público*, 2ª ed., Cascais, 2004
– *As Constituições Portuguesas – de 1822 ao texto atual da Constituição*, 5ª ed., Lisboa, 2004
– *O Tribunal Constitucional em 2002*, in OD, ano 136º, 2004, I
– *Recenseamento eleitoral*, in RFDUP, ano I, 2004
– *A afirmação do princípio democrático no processo constituinte*, in AAVV, *30 Anos da Constituição Portuguesa* (org. de Jorge Bacelar Gouveia *et alli*), Lisboa, 2006, pp. 17 e ss.
– *Manual de Direito Constitucional*, VII, Coimbra, 2007
– *Manual de Direito Constitucional*, IV, 4ª ed., Coimbra, 2008
– *Em vez do Código Civil, uma lei sobre leis*, in AAVV, *Estudos Comemorativos dos 10 Anos da Faculdade de Direito da Universidade Nova de Lisboa*, I, Coimbra, 2008
– *O sistema português de direitos fundamentais*, in RDP, Ano I, nº 1, Lisboa, janeiro/junho de 2009
– *A Constituição de Angola de 2010*, OD, ano 142º ano, 2010, I

Miranda, Jorge/Gouveia, Jorge Bacelar – *O crédito bonificado à habitação e a Região Autónoma dos Açores*, in RFDUL, XXXVII, nº 1 de 1996

– *A duração da patente no Acordo do TRIPS e no Código da Propriedade Industrial à luz da Constituição Portuguesa*, in ROA, ano 57, Lisboa, I, 1997

Miranda, Jorge/Medeiros, Rui – *Constituição Portuguesa anotada*, I e II, Coimbra, 2005 e 2006

Miranda, Yara – *Autorização legislativa*, in DJAP, 3º sup., Lisboa, 2007

Moderne, Franck – *Les régions autonomes dans la jurisprudence constitutionnelle du Portugal*, in AAVV, JCP, Paris, 1989

Modugno, Franco – *L'invalidità della legge*, Milano, 1970

Monaco, Gustavo Ferraz de Campos – *A Declaração Universal dos Direitos da Criança e seus sucedâneos internacionais*, Coimbra, 2004

Monaco, Riccardo/Cansacchi, Giorgio – *Lo Stato e il suo Ordinamento Giuridico*, 7ª ed., Torino, 1958

Monahan, Patrick J. – *Constitutional Law*, 2ª ed., Toronto, 2002

Moncada, Luís Cabral de – *Lições de Direito Civil*, I, 2ª ed., Coimbra, 1954

– *Filosofia do Direito e do Estado*, I, 2ª ed., Coimbra, s. d.

– *Filosofia do Direito e do Estado*, II, Coimbra, 1966

Moncada, Luís S. Cabral de – *Contributo para uma Teoria da Legislação*, Lisboa, 1998

– *Responsabilidade civil extra-contratual do Estado*, Lisboa, 2008

Moniz, Carlos Botelho/Pinheiro, Paulo Moura – *As relações da ordem jurídica portuguesa com a ordem jurídica comunitária – algumas reflexões*, in L-CCL, nºs 4/5, abril-dezembro de 1992

Monteiro, Jorge Sinde – *Responsabilidade por conselhos, recomendações ou informações*, Coimbra, 1989

Monteiro, José Óscar – *Poder e Democracia*, in RDP, III, nº 6, julho-dezembro de 1989

Montenegro, Artur – *Lições de Direito Romano*, Lisboa, 1917

– *A conquista do Direito na Sociedade Romana*, Lisboa, 1999

Montesquieu, Charles Secondat de – *De l'esprit des lois*, I, Paris, 1979

Moraes, Alexandre de – *Direito Constitucional*, 16ª ed., São Paulo, 2004

Morais, Carlos Blanco de – *A organização do poder político-legislativo no território de Macau*, in AAVV, *Estudos em homenagem ao Prof. Doutor Rogério Soares*, Coimbra, 2001

– *Justiça Constitucional*, I, Coimbra, 2002

– *Justiça Constitucional*, II, Coimbra, 2005

– *Curso de Direito Constitucional*, t. II, vol. 2, Coimbra, 2014

– *Curso de Direito Constitucional*, t. I, 3ª ed., Coimbra, 2015

Morais, Isaltino Afonso – *A ratificação legislativa no Direito Constitucional Português*, Lisboa, 1985

Morais, Isaltino A./Almeida, José Mário Ferreira de/Pinto, Ricardo Leite – *Constituição da República Portuguesa anotada e comentada*, Lisboa, 1983

– *O sistema de governo semipresidencial – o caso português*, Lisboa, 1984

MORAL, ANTONIO TORRES DEL – *Princípios de Derecho Constitucional Español*, 3ª ed., Madrid, 1992

MORALES, ANGEL GARRORENA – *El Estado Español como Estado Social y Democrático de Derecho*, Madrid, 1992

MORANGE, JEAN – *Les libertés publiques*, 3ª ed., Paris, 1979

– *Droits de l'homme et libertés publiques*, 2ª ed., Paris, 1989

– *Les droits de l'homme en France au debut du XXIè siècle*, in AAVV, *Proceedings of International Academic Conference Commemorating the 61st Anniversary of the Korean Constitution*, Seoul, 2009, pp. 204 e ss.

MOREIRA, ADRIANO – *O Novíssimo Príncipe – análise da Revolução*, Braga/Lisboa, 1977

– *Ciência Política*, in Pol., I, Lisboa, 1983

– *Direito Internacional Público*, Lisboa, 1983

– *Moderador (poder)*, in Pol., IV, Lisboa, 1983

– *O regime: Presidencialismo do Primeiro-Ministro*, in AAVV, PSPC, Lisboa, 1989

– *Ciência Política*, Coimbra, 1992

– *Elementos de Ciência Política*, Lisboa, 2001-2002

MOREIRA, J. CARLOS – *Direito Constitucional* (elementos coligidos por A. J. Machado Gonçalves e Graciano Alves), Coimbra, 1951-1952

– *Organização Política do Estado Português* (elementos coligidos por A. J. Machado Gonçalves e A. Pinto da Cruz), Coimbra, 1952

MOREIRA, JOSÉ CARLOS BARBOSA – *A Suprema Corte Norte-Americana: um modelo para o mundo?*, in RBDC, nº 26, Rio de Janeiro, 1º semestre de 2004

MOREIRA, VITAL – *Economia e Constituição*, 2ª ed., Coimbra, 1979

– *Constituição e revisão constitucional*, Lisboa, 1980

– *A Ordem Jurídica do Capitalismo*, 4ª ed., Lisboa, 1987

– *A segunda revisão constitucional*, in RDP, IV, nº 7, 1990

– *Fundamentos da Constituição*, Coimbra, 1991

– *Princípio da maioria e princípio da constitucionalidade: legitimidade e limites da justiça constitucional*, in AAVV, *Legitimidade e legitimação da justiça constitucional*, Coimbra, 1995

– *Elementos de Ciência Política*, Coimbra, 2001-2002

– *História do Constitucionalismo Português (até à Constituição de 1976)*, Coimbra, 2002-2003

– *O Tribunal Penal Internacional e a Constituição*, in AAVV, *O Tribunal Penal Internacional e a Ordem Jurídica Portuguesa*, Coimbra, 2004

– *A metamorfose da "Constituição económica"*, in AAVV, *30 Anos da Constituição Portuguesa* (org. de JORGE BACELAR GOUVEIA *et alii*), Lisboa, 2006

– v. CANOTILHO, J. J. GOMES

MORELLI, GAETANO – *Nozioni di Diritto Internazionale*, 7ª ed., Milano, 1967

MORELLI, GERARDO – *La sospensione dei diritti fondamentali nello Stato Moderno*, Milano, 1966

MORENO, DANIEL– *Derecho Constitucional Mexicano,* 11ª ed., Cidade do México, 1990

MORROW, JONATHAN/WHITE, RACHEL – *The United Nations in Transitional East Timor: International Standards and the Reality of Governance,* in AYBIL, vol. 22, 2002

MORTATI, COSTANTINO – *Concetto, limitti, procedimento della revisione costituzionale,* in RTDP, 1952

– *Costituzione (doutrine generali),* in ED, XI, Milano, 1962

– *Le forme di governo – lezioni,* Padova, 1973

– *Istituzioni di Diritto Pubblico,* II, 9ª ed., Padova, 1976

– *Istituzioni di Diritto Pubblico,* I, 10ª ed., Padova, 1991

MOSSÉ, CLAUDE – *Atenas: a História de uma Democracia,* 2ª ed., Brasília, 1982

MOTA, HENRIQUE – *Biomedicina e novos direitos do homem,* Lisboa, 1986

– *Le principe de la "liste ouverte" en matière de droits fondamentaux,* in AAVV, JCP, Paris, 1989

MOURA, JOSÉ BARROS – *A Constituição Portuguesa e os trabalhadores – da revolução à integração na CEE,* in AAVV, PSPC, Lisboa, 1989

MOURÃO, FERNANDO ALBUQUERQUE – *A CPLP e os seus modelos: que comunidade?,* in AAVV, *Colóquio de Direito Internacional – Comunidade dos Países de Língua Portuguesa,* Coimbra, 2003

MOURGEON, JACQUES – *L'évolution recente du droit des libertes publiques en France,* in AUSST, XXVI, 1978

MOURISCA, JOSÉ – *Código Eleitoral anotado,* Lisboa, 1914

MOUSNIER, ROLAND/LABROUSSE, ERNEST – *História geral das Civilizações – o Século XVIII,* V, 2º vol., 2ª ed., São Paulo, 1961

MÜLLER, FRIEDRICH – *Die Positivität der Grundrechte – fragen einer praktischen Grundrechtsdogmatik,* 2ª ed., Berlin, 1990

MÜLLER, JÖRG PAUL – *Eléments pour une théorie suisse des droits fondamentaux,* Berne, 1983

– v. THÜRER, DANIEL

MÜNCH, INGO VON – *Staatsrecht,* 5ª ed., 1, Stuttgart/Berlin/Köln, 1993

MUSSO, ENRICO SPAGNA – *Diritto Costituzionale,* 4ª ed., Padova, 1992

NABAIS, JOSÉ CASALTA – *Les droits fondamentaux dans la jurisprudence du Tribunal Constitutionnel,* in AAVV, JCP, Parisa, 1989

– *Os direitos na Constituição Portuguesa,* in BMJ, nº 400, novembro de 1990

– *Os direitos fundamentais na jurisprudência do Tribunal Constitucional,* Coimbra, 1990

– *Droits fondamentaux – rapport portugais,* in AAVV, *Études de Droit Constitutionnel Franco-Portugais,* Paris, 1992

– *Jurisprudência do Tribunal Constitucional em matéria fiscal,* in AAVV, *Estudos sobre a jurisprudência do Tribunal Constitucional,* Lisboa, 1993

– *O dever fundamental de pagar impostos,* Coimbra, 1998

– *O quadro jurídico das finanças locais em Portugal,* in *Revista Jurídica da Universidade Portucalense Infante D. Henrique,* nº 9, Porto, dezembro de 2002

NACCI, PAOLO GIOCOLI/LOIODICE, ALDO – *Costituzione Italiana,* Bari, 1991

NADAIS, ANTÓNIO – *Eleição,* in DJAP, IV, Lisboa, 1991

NADAIS, ANTÓNIO/VITORINO, ANTÓNIO/CANAS, VITALINO – *Constituição da República portuguesa – texto e comentários à Lei Constituicional 1/82,* Lisboa, 1983

– *Lei-medida e conceito de lei na Constituição da República Portuguesa,* Lisboa, 1986

NADALES, ANTONIO J. PORRAS – *Introducción a una Teoría de Estado Post-social,* Barcelona, 1988

NAMORADO, RUI – *Os princípios cooperativos,* Coimbra, 1995

NAPOLITANO, GIORGIO – *Una e indivisibile – Riflessioni sui 150 anni della nostra Italia,* Milano, 2011

NASCIMENTO, ANTÓNIO BAIÃO DO – *Do concurso de normas,* Lisboa, 1971

NAVARRO, FRANCISCO GONZÁLEZ – *El Estado Soial y Democrático de Derecho,* Pamplona, 1992

NAVARRO, LUÍS LOPES – *A responsabilidade civil do Estado,* in BMJ, nº 4, 1948

NETO, ANTÓNIO ALBERTO – *Instituições políticas e sistemas constitucionais nos países africanos de expressão portuguesa,* Luanda, 2003

NETO, JAYME WEINGARTNER – *Liberdade Religiosa na Constituição,* Porto Alegre, 2007

NETO, LUÍSA – *O direito fundamental à disposição do corpo,* Coimbra, 2004

– *Trajetos de independência e consolidação da estrutura estadual nos países africanos de língua oficial portuguesa,* in AAVV, *Estudos em Homenagem ao Prof. Doutor Joaquim Moreira da Silva Cunha,* Coimbra, 2005

NEVES, A. CASTANHEIRA – *A revolução e o Direito – a situação de crise e o sentido do direito no atual processo revolucionário,* Lisboa, 1976

– *Assento,* in Pol., I, Lisboa, 1983

– *O instituto dos "assentos" e a função jurídica dos supremos tribunais,* Coimbra, 1983

– *Interpretação jurídica,* in Pol., III, Lisboa, 1985

– *Método jurídico,* in Pol., IV, Lisboa, 1986

– *Metodologia jurídica – problemas fundamentais,* Coimbra, 1993

– *O problema da constitucionalidade dos assentos,* Coimbra, 1994

– *O papel do jurista no nosso tempo,* in *Digesta,* 1º vol., Coimbra, 1995

– *A revolução e o direito,* in *Digesta,* 1º vol., Coimbra, 1995

NEVES, ANA FERNANDA – *O Provedor de Justiça e a Administração Pública,* in AAVV, *Estudos em Homenagem ao Prof. Doutor Joaquim Moreira da Silva Cunha,* Coimbra, 2005

NHAMISSITANE, EMÍDIO RICARDO – v. CARRILHO, JOSÉ NORBERTO

– v. GOUVEIA, JORGE BACELAR

NICHOLSON, GRAHAM – *Observations on the new Constitution of East Timor,* in ALJ, vol. 77, 2002

NIKKEN, PEDRO – *La protección internacional de los derechos humanos – su desarrollo progressivo,* Madrid, 1987

NIÑO, CARLOS N. – *Ética y Derechos Humanos,* Barcelona, 1989

NOGUEIRA, FRANCO – *História de Portugal – 1933: 1974*, II sup., Porto, 1981

NOGUEIRA, RUBEN RODRIGUES – *Curso de Introdução ao Estudo do Direito*, São Paulo, 1979

NOHLEN, DIETER– *Sistemas electorales y partidos políticos*, 2ª ed., Cidade do México, 1998

NOWAK, JOHN E./ROTUNDA, RONALD D. – *Constitutional Law*, 5ª ed., St. Paul, 1995

NOZICK, ROBERT – *Anarquia, Estado e Utopia*, Rio de Janeiro, 1991

NUNES, ELISA RANGEL – *Elementos de Direito Comparado para o estudo das Finanças Municipais em Angola*, Luanda, 2011

– *Orçamento do Estado – contribuições para a transparência orçamental em Angola*, Luanda, 2011

– v. ARAÚJO, RAUL

NUNES, ROSA DIONÍZIO – *Das Relações da Igreja com o Estado*, Coimbra, 2005

OCCHIOCUPO, NICOLA – *Liberazione e promozione umanna nella Costituzione – unità di valori nella pluralità di posizioni*, Milano, 1988

OESTTREICH, GERHARD – *La idea de los derechos humanos a través de la História*, in GERHARD OESTREICH e KARL-PETER SOMMERMANN, *Pasado y presente de los derechos humanos* (ed. de EMILIO MIKUNDA), Madrid, 1990

ÖHLINGER, THEO – *Verfassungsrecht*, 2ª ed., Wien, 1995

OLIVEIRA, ANA – v. BELO, FILOMENA

OLIVEIRA, ANDREIA SOFIA PINTO – *O direito de asilo na Constituição Portuguesa – âmbito de proteção de um direito fundamental*, Coimbra, 2009

OLIVEIRA, ANTÓNIO CÂNDIDO DE – *A Democracia Local (aspetos jurídicos)*, Coimbra, 2005

– *Direito das Autarquias Locais*, 2ª ed., Coimbra, 2013

OLIVEIRA, CAMILO CIMOURDAIN DE – *Lições de Direito Fiscal*, 5ª ed., Porto, 1993

OLIVEIRA, CÉSAR DE – *A Evolução política*, in AAVV, *Nova História de Portugal – Portugal e o Estado Novo*, XII, Lisboa, 1992

OLIVEIRA, FILIPE FALCÃO – *Direito Público Guineense*, Coimbra, 2005

OLIVEIRA, NUNO PINTO – *O Direito Geral de Personalidade e a "solução do dissentimento"*, Coimbra, 2002

OLIVEIRA, SIMÕES DE – *Meios contenciosos acessórios*, in AAVV, *Contencioso Administrativo*, Braga, 1986

Olivencia, Antonio-Rafael Hernández – *La Constitución Dogmática*, in RAFAEL RUIZ MANTECA, ANTONIO-RAFAEL OLIVENCIA e JAVIER FERNÁNDEZ LÓPEZ, *Introducción al Derecho y Derecho Constitucional*, Madrid, 1994

ORFANEL, GERMÁN GOMEZ – *Excepción y normalidade en el pensamiento de Carl Schmitt*, Madrid, 1986

ORTEGA, MANUEL SEGURA – *Teoría del Derecho*, Madrid, 1990

ORWELL, GEORGE – *O Triunfo dos Porcos*, 3ª ed., Lisboa, 1980

OTERO, PAULO – *A competência legislativa das regiões autónomas*, in RJ, nº 8, outubro-dezembro de 1986

– *O Brasil nas Cortes Constituintes Portuguesas de 1821-1822*, in OD, ano 120º, III-IV, julho-dezembro de 1988

– *A autoridade internacional dos fundos marinhos*, Lisboa, 1988
– *A conceção unitarista do Estado na Constituição de 1933*, in RFDUL, XXXI, 1990
– *Declaração Universal dos Direitos do Homem e Constituição: a inconstitucionalidade de normas constitucionais?*, in OD, 122º, III-IV, julho-dezembro de 1990
– *Conceito e fundamento da hierarquia administrativa*, Coimbra, 1992
– *Ensaio sobre o caso julgado inconstitucional*, Lisboa, 1993
– *O poder de substituição em Direito Administrativo – enquadramento dogmático-constitucional*, I e II, Lisboa, 1996
– *O desenvolvimento de leis de bases pelo Governo*, Lisboa, 1997
– *Direitos históricos e não tipicidade pretérita dos direitos fundamentais*, in AAVV, *75 anos da Coimbra Editora*, Coimbra, 1998
– *Lições de Introdução ao Estudo do Direito*, I, 1º t., Lisboa, 1998
– *Personalidade e identidade pessoal e genética do ser humano: um perfil constitucional da Bioética*, Coimbra, 1999
– *A lei aplicável às relações jurídico-privadas envolvendo timorenses e constituídas em Timor-Leste entre 1975 e 1999*, in AAVV, *Timor e o Direito* (org. de Jorge Miranda), Lisboa, 2001
– *A Democracia Totalitária – do Estado Totalitário à Sociedade Totalitária*, São João do Estoril, 2001
– *Legalidade e Administração Pública*, Coimbra, 2003
– *Direito da Vida – Relatório sobre o Programa, Conteúdos e Métodos de Ensino*, Coimbra, 2004
– *A renúncia do Presidente da República*, Coimbra, 2004
– *Os militares e o direito de manifestação*, in AAVV, *Estudos Jurídicos e Económicos em Homenagem ao Prof. Doutor António de Sousa Franco*, III, Lisboa, 2006
– *Instituições Políticas e Constitucionais*, I, Coimbra, 2007
– *Os últimos meses de Salazar – agosto de 1968 a julho de 1970*, Coimbra, 2008
– *Direito Constitucional Português – identidade constitucional*, I, Coimbra, 2010
– *Direito Constitucional Português – organização do poder político*, II, Coimbra, 2010
– v. Quadros, Fausto de
– v. Amaral, Diogo Freitas de

Otto, Ignacio de – *Derecho Constitucional – sistema de fuentes*, 2ª ed., Barcelona, 1995

Pace, Alessandro – *Problemática delle liberta costituzionali – parte speciale*, 2ª ed., Padova, 1992
– *La causa del la rigidità costituzionale*, Padova, 1995

Pace, Alessandro/Varela, Joaquín – *La rigidez de las Constituciones escritas*, Madrid, 1995

Pactet, Pierre – *Textes de Droit Constitutionnel*, 2ª ed., Paris, 1992
– *Institutions Politiques – Droit Constitutionnel*, 14ª ed., Paris, 1995

Pahula, Ovídio – *A Evolução da Constituição Económica Angolana*, Luanda, 2010

Paladin, Livio – *Diritto Costituzionale*, Padova, 1991
– *Diritto Regionale*, 7ª ed., Padova, 2000

PALAZZO, FRANCISCO C. – *Obiezione di coscienza*, in ED, XXIX, Milano, 1979
PALERMO, F. – v. FALZONE, F.
PALMA, MARIA FERNANDA – *A justificação por legítima defesa como problema de delimitação de direitos*, I, Lisboa, 1990
– *Tribunal Penal Internacional e Constituição Penal*, in RPDC, vol. 11, 2001
– *Acerca do estado atual do Direito Penal do Ambiente*, OD, ano 136º, 2004, I
– *Direito Constitucional Penal*, Coimbra, 2006
– *O legislador negativo e o intérprete da Constituição*, in OD, Ano 140º, 2008, III
PALMER, RICHARD E. – *Hermenêutica*, Lisboa, 2015
PARDO, JOSÉ ESTEVE – *Derecho del Medio Ambiente*, 2ª ed., Madrid, 2008
PASQUINO, GIANFRANCO – *Sistemas Políticos Comparados*, Cascais, 2005
PASSOS, CARLOS – v. PERES, DAMIÃO
PASTOR, JUAN ALFONSO SANTAMARÍA – *Fundamentos de Derecho Administrativo*, I, Madrid, 1991
PAULO II/PAPA JOÃO – *Evangelium Vitae*, Lisboa, 1995
– *Catecismo da Igreja Católica*, 2ª ed., Coimbra, 2000
– *Memória e identidade – colóquios na transição do milénio*, Lisboa, 2005
PAWLOWSKI, HANS-MARTIN – *Methodenlehre für Juristen*, 2ª ed., Heidelberg, 1991
PECES-BARBA, GREGORIO – *Los valores superiores*, Madrid, 1986
– *Los deberes fundamentales*, in EsD, nº 1, Outono-Inverno de 1987-1988
– *Teoria dei Diritti Fondamentali*, Milano, 1993
– *Curso de Derechos Fundamentales – teoría general*, Madrid, 1995
PEINADO, FREDERICO LARA – *Código de Hammurabi*, 2ª ed., Madrid, 1992
PEIXOTO, JOÃO PAULO MACHADO – v. REGO, ANTÔNIO CARLOS POJO DO
PÉLISSIER, RENÉ – *Moçambique*, in DHP, VIII, Porto, 1999
PELLEGRINO, CARLOS ROBERTO – *Emergências constitucionais*, in BMJ, nº 361, dezembro de 1986
PELLET, ALAIN – v. DINH, NGUYEN QUOC
PEREIRA, ALBERTO AMORIM – *Noções de Direito Fiscal*, Porto, 1983
PEREIRA, ANDRÉ GONÇALVES – *Erro e ilegalidade no ato administrativo*, Lisboa, 1962
– *Da sucessão de Estados quanto aos tratados*, Lisboa, 1968
– *O Direito Internacional na Constituição Portuguesa*, in AAVV, ESC, I, Lisboa, 1977
– *Direito Público Comparado – o sistema de governo semi-presidencial*, Lisboa, 1984
– *O semi-presidencialismo em Portugal*, Lisboa, 1984
PEREIRA, ANDRÉ GONÇALVES/QUADROS, FAUSTO DE – *Manual de Direito Internacional Público*, 3ª ed., Coimbra, 1993
PEREIRA, ANTÓNIO MANUEL – *As Constituições Políticas Portuguesas*, Porto, 1961
PEREIRA, ARISTIDES – *Uma luta, um partido, dois países*, 2ª ed., Lisboa, 2002
PEREIRA, JÚLIO – *A Lei Penal na República Popular da China*, Coimbra, 2007

PEREIRA, MANUEL – *Política de segurança interna*, in ND, XV, nº 54, abril-junho de 1990

PEREIRA, MARGARIDA SILVA – *A proteção dos direitos, liberdades e garantias dos cidadãos pela Ordem Jurídica das Comunidades Europeias*, in RJ, outubro-dezembro de 1983, nº 2

PEREIRA, MARIA DA ASSUNÇÃO DO VALE – v. CUNHA, JOAQUIM MOREIRA DA SILVA

PEREIRA, MIGUEL MENDES – *O direito de informação na televisão face ao Direito Comunitário*, in ROA, ano 56, III, dezembro de 1996

PEREIRA, RAVI AFONSO – v. GUEDES, ARMANDO MARQUES

PEREIRA, RODOLFO VIANA – *Direito Constitucional Democrático – Controle e Participação como Elementos Fundantes e Garantidores da Constitucionalidade*, Rio de Janeiro, 2008

– *Tutela Coletiva no Direito Eleitoral – controle social e fiscalização das eleições*, Rio de Janeiro, 2008

PEREIRA, RUI CARLOS – *O princípio da igualdade em Direito Penal*, in OD, ano 120º, I-II, janeiro-junho de 1989

– *A relevância da lei penal inconstitucional de conteúdo mais favorável ao arguido*, in RPCC, ano I, nº 1, janeiro-março de 1991

PERES, DAMIÃO – *História de Portugal*, sup., Porto, 1954

PERES, DAMIÃO/CARVALHO, JOAQUIM DE/PASSOS, CARLOS/GUEDES, MARQUES/RIBEIRO, ÂNGELO – *História Política*, in AAVV, *História de Portugal* (org. de DAMIÃO PERES), VII, Barcelos, 1935

PÉREZ, FRANCISCO PORRÚA – *Teoría del Estado – teoría política*, 24ª ed., Cidade do México, 1991

PÉREZ, JESÚS GONZÁLEZ – *La dignidad de la persona*, Madrid, 1986

PERNTHALER, PETER – *Allgemeine Staatslehre und Verfassungslehre*, 2ª ed., Wien/New York, 1966

PERROY, ÉDOUARD – *A Idade Média – o período da Europa feudal, do Islã turco e da Ásia mongólica e dos tempos difíceis*, III, 2º vol., 2ª ed., São Paulo, 1958

PERTIERRA, SUÁREZ G. – *La objeción de conciencia al servicio militar en España*, in ADH, nº 7, 1990

PESCATORE, GABRIELE/FELICETTI, FRANCESCO/MARZIALE, GIUSEPPE/SGROI, CARMELO – *Costituzione e leggi sul processo costituzionale e sui referendum*, Milano, 1992

PESCATORE, PIERRE – *The context and significance of fundamental rights in the law of the European Communities*, in HRLJ, 1981, vol. 2, nºs 3-4

PETERMANN, SIMON – *Marxismes et droits de l'homme*, in AAVV, *Laicité et droits de l'homme* (ed. DE GUY HAARSCHER), Bruxelles, 1989

PETIT, EUGÈNE – *Tratado Elemental de Derecho Romano*, Madrid, s. d.

PHILLIPS, OWEN HOOD/JACKSON, PAUL – *Constitutional and Administrative Law*, 7ª ed., London, 1987

PIÇARRA, NUNO – *A separação de poderes na Constituição – alguns aspetos*, in NDAC, Lisboa, 1986

– *Separação de poderes*, in Pol., V, Lisboa, 1987

– *A separação dos poderes como doutrina e princípio constitucional – um contri-

buto para o estudo das suas origens e evolução, Coimbra, 1989
– *O Tribunal de Justiça das Comunidades Europeias como juiz legal e o processo do artigo 177º do Tratado CEE – as relações entre a ordem jurídica comunitária e as ordens jurídicas dos Estados membros na perspetiva dos tribunais constitucionais*, Lisboa, 1991
– *O inquérito parlamentar e os seus modelos constitucionais*, Coimbra, 2003
– *A evolução do sistema de garantia da Constituição em Cabo Verde*, in DeC, ano VII, nº 22, Praia, 2005
– *O inquérito parlamentar na Constituição Portugues de 1976 e na lei: consonâncias e dissonâncias*, in AAVV, *Prof. Doutor Inocêncio Galvão Telles: 90 anos – Homenagem da Faculdade de Direito da Universidade de Lisboa*, Lisboa, 2007

PIEPER, STEFAN ULRICH – *Subsidarität – Ein Beitrag zur Begrenzung der Gemeinschaftskompetenzen*, Köln/Berlin/Bonn/München, 1994

PIERANDREI, FRANCO – *La Corte Costituzionale e le "modificazioni tacite" della Costituzione*, in *Scritti di Diritto Costituzionale*, I, Torino, 1965

PIEROTH, BODO/SCHLINK, BERNHARD – *Grundrechte – Staatsrecht II*, 6ª ed., Heidelberg, 1990

PIMENTEL, IRENE FLUNSER/MELO, HELENA PEREIRA DE – *Mulheres portuguesas – história da vida e dos direitos das mulheres num mundo em mudança*, Lisboa, 2015

PIMENTEL, JOSÉ MENERES – *Provedor de Justiça*, in DJAP, VI, Lisboa, 1994

PIMENTEL, MARGARIDA MENERES – v. DOMINGOS, INÊS

PINHEIRO, ALEXANDRE DE SOUSA – *Restrições aos direitos, liberdades e garantias*, in DJAP, VII, Lisboa, 1996
– v. DUARTE, DAVID
– v. FERNANDES, MÁRIO JOÃO

PINHEIRO, PAULO MOURA – v. MONIZ, CARLOS BOTELHO

PINNA, PIETRO – *L'emergenza nell'ordinamento costituzionale italiano*, Milano, 1988

PINTO, AIRES DE JESUS FERREIRA – *Distrito*, in DJAP, IV, Lisboa, 1991

PINTO, BASÍLIO ALBERTO DE SOUSA – *Análise da Constituição Política da Monarquia Portuguesa*, Coimbra, 1838-1839

PINTO, CARLOS ALBERTO DA MOTA – *Teoria Geral do Direito Civil* (actualizada por ANTÓNIO PINTO MONTEIRO e PAULO MOTA PINTO), 4ª ed., Coimbra, 2005

PINTO, EDUARDO VERA-CRUZ – *Senatus-consulta*, in AAVV, *Estudos de Direito Romano*, II, Lisboa, 1991
– *As origens do Direito Português – a tese germanista de Teófilo Braga*, Lisboa, 1996

PINTO, JAIME NOGUEIRA – *Fascismo*, in Pol., II, Lisboa, 1984
– *Maquiavelismo*, in Pol., IV, Lisboa, 1986
– *O fim do Estado Novo e as origens do 25 de Abril*, 2ª ed., Linda-a-Velha, 1995
– *Portugal – os anos do fim – O fim do Estado Novo e as origens do 25 de Abril*, 2ª ed., Lisboa, 1995
– *Ideologia e Razão de Estado – uma História do Poder*, Porto, 2013

PINTO, LUZIA MARQUES DA SILVA CABRAL – *Os limites do poder constituinte e a legitimidade material da Constituição,* Coimbra, 1994

PINTO, PAULO MOTA – *O direito ao livre desenvolvimento da personalidade,* in AAVV, *Portugal-Brasil Ano 2000,* Coimbra, 1999

PINTO, RICARDO GOUVEIA – *A colisão de direitos fundamentais na Constituição da República Portuguesa de 1976,* Lisboa, 1988

– *O princípio da legalidade do imposto e o procedimento em matéria de assistência mútua para a cobrança de créditos entre os Estados-Membros da Comunidade Europeia,* in AAVV, *Temas de Integração,* 2ª semestre de 2004, nº 18

PINTO, RICARDO LEITE – *Referendo local e descentralização política,* Lisboa, 1984

– *O "momento maquiavélico" na Teoria Constitucional norte-americana – Republicanismo, História, Teoria política e Constituição,* Lisboa, 1998

– *A Constituinte de 1911 – as grandes polémicas,* Lisboa, 2010

– v. CORREIA, JOSÉ DE MATOS

– v. SEARA, FERNANDO ROBOREDO

– v. MORAIS, ISALTINO A.

PINTO, RICARDO LEITE/CORREIA, JOSÉ DE MATOS/SEARA, FERNANDO ROBOREDO – *Ciência Política e Direito Constitucional – Teoria Geral do Estado e Formas de Governo,* 3ª ed., Lisboa, 2005

PIRES, ALEX SANDER XAVIER – *Súmula Vinculante e Liberdades Fundamentais,* Rio de Janeiro, 2016

PIRES, FRANCISCO LUCAS – *O problema da Constituição,* Coimbra, 1970

– *Uma Constituição para Portugal,* Coimbra, 1975

– *Presidencialismo, Semi-presidencialismo ou regime de partidos,* in DemL, nº 1, 1976

– *As Forças Armadas e a Constituição,* in AAVV, ESC, I, Lisboa, 1977

– *Teoria da Constituição de 1976 – a transição dualista,* Coimbra, 1988

– *O sistema de governo: sua dinâmica,* in AAVV, PSPC, Lisboa, 1989

– *Conselho de Ministros,* in DJAP, II, 2ª ed., Lisboa, 1990

PIRES, MANUEL – *Direito Fiscal – apontamentos,* Lisboa, 1979-1980

PIRES, MARIA JOSÉ MORAIS – *As reservas à Convenção Europeia dos Direitos do Homem,* Coimbra, 1997

PIRES, RITA CALÇADA – *Da supremacia funcional da lei parlamentar – contributo para a sistematização da Teoria Geral da Lei no sistema de fontes do Direito Constitucional Português,* in AAVV, *Estudos de Direito Público* (coord. de JOÃO CAUPERS e JORGE BACELAR GOUVEIA), Lisboa, 2005

PORTA, DONATELLA DELLA – *Introdução à Ciência Política,* Lisboa, 2003

PRAÇA, JOSÉ JOAQUIM LOPES – *Estudos sobre a Carta Constitucional de 1826 e o Ato Adicional de 1852,* I, Coimbra, 1878-1880

– *Estudos sobre a Carta Constitucional e o Ato Adicional de 1852,* II-I e II-II, Coimbra, 1880

– *Coleção de leis e subsídios para o estudo do Direito Constitucional português,* I e II, Coimbra, 1894

PRATA, ANA – *A tutela constitucional da autonomia privada,* Coimbra, 1982

– *Dicionário Jurídico*, 3ª ed., Lisboa, 1990
PRATA, VÍTOR M. GIL – *A Justiça Militar e a Defesa Militar*, Lisboa, 2012
PRÉLOT, MARCEL/BOULOUIS, JEAN – *Institutions Politiques et Droit Constitutionnel*, 11ª ed., Paris, 1990
PRÉLOT, MARCEL/LESCUYER, GEORGES – *Histoire des Idées Politiques*, 10ª ed., Paris, 1990
PRETO, ANTÓNIO MARTINEZ VALADAS – *Jurisdição*, in DJAP, V, Lisboa, 1993
PRIORE, MARY DEL/VENÂNCIO, RENATO – *Uma breve História do Brasil*, São Paulo, 2010
PROENÇA, JOSÉ JOÃO GONÇALVES – *Relevância do Direito Matrimonial Canónico no Ordenamento Estadual*, Coimbra, 1955
– *Introdução ao Estudo do Direito*, Lisboa, 1995
– *Tratado Elementar de Direito Internacional Privado – parte geral*, I, Lisboa, 2004
QUADROS, FAUSTO DE – *Timor e o Direito Internacional*, in AAVV, *Timor e o Direito* (org. de Jorge Miranda), Lisboa, 2001
– v. PEREIRA, ANDRÉ GONÇALVES
QUADROS, FAUSTO DE/GOUVEIA, JORGE BACELAR – *As relações externas de Portugal – aspetos jurídico-políticos*, Lisboa, 2001
QUADROS, FAUSTO DE/OTERO, PAULO/GOUVEIA, JORGE BACELAR – *Portugal e o Direito do Mar*, Lisboa, 2004
QUEIRÓ, AFONSO RODRIGUES – *O Novo Direito Constitucional Português*, in BFDUC, vol. 22, 1946
– *Revisão constitucional de 1971 – pareceres da Câmara Corporativa*, Coimbra, 1972
– *Lições de Direito Administrativo*, I, Coimbra, 1976
– *Fontes não voluntárias do Direito Administrativo*, in RDES, 1976
– *A hierarquia das normas de Direito Administrativo Português*, in BFDUC, 1985
– *Teoria dos regulamentos*, in RDES, ano I (nova s.), nº 1, janeiro-março de 1986
– *Codificação*, in DJAP, II, 2ª ed., Lisboa, 1990
– *Descentralização*, in DJAP, III, Lisboa, 1990
– *Desconcentração*, in DJAP, III, Lisboa, 1990
QUEIROZ, CRISTINA M. M. – *Os atos políticos no Estado de Direito – o problema do controle jurídico do poder*, Coimbra, 1990
– *O sistema político e constitucional português*, Lisboa, 1992
– *Interpretação constitucional e poder judicial*, Coimbra, 1997
– *Direito Internacional Público II – organizações internacionais*, Lisboa, 2002
– *Direitos Fundamentais (teoria geral)*, Coimbra, 2002
– *O princípio da não reversibilidade dos direitos fundamentais sociais*, Coimbra, 2006
– *Direitos fundamentais sociais*, Coimbra, 2006
– *O sistema de governo semi-presidencial*, Coimbra, 2007
– *O Parlamento como factor de decisão política*, Coimbra, 2009
– *Poder constituinte, democracia e direitos fundamentais – uma via constitucional para a Europa?*, Coimbra, 2013

– *Os poderes do Presidente da República*, Coimbra, 2013
– *O Tribunal Constitucional e os direitos sociais*, Coimbra, 2014LF

QUENTAL, ANTERO DE – *Causas da decadência dos povos peninsulares*, 7ª ed., Lisboa, s. d.

RADBRUCH, GUSTAV – *Filosofia do direito*, 6ª ed., Coimbra, 1979

RAMÓN, FERNANDO LÓPEZ – *La caracterización jurídica de las fuerzas armadas*, Madrid, 1987

RAMOS, JOSÉ LUIS PEÑARANDA – *La dimensión actual de las prerrogativas parlamentares*, in AAVV, *Comentários a la Constitución Española de 1978* (dir. de OSCAR ALZAGA VILLAAMIL), VI, Madrid, 1998

RAMOS, MARGARIDA ORTIGÃO – *Diário da República*, in DJAP, IV, Lisboa, 1991

RAMOS, RUI – *A segunda fundação*, in AAVV, *História de Portugal* (dir. de JOSÉ MATTOSO), VI, s. l., 1994
– *Os Presidentes da República Portuguesa*, Lisboa, 1999
– *Outra opinião – ensaios de História*, Lisboa, 2004

RAMOS, RUI MOURA – *Direito Internacional Privado e Constituição – introdução a uma análise das suas relações*, Coimbra, 1980
– *Continuidade e mudança no Direito da Nacionalidade em Portugal*, in AAVV, *Portugal-Brasil Ano 2000*, Coimbra, 1999

RAPOSO, ALBERTO RUANO BASTOS – *Os direitos fundamentais nas Comunidades Europeias*, in ND, XIII, nº 47, julho-setembro de 1988

RAPOSO, VERA LÚCIA CARAPETO – *O Poder de Eva – o princípio da igualdade no âmbito dos direitos políticos; problemas suscitados pela discriminação positiva*, Coimbra, 2004

RATO, ANTÓNIO ESTEVES FERMIANO – *Responsabilidade*, in DJAP, VII, Lisboa, 1996

RAIMUNDO, MIGUEL ASSIS – *Direito Administrativo da Religião*, in AAVV, *Tratado de Direito Administrativo Especial* (coord. PAULO OTERO e PEDRO GONÇALVES), VI, Coimbra, 2012

RAWLS, JOHN – *Uma Teoria da Justiça*, Brasília, 1981

READER, JOHN – *AFRICA – a Biography of the Continent*, London, 1998

REALE, MIGUEL – *Lições Preliminares de Direito*, 10ª ed., Coimbra, 1982
– *Filosofia do Direito*, in Pol., II, Lisboa, 1984
– *Teoria Tridimensional do Direito, Teoria da Justiça, Fontes e Modelos do Direito*, Lisboa, 2003
– *Introdução à Filosofia*, 4ª ed., São Paulo, 2002

REGO, ANTÔNIO CARLOS POJO DO/PEIXOTO, JOÃO PAULO MACHADO – *A política das reformas econômicas no Brasil*, Rio de Janeiro, 1998

REGO, CARLOS LOPES DO – *Acesso ao Direito e aos tribunais*, in AAVV, *Estudos sobre a jurisprudência do Tribunal Constitucional*, Lisboa, 1993

REIS, JOSÉ ALBERTO DOS – *Ciência Política e Direito Constitucional*, Coimbra, 1907
– *Organização Judicial*, Coimbra, 1909

REMÉDIO, ALBERTO ESTEVES – *Forças Armadas e forças de segurança – restri-*

ções aos direitos fundamentais, in AAVV, *Estudos sobre a jurisprudência do Tribunal Constitucional*, Lisboa, 1993

RESCIGNO, GIUSEPPE UGO – *Corso di Diritto Publico*, 3ª ed., Bologna, 1995

REUTER, PAUL – *Instituições internacionais*, Lisboa, s. d.

– *Direito Internacional Público*, Lisboa, 1981

REZEK, JOSÉ FRANCISCO – *Direito Internacional Público – curso elementar*, 8ª ed., São Paulo, 2000

RIBEIRO, ANA PAULA – *Das invalidades atípicas – esboço de uma teoria geral*, Lisboa, 1993

RIBEIRO, ANA TERESA – v. MANUEL AFONSO VAZ

RIBEIRO, ÂNGELO – v. PERES, DAMIÃO

RIBEIRO, LÚCIA DA LUZ – v. GOUVEIA, JORGE BACELAR

RIBEIRO, MANUEL DE ALMEIDA – *A Organização das Nações Unidas*, Coimbra, 1998

– *A região administrativa especial de Macau e o Direito Internacional*, in BFDUM, ano VI, nº 13, 2002

RIBEIRO, MANUEL DE ALMEIDA/SALDANHA, ANTÓNIO VASCONCELOS/FERRO, MÓNICA – *Organizações internacionais – textos fundamentais*, 2ª ed., Lisboa, 2003

RIBEIRO, MARIA MANUELA TAVARES – *A restauração da Carta Constitucional: cabralismo e anticlericalismo*, in AAVV, *História de Portugal* (dir. de JOSÉ MATTOSO), V, s. l., 1983

– *A Regeneração e o seu significado*, in AAVV, *História de Portugal* (dir. de JOSÉ MATTOSO), V, s. l., 1983

RIBEIRO, THOMAZ – *História da Legislação Liberal Portuguesa*, I, Lisboa, 1891

RICHER, LAURENT – *Les droits de l'homme et du citoyen*, Paris, 1982

RIDRUEJO, JOSÉ A. PASTOR – *Curso de Derecho Internacional público y Organizaciones Internacionales*, 3ª ed., Madrid, 1989

RÍO, JOSÉ M. LETE DEL – *Derecho de la Persona*, 2ª ed., Madrid, 1991

RIVERO, JEAN – *Les garanties constitutionneles des droits de l'homme en Droit Français*, in RIDC, 1972

– *Les Libertés publiques*, II, 2ª ed., Paris, 1980

– *Les Libertés publiques*, I, 3ª ed., Paris, 1981

ROBBERS, GERHARD – *Einführung in das deutsche Recht*, Baden-Baden, 1994

ROBERT, HENRI – *Grandes julgamentos da História*, São Paulo, 2008

ROBERT, JACQUES – *Libertés publiques et droits de l'homme*, 4ª ed., Paris, 1988

ROCA, GUILLERMO ESCOBAR – *La objeción de consciência en la Constitución Española*, Madrid, 1993

ROCCA, ROBERTO MOROZZO DELLA – *Moçambique: da Guerra à Paz – História de uma mediação insólita*, Maputo, 1998

ROCHA, AURÉLIO – *Moçambique – História e Cultura*, Maputo, 2006

ROCHA, JOAQUIM FREITAS DA – *Constituição, Ordenamento e Conflitos Normativos*, Coimbra, 2008

ROCHA, MÁRIO MELO – *A separação dos poderes nas Constituições Portuguesas do demo-liberalismo (de 1820 a 1926)*, in AAVV, *Estudos em Homenagem ao Prof. Doutor Ferrer Correia*, III, Coimbra, 1991

RODRIGUES, BENJAMIM SILVA – *Direito Constitucional*, I, 1ª ed., Lisboa, 2011

RODRIGUES, FILOMENO SANTOS – *A próxima Revisão da Constituição: ampliação das liberdades como factor de desenvolvimento*, Nampula, 2013
– *A próxima Revisão da Constituição de Moçambique*, in ReDiLP, ano II, nº 4, Lisboa, julho/dezembro de 2014
RODRIGUES, GUALDINO – *As fontes internacionais do Direito Aéreo*, Lisboa, 2003
RODRIGUES, LUÍS BARBOSA – *Imunidade parlamentar*, in DJAP, V, Lisboa, 1993
– *O referendo português a nível nacional*, Coimbra, 1994
– *Constituição e legislação complementar*, Bissau, 1994
– *A transição constitucional guineense*, Lisboa, 1995
RODRÍGUEZ, J. J. FERNÁNDEZ – *La inconstitucionalidad por omisión en Portugal*, in RDES, ano XXXVII, II S, 1995, nºs 1, 2 e 3
– *La inconstitucionalidad por omisión*, Madrid, 1998
RODRÍGUEZ, TOMÁS ZAMORA – v. LATAILLADE, IÑIGO CAVERO
RODRÍGUEZ-VALCÁRCE, LUÍS CANGA – *Derecho Constitucional Español*, Madrid, 1993
RODRÍGUEZ-ZAPATA, JORGE – *Teoría y prática del Derecho Constitucional*, Madrid, 1996
ROGEIRO, NUNO – *Anarquismo*, in Pol., I, Lisboa, 1983
– *República*, in Pol., V, Lisboa, 1987
– *Resistência (direito de)*, in Pol., V, Lisboa, 1987
– *Política*, Lisboa, 1993
– *Constituição dos EUA – anotada e seguida de estudo sobre o sistema constitucional dos Estados Unidos*, Lisboa, 1993
– *A Lei Fundamental da República Federal da Alemanha*, Coimbra, 1996
– v. SEARA, FERNANDO ROBOREDO
ROMÃO, JACQUELINE MOURA/CAVALCANTI, VALQUÍRIA SOARES/KOGAN, FLÁVIA AVERBACH – *História do Direito*, Rio de Janeiro, 2003
ROMÃO, MIGUEL LOPES – v. DUARTE, DAVID
ROMERO, CÉSAR ENRIQUE – *Introducción al Derecho Constitucional*, 2ª ed., Buenos Aires, 1976
ROSÁRIO, PEDRO TROVÃO DO – *A Democracia semidireta em Portugal*, Lisboa, 2013
ROSAS, FERNANDO – *As grandes linhas da evolução institucional*, in AAVV, *Nova História de Portugal – Portugal e o Estado Novo*, XX, Lisboa, 1992
ROSKIN, MICHAEL G./CORD, ROBERT L./MEDEIROS, JAMES A./JONES, WALTER S. – *Political Science – an Introduction*, 6ª ed., Upper Saddle River, 1997
ROTUNDA, RONALD D. – v. NOWAK, JOHN E.
ROULAND, NORBERT – *Antropologia Giuridica*, Milano, 1992
ROUSSEAU, DOMINIQUE – *La justice constitutionnelle en Europe*, Paris, 1992
ROUSSEAU, JEAN-JACQUES – *O Contrato Social*, Mem Martins, 1981
ROUSSILON, HENRY – *Le problème du contrôle de la constitutionnalité des lois dans les pays socialistes*, in RDPSP, 1977
ROYO, JAVIER PÉREZ – *La reforma de la Constitución*, Madrid, 1987
– *Curso de Derecho Constitucional*, 9ª ed., Madrid/Barcelona, 2003

RUAS, HENRIQUE BARRILARO – *O artigo 290º à luz da realidade portuguesa*, in DemL, nº 16-2 (A revisão constitucional), novembro de 1980
RUBIO, RICARDO MEDINA – *La función constitucional de las comisiones parlamentarias de investigación*, Madrid, 1994
RUDOLF, WALTER – v. ARNDT, HANS-WOLFANG
RUFFÍA, PAOLO BISCARETTI DI – *Introduzione al Diritto Costituzionale Comparato*, 6ª ed., Milano, 1988
– *Diritto Costituzionale – Istituzioni di Diritto Pubblico*, 15ª ed., Napoli, 1989
RUIZ, NUNO – *O princípio da subsidiariedade e a harmonização de legislações na Comunidade Europeia*, in AAVV, *A União Europeia na Encruzilhada*, Coimbra, 1996
RUPP, HANS G. – *Objet et portée de la protection des droits fondamentaux – Tribunal Constitutionnel Fédéral Allemand*, in AAVV, CCEDF, Paris/Aix-en-Provence, 1982
RUSSOMANO, NAILÊ – *Influências da Constituição da República Portuguesa de 1976 na Constituição brasileira de 1988 – da defesa do consumidor*, in AAVV, PC, I, Coimbra, 1996
SÁ, ALMENO DE – *A revisão do Código Civil e a Constituição*, in RDE, 1977, nº 3
– *Administração do Estado, Administração Local e princípio da igualdade no âmbito do estatuto de funcionário*, Coimbra, 1985
SÁ, LUÍS – *Eleições e Igualdade de Oportunidades*, Lisboa, 1992
– *O lugar da Assembleia da República no sistema político*, Lisboa, 1994
SALADIN, PETER – *Grundrechte in Wandel – Die Rechtsprechung des Schweizerischen Bundesgerichts zu den Grundrechten in einer sich ändernden Umwelt*, 3ª ed., Bern, 1982
SALDANHA, ANTÓNIO VASCONCELOS – v. RIBEIRO, MANUEL DE ALMEIDA
SALDANHA, NELSON – *A politicidade do Direito e o problema do Direito Natural*, in RFDUL, XXXIII, 1992
SALEMA, JOÃO MEXIA – *Princípios de Direito Político*, Coimbra, 1841
SALEMA, MARGARIDA – *O direito de veto na Constituição de 1976*, Braga, 1980
– *Autonomia regional*, in AAVV, *Nos Dez Anos da Constituição*, Lisboa, 1986
– v. SOUSA, MARCELO REBELO DE
SAMPAIO, JORGE – *Discurso na Cimeira de Fundação da CPLP*, in RLAD, I, Lisboa, 1997
SANCHES, J. L. SALDANHA – *A segurança jurídica no Estado Social de Direito – conceitos indeterminados, analogia e retroatividade no Direito Tributário*, Lisboa, 1985
SANCHES, J. L. SALDANHA/GAMA, JOÃO TABORDA DA – *Taxas municipais pela ocupação do subsolo*, in FRDGF, nºs 19/20, julho-dezembro de 2004
SANCHIS, LUIS PRIETO – *Estúdios sobre derechos fundamentales*, Madrid, 1990
SANCHO, ANGEL G. CHUECA – *Los derechos fundamentales en la Comunidad Europea*, Barcelona, 1989
SANTORO-PASSARELLI, F. – *Teoria Geral do Direito Civil*, Coimbra, 1967
SANTOS, ANTÓNIO CARLOS DOS – *O Direito Económico Angolano (1975-1989): evolução e perspectivas*, in EE, vol. X, nº 3, abril-junho de 1990

SANTOS, ANTÓNIO DE ALMEIDA – *Os limites materiais de revisão constitucional à luz da doutrina e do bom senso,* in AAVV, PSPC, Lisboa, 1989

SANTOS, ANTÓNIO CARLOS DOS/GONÇALVES, MARIA EDUARDA/MARQUES, MARIA MANUEL LEITÃO – *Direito Económico,* 6ª ed., Coimbra, 2011

SANTOS, ANTÓNIO FURTADO – *Ato administrativo,* I, 2ª ed., Lisboa, 1990

SANTOS, ANTÓNIO MARQUES DOS – *Estudos de Direito da Nacionalidade,* Coimbra, 1998

– *Constituição e Direito Internacional Privado – o estranho caso do artigo 51º, nº 3, do Código Civil,* in AAVV, PC, III, Coimbra, 1998

– *O sistema jurídico de Timor-Leste – evolução e perspectivas,* Lisboa, 2002-2003

SANTOS, ANTÓNIO PEDRO RIBEIRO DOS – *O Estado e a Ordem Pública – as instituições militares portuguesas,* Lisboa, 1999

SANTOS, BOAVENTURA DE SOUSA – *Os crimes políticos e a pena de morte,* in AAVV, *PENA DE MORTE – colóquio internacional comemorativo do centenário da abolição da pena de morte em Portugal,* II, Coimbra, s. d.

SANTOS, DANIEL DOS – *Amílcar Cabral – um outro olhar,* Lisboa, 2013

SANTOS, F. I. PEREIRA DOS – *Un État Corporatif – La Constitution Sociale et Politique Portugaise,* Paris, 1935

SANTOS, J. ALBANO – *Economia Pública,* Lisboa, 2010

SANTOS, JOSÉ ALBERTO LOUREIRO DOS – *Reflexões sobre Estratégia – Temas de Segurança e Defesa,* Mem Martins, 2000

SANTOS, JOSÉ MANUEL VERA – v. MERCHÁN, JOSÉ FERNANDO MERINO

SANTOS, JOSÉ REIS – *Entre o Futungo e a Assembleia: considerações sobre o Sistema Político Angolano,* in AAVV, *O Semipresidencialismo nos Países de Língua Portuguesa* (org. de Marina Costa Lobo e Octávio Amorim Neto), Lisboa, 2009

SANTOS, MANUEL PINTO DOS – *Monarquia Constitucional – organização e relações de Poder Governamental com a Câmara dos Deputados 1834-1910,* Lisboa, 1986

SANTOS, PAULA BORGES – *A segunda separação – a política religiosa do Estado Novo* (1933-1974), Coimbra, 2016

SANTOS, VICTOR MARQUES DOS – *A Humanidade e o seu património,* Lisboa, 2001

SARAIVA, ALBERTO DA CUNHA ROCHA – *Construção Jurídica do Estado,* I e II, Coimbra, 1912

– *Apontamentos de Direito Constitucional* (coligidos por Arlindo de Castro), Lisboa, 1931

SARAIVA, JOSÉ HERMANO – *A revisão constitucional e a eleição do Chefe de Estado,* Fundão, 1959

– *Lições de Introdução ao Direito,* Lisboa, 1962-1963

– *A crise do Direito,* Lisboa, 1964

– *Lei (vigência da),* in Pol., III, Lisboa, 1985

– *História de Portugal,* Mem Martins, 1993

SARDINHA, JOSÉ MIGUEL – *O terrorismo e a restrição dos direitos fundamentais em processo penal,* Coimbra, 1989

SARLET, INGO WOLFGANG – *A eficácia dos direitos fundamentais*, 9ª ed., Porto Alegre, 2007

SARTORI, GIOVANNI – *Elementi de Teoria Politica*, 2ª ed., Bologna, 1990

SCHLINK, BERNHARD – v. PIEROTH, BODO

SCHMIDT-BLEIBTREU, BRUNO/KLEIN, FRANZ – *Kommentar zum Grundgesetz*, 7ª ed., Bonn/München, 1990

SCHMITT, CARL – *La dictadura*, Madrid, 1968
– *La defensa de la Constitución*, Madrid, 1983
– *Légalité et légitimité*, in *Du politique – légalité et légitimité et autres essais*, Puiseaux, 1990
– *Théorie de la Constitution*, Paris, 1993
– *Catolicismo Romano e Forma Política*, Lisboa, 1998

SCHMITT, WALTER – *Einführung in die Probleme des Verwaltungsrecht*, München, 1982

SCHNEIDER, HANS-PETER – *Das parlamentarische System*, in AAVV, *Handbuch des Verfassungsrechts der Bundesrepublik Deutschland* (org. de ERNST BENDA, WERNER MAIHOFER e HANS JOCHEN VOGEL), 2ª ed., Berlin/New York, 1994

SCHOLZ, GEORG – *Grundgesetz I – Grundlagen, Die Grundrechte*, 6ª ed., München, 1990

SCHOLZ, PETER – *Der Prozeß gegen Sokrates – ein "Sündenfall" der athenischen Demokratie*, in AAVV, *Große Prozesse im antiken Athen* (org. de LEONHARD BURCKHARDT e JÜRGEN VON UNGERN-STERBERG), München, 2000

SCHWAB, GEORGE – *The challenge of the exception*, New York/Westport/London, 1989

SCOTTO, IGNAZIO – *Diritto Costituzionale*, 2ª ed., Milano, 1992

SEABRA, JOÃO MARIA FÉLIX DA COSTA – *Liberdade religiosa e concordata*, in AAVV, *A Concordata de 1940 Portugal – Santa Sé*, Lisboa, 1993
– *O Estado e a Igreja em Portugal no início do século XX – a lei da separação de 1911*, Cascais, 2009

SEGADO, FRANCISCO FERNÁNDEZ – *El estado de excepción en el Derecho Constitucional Español*, Madrid, 1978
– *El sistema constitucional español*, Madrid, 1992
– *Aproximación a la Ciência del Derecho Constitucional*, Lima, 1995
– *El régimen político britânico*, in AAVV, *Régimenes políticos actuales* (coord. de JUAN FERRANDO BADÍA), 3ª ed., Madrid, 1995
– *La inconstitucionalidad por omisión: cauce de tutela de los derechos de naturaleza socioeconómica?*, in AAVV, *Inconstitucionalidad por omisión* (coord. de VÍCTOR BAZÁN), Santa Fé de Bogotá, 1997
– *La justicia constitucional ante el siglo XXI: la progresiva convergencia de los sistemas americano y europeo-kelseniano*, in AAVV, *The Spanish Constitution in the European Constitutional Context* (ed. FRANCISCO FERNÁNDEZ SEGADO), Madrid, 2003

SEGORBE, BEATRIZ/TRABUCO, CLAÚDIA – *O Conselho Constitucional Francês*, Coimbra, 2002

SEIBERT, GERHARD – *Camaradas, Clientes e Compadres – Colonialismo, Socia-*

lismo e Democratização em São Tomé e Príncipe, Lisboa, 2002
SENDIM, JOSÉ – *Responsabilidade civil por danos ecológicos*, Coimbra, 1998
SÉRGIO, ANTÓNIO – *Breve Interpretação da História de Portugal*, 11ª ed., Lisboa, 1983
SERRA, ANTÓNIO TRUYOL Y – *Los derechos humanos*, 3ª ed., Madrid, 1984
– *História da Filosofia do Direito e do Estado*, I, 7ª ed., Lisboa, 1985
– *História da Filosofia do Direito e do Estado*, II, 3ª ed., Lisboa, 1989
SERRA, CARLOS MANUEL – *Estado, Pluralismo Jurídico e Recursos Naturais*, Lisboa, 2013
SERRANO, NICOLAS GONZÁLEZ-CUELLAR – *Proporcionalidad y derechos fundamentales en el processo penal*, Madrid, 1990
SERRANO, NICOLÁS PÉREZ – *Tratado de Derecho Político*, 2ª ed., Madrid, 1984
SERRÃO, JOAQUIM VERÍSSIMO – *História de Portugal*, VII, Lisboa, 1984
– *História de Portugal*, VIII, Lisboa, 1986
– *História de Portugal*, X, Lisboa, 1988
– *História de Portugal*, IX, Lisboa, 1989
– *História de Portugal*, XI, Lisboa, 1989
SERRÃO, JOEL – *Regeneração*, in DHP, V, Porto, 1992
– *Setembrismo*, in DHP, V, Porto, 1992
– *Vintismo*, in DHP, VI, Porto, 1992
SGROI, CARMELO – v. PESCATORE, GABRIELE
SHAW, MALCOM N. – *International Law*, 3ª ed., Cambridge, 1991
SHIFFRIN, STEVEN H. – v. LOCKHART, WILLIAM B.
SIERRA, GASPAR CABALLERO/GIL, MARCELA ANZOLA – *Teoría Constitucional*, Santa Fé de Bogotá, 1995
SIERVO, UGO DE – v. BARILE, PAOLO
– v. CARETTI, PAOLO
SIEYÈS, EMMANUEL – *Qué es el Tercer Estado? – ensaio sobre los privilégios*, Barcelona, 1989
– *O que é o Terceiro Estado*, Lisboa, 2009
SILVA, ANTÓNIO E. DUARTE – *A independência da Guiné-Bissau e a descolonização portuguesa – estudo de História, Direito e Política*, Porto, 1997
– *Formação e estrutura da Constituição de 1984*, in BFDB, nº 4, março de 1997
– *O Constitucionalismo da Guiné-Bissau*, in DeC, Ano VIII, nº 25/26, Praia, 2006-2007
SILVA, ANTÓNIO MARTINS – *A vitória do liberalismo e a instabilidade constitucional: cartismo, setembrismo e cabralismo*, in AAVV, *História de Portugal* (dir. de JOSÉ MATTOSO), V, s. l., 1983
SILVA, CRISTINA NOGUEIRA DA – *A Cidadania nos Trópicos – o Ultramar no Constitucionalismo Monárquico Português (1820-1880)*, Lisboa, 2004
– *«Missão civilizacional» e codificação de* usos e costumes *na doutrina colonial portuguesa (séculos XIX-XX)*, in *Quaderni Fiorentini per la Storia del Pensiero Giuridico Moderno*, 33-34 (2004-2005), Milano, 2005
SILVA, GERMANO MARQUES DA – *Crimes contra a autoridade pública*, in Pol., I, Lisboa, 1983
– *Crimes contra a segurança do Estado*, in Pol. I, Lisboa, 1983

– *Curso de Processo Penal,* I, Lisboa/São Paulo, 1993
– *Direito Penal Português,* I, Lisboa/São Paulo, 1997
– *Introdução ao Estudo do Direito,* 3ª ed., Lisboa, 2009
SILVA, HELENA RESENDE DA – *Direito – as melhores citações,* Braga, 2004
SILVA, HENRIQUE DIAS DA – *Reformas Administrativas em Portugal desde o Século XIX,* in JURISMAT, nº 1 de 2012, Portimão
SILVA, JOSÉ AFONSO DA – *Curso de Direito Constitucional Positivo,* 36ª ed., São Paulo, 2012
SILVA, JOSÉ LUÍS R. MOREIRA DA – *Da lei orgânica na Constituição da República Portuguesa,* Lisboa, 1991
SILVA, MANUEL DUARTE GOMES DA – *Esboço de uma conceção personalista do Direito – reflexões em torno da utilização do cadáver humano para fins terapêuticos e científicos,* Lisboa, 1965
SILVA, MÁRIO RAMOS PEREIRA – *O regime dos direitos sociais na Constituição Cabo-Verdiana de 1992,* Coimbra, 2004
– *Contributo para a História Político-Constitucional de Cabo Verde (1974-1992),* Coimbra, 2015
SILVA, NUNO J. ESPINOSA GOMES DA – *História do Direito Português – fontes de Direito,* 3ª ed., Lisboa, 2000
– *Reflexões sobre a génese do chamado "Projeto" de Constituição de 1808,* in DJ, vol. 18, 2004
SILVA, VASCO PEREIRA DA – *A vinculação das entidades privadas pelos direitos, liberdades e garantais,* in RDES, XIX, II, IIª S, nº 2, 1987
– *Para um contencioso administrativo dos particulares – esboço de uma teoria subjetivista do recurso direto de anulação,* Coimbra, 1989
– *Em busca do ato administrativo perdido,* Coimbra, 1996
– *Verdes são também os direitos do homem,* in AAVV, *Colloquia – 2,* Coimbra, 1999
– *Como a Constituição é Verde... – Os Princípios Fundamentais da Constituição Portuguesa de Ambiente,* in AAVV, *Nos 25 Anos da Constituição da República Portuguesa – Evolução Constitucional e Perspetivas Futuras,* Lisboa, 2001
SILVA, VIRGÍLIO AFONSO DA – *A Constitucionalização do Direito – os direitos fundamentais nas relações entre particulares,* São Paulo, 2008
– *Direitos Fundamentais – conteúdo essencial, restrições e eficácia,* 2ª ed., Malheiros Editores, São Paulo, 2011
SILVEIRA, LUÍS LINGNAU DA – *O Provedor de Justiça,* in AAVV, PSPC, Lisboa, 1989
– *O Provedor de Justiça e a feitura das leis,* in L-CCL, nº 12, janeiro-março de 1995
SILVEIRA, ONÉSIMO – *A Democracia em Cabo Verde,* Lisboa, 2005
SIMANGO, AMÉRICO – *Introdução à Constituição Moçambicana,* Lisboa, 1999
SIMÃO, JORGE – *Da ratificação dos decretos-leis,* Lisboa, 1984
SMEND, RUDOLF – *Constitución y Derecho Constitucional,* Madrid, 1985
SMITH, STANLEY/STREET, HARRY/BRAZIER, RODNEY – *Constitutional and Administrative Law,* 5ª ed., Suffolk, 1986

SOARES, ALBINO DE AZEVEDO – *Lições de Direito Internacional Público*, 4ª ed., Coimbra, 1988

SOARES, ANTÓNIO GOUCHA – *A Carta dos Direitos Fundamentais da União Europeia – a proteção dos direitos fundamentais no ordenamento comunitário*, Coimbra, 2002

SOARES, J. A. SILVA – *Objeção de consciência*, in Pol., Lisboa, 1986

SOARES, MÁRIO – *Portugal amordaçado – depoimento sobre os anos do fascismo*, Lisboa, 1974

– *Carta Constitucional*, in DHP, I, Porto, 1992

– *Ato adicional*, in DHP, I, Porto, 1992

– *Constituição de 1822*, in DHP, II, Porto, 1992

– *Constituição de 1911*, in DHP, II, Porto, 1992

– *Um político assume-se*, Lisboa, 2011

SOARES, ODACIR – *A nova Constituição – comentários*, Brasília, 1988

SOARES, ROGÉRIO EHRHARDT – *Interesse público, legalidade e mérito*, Coimbra, 1955

– *Direito Público e Sociedade Técnica*, Coimbra, 1969

– *Direito Administrativo*, Coimbra, 1978

– *As comissões parlamentares permanentes – países não socialistas*, in BFDUC, vol. LVI, 1980

– *Ato administrativo*, in Pol., I, Lisboa, 1983

– *Sentido e limites da função legislativa no Estado Contemporâneo*, in AAVV, *A Feitura das Leis – como fazer leis*, II, Oeiras, 1986

– *O conceito ocidental de Constituição*, in RLJ, ano 119º, 1986, nº 3743 e nº 3744

– *Constituição*, in DJAP, II, 2ª ed., Lisboa, 1990

SOARES, TERESA LUSO – *Textos de Direito Romano*, Lisboa, 1987

– *Interpretatio prudentium – objeto e natureza*, in AAVV, *Estudos de Direito Romano*, II, Lisboa, 1991

SORIANO, ALDIR GUEDES – *Liberdade Religiosa no Direito Constitucional e Internacional*, São Paulo, 2002

SORIANO, RAMÓN – *La objeción de consciencia*, in REP, nº 58, outubro-dezembro de 1987

– *Las libertades públicas*, Madrid, 1990

SOROMENHO-MARQUES, VIRIATO – *A era da cidadania – de Maquiavel a Jefferson*, Lisboa, 1996

SOUSA, ANTÓNIO FRANCISCO DE – *Direito Administrativo das Autarquias Locais*, Lisboa, 1992

– *"Conceitos indeterminados" no Direito Administrativo*, Coimbra, 1994

SOUSA, BORNITO DE – v. CORREIA, ADÉRITO

SOUSA, DOMINGOS PEREIRA DE – *As garantias dos contribuintes*, Lisboa, 1991

SOUSA, JOSÉ FERREIRA MARNOCO E – *Direito Político – Poderes do Estado – sua organização segundo a Sciência Política e o Direito Constitucional Português*, Coimbra, 1910

– *Constituição Política da República Portuguesa – comentário*, Coimbra, 1913

SOUSA, JOSÉ PEDRO GALVÃO DE – *La representación política*, Madrid, 2011

SOUSA, MANUEL DE – *Reis e Rainhas de Portugal*, 6ª ed., Mem Martins, 2002

SOUSA, MARCELO REBELO DE – *Direito Constitucional I – Introdução à Teoria da Constituição*, Braga, 1979

– *O princípio da legalidade administrativa na Constituição de 1976*, in DemL, nº 13-2, janeiro de 1980
– *Os partidos políticos no Direito Constitucional Português*, Braga, 1983
– *Estado Social*, in Pol., II, Lisboa, 1984
– *A revisão constitucional e a partidarização do sistema de governo*, in AAVV, NDAC, Lisboa, 1986
– *Direito Constitucional I – Relatório*, Lisboa, 1986
– *A decisão de legislar*, in AAVV, *A Feitura das Leis – como fazer leis*, II, Oeiras, 1986
– *Partidos políticos – Ciência Política e Direito*, in Pol., IV, Lisboa, 1986
– *Partidos políticos portugueses*, in Pol., IV, Lisboa, 1986
– *Introdução ao Estudo do Direito*, Lisboa, 1987-88
– *O valor jurídico do ato inconstitucional*, I, Lisboa, 1988
– *Ciência Política – conceitos e métodos*, Coimbra, 1989
– *A Constituição e os partidos políticos*, in AAVV, PSCP, Lisboa, 1989
– *Estado*, in DJAP, IV, Lisboa, 1991
– *Privatizações e Constituição*, Lisboa, 1991
– *Administração Pública e Direito Administrativo em Portugal*, Lisboa, 1992
– *Constituição da República Portuguesa e Legislação Complementar*, Lisboa, 1992
– *O sistema de governo português*, 4ª ed., Lisboa, 1992
– *Orgânica judicial, responsabilidade dos juízes e Tribunal Constitucional*, Lisboa, 1992
– *A lei no Estado Contemporâneo*, in L-CCL, nº 11, outubro-dezembro de 1994
– *Responsabilidade dos estabelecimentos públicos de saúde: culpa do agente ou culpa da organização?*, AAVV, *Direito da Saúde e Bioética*, Lisboa, 1996
– *Prefácio*, in LUÍS MARQUES GUEDES, *Uma Constituição Moderna para Portugal anotada*, Lisboa, 1997
– *Lições de Direito Administrativo*, I, Lisboa, 1999
– *A Revolução e o Nascimento do PPD*, 1º e 2º vols., Lisboa, 2000
– *Os novos Estatutos da Santa Casa da Misericórdia de Lisboa*, in AAVV, *Santa Casa da Misericórdia de Lisboa – Estudos de Direito Público* (org. de JORGE BACELAR GOUVEIA), Coimbra, 2003
SOUSA, MARCELO REBELO DE/GALVÃO, SOFIA – *Introdução ao Estudo do Direito*, 2ª ed., Lisboa, 1993
SOUSA, MARCELO REBELO DE/MATOS, ANDRÉ SALGADO DE – *Direito Administrativo Geral*, I, Lisboa, 2004
– *Direito Administrativo Geral – Responsabilidade Civil Administrativa*, III, Lisboa, 2008
SOUSA, MARCELO REBELO DE/SALEMA, MARGARIDA – *A revisão constitucional e os partidos políticos*, in DemL, nº 15 (A revisão constitucional), junho de 1980
SOUSA, MIGUEL TEIXEIRA DE – *Introdução ao Processo Civil*, Lisboa, 1993
– *Sobre a constitucionalidade da conversão do valor dos assentos*, in ROA, ano 56, II, agosto de 1996
– *Estudos sobre o Novo Processo Civil*, Lisboa, 1997

– *A legitimidade popular na tutela dos interesses difusos*, Lisboa, 2003
– v. BELEZA, MARIA LEONOR
SOUSA, NUNO E – *Curso de Direito Internacional Público*, Coimbra, 1991
– *Noções de Direito Administrativo*, Coimbra, 2011
SOUSA, RABINDRANATH CAPELO DE – *A Constituição e os direitos de personalidade*, in AAVV, II, Lisboa, 1978
– *O Direito Geral de Personalidade*, Lisboa, 1995
SOUTO, AMÉLIA NEVES DE – *Caetano e o ocaso do «Império» – Administração e Guerra Colonial em Moçambique durante o Marcelismo (1968-1974)*, Porto, 2007
SPINELLI, LORENZO – *Diritto Ecclesiastico – parte generale*, 2ª ed., Torino, 1987
STARKE, J. G. – *Introduction to International Law*, 10ª ed., London, 1989
STEIN, EKKEHART – *Staatsrecht*, 12ª ed., Tübingen, 1990
STERN, KLAUS – *Das Staatsrecht der Bundesrepublik Deutschland*, II, München, 1980
– *Derecho del Estado de la Republica Federal Alemana*, Madrid, 1987
– *Das Staatsrecht der Bundesrepublik Deutschland*, III/1, München, 1988
– *Das Staatsrecht der Bundesrepublik Deutschland*, III/2, München, 1994
STEWING, CLEMENS – *Subsidarität und Föderalismus in der Europäischen Union*, Köln/Berlin/Bonn/München, 1992
STOBER, ROLF – *Direito Administrativo Económico Geral*, Lisboa, 2008
– v. HANS J. WOLFF
STOLLEIS, MICHAEL – *Histoire du Droit Public en Allemagne – Droit Public Imperial et Science de la Police (1600-1800)*, Paris, 1998
STRAUSS, LEO – *Direito Natural e História*, Lisboa, 2009
STREET, HARRY – v. SMITH, STANLEY
SUÁREZ, FRANCISCO – *De Legibus*, I, Lisboa, 2004
SUDRE, FRÉDÉRIC – *Droit Européen et International des Droits de l'Homme*, 6ª ed., Paris, 2003
SUORDEM, FERNANDO PAULO DA SILVA – *O princípio da separação de poderes e os novos movimentos sociais – a Administração Pública no Estado Moderno: entre as exigências de liberdade e organização*, Coimbra, 1995
– *Legislação do referendo anotada*, Coimbra, 1997
SWIFT, JONATHAN – *As viagens de Gulliver*, Porto, 2004
TAMAMES, LAURA/TAMAMES, RAMÓN – *Introducción a la Constitución Española*, 5ª ed., Madrid, 1991
TAMAMES, RAMÓN – v. TAMAMES, LAURA
TAVARES, JOSÉ – *O poder governamental no Direito Constitucional Português*, Coimbra, 1909
TAVARES, JOSÉ F. F. – *Estudos Jurídico-Políticos*, Lisboa, 1996
TAWIL, GUIDO SANTIAGO – *La responsabilidad del Estado y de los magistrados y funcionários judiciales por el mal funcionamento de la Administración de Justicia*, 2ª ed., Buenos Aires, 1993
TAY, ALICE ERH-SOON – *People's Republic of China*, in AAVV, *Asian Legal Systems – Law, Society and Pluralism*

in East Asia (ed. por Poh-Ling Tan), Sydney/Adelaide/Brisbane/Camberra/Melbourne/Perth, 1997

Teixeira, António Braz – *Filosofia do Direito,* Lisboa, 1987

– *Princípios de Direito Fiscal,* I, 3ª ed., Coimbra, 1989

– *A Justiça e a crise do Direito Natural,* in AAVV, *Direito Natural, Religiões e Culturas* (org. de Paulo Ferreira da Cunha), Coimbra, 2004

Teixeira, Nuno Severiano – *Heróis do Mar – História dos Símbolos Nacionais,* Lisboa, 2015

Tella, Maria José Falcon y – *El argumento analógico en el Derecho,* Madrid, 1991

Telles, Inocêncio Galvão – *Introdução ao Estudo do Direito,* I, 11ª ed., Coimbra, 1999

– *Introdução ao Estudo do Direito,* II, 10ª ed., Lisboa, 2000

Telles, Miguel Galvão – *Eficácia dos tratados na ordem jurídica portuguesa – condições, termos e limites,* in CTF, nº 106, 1967

– *Direito Constitucional – Sumários Desenvolvidos,* 1ª ed., Lisboa, 1970, e 2ª ed., Lisboa, 1971

– *Estado de Direito,* in Pol., II, Lisboa, 1984

– *O problema da continuidade da ordem jurídica e a revolução portuguesa,* in BMJ, nº 345, Abril de 1985

– *Inconstitucionalidade pretérita,* in AAVV, NDAC, Lisboa, 1986

– *A revolução portuguesa e a teoria das fontes de direito,* in AAVV, PSPC, Lisboa, 1989

– *Liberdade de iniciativa do Presidente da República quanto ao processo de fiscalização preventiva da constitucionalidade,* in OD, ano 120º, I-II, janeiro-junho de 1988

– *A segunda plataforma de acordo constitucional entre o movimento das forças armadas e os partidos políticos,* in AAVV, PC, III, Coimbra, 1998

– *Timor Leste,* in DJAP, 2º sup., Lisboa, 2001

– *Constituição,* in VELBC, 5º vol., Lisboa, s. d.

– *Timor-Leste,* in DJAP, 2º sup., Lisboa, 2001

– *As Nações Unidas e a questão de Timor-Leste,* in AAVV, *Timor e o Direito* (org. de Jorge Miranda), Lisboa, 2001

Telo, António José – *História Contemporânea de Portugal – do 25 de Abril à atualidade,* I, Lisboa, 2007

Terré, François – *Introduction Générale au Droit,* Paris, 1991

Thomashausen, André – *Constituição e realidade constitucional,* in ROA, 1977

– *O desenvolvimento, contexto e apreço da Constituição de Angola de 2010,* in AAVV, *Estudos de homenagem ao Professor Jorge Miranda,* I, Coimbra, 2010

Thomaz, Luís Filipe – *De Ceuta a Timor,* 2ª ed., Oeiras, 1998

Thürer, Daniel/Aubert, Jean-François/Müller, Jörg Paul – *Verfassungsrecht der Schweiz,* Zürich, 2001

Tibúrcio, Tiago – *O direito de petição perante a Assembleia da República,* Coimbra, 2010

Tiny, N'gunu – v. Guedes, Armando Marques

Titiev, Mischa – *Introdução à Antropologia Cultural,* 8ª ed., Lisboa, 2000

TOBEÑAS, JOSÉ CASTAN – *Los derechos del hombre,* 4ª ed., Madrid, 1992

TOCQUEVILLE, ALEXIS DE – *El Antiguo Régimen y la Revolución,* Cidade do México, 1996

TOMÁS, HELENA CRISTINA COSTA – *Em torno do regime dos assentos em processo civil,* Lisboa, 1990

TOMÉ, MARIA JOÃO/CAMPOS, DIOGO LEITE DE – *A propriedade fiduciária (trust) – estudo para a sua consagração no Direito Português,* Coimbra, 1999

TORDOFF, WILLIAM – v. FAGE, J. D.

TORGA, MIGUEL – *Pena de morte,* in AAVV, *PENA DE MORTE – colóquio internacional comemorativo do centenário da abolição da pena de morte em Portugal,* I, Coimbra, s. d.

TORGAL, LUÍS REIS – v. VARGUES, ISABEL NOBRE

TORRENT, ARMANDO – *Derecho Público Romano y sistema de fuentes,* Zaragoza, 1991

TORRES, ANTÓNIO MARIA M. PINHEIRO – *Igreja e Estado – História de uma Relação 1143-1940,* Lisboa, 2004

TORRES, MÁRIO – *O estatuto constitucional dos estrangeiros,* in SI, nº 290, 2001 – v. COUTINHO, J. L. PEREIRA

TORRES, RUY D'ABREU – *Pena de morte,* in DHP, V, Porto, 1992

TOSI, SILVANO – *Diritto Parlamentare,* 2ª ed., Milano, 1993

TOURAINE, ALAIN – *O que é a Democracia,* 2ª ed., Petrópolis, 1996

TOURNEAU, DOMINIQUE LE – *O Direito da Igreja – Iniciação ao Direito Canónico,* Lisboa, 1998

TOUSCOZ, JEAN – *Direito Internacional,* Lisboa, 1993

TRABUCO, CLAÚDIA – v. SEGORBE, BEATRIZ

TRAVERSO, CARLO EMILIO – *La tutela costituzionale della persona umana prima della nascita,* Milano, 1977

TREMBLAY, ANDRÉ – *Droit Constitutionnel – principes,* Montréal, 1993

TREMPS, PABLO PÉREZ – *Los derechos fundamentales,* in LUIS LÓPEZ GUERRA, EDUARDO ESPÍN, JOAQUÍN GARCIA MORILLO, PABLO PÉREZ TREMPS e MIGUEL SATRÚSTEGUI, *Derecho Constitucional,* I, Valencia, 1991

TREVES, RENATO – *Sociologia do Direito,* 3ª ed., São Paulo, 2004

TRIAS, EDUARD SAGARRA I – *Los derechos fundamentales y las libertades públicas de los extranjeros en España – protección jurisdicional y garantias,* Barcelona, 1991

TRIBE, LAURENCE H. – *American Constitutional Law,* 2ª ed., Mineola/London, New York, 1988

TRIGO, MANUEL – *Por um lugar para Macau,* in AAVV, *Colóquio de Direito Internacional – Comunidade dos Países de Língua Portuguesa* (org. de J. J. GOMES CANOTILHO), Coimbra, 2003

TROPER, MICHEL – *La Déclaration des Droits de l'Homme et du Citoyen en 1789,* in AAVV, *La Déclaration des Droits de l'homme et du Citoyen et la jurisprudence,* Paris, 1989

TROTABAS, LOUIS/ISOART, PAUL – *Manuel de Droit Public,* 22ª ed., Paris, 1992

TSÉ-TUNG, MAO – *O Livro Vermelho,* São Paulo, 2003

TUMÁNOV, VLADÍMIR – *O pensamento jurídico burguês contemporâneo,* Lisboa, 1985

TURPIN, DOMINIQUE – *Droit Constitutionnel*, 2ª ed., Paris, 1994

UCHA, ANA PAULA – *Direitos sociais*, in AAVV, *Estudos sobre a jurisprudência do Tribunal Constitucional*, Coimbra, 1993

ULEN, THOMAS – v. COOTER, ROBERT

URBANO, MARIA BENEDITA PIRES – *O referendo*, Coimbra, 1998
– *A nova vaga dos sistemas eleitorais compostos ou combinados – o sistema de representação proporcional personalizada*, in AAVV, *Homenagem ao Prof. Doutor André Gonçalves Pereira*, Lisboa, 2006
– *Curso de Justiça Constitucional – evolução histórica e modelos do controlo da constitucionalidade*, Coimbra, 2012

USERA, RAÚL CANOSA – *Interpretación constitucional e formula política*, Madrid, 1988

VAGLI, GIOVANNI – *Prime riflessioni sul controllo di costituzionalità per omissione in Portogallo*, in AAVV, PC, III, Coimbra, 1998
– *La Regione Amministrativa Speciale di Macao*, Pisa, 2000

VAÏSSE, MAURICE – *As Relações Internacionais desde 1945*, Lisboa, 2012

VALDÉS, ROBERTO L. BLANCO – *El valor de la Constitución*, Madrid, 1994

VALENTE, VASCO PULIDO – *Às avessas*, 2ª ed., Lisboa, 1990
– *Marcello Caetano – as desventuras da razão*, Lisboa, 2002
– *Ir pró maneta – a Revolta contra os Franceses (1808)*, Lisboa, 2007

VAL-FLORES, GUSTAVO SILVA – *Portugal e o período de transição em Timor-Leste*, Lisboa, 2006

VALLE, JAIME – *A participação do Governo no exercício da função legislativa*, Coimbra, 2004
– *O Casamento na Ordem Jurídica Timorense atual: perspetivas de evolução*, in AAVV, *I Congresso do Direito de Língua Portuguesa* (org. de JORGE BACELAR GOUVEIA), Coimbra, 2010
– *As convenções constitucionais no quadro das fontes de Direito Constitucional*, in OD, ano 142º, 2010, I

VALLE, RÚBEN HERNÁNDEZ – *El Derecho de la Constitución*, I, San José, 1993

VARELA, ANTUNES – v. LIMA, FERNANDO ANDRADE PIRES DE

VARELA, JOAQUIM – v. PACE, ALESSANDRO

VARGUES, ISABEL NOBRE/TORGAL, LUÍS REIS – *Da revolução à contrarrevolução: vintismo, cartismo, absolutismo. O exílio político*, in AAVV, *História de Portugal* (dir. de JOSÉ MATTOSO), V, s. l., 1993

VASAK, KAREL – *Por um Direito Internacional específico dos direitos do Homem*, in AAVV, *As dimensões internacionais dos direitos do homem* (org. de KAREL VASAK), Lisboa, 1983

VASCONCELOS, PEDRO CARLOS BACELAR DE – *A separação dos poderes na Constituição Americana*, Coimbra, 1994
– *Teoria geral do controlo jurídico do poder público*, Lisboa, 1996
– *Entre os factos e do Direito: dimensões constituintes na transição política angolana*, in SI, t. LVI, nº 311, julho/setembro de 2007
– *O nascimento de um novo Estado: a experiência oroginal de Timor*, in JARE, 2002

VASCONCELOS, PEDRO PAIS DE – *Contratos atípicos,* Coimbra, 1995
– *Teoria Geral do Direito Civil,* Lisboa, 1995/1996
– *Teoria Geral do Direito Civil,* I, Lisboa, 1999
– *Direito de Personalidade,* Coimbra, 2006

VAZ, MANUEL AFONSO – *Lei e reserva de lei – causa da lei na Constituição Portuguesa de 1976,* Porto, 1992
– *A responsabilidade civil do Estado – considerações breves sobre o seu estatuto constitucional,* Porto, 1995
– *Teoria da Constituição,* Coimbra, 2012

VAZ, MANUEL AFONSO/CARVALHO, RAQUEL/BOTELHO, CATARINA SANTOS/FOLHADELA, INÊS/RIBEIRO, ANA TERESA – *Direito Constitucional – o Sistema Constitucional Português,* Coimbra, 2012

VECCHIO, GIORGIO DEL – *Grócio e a fundação do Direito Natural,* in *Direito e Paz,* Braga, 1968
– *Mutabilidade e eternidade do Direito,* in *Direito e Paz (ensaios),* Braga, 1968
– *Justiça divina e justiça humana,* in *Direito e Paz (ensaios),* Braga, 1968
– *Lições de Filosofia do Direito,* 5ª ed., Coimbra, 1979

VEGA, PEDRO DE – *La reforma constitucional y la problemática del poder constituyente,* Madrid, 1995

VEIGA, CARLOS – *Cabral e a construção do Estado em Cabo Verde – uma apreciação crítica,* in DeC, ano VI, nº 19, janeiro a abril de 2004

VELEZ, PEDRO – *Do Direito Constitucional na Europa das Revoluções Comunitárias: uma primeira aproximação a três grandes modelos constitucionais entre-guerras,* in NE, nº 10, fevereiro de 2007

VELOSO, JOSÉ ANTÓNIO – *Concurso e conflito de normas,* in DJ, vol. XVII, 2003

VENÂNCIO, RENATO – v. PRIORE, MARY DEL

VENTURA, CATARINA SAMPAIO – *Direitos humanos e Ombudsman,* Lisboa, 2007

VENTURA, MARGARIDA GARCEZ – *A definição das fronteiras – 1096/1297,* Lisboa, 2007

VENTURA, RAUL – *Valor jurídico do casamento,* Lisboa, 1951
– *Manual de Direito Romano,* I, Lisboa, 1963

VERDÚ, PABLO LUCAS – *Curso de Derecho Político,* IV, Madrid, 1984
– *Curso de Derecho Político,* II, 3ª ed., Madrid, 1986
– *La lucha contra el positivismo jurídico en la República de Weimar – La teoría constitucional de Rudolf Smend,* Madrid, 1987
– *Curso de Derecho Político,* I, 2ª ed., Madrid, 1992
– *Dimensión axiológica de la Constitución Portuguesa,* in AAVV, PC, I, Coimbra, 1996

VERGOTTINI, GIUSEPPE DE – *Le origini della Seconda Repubblica Portoghese,* Milano, 1977
– *La comparazione nel Diritto Costituzionale,* in DSoc, 1986
– *Diritto Costituzionale Comparato,* 3ª ed., Padova, 1991
– *Diritto Costituzionale,* Padova, 1998

VICENTE, DÁRIO MOURA – *Unidade e diversidade nos atuais sistema jurídicos africanos*, in AAVV, *Prof. Doutor Inocêncio Galvão Telles: 90 anos – Homenagem da Faculdade de Direito da Universidade de Lisboa*, Lisboa, 2007
– *Direito Comparado*, I, Coimbra, 2010
VIDE, CARLOS ROGER – *Bienes de la personalidad, derechos fundamentales y libertades públicas*, Bologna, 1995
VIEIRA, BENEDICTA MARIA DUQUE – *A Revolução de Setembro e a discussão constitucional de 1837*, Lisboa, 1987
– *O problema político português no tempo das primeiras cortes liberais*, Lisboa, 1992
VILAÇA, JOSÉ LUÍS DA CRUZ – *Regulamentação e acompanhamento da execução pelo Governo*, in AAVV, *A Feitura das Leis – como fazer leis*, II, Oeiras, 1986
– *A proteção dos direitos fundamentais na Ordem Jurídica Comunitária*, in AAVV, *Estudos em Homenagem ao Prof. Doutor Rogério Soares*, Coimbra, 2001
VILLAAMIL, ALZAGA – *Derecho Político Español – según la Constitución de 1978*, I, Madrid, 1996
VILLALÓN, PEDRO CRUZ – *Estados excepcionales y suspensión de garantias*, Madrid, 1984
VILLENEUVE, MARCEL DE LA BIGNE DE – *Traité Général de l'État – essai d'une théorie réaliste de Droit Politique*, I, Paris, 1929
VILLEY, MICHEL – *Le Droit Romain*, 8ª ed., Paris, 1987
– *Filosofia do Direito*, São Paulo, 2003
VIÑAS, ANTONI ROVIRA – *El abuso de los derechos fundamentales*, Barcelona, 1983
VIRGA, PIETRO – *Diritto Costituzionale*, 9ª ed., Milano, 1979
VITAL, DOMINGOS FEZAS – *Direito Constitucional Comparado*, Coimbra, 1915
– *Lições de Direito Político* (segundo Luciano Correia), 2ª ed., Coimbra, 1928
– *Imunidades Parlamentares*, in RLJ, ano 56º, nº 2219, e ano 58º, nº 2282
VITALE, ANTONIO – *Corso de Diritto Ecclesiastico – ordinamento giuridico e interessi religiosi*, 6ª ed., Milano, 1992
VITORINO, ANTÓNIO – *O sistema de governo na Constituição Portuguesa de 1976 e na Constituição Espanhola de 1978*, in RJ, nº 3, 1984
– *Constituição da República Portuguesa – prefácio*, Lisboa, 1989
– *Os poderes legislativos das regiões autónomas na segunda revisão constitucional*, in L-CCL, nº 3, janeiro-março de 1992
– *Proteção constitucional e proteção internacional dos direitos do homem: concorrência ou complementaridade?*, in RFDUL, XXXIV, 1993
– *Moção*, DJAP, VI, Lisboa, 1994
– *O estatuto jurídico-político das regiões autónomas*, in DJ, X, nº 1, 1996
– *Defesa Nacional*, in DJAP, 1º sup., Lisboa, 1998
– *Carta dos Direitos Fundamentais da União Europeia*, Cascais, 2002
– v. NADAIS, ANTÓNIO
VLACHOS, GEORGE – *La structure des droits de l'homme et le problème de leur*

réglementation en regime pluraliste, in RIDC, 1972

VOGEL, HANS-JOCHEN – *Die bundesstaatliche Ordnung des Grundgesetzes*, in AAVV, *Handbuch des Verfassungsrechts der Bundesrepublik Deutschland* (org. de ERNST BENDA, WERNER MAIHOFER e HANS JOCHEN VOGEL), 2ª ed., Berlin/New York, 1994

VOVELLE, MICHEL – *A Revolução Francesa 1789-1799*, Lisboa, 2007

WADE, WILLIAM – *Administrative Law*, 6ª ed., Oxford, 1992

WALTER, ROBERT/MAYER, HEINZ – *Grundriß des österreichischen Bundesverfassungsrechts*, 8ª ed., Wien, 1196

WALTKINS, FREDERICK M./KRAMNICK, ISAAC – *A Idade da Ideologia*, Brasília, 1979

WELZEL, HANS – *Diritto Naturale e Giustizia Materiale*, Milano, 1965

WICKS, ELIZABETH – *The Evolution of a Constitution*, Oxford, 2006

WIEACKER, FRANZ – *História do Direito Privado Moderno*, Lisboa, 1980

WITTGENSTEIN, LUDWIG – *Tratado Lógico-Filosófico – Investigações Filosóficas*, 3ª ed., Lisboa, 2002

WHITE, RACHEL – v. MORROW, JONATHAN

WOLFF, HANS J./BACHOF, OTTO/STOBER, ROLF – *Direito Administrativo*, I, Lisboa, 2006

WRIGHT, GEORGE – *A destruição de um país – a política dos Estados Unidos para Angola desde 1945*, Lisboa, 2000

YARDLEY, DAVID C. M. – *Introduction to British Constitutional Law*, 7ª ed., London/Dublin/Edinburgh, 1990

ZAGREBELSKY, GUSTAVO – *Objet et portée de la protection des droits fondamentaux*, in AAVV, CCEDF, Paris/Aix-en-Provence, 1982

– *Manuale di Diritto Costituzionale – il sistema delle fonti del Diritto*, I, Torino, 1987

– *Le Legge e la sua Giustizia*, Bologna, 2008

ZHEN-MIN, WANG – *"Um país, dois sistemas" e a Lei Básica de Macau*, Macau, 2008

ZIPPELIUS, REINHOLD – *Juristische Methodenlehre*, 5ª ed., München, 1990

– *Teoria Geral do Estado*, 3ª ed., Lisboa, 1997

– *Filosofia do Direito*, Lisboa, 2010

– v. MAUNZ, THEODOR

ZUMAQUERO, JOSÉ MANUEL – v. HERVADA, JAVIER

ZWEIGERT, KONRAD/KÖTZ, HEIN – *An Introduction to Comparative Law*, 2ª ed., Oxford, 1992

ZYL, DEOH VAN – *History and Principles of Roman Private Law*, Durban, 1983

ÍNDICE GERAL

VOLUME I

CAPÍTULO VII – CONSTITUIÇÃO